税务人员和企业培训用书

企业所得税汇算清缴操作指南

（2010年版）

中国税网 编著

中国财政经济出版社

图书在版编目（CIP）数据

企业所得税汇算清缴操作指南：2010年版/中国税网编著. —北京：中国财政经济出版社，2011.3

税务人员和企业培训用书

ISBN 978-7-5095-2763-4

Ⅰ.①企… Ⅱ.①中… Ⅲ.①企业-所得税-税收管理-中国-指南 Ⅳ.①F812.424-62

中国版本图书馆CIP数据核字（2011）第025706号

责任编辑：赵 力　　责任校对：杨瑞琦

封面设计：天女来　　版式设计：兰 波

中国财政经济出版社 出版

URL：http：//www.cfeph.cn

E-mail：cfeph@cfeph.cn

社址：北京市海淀区阜成路甲28号 邮政编码：100142

发行处电话：88190406 财经书店电话：64033436

北京富生印刷厂印刷 各地新华书店经销

787×1092毫米 16开 24.75印张 604 000字

2011年3月第1版 2011年3月北京第3次印刷

定价：40.00元

ISBN 978-7-5095-2763-4/F·2353

（图书出现印装问题，本社负责调换）

本社质量投诉电话：010-88190744

前　　言

2007 年 3 月 16 日，第十届全国人民代表大会第五次会议通过了《中华人民共和国企业所得税法》，于 2008 年 1 月 1 日起实施，同年 12 月 6 日，国务院发布了《中华人民共和国企业所得税法实施条例》，自 2008 年 1 月 1 日起与《企业所得税法》同步实施。新《企业所得税法》实施后，财政部、国家税务总局及相关部门出台了一系列相应的政策规定和制度办法，使企业所得税季度预缴和年度汇算清缴有了相对明确的政策依据。

为使广大税务人员和企事业单位更好地理解和执行《企业所得税法》及其相关配套过渡政策和法规，准确完成企业所得税纳税申报，规范实施企业所得税的政策操作，2009 年 12 月，中国税网组织参与《中华人民共和国企业所得税法》立法工作的有关专家编写了《企业所得税汇算清缴操作指南》一书，考虑到企业所得税汇算清缴相关政策法规每年都会有所调整和变化，《企业所得税汇算清缴操作指南》从 2009 年起将以年度出版物形式体现。

鉴于 2010 年企业汇算清缴报表沿用 2009 年报表的情况下，结合 2010 年财政部和国家税务总局新出台的相关文件，我们对 2009 年版《企业所得税汇算清缴操作指南》进行了修订，是为 2010 年版。本书共分为企业所得税汇算清缴概述、企业所得税预缴申报表的填报、居民企业所得税年度纳税申报表的填报、居民企业清算所得纳税申报表的填报、非居民企业所得税年度纳税申报表的填报、企业年度关联业务往来报告表的填报等六个部分。作为本书的配套用书，中国税网还组织出版了《企业所得税汇算清缴答疑精选》（2010 年版）一书，由中国财政经济出版社同步出版。

为便于叙述和阅读，本书对部分名词和提法进行了统一简称：

1. 《中华人民共和国企业所得税法》、《中华人民共和国企业所得税法实施条例》、《中华人民共和国增值税暂行条例》、《中华人民共和国营业税暂行条例》、《中华人民共和国消费税暂行条例》、《中华人民共和国税收征收管理法》等均简称为《企业所得税法》、《企业所得税法实施条例》、《增值税暂行条例》、《营业税暂行条例》、《消费税暂行条例》和《税收征管法》。所有法规和条例均以最新颁布的为准。

2. 企业会计准则、企业会计制度、小企业会计制度、企业会计准则应用指南等会计法规在泛指时均未加注书名号，如果特指具体准则时加注了书名号。

3. “会计上”、“会计规定”、“税法上”、“税法规定”等提法是指以会计或税法的相关法规和制度为依据；“会计和税法差异”是指会计相关法规和制度与税法有关规定在特定项目处理上所要求的差异。

随着税收政策的调整和企业所得税纳税申报要求的变化，现行企业所得税纳税申报表仍然存在个别行次和填报说明不够规范、科学之处，我们将根据有关税收政策调整情况，再版时及时修订。

限于时间和水平所限，对书中存在的不足和疏漏之处，敬请广大读者批评指正，来电请发邮箱 taxbook@ ctaxnews. com. cn。

编者

2011 年 1 月

目　录

第一章　企业所得税汇算清缴概述 …………………………………………（1）
一、《企业所得税法》关于汇算清缴的具体规定 ………………………（1）
二、企业所得税纳税申报表体系 ……………………………………（6）
三、企业所得税汇算清缴的有关政策 ………………………………（8）
第二章　企业所得税预缴申报表的填报 ………………………………（18）
第一节　居民企业预缴申报表及其填报 ………………………………（18）
一、查账征税企业季度（月份）预缴申报表表样（见表2-1）及填报说明 ……………………………………………………………（18）
二、核定征税企业月（季）度预缴纳税申报表表样（见表2-2）及填报说明 ……………………………………………………………（27）
三、企业所得税汇总纳税分支机构分配表的表样（见表2-4）及填报说明 ……………………………………………………………（31）
第二节　境内设立机构、场所的非居民企业所得税预缴申报表 ………（35）
一、据实申报企业季度预缴申报表表样（见表2-5）及填报说明 ……（35）
二、核定征收的非居民企业季度纳税申报表表样（见表2-6）及填报说明 ……………………………………………………………（38）
第三节　非居民企业扣缴企业所得税（源泉扣缴）报告表 ……………（42）
一、《中华人民共和国扣缴企业所得税报告表》表样（见表2-7） ……（42）
二、《中华人民共和国扣缴企业所得税报告表》有关说明 ……………（43）
三、具体项目的填报说明 ……………………………………………（44）
第三章　居民企业所得税年度纳税申报表的填报 ………………………（50）
第一节　核定征税的居民企业所得税年度纳税申报表填报说明 ………（50）
第二节　查账征税的居民企业年度申报表表样及填报说明 ……………（50）
一、居民企业年度纳税申报表主表表样（见表3-1）及其填报说明 ……（52）
二、收入项目附表 ……………………………………………………（64）
三、成本费用支出明细表 ……………………………………………（105）
四、《纳税调整项目明细表》（附表三）表样（见表3-11）及填报说明 ……………………………………………………………（129）
五、《企业所得税弥补亏损明细表》（附表四）表样（表3-15）及填报说明 ……………………………………………………………（192）
六、《税收优惠明细表》（附表五）表样（见表3-18）及填报说明 ………（196）

七、《境外所得税抵免计算明细表》（附表六）表样（见表3－27）及填报说明 …………（236）
八、《以公允价值计量资产纳税调整表》（附表七）表样（见表3－30）及填报说明 …………（254）
九、《广告费和业务宣传费跨年度纳税调整表》（附表八）表样（见表3－31）及填报说明 …………（265）
十、《资产折旧、摊销纳税调整明细表》（附表九）表样（见表3－32）及填报说明 …………（269）
十一、《资产减值准备项目调整明细表》（附表十）表样（见表3－33）及填报说明 …………（282）
十二、《长期股权投资所得（损失）明细表》（附表十一）表样（见表3－34）及填报说明 …………（288）
第四章 居民企业清算所得税纳税申报表的填报 …………（300）
第一节 居民企业清算所得税及纳税申报 …………（300）
一、企业的清算原因 …………（300）
二、企业所得税清算的主要政策规定 …………（301）
三、企业清算申报需要注意的几点问题 …………（302）
第二节 居民企业清算所得税申报表及填报说明 …………（302）
一、《中华人民共和国企业清算所得税申报表》表样（见表4－1）及填报说明 …………（302）
二、《资产处置损益明细表》（附表一）表样（见表4－2）及填报说明 …………（306）
三、《负债清偿损益明细表》（附表二）表样（见表4－3）及填报说明 …………（311）
四、《剩余财产计算和分配明细表》（附表三）表样（见表4－4）及填报说明 …………（316）
第五章 非居民企业所得税年度纳税申报表填报 …………（319）
第一节 非居民企业年度纳税申报表体系简介 …………（319）
第二节 据实征税的非居民企业年度纳税申报表 …………（320）
一、《非居民企业所得税年度纳税申报表（据实申报）》表样（见表5－1）及填报说明 …………（320）
二、《营业收入及成本费用明细表》（附表一）表样（见表5－2）填报说明 …………（324）
三、《弥补亏损明细表》表样（见表5－3）及填报说明 …………（330）
第三节 核定征税的非居民企业年度纳税申报表 …………（332）
一、《核定征税的非居民企业年度纳税申报表》表样（见表5－4）有关说明 …………（332）
二、核定征税《非居民企业所得税年度纳税申报表》具体栏次填报说明 …………（334）

第六章　企业年度关联业务往来报告表的填报 …………………………… (336)
第一节　《企业年度关联方业务往来报告表》的有关说明 ……………………… (336)
第二节　《企业年度关联方业务往来报告表》表样及填报说明 ………………… (336)
一、《关联关系表（表一）》表样（见表6-2）及填报说明 ………………… (337)
二、《关联交易汇总表（表二）》表样（见表6-3）及其填报说明 ……… (338)
三、《购销表（表三）》表样（见表6-4）及填报说明 ………………………… (344)
四、《劳务表（表四）》表样（见表6-5）及填报说明 ………………………… (346)
五、《无形资产表（表五）》表样（见表6-6）及填报说明 ………………… (348)
六、《固定资产表（表六）》表样（见表6-7）及填报说明 ………………… (349)
七、《融通资金表（表七）》表样（见表6-8）和填报说明 ………………… (351)
八、《对外投资情况表（表八）》表样（见表6-9）及填报说明 ………… (354)
九、《对外支付款项情况表（表九）》表样（见表6-10）及填报说明 …… (358)
附录：《企业所得税法》与《企业所得税法实施条例》对照表 ……………………… (364)

第一章 企业所得税汇算清缴概述

2007 年，第十届全国人大第五次会议通过了《中华人民共和国企业所得税法》（主席令第六十三号），国务院第 197 次常务会议通过了《中华人民共和国企业所得税法实施条例》（国务院令第 512 号），新《企业所得税法》是我国税制建设史上一座里程碑，具有重要的历史和现实意义。主要表现：一是《企业所得税法》是框架性的税收制度重建和整合，推进了税制体系的现代化和国际化；二是《企业所得税法》体现了公平税负，鼓励竞争的市场经济灵魂，是适应市场运行机制的游戏规则，有利于在深层次上完善社会主义市场经济体制；三是《企业所得税法》由全国人民代表大会全会通过，法律级次高、税法刚性强，有利于减少各部门、各地区的行政干预，推进依法治税的实质进程；四是《企业所得税法》按照落实科学发展观和构建和谐社会的基本原则，重构税收优惠政策体系，有利于产业结构调整、科技创新、环境保护和地区之间的平衡发展；五是《企业所得税法》汲取国际反避税经验，按照独立交易原则，规范了特别纳税调整条款，有利于外资企业“走进来”和我国企业“走出去”；六是遵循国际税收惯例，有利于国际经济、文化、科技交流；七是《企业所得税法》统一规范了纳税申报和汇算清缴的有关规定。

企业所得税作为一个年度性税种，以整个企业（或组织）的一个纳税年度内的应纳税所得额为计税依据，只有年度终了后一段时间内才能准确核算全年应纳税额。为保证税收收入及时均衡入库，促进财政预算收支平衡，方便纳税人合理安排资金，避免一次性大额缴税影响纳税人资金周转，税法规定纳税人按月份（或季度）预缴税款，减轻纳税人一次性入库的资金压力；年终 5 个月内，统一核算全年应纳企业所得税额，办理税款结算，多退少补，这就是汇算清缴。

汇算清缴是企业所得税作为年度性税种征管的一个特定程序，是税务机关组织收入和纳税人依法履行纳税义务的必要方式，有利于财政资金均衡入库，有利于纳税人统筹安排本单位的资金运营和投融资行为。税收征纳双方分别在各自角度上认识、执行汇算清缴，征纳双方在汇算清缴中分别具有不同角色、目标、责任、权利。税务机关通过汇算清缴依法征税，执行税法，保证税款及时足额入库，对纳税人年度内的纳税情况进行税收行政确认；纳税人通过汇算清缴履行税法规定的纳税义务，同时避免自身合法权益受到法外侵蚀。

一、《企业所得税法》关于汇算清缴的具体规定

根据《企业所得税法》、《企业所得税法实施条例》、《国家税务总局关于印发〈企业所得税汇算清缴管理办法〉的通知》（国税发［2009］79 号）、《国家税务总局关于印发〈非

居民企业所得税汇算清缴管理办法〉的通知》（国税发［2009］6号）、《国家税务总局关于印发〈非居民企业所得税汇算清缴工作规程〉的通知》（国税发［2009］11号）等规定，对企业所得税有关汇算清缴的规定归纳如下：

（一）汇算清缴的对象

1. 居民企业汇算清缴对象：凡纳税年度内从事生产、经营（包括试生产、试经营），或在纳税年度中间终止经营活动的纳税人，无论是否在减税、免税期间，也无论盈利或亏损，均应进行企业所得税汇算清缴。

实行核定定额（不含核定应税所得率）征收企业所得税的纳税人，不进行汇算清缴。

2. 非居民企业汇算清缴对象：依照外国（地区）法律成立且实际管理机构不在中国境内，但在中国境内设立机构、场所的非居民企业（以下称为企业），无论盈利或者亏损，均应参加所得税汇算清缴。

具有下列情形之一的非居民企业，可以不参加当年度汇算清缴：

（1）非居民企业在中国境内未设立机构、场所，如临时来华承包工程和提供劳务不足1年，在年度中间终止经营活动，且已经结清税款；

（2）汇算清缴期内已办理注销手续；

（3）其他经主管税务机关批准可不参加当年度所得税汇算清缴的。

（二）汇算清缴的时间

1. 有关企业所得税纳税年度的规定（《企业所得税法》第五十三条、第五十五条）。

（1）正常经营企业的纳税年度自公历1月1日起至12月31日止。

（2）企业在一个纳税年度中间开业，或者终止经营活动，使该纳税年度的实际经营期不足12个月的，应当以其实际经营期为一个纳税年度。企业在年度中间终止经营活动的，应当自实际经营终止之日起60日内，向税务机关办理当期企业所得税汇算清缴。

（3）根据《国家税务总局关于外国企业所得税纳税年度有关问题的通知》（国税函［2008］301号）规定，自2008年1月1日起，外国企业一律以公历年度为纳税年度，按照我国《企业所得税法》规定的税率计算缴纳企业所得税。

（4）企业依法清算时，以清算期间作为一个纳税年度。

2. 企业所得税季度、月份预缴有关规定。

（1）企业所得税分月或者分季预缴。企业应当自月份或者季度终了之日起15日内，向税务机关报送预缴企业所得税纳税申报表，预缴税款（《企业所得税法》第五十四条）。

（2）所得税分月或者分季预缴，由税务机关具体核定。企业根据《企业所得税法》第五十四条规定分月或者分季预缴企业所得税时，应当按照月度或者季度实际利润额预缴；按照月度或者季度实际利润额预缴有困难的，按上一纳税年度应纳税所得额的月度或者季度平均额预缴，或者按照经税务机关认可的其他方法预缴。预缴方法一经确定，该纳税年度内不得随意变更（《企业所得税法实施条例》第一百二十八条）。

3. 季度、月份预缴和汇算清缴的申报要求。

（1）企业在纳税年度内无论盈利或者亏损，都应当依照《企业所得税法》第五十四条规定的期限，向税务机关报送预缴企业所得税纳税申报表、年度企业所得税纳税申报表、财务会计报告和税务机关规定应当报送的其他有关资料（《企业所得税法实施条例》第一百二十九条）。

纳税人12月份或者第四季度的企业所得税预缴纳税申报，应在纳税年度终了后15日内完成，预缴申报后进行当年企业所得税汇算清缴。

（2）企业应当自年度终了之日起5个月内，向税务机关报送年度企业所得税纳税申报表，并汇算清缴，结清应缴应退税款。

企业在报送企业所得税纳税申报表时，应当按照规定附送财务会计报告和其他有关资料（《企业所得税法》第五十四条）。

（3）纳税人在年度中间发生解散、破产、撤销等终止生产经营情形，需进行企业所得税清算的，应在清算前报告主管税务机关，并自实际经营终止之日起60日内进行汇算清缴，结清应缴应退企业所得税款；纳税人有其他情形依法终止纳税义务的，应当自停止生产、经营之日起60日内，向主管税务机关办理当期企业所得税汇算清缴。

4. 汇算清缴报送资料的要求。

（1）居民纳税人办理企业所得税年度纳税申报时，应如实填写和报送下列有关资料：

①企业所得税年度纳税申报表及其附表。

② 财务报表。

③备案事项相关资料。

④总机构及分支机构基本情况、分支机构征税方式、分支机构的预缴税情况。

⑤委托中介机构代理纳税申报的，应出具双方签订的代理合同，并附送中介机构出具的包括纳税调整的项目、原因、依据、计算过程、调整金额等内容的报告。

⑥涉及关联方业务往来的，同时报送《中华人民共和国企业年度关联业务往来报告表》，达到一定标准的纳税人，应准备同期资料。

⑦主管税务机关要求报送的其他有关资料。

⑧纳税人采用电子方式办理企业所得税年度纳税申报的，应按照有关规定保存有关资料或附报纸质纳税申报资料。

⑨跨地区经营汇总缴纳企业所得税的纳税人，由总机构在汇算清缴期内向所在地主管税务机关办理企业所得税年度纳税申报，进行汇算清缴。分支机构不进行汇算清缴，但应将分支机构的营业收支等情况在报总机构统一汇算清缴前报送分支机构所在地主管税务机关。总机构应将分支机构及其所属机构的营业收支纳入总机构汇算清缴等情况报送各分支机构所在地主管税务机关。

⑩企业所得税收入全额归属中央的企业下属二级分支机构均应按照企业所得税的有关规定向当地主管税务机关报送企业所得税预缴申报表或其他相关资料，但其税款由总机构统一汇总计算后向总机构所在地主管税务机关缴纳。

其下属二级分支机构名单税务总局将另行发文明确。企业二级以下（不含二级）分支机构名单，由二级分支机构向所在地主管税务机关提供，经省级税务机关审核后发文明确并报税务总局备案。对不在税务总局及省级税务机关文件中明确的名单内的分支机构，不得作为所属企业的分支机构管理。

以上企业所得税收入全额归属中央的企业是指：铁路运输企业（包括广铁集团和大秦铁路公司）、国有邮政企业、中国工商银行股份有限公司、中国农业银行、中国银行股份有限公司、国家开发银行、中国农业发展银行、中国进出口银行、中央汇金投资有限责任公司、中国建设银行股份有限公司、中国建银投资有限责任公司以及海洋石油天然气（包括港澳台和外商投资、外国海上石油天然气企业）等企业（《国家税务总局关于中国工商银行股份有限公司等企业企业所得税有关征管问题的通知》国税函［2010］184号）。

（2）非居民纳税人办理所得税年度申报时，应当如实填写和报送下列报表、资料：

①年度企业所得税纳税申报表及其附表。

②年度财务会计报告。

③税务机关规定应当报送的其他有关资料。

④企业委托中介机构代理年度企业所得税纳税申报的，应附送委托人签章的委托书原件。

⑤经批准采取汇总申报缴纳所得税的企业，其履行汇总纳税的机构、场所（即汇缴机构），应当于每年5月31日前，向汇缴企业所在地主管税务机关索取《非居民企业汇总申报企业所得税证明》（简称《汇总申报纳税证明》）；企业其他机构、场所（简称其他机构）应当于每年6月30前将《汇总申报纳税证明》及其财务会计报告送交其所在地主管税务机关。在上述规定期限内，其他机构未向其所在地主管税务机关提供《汇总申报纳税证明》，且又无汇缴企业延期申报批准文件的，其他机构所在地主管税务机关应负责检查核实或核定该其他机构应纳税所得额，计算征收应补缴税款并实施处罚。

（三）企业所得税征纳双方的权责义务

《企业所得税法》只是对纳税人申报时间、报送资料提出了基本要求。根据国税发［2009］79号、国税发［2009］6号、国税发［2009］11号等文件规定，征纳双方的权责义务如下：

1. 纳税人的权责义务。

（1）依法、按期、据实办理汇算清缴纳税申报和补缴（退）税款的责任和义务。

（2）按规定报送审批项目、备案事项等义务。纳税人需要报经税务机关审批、审核或备案的事项，应按有关程序、时限和要求报送材料等有关规定，在办理企业所得税年度纳税申报前及时办理。

（3）应主动与税务机关沟通、协调，了解税收政策、办税程序。

（4）按规定配合纳税检查、税源管理和纳税评估，提供有关数据，以及税务机关要求报送的资料。

（5）有权向税务机关咨询税收政策及其执行口径，了解纳税申报有关事项，了解汇算清缴办税程序。

（6）结合税务机关信息化建设，有权要求税务机关提供税收信息化操作（如电子申报、数据的生成）有关服务。

（7）在法定期限内不能完成汇算清缴的，应书面提出延期申报。

（8）在法定期限内发现申报错误的，可以再次进行申报。

2. 税务机关的权责义务。

（1）公布汇算清缴有关事项的程序性要求。

（2）进行税收政策的公告，并接受纳税人咨询。

（3）不得指定汇算清缴中介代理机构。

（4）对汇算清缴有关问题进行解答，让纳税人了解办理汇算清缴的有关程序要求。

（5）受理纳税人汇算清缴申报，协助纳税人完成税款的多退少补，或者经纳税人同意后抵缴其下一年度应缴企业所得税税款。

为强化税务机关对纳税人服务的意识，《国家税务总局关于印发〈企业所得税汇算清缴管理办法〉的通知》（国税发［2009］79号）第十九条特别指出：各级税务机关应在汇算清缴开始之前和汇算清缴期间，主动为纳税人提供税收服务。

采用多种形式进行宣传，帮助纳税人了解企业所得税政策、征管制度和办税程序。

积极开展纳税辅导，帮助纳税人知晓汇算清缴范围、时间要求、报送资料及其他应注意的事项。

必要时组织纳税培训，帮助纳税人进行企业所得税自核自缴。

主管税务机关应及时向纳税人发放汇算清缴的表、证、单、书。

主管税务机关受理纳税人企业所得税年度纳税申报表及有关资料时，如发现企业未按规定报齐有关资料或填报项目不完整的，应及时告知企业在汇算清缴期内补齐补正。

（6）主管税务机关受理纳税人年度纳税申报后，应对纳税人年度纳税申报表的逻辑性和有关资料的完整性、准确性进行审核。审核重点主要包括：

纳税人企业所得税年度纳税申报表及其附表与企业财务报表有关项目的数字是否相符，各项目之间的逻辑关系是否对应，计算是否正确。

纳税人是否按规定弥补以前年度亏损额和结转以后年度待弥补的亏损额。

纳税人是否符合税收优惠条件、税收优惠的确认和申请是否符合规定程序。

纳税人税前扣除的财产损失是否真实、是否符合有关规定程序。跨地区经营汇总缴纳企业所得税的纳税人，其分支机构税前扣除的财产损失是否由分支机构所在地主管税务机关出具证明。

纳税人有无预缴企业所得税的完税凭证，完税凭证上填列的预缴数额是否真实。跨地区经营汇总缴纳企业所得税的纳税人及其所属分支机构预缴的税款是否与《中华人民共和国企业所得税汇总纳税分支机构分配表》中分配的数额一致。

纳税人企业所得税和其他各税种之间的数据是否相符、逻辑关系是否吻合。

（四）企业所得税征管规定的衔接

1. 企业所得税的一般性征管规定，严格按照《税收征管法》及《税收征管法实施细则》等有关规定执行。除此以外，《企业所得税法》第七章“征收管理”专门对企业所得税的预缴、汇算清缴、纳税地点、外币折算等问题进行了明确。企业所得税不仅政策复杂、体系化特征明显、征管难度大，在原内外资所得税法的框架下，分别设计相应管理、程序性规定。2008年实施《企业所得税法》以来，鉴于研究制定配套政策和管理性规定的工作量较大，而且管理性、程序性规定不因为“两法合并”而发生较大变化，为便于纳税人办理汇算清缴，《国家税务总局关于做好2008年度企业所得税汇算清缴工作的通知》（国税函［2009］55号）规定，《企业所得税法》实施后，鉴于有关配套征管办法未全部出台，为便于纳税人操作，对新税法实施以前财政部、国家税务总局发布的企业所得税有关管理性、程序性文件，凡不违背新税法规定原则，在没有制定新的规定前，可以继续参照执行；对新税法实施以前财政部、国家税务总局发布的企业所得税有关的政策性文件，应以新税法以及新税法实施后发布的相关规章、规范性文件为准。

2. 实施《企业所得税法》后，国家税务总局陆续印发了一系列所得税管理性、程序性文件，如高新技术企业管理工作指引、有关减免税的审批及备案管理规定、核定征收企业所得税的方法等。同时编印了烟草工业、钢铁业、电力业、房地产业、银行业、餐饮业、建筑业等七个行业的《企业所得税管理操作指南》。

二、企业所得税纳税申报表体系

《企业所得税法》和《企业所得税法实施条例》自 2008 年 1 月 1 日起正式实施后，税务总局印发的月（季）度预缴申报表、年度纳税申报表、企业清算所得税申报表等在整体设计理念及具体事项填报上均较为完整地体现了新《企业所得税法》的立法思想，并成为贯彻落实新《企业所得税法》及其实施条例的最终体现。

纳税申报是纳税人按照税收法律、法规、规章、规范性文件的规定，根据其生产经营核算的情况，向税务机关提交有关纳税事项的书面报告的法律行为。真实的、合法的纳税申报既是纳税人履行纳税义务的法定程序，也是税务机关确定纳税人法律责任的依据。因此，纳税申报表是纳税人生产经营情况和计算缴纳所得税情况的真实反映和有效载体，是税务机关依法征收企业所得税的基础，是具有法律效力的文书。

因此，新申报表的启用具有重要的现实意义和法律意义。

根据税收政策，企业的纳税申报按查账征收和核定征收的不同征收方式分别适用不同的纳税申报表。月（季）度预缴申报表分为：查账征收纳税人填报的《企业所得税月（季）度预缴纳税申报表（A 类)》和核定征收纳税人填报的《企业所得税月（季）度预缴纳税申报表（B 类)》两种；年度汇算清缴申报表分为：查账征收纳税人填报的《企业所得税年度纳税申报表（A 类)》和核定征收纳税人填报的《企业所得税月（季）度预缴纳税申报表（B 类)》两种（根据《国家税务总局关于〈中华人民共和国企业所得税年度纳税申报表〉的补充通知》（国税函［2008］1081 号）规定：目前核定征收纳税人年度纳税申报暂行使用预缴申报表样）。

企业所得税纳税申报体系如图 1－1 所示。

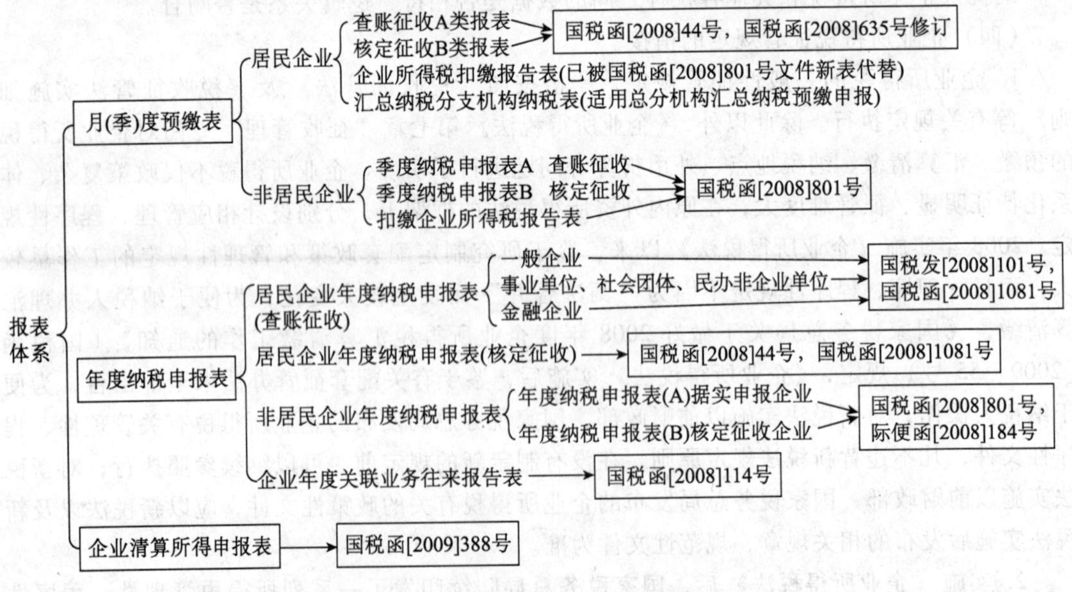

图 1－1 企业所得税纳税申报体系图

（一）企业所得税预缴申报表

1. 居民企业的季度、月份预缴申报表。

根据《国家税务总局关于印发〈中华人民共和国企业所得税月（季）度预缴纳税申报表〉等报表的通知》（国税函［2008］44号）规定，印发了两种不同征收方式纳税人分别适用的预缴报表。

（1）《月（季）度预缴纳税申报表（A类）》，适用于查账征收的居民企业；

（2）《汇总纳税分支机构分配表》，作为《月（季）度预缴纳税申报表（A类）》的附表适用于查账征收的汇总纳税企业预缴申报的总、分机构；

（3）《月（季）度预缴纳税申报表（B类）》，适用于核定征收的居民企业。

2. 在境内设立机构、场所的非居民企业季度预缴报表。

根据《国家税务总局关于印发〈中华人民共和国非居民企业所得税申报表〉等报表的通知》（国税函［2008］801号）规定，在境内设立机构、场所的非居民企业预缴报表主要包括：

（1）《非居民企业所得税季度纳税申报表（A类）》，主要适用于查账征税的非居民纳税人；

（2）《非居民企业所得税季度纳税申报表（B类）》，主要适用于核定征税的非居民纳税人。

3. 在境内未设立机构、场所或者虽设立机构、场所，但取得的所得与该机构、场所没有实质联系的非居民企业的扣缴报告表，适用《国家税务总局关于印发〈中华人民共和国企业所得税月（季）度预缴纳税申报表〉等报表的通知》（国税函［2008］44号）附件中的《企业所得税扣缴报告表》，此后，《国家税务总局关于印发〈中华人民共和国非居民企业所得税申报表〉等报表的通知》（国税函［2008］801号）对国税函［2008］44号附件中的《企业所得税扣缴报告表》做了修订。

在境内未设立机构、场所或者虽设立机构、场所，但所取得所得与该机构、场所没有实质联系的非居民企业不办理年度汇算清缴。

（二）企业所得税年度纳税申报表

1. 居民企业汇算清缴年度纳税申报表。

（1）《国家税务总局关于印发〈中华人民共和国企业所得税年度纳税申报表〉的通知》（国税发［2008］101号）文件印发了实行查账征收的居民企业汇算清缴年度纳税申报表。

（2）《国家税务总局关于〈中华人民共和国企业所得税年度纳税申报表〉的补充通知》（国税函［2008］1081号）文件规定：一是核定征收的纳税人年度申报缴纳企业所得税时，采用《国家税务总局关于印发〈中华人民共和国企业所得税月（季）度预缴纳税申报表〉等报表的通知》（国税函［2008］44号）规定的《中华人民共和国企业所得税月（季）度预缴纳税申报表（B类）》进行汇算清缴；二是重新修订了国税发［2008］101号文件的填报说明。

2. 企业清算所得税纳税申报表。根据《国家税务总局关于印发〈中华人民共和国企业清算所得税申报表〉的通知》（国税函［2009］388号）规定，《企业清算所得税申报表》包括：

（1）《中华人民共和国企业清算所得税申报表》；

（2）附表一《资产处置损益明细表》；

（3）附表二《负债清偿损益明细表》；

（4）附表三《剩余财产计算和分配明细表》。

《企业清算所得税申报表》适用于按税收规定进行清算、缴纳企业所得税的居民企业纳税人（以下简称纳税人）申报。

3. 非居民企业汇算清缴年度纳税申报表。《国家税务总局关于印发〈中华人民共和国非居民企业所得税申报表〉等报表的通知》（国税函［2008］801 号）规定，非居民企业年度报表包括：

（1）《非居民企业所得税年度纳税申报表》（A），适用查账征收企业；

（2）《非居民企业所得税年度纳税申报表》（B），适用核定征收企业。

4. 企业年度关联方业务往来报告表。根据《国家税务总局印发〈中华人民共和国企业年度关联方业务往来报告表〉的通知》（国税发［2008］114 号）规定，《企业年度关联方业务往来报告表》包括：

（1）《关联关系表（表一）》；

（2）《关联交易汇总表（表二）》；

（3）《购销表（表三）》；

（4）《劳务表（表四）》；

（5）《无形资产表（表五）》；

（6）《固定资产表（表六）》；

（7）《融通资金表（表七）》；

（8）《对外投资情况表（表八）》；

（9）《对外支付款项情况表（表九）。

《企业年度关联方业务往来报告表》适用于实行查账征收的居民企业和在中国境内设立机构、场所并据实申报缴纳企业所得税的非居民企业填报。因此，不论居民企业还是非居民企业，只要是中国的正常纳税人，在中国境内办理税务登记的，在年终汇算清缴时都应同时附送《企业年度关联方业务往来报告表》。

非居民企业在中国境内未设立机构、场所的，或者虽设立机构、场所但取得的所得与其所设机构、场所没有实际联系的，不属于中国境内的正常纳税人，一般不办理汇算清缴，不附送《企业年度关联方业务往来报告表》。对于此类纳税人，由扣缴义务人在《企业年度关联方业务往来报告表》之表九《对外支付款项情况表》反映。

三、企业所得税汇算清缴的有关政策

（一）掌握税收政策应注重全面化、系统化

企业所得税纳税申报表是税务机关和纳税人履行依法征纳义务的有效途径，是征纳双方沟通涉税信息的平台和枢纽，是税务机关采集涉税信息，实现信息化管理的重要信息渠道。纳税人享受税收优惠政策和税法与会计差异的调整，以及其他涉税事项都通过申报表完成或反映。《企业所得税法》本身就是一部结构严谨、系统性强、博大精深，涉及企业财务会计核算的税法，汇算清缴是全面贯彻《企业所得税法》的重要工作方法和操作程序，而且，

汇算清缴需要对企业全年损益进行全面核算，涉及收入确认、成本费用扣除、应纳税所得额的计算、适用税率、税收抵免、特别纳税调整、税收优惠、审批备案等事项，必须对税收政策和相关会计处理有一个全面的、系统化的了解和把握。否则，就不能站在宏观层面俯瞰研究企业本身的微观问题。同时，各企业又具有自身的特殊性，要实现宏观税收政策与企业具体实际的结合，纳税人应结合本行业、本企业生产经营特点，认真研究有关税收政策对本企业的适用性和操作口径。纳税申报表是一套逻辑关系严密，各表格、各行次存在钩稽关系的报表体系，要在宏观上掌握各报表间的逻辑关系，在微观层面掌握各行次、各表格间的逻辑关系、相关税收政策，各表格、行次之间的数据生成顺序。

（二）企业所得税汇算清缴需要掌握的税收政策

1. 基本规定。深入了解《企业所得税法》和《企业所得税法实施条例》的框架结构、基本原理、前后逻辑关系、重要条款，通读条文，掌握两者对有关涉税事项的原则规定，同时结合有关配套政策举一反三地学习。

2. 具体规定。

（1）关于确认应纳税所得额的文件。

①《国家税务总局关于确认企业所得税收入若干问题的通知》（国税函［2008］875号）；

②《国家税务总局关于企业处置资产所得税处理问题的通知》（国税函［2008］828号）；

③《财政部、国家税务总局关于财政性资金、行政事业性收费、政府性基金有关企业所得税政策问题的通知》（财税［2008］151号）；

④《财政部、国家税务总局关于专项用途财政性资金有关企业所得税处理问题的通知》（财税［2009］87号）；

⑤《财政部、国家税务总局关于非营利组织企业所得税免税收入问题的通知》（财税［2009］122号）；

⑥《财政部、国家税务总局关于非营利组织免税资格认定管理有关问题的通知》（财税［2009］123号）；

⑦《国家税务总局关于融资性售后回租业务中承租方出售资产行为有关税收问题的公告》（国家税务总局公告2010年第13号）；

⑧《国家税务总局关于企业政策性搬迁或处置收入有关企业所得税处理问题的通知》（国税函［2009］118号）；

⑨《国家税务总局关于企业取得财产转让等所得企业所得税处理问题的公告》（国家税务总局公告2010年第19号）；

⑩《国家税务总局关于金融企业贷款利息收入确认问题的公告》（国家税务总局公告2010年第23号）；

⑪《国家税务总局关于企业工资薪金及职工福利费扣除问题的通知》（国税函［2009］3号）；

⑫《财政部、国家税务总局关于企业手续费企业所得税前扣除问题的通知》（财税［2009］29号）；

⑬《财政部、国家税务总局关于补充养老保险费　补充医疗保险费有关企业所得税政

策问题的通知》（财税［2009］27号）；

⑭《国家税务总局关于工会经费企业所得税税前扣除凭据问题的公告》（国家税务总局公告2010年第24号）；

⑮《财政部、国家税务总局关于企业资产损失税前扣除政策的通知》（财税［2009］57号）；

⑯《国家税务总局关于企业资产损失税前扣除管理办法》（国税发［2009］88号）；

⑰《国家税务总局关于企业以前年度未扣除资产损失企业所得税处理问题的通知》（国税函［2009］772号）；

⑱《国家税务总局关于企业股权投资损失所得税处理问题的公告》（国家税务总局公告2010年第6号）；

⑲《国家税务总局关于电信企业坏账损失税前扣除问题的通知》（国税函［2010］196号）；

⑳《财政部、国家税务总局、民政部关于公益性捐赠税前扣除有关问题的通知》（财税［2008］160号）；

㉑《财政部、国家税务总局关于通过公益性群众团体的公益性捐赠税前扣除有关问题的通知》（财税［2009］124号）；

㉒《财政部、国家税务总局、民政部关于公益性捐赠税前扣除有关问题的补充通知》（财税［2010］45号）；

㉓《财政部、国家税务总局关于企业重组业务企业所得税处理若干问题的通知》（财税［2009］59号）；

㉔《国家税务总局关于发布〈企业重组业务企业所得税管理办法〉的公告》（国家税务总局公告2010年第4号）；

㉕《财政部、国家税务总局关于企业清算业务企业所得税处理问题的通知》（财税［2009］60号）；

㉖《国家税务总局关于企业清算所得税有关问题的通知》（国税函［2009］684号）；

㉗《财政部、国家税务总局关于企业境外所得税收抵免有关问题的通知》（财税［2009］125号）；

㉘《国家税务总局关于发布〈企业境外所得税收抵免操作指南〉的公告》（国家税务总局公告2010年第1号）；

㉙《财政部、国家税务总局关于部分行业广告费和业务宣传费税前扣除政策的通知》（财税［2009］72号）；

㉚《财政部、国家税务总局关于证券企业准备金企业所得税前扣除问题的通知》（财税［2009］33号）；

㉛《财政部、国家税务总局关于保险行业准备金企业所得税前扣除问题的通知》（财税［2009］48号）；

㉜《财政部、国家税务总局关于金融企业准备金企业所得税前扣除问题的通知》（财税［2009］64号）；

㉝《财政部、国家税务总局关于中小企业信用担保机构有关准备金税前扣除问题的通知》（财税［2009］62号）；

㉞《财政部、国家税务总局关于期货投资者保障基金有关税收问题的通知》(财税［2009］68 号);

㉟《财政部、国家税务总局关于保险公司提取农业巨灾风险准备金企业所得税税前扣除问题的通知》(财税［2009］110 号);

㊱《财政部、国家税务总局关于金融企业涉农贷款和中小企业贷款损失准备金税前扣除政策的通知》(财税［2009］99 号);

㊲《财政部、国家税务总局关于中国银联股份有限公司特别风险准备金税前扣除问题的通知》(财税［2010］25 号);

㊳《国家税务总局关于保险公司再保险业务赔款支出税前扣除问题的通知》(国税函［2009］313 号);

㊴《国家税务总局关于金融企业贷款利息收入确认问题的公告》(国家税务总局公告 2010 年第 23 号);

㊵《国家税务总局关于建筑企业所得税征管有关问题的通知》(国税函［2010］39 号);

㊶《国家税务总局关于跨地区经营建筑企业所得税征收管理问题的通知》(国税函［2010］156 号);

㊷《财政部、国家税务总局关于开采油(气)资源企业费用和有关固定资产折耗、摊销、折旧税务处理问题的通知》(财税［2009］49 号);

㊸《国家税务总局关于印发〈房地产开发经营业务企业所得税处理办法〉的通知》(国税发［2009］31 号);

㊹《国家税务总局关于房地产企业开发产品完工标准税务确认条件的批复》(国税函［2009］342 号);

㊺《国家税务总局关于房地产开发企业开发产品完工条件确认问题的通知》(国税函［2010］201 号);

㊻《国家税务总局关于房地产开发企业注销前有关企业所得税处理问题的公告》(国家税务总局公告 2010 年第 29 号);

㊼《国家税务总局关于企业投资者投资未到位而发生的利息支出企业所得税前扣除问题的批复》(国税函［2009］312 号);

㊽《国家税务总局关于企业向自然人借款的利息支出企业所得税税前扣除问题的通知》(国税函［2009］777 号);

㊾《国家税务总局关于企业所得税若干税务事项衔接问题的通知》(国税函［2009］98 号);

㊿《国家税务总局关于企业所得税执行中若干税务处理问题的通知》(国税函［2009］202 号 48 号);

51《国家税务总局关于贯彻落实企业所得税法若干税收问题的通知》(国税函［2010］79 号);

52《国家税务总局关于取消合并纳税后以前年度尚未弥补亏损有关企业所得税问题的公告》(国家税务总局公告 2010 年第 7 号);

53《国家税务总局关于查增应纳税所得额弥补以前年度亏损处理问题的公告》(国家税

务总局公告 2010 年第 20 号）。

（2）有关税收优惠的文件。

第一，关于高新技术企业、技术先进型服务型企业、动漫产业的优惠政策文件：

①《科技部、财政部、国家税务总局关于印发〈高新技术企业认定管理办法〉的通知》（国科发火［2008］172 号）；

②《科技部、财政部、国家税务总局关于印发〈高新技术企业认定管理工作指引〉的通知》（国科发火［2008］362 号）；

③《国家税务总局关于实施高新技术企业所得税优惠有关问题的通知》（国税函［2009］203 号）；

④《财政部、国家税务总局、商务部、科学技术部、国家发改委关于技术先进型服务企业有关税收政策问题的通知》（财税［2009］63 号）；

⑤《财政部、国家税务总局、商务部、科学技术部、国家发展和改革委员会关于技术先进型服务企业有关企业所得税政策问题的通知》（财税［2010］65 号）；

⑥《财政部、国家税务总局关于扶持动漫产业发展有关税收政策问题的通知》（财税［2009］65 号）；

⑦《文化部、财政部、国家税务总局关于印发〈动漫企业认定管理办法（试行）〉的通知》（文市发［2008］51 号）；

⑧《文化部、财政部、国家税务总局关于实施〈动漫企业认定管理办法（试行）〉有关问题的通知》（文市发［2009］18 号）。

第二，关于税收优惠目录的文件。

关于节能节水和环境保护目录：

①《财政部、国家税务总局、国家发展改革委关于公布节能节水专用设备所得税优惠目录（2008 年版）和环境保护专用设备所得税优惠目录（2008 年版）的通知》（财税［2008］115 号）；

②《财政部、国家税务总局关于执行环境保护专用设备所得税优惠目录、节能节水专用设备所得税优惠目录和安全生产专用设备所得税优惠目录有关问题的通知》（财税［2008］48 号）；

③《财政部、国家税务总局、国家发展改革委关于公布环境保护节能节水项目企业所得税优惠目录（试行）的通知》（财税［2009］166 号）。

关于公共基础设施目录：

①《财政部、国家税务总局、国家发展改革委关于公布公共基础设施项目企业所得税优惠目录（2008 年版）的通知》（财税［2008］116 号）；

②《财政部、国家税务总局关于执行公共基础设施项目企业所得税优惠目录有关问题的通知》（财税［2008］46 号）；

③《国家税务总局关于实施公共基础设施项目投资所得税优惠有关问题的通知》（国税发［2009］80 号）。

关于资源综合利用目录：

①《财政部、国家税务总局、国家发展改革委关于公布资源综合利用企业所得税优惠目录（2008 年版）的通知》（财税［2008］117 号）；

②《财政部、国家税务总局关于执行资源综合利用企业所得税优惠目录有关问题的通知》（财税［2008］47号）；

③《国家税务总局关于资源综合利用企业所得税优惠管理问题的通知》（国税函［2009］185号）；

④《国家税务总局关于资源综合利用有关企业所得税优惠问题的批复》（国税函［2009］567号）。

关于安全生产专用设备目录：

《财政部、国家税务总局、安全监管总局关于公布〈安全生产专用设备所得税优惠目录（2008年版）〉的通知》（财税［2008］118号）。

第三，关于税收优惠政策及其过渡政策的文件。

①《国务院关于实施企业所得税优惠政策的通知》（国发［2007］39号）；

②《国务院关于经济特区和上海浦东新区新设立高新技术企业实行过渡性税收优惠的通知》（国发［2007］40号）；

（上述两个文件由财政部、国家税务总局以《关于贯彻落实国务院关于实施企业所得税过渡优惠政策有关问题的通知》（财税［2008］21号）转发。）

③《财政部、国家税务总局关于企业所得税若干优惠政策的通知》（财税［2008］1号）；

④《财政部、国家税务总局关于小型微利企业有关企业所得税政策的通知》（财税［2009］133号）；

⑤《国家税务总局关于小型微利企业预缴2010年度企业所得税有关问题的通知》（国税函［2010］185号）；

⑥《财政部、国家税务总局关于执行企业所得税优惠政策若干问题的通知》（财税［2009］69号）；

⑦《国家税务总局关于进一步明确企业所得税过渡期优惠政策执行口径问题的通知》（国税函［2010］157号）；

⑧《财政部、国家税务总局关于发布享受企业所得税优惠政策的农产品初加工范围（试行）的通知》（财税［2008］149号）；

⑨《国家税务总局关于印发〈企业研究开发费用税前扣除管理办法〉的通知》（国税发［2008］116号）；

⑩《国家税务总局关于停止执行企业购买国产设备投资抵免企业所得税政策问题的通知》（国税发［2008］52号）；

⑪《国家税务总局关于实施创业投资企业所得税优惠有关问题的通知》（国税发［2009］87号）；

⑫《国家税务总局关于技术转让所得减免企业所得税有关问题的通知》（国税函［2009］212号）；

⑬《财政部、国家税务总局关于居民企业技术转让有关企业所得税政策问题的通知》（财税［2010］111号）；

⑭《国家税务总局关于企业固定资产加速折旧有关所得税问题的通知》（国税发［2009］81号）；

⑮《财政部、国家税务总局关于安置残疾人员就业有关企业所得税优惠政策问题的通知》（财税［2009］70号）；

⑯《国家税务总局关于企业所得税减免税管理问题的通知》（国税发［2008］111号）；

⑰《国家税务总局关于企业所得税税收优惠管理问题的补充通知》（国税函［2009］255号）；

⑱《国家税务总局关于贯彻落实从事农、林、牧、渔业项目企业所得税优惠政策有关事项的通知》（国税函［2008］850号）；

⑲《国家税务总局关于非居民企业不享受小型微利企业所得税优惠政策问题的通知》（国税函［2008］650号）；

⑳《财政部、国家税务总局关于文化体制改革中经营性文化事业单位转制为企业的若干税收政策问题的通知》（财税［2009］34号）；

㉑《财政部、海关总署、国家税务总局关于支持文化企业发展若干税收政策问题的通知》（财税［2009］31号）；

㉒《财政部、国家税务总局、中宣部关于转制文化企业名单及认定问题的通知》（财税［2009］105号）；

㉓《国家税务总局关于新办文化企业企业所得税有关政策问题的通知》（国税函［2010］86号）；

㉔《财政部、国家税务总局对中关村科技园区建设国家自主创新示范区有关研究开发费用加计扣除试点政策的通知》（财税［2010］81号）；

㉕《财政部、国家税务总局关于延长下岗失业人员再就业有关税收政策的通知》（财税［2009］23号）；

㉖《财政部、国家税务总局关于支持和促进就业有关税收政策的通知》（财税［2010］84号）；

㉗《国家税务总局关于西部大开发企业所得税优惠政策适用目录问题的批复》（国税函［2009］399号）；

㉘《国家税务总局关于执行西部大开发税收优惠政策有关问题的批复》（国税函［2009］411号）；

㉙《国家税务总局关于火力发电企业有关项目能否享受西部大开发企业所得税优惠政策问题的批复》（国税函［2009］710号）；

㉚《财政部、国家税务总局关于延长部分税收优惠政策执行期限的通知》（财税［2009］131号）；

㉛《国家税务总局关于“公司+农户”经营模式企业所得税优惠问题的通知》（国家税务总局公告2010年第2号）。

（3）关于非居民企业及源泉扣缴税款的文件。

①《国家税务总局关于印发〈非居民企业所得税源泉扣缴管理暂行办法〉的通知》（国税发［2009］3号）；

②《非居民承包工程作业和提供劳务税收管理暂行办法》（国家税务总局令2009年第19号）；

③《国家税务总局关于非居民企业船舶、航空运输收入计算征收企业所得税有关问题

的通知》（国税函［2008］952 号）；

④《财政部、国家税务总局关于非居民企业征收企业所得税有关问题的通知》（财税［2008］130 号）；

⑤《国家税务总局关于下发协定股息税率情况一览表的通知》（国税函［2008］112 号）；

⑥《国家税务总局关于非居民企业取得 B 股等股票股息征收企业所得税问题的批复》（国税函［2009］394 号）；

⑦《国家税务总局关于中国居民企业向境外 H 股非居民企业股东派发股息代扣代缴企业所得税有关问题的通知》（国税函［2008］897 号）；

⑧《国家税务总局关于中国居民企业向 QFII 支付股息、红利、利息代扣代缴企业所得税有关问题的通知》（国税函［2009］47 号）；

⑨《国家税务总局关于执行税收协定股息条款有关问题的通知》（国税函［2009］81 号）；

⑩《国家税务总局关于加强非居民企业来源于我国利息所得扣缴企业所得税工作的通知》（国税函［2008］955 号）；

⑪《国家税务总局关于外国政府等在我国设立代表机构免税审批程序有关问题的通知》（国税函［2008］945 号）；

⑫《国家税务总局关于执行税收协定特许权使用费条款有关问题的通知》（国税函［2009］507 号）；

⑬《国家税务总局关于加强非居民企业股权转让所得企业所得税管理的通知》（国税函［2009］698 号）。

（4）关于特别纳税调整的文件。

①《国家税务总局关于印发〈特别纳税调整实施办法（试行）〉的通知》（国税发［2009］2 号）；

②《国家税务总局关于母子公司间提供服务支付费用有关企业所得税处理问题的通知》（国税发［2008］86 号）；

③《财政部、国家税务总局关于企业关联方利息支出税前扣除标准有关税收政策问题的通知》（财税［2008］121 号）；

④《国家税务总局关于简化判定中国居民股东控制外国企业所在国实际税负的通知》（国税函［2009］37 号）；

⑤《国家税务总局关于加强转让定价跟踪管理有关问题的通知》（国税函［2009］188 号）；

⑥《国家税务总局关于强化跨境关联交易监控和调查的通知》（国税函［2009］363 号）。

（5）关于加强企业所得税征收管理的文件。

第一，关于汇总纳税的文件。

①《财政部、国家税务总局、中国人民银行关于印发〈跨省市总分机构企业所得税分配及预算管理暂行办法〉的通知》（财预［2008］10 号）；

②《国家税务总局关于印发〈跨地区经营汇总纳税企业所得税征收管理暂行办法〉的

通知》（国税发［2008］28 号）；

③《国家税务总局关于跨地区经营汇总纳税企业所得税征收管理有关问题的通知》（国税函［2008］747 号）；

④《国家税务总局关于跨地区经营汇总纳税企业所得税征收管理若干问题的通知》（国税函［2009］221 号）；

⑤《财政部、国家税务总局关于试点企业集团缴纳企业所得税有关问题的通知》（财税［2008］119 号）；

⑥《国家税务总局关于建筑企业所得税征管有关问题的通知》（国税函［2010］39 号）；

⑦《国家税务总局关于跨地区经营建筑企业所得税征收管理问题的通知》（国税函［2010］156 号）。

第二，关于加强企业所得税管理的文件。

①《国家税务总局关于加强企业所得税管理的意见》（国税发［2008］88 号）；

②《国家税务总局关于印发〈企业所得税汇算清缴管理办法〉的通知》（国税发［2009］79 号）；

③《国家税务总局关于印发〈非居民企业所得税汇算清缴管理办法〉的通知》（国税发［2009］6 号）；

④《国家税务总局关于做好 2008 年度企业所得税汇算清缴工作的通知》（国税函［2008］55 号）；

⑤《国家税务总局关于做好 2009 年度企业所得税汇算清缴工作的通知》（国税函［2010］148 号）；

⑥《民政部关于印发〈社会团体公益性捐赠税前扣除资格认定工作指引〉的通知》（民发［2009］100 号）。

第三，关于调整企业所得税征管范围的文件。

①《国家税务总局关于调整新增企业所得税征管范围问题的通知》（国税发［2008］120 号）；

②《国家税务总局关于明确非居民企业所得税征管范围的补充通知》（国税函［2009］50 号）。

第四，关于企业所得税纳税申报表的文件。

①《国家税务总局关于印发〈中华人民共和国企业所得税月（季）度预缴纳税申报表〉等报表的通知》（国税函［2008］44 号）；

②《国家税务总局关于填报企业所得税月（季）度预缴纳税申报表有关问题的通知》（国税函［2008］635 号）；

③《国家税务总局关于印发〈中华人民共和国非居民企业所得税申报表〉等报表的通知》（国税函［2008］801 号）；

④《国家税务总局国际税务司关于更新非居民企业所得税申报表样的函》（际便函［2008］184 号）；

⑤《国家税务总局关于印发〈中华人民共和国企业所得税年度纳税申报表〉的通知》（国税发［2008］101 号）；

⑥《国家税务总局关于〈中华人民共和国企业所得税年度纳税申报表〉的补充通知》（国税函［2008］1081号）；

⑦《国家税务总局关于印发〈中华人民共和国企业年度关联方业务往来报告表〉的通知》（国税发［2008］114号）；

⑧《国家税务总局关于印发〈中华人民共和国企业清算所得税申报表〉的通知》（国税函［2009］388号）。

第二章 企业所得税预缴申报表的填报

企业所得税是一个年度征收的税种，只有一个纳税年度结束后才能准确核实企业应纳税额。为保证国家税款及时、足额、均衡入库，有利于财政统筹安排预算资金，促使纳税人有计划安排资金缴税，避免年终汇算清缴时企业发生一次性大额资金流出。借鉴国际税收征管惯例，我国《企业所得税法》设计了按季度（月份）预缴税款制度。季度（月份）预缴只是“预缴”税款性质，纳税人季度（月份）预缴少缴纳的税款，可以在年度汇算清缴申报时一并缴纳，因此，年度未结束少缴纳的预缴税款一般不认定为偷税[①]，而是采用加收滞纳金的办法处理。

鉴于《企业所得税法》将纳税人区分为居民企业和非居民企业，《国家税务总局关于印发〈中华人民共和国企业所得税月（季）度预缴纳税申报表〉等报表的通知》（国税函［2008］44号）、《国家税务总局关于填报企业所得税月（季）度预缴纳税申报表有关问题的通知》（国税函［2008］635号）和《国家税务总局关于印发〈中华人民共和国非居民企业所得税申报表〉等报表的通知》（国税函［2008］801号）、《国家税务总局国际税务司关于更新非居民企业所得税申报表样的函》（际便函［2008］184号）分别规定了居民企业和非居民企业所得税季度（月份）预缴申报表及其填报。

企业在季度、月份预缴申报时不办理退税，由于预缴申报按累计数计算“应纳所得税额”，上一季度、月份缴纳的税款，可以在下一季度、月份的“实际已预缴税款”中抵减当期应缴所得税，如果季度、月份产生的多缴税款，年度汇算清缴申报时办理退税。

第一节 居民企业预缴申报表及其填报

一、查账征税企业季度（月份）预缴申报表表样（见表2－1）及填报说明

（一）《月（季）度预缴纳税申报表（A类）》有关说明

1. 本表由查账征收方式申报企业所得税的居民纳税人及其汇总纳税的分支机构在月份、季度预缴企业所得税时使用。

---

① 新修订的《刑法》取消了偷税罪概念，改为逃避追缴税款罪。

表 2－1　　企业所得税月（季）度预缴纳税申报表（A 类）

税款所属期间：　年　月　日至　年　月　日

纳税人识别号：

纳税人名称：

行次	项　目		本期金额	累计金额
1	一、据实预缴			
2	营业收入			
3	营业成本			
4	实际利润额			
5	税率（25%）			
6	应纳所得税额（4 行×5 行）			
7	减免所得税额			
8	实际已缴所得税额		—	
9	应补（退）的所得税额（6 行－7 行－8 行）		—	
10	二、按照上一纳税年度应纳税所得额的平均额预缴			
11	上一纳税年度应纳税所得额		—	
12	本月（季）应纳税所得额（11 行÷12 或 11 行÷4）			
13	税率（25%）		—	—
14	本月（季）应纳所得税额（12 行×13 行）			
15	三、按照税务机关确定的其他方法预缴			
16	本月（季）确定预缴的所得税额			
17	总分机构纳税人			
18	总机构	总机构应分摊的所得税额（9 行或 14 行或 16 行×25%）		
19		中央财政集中分配的所得税额（9 行或 14 行或 16 行×25%）		
20		分支机构分摊的所得税额（9 行或 14 行或 16 行×50%）		
21	分支机构	分配比例		
22		分配的所得税额（20 行×21 行）		

谨声明：此纳税申报表是根据《中华人民共和国企业所得税法》、《中华人民共和国企业所得税法实施条例》和国家有关税收规定填报的，是真实的、可靠的、完整的。

法定代表人（签字）：　　　　年　月　日

纳税人公章： 会计主管： 填表日期：　年　月　日	代理申报中介机构公章： 经办人： 经办人执业证件号码： 代理申报日期：　年　月　日	主管税务机关受理专用章： 受理人： 受理日期：　年　月　日

2. 季度、月份预缴税款只是确保税款及时足额入库和按一定期间分解纳税人的缴税责任，其最终纳税义务只能在年终汇算清缴环节才能确定。季度、月份预缴是为了解决企业所得税税款均衡入库的一种印发申报方式，原则上企业所得税的税收政策主要体现在年度汇算

清缴申报中，月（季）度预缴申报按企业会计核算的利润总额计算。对于查账征税纳税人，根据《企业所得税法实施条例》第一百二十八条、《国家税务总局关于印发〈中华人民共和国企业所得税月（季）度预缴纳税申报表〉等报表的通知》（国税函［2008］44 号）、《国家税务总局关于填报企业所得税月（季）度预缴纳税申报表的通知》（国税函［2008］635 号）等文件规定，按照纳税人季度或月份实际利润预缴税款，除弥补以前亏损、处理不征税收入、免税收入、房地产开发企业本期取得预售收入按规定计算出的预计利润外，不进行过多的纳税调整。税务机关为加强税源管理，《国家税务总局关于加强企业所得税预缴工作的通知》（国税函［2009］34 号）原则上要求季度、月份预缴税款占当年企业所得税入库税款的 70% 以上。

3. 本表在结构上分为两部分：第一部分为第 1 行至第 16 行，纳税人根据自身的预缴申报方式分别填报：实行据实预缴（按实际利润预缴税款）的纳税人填报第 2 ~ 9 行；实行按上一年度应纳税所得额的月度或季度平均额预缴的纳税人填报第 11 ~ 14 行，由于企业经营具有季节性，或利润波动大、不容易计算等原因，需按上一年度应纳税所得额在月份或季度的平均数填报；实行经税务机关认可的其他方法预缴的纳税人填报第 16 行。第二部分为第 17 行至第 22 行，由实行汇总纳税的总机构在填报第一部分的基础上填报第 18 行至第 20 行；分支机构填报第 20 行至第 22 行。

4. 本表表头项目的填写。

（1）“税款所属期间”：纳税人填写的“税款所属期间”为公历 1 月 1 日至所属月（季）度最后一日。企业年度中间开业的纳税人填写的“税款所属期间”为当月（季）开始经营之日至所属季度的最后一日，自次月（季）度起按正常情况填报。

（2）“纳税人识别号”：填报税务机关核发的税务登记证号码（15 位）。

（3）“纳税人名称”：填报税务登记证中的纳税人全称。

（二）有关列次的填报

1. 采取“据实预缴”方式的纳税人填报第 2 ~ 9 行应注意：（1）“本期金额”列，填报所属月（季）度第一日至最后一日的数据；（2）“累计金额”列，填报纳税人所属年度 1 月 1 日至所属季度（或月份）最后一日的累计数。（3）第 9 行“应补（退）所得税额”对应的“累计金额”列数据为当期应补（退）所得税额。这里沿用了习惯性用语，季度、月份预缴时一般不会退税，只表明以前年度、季度、月份有多预缴税款的情况。此处表明预缴税款超出应预缴税款的情形。

2. 采取“按照上一纳税年度应纳税所得额平均额预缴”方式的纳税人填报第 11 行至第 14 行：应注意填写所属月（季）度第一日至最后一日数据。

3. 采取“按照税务机关确定的其他方法预缴”方式的纳税人填报第 16 行：应注意填写所属月（季）度第一日至最后一日数据。

（三）具体项目的填报说明

1. 报表第一部分：预缴税额的计算及填报。

（1）采用“据实预缴”方式预缴税款的计算及填列。鉴于预缴税款主要解决入库问题，在“据实预缴”方式下，原则上季度、月份预缴税款以会计核算的“利润总额”乘以税率直接计算出季度、月份应预缴税额。

①第 2 行“营业收入”：填报按企业会计准则、企业会计制度等核算的营业收入；事业

单位、社会团体、民办非企业单位按事业单位会计制度、非营利组织会计制度等核算的收入填报。

②第 3 行“营业成本”：填报按企业会计准则、企业会计制度等核算的营业成本；事业单位、社会团体、民办非企业单位按其会计制度核算的成本（费用）填报。

③第 4 行“实际利润额”：根据《国家税务总局关于填报企业所得税月（季）度预缴纳税申报表有关问题的通知》（国税函［2008］635 号）规定，为避免对某些企业过多预征税款造成汇算清缴大额退税，保护企业合法权益，本行填报会计制度核算的利润总额减除以前年度待弥补亏损以及不征税收入、免税收入后的余额。事业单位、社会团体、民办非企业单位比照国税函［2008］635 号规定精神填报。

房地产开发企业将本期取得的预售收入按规定计算出的预计利润额和本期实际核算的利润总额之和计入本行。《国家税务总局关于房地产开发企业所得税预缴问题的通知》（国税函［2008］299 号）规定，非经济适用房开发项目的预计利润率，位于省、自治区、直辖市和计划单列市政府所在地城区和郊区的，不得低于 20%，位于地级市、地区、盟、州城区及郊区的，不得低于 15%，位于其他地区的，不得低于 10%；经济适用房开发项目的预计利润率不低于 3%。

由于本表未反映期间费用、营业税金及附加等事项，因此，第 4 行“实际利润额”≠第 2 行“营业收入” - 第 3 行“营业支出”。

④第 5 行“税率（25%）”：统一按照《企业所得税法》第四条规定的 25% 税率计算应纳税额。对于企业适用税率低于 25% 的，统一视为减免税处理。

⑤第 6 行“应纳所得税额”：根据第 4 行、第 5 行数据计算得出当期应纳所得税额。第 6 行 = 第 4 行 × 第 5 行，且第 6 行≥0。

⑥第 7 行“减免所得税额”：填报当期实际享受的减免所得税额，包括享受减免税优惠过渡期的税收优惠、小型微利企业优惠、高新技术企业优惠及经税务机关审批或备案的其他减免税优惠。第 7 行≤第 6 行。

⑦第 8 行“实际已预缴的所得税额”：填报本年度以前月份、季度累计已经预缴的企业所得税税额，“本期金额”列不填写。

⑧第 9 行“应补（退）所得税额”：填报按照税法规定计算的本次预缴时应补（退）预缴所得税额。第 9 行 = 第 6 行 - 第 7 行 - 第 8 行，且第 9 行 <0 时，填 0；“本期金额”列不填写。

需要说明的是，该行改为“应补预缴所得税额”较为合适，一则季度、月份预缴税款时不办理退税，二则该行表示本月或本季度应预缴的数额。如果实际已缴税额大于应预缴税额，本行填 0，应退税款通过企业汇算清缴解决。

（2）采用“按照上一纳税年度应纳税所得额的平均额预缴”方式预缴税款的计算及填列。

①第 11 行“上一纳税年度应纳税所得额”：填报上一纳税年度汇算清缴申报的应纳税所得额。本行不包括纳税人的境外所得。由于境外所得基本上应先在境外缴税，回国后进行税收抵免，如果所得来源国与居民所在国税率相差不多，不会在中国境内补缴过多税款；境外所得的补缴和抵免所得税问题，通过年度纳税申报表统一处理，本行未要求填报境外所得。

②第 12 行“本月（季）应纳所得税所得额”：填报纳税人依据上一纳税年度汇算清缴申报的应纳税所得额计算的当期应纳税所得额。对于按季预缴企业：第 12 行 = 第 11 行 × 1/4；对于按月预缴企业：第 12 行 = 第 11 行 ×1/12。

③第 13 行“税率（25%）”：按照《企业所得税法》第四条规定的 25% 税率计算应纳所得税额。

④第 14 行“本月（季）应纳所得税额”：填报计算的本月（季）应纳所得税额。第 14 行 = 第 12 行 × 第 13 行。

（3）采用“按照税务机关确定的其他方法预缴”方式预缴税款的计算及填列

第 16 行“本月（季）确定预缴的所得税额”：填报依据税务机关认定的应纳税所得额计算出的本月（季）应缴纳所得税额；或者直接填报税务机关确定的应纳税所得额。

“按照上一纳税年度应纳税所得额平均额预缴”或“按照税务机关确定的其他方法预缴”的预缴申报方式是一种简化预缴的方法，预缴申报时可以不考虑纳税人享受税收优惠的情况，年度汇算清缴时一并处理减免税优惠事项。

2. 报表第二部分：由跨地区汇总纳税的总分机构填报。

总分机构纳税人有关填报要求。企业在税收优惠过渡期内，以及执行西部大开发等政策，我国部分地区的适用税率将在一定期限内低于 25%。《企业所得税法》实行法人税制，本着遵循新税法和兼顾历史的原则，对于汇总纳税的总分机构，为避免税源在地区间无序转移，避免诱导企业为税收筹划目标而将经营地点或注册地点改为低税率地区，《国家税务总局关于印发〈跨地区经营汇总纳税企业所得税征收管理暂行办法〉的通知》（国税发［2008］28 号）第十六条规定，总机构与分支机构处于不同税率地区的，先由总机构统一计算全部应纳税所得额，然后计算划分不同税率地区机构的应纳税所得额后，再分别按总机构和分支机构所在地的适用税率计算应纳税额。

由于本表是按照《财政部、国家税务总局、中国人民银行关于印发〈跨省市总分机构企业所得税分配及预算管理暂行办法〉的通知》（财预［2008］10 号）设计的，在“应纳税额”层次划分总分机构预缴税额，未考虑各地税率不一致情况，造成该表“总分机构纳税人”有关行次的钩稽关系不严密。由此，《国家税务总局关于填报企业所得税月（季）度预缴纳税申报表有关问题的通知》（国税函［2008］635 号）规定：“第 18 至 20 行，总分机构税率一致的，按《通知》（即国税发［2008］44 号）填报；总分机构税率不一致的，按国税发［2008］28 号及相关补充文件计算填报；即第 9 行、第 14 行、第 16 行与第 18 至 20 行关系不成立，且《中华人民共和国企业所得税汇总纳税总分支机构分配表》中分支机构分摊的所得税额 × 分摊比例 = 分配税额计算关系不成立。”

为便于纳税人填写，编者根据《国家税务总局关于跨地区经营汇总纳税企业所得税征收管理若干问题的通知》（国税函［2009］221 号）规定，对本表第 18 行至第 22 行有关逻辑关系的填报做一些更改，既适用于税率一致的总分机构汇总纳税，亦适用于税率不一致的总分支机构汇总纳税。

①第 18 行“总机构应分摊的所得税额”：填报汇总纳税的总机构以本表第一部分（第 1 ~ 16 行）本月或本季预缴所得税额（实际是整个汇总企业应纳税所得额）为基数，按总机构应分摊的预缴比例计算出的本期应预缴所得税额。

据实预缴的汇总纳税企业总机构：《国家税务总局关于印发〈中华人民共和国企业所得

税月（季）度预缴纳税申报表〉等报表的通知》（国税函［2008］44号）文件规定，本行=第9行×总机构应分摊的预缴比例25%。根据《国家税务总局关于印发〈跨地区经营汇总纳税企业所得税征收管理暂行办法〉的通知》（国税发［2008］28号）、《国家税务总局关于填报企业所得税月（季）度预缴纳税申报表有关问题的通知》（国税函［2008］635号）和《国家税务总局关于跨地区经营汇总纳税企业所得税征收管理若干问题的通知》（国税函［2009］221号）规定精神，本行金额=第4行"实际利润额"×总机构应分摊的预缴比例25%×总机构适用税率。

按上一纳税年度应纳税所得额的月度或季度平均额预缴的汇总纳税企业总机构：《国家税务总局关于印发〈中华人民共和国企业所得税月（季）度预缴纳税申报表〉等报表的通知》（国税函［2008］44号）规定，本行=第14行×总机构应分摊的预缴比例25%。根据《国家税务总局关于印发〈跨地区经营汇总纳税企业所得税征收管理暂行办法〉的通知》（国税发［2008］28号）、《国家税务总局关于填报企业所得税月（季）度预缴纳税申报表有关问题的通知》（国税函［2008］635号）和《国家税务总局关于跨地区经营汇总纳税企业所得税征收管理若干问题的通知》（国税函［2009］221号）等文件规定，本行金额=第12行"本月（季）应纳税所得额"×总机构应分摊的预缴比例25%×总机构适用税率。

经税务机关认可的其他方法预缴的汇总纳税企业总机构：《国家税务总局关于印发〈中华人民共和国企业所得税月（季）度预缴纳税申报表〉等报表的通知》（国税函［2008］44号）规定，本行金额=第16行×总机构应分摊的预缴比例25%，这一计算公式适用于总分机构适用税率一致情形。对于总分机构适用税率不一致的，根据《国家税务总局关于印发〈跨地区经营汇总纳税企业所得税征收管理暂行办法〉的通知》（国税发［2008］28号）、《国家税务总局关于填报企业所得税月（季）度预缴纳税申报表有关问题的通知》（国税函［2008］635号）和《国家税务总局关于跨地区经营汇总纳税企业所得税征收管理若干问题的通知》（国税函［2009］221号），本行金额=（将第16行计算还原为应纳税所得额）×总机构应分摊的预缴比例25%×总机构适用税率。

②第19行"中央财政集中分配税款的所得税额"：填报汇总纳税总机构以本表第一部分（第1行-第16行）本月或本季预缴所得税额（实际是整个汇总企业应纳税所得额）为基数，总机构按中央财政集中分配税款的预缴比例计算出的本期应预缴所得税额。

据实预缴的汇总纳税企业总机构：《国家税务总局关于印发〈中华人民共和国企业所得税月（季）度预缴纳税申报表〉等报表的通知》（国税函［2008］44号）规定，本行金额=第9行×中央财政集中分配税款的预缴比例25%。根据《国家税务总局关于印发〈跨地区经营汇总纳税企业所得税征收管理暂行办法〉的通知》（国税发［2008］28号）、《国家税务总局关于填报企业所得税月（季）度预缴纳税申报表有关问题的通知》（国税函［2008］635号）和《国家税务总局关于跨地区经营汇总纳税企业所得税征收管理若干问题的通知》（国税函［2009］221号）等文件规定，本行金额=第4行"实际利润额"×中央财政集中分配税款的预缴比例25%×总机构适用税率。

按上一纳税年度应纳税所得额的月度或季度平均额预缴的汇总纳税企业总机构：《国家税务总局关于印发〈中华人民共和国企业所得税月（季）度预缴纳税申报表〉等报表的通知》（国税函［2008］44号）规定，本行=第14行×中央财政集中分配税款的预缴比例25%。根据《国家税务总局关于印发〈跨地区经营汇总纳税企业所得税征收管理暂行办法〉

的通知》（国税发［2008］28号）、《国家税务总局关于填报企业所得税月（季）度预缴纳税申报表有关问题的通知》（国税函［2008］635号）和《国家税务总局关于跨地区经营汇总纳税企业所得税征收管理若干问题的通知》（国税函［2009］221号）等文件规定，本行金额＝第12行“本月（季）应纳税所得额”×中央财政集中分配税款的预缴比例25%×总机构适用税率。

经税务机关认可的其他方法预缴的汇总纳税企业总机构：《国家税务总局关于印发〈中华人民共和国企业所得税月（季）度预缴纳税申报表〉等报表的通知》（国税函［2008］44号）规定，本行金额＝第16行×中央财政集中分配税款的预缴比例25%，这一计算公式适用于总分机构适用税率一致情形。对于总分机构适用税率不一致的，根据《国家税务总局关于印发〈跨地区经营汇总纳税企业所得税征收管理暂行办法〉的通知》（国税发［2008］28号）、《国家税务总局关于填报企业所得税月（季）度预缴纳税申报表有关问题的通知》（国税函［2008］635号）和《国家税务总局关于跨地区经营汇总纳税企业所得税征收管理若干问题的通知》（国税函［2009］221号）等文件规定，本行金额＝（将第16行计算还原为应纳税所得额）×中央财政集中分配税款的预缴比例25%×总机构适用税率。

需要说明的是，在填写本表第18行“总机构应分摊的所得税额”和第19行“中央财政集中分配税款的所得税额”时，由于总机构不论预缴还是汇算清缴，都是将整个企业应纳税所得额的50%计算的税款由总机构预缴，其60%均缴入中央金库，由于将企业两个25%税款（合计50%）的40%分别缴入中央财政集中分配部分和地方金库，即缴入中央调剂账户的数额与缴入地方金库的数额是一致的。总机构预缴税款总额实际上分为三个账户：就地预缴和纳入财政专户的部分。因此填开《税收缴款书》时，总机构预缴所得税的财政预算级次，按60:20:20缴入中央金库、中央金库（待分配）、地方金库。总机构汇算清缴补退税，分别按60:40（中央库、中央库待分配收入）办理补、退税。

③第20行“分支机构分摊的所得税额”：填报汇总纳税企业以本表第一部分（第1行～16行）本月或本季预缴所得税额（实际是整个汇总企业应纳税所得额）为基数，按各分支机构分摊的预缴比例计算出的本期预缴所得税额。本表由总机构和各分支机构分别按各自角度填报，分支机构本行填报总机构申报的第20行“分支机构分摊的所得税额”。

根据《财政部、国家税务总局、中国人民银行关于印发〈跨省市总分机构企业所得税分配及预算管理暂行办法〉的通知》（财预［2008］10号）和《国家税务总局关于印发〈跨地区经营汇总纳税企业所得税征收管理暂行办法〉的通知》（国税发［2008］28号）规定，将汇总企业50%的税款在各分支机构所在地预缴，实际上是各分支机构按一定系数对上述50%税款进行分割。由于各分支机构的适用税率不同，因此，《国家税务总局关于跨地区经营汇总纳税企业所得税征收管理若干问题的通知》（国税函［2009］221号）规定将切割点放在“应纳税所得额”层次，计算出各分支机构的应纳税所得额，用各分支机构应纳税所得额乘以其适用税率计算各分支机构应纳税额，再将各分支机构税款进行相加，得出所有分支机构应分摊的所得税额。划分各分支机构应纳税所得额的系数计算公式：

某分支机构分摊比例＝0.35×（该分支机构营业收入÷各分支机构营业收入之和）+0.35×（该分支机构工资总额÷各分支机构工资总额之和）+0.30×（该分支机构资产总额÷各分支机构资产总额之和）

上述收入指分支机构的全部经营收入，其中，生产经营企业的经营收入限于销售商品、提供劳务等取得的全部收入；金融企业的经营收入是指利息和手续费等全部收入；保险企业的经营收入是指保费等全部收入。上述资产总额是指分支机构拥有或控制的除无形资产外能以货币计量的经济资源总额。为照顾各分支机构所在地的财政利益，争取地方政府对各地分支机构的支持，避免分支机构因不在当地缴税引致征纳矛盾，建议总机构计算分支机构预缴税款系数时，保留小数点后四位。

《国家税务总局关于跨地区经营汇总纳税企业所得税征收管理若干问题的通知》（国税函［2009］221号）明确了二级分支机构的判定问题。二级分支机构是指总机构对其财务、业务、人员等直接进行统一核算和管理的领取非法人营业执照的分支机构，为加强税务机关之间的信息传递，要求总机构及时将所属二级分支机构名单报送总机构所在地主管税务机关，并向其所属二级分支机构及时出具有效证明（支持证明的材料包括总机构拨款证明、总分机构协议或合同、公司章程、管理制度等），二级分支机构在办理税务登记时应向其所在地主管税务机关报送非法人营业执照（复印件）和由总机构出具的二级分支机构的有效证明。

据实预缴的汇总纳税企业总机构：《国家税务总局关于印发〈中华人民共和国企业所得税月（季）度预缴纳税申报表〉等报表的通知》（国税函［2008］44号）规定，本行金额=第9行×分支机构分摊的预缴比例50%。根据《国家税务总局关于印发〈跨地区经营汇总纳税企业所得税征收管理暂行办法〉的通知》（国税发［2008］28号）、《国家税务总局关于填报企业所得税月（季）度预缴纳税申报表有关问题的通知》（国税函［2008］635号）和《国家税务总局关于跨地区经营汇总纳税企业所得税征收管理若干问题的通知》（国税函［2009］221号）规定，由于各分支机构税率不同，本行金额=∑第4行“实际利润额”×分支机构分摊的预缴比例50%×分配系数×某分支机构适用税率。

按上一纳税年度应纳税所得额的月度或季度平均额预缴的汇总纳税企业总机构：《国家税务总局关于印发〈中华人民共和国企业所得税月（季）度预缴纳税申报表〉等报表的通知》（国税函［2008］44号）规定，本行=第14行×分支机构分摊的预缴比例50%。根据《国家税务总局关于印发〈跨地区经营汇总纳税企业所得税征收管理暂行办法〉的通知》（国税发［2008］28号）、《国家税务总局关于填报企业所得税月（季）度预缴纳税申报表有关问题的通知》（国税函［2008］635号）和《国家税务总局关于跨地区经营汇总纳税企业所得税征收管理若干问题的通知》（国税函［2009］221号）规定，本行金额=∑第12行“本月（季）应纳税所得额”×分支机构分摊的预缴比例50%×分配系数×某分支机构适用税率。

经税务机关认可的其他方法预缴的汇总纳税企业总机构：《国家税务总局关于印发〈中华人民共和国企业所得税月（季）度预缴纳税申报表〉等报表的通知》（国税函［2008］44号）规定，本行金额=第16行×分支机构分摊的预缴比例50%，这一计算公式适用于总分机构适用税率一致情形。对于总分机构适用税率不一致的，根据《国家税务总局关于印发〈跨地区经营汇总纳税企业所得税征收管理暂行办法〉的通知》（国税发［2008］28号）、《国家税务总局关于填报企业所得税月（季）度预缴纳税申报表有关问题的通知》（国税函［2008］635号）和《国家税务总局关于跨地区经营汇总纳税企业所得税征收管理若干问题的通知》（国税函［2009］221号）规定，本行金额=∑（将第16行计算还原为应纳税所得额）×分支机构分摊的预缴比例50%×分配系数×某分支机构适用税率。

④第21行“分配比例”：填报汇总纳税分支机构依据《汇总纳税企业所得税分配表》中确定的分配比例，某分支机构按照其占全部分支机构的三项指标计算出的系数填列。分配比例的计算公式：

某分支机构分摊比例 = 0.35 ×（该分支机构营业收入 ÷ 各分支机构营业收入之和）+ 0.35 ×（该分支机构工资总额 ÷ 各分支机构工资总额之和）+ 0.30 ×（该分支机构资产总额 ÷ 各分支机构资产总额之和）

⑤第22行“分配的所得税额”：根据《国家税务总局关于印发〈中华人民共和国企业所得税月（季）度预缴纳税申报表〉等报表的通知》（国税函［2008］44号）规定，此行填报汇总纳税分支机构依据当期总机构申报表中第20行“分支机构分摊的所得税额”×本表第21行“分配比例”的数额。实际上，根据《国家税务总局关于印发〈跨地区经营汇总纳税企业所得税征收管理暂行办法〉的通知》（国税发［2008］28号）和《国家税务总局关于填报企业所得税月（季）度预缴纳税申报表有关问题的通知》（国税函［2008］635号）规定，当总分支机构以及各分支机构适用税率不一致时，上述比例关系不成立。根据《国家税务总局关于跨地区经营汇总纳税企业所得税征收管理若干问题的通知》（国税函［2009］221号），此行应填列“应纳税所得额的50% ×21行分配比例×某分支机构适用税率”。

（四）2010年度涉及预缴申报的主要新政策填报

1. 小型微利企业的2010年度预缴申报。《国家税务总局关于小型微利企业预缴2010年度所得税有关问题的通知》（国税函［2010］185号）要求：上一纳税年度年应纳税所得额低于3万元（含3万元），同时符合小型微利条件的企业，2010纳税年度按实际利润额预缴所得税的小型微利企业（以下简称小小微企业），在预缴申报时，在预缴申报表第4行“利润总额”与15%的乘积，暂填入第7行“减免所得税额”内，其实质享受了15%的减免税优惠。

目前，此项政策只适用于2010年度预缴申报。

［例2-1］ 某企业2009年度应纳税所得2.8万元；2010年3季度利润总额3.2万元。如果该企业同时符合小型微利企业的其他条件，其预缴申报采用“据实预缴”方式，如何进行2010年3季度的预缴纳税申报？

该企业2010年3季度的纳税申报如下：

第4行“利润总额”：3.2万元

第5行“税率”：25%

第6行“应纳税得税额”：0.8万元

第7行“减免所得税额”：0.48万元

第9行“应补（退）的所得税额”：0.32万元

一些地区为了使符合小型微利条件的企业填报口径一致，对上一纳税年度年应纳税所得额低于3万元（含3万元），同时符合小型微利条件的企业在季度申报时，对其所得减按50%作为计入应纳税所得额计算的金额，然后再按20%税率缴纳企业所得税，5%税率差的减免税额，填写在企业所得税《季度申报表》第7行“减免所得税额”内。

2. 跨地区经营建筑企业总机构的预缴申报及汇算清缴申报。《关于跨地区经营建筑企业所得税征收管理问题的通知》（国税函［2010］156号）将跨地区经营的建筑企业征收企业所得税分为三种方式：一是实行总分机构体制的跨地区经营建筑企业按国税发［2008］28号文件；二是建筑企业所属二级或二级以下分支机构直接管理的项目部，项目部事项汇入二级分支机构，再执行国税发［2008］28号文件；三是总机构直接管理的跨地区设立的项目部。按项目实际经营收入的0.2%按月或按季就地预缴企业所得税。

（1）建筑企业总机构的预缴申报要求。目前建筑企业由总机构汇总计算应纳所得税额并分为三种预缴方式：一是总机构只设跨地区项目部的，扣除项目部预缴的企业所得税后，按照其余额就地缴纳；二是总机构只设二级分支机构的按国税发［2008］28号文件计算应纳税款；三是总机构既有直接管理的跨地区项目部，又有跨地区二级分支机构的，先扣除已由项目部预缴的企业所得税后，再按照国税发［2008］28号文件规定计算总、分支机构应缴纳的税款。

上述三种方式中，除总机构只设二级分支机构按国税发［2008］28号文件以25:25:50的权重比例及三因素计算总分机构的入库税款外，其他两种方式预缴申报时都涉及将外地项目部入库的所得税计算在总机构的实际已预缴税款中。

（2）建筑企业总机构的年度汇算清缴申报。年度汇算清缴时各分支机构和项目部不进行汇算清缴，由总机构办理退税或抵扣以后年度的应缴企业所得税。

（3）总机构预缴申报及年度汇算清缴的实际处理方法。目前，总机构申报纳税时企业所得税预缴申报表及年度纳税申报表中没有外埠项目部按实际经营收入0.2%入库税款的抵减栏次。实际操作时，可以依据文件及入库税票，在预缴申报表第8行“实际已预缴所得税”或年度纳税申报表第34行“本年累计实际已预缴的所得税额”中增加项目部入库税款的抵减。

［例2－2］　A企业是建安企业，2010年6月承接了山东工程总承包额1亿元，该企业在山东成立项目部由总部直接管理负责。山东项目部在当地缴纳所得税10000万元×0.2%＝20万元。A企业2010年2季度实现的应纳税额100万元，总机构1季度已入库所得税40万元。该企业2010年2季度纳税申报时：

第6行“应纳税得税额”：100万元

第8行“实际已缴所得税额”：40＋20＝60（万元）

第9行“应补（退）的所得税额”：40万元

A企业2010年度汇算清缴申报同样应将山东项目部在当地缴纳所得税20万元，在年度纳税申报表第34行“本年累计实际已预缴的所得税额”中进行抵减。

二、核定征税企业月（季）度预缴纳税申报表表样（见表2－2）及填报说明

（一）《企业季度、月份预缴纳税申报表（B类）》有关说明

1. 本表由采取核定征收管理办法（包括核定应税所得率和核定税额）缴纳企业所得税的纳税人在月（季）度申报缴纳企业所得税时使用。其中：核定应税所得率的纳税人按收入总额核定、按成本费用核定、按经费支出等三种换算方式分别填写。

2. 关于汇总纳税分支机构填表问题。

《国家税务总局关于跨地区经营汇总纳税企业所得税征收管理有关问题的通知》（国税函［2008］747号）规定，汇总纳税的总分支机构的纳税问题牵扯各地区财政利益的划分问题，各分支机构应健全财务会计核算，不采取核定征税办法，不填写本表。但是，根据

表2－2 企业所得税月（季）度预缴纳税申报表（B类）

项目			行次	累计金额
应纳税所得额的计算	按收入总额核定应纳税所得额	收入总额	1	
		税务机关核定的应税所得率（%）	2	
		应纳税所得额（1行×2行）	3	
	按成本费用核定应纳税所得额	成本费用总额	4	
		税务机关核定的应税所得率（%）	5	
		应纳税所得额［4行÷（1－5行）×5行］	6	
	按经费支出换算应纳税所得额	经费支出总额	7	
		税务机关核定的应税所得率（%）	8	
		换算的收入额［7行÷（1－8行）］	9	
		应纳税所得额（8行×9行）	10	
应纳所得税额的计算		税率（25%）	11	
		应纳所得税额（3行×11行或6行×11行或10行×11行）	12	
		减免所得税额	13	
应补（退）所得税额的计算		已预缴所得税额	14	
		应补（退）所得税额（12行－13行－14行）	15	

谨声明：此纳税申报表是根据《中华人民共和国企业所得税法》、《中华人民共和国企业所得税法实施条例》和国家有关税收规定填报的，是真实的、可靠的、完整的。

法定代表人（签字）： 年 月 日		
纳税人公章：	代理申报中介机构公章：	主管税务机关受理专用章：
会计主管：	经办人：	受理人：
	经办人执业证件号码：	
填表日期： 年 月 日	代理申报日期： 年 月 日	受理日期： 年 月 日

《国家税务总局关于跨地区经营汇总纳税企业所得税征收管理若干问题的通知》（国税函［2009］221号）规定，对于以总机构名义进行生产经营的非法人分支机构（即挂靠总机构的虚假的二级分支机构），无法提供有效证据证明其二级及二级以下分支机构身份的，应视同独立纳税人计算并就地缴纳企业所得税，如其不符合查账征税条件，可以进行核定征税。

3. 本表包括两部分：一是第1行至第10行填报应纳税所得额的计算；二是第11行至第15行反映应纳税额和应补（退）税额。

直接核定税额的企业，不办理汇算清缴，只填写本表第12行。

4. 本表表头项目填报。

（1）“税款所属期间”：纳税人填报的“税款所属期间”为公历1月1日至所属季（月）度最后一日。

年度中间开业的纳税人填报“税款所属期间”为当月（季）度第一日至所属月（季）度最后一日，自次月（季）度起，按正常情况填报。

（2）“纳税人识别号”：填报税务机关核发税务登记证号码（15位）。

（3）“纳税人名称”：填报税务登记证中的纳税人全称。

（二）具体行次的填报

1. 报表第一部分：应纳税所得额的计算。

（1）按收入总额核定应纳税所得额。

①第1行“收入总额”：按照收入总额核定应税所得率的纳税人填报此行。填写截至本季度、月份累计取得的各项收入金额，由于核定应税所得率的企业不能全面准确地核算收入、成本、费用，未正确执行会计准则和会计制度，此行需综合考虑征收流转税的收入数、开具发票以及合同数额等情况填列。此行数据实质为企业的应税收入额。

《国家税务总局关于企业所得税核定征收若干问题的通知》（国税函［2009］377号）文件规定：应税收入额=收入总额-不征税收入-免税收入

其中：收入总额为企业以货币形式和非货币形式从各种来源取得的收入。

②第2行“税务机关核定的应税所得率”：填报主管税务机关核定的应税所得率。根据《国家税务总局关于印发〈企业所得税核定征收办法（试行）〉的通知》（国税发［2008］30号）规定，应税所得率幅度如表2-3所示，企业按主管税务机关在《国家税务总局关于印发〈企业所得税核定征收办法（试行）〉的通知》（国税发［2008］30号）规定限度内核定的应税所得率执行。

表2-3　应税所得率幅度标准

行　业	应税所得率（%）
农、林、牧、渔业	3~10
制造业	5~15
批发和零售贸易业	4~15
交通运输业	7~15
建筑业	8~20
饮食业	8~25
娱乐业	15~30
其他行业	10~30

③第3行“应纳税所得额”：根据本表第1行、第2行计算结果填列。

计算公式：

应纳税所得额=第1行×第2行

（2）按成本费用核定应纳税所得额。主要针对隐瞒收入、收入申报不实、企业经营对象不索要发票的纳税人如餐饮、娱乐、商品零售、部分服务业等行业使用，主要结合纳税人的成本倒推收入，此类纳税人的成本费用数额相对准确。

①第4行“成本费用总额”：按照成本费用核定应税所得率的纳税人填报此行。填写本年度累计发生的各项成本费用金额。

②第5行“税务机关核定的应税所得率”：填报主管税务机关核定的应税所得率。参见本表第2行的说明。

③第 6 行“应纳税所得额”：按本表第 4 行、第 5 行计算结果填报。计算公式：

应纳税所得额 = 第 4 行 ÷(1 – 第 5 行) × 第 5 行

(3) 按经费支出换算应纳税所得额。按照原纳税申报表设计方案，居民企业与非居民企业适用统一的预缴申报表，“按经费支出换算应纳税所得额”原主要适用于非居民企业在中国境内设立不直接确认收入的机构、场所，如外国企业驻中国办事处、联络处、仓储中心、配送中心等，为境外企业在中国境内提供商情、信息、调研、洽谈、市场推广、会议、协调、后续服务等，上述业务不直接产生收入，但与境外非居民企业从境内取得收入有关，上述机构大多数只发生费用，属于费用中心。上述情形不包括我国居民企业在境内设立的上述机构，境内居民企业的上述机构按规定汇总纳税，不存在漏税问题。由于《国家税务总局关于印发〈中华人民共和国非居民企业所得税申报表〉等报表的通知》(国税函［2008］801 号) 另外公布了非居民企业季度预缴申报表，该方法对居民企业基本不再适用。

①第 7 行“经费支出总额”：按照经费支出换算收入方式缴纳所得税的纳税人填报此行。填报累计发生的各项经费支出金额。

②第 8 行“经税务机关核定的应税所得率”：填报主管税务机关核定的应税所得率。参见本表第 2 行的说明。

③第 9 行“换算的收入额”：根据本表第 7 行、第 8 行计算结果填报。计算公式：

换算的收入额 = 第 7 行 ÷(1 – 第 8 行)

④第 10 行“应纳税所得额”：根据本表第 8 行、第 9 行计算结果填报。计算公式：

应纳税所得额 = 第 8 行 × 第 9 行

2. 报表第二部分：应纳税额和应补缴税额的计算及填报说明。

(1) 第 11 行“税率”：统一填写《企业所得税法》第四条规定的 25% 税率。对于享受低税率和减免税的企业，此行仍填写 25%，纳税人应享受的减免税填入本表 13 行“减免所得税额”。

(2) 第 12 行“应纳所得税额”。

①核定应税所得率的纳税人填报计算结果，具体如下：

按照收入总额核定应税所得率纳税人，应纳所得税额 = 第 3 行 × 第 11 行；

按照成本费用核定应税所得率纳税人，应纳所得税额 = 第 6 行 × 第 11 行；

按照经费支出换算应纳税所得额的纳税人，应纳所得税额 = 第 10 行 × 第 11 行；

②实行核定税额征收的纳税人，直接在本行填报税务机关核定的应纳所得税额，不填写本表其他行次。

(3) 第 13 行“减免所得税额”：填报当期实际享受的减免所得税额，包括享受减免税优惠过渡期的税收优惠政策、小型微利企业优惠政策、高新技术企业优惠政策及经税务机关审批或备案的其他减免税优惠政策。第 13 行≤第 12 行。

(4) 第 14 行“已预缴的所得税额”：填报当年以前季度、月份累计已经预缴的企业所得税额。

(5) 第 15 行“应补（退）所得税额”：根据本表第 12 行、第 13 行、第 14 行的计算结果填报。

计算公式如下：

应补（退）所得税额 = 第 12 行 – 第 13 行 – 第 14 行；当第 15 行≤0 时，本行填 0。

三、企业所得税汇总纳税分支机构分配表的表样（见表2-4）及填报说明

表2-4　　中华人民共和国企业所得税汇总纳税分支机构分配表

税款所属期间：　　年　　月　　日至　　年　　月　　日

分配比例有效期：　　年　　月　　日至　　年　　月　　日　　　　金额单位：人民币元（列至角分）

<table>
<tr><td rowspan="3">总机构情况</td><td rowspan="2">纳税人识别号</td><td rowspan="2">总机构名称</td><td colspan="4">三项因素</td><td rowspan="2" colspan="2">分支机构分摊的所得税额</td></tr>
<tr><td>收入总额</td><td>工资总额</td><td>资产总额</td><td>合计</td></tr>
<tr><td></td><td></td><td></td><td></td><td></td><td></td><td colspan="2"></td></tr>
<tr><td rowspan="12">分支机构情况</td><td rowspan="2">纳税人识别号</td><td rowspan="2">分支机构名称</td><td colspan="4">三项因素</td><td rowspan="2">分配比例</td><td rowspan="2">分配税额</td></tr>
<tr><td>收入总额</td><td>工资总额</td><td>资产总额</td><td>合计</td></tr>
<tr><td></td><td></td><td></td><td></td><td></td><td></td><td></td><td></td></tr>
<tr><td></td><td></td><td></td><td></td><td></td><td></td><td></td><td></td></tr>
<tr><td></td><td></td><td></td><td></td><td></td><td></td><td></td><td></td></tr>
<tr><td></td><td></td><td></td><td></td><td></td><td></td><td></td><td></td></tr>
<tr><td></td><td></td><td></td><td></td><td></td><td></td><td></td><td></td></tr>
<tr><td></td><td></td><td></td><td></td><td></td><td></td><td></td><td></td></tr>
<tr><td></td><td></td><td></td><td></td><td></td><td></td><td></td><td></td></tr>
<tr><td></td><td></td><td></td><td></td><td></td><td></td><td></td><td></td></tr>
<tr><td></td><td></td><td></td><td></td><td></td><td></td><td></td><td></td></tr>
<tr><td></td><td></td><td></td><td></td><td></td><td></td><td></td><td></td></tr>
</table>

（一）《企业所得税汇总纳税分支机构分配表》有关说明

1. 本表适用于在中国境内跨省、自治区、直辖市设立不具有法人资格的营业机构，并实行“统一计算、分级管理、就地预缴、汇总清算、财政调节”汇总纳税办法的居民企业填报。

《企业所得税法》第五十条明确规定：“居民企业在中国境内设立不具有法人资格的营业机构的，应当汇总计算并缴纳企业所得税。”《企业所得税法实施条例》第一百二十五条明确：“企业汇总计算企并缴纳企业所得税时，应当统一核算应纳税所得额……”体现了我国现行企业所得税法人制的实质，确定由法人统一核算应纳税所得额的原则。《国家税务总局关于印发〈跨地区经营汇总纳税企业所得税征收管理暂行办法〉的通知》（国税发［2008］28号）进一步明确了跨地区汇总纳税企业“统一计算、分级预缴、汇总清算、财政调库”的纳税处理原则。预缴申报时的具体处理方法：总机构统一计算应纳税所得额和应纳所得税额后，总分机构分别按25∶25∶50的比例由总机构就地入库中央收入25%、中央待分配收入25%的应纳税额，剩余50%的应纳税额在各分支机构间分别按收入35%、工资35%、资产30%的权重计算分配比例后就地入库。根据国税发［2008］28号文件规定设计的《分支机构分配表》是反映50%应纳所得税由分支机构入库时，各分支机构所占的分配比例及入库税款的计算情况。

2. 《国家税务总局关于跨地区经营汇总纳税企业所得税征收管理若干问题的通知》（国税函［2009］221号）规定，以总机构名义进行生产经营的非法人分支机构（即挂靠总机

构的虚假的二级分支机构），无法提供有效证据证明其二级及二级以下分支机构身份的，应视同独立纳税人计算并就地缴纳企业所得税不填本表，同时挂靠的分支机构也不填写本表。

3. 由总机构根据整个企业及各分支机构经营情况，确定各分支机构应就地预缴的税款数，分支机构在各地区就地预缴的数额，按照所得税分享比例确定地方财政利益，汇算清缴时，分支机构不再参与汇算。不论分支机构如何核算及会计核算水平，分支机构不作为一个独立的纳税人核算损益计算纳税，而是按照人员工资、资产总额、营业收入三项因素计算各分支机构对预缴税款的分摊比例。

根据《国家税务总局关于跨地区经营汇总纳税企业所得税征收管理若干问题的通知》（国税函［2009］221号）规定，跨地区经营汇总纳税企业在进行企业所得税预缴和年度汇算清缴时，二级分支机构应向其所在地主管税务机关报送其本级及以下分支机构的生产经营情况，主管税务机关应对报送资料加强审核，并作为对二级分支机构计算分摊税款比例的三项指标和应分摊入库所得税税款进行查验核对的依据。

4. 对于应执行《国家税务总局关于印发〈跨地区经营汇总纳税企业所得税征收管理暂行办法〉的通知》（国税发［2008］28号）规定而未执行或者未正确执行的跨地区经营汇总纳税企业，导致预缴企业所得税时总机构与分支机构之间同时存在一方（或几方）多预缴另一方（或几方）少预缴税款的，其总机构或分支机构就地预缴的企业所得税低于按《国家税务总局关于印发〈跨地区经营汇总纳税企业所得税征收管理暂行办法〉的通知》（国税发［2008］28号）、《国家税务总局关于跨地区经营汇总纳税企业所得税征收管理若干问题的通知》（国税函［2009］221号）规定计算分配的数额的，应在随后的预缴期间内，由总机构将按上述文件规定计算分配的税款差额分配到总机构或分支机构补缴；其总机构或分支机构就地预缴的企业所得税高于按上述文件规定计算分配的数额的，应在随后的预缴期间内，由总机构将按上述文件规定计算分配的税款差额从总机构或分支机构的预缴数中扣减。

5. 本表由总机构填报并经总机构主管税务机关盖章确认后，由各分支机构在预缴时以该表作为预缴税款的依据。

季度终了之日起10日内，由实行汇总纳税的总机构随同《中华人民共和国企业所得税月（季）度纳税申报表（A类）》报送。

季度终了之日起15日内，由实行汇总纳税并具有主体生产经营职能的二级分支机构随同《中华人民共和国企业所得税月（季）度纳税申报表（A类）》报送总机构申报后加盖有主管税务机关受理专用章的《中华人民共和国汇总纳税分支机构企业所得税分配表》（复印件）。

年度终了之日起5个月内，由实行汇总纳税的总机构随同《中华人民共和国企业所得税年度纳税申报表（A类）》报送。

6. 表头项目填报。

（1）“税款所属时期”：季度申报填写季度起始日期至所属季度的最后一日。年度申报填写公历1月1日至12月31日。

（2）“分配比例有效期”：填写经企业总机构所在地主管税务机关审批确认的分配比例有效期起及有效期止。根据《国家税务总局关于印发〈跨地区经营汇总纳税企业所得税征收管理暂行办法〉的通知》（国税发［2008］28号）第二十三条规定，考虑到有关数据的取得时间，1~6月份的分配比例按上上年度数据计算，7~12月份的分配比例按上年度数据计算。

（3）“纳税人识别号”：填写税务机关统一核发的税务登记证号码。

（4）“纳税人名称”：填写税务登记证所载纳税人的全称。

（二）《企业所得税汇总纳税分支机构分配表》具体填报说明

《企业所得税汇总纳税分支机构分配表》主要功能是将企业50%的预缴税款由各分支机构按规定计算出的分配比例在各地预缴，以此兼顾中央和各地方的财政利益。由于本表印发时间早于《国家税务总局关于印发〈跨地区经营汇总纳税企业所得税征收管理暂行办法〉的通知》（国税发［2008］28号）、《国家税务总局关于跨地区经营汇总纳税企业所得税征收管理若干问题的通知》（国税函［2009］221号）等文件，存在两个逻辑关系问题：第一，本表要求总机构和分支机构根据收入总额、工资总额、资产总额来确定各分支机构“分配比例”，但是按照《国家税务总局关于印发〈跨地区经营汇总纳税企业所得税征收管理暂行办法〉的通知》（国税发［2008］28号）、《国家税务总局关于跨地区经营汇总纳税企业所得税征收管理若干问题的通知》（国税函［2009］221号）的精神，总机构将企业应纳税额的50%（25%作为总机构预缴税款，25%作为中央财政集中的待分配部分）在总机构所在地预缴，其余50%由各分支机构预缴，实际上总机构的收入总额、工资总额、资产总额并不参与计算分支机构“分配比例”，因此，收入总额、工资总额、资产总额不应包括总机构的数据；第二，根据《国家税务总局关于印发〈跨地区经营汇总纳税企业所得税征收管理暂行办法〉的通知》（国税发［2008］28号）、《国家税务总局关于跨地区经营汇总纳税企业所得税征收管理若干问题的通知》（国税函［2009］221号）规定，在各地区适用税率不一致的背景下，确定各分支机构“分配比例”的应为“应纳税所得额”，而非“应纳税额”，本表设计基础是对“应纳税额”进行分割。为方便纳税人填报，编者在填报说明中对上述问题进行了处理。

1.“收入总额”：《国家税务总局关于印发〈中华人民共和国企业所得税月（季）度预缴纳税申报表〉等报表的通知》（国税函［2008］44号）规定，填写基期年度总机构、各分支机构的经营收入总额。由于总机构的收入不参与计算分割比例，编者建议该列只填写各分支机构的收入总额，其中，总机构对应的“收入总额”填写各分支机构收入总额的合计数。生产经营企业的经营收入是指销售商品、提供劳务等取得的全部收入，金融企业的经营收入是指利息和手续费等全部收入，保险企业的经营收入是指保费等全部收入。1~6月填写上上年度的收入总额，7~12月填写上年度的收入总额。

2.“工资总额”：《国家税务总局关于印发〈中华人民共和国企业所得税月（季）度预缴纳税申报表〉等报表的通知》（国税函［2008］44号）规定，填写基期年度总机构、各分支机构的工资总额。由于总机构工资支出不参与计算分支机构对税款的分割比例，编者建议该列只填写各分支机构的工资总额，其中总机构对应的“工资总额”填写各分支机构工资总额的合计数。此处指分支机构为获得职工提供的服务而给予职工的各种形式的报酬。1~6月填写上上年度的工资总额，7~12月填写上年度的工资总额。

3.“资产总额”：《国家税务总局关于印发〈中华人民共和国企业所得税月（季）度预缴纳税申报表〉等报表的通知》（国税函［2008］44号）规定，填写基期年度总机构、各分支机构的资产总额，不包括无形资产。由于总机构资产数额不参与计算分支机构对税款的分割比例，编者建议该列只填写各分支机构的资产总额，其中总机构对应的“资产总额”填写各分支机构资产总额的合计数。1～6月填写上上年度的资产总额，7～12月填写上年度的资产总额。

4. “合计”：《国家税务总局关于印发〈中华人民共和国企业所得税月（季）度预缴纳税申报表〉等报表的通知》（国税函［2008］44号）规定，填写基期年度总机构、各分支机构的经营收入总额、工资总额和资产总额三项因素的合计数。编者建议，此行填写各分支机构的经营收入总额、工资总额和资产总额三项因素的合计数。

5. “分支机构分摊的所得税额”：填写本所属时期总机构根据税务机关确定的分摊方法计算，由各分支机构进行分摊的所得税额。根据国税发［2008］28号规定，计算公式：

分支机构分摊的所得税额＝∑企业当期实际利润或应纳税所得额×50%×某分支机构分摊比例×某分支机构的适用税率

6. “分配比例”：填写经企业总机构所在地主管税务机关审核确认的各分支机构分配比例。《国家税务总局关于印发〈中华人民共和国企业所得税月（季）度预缴纳税申报表〉等报表的通知》（国税函［2008］44号）文件规定，计算公式为：

各分支机构分配比例＝（基期年各分支机构的经营收入总额、工资总额和资产总额三项因素合计数÷总机构的经营收入总额、工资总额和资产总额三项因素合计数）×100%

按照《国家税务总局关于印发〈跨地区经营汇总纳税企业所得税征收管理暂行办法〉的通知》（国税发［2008］28号）、《国家税务总局关于填报企业所得税月（季）度预缴纳税申报表有关问题的通知》（国税函［2008］635号）和《国家税务总局关于跨地区经营汇总纳税企业所得税征收管理若干问题的通知》（国税函［2009］221号）规定，应按以下计算公式填写：

某分支机构分摊比例＝0.35×（该分支机构营业收入÷各分支机构营业收入之和）＋0.35×（该分支机构工资总额÷各分支机构工资总额之和）＋0.30×（该分支机构资产总额÷各分支机构资产总额之和）

7. “分配税额”：填写本所属时期根据税务机关确定的分摊方法计算，分配给各分支机构缴纳的所得税额。在总机构和各分支机构适用税率不一致的情况下，此行≠“分支机构分摊的所得税额”×“分配比例”。

根据《国家税务总局关于印发〈跨地区经营汇总纳税企业所得税征收管理暂行办法〉的通知》（国税发［2008］28号）、《国家税务总局关于填报企业所得税月（季）度预缴纳税申报表有关问题的通知》（国税函［2008］635号）和《国家税务总局关于跨地区经营汇总纳税企业所得税征收管理若干问题的通知》（国税函［2009］221号）文件规定，应按以下计算公式填写：

某分支机构的分配税额＝企业当期实际利润或应纳税所得额×50%×某分支机构分摊比例×某分支机构的适用税率

第二节　境内设立机构、场所的非居民企业所得税预缴申报表

《国家税务总局关于印发〈中华人民共和国非居民企业所得税申报表〉等报表的通知》（国税函［2008］801号）和《国家税务总局国际税务司关于更新非居民企业所得税申报表样的函》（际便函［2008］184号）公布了非居民企业季度预缴所得税纳税申报表，并分别对据实申报企业（查账征税）、核定征税的非居民企业设计了预缴报表。另外，对于在中国境内未设立机构、场所但有来源于中国境内所得，或设立机构、场所，但来源于境内所得与上述机构、场所没有实质联系的非居民企业，另外设计了《扣缴企业所得税报告表》。

一、据实申报企业季度预缴申报表表样（见表2－5）及填报说明

表2－5　　中华人民共和国

非居民企业所得税季度纳税申报表

（适用于据实申报企业）

税款所属期间：　　年　　月　　日至　　年　　月　　日

纳税人识别号：　　　　　　　　　　　　金额单元：人民币元（列至角分）

纳税人名称：			居民国（地区）名称及代码：	
行次	项　目	账载金额	依法申报金额	备注
1	营业收入			
2	营业成本			
3	本季度利润（亏损）额			
4	按规定可弥补的以前季度亏损额			
5	按规定可弥补的以前年度亏损额			
6	应纳税所得额			
7	法定税率（25%）			
8	应纳企业税所得税额　8行＝6行×7行			
9	实际征收率（%）			
10	实际应纳企业所得税额　10行＝6行×9行			
11	减（免）企业所得税额　11行＝8行－10行			
12	本季度前已预缴企业所得税额			
13	本年度已预缴企业所得税额　13行＝10行＋12行			

谨声明：此纳税申报表是根据《中华人民共和国企业所得税法》及其实施条例和国家有关税收规定填报的，是真实的、可靠的、完整的。

声明人签字：　　　　　　　　年　　月　　日

纳税人公章：	代理申报　中介机构公章	主管税务机关：
经办人：	经办人及其执业证件号码	受理人：
申报日期：　年　月　日	代理申报日期：　年　月　日	受理日期：　年　月　日

（一）《据实申报非居民企业季度纳税申报表》有关说明

1. 本表适用于《企业所得税法》第三条规定的非居民企业在中国境内设立机构、场所应缴纳企业所得税的情形。《企业所得税法》第五十一条规定，非居民企业在中国境内设立两个或者两个以上机构、场所的，经税务机关审核批准，可以选择由其主要机构、场所汇总缴纳企业所得税；《企业所得税法实施条例》第一百二十七条规定，非居民企业经批准汇总缴纳企业所得税后，需要增设、合并、迁移、关闭机构、场所或者停止机构、场所业务的，应当事先由负责汇总申报缴纳企业所得税的主要机构、场所向其所在地税务机关报告；需要变更汇总缴纳企业所得税的主要机构、场所的，依照前款规定办理。非居民企业境内分支机构汇总纳税，需经税务机关审批，但不执行《国家税务总局关于印发〈跨地区经营汇总纳税企业所得税征收管理暂行办法〉的通知》（国税发［2008］28号）文件，分支机构不需要就地预缴税款。

2. 本表适用于能够提供完整、准确的成本、费用凭证，如实计算应纳税所得额的非居民企业所得税纳税人（据实申报企业，即查账征收所得税的非居民企业）。非居民企业（以下简称“企业”）正常经营的，自季度终了之日起15日内向主管税务机关报送本表，企业应同时报送主管税务机关要求报送的其他资料。

企业因确有困难，不能在规定期限内办理年度所得税申报，应当在规定的申报期限内向主管税务机关提出书面延期申请，经主管税务机关核准，可以适当延期。

3. 本表是在企业账载会计利润总额核算的基础上，依法进行纳税调整相关项目后申报企业应纳税所得额，并依法计算季度应纳所得税。本表账载金额是指企业根据现行国家统一的企业会计准则、企业会计制度的规定，记载在相应报表、总账、明细账上的汇总或明细金额；依法申报金额是指企业按照现行税收法律、行政法规、规章和规范性文件的规定，对账载金额进行调整后计入收入或允许扣除的成本费用项目的申报金额。

4. 注意居民企业与非居民企业季度、月份预缴的区别。居民企业预缴税款按照实际会计利润核算预缴税款，除减除以前年度待弥补亏损、不征税收入、免税收入等项目外，不进行其他纳税调整；非居民企业预缴税款是按照准税收口径核算的，进行了部分纳税调整。实际上，两者区别仅限于季度预缴是否纳税调整，所得税作为一个年度性税种，季度预缴是否纳税调整对应纳税款实际影响并不大，主要影响年终企业所得税汇算清缴时纳税人应补或应退税额，影响纳税人的现金流。另外，根据《企业所得税法》第五十四条规定，企业预缴所得税包括按月份和按季度预缴税款，非居民企业申报表统一按季度预缴。

5. 表头有关项目的填报。

（1）税款所属期间：填写公历年度，自公历每季度1日起至该季度末止。企业在一个纳税季度中间开业，或者终止经营活动，应当以其实际经营期为一个纳税季度。

（2）纳税人识别号：填写税务登记证上所注明的“纳税人识别号”或主管税务机关颁发的临时纳税人纳税识别号。金额单位：精确到小数点后两位，四舍五入。

（3）纳税人名称：填写企业税务登记证上的中文名称或临时税务登记的中文名称。

（4）居民国（地区）名称及代码：填写设立常驻代表机构的外国企业或来华承包工程、提供劳务等的外国企业的总机构的居民国（地区）的名称和代码。

（二）具体行次填报说明

1. 第1行“营业收入”：填写企业在所属期间取得的收入。“账载金额”填写按照企业会计准则和企业会计制度确认的收入数；“依法申报金额”填写按税法规定进行纳税调整后的数额。如根据企业会计准则规定，视同销售收入未计入会计利润，但季度预缴时应纳税调增，并按调增后的数额计算预缴税款。

需要注意：

一是非居民企业季度预缴申报表与居民企业季度预缴申报表在填报营业收入时存在较大差异，非居民企业预缴填报本季度的营业收入，并据此计算本季度的营业利润，各季度之间是相互独立的，而居民企业预缴申报表的营业收入是本年度截至本季度末的累计营业收入数，所计算出的利润是截至本季度末的利润。

二是第1行与第2行主要起列示作用，第1行－第2行≠第3行。

2. 第2行“营业成本”：填写企业在所属期间支出的成本。“账载金额”填写按照企业会计准则和企业会计制度确认并计入当期损益的营业成本；“依法申报金额”填写按税法规定进行纳税调整后的数额。

需要注意：

一是非居民企业季度预缴申报表与居民企业季度预缴申报表在填报营业收入时存在较大差异，非居民企业预缴填报本季度的营业成本，并据此计算本季度的营业利润，各季度之间是相互独立的，而居民企业预缴申报表的营业成本是本年度截至本季度末的累计营业成本数，所计算出的利润是截至本季度末的利润。

二是第1行与第2行主要起列示作用，第1行－第2行≠第3行。

3. 第3行“本季度利润（亏损）额”：填写截至本季度末企业在本季度内实现的利润及亏损数额，不包括本年度以前季度的盈利与亏损情况。亏损以负数表示。

4. 第4行“按规定可弥补的以前季度亏损额”：填写纳税年度内本季度之前发生的季度亏损，但截至本季度末盈利，已将以前季度亏损在本季度弥补情况。

由于非居民企业预缴所得税申报表计算的是每个季度的利润和亏损情况，所以存在弥补以前季度亏损的问题；居民企业预缴所得税申报表是按整个年度内预缴税款的情况设计的，不存在季度弥补亏损的情况。

5. 第5行“按规定可弥补的以前年度亏损额”：填写企业本年度本季度末实现盈利，但以前年度仍有未弥补亏损，需在年度内本季度预缴时弥补亏损的情况。实际上，亏损弥补只能在汇算清缴环节解决，此处弥补以前年度亏损只是减少季度预缴数额。

6. 第6行“应纳税所得额”：填写企业季度会计利润弥补以前季度和以前年度亏损后的余额。

7. 第7行“法定税率”：统一填写《企业所得税法》规定的一般税率25%，享受优惠政策的企业亦填写25%，其应享受的优惠政策（应纳税所得额乘以其适用税率与25%之差）按减免税额处理，填入本表11行。

8. 第8行“应纳企业所得税额”：由本表第6行、第7行计算得出，本行金额＝第6行×第7行，反映企业按税法规定，在理论上应缴纳的税额。

9. 第9行“实际征收率”：指在法定税率基础上，按税法规定享受所得税税收优惠的企业，在税收优惠期内的企业所得税实际征收率，如企业所得税法定税率为25%，但享受西部大开发政策的企业为15%，则此行填写15%。不享受所得税税收优惠的，填写本栏时数据应与“法定税率”栏相同。

10. 第 10 行“实际应纳企业所得税额”：由本表第 6 行、第 9 行计算得出，本行金额 = 第 6 行 × 第 9 行，反映享受优惠政策的非居民企业实际应预缴的所得税。

11. 第 11 行“减免企业所得税额”：由本表第 8 行、第 10 行计算得出，本行金额 = 第 8 行 – 第 10 行，反映企业理论上应缴纳税额与享受优惠政策后实际应纳税额的差额。实际上，如果企业享受对部分所得项目和加计扣除等减免税政策，上述逻辑关系可能不准确。

12. 第 12 行“本季度前已预缴企业所得税额”：填写企业按照现行税收法律、行政法规、规章和规范性文件规定已在本季度前累计预缴的本年度的所得税额。

13. 第 13 行“本年度已预缴企业所得税额”：填写本季度预缴所得税时，本年度已累计预缴的企业所得税额。本行金额 = 第 10 行 + 第 12 行。第四季度填报本表第 13 行数据，对应《非居民企业年度企业所得税纳税申报表》（据实申报）第 21 行“本年度已预缴企业所得税额”。

二、核定征收的非居民企业季度纳税申报表表样（见表 2 – 6）及填报说明

（一）核定征税的《非居民企业所得税季度纳税申报表》有关说明

1. 本表适用于按核定利润率，以及按经费支出、成本费用换算收入等方式，核定应纳税所得额并以此确定应缴所得税的非居民企业。

2. 企业应当按税法规定期限向主管税务机关报送本表，并同时报送主管税务机关要求报送的其他资料。因确有困难，不能在规定期限内办理年度所得税申报，应向主管税务机关提出书面延期申请，经主管税务机关核准，可以适当延期。

3. 本表账载金额是指企业记载在相应报表、总账、明细账上的汇总或明细金额，即企业计入会计利润的数额；依法申报金额是指企业按照现行税收法律、行政法规、规章和规范性文件的规定，对账载金额进行纳税调整后的申报金额。

4. 报表分为两部分：一是核定征税企业应纳税所得额的核算（第 1 行至 19 行）；二是核定征税企业应预缴税款的计算（第 20 行至第 26 行）。

（二）具体栏次填报说明

1. 有关栏目的填写。

（1）税款所属期间：填写公历年度，自公历每季度 1 日起至该季度末止。企业在一个纳税季度中间开业，或者终止经营活动，应当以其实际经营期为一个纳税季度。

（2）纳税人识别号：填写税务登记证上所注明的“纳税人识别号”或主管税务机关颁发的临时纳税人纳税识别号。

（3）金额单位：精确到小数点后两位，四舍五入。

（4）纳税人名称：填写企业税务登记证上的中文名称或临时税务登记的中文名称。

（5）居民国（地区）名称及代码：填写设立常驻代表机构的外国企业或来华承包工程、提供劳务等的外国企业的总机构的居民国（地区）的名称和代码。

2. 报表第一部分：核定征税企业应纳税所得额（利润额）的核算。

（1）第 1 行至第 11 行“按收入总额核定应纳税所得额的计算”（方法一）：适用于在我国境内设立机构、场所并有来源于境内应税所得的非居民企业填报。该部分设定三个经营项目，每个经营项目分别按相应利润率（相当于居民企业核定征收中的应税所得率）计算应纳税所得额。对于非居民企业采取相同核定利润率的，可以填写同一经营项目，对于非居民企业不同经营项目采取不同核定利润率的，分别填写相应经营项目。

表2-6

中华人民共和国
非居民企业所得税季度纳税申报表
（适用于核定征收企业）

税款所属期间：　　年　月　日至　　年　月　日

纳税人识别号：　　　　　　　　　　　　　　　　　　　金额单元：人民币元（列至角分）

纳税人名称：			居民国（地区）名称及代码：		
申报项目			账载金额	依法申报金额	备注
按收入总额核定应纳税所得额的计算	项目1名称	1. 收入额			
		2. 经税务机关核定的利润率（%）			
		3. 应纳税所得额　3行=1行×2行			
	项目2名称	4. 收入额			
		5. 经税务机关核定的利润率（%）			
		6. 应纳税所得额　6行=4行×5行			
	项目3名称	7. 收入额			
		8. 经税务机关核定的利润率（%）			
		9. 应纳税所得额　9行=7行×8行			
	10. 收入总额　10行=1行+4行+7行				
	11. 应纳税所得额合计　11行=3行+6行+9行				
按经费支出换算应纳税所得额的计算	12. 经费支出总额				
	13. 换算的收入额				
	14. 经税务机关核定的利润率（%）				
	15. 应纳税所得额　15行=13行×14行				
按成本费用核定应纳税所得额的计算	16. 成本费用总额				
	17. 换算的收入额				
	18. 经税务机关核定的利润率（%）				
	19. 应纳税所得额　19行=17行×18行				
应纳企业所得税额的计算	20. 适用税率				
	21. 应纳税企业所得税额　21行=11行×20行或15行×20行或19行×20行				
	22. 实际征收率（%）				
	23. 实际应纳企业所得税额　23行=11行×22行或15行×22行或19行×22行				
	24. 减（免）企业所得税额　24行=21行-23行				
预缴所得税额的计算	25. 本季度前已预缴企业所得税额				
	26. 本年度已预缴企业所得税额　26行=23行+25行				
声明	谨声明：此纳税申报表是根据《中华人民共和国企业所得税法》及其实施条例和国家有关税收规定填报的，是真实的、可靠的、完整的。 声明人签字：　　　　年　月　日				

纳税人公章：	代理申报　中介机构公章	主管税务机关：
经办人：	经办人及其执业证件号码	受理人：
申报日期：　年　月　日	代理申报日期：　年　月　日	受理日期：　年　月　日

企业在我国境内提供应税劳务时，凡同一项目项下，发生适用不同核定利润率情况的应税劳务的，均应按照不同核定利润率分别填报。在“应税项目名称”下填写具体项目名称、合同号。此处只填写项目 1 情形，项目 2、项目 3 参照项目 1 的填写说明。

①第 1 行“收入额”：填写非居民企业本季度某经营项目取得的应税收入额。

②第 2 行“经税务机关核定的利润率（%）”：填写税务机关对非居民企业的某一经营项目或某项所得核定的利润率，以此计算应纳税所得额。

③第 3 行“应纳税所得额”：由本表第 1 行、第 2 行计算得出，本行金额等于第 1 行 × 第 2 行。

④第 10 行“收入总额”：填报非居民企业三个经营项目合计的应税收入额，本行金额等于第 1 行、第 4 行、第 7 行“收入额”的合计。

⑤第 11 行“应纳税所得额”：填报非居民企业三个经营项目合计的应纳税所得额，本行金额等于第 3 行、第 6 行、第 9 行“应纳税所得额”的合计。

（2）第 12 行至第 15 行“按经费支出换算应纳税所得额的计算”（方法二）：适用于在我国境内设立机构、场所的非居民企业，但该机构、场所主要是成本、费用中心、办事处等，不直接取得应税收入。

主要针对非居民企业在中国境内设立不直接确认收入的机构、场所，如外国企业驻中国的办事处、联络处、仓储中心、配送中心等，为境外企业在中国境内提供商情、信息、调研、洽谈、市场推广、会议、协调、后续服务等，上述业务虽然不直接产生收入，但与境外非居民企业从境内取得收入有关，上述机构有的只发生费用，属于费用中心。在两法合并前，按照原外资税法规定，根据其费用情况换算收入，并据以征收营业税和所得税。

①第 12 行“经费支出总额”：填报非居民企业截至本季度末止，在本季度实际发生的经费支出数额。对于企业购置固定资产所发生的支出，在发生时一次性计入费用支出换算收入的，按“物品采购费”处理，计入当期费用；不是一次性计入费用支出换算收入的，按固定资产折旧额填写。

企业发生的装修费，采用一次性计入费用支出的，直接作为当年经费支出，采取 5 年摊销的，按当年摊销的费用数额计算。

②第 13 行“换算的收入额”：根据经费支出数额换算应税收入数额，计算公式：

换算收入额 = 经费支出总额 ÷（1 – 经税务机关核定的利润率 – 营业税税率）

③第 14 行“经税务机关核定的利润率（%）”、第 15 行“应纳税所得额”，参照本表第 2 行、第 3 行的填报说明。

（3）第 16 行至第 19 行“按成本费用核定应纳税所得额的计算”：由在我国境内设立机构、场所的非居民企业填写，该机构、场所的收入额不能准确核定，该机构、场所可能是中国境内的成本中心。

①第 16 行“成本费用总额”：填报在该非居民企业实际发生的经营成本和有关期间费用的合计数。

②第 17 行“换算的收入额”：根据成本费用总额换算应税收入。计算公式：

换算的收入额 = 成本费用总额 ÷（1 – 经税务机关核定的利润率）

③第 18 行“经税务机关核定的利润率（%）”、第 19 行“应纳税所得额”，参照第 2

行、第3行的填报说明。

3. 报表第二部分：应预缴税额的计算。第20行至第24行“应纳企业所得税额的计算”：填报截至本季度末，非居民企业本季度应纳税额的计算过程。

（1）第20行“适用税率（25%）”：统一填写税法规定的基本税率25%，享受减免税的企业亦填写25%。

（2）第21行“应纳企业所得税额”：填报企业按税法规定不享受减免税政策时应纳税额，根据本表有关行次计算得出。本行金额=11行×第20行，或15行×第20行，或19行×第20行。

（3）第22行“实际征收率（%）”：实际征收率是指在法定税率的基础上，按税法规定享受所得税税收优惠的企业，在税收优惠期内的企业所得税征收率。不享受所得税税收优惠的，填写本栏时，数据应与“法定税率”栏相同。

（4）第23行“实际应纳企业所得税额”：填报企业按税法规定享受减免税政策后的应纳税额，根据本表有关行次计算得出。本行金额=第11行×第22行，或第15行×第22行，或第19行×第22行。

（5）第24行“减（免）企业所得税额”：由本表第21行、第23行计算得出，本行金额=第21行－第23行，反映企业理论上应缴纳税额与享受优惠政策后实际应纳税额的差额。

（6）第25行“本季度前已预缴企业所得税额”：填写非居民企业在本季度前，本年度累计已预缴的本年度的所得税额。

（7）第26行“本年度累计已预缴企业所得税额”：填写本季度实际预缴所得税时，本年度已累计预缴的企业所得税额。本行金额=第23行+第25行。第四季度填报本表第26行“本年度已预缴企业所得税额”数据，对应《非居民企业年度企业所得税纳税申报表》（核定征税）第25行“全年已预缴企业所得税额”。

第三节 非居民企业扣缴企业所得税（源泉扣缴）报告表

一、《中华人民共和国扣缴企业所得税报告表》表样（见表 2－7）

表 2－7 中华人民共和国扣缴企业所得税报告表

税款所属期间： 年 月 日至 年 月 日 金额单位：人民币元（列至角分）

扣缴义务人基本信息：

纳税人识别号		经济类型代码及名称	
名 称	中：	经济行业分类代码及名称	
	英：	联系人	
地 址	中：	联系电话	
	英：	邮政编码	

纳税人基本信息：

在其居民国纳税识别号		在中国境内的名称	中：
居民国（地区）名称及代码			英：
在其居民国名称	中：	在其居民国地址	中：
	英：		英：

申报所得类型及代码			本次申报所得取得日期	
合同名称			合同编号	
合同执行起始时间		合同执行终止时间	合同总金额	

以下内容适用于法定源泉扣缴情况填写：

行次	项 目			依法申报数据
1	本次申报收入	人民币金额		
2		外 币	名称	
3			金额	
4			汇率	
5			折算人民币金额 5 行 =3 行 ×4 行	
6		人民币金额合计 6 行 =1 行 +5 行		
7	应纳税所得额的计算	扣除额		
8		应纳税所得额 8 行 =6 行 －7 行		
9	应纳企业所得税额的计算	适用税率（10%）		
10		应缴纳的企业所得税额 10 行 =8 行 ×9 行		
11		实际征收率（%）		
12		实际应缴纳的企业所得税额 12 行 =8 行 ×11 行		
13		减免企业所得税额 13 行 =10 行 －12 行		

续表

以下内容适用于主管税务机关指定扣缴情况填写：

行次	项　目	依法申报数据
14	本次申报的收入总额	
15	税务机关核定的利润率（%）	
16	应纳税所得额 16 行 =14 行 ×15 行	
17	适用税率（%）	
18	应纳企业所得税额 18 行 =16 行 ×17 行	

谨声明：此扣缴所得税报告是根据《中华人民共和国企业所得税法》及其实施条例、相关税收协定和国家有关税收规定填报的，是真实的、可靠的、完整的。

声明人签字：　　　　　年　月　日

扣缴义务人（纳税人）公章：	代理申报中介机构公章：	主管税务机关受理专用章：
经办人：	经办人及其执业证件号码：	受理人：
申报日期：　　年　月　日	代理申报日期：　　年　月　日	受理日期：　　年　月　日

二、《中华人民共和国扣缴企业所得税报告表》有关说明

1. 本表适用于在中国境内未设立机构但有来源于中国境内所得，或者虽设立机构但其来源于中国境内的所得与该机构、场所无实质联系的非居民纳税人填报。与《国家税务总局关于印发〈中华人民共和国企业年度关联业务往来报告表〉的通知》（国税发［2008］114 号）附件《对外支付款项情况表（表九）》存在一定的对应关系。本表要求扣缴义务人在每次发生扣缴所得税义务并扣缴税款后据以向税务机关报缴税款，而《对外支付款项情况表（表九）》则于年度终了后作为汇算清缴的附送资料向税务机关报告，《对外支付款项情况表（表九）》是纳税年度内所有扣缴所得税的汇总报告表。

2. 上述非居民纳税人在中国境内所得由扣缴义务人按月，或者按次源泉扣缴，不需再行办理汇算清缴。具体包括两种情形：（1）法定扣缴义务；（2）指定扣缴义务。

3. 此类税款由境内正常纳税的居民企业或非居民企业扣缴，扣缴义务人扣缴税款后填写本表并办理入库手续，建议扣缴义务人莫为纳税人负担税款，根据《企业所得税法》第十条规定，扣缴义务人为纳税人负担的企业所得税款不得税前扣除。

4. 本表包括四部分：一是扣缴义务人基本信息；二是纳税人基本信息；三是法定扣缴税款的情形；四是指定扣缴税款的情形。

5.《企业所得税法》第三十七条规定，税款由扣缴义务人在每次支付或者到期应支付时，从支付或者到期应支付的款项中扣缴。其中，支付包括现金支付、汇拨支付、转账支付和权益兑价支付等货币支付和非货币支付；到期应支付的款项，是指支付人按照权责发生制原则应当计入相关成本、费用的应付款项。

扣缴义务人每次代扣税款，应当自代扣之日起 7 日内缴入国库，并向所在地的税务机关报送扣缴企业所得税报告表。

6.《国家税务总局关于印发〈非居民享受税收协定待遇管理办法（试行）〉的通知》（国税发［2009］124 号）规定，非居民需要享受税收协定待遇的，应办理审批或备案手

续；凡未办理审批或备案手续的，不得享受有关税收协定待遇。

需要审批税收协定条款包括：一是税收协定股息条款；二是税收协定利息条款；三是税收协定特许权使用费条款；四是税收协定财产收益条款。

需要备案的税收协定条款包括：一是税收协定常设机构以及营业利润条款；二是税收协定独立个人劳务条款；三是税收协定非独立个人劳务条款；四是除上述审批条款以外的其他条款。纳税人或者扣缴义务人已经享受或者执行了有关税收协定待遇的，应该取得并保管与非居民享受税收协定待遇有关的凭证、资料，保管期限不得短于10年。

7. 本表要求中、英两种文字填写栏目，使用中、英文同时填写。

三、具体项目的填报说明

（一）报表第一部分：扣缴义务人基本信息的填报说明

1. 扣缴义务人名称：填写税务登记证所载扣缴义务人的全称；

2. 扣缴义务人纳税人识别号：填写扣缴义务人税务登记证上注明的“纳税人识别号”；

3. 扣缴义务人地址名称：填写税务登记证所载扣缴义务人的地址；

4. 经济类型代码及名称：按企业的经济类型和税务机关确认的相应代码填写；

5. 经济行业分类代码及名称：按企业的经济行业和国家税务总局确认的、根据《国民经济行业分类》（GB/T4754—2002）编制的《经济行业代码》（代码位数6位）填写。

（二）报表第二部分：纳税人基本信息的填报说明

1. 纳税人在其居民国纳税识别号：填写企业在其居民国（地区）的纳税识别代码。

2. 居民国（地区）名称及代码：填写设立常驻代表机构的外国企业或来华承包工程、提供劳务等的外国企业的总机构的居民国（地区）的名称和代码。

3. 纳税人在中国境内的名称：填写纳税人在中国境内的全称。

4. 纳税人在其居民国名称：填写纳税人在其居民国（地区）的全称。

5. 纳税人在其居民国地址名称：填写企业在其居民国（地区）的注册地址。

6. 申报所得类型及代码：请按照如后的类型及代码进行填写，股息红利所得—10，利息所得—11，特许权使用费所得—12，转让财产所得—13，不动产租金—6，承包工程、提供劳务所得、其他租金—7，其他所得—21。

7. 合同名称：填写外国企业在我国境内承包工程、提供劳务或通过其他方式取得来源于我国境内的所得与我国居民企业签订的合同名称。

合同备案及跟踪管理是加强非居民税收管理的有效手段，《国家税务总局关于印发〈非居民企业所得税源泉扣缴管理暂行办法〉的通知》（国税发［2009］3号）、《非居民承包工程作业和提供劳务税收管理暂行办法》（国家税务总局第19号令）都通过规范合同备案制度，建立有关台账信息，对合同履行情况跟踪监管，监控合同款项支付、代扣代缴税款等情况；如通过查核企业相关账簿，掌握股息、利息、租金、特许权使用费、转让财产收益、分包工程和接受提供劳务等支付和列支情况；查核未实际支付但已计入成本费用的利息、租金、特许权使用费等扣税情况；结合对外售付汇开具税务证明等监管资料和已申报扣缴税款情况，核对办理税款清算手续。对于多次付款的合同项目，扣缴义务人应当在履行合同最后一次付款前15日内，向主管税务机关报送合同全部付款明细、前期扣缴表和完税凭证等资料，办理扣缴税款清算手续。

8. 合同编号：填写外国企业在我国境内承包工程、提供劳务或通过其他方式取得来源于我国境内的所得与我国居民企业签订合同的合同编号。

9. 合同执行起始时间：填写合同开始执行的年月日。

10. 合同执行终止时间：填写合同执行完毕或终止执行的年月日。

11. 合同总金额：填写外国企业在我国境内承包工程、提供劳务或通过其他方式取得来源于我国境内的所得与我国居民企业签订的合同上注明的应税总金额。

12. 本次申报所得的取得日期：按照合同规定取得所得的日期填写，填写支付日期或应支付日期。

（三）报表第三部分：法定扣缴情况的填报

法定扣缴情况包括：非居民企业在中国境内未设立机构、场所，应当就其来源于中国境内的所得缴纳企业所得税；企业虽设立机构、场所但取得的所得与其所设机构、场所没有实际联系，应当就其来源于中国境内的所得缴纳企业所得税。

设立机构是企业取得生产经营所得的先决条件，因为生产经营所得要求从连续性收支中取得。上述所得主要限于非生产经营所得，如股息、利息、财产转让所得、租金、特许权使用费所得以及其他偶然性所得，一般不存在经营所得。

税源信息管理是非居民税收管理的源头，也是非居民税源管理的难点、立足点、关键点。《国家税务总局关于印发〈非居民企业所得税源泉扣缴管理暂行办法〉的通知》（国税发［2009］3号）规定，扣缴义务人与非居民企业首次签订上述所得有关业务合同或协议的，扣缴义务人应当自合同签订之日起30日内，向其主管税务机关申报办理扣缴税款登记。《国家税务总局关于印发〈非居民企业所得税源泉扣缴管理暂行办法〉的通知》（国税发［2009］3号），扣缴义务人未依法扣缴或者无法履行扣缴义务的，非居民企业应于扣缴义务人支付或者到期应支付之日起7日内，到所得发生地主管税务机关申报缴纳企业所得税。

根据《国家税务总局关于印发〈非居民企业所得税源泉扣缴管理暂行办法〉的通知》（国税发［2009］3号）、《国家税务总局关于加强非居民企业股权转让所得企业所得税管理的通知》（国税函［2009］698号）规定，对于扣缴义务人未依法扣缴或者无法履行扣缴义务的，非居民企业应自合同、协议约定的股权转让之日（如果转让方提前取得股权转让收入的，应自实际取得股权转让收入之日）起7日内，到被转让股权的中国居民企业所在地主管税务机关（负责该居民企业所得税征管的机关）申报缴纳企业所得税，非居民企业未按期如实申报的，依照《税收征管法》的有关规定处理。

1. 第1行至第6行“本次申报收入”：由扣缴义务人填写本次扣缴税款的收入总额，分为申报币种为人民币和外币两种情形。

（1）第1行“人民币金额”：填写扣缴义务人计算应扣缴税款时，纳税人发生的据以确定应扣缴税额的人民币金额。

（2）第2行至第5行“外币”：分别按以下内容填写：一是“名称”，填写外币币种名称；二是“金额”，填写据以计算扣缴税款的外币金额；三是“汇率”，填写每1单位外币兑换人民币的额度，按国家公布牌价折算；四是“折算人民币金额”，根据外币金额和汇算折算，等于两者的乘积。

（3）第6行“人民币金额合计”：填写本次扣缴税款时，据以计算应纳税额的人民币金额，等于第1行+第5行。

2. 第7行、第8行“应纳税所得额的计算”：反映源泉扣缴税款时应纳税所得额的计算过程。

（1）第7行“扣除额”：填写转让财产所得类型中允许扣除的金额及其他允许扣除项目的金额。根据《企业所得税法》第十九条、《企业所得税法实施条例》第一百零三条、《财政部、国家税务总局关于非居民企业征收企业所得税有关问题的通知》（财税［2008］130号）等规定，一是股息、红利等权益性投资收益和利息、租金、特许权使用费所得，以收入全额为应纳税所得额，不作任何扣除。二是转让财产所得，以收入全额减除财产净值后的余额为应纳税所得额。三是其他所得，以收入全额为应纳税所得额，不作任何扣除。因此，只有财产转让所得允许扣除有关财产原值。四是在计算应纳税所得额时不允许扣除营业税等相关税费。

（2）第8行“应纳税所得额”：由本表第6行、第7行计算得出，本行金额＝第6行－第7行。

根据《国家税务总局关于加强非居民企业股权转让所得企业所得税管理的通知》（国税函［2009］698号）规定，股权转让所得是指非居民企业转让中国居民企业的股权（不包括在公开的证券市场买入并卖出中国居民企业的股票）所取得的所得，等于股权转让价减除股权成本价后的差额。

其中：①股权转让价指股权转让人就转让的股权所收取的现金、非货币性资产或者权益等形式的金额，如被投资企业有未分配利润或税后提存的各项基金等，股权转让人随股权一并转让该股东留存收益权的金额，不得从股权转让价中扣除。②股权成本价是指股权转让人投资入股时向中国居民企业实际交付的出资金额，或购买该项股权时向该股权的原转让人实际支付的股权转让金额。对于同一非居民企业存在多次投资的，以首次投入资本时的币种计算股权转让价和股权成本价，以加权平均法计算股权成本价；多次投资时币种不一致的，则应按照每次投入资本当日的汇率换算成首次投资时的币种。

3. 第9行至第13行“应纳企业所得税额的计算”：填写应纳税额的计算过程。

（1）第9行“适用税率（10%）”：根据《企业所得税法实施条例》第九十一条，非居民企业取得《企业所得税法》第二十七条第（五）项规定的所得，减按10%的税率征收企业所得税。对于外国政府向中国政府提供贷款取得的利息所得、国际金融组织[①]向中国政府和居民企业提供优惠贷款取得的利息所得、经国务院批准的其他所得可以免征企业所得税。根据《财政部、国家税务总局关于企业所得税若干优惠政策的通知》（财税［2008］1号）、《国家税务总局关于加强非居民企业来源于我国利息所得扣缴企业所得税工作的通知》（国税函［2008］955号）、《国家税务总局关于中国居民企业向境外H股非居民企业股东派发股息代扣代缴企业所得税有关问题的通知》（国税函［2008］897号）、《国家税务总局关于中国居民企业向QFLL支付股息、红利、利息代扣代缴企业所得税有关问题的通知》（国税函［2009］47号）、《国家税务总局关于非居民企业取得B股等股票股息征收企业所得税问题的批复》（国税函［2009］394号）等规定，明确对汇出境外的利息、股息所得统一按

① 《财政部、国家税务总局关于执行企业所得税优惠政策若干问题的通知》（财税［2009］69号）规定，此处国际金融组织，包括国际货币基金组织、世界银行、亚洲开发银行、国际开发协会、国际农业发展基金、欧洲投资银行以及财政部和国家税务总局确定的其他国际金融组织；所称优惠贷款，是指低于金融企业同期同类贷款利率水平的贷款。

10%征税。

（2）第10行“应缴纳的企业所得税额”：根据本表第8行、第9行计算得出，本行金额等于第8行× 第9行。

（3）第11行“实际征收率”：填写根据中外税收协定和税法规定的减免税后的实际适用税率。我国与企业居民国（地区）签订的税收协定或安排中对该项申报所得的税率低于10%的，填写税收协定或安排规定适用的税率；其他按税法规定享受所得税税收优惠的企业，填写在税收优惠期内的企业所得税征收率。区分以下情形：

第一，汇出境外的利息。根据《OECD税收协定范本》，目前对利息征税权的划分在国际上存在分歧，不主张对利息收入征收重税，以免影响资本流动；对收入来源国征税最高税率限定在10%，以此给居民国留下适当的征税空间。除符合《企业所得税法实施条例》第九十一条规定的免税情形外，统一按10%征税。

第二，根据《财政部、国家税务总局关于企业所得税若干优惠政策的通知》（财税［2008］1号）规定，2008年1月1日前外商投资企业形成的累积未分配利润，在2008年以后分配给外国投资者的，免征企业所得税；2008年及以后年度外商投资企业新增利润分配给外国投资者的，依法缴纳企业所得税。根据《国家税务总局关于非居民企业取得B股等股票股息征收企业所得税问题的批复》（国税函［2009］394号），在中国境内外公开发行、上市股票（A股、B股和海外股）的中国居民企业，在向非居民企业股东派发2008年及以后年度股息时，应统一按10%的税率代扣代缴企业所得税。

第三，根据《国家税务总局关于下发协定股息税率情况一览表的通知》（国税函［2008］112号）的规定缴纳企业所得税。我国与有关国家、地区的协定股息税率情况如表2-8所示。

表2-8 协定股息税率情况一览表

税率	与下列国家（地区）协定税率
0	格鲁吉亚（直接拥有支付股息公司至少50%股份并在该公司投资达到200万欧元情况下）
5%	科威特、蒙古、毛里求斯、斯洛文尼亚、牙买加、南斯拉夫、苏丹、老挝、南非、克罗地亚、马其顿、塞舌尔、巴巴多斯、阿曼、巴林、沙特
5%（直接拥有支付股息公司至少10%股份情况下）	委内瑞拉、格鲁吉亚（并在该公司投资达到10万欧元）（与上述国家协定规定直接拥有支付股息公司股份低于10%情况下税率为10%）
5%（直接拥有支付股息公司至少25%股份情况下）	卢森堡、韩国、乌克兰、亚美尼亚、冰岛、立陶宛、拉脱维亚、爱沙尼亚、爱尔兰、摩尔多瓦、古巴、特多、中国香港①、新加坡（与上述国家（地区）协定规定直接拥有支付股息公司股份低于25%情况下税率为10%）
7%	阿联酋
7%（直接拥有支付股息公司至少25%股份情况下）	奥地利（直接拥有支付股息公司股份低于25%情况下税率为10%）
8%	埃及、突尼斯、墨西哥

① 《内地和香港特别行政区关于对所得避免双重征税和防止偷漏税的安排第二议定书》规定，一方居民转让其在另一方居民公司资本中的股份或其他权利取得的收益，如果该收益人在转让行为前的十二个月内，曾经直接或间接参与该公司至少百分之二十五的资本，可以在该另一方征税。也就是说，香港在内地公司的持股比例符合以上要求，可以不征收预提所得税。

续表

税　率	与下列国家（地区）协定税率
10%	日本、美国、法国、英国、比利时、德国、马来西亚、丹麦、芬兰、瑞典、意大利、荷兰、捷克、波兰、保加利亚、巴基斯坦、瑞士、塞浦路斯、西班牙、罗马尼亚、奥地利、匈牙利、马耳他、俄罗斯、印度、白俄罗斯、以色列、越南、土耳其、乌兹别克斯坦、葡萄牙、孟加拉、哈萨克斯坦、印度尼西亚、伊朗、吉尔吉斯斯坦、斯里兰卡、阿尔巴尼亚、阿塞拜疆、摩洛哥、中国澳门
10%（直接拥有支付股息公司至少 10% 股份情况下）	加拿大、菲律宾（与上述国家协定规定直接拥有支付股息公司股份低于 10% 情况下税率为 15%）
15%	挪威、新西兰、巴西、巴布亚新几内亚
15%（直接拥有支付股息公司至少 25% 股份情况下）	泰国（直接拥有支付股息公司股份低于 25% 情况下税率为 20%）

第四，中国与有关国家（地区）签订的税收协定（安排），对特许权使用费有限定税率的条款。如《内地和香港特别行政区关于对所得避免双重征税和防止偷漏税的安排》规定，特许权使用费最高限定税率为收入全额的 7%。

（4）第 12 行“实际应缴纳的企业所得税额”：根据本表第 8 行、第 11 行计算填写，数额等于第 8 行“应纳税所得额” × 第 11 行“实际征收率”。

（5）第 13 行“减免企业所得税额”：反映采取源泉扣缴方式的非居民企业实际享受的优惠政策，根据本表第 10 行、第 12 行计算填写。本行金额 = 第 10 行 − 第 12 行。

（四）报表第四部分：税务机关指定扣缴情况的填报说明

指定扣缴情况，是指企业在中国境内取得承包工程作业和提供劳务所得，且不构成常设机构，并实行指定扣缴所得税。对于非居民企业在中国境内从事工程施工或提供劳务，构成常设机构的应办理税务登记，视同正常纳税人自行申报纳税。对于未构成常设机构的，由于其承包工程、提供劳务服务具有流动性，需通过由县级以上税务机关指定扣缴义务人方式加强税收征管。非居民企业在境内工程承包和提供劳务，境内工程分包方和接受劳务的单位不是法定扣缴义务人，但一经税务机关指定，则必须承担扣缴义务，即具有法定义务。《非居民承包工程作业和提供劳务税收管理暂行办法》（国家税务总局第 19 号令）规定，承包工程作业，是指在中国境内承包建筑、安装、装配、修缮、装饰、勘探及其他工程作业；提供劳务是指在中国境内从事加工、修理修配、交通运输、仓储租赁、咨询经纪、设计、文化体育、技术服务、教育培训、旅游、娱乐及其他劳务活动。

《企业所得税法》第三十八条规定的可以指定扣缴义务人的情形，包括：一是预计工程作业或者提供劳务期限不足一个纳税年度，且有证据表明不履行纳税义务的；二是没有办理税务登记或者临时税务登记，且未委托中国境内的代理人履行纳税义务的；三是未按照规定期限办理企业所得税纳税申报或者预缴申报的。为加强税源管理，《非居民承包工程作业和提供劳务税收管理暂行办法》（国家税务总局第 19 号令）规定，非居民企业在中国境内承包工程作业或提供劳务的，应当自项目合同或协议（以下简称合同）签订之日起 30 日内，向项目所在地主管税务机关办理税务登记手续；同时扣缴义务人，应当自扣缴义务发生之日起30日内，向所在地主管税务机关办理扣缴税款登记手续。

县级以上税务机关指定扣缴义务人时，应同时告知扣缴义务人所扣税款的计算依据、计算方法、扣缴期限和扣缴方式。

1. 第14行“本次申报的收入总额”：填报由税务机关指定扣缴义务人的工程承包和提供劳务应扣缴企业所得税的收入总额，实践中，往往根据工程施工和提供劳务合同数额及约定的付款方式、付款时间，以及境内扣缴义务人将支付款项列入成本费用的时间等，确定本次付款应确定征税的数额。对于跨境劳务，需确定境内劳务收入数额。

2. 第15行“税务机关核定的利润率（%）”：填写税务机关对非居民企业在境内的工程施工和提供劳务所得核定的利润率，以此计算应纳税所得额。

3. 第16行“应纳税所得额”：根据本表第14行、第15行计算填报，本行金额=第14行 ×第15行。

4. 第17行“适用税率”：根据《企业所得税法实施条例》第九十一条规定，统一填写10%，现行政策对此减免税情形不多。

5. 第18行“应纳企业所得税额”：根据本表第16行、第17行计算填报，本行金额=第16行×第17行。

第三章　居民企业所得税年度纳税申报表的填报

第一节　核定征税的居民企业所得税年度纳税申报表填报说明

根据《国家税务总局关于〈中华人民共和国企业所得税年度纳税申报表〉的补充通知》(国税函［2008］1081号）规定，实行核定征税办法的企业，其汇算清缴年度纳税申报表表样采用核定征税企业的季度、月份预缴申报表的样式。

具体填报要求包括：

1. 核定征税企业汇算清缴报表表样及其各行次填报说明参照《国家税务总局关于印发〈中华人民共和国企业所得税月（季）度预缴纳税申报表〉等报表的通知》（国税函［2008］44号）附件2《中华人民共和国企业所得税月（季）度预缴纳税申报表（B类)》。具体参阅本书第二章第一节居民企业预缴申报有关内容。

2. 将“税款所属期间”改按年度申报口径填写。正常经营的纳税人，填报公历当年1月1日至12月31日；纳税人年度中间开业的，填报实际生产经营之日的当月1日至同年12月31日；纳税人年度中间发生合并、分立、破产、停业等情况的，填报公历当年1月1日至实际停业或法院裁定并宣告破产之日的当月月末；纳税人年度中间开业且年度中间又发生合并、分立、破产、停业等情况的，填报实际生产经营之日的当月1日至实际停业或法院裁定并宣告破产之日的当月月末。

第二节　查账征税的居民企业年度申报表表样及填报说明

企业所得税的计算建立在企业会计核算的基础上，并因其目的不同，两者之间必然存在差异。长期以来，企业所得税年度纳税申报表的架构设计存在两种理念：

第一种：企业所得税纳税申报表中的计税基础——应纳税所得额的计算完全依据税收公

式，理论上称之为“税收体系”，即：

应纳税所得额 = 收入总额 - 准予扣除项目金额

“税收体系”的申报表，一是主表逻辑结构将收入、扣除项目分别加以归集填报；二是表内各项不强调为会计科目内容。

第二种：企业所得税纳税申报表中的计税基础——应纳税所得额的计算在会计利润基础上进行纳税调整，理论上称之为“纳税调整体系”，即：

应纳税所得额 = 利润总额 + 纳税调增 - 纳税调减

“纳税调整体系”的申报表，一是主表逻辑结构不归集收入、扣除项目，因此，表内没有收入总额及扣除项目总额，是根据企业核算利润的逻辑结构，按业务主次关系逐层递减；二是表内“利润总额”项目，完全填报会计科目内容。

两种设计理念各有所长：“税收理念”完整体现了税收法定性原则，“会计理念”则兼顾了会计核算在实际工作中对税收的影响，因此在实践中都有所运用。如：两法合并前内资所得税的三版申报表中，1994 年版申报表采用了“会计理念”；1998 年及 2006 年版申报表采用了“税收理念”。而外资所得税申报表一直采用“税收理念”。

鉴于上述两种体系的理念差异以及新税法体现出缩小税收与会计差异的思想，目前 2008 版新申报表选择了“纳税调整体系”，即：新申报表以企业会计核算数据为基础，在企业会计利润总额的基础上，加减纳税调整额后计算出应纳税所得额。会计与税法的差异（包括收入类、扣除类、资产类等一次性和暂时性差异）通过纳税调整集中体现。

《国家税务总局关于印发〈中华人民共和国企业所得税年度纳税申报表〉的通知》（国税发［2008］101 号）和《国家税务总局关于〈中华人民共和国企业所得税年度纳税申报表〉的补充通知》（国税函［2008］1081 号）印发了居民企业（查账征收企业）年度纳税申报表及其填报说明。

年度纳税申报表由 1 张主表和 11 张附表组成，附表包括：收入类明细表、成本费用（支出）类明细表、纳税调整项目明细表、弥补亏损明细表、税收优惠明细表、境外所得抵免计算明细表、以公允价值计量资产纳税调整表、广告费和业务宣传费跨年度纳税调整表、资产折旧、摊销纳税调整明细表、资产减值准备项目调整明细表、长期股权投资所得（损失）明细表。

附表中，收入类明细表和成本费用类明细表又针对一般企业、金融企业和事业单位（包括社会团体、民办非企业单位等）的会计核算特点的不同划分为三类。

从主表和附表以及附表与附表之间的对应关系，划分为一级附表和二级附表（二级附表对应一级附表）：

一级附表包括：收入类明细表、成本费用（支出）类明细表、纳税调整项目明细表、弥补亏损明细表、税收优惠明细表（一部分项目）、境外所得抵免计算明细表。

二级附表包括：税收优惠明细表（一部分项目）、以公允价值计量资产纳税调整表、广告费和业务宣传费跨年度纳税调整表、资产折旧、摊销纳税调整明细表、资产减值准备项目调整明细表、长期股权投资所得（损失）明细表。其特点如下：一是并不是所有主表项目都有附表对应，如：主表项目中的“营业税金及附加”、“投资收益”；二是部分附表的项目有其他附表对应，如：纳税调整项目明细表中的收入类的“视同销售收入”等。年度纳税申报表的结构及逻辑关系如图 3 - 1 所示。

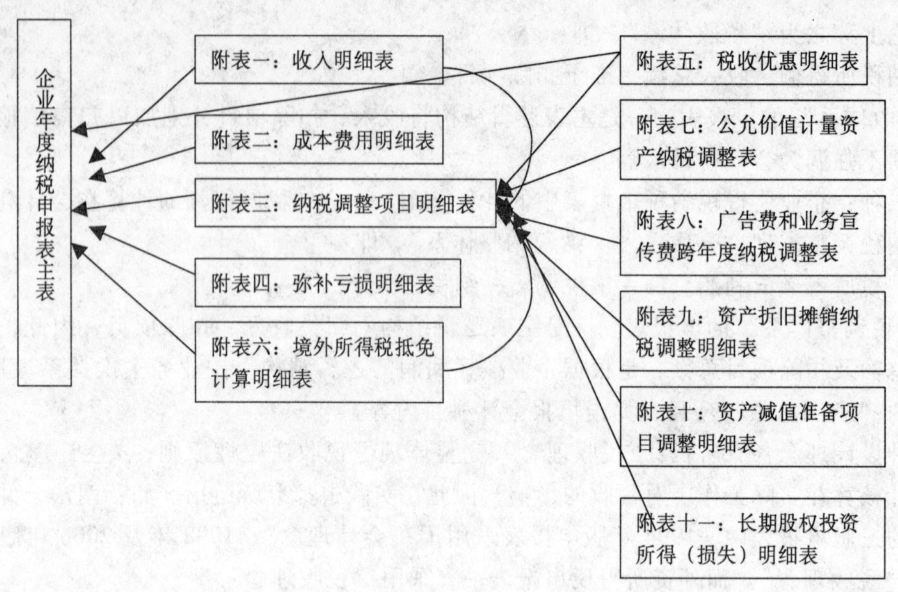

图 3－1 居民企业年度纳税申报表的结构及逻辑关系图

企业所得税年度纳税申报表的数据主要来源于各附表，因此，在填表时应先根据附表五、附表七、附表八、附表九、附表十一以及财务报表、会计核算资料等完成附表三主要部分项目的填报，再填写附表一、附表二、附表四、附表六等，在此基础上同步生成主表，在主表填写过程中仍有一些项目（如主表第 21 行、第 24 行）需要进行分析填报。

一、居民企业年度纳税申报表主表表样（见表 3－1）及其填报说明

表 3－1　　中华人民共和国企业所得税年度纳税申报表（A 类）

税款所属期间：　　年　　月　　日至　　年　　月　　日

纳税人名称：

纳税人识别号：□□□□□□□□□□□□□□□□□□□□　　金额单位：元（列至角分）

类别	行次	项　　目	金　额
利润总额计算	1	一、营业收入（填附表一）	
	2	减：营业成本（填附表二）	
	3	营业税金及附加	
	4	销售费用（填附表二）	
	5	管理费用（填附表二）	
	6	财务费用（填附表二）	
	7	资产减值损失	
	8	加：公允价值变动收益	
	9	投资收益	（含境外投资收益）
	10	二、营业利润	
	11	加：营业外收入（填附表一）	
	12	减：营业外支出（填附表二）	
	13	三、利润总额（10 行＋11 行－12 行）	

续表

类别	行次	项　目	金　额
应纳税所得额计算	14	加：纳税调整增加额（填附表三）	
	15	减：纳税调整减少额（填附表三）	
	16	其中：不征税收入	附表三第14行
	17	免税收入	附表三、附表五第1行
	18	减计收入	附表三、附表五第6行
	19	减、免税项目所得	附表三、附表五第14行
	20	加计扣除	附表三、附表五第9行
	21	抵扣应纳税所得额	填报创业投资企业
	22	加：境外应税所得弥补境内亏损	本年不亏，本行不参与运算
	23	纳税调整后所得（13行+14行-15行+22行）	
	24	减：弥补以前年度亏损（填附表四）	
	25	应纳税所得额（23行-24行）	确保≥0
应纳税额计算	26	税率（25%）	
	27	应纳所得税额（25行×26行）	
	28	减：减免所得税额（填附表五）	
	29	减：抵免所得税额（填附表五）	
	30	应纳税额（27行-28行-29行）	境内所得应纳税额
	31	加：境外所得应纳所得税额（填附表六）	
	32	减：境外所得抵免所得税额（填附表六）	
	33	实际应纳所得税额（30行+31行-32行）	
	34	减：本年累计实际已预缴的所得税额	
	35	其中：汇总纳税的总机构分摊预缴的税额	
	36	汇总纳税的总机构财政调库预缴的税额	
	37	汇总纳税的总机构所属分支机构分摊的预缴税额	
	38	合并纳税（母子体制）成员企业就地预缴比例	
	39	合并纳税企业就地预缴的所得税额	
	40	本年应补（退）的所得税额（33行-34行）	
附列资料	41	以前年度多缴的所得税额在本年抵减额	未列入当期税款
	42	以前年度应缴未缴在本年入库所得税额	未列入当期税款

（一）主表的结构：分为4部分

第一部分：利润总额的计算（1～13行）

实行企业会计准则的企业，其数据直接取自《利润表》；实行企业会计制度、小企业会计制度的企业，其《利润表》中项目与本表不一致的部分，应当按照本表要求对《利润表》中的项目进行调整后填报。

第二部分：“应纳税所得额的计算”（14～25行）

第三部分：“应纳税额的计算”中的项目（26～40行）

除根据主表逻辑关系计算出的数据外，其余数据来自附表。

第四部分：附列资料（41 ~41 行）

1. 包含项目与本年度应补（退）税额计算无关。

2. 关于“以前年度多缴的所得税额在本年抵减额”。

（二）主表有关说明

1. “税款所属期间”：

（1）正常经营的纳税人，填报公历当年 1 月 1 日至 12 月 31 日；

（2）纳税人年度中间开业的，填报实际生产经营之日的当月 1 日至同年 12 月 31 日；

（3）纳税人年度中间发生合并、分立、破产、停业等情况的，填报公历当年 1 月 1 日至实际停业或法院裁定并宣告破产之日的当月月末；

（4）纳税人年度中间开业且年度中间又发生合并、分立、破产、停业等情况的，填报实际生产经营之日的当月 1 日至实际停业或法院裁定并宣告破产之日的当月月末。

（5）《国家税务总局关于外国企业所得税纳税年度有关问题的通知》（国税函［2008］301 号）规定：自 2008 年 1 月 1 日起，外国企业一律以公历年度为纳税年度，按照《企业所得税法》规定的税率计算缴纳企业所得税。

2. “纳税人识别号”：填报税务机关统一核发的税务登记证号码。

3. “纳税人名称”：填报税务登记证所载纳税人的全称。

4. 本表是在企业会计利润总额的基础上，加减纳税调整额后计算出“纳税调整后所得”（应纳税所得额）。会计与税法的差异（包括收入类、扣除类、资产类等一次性和暂时性差异）通过纳税调整明细表（附表三）集中体现。根据《企业会计准则》和会计制度等有关规定，企业日常会计处理与对外财务报告应严格按照会计准则和会计制度的要求处理，除企业存在利润调整情况，如存在隐瞒收入、收入不实、虚列成本等问题，需要调整企业损益外，一般情况下，企业所得税的纳税调整并非同时调整企业账簿。企业所得税汇算清缴，如果不同时调整企业会计利润，则不必调账，有关纳税调整工作主要通过附表三以及其他报表完成，纳税调整是一个在“账外表内”的实施过程。

需要说明的是，会计核算严格遵循权责发生制原则，将与企业经营有关的收入、支出项目按照权责发生制原则计入当期会计损益，对于部分非经营性项目如资产评估、可供出售金融资产价值变动等未计入企业损益核算（计入资本公积）。《企业所得税法》对税基纳税调整时，对一些项目规定了扣除标准，对有关项目规定不予扣除，对一些收入性项目采取特殊处理方式。另外在申报表实际填写过程中，可能有一些会计上已作扣除，但税法无相关规定的情形，只要税法无限制性规定，从维护纳税人权益角度看，原则可以计入当期应纳税所得额。

5. 当前会计准则和会计制度同时并行，为解决会计（会计准则与会计制度）与税法在账务处理和对外财务、税收披露协调上的问题，新纳税申报表对有关企业会计准则和企业会计制度规定的内容专门设定了行次，会计与税法的差异（包括收入类、扣除类、资产类等一次性和暂时性差异）主要通过纳税调整明细表（附表三）集中体现。

6. 主表包括利润总额的计算、应纳税所得额的计算、应纳税额的计算和附列资料四个部分。报表的每一部分都承载着不同的功能，要了解报表每一部分的“功能”及相互之间的关系，学习中应善于将报表切分为不同部分进行学习研究。

7. 由于主表基本上按照执行企业会计准则的企业设计的，企业会计准则与企业会计制度、小企业会计制度分别设置了有关会计科目。企业会计准则与企业会计制度有关损益科目设置的比较如表 3-2 所示。

表 3-2　　企业会计准则与会计制度损益科目对比表

行次	会计准则	会计制度	备　注
1	营业收入	主营、其他业务收入	合一
2	营业成本	主营、其他业务成本	合一
3	营业税金及附加	主营及其他业务支出	分析合并
4	销售费用	营业费用	内容相同
5	管理费用	部分管理费用	减准备
6	财务费用	财务费用	基本相同
7	资产减值损失	管理费用、营业外支出、投资损失	三合一
8	公允价值变动收益	无	
9	投资收益	部分投资收益	减损失

执行企业会计制度、小企业会计制度的企业应根据以上科目不同，分析调整填列主表及相关附表项目。

（三）有关行次的逻辑关系

1. 第 1 行 = 附表一（1）第 2 行或附表一（2）第 1 行或附表一（3）第 2 行至第 7 行合计。

2. 第 2 行 = 附表二（1）第 2 行或附表二（2）第 1 行或附表二（3）第 2 行至第 9 行合计。

3. 第 10 行 = 第 1 行 - 第 2 行 - 第 3 行 - 第 4 行 - 第 5 行 - 第 6 行 - 第 7 行 + 第 8 行 + 第 9 行。

4. 第 11 行 = 附表一（1）第 17 行或附表一（2）第 42 行或附表一（3）第 9 行。

5. 第 12 行 = 附表二（1）第 16 行或附表二（2）第 45 行或附表二（3）第 10 行。

6. 第 13 行 = 第 10 行 + 11 行 - 第 12 行。

7. 第 14 行 = 附表三第 55 行第 3 列合计。

8. 第 15 行 = 附表三第 55 行第 4 列合计。

9. 第 16 行 = 附表三第 14 行第 4 列。本行对应附表一（3）第 10 行。

10. 第 17 行 = 附表五第 1 行。

11. 第 18 行 = 附表五第 6 行。

12. 第 19 行 = 附表五第 14 行。

13. 第 20 行 = 附表五第 9 行。

14. 第 21 行 = 附表五第 39 行。

15. 第 22 行 - 附表六第 7 列合计（当第 13 行 + 第 14 行 - 第 15 行 ≥0 时，本行 =0）。

16. 第 23 行 = 第 13 行 + 第 14 行 - 第 15 行 + 第 22 行。

17. 第 24 行 = 附表四第 6 行第 10 列。

18. 第 25 行 = 第 23 行 - 第 24 行（当本行 <0 时，则先调整 21 行的数据，尽可能使本

行≥0，当 21 行 =0 时，23 - 24 行≥0。如果企业亏损，在 21 行 =0，第 23 行 <0 时，无法弥补以前年度亏损，第 24 行 =0，本行实际为负数，填写 0）。

说明：第 25 行已经在第 24 行弥补了以前年度亏损，之所以先调整 21 行，主要因为创投企业抵扣应纳税所得额不受时间限制，而亏损弥补受五年弥补期限的制约。调整第 21 行当年抵扣数额将影响第 23 行的数据。由于第 21 行、第 22 行均为可调控数额，第 23 行代表企业当年经营盈利或可弥补的亏损额，应尽量保证第 23 行≮0，这是第一前提。如果对第 21 行、第 22 行进行处理后，第 23 行仍然 <0，只能作为以后年度可弥补的亏损。在第 23 行≮0 前提下，再考虑第 21 行与弥补以前年度亏损的此增彼减关系，通过压缩第 21 行在当年抵扣数额，尽量多弥补一些以前年度亏损，其最大限度即第 21 行 =0，此时要求第 25 行≥0。

注意：由于第 21 行数据已计入第 15 行“纳税调整减少额”，调整第 21 行时需调整本表第 15 行、附表三、附表五有关行次。

19. 第 26 行填报 25%。

20. 第 27 行 = 第 25 行 × 第 26 行。

21. 第 28 行 = 附表五第 33 行。

22. 第 29 行 = 附表五第 40 行。

23. 第 30 行 = 第 27 行 - 第 28 行 - 第 29 行。

24. 第 31 行 = 附表六第 10 列合计。

25. 第 32 行 = 附表六第 14 列合计 + 第 16 列合计或附表六第 17 列合计。

26. 第 33 行 = 第 30 行 + 第 31 行 - 第 32 行。

27. 第 40 行 = 第 33 行 - 第 34 行。

（四）具体行次的填报说明

1. 主表第一部分：“利润总额的计算”反映会计利润的形成步骤，应严格按照会计核算口径填列。

有关数据来源：适用企业会计准则的企业，其数据直接取自《利润表》；实行企业会计制度、小企业会计制度的企业，其《损益表》中项目与本表不一致部分，应当按照本表要求对《损益表》项目调整后填报。

该部分的收入、成本费用明细项目，适用企业会计准则、企业会计制度、小企业会计制度的纳税人，通过附表一（1）《收入明细表》和附表二（1）《成本费用明细表》反映；适用企业会计准则、金融企业会计制度的纳税人填报附表一（2）《金融企业收入明细表》、附表二（2）《金融企业成本费用明细表》的相应栏次；适用事业单位会计准则、民间非营利组织会计制度的事业单位、社会团体、民办非企业单位、非营利组织，填报附表一(3)《事业单位、社会团体、民办非企业单位收入项目明细表》和附表一（3）《事业单位、社会团体、民办非企业单位支出项目明细表》。

（1）第 1 行“营业收入”：填报纳税人主要经营业务和其他业务所确认的收入总额，由于报表这一部分按会计口径填列，会计上未确认视同销售收入，因此，此行未包括视同销售业务收入，视同销售业务通过附表三进行纳税调整增加。本项目根据“主营业务收入”和“其他业务收入”科目的发生额分析填列。一般企业根据附表一（1）《收入明细表》第 2 行填列；金融企业根据附表一（2）《金融企业收入明细表》第 1 行填列；事业单位、社会团体、民办非企业单位、非营利组织应填报附一（3）《事业单位、社会团体、民办非企业单位收入明细表》的“收入总额”，税法规定的“不征税收入”，凡具有经营性质的，也作为会计上的收入项目在此行归集（第3行+第4行+第5行+第6行+第7行）。

（2）第2行“营业成本”项目，填报纳税人主要经营业务和其他业务发生的实际成本总额，由于报表这一部分按会计口径填列，会计上未确认视同销售业务，因此，此行未包括视同销售成本，视同销售成本通过附表三纳税调减。本项目应根据“主营业务成本”和“其他业务成本”科目的发生额分析填列。需要说明，会计和税法研究收入与成本费用关系时遵循一定配比原则，尤其是制造业和商品流通企业的配比特点更为明显，在确认收入的同时结转产品销售成本。一般企业填报附表二（1）《成本费用明细表》第2行；金融企业填报附表二（2）《金融企业成本费用明细表》第1行；事业单位、社会团体、民办非企业单位、非营利组织原则上填写附表二（3）《事业单位、社会团体、民办非企业单位支出明细表》第2行至第9行合计。

（3）第3行“营业税金及附加”：填报纳税人的经营业务应负担的营业税、消费税、城市维护建设税、资源税、土地增值税和教育费附加等。本项目应根据“营业税金及附加”科目的发生额分析填列。允许税前扣除的税收种类包括：消费税、营业税、资源税、城市维护建设税、教育费附加、房产税、车船税、耕地占用税、城镇土地使用税、车辆购置税、印花税等。允许扣除的税金并不全部在该栏目填报，执行会计制度企业的其他业务所发生的流转税金，在附表二（1）《成本费用明细表》其他业务支出中填列。

不允许税前扣除的税收种类为：企业所得税、允许抵扣的进项税及各税种的罚款、滞纳金。新《企业所得税法》第八条规定，允许企业税前扣除的，必须是企业实际发生的与取得收入有关的、合理的支出。因此，就所得税而言，其是依据应税收入减去扣除项目的余额计算得到，本质上是企业利润分配的支出，不是企业为取得经营收入实际发生的费用支出，因此，不能作为企业的税金在税前扣除。而增值税是一种价外税，可以转嫁，并非由企业负担。至于罚款和滞纳金也是因为并非企业为取得经营收入而必须发生的，因此也不能税前扣除。

（4）第4行“销售费用”：填报纳税人在销售商品过程中发生的包装费、广告费、业务宣传费、业务招待费等费用和为销售本企业商品而专设的销售机构的职工薪酬、业务费等与企业产品、服务的市场推广有关的费用。本项目应根据“销售费用”科目的发生额分析填列，对应附表二（1）第26行；附表二（2）和附表二（3）未设计相应行次，金融企业设计了“业务和管理费”，已计入成本范围，未作为期间费用单独反映；事业单位、社会团体等需根据有关经营性费用填报，其中，对于已经作为收入的减项或已列入有关经营成本或费用中的此类费用，不得重复填报。

（5）第5行“管理费用”：填报纳税人为组织和管理生产经营发生的管理费用。基本可以根据“管理费用”科目实际发生额分析填列。“管理费用”是一个综合性科目，企业很多费用类支出均可归入此科目，现行税收政策很多纳税调整项目就是针对管理费用科目的调整，实际税源管理中存在一些会计与税法均无明确限制性规定的支出项目，实际申报时可以不做调整，这是进一步加强税源管理空间所在（其中不乏虚假费用的报销）。本行对应附表二（1）第27行。附表二（2）和附表二（3）未设计相应行次，金融企业会计制度未设计管理费用科目，有关类似费用通过“业务和管理费”归集，已在附表二（2）第15行、第

27行、第36行反映，已计入金融企业成本范围，此行可以不填写；事业单位、社会团体等需根据有关管理类费用填报。金融企业、事业单位、社会团体对于已经作为有关成本费用处理的，不得重复填报。

（6）第6行“财务费用”：填报纳税人为筹集生产经营所需资金等而发生的筹资费用，根据“财务费用”科目的发生额分析填列；此处按照会计口径填写，企业将资金存入银行取得利息冲减“财务费用”。企业取得银行存款等利息应确认收入，财务核算时这部分收入计入了“财务费用”的贷方金额，是“财务费用”的负数。“财务费用”结转本年利润数为借贷相抵后的余额，正数为费用、负数为收益，因此，金额可正可负。本行对应附表二（1）第28行。附表二（2）金融企业的融资费用属于企业正常经营资金业务的营业成本，不再通过“财务费用”填报。附表二（3）未设计相应行次。

（7）第7行“资产减值损失”：根据《企业会计准则》有关规定，企业各项资产发生减值准备，借：资产减值损失（会计准则）或者管理费用、营业外支出（会计制度，当年增提或减提的减值准备），贷：某项资产减值准备。企业确认的减值损失，作为当期利润的减项，计入全年会计损益。本项目应根据“资产减值损失”科目的发生额分析填列。

需要说明的是，由于纳税申报表主表原则上是按照实行企业会计准则的企业设置的，实行企业会计制度、小企业会计制度的企业未设置“资产减值损失”科目，无法填写本行。对于执行企业会计制度、小企业会计制度的企业，需在原财务报表基础上进行调整，调整说明如下：

①将“其他业务利润”分为“其他业务收入”与“其他业务支出”两个科目金额，分别与“主营业务收入”与“主营业务成本”两个科目合并。

②企业会计制度上当年增提（或转回）的资产减值，分别在不同科目归集，如存货、应收账款发生的资产减值（跌价）在管理费用中归集，长期投资、短期投资的资产减值在投资收益科目中归集，固定资产、无形资产和在建工程的资产减值在营业外支出科目。将上述三个科目的金额列出来，填入附表二（1）第24行。

（8）第8行“公允价值变动收益”：执行新会计准则的纳税人填报，执行会计制度的纳税人不填写。执行会计准则的纳税人的某些资产（或负债），如交易性金融资产、以公允价值计量并计入当期损益的金融工具（金融资产、金融负债）、投资性房地产等，由于存在比较活跃的市场，为准确核算其资产价值，会计上将其当期公允价值变动差额计入当期利润。本项目应根据“公允价值变动损益”科目的发生额分析填列，如为损失，本项目以“-”号填列。

（9）第9行“投资收益”：填报纳税人以各种方式对外投资所取得的收益，包括债权、股权、基金等持有收益（利息、股息、基金分红），本行应根据“投资收益”科目的发生额分析填列，如为损失，用“-”号填列。

需要注意的是：①对于企业持有的交易性金融资产处置和出让时，处置收益部分应当自“公允价值变动损益”项目中转出，计入投资收益，列入本行。②此处投资收益包括企业境外投资应纳税所得额，即从境外分回的股息、红利，不包括转让、处置境外投资的收益或损失。

（10）第10行“营业利润”：填报纳税人当期的营业利润。根据上述行次计算填列，本行金额=第1行-第2行-第3行-第4行-第5行-第6行-第7行+第8行+第9行。

（11）第11行“营业外收入”：填报纳税人发生的与其经营活动无直接关系的各项收

入。营业外收入与营业外支出不存在配比关系。

一般企业通过附表一（1）《收入明细表》第17行填报；金融企业通过附表一(2)《金融企业收入明细表》第42行填报；事业单位、社会团体、民办非企业单位填入附表一（3）《事业单位、社会团体、民办非企业单位收入明细表》第9行“其他收入”。

（12）第12行“营业外支出”：填报纳税人发生的与其经营活动无直接关系的各项支出。营业外支出与营业外收入一般不存在配比关系。

一般企业通过附表二（1）《成本费用明细表》第16行填报；金融企业通过附表二（2）《金融企业成本费用明细表》第45行填报；事业单位、社会团体、民办非企业单位填入附表二（3）《事业单位、社会团体、民办非企业单位支出明细表》第10行“其他支出”。

（13）第13行“利润总额”：填报纳税人当期的会计利润总额。根据上述行次计算填列。本行金额＝第10行＋第11行－第12行，以上均为会计口径，执行会计准则的纳税人上述数额与利润表基本相同。

2. 主表第二部分：（由利润总额调整为）应纳税所得额的填报。

（1）第14行“纳税调整增加额”：本行根据附表三《纳税调整项目明细表》“调增金额”列下第55行合计数填报，是由利润总额调整为应纳税所得额的调增部分。具体填报内容包括：①纳税人未计入利润总额的应税收入项目（收入类）；②税收不允许扣除的支出项目（支出类）、超出税收规定扣除标准的支出金额（支出类）；③资产损失和非流动资产的折旧、摊销、折耗金额的纳税调整项目（资产类）；④企业计提的各类准备金的纳税调整；⑤房地产开发企业按本期预售收入计算的预计利润的纳税调整；⑥涉及特别纳税调整项目的纳税调整等。

（2）第15行“纳税调整减少额”：本行根据附表三《纳税调整项目明细表》“调减金额”列下第55行合计数填报，是由利润总额调整为应纳税所得额的调减部分。具体填报内容包括：①纳税人已计入利润总额，但税收规定可以暂不确认为应税收入的项目（收入类）；②在以前年度进行了纳税调增，根据税收规定从以前年度结转过来在本期扣除的项目金额（支出类、资产类）。包括不征税收入、免税收入、减计收入，以及房地产开发企业本期结转销售收入的预售收入已按规定计算并允许调减的预计利润等。

（3）第16行“其中：不征税收入”：本行数据已计入第15行“纳税调整减少额”，此行只是列示功能，不参与本表计算。填报纳税人计入营业收入或营业外收入中的属于税收规定的财政拨款、依法收取并纳入财政管理的行政事业性收费、政府性基金，以及国务院规定的其他不征税收入。不征税收入与免税收入存在本质区别，主要区别在于：不征税收入不属于营利性活动带来的经济利益，是专门从事特定目的取得的收入，是税法上规定不予征收的项目；免税收入是纳税人应税收入的重要组成部分，实质是国家对纳税人的税收饶让。任何收入不作为应税收入或不申报纳税都需要有明确的法律依据，只要税法没有明确规定不征税或免税的，都应作为应税收入计征企业所得税。

（4）第17行“其中：免税收入”：本行数据已计入第15行“纳税调整减少额”，此行只是列示功能，不参与本表计算。对应附表三《纳税调整项日明细表》第15行和附表五《税收优惠明细表》第1行。填报纳税人已并入利润总额中核算的符合税收规定免税条件的收入或收益，包括：①国债利息收入；②符合条件的居民企业之间的股息、红利等权益性投资收益，持有时间不超过12个月的流通股的股息不予免税（附表十一），不在此行填列；

③在中国境内设立机构、场所的非居民企业从居民企业取得与该机构、场所有实际联系的股息、红利等权益性投资收益；④投资者从证券投资基金分配中取得的收入；⑤符合条件的非营利组织的收入等。

（5）第18行“其中：减计收入”：本行数据已计入第15行“纳税调整减少额”，此行只是列示功能，不参与本表计算。对应附表三《纳税调整项目明细表》第16行和附表五《税收优惠明细表》第6行。填报按比例减计应税收入的情形，目前主要限于资源综合利用的减计收入，纳税人以《资源综合利用企业所得税优惠目录》规定的资源作为主要原材料，生产符合《资源综合利用企业所得税优惠目录》要求的产品，按产品销售收入10%的比例准予从应纳税所得额中减计的收入。

（6）第19行“其中：减、免税项目所得”：本行数据已计入第15行“纳税调整减少额”，此行只是列示功能，不参与本表计算。填报纳税人按照《企业所得税法》第二十七条规定应单独核算的减征、免征项目的所得额。本行源于附表三第17行以及附表五第14行，在填写附表五时，对于免税所得，直接将免税所得填写附表五第14行，对于减税所得，按“减税的应纳税所得额×减税百分比”填报。

（7）第20行“其中：加计扣除”：本行数据已计入第15行“纳税调整减少额”，此行只是列示功能，不参与本表计算。填报纳税人当年实际发生的开发新技术、新产品、新工艺发生的研究开发费用，以及安置残疾人员和国家鼓励安置的其他就业人员所支付的工资，符合税收规定条件的，计算应纳税所得额时按一定比例加计扣除的金额。

说明：一是《企业会计准则——无形资产》规定无形资产的研制分为研究与开发两个阶段，前者由于风险较大，予以费用化处理，后者予以资本化。《企业所得税法实施条例》规定，对未形成无形资产的“三新”支出加计扣除150%，形成无形资产的部分可以按其成本加计摊销150%扣除，这样保证了政策的平衡，也有利于确认企业无形资产的实际价值。二是对于单位雇佣残疾人员职工的，允许将单位支付给残疾人员的工资加计100%扣除。三是对于下岗再就业人员、军转干部、退役士兵、随军家属等就业人员的政策调整，以后有可能参照残疾人员所得税政策的思路进行调整。

（8）第21行“其中：抵扣应纳税所得额”：本行数据已计入第15行“纳税调整减少额”，此行只是列示功能，不参与本表计算。填报创业投资企业采取股权投资方式投资于未上市的中小高新技术企业两年以上的，可以按照其投资额的70%在股权持有满两年的当年抵扣该创业投资企业的应纳税所得额；当年不足抵扣的，可以在以后纳税年度无限期结转抵扣。

考虑新旧税收政策的衔接，根据《财政部、国家税务总局关于执行企业所得税优惠政策若干问题的通知》（财税［2009］69号），上述投资于未上市的中小高新技术企业两年以上，包括发生在2008年1月1日以前满两年的投资。中小高新技术企业的标准是指按照《高新技术企业认定管理办法》（国科发火［2008］172号）和《高新技术企业认定管理工作指引》（国科发火［2008］362号）取得高新技术企业资格，且年销售额和资产总额均不超过2亿元、从业人数不超过500人的企业，其中2007年底前已取得高新技术企业资格的，在其规定有效期内不需重新认定。上述中小高新企业规模是指创投企业投资时的规模，中小高新技术企业在创业投资以后规模扩大的，不影响此项政策的执行。

说明：由于企业弥补亏损有五年的限制，企业应优先弥补亏损再考虑创投企业抵扣应纳税所得额问题，本行数据需结合第22行、第23行、第24行等数据填列，出于优先弥补亏损的考虑，本行可以填写0。由于本行数据已计入第15行“纳税调整减少额”，调整第21行时需同步调整本表第15行、附表三、附表五有关行次。

（9）第22行“加：境外应税所得弥补境内亏损”：《企业所得税法》严格限制境外机构亏损用境内盈利弥补，这主要是避免关联方交易侵蚀中国税基，同时与国际惯例接轨；《企业所得税法》对境外所得弥补境内亏损问题未作明确规定，由于《企业所得税法》采取法人税制，原则上应将境外所得纳入境内所得统一计税，包括以境外所得弥补境内企业或机构的本年度亏损，不应弥补境内以前年度亏损，这是法人税制的基本要求。根据《企业所得税法》法人税制的原则，以及《财政部、国家税务总局关于企业境外所得税收抵免有关问题的通知》（财税［2009］125号）、《国家税务总局关于发布〈企业境外所得税收抵免操作指南〉的公告》（国家税务总局2010年第1号公告）等文件精神，纳税人在计算缴纳企业所得税时，其境外营业机构的盈利可以弥补境内营业机构的亏损。

当“利润总额+纳税调整增加额-纳税调整减少额”（第13行+第14行-第15行）<0时，该行填报企业境外应税所得用于弥补当年境内亏损部分，最大不得超过企业当年全部境外应纳税所得额（本行填完后仍有境外所得的纳税人，继续填写附表六《境外所得税抵免计算明细表》及本表的第31行、第32行）。

当“利润总额+纳税调整增加额-纳税调整减少额”（第13行+第14行-第15行）>0时，本行填0，不涉及用境外所得弥补境内以前年度亏损的问题。

（10）第23行“纳税调整后所得”：填报纳税人当期经过调整后的应纳税所得额。本行金额=本表第13行+第14行-第15行+第22行。当本行为负数时，即为可结转以后年度进行弥补的亏损额（当年可结转以后年度弥补的负所得额）。从这一逻辑关系看，也意味着境外所得只弥补本年度亏损，不延伸到弥补以前年度亏损。如本行为正数时，应继续计算应纳税所得额。

（11）第24行“弥补以前年度亏损”：填报纳税人按税收规定可在所得税前弥补的以前年度亏损额。对应附表四《企业所得税弥补亏损明细表》第6行第10列，但不得超过本表第23行“纳税调整后所得”（当年盈利额），这是一个技术要求，第23行“纳税调整后所得”是弥补以前年度亏损的最大数额（此时需考虑第21行数据问题）。

（12）第25行“应纳税所得额”：本行金额=本表第23行-第24行，本行不得填写负数，如果本表第23行或者依上述顺序计算结果为负数，本行金额填零。主要原因：一是本行如填写负数，在计算机统计企业应纳税所得额（税源统计）时，会发生正负数相抵，影响数据准确性；二是税务机关统计所在地区企业的亏损情况，可以通过第23行“纳税调整后所得”反映。

3. 主表第三部分：应纳税额计算，包括减免税、境外所得计算时的税收抵免、已缴税款的抵减等事项的填报，计算出企业本年度的实际应补退税款。

（1）第26行“税率”：填报税法规定的税率25%。对于采用低税率的企业，仍填写25%，其低于25%税率的减免税额作为税收优惠填入附表五。汇总纳税总分机构税率不一致的企业填写25%，其少于按25%计算的税款部分属于税收优惠，在附表五反映。主要原因：一是低税率的减免税属于税收优惠政策，将其放在减免税项目中更为合适，既给所有企业公平税率的感受，又让享受低税率的纳税人通过填写减免税项目反映这一数据；二是满足税务机关统计各类减免税额的业务需求。

（2）第27行“应纳所得税额”：本行金额=本表第25行×第26行。

（3）第28行“减免所得税额”：填列纳税人按税收规定实际减免的企业所得税额。包括小型微利企业、国家需要重点扶持的高新技术企业、享受减免税优惠过渡政策的企业、技术服务型企业、动漫产业企业等，其实际执行税率与法定税率的差额，以及经税务机关审批或备案的其他减免税额的优惠（税基优惠已作为纳税调减项目处理）。本行金额等于附表五《税收优惠明细表》第33行。

（4）第29行“抵免所得税额”：填列纳税人购置用于环境保护、节能节水、安全生产等专用设备投资额（所购置专用设备必须符合有关目录要求），其设备投资额的10%可以从企业当年的应纳税额中抵免；当年不足抵免的，可以在以后5个纳税年度结转抵免，对于递延以后年度结转抵免的部分，应登记台账管理；对于纳税人使用上述专用设备不足5年转让的，应追回所享受的抵扣税额，由购买者重新享受抵扣所得税政策。本行金额等于附表五《税收优惠明细表》第40行。

需要说明：一是根据《财政部、国家税务总局关于执行企业所得税优惠政策若干问题的通知》（财税［2009］69号），对于承租方企业以融资租赁方式租入的、并在融资租赁合同中约定租赁期届满时租赁设备所有权转移给承租方企业，可以按规定享受抵免所得税政策；融资租赁期届满后租赁设备所有权未转移至承租方企业的，承租方企业应停止享受抵免企业所得税优惠，并补缴已经抵免的企业所得税税款。二是根据《国家税务总局关于停止执行企业购买国产设备投资抵免企业所得税政策问题的通知》（国税发［2008］52号），自2008年1月1日起，停止执行企业购买国产设备投资抵免企业所得税政策，为便于政策衔接，对于内资企业原技术改造2007年底前已采购国产设备和外资企业2007年底前已采购国产设备，在规定期限内未抵免完的税额，仍可以继续抵免完毕所发生的抵免税额，在本行填写。

（5）第30行“应纳税额”：填报纳税人本年度境内所得的应纳所得税额，根据上述有关的行次计算填列。本行金额=本表第27行-第28行-第29行。

（6）第31行“境外所得应纳所得税额”：填报纳税人来源于中国境外的应纳税所得额（如所得为税后利润应还原计算为含税所得，附表六第3列还原），按税法规定税率计算的应纳所得税额（境外所得按中国税法计算对中国政府的纳税责任）。本行金额等于附表六《境外所得税抵免计算明细表》第10列合计数。

说明：需注意境外所得在本套申报表中的逻辑关系：一是主表“利润总额计算”部分，已经包括境外利润，如主表第9行“投资收益”中包括境外投资的收益（税后），附表一中实际包括来源于境外的特许权使用费收入，以及其他境外利润（税后），以此保证会计利润口径的完整性；二是在附表三《纳税调整项目明细表》的第12行第4列对境外所得进行了纳税调减，并统一反映在主表第15行，主表第25行“应纳税所得额”仅反映境内经营部分；三是纳税人境外所得部分全部在附表六《境外所得税抵免计算明细表》中进行处理，在附表六中计算境外所得应纳税额及境外抵免税额直接填报本表的本行及第32行。

（7）第32行“境外所得抵免所得税额”：填报纳税人来源于中国境外的所得，依照中国税法规定计算的，在当年抵免限额内扣除的境外已纳所得税额，以及在限额内抵免以前五个年度内超出当年抵免限额未抵免完毕，而在本年有抵免限额情况下延续抵免以前年度未抵免的境外已缴纳税款。具体如下：

①企业已在境外缴纳的所得税额，小于抵免限额的，假定以前五个年度内不存在限额内

未抵免完的境外已纳税额，则“境外所得抵免所得税额”原则上按照其在境外实际缴纳的企业所得税额填列。

如果存在以前五个年度内在限额内未抵免完的境外已缴税款，当“以前五年内境外已缴税款未抵免的余额”≤（当年抵免限额－当年境外实际已缴税额之差）时，则此行填写“当年境外实际已缴税额＋以前五年内境外已缴税款未抵免的余额”；当“以前五年内境外已缴税款未抵免的余额”＞（当年抵免限额－当年境外实际已缴税额之差）时，则此行填写本年度计算的抵免限额，未抵免的部分留待以后五年内继续抵免。

②大于抵免限额的，按抵免限额填列，超过抵免限额的部分，可以在以后五个年度内，用当年抵免限额抵免当年应抵免税额后的余额进行补抵。

可用境外所得弥补境内亏损的纳税人，其境外所得应纳税额公式中“境外应纳税所得额”项目和境外所得税税款扣除限额公式中“来源于某外国的所得”项目，为境外所得，不含弥补境内亏损部分，即不再将其用于抵免其他境外所得对应的税额，但其在境外已缴税款仍可填列在附表六第11列参加抵免。具体参见附表六《境外所得税抵免计算明细表》。

（8）第33行“实际应纳所得税额”：填报纳税人剔除减免税、境外税收抵免等因素后本年度的实际应纳所得税额。本行金额＝第30行＋第31行－第32行。

（9）第34行“本年累计实际已预缴的所得税额”：填报纳税人按照税收规定本年度月份（季度）已累计预缴的所得税额。

此行包括以下内容：一是本企业当年实际预缴税款，注意不要混淆本表第41行、第42行数额（不属于本年度应纳税额）。二是汇总纳税的总分机构和合并纳税的母子公司分别在异地预缴税款；为便于税源管理和与上述企业分支机构预缴税款的信息相比对，本表第35行至第39行分别列示总分机构和母子公司在季度预缴税款的情况，不参与本表计算。

（10）第35行“其中：汇总纳税的总机构分摊预缴的税额”：填报汇总纳税的总机构1～12月份（或1～4季度）分摊的在当地入库预缴税额。需附报《中华人民共和国汇总纳税分支机构分配表》。

（11）第36行“其中：汇总纳税的总机构财政调库预缴的税额”：填报汇总纳税的总机构1～12月份（或1～4季度）分摊的缴入财政调节账户的预缴税额。需附报《中华人民共和国汇总纳税分支机构分配表》。

（12）第37行“其中：汇总纳税的总机构所属分支机构分摊的预缴税额”：填报汇总纳税企业的二级分支机构就地分摊预缴的税额。附报《中华人民共和国汇总纳税分支机构分配表》。

（13）第38行“合并纳税（母子体制）成员企业就地预缴比例”：填报经国务院批准的实行合并纳税（母子体制）的成员企业按规定就地预缴的比例。

说明：根据《关于试点企业集团缴纳企业所得税有关问题的通知》（财税［2008］119号）规定，106家大型试点企业集团自2009年起取消合并纳税政策，就地纳税。

（14）第39行“合并纳税企业就地预缴的所得税额”：填报合并纳税的成员企业实际就地预缴的所得税额。

（15）第40行“本年应补（退）的所得税额”：填报纳税人当期应补（退）的所得税额。本行金额＝第33行－第34行。

4. 主表第四部分：“附列资料”包括用于税源统计分析的上年度税款在本年入库金额。

（1）第41行“以前年度多缴的所得税在本年抵减额”：填报纳税人以前年度汇算清缴多缴的税款尚未办理退税，且在本年抵缴的金额，应视为本年季度预缴税款的一部分，同时包括在主表第34行的数据中；本行只用于税源统计，不参与本表计算。

（2）第42行“上年度应缴未缴在本年入库所得额”：填报纳税人以前年度损益调整税款、上一年度第四季度或12月份预缴税款和汇算清缴补缴的税款，在本年入库的金额，不属于本年度预缴税款；本行只用于税源统计，不参与本表计算。

二、收入项目附表

（一）《收入明细表》（附表一（1））表样（见表3-3）及填报说明

表3-3　　收入明细表

填报时间：　年　月　日　　　　金额单位：元（列至角分）

行次	项目	金额
1	一、销售（营业）收入合计（2行+13行）	广告、业宣、业招基数
2	（一）营业收入合计（3行+8行）	
3	1. 主营业务收入（4行+5行+6行+7行）	
4	（1）销售货物	
5	（2）提供劳务	
6	（3）让渡资产使用权	
7	（4）建造合同	
8	2. 其他业务收入（9行+10行+11行+12行）	
9	（1）材料销售收入	
10	（2）代购代销手续费收入	
11	（3）包装物出租收入	
12	（4）其他	
13	（二）视同销售收入（14行+15行+16行）	
14	（1）非货币性交易视同销售收入	
15	（2）货物、财产、劳务视同销售收入	
16	（3）其他视同销售收入	
17	二、营业外收入（18行+19行+20行+21行+22行+23行+24行+25行+26行）	
18	1. 固定资产盘盈	
19	2. 处置固定资产净收益	
20	3. 非货币性资产交易收益	
21	4. 出售无形资产收益	
22	5. 罚款净收入	
23	6. 债务重组收益	
24	7. 政府补助收入	
25	8. 捐赠收入	
26	9. 其他	

经办人（签章）：　　　　法定代表人（签章）：

1. 附表一（1）的结构。本表为三个层次：第一层本表总体结构分为“销售（营业）收入”与“营业外收入”两大部分；第二层其中“销售（营业）收入”又分为“营业收入”与“视同销售收入”两部分；第三层“营业收入”又为“主营业务收入”和“其他业务收入”。

表内关系如图 3－2 所示。

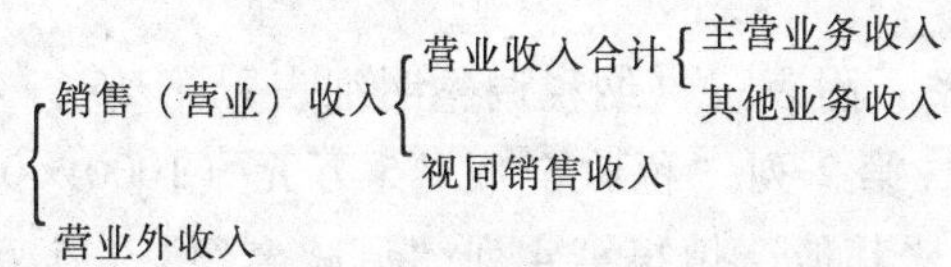

图 3－2　《收入明细表》（附表一（1））表内关系图

2. 附表一（1）有关说明。

（1）本附表适用于执行企业会计准则、企业会计制度、小企业会计制度的企业，由实行查账征收的企业所得税居民纳税人填报。

（2）本附表归纳企业主营业务收入和其他业务收入，企业会计准则已取消对主营业务收入与其他业务收入的划分，会计制度和传统做法仍保留这种区分，本附表继续保留有关划分方法。

（3）本附表的“主营业务收入”、“其他业务收入”、“营业外收入”按企业会计核算口径填列，“视同销售收入”按税收政策口径填列。

3. 具体行次的填报说明。

（1）第 1 行“销售（营业）收入合计”：本行金额＝第 2 行＋第 13 行。本行数据实际内容包括企业主营业务收入、其他业务收入和按税收口径填报的视同销售业务收入。

根据《国家税务总局关于企业所得税执行中若干税务处理问题的通知》（国税函［2009］202 号）规定，企业在计算业务招待费、广告费和业务宣传费等费用扣除限额时，其销售（营业）收入额应包括《企业所得税法实施条例》第二十五条规定的视同销售（营业）收入额。因此，本行数据作为计算业务招待费、广告费和业务宣传费支出扣除限额的计算基数。

《国家税务总局关于贯彻落实〈企业所得税法〉若干税收问题的通知》（国税函［2010］79 号）规定：对从事股权投资业务的企业（包括集团公司总部、创业投资企业等），其从被投资企业所分配的股息、红利以及股权转让收入，可以按规定的比例计算业务招待费扣除限额。

目前，纳税申报表提取业务招待费的基数是主营业务收入、其他业务收入和税收规定的视同销售收入，不包括核算分配回股息、红利以及股权转让收入的投资收益项；同时，主营业务收入、其他业务收入、视同销售收入之和也是提取广告费和业务宣传费的基数。因此，此项政策只能在申报表附表三中单独体现。

［例 3－1］　某集团公司 2010 年取得生产经营收入 1000 万元，从下属子公司分回利润 300 万元。本年度发生业务招待费 12 万元、广告费和业务宣传费 100 万元。

2010 年度纳税申报时：

第一，计算业务招待费税前扣除限额：

（1000+300）×0.5%=6.5（万元）

12×60%=7.2（万元）

按孰低的原则，业务招待费税前扣除限额为6.5万元。

第二，计算广告费和业务宣传费税前扣除限额：

1000×15%=150（万元）

第三，纳税申报处理。

一是业务招待费的调整：附表三《纳税调整明细表》第26行“业务招待费”填报：第1列“账载金额”12万元、第2列“税收金额”5万元（1000×0.5%）、第3列“调增金额”7万元；同时第40行“其他”填报第4列“调减金额”1.5万元（300×0.5%）。

二是广告费和业务宣传费填报附表八《广告费和业务宣传费跨年度纳税调整表》。

第1行“本年度广告费和业务宣传费支出”：100万元；

第3行“本年度符合条件的广告费和业务宣传费支出”：100万元；

第4行“本年计算广告费和业务宣传费扣除限额的销售（营业）收入”：1000万元；

第5行“税法规定的扣除率”：15%；

第6行“本年广告费和业务宣传费扣除限额”：150万元。

（2）第2行“营业收入合计”：本行金额=第3行+第8行。本行数额严格按会计口径填报，填入主表第1行。

（3）第3行至第7行“主营业务收入”：根据不同行业的业务性质分别填报纳税人在会计核算中的主营业务收入。对主要从事对外投资的纳税人，其投资所得就是主营业务收入。企业一般按照营业执照规定的业务种类确定主营业务收入和其他业务收入；对于营业执照未规定主营业务的，企业可以按照各项收入比例确定主营业务收入和其他业务收入。

第4行“销售货物”：填报从事工业制造、商品流通、采掘业、农业生产以及其他商品销售企业的主营业务收入。《企业所得税法实施条例》第十四条规定，销售货物收入是指企业销售商品、产品、原材料、包装物、低值易耗品以及其他存货取得的收入。会计与税法有关销售收入确认的原则基本一致，企业所得税是一个年度性税种，是对一个年度内的收入确认，会计与税法在收入方面差异主要是时间性差异。下面比较一下企业会计准则与有关税法规定。

第一，关于收入确认条件的规定。

会计与税法有关收入确认条件基本相同。《企业会计准则第14号——收入》规定，销售商品收入同时满足下列条件，才能予以确认：①企业已将商品所有权上的主要风险和报酬转移给购货方；②企业既没有保留通常与所有权相联系的继续管理权，也没有对已售出的商品实施有效控制；③收入的金额能够可靠地计量；④相关的经济利益很可能流入企业；⑤相关的已发生或将发生的成本能够可靠地计量。

《国家税务总局关于确认企业所得税收入若干问题的通知》（国税函［2008］875号）规定：企业销售商品同时满足下列条件的，应确认收入的实现：①商品销售合同已经签订，企业已将商品所有权相关的主要风险和报酬转移给购货方；②企业对已售出的商品既没有保留通常与所有权相联系的继续管理权，也没有实施有效控制；③收入的金额能够可靠地计量；④已发生或将发生的销售方的成本能够可靠地核算。

此外，企业会计准则还强调“相关的经济利益很可能流入企业”的标准，对于经济利益预期不能流入企业的，则会计上从风险角度考虑不确认为商品销售收入；税法未强调这一标准，不论经济利益是否能够流入企业，只要满足上述四项标准即应确认收入，市场经营风险由企业承担。按照税法确认收入后，如果以后经济利益未能流入企业，则可以作为“资产损失”申请在所得税前扣除。

第二，关于销售收入金额的确定的规定。

企业会计准则规定：企业应当按照从购货方已收或应收的合同或协议价款确定销售商品收入金额，但已收或应收的合同或协议价款不公允的除外。这一点与税收确认原则相同。

企业会计准则规定：合同或协议价款的收取采用递延方式，实质上具有融资性质的，应当按照应收的合同或协议价款的公允价值确定销售商品收入金额。应收的合同或协议价款与其公允价值之间的差额，应当在合同或协议期间内采用实际利率法进行摊销，计入当期损益。可见，会计上为准确收入的未来实际经济利益，考虑融资性质，并将融资收益或融资费用在实际受益期内进行分摊，最终损益实际上并未增加或减少。税法上不考虑递延收款或递延支付涉及的未确认融资收益或费用问题，也不认可未确认融资收益或费用的摊销，一般以合同价格或实际交易价格为基准，同时往往以发票价格为准。

第三，关于现金折扣、销售折扣、销售折让等的处理办法。

①企业会计准则规定：现金折扣，是指债权人为鼓励债务人在规定的期限内付款而向债务人提供的债务扣除。销售商品涉及现金折扣的，应当按照扣除现金折扣前的金额确定销售商品收入金额；现金折扣在实际发生时计入当期损益。

《国家税务总局关于确认企业所得税收入若干问题的通知》（国税函［2008］875号）规定，债权人为鼓励债务人在规定的期限内付款而向债务人提供的债务扣除属于现金折扣，销售商品涉及现金折扣的，应当按扣除现金折扣前的金额确定销售商品收入金额，现金折扣在实际发生时作为财务费用扣除。可见，现金折扣在会计上与税法上的处理方法是一致的。

② 企业会计准则规定：商业折扣，是指企业为促进商品销售而在商品标价上给予的价格扣除。销售商品涉及商业折扣的，应当按照扣除商业折扣后的金额确定销售商品收入金额。

《国家税务总局关于确认企业所得税收入若干问题的通知》（国税函［2008］875号）规定，企业为促进商品销售而在商品价格上给予的价格扣除属于商业折扣，商品销售涉及商业折扣的，应当按照扣除商业折扣后的金额确定销售商品收入金额。原内资企业所得税政策规定，销售折扣、销售折让与商品销售金额开在同一张发票上的，可以冲减销售收入，凡不在同一张发票上列示的，不得冲减销售收入，《国家税务总局关于确认企业所得税收入若干问题的通知》（国税函［2008］875号）取消了这一限制，而且其会计与税法处理方法基本一致。

需要说明的是，目前商业折扣、折让与营业额是否开具在同一张发票上，对增值税和企业所得税已无实际影响，增值税只要按规定开具红字专用发票，可以通过抵减收入方式避免多征增值税和所得税。但《营业税条例实施细则》规定，凡不在同一张发票上开具的，不准冲减计税收入。

③企业会计准则规定：销售折让，是指企业因售出商品质量不合格等原因而在售价上给予的减让。企业已经确认销售商品收入的售出商品发生销售折让的，应当在发生时冲减当期销售商品收入。销售折让属于资产负债表日后事项的，适用《企业会计准则第29号——资

产负债表日后事项》的规定。

销售退回，是指企业售出的商品由于质量、品种不符合要求等原因而发生的退货。企业已经确认销售商品收入的售出商品发生销售退回的，应当在发生时冲减当期销售商品收入。销售退回属于资产负债表日后事项的，适用《企业会计准则第 29 号——资产负债表日后事项》的规定。

《国家税务总局关于确认企业所得税收入若干问题的通知》（国税函［2008］875 号）规定，企业因售出商品的质量不合格等原因而在售价上给的减让属于销售折让；企业因售出商品质量、品种不符合要求等原因而发生的退货属于销售退回。企业已经确认销售收入的售出商品发生销售折让和销售退回，应当在发生当期冲减当期销售商品收入。可见，会计上与税法上对销售折让、销售退回的处理是基本一致的。

第四，关于销售收入确认时间的规定。

企业会计准则应用指南和《国家税务总局关于确认企业所得税收入若干问题的通知》（国税函［2008］875 号）对收入确认时间做了规定，在企业会计准则框架下，《企业所得税法》主要参照流转税确认收入的时间进行确认：①销售商品采用托收承付方式的，在办妥托收手续时确认收入。②销售商品采取预收款方式的，在发出商品时确认收入，预收的货款确认为负债。③销售商品需要安装和检验的，在购买方接受商品以及安装和检验完毕时确认收入。如果安装程序比较简单，可在发出商品时确认收入。④销售商品采用支付手续费方式委托代销的，在收到代销清单时确认收入。⑤销售商品采用以旧换新方式的，销售的商品应当按照销售商品收入确认条件确认收入，回收的商品作为购进商品处理。

会计上收入确认时间影响着企业损益的确定和对外财务报告的披露，而税法上对收入的确认，直接决定着纳税义务的发生时间，并承担按规定时间纳税的法律责任。

第五，关于特殊交易方式的销售收入的规定。

①售后回购方式销售商品。企业会计准则应用指南规定，采用售后回购方式销售商品的，收到的款项应确认为负债；回购价格大于原售价的，差额应在回购期间按期计提利息，计入财务费用。有确凿证据表明售后回购交易满足销售商品收入确认条件的（即定价公允），销售的商品按售价确认收入，回购商品作为购进商品处理。《增值税暂行条例》规定，售后回购已涉及有形动产所有权的转移，应在销售环节确认收入并核算销项税金，实际回购环节核算进项税金，增值税款通过发票载明金额进行计算。《国家税务总局关于确认企业所得税收入若干问题的通知》（国税函［2008］875 号）规定，采用售后回购方式销售商品的，销售的商品按售价确认收入，回购的商品作为购进商品处理。对于有证据表明不符合销售收入确认条件的，如以销售商品方式进行融资，收到的款项应确认为负债，回购价格大于原售价的，差额应在回购期间确认为利息费用。尽管会计与所得税对售后回购方式销售商品收入确认的表述有所不同，但实际上两者的处理原则、处理方式是基本一致的，即凡是按照公允价值进行交易的，都按销售处理，实际工作中不宜过多纠缠两者的差异。增值税与会计、所得税就确认收入的售后回购不存在差异，对于会计、所得税未确认收入的售后回购（即关联方之间交易，定价可能不公允），增值税也要求按照公允价值作为销售处理，实际执行中可能会有一定难度，但税务机关对于定价严重偏离市场价格的，有权进行合理调整。对于这一部分交易，企业应按公允价值开具或收到相应发票，尽管会计和所得税方面允许不确认收入，而是作为融资行为处理，实际上也要求在确认融资收益或利息支出时参照公允价

值标准进行确定。

[例3-2] 甲公司和乙公司签订售后回购合同，甲公司以20万元销售给乙公司A货物，增值税3.4万元。约定5个月后按20.9万元购回，该货物成本18万元。

发出商品时：

借：银行存款 234000

  贷：库存商品——A 180000

    应交税金——应交增值税（销项税额） 34000

    其他应付款——乙 20000

5个月，每月应计提的利息费用为0.18万元（0.9÷5=0.18）。

借：财务费用 1800

  贷：其他应付款 1800

计提4个月：0.18×4=0.72（万元）

甲公司购回销售的商品，增值税专用发票上注明商品价款20.9万元，增值税额3.553万元。

借：库存商品 209000

  应交税金——应交增值税（进项税额） 35530

  贷：银行存款 244530

借：其他应付款 27200

  财务费用 1800

  贷：库存商品 29000

按照《国家税务总局关于确认企业所得税收入若干问题的通知》（国税函［2008］875号）规定，售后回购业务中，销售商品应确认20万元的收入，再次购回时，其计税成本为20.9万元，两者差额即等于会计上确认的财务费用；由于会计上未作销售，此项业务需要在本行填写“销售货物”20万元，填入附表二《成本费用明细表》第3行“销售货物成本”，会计上确认的财务费用应予冲回，填入附表三《纳税调整项目明细表》第40行“其他”。

②售后租回方式销售商品。企业会计准则应用指南规定，采用售后租回方式销售商品的，收到的款项应确认为负债；售价与资产账面价值之间的差额，应当采用合理的方法进行分摊，作为折旧费用或租金费用的调整。有确凿证据表明认定为经营租赁的售后租回交易是按照公允价值达成的，销售的商品按售价确认收入，并按账面价值结转成本。《国家税务总局关于融资性售后回租业务中承租方出售资产行为有关税收问题的公告》（国家税务总局2010年第13号公告）进一步明确：融资性售后回租业务是指承租方以融资为目的将资产出售给经批准从事融资租赁业务的企业后，又将该项资产从该融资租赁企业租回的行为。融资性售后回租业务中承租方出售资产时，资产所有权以及与资产所有权有关的全部报酬和风险并未完全转移。融资性售后回租业务中，承租人出售资产的行为，不确认为销售收入，对融资性租赁的资产，仍按承租人出售前原账面价值作为计税基础计提折旧。租赁期间，承租人支付的属于融资利息的部分，作为企业财务费用在税前扣除。会计上与税法对融资性售后回租业务的处理基本一致。

③买一赠一等方式组合销售本企业商品。《国家税务总局关于确认企业所得税收入若干

问题的通知》（国税函［2008］875号）规定，企业以买一赠一等方式组合销售本企业商品的，不属于捐赠，应将总的销售金额按各项商品的公允价值的比例来分摊确认各项的销售收入。现行企业所得税政策实际上将其视为降价销售行为。

［**例3-3**］ 红星奶制品公司2010年发生以下销售业务（以下单价均为不含税价，税率17%）：

①累计销售炼乳4000吨，每吨单价2万元，已通过银行收款；

②累计销售袋装酸奶5万吨，每吨单价3万元，其中80%货款已结算；

③以委托销售方式发出奶粉8000吨，每吨单价8万元，成本价格为6万元，其中已收到代销清单的5000吨，按售价10%支付受托方手续费，货款未收到。

④2009年销售的奶粉中，有20吨发生质量问题，每吨奶粉单价1.8万元，成本价格1.2万元；其中10吨办理退货，可以加工后再出售，已开具红字增值税专用发票；另外10吨按每吨折让3000元处理（不属于资产负债表日后事项）；

⑤2010年促销月活动中，销售A产品附送C产品，A产品销售价格为每吨2万元，其成本为每吨1.3万元，C产品销售价格为每吨4000元，其成本为每吨3500元；共销售A产品5000吨，附送C产品1000吨，附送C产品的增值税由企业负担。

有关账务处理如下：

①借：银行存款 93600000

贷：主营业务收入——炼乳 80000000

应交税费——应交增值税（销项税额） 13600000

②借：银行存款 1404000000

应收账款 351000000

贷：主营业务收入——酸奶 1500000000

应交税费——应交增值税（销项税额） 255000000

③发出商品时：

借：发出商品——委托代售奶粉 480000000

贷：库存商品——奶粉 480000000

收到代销清单确认销售收入并结转销售成本：

借：应收账款 468000000

贷：主营业务收入——委托代售奶粉 400000000

应交税费——应交增值税（销项税额） 68000000

计算手续费时：

借：销售费用 40000000

贷：应收账款 40000000

借：主营业务成本 300000000（480000000×5/8）

贷：发出商品 300000000

④收到退货冲减收入时：

借：主营业务收入 180000

应交税费——应交增值税（销项税额） 30600

贷：银行存款 210600

借：库存商品——半成品 150000
贷：主营业务成本 150000
同时，借：生产成本 150000
贷：库存商品——半成品 150000
销售折让退还客户商品质量款时：
借：主营业务收入 30000
应交税费——应交增值税（销项税额） 5100
贷：银行存款 35100
⑤促销活动有关处理，注意增值税与所得税有关法规的区别。
根据增值税有关法规，主要关注增值税销项税金与进项税金的处理：
借：银行存款 117000000
销售费用① 680000
贷：主营业务收入——A 产品 96153800
——B 产品 3846200
应交税费——应交增值税（销项税额） 17000000
应交税费——应交增值税（销项税额） 680000（0.4×10000000×17%）

按照《国家税务总局关于确认企业所得税收入若干问题的通知》（国税函［2008］875 号）规定，应将总的销售金额按各项商品的公允价值的比例来分摊确认各项产品的销售收入。将销售 A 产品的收入 10000 万元在 A、C 产品分摊。A 产品公允价值 10000 万元，C 产品公允价值 400 万元。

A 产品销售收入 =10000×10000/（10000+400） =9615.38（万元）
C 产品销售收入 =10000×400/（10000+400） =384.62（万元）
结转 A、C 产品成本
借：主营业务成本 68500000
贷：库存商品——A 产品 65000000
——C 产品 3500000
进行企业所得税汇算清缴时：
销售货物收入 =8000+ 150000+40000-18-3+9615.38+384.62=207979（万元）

第 5 行“提供劳务”：填报从事提供旅游饮食服务、交通运输、邮政通信、建筑安装、对外经济合作等劳务、开展其他服务的纳税人取得的主营业务收入。《企业所得税法实施条例》第十五条规定，提供劳务收入，是指企业从事建筑安装、修理修配、交通运输、仓储租赁、金融保险、邮电通信、咨询经纪、文化体育、科学研究、技术服务、教育培训、餐饮住宿、中介代理、卫生保健、社区服务、旅游、娱乐、加工以及其他劳务服务活动取得的收入。《国家税务总局关于确认企业所得税收入若干问题的通知》（国税函［2008］875 号）就提供劳务收入的确认与会计准则进行了有效协调。下面比较一下会计与税法有关提供劳务收入确认规定的差异。

① 由于增值税为价外税，不计入当期应纳税所得额，申报纳税时需通过附表三《纳税调整项目明细表》第 40 行“其他”作纳税调减。

第一，短期劳务（非跨年度劳务）的收入、成本费用的结转均在一个年度内完成，会计上与税法不存在差异。

第二，对于跨年度劳务，需在不同年度间划分劳务收入和劳务成本、费用，企业会计准则坚持用完工进度法（又称“完工百分比法”）划分不同年度的劳务收入和劳务支出，《企业所得税法》对此予以认可。企业应按照从接受劳务方已收或应收的合同或协议价款确定劳务收入总额，根据纳税期末提供劳务收入总额乘以完工进度扣除以前纳税年度累计已确认提供劳务收入后的金额，确认为当期劳务收入。同时，按照提供劳务估计总成本乘以完工进度扣除以前纳税期间累计已确认劳务成本后的金额，结转为当期劳务成本。完工百分比法的测量标准：①已完工作的测量；②已提供劳务占劳务总量的比例；③发生成本占总成本的比例。

第三，在应用完工百分比法划分跨年度劳务收入和劳务支出时，要求提供劳务交易的结果能够可靠估计，会计和税法都承认以下三条标准：①收入的金额能够可靠地计量；②交易的完工进度能够可靠地确定；③交易中已发生和将发生的成本能够可靠地计量。

此外，企业会计准则还强调“相关的经济利益很可能流入企业”的标准，对于经济利益预期不能流入企业的，则会计上从风险角度考虑不确认为劳务收入；税法未强调这一标准，不论经济利益是否能够流入企业，只要满足上述三条标准即应确认收入，市场经营风险由企业承担。按照税法确认收入后，如果以后经济利益未能流入企业，则可以作为“资产损失”申请在所得税前扣除。

第四，对于下列劳务，《国家税务总局关于确认企业所得税收入若干问题的通知》（国税函［2008］875号）参考企业会计准则应用指南，进行了统一规定，会计与税法规定实际上是一致的，只是表述略有不同。

①安装费。企业会计准则应用指南规定，在资产负债表日根据安装的完工进度确认收入。税法规定，应根据安装完工进度确认收入。两者规定：对于安装工作是商品销售附带条件的，安装费在确认商品销售实现时确认收入。

②宣传媒介的收费。会计和税法有关政策规定，在相关的广告或商业行为开始出现于公众面前时确认收入。企业会计准则规定，广告的制作费，在资产负债表日根据制作广告的完工进度确认收入。税法规定，应根据制作广告的完工进度确认收入，两者规定可能存在时间性差异，但基本处理原则是一致的。

③软件费。为特定客户开发软件的收费，会计上规定在资产负债表日根据开发的完工进度确认收入。税法上规定应根据开发的完工进度确认收入，两者规定可能存在时间性差异，但基本处理原则是一致的。

④服务费。会计和税法规定，包含在商品售价内可区分的服务费，在提供服务的期间分期确认收入；不可区分的服务费，可以全部作为商品销售收入处理或由税务机关划分两者的收入。

⑤艺术表演、招待宴会和其他特殊活动的收费。会计和税法都规定在相关活动发生时确认收入。收费涉及几项活动的，预收的款项应合理分配给每项活动，分别确认收入。

⑥会员费。会计与税法规定相同，申请入会或加入会员，只允许取得会籍，所有其他服务或商品都要另行收费的，在取得该会员费时确认收入。申请入会或加入会员后，会员在会员期内不再付费就可得到各种服务或商品，或者以低于非会员的价格销售商品或提供服务

的，该会员费应在整个受益期内分期确认收入。

⑦劳务费。会计与税法规定相同，长期为客户提供重复的劳务收取的劳务费，在相关劳务活动发生时确认收入。

［例 3－4］ 2009 年 12 月，金华工程设计公司承接一项工程建筑设计业务，合同价格 900 万元，工期 3 个月，预计成本 600 万元（假如均为人工工资）。2009 年 12 月预收委托方 A 公司 10% 款项作为启动资金，并开始设计，发生成本 300 万元。2010 年发生成本 320 万元。2 月设计业务完工交付委托方，委托方按合同约定付款 80%，尾款 10% 将于委托方建筑业务完工后（2011 年 2 月）付清，按已完劳务占应提供劳务总量比例确定该劳务的完工进度，工程完工开具发票。

有关会计处理如下：

2009 年 12 月预收设计款项时：

借：银行存款 900000

　　贷：预收账款——A 公司 900000

2009 年 12 月发生劳务时：

借：劳务成本 2000000

　　贷：应付职工薪酬 2000000

2009 年确认收入时：

900 × 1/3 = 300（万元）

2009 年确认成本时：

600 × 1/3 = 200（万元）

2009 年会计分录如下：

借：预收账款——A 公司 3000000

　　贷：主营业务收入 3000000

同时，借：主营业务成本 2000000

　　　　贷：劳务成本 2000000

2010 年 2 月设计业务完工收取设计款时：

900 × 90% = 720（万元）

借：银行存款 7200000

　　贷：预收账款——A 公司 7200000

2010 年发生劳务时：

借：劳务成本 3200000

　　贷：应付职工薪酬 3200000

2010 年确认收入 = 900 × 3/3 － 300 = 600（万元）

2010 年确认成本 = 620 × 3/3 － 200 = 420（万元）

借：预收账款——A 公司 6000000

　　贷：主营业务收入 6000000

借：主营业务成本 4200000

　　贷：劳务成本 4200000

2010 年申报建筑设计收入 600 万元。

［例3－5］　浩天高尔夫俱乐部推出两款会员卡，A卡购卡者支付5万元取得会籍，在5年内免收入门费，其他服务均按市场价格收取；B卡购卡者一次支付30万元，在10年内免收入门费，对购卡者10年内消费按6折给予优惠，按门票一般占消费10%计算，按50%确认为当期收入。2010年企业共销售A卡500张，B卡200张。有关会计处理如下：

借：银行存款　　85000000

　贷：营业收入——A卡会员费　　25000000

　　　　　　　——B卡会员费　　30000000

　　　预收款项——B卡以后年度递延确认收入　　30000000

2010年度需申报会员费收入5500万元（2500＋3000）。

第6行“让渡资产使用权”：根据企业会计准则规定，让渡资产使用权收入包括利息收入、使用费收入等，这与税法规定基本一致，由于本套申报表专门设计了金融企业收入报表，可以填报利息收入。因此，该表主要填报资产的使用费收入，具体包括无形资产的使用权收入和固定资产的使用权收入，前者称为“特许权使用费收入”，后者称为租金收入。

本行填报让渡无形资产使用权（如商标权、专利权、专有技术使用权、非专利技术使用权、版权、专营权等）而取得的使用费收入，以及以租赁业务为基本业务的出租固定资产、投资性房地产在“主营业务收入”核算取得的租金收入。转让处置固定资产（所有权的处置）、出售无形资产（所有权的让渡）属于“营业外收入”，不在本行反映。

注意：一是根据《企业所得税法实施条例》第十九条、第二十条等规定，特许权使用费收入以合同约定的特许权使用人应付特许权使用费的日期确认收入实现，租金收入按合同约定日期确认收入实现；二是注意特许权使用费与转让无形资产所有权的区别，前者是指转让无形资产的使用权，可以多次转让，不结转成本；后者是转让无形资产的所有权，需结转成本。三是根据《国家税务总局关于确认企业所得税收入若干问题的通知》（国税函［2008］875号）规定，特许权费会计上与税法上规定相同，属于提供设备和其他有形资产的特许权费，在交付资产或转移资产所有权时确认收入；属于提供初始及后续服务的特许权费，在提供服务时确认收入。

［例3－6］　中国高奇公司2010年向越南M公司销售矿山机械设备，同时转让与该设备有关的专利技术，设备价款1500万元，专利技术50万元；高奇公司向重庆北江锡矿签订技术转让合同，技术转让价格300万元，合同期10年，每年11月30日前支付款项，高奇公司将按年度提供相应服务。有关会计处理如下：

借：银行存款　　800000

　贷：主营业务收入——M公司技术转让收入　　500000

　　　　　　　　　——北江锡矿技术转让收入　　300000

［例3－7］　凯歌公司2010年7月将凯歌大厦一层底商出租，根据合同约定租赁期4年，租金总金额1200万元，一次预收两年租金，第二次租金于第三年度7月支付。有关会计处理如下：

借：银行存款　　6000000

　贷：主营业务收入——出租底商　　6000000

第7行“建造合同”：填报纳税人建造房屋、道路、桥梁、水坝等建筑物，以及船舶、飞机、大型机械设备等的主营业务收入。

《企业会计准则15号——建造合同》规定，建造合同是指为建造一项或数项在设计、技术、功能、最终用途等方面密切相关的资产而订立的合同。建造合同分为固定造价合同和成本加成合同，前者是指按照固定的合同价或固定单价确定工程价款的建造合同；后者是指以合同约定或其他方式议定的成本为基础，加上该成本的一定比例或定额费用确定工程价款的建造合同。

建造合同收入包括：一是合同规定的初始收入；二是因合同变更、索赔、奖励等形成的收入。其中，合同变更是指客户为改变合同规定的作业内容而提出的调整，并从合同变更中增加的收入；索赔款是指因客户或第三方的原因造成的、向客户或第三方收取的、用以补偿不包括在合同造价中成本的款项；奖励款是指工程达到或超过规定的标准，客户同意支付的额外款项。

对于不动产的建造合同收入征收营业税，对于飞机、船舶等建造合同收入征收增值税。建造合同从会计与所得税法角度而言，都属于一种工程类劳务，原则上按照提供劳务的规则确认劳务收入和劳务成本。根据《企业会计准则15号——建造合同》第十八条规定，在资产负债表日，建造合同结果能够可靠估计的，应当根据完工百分比法确认合同收入和合同费用，其中完工百分比法，是指根据合同完工进度确认收入与费用的方法。《企业会计准则15号——建造合同》规定确定合同完工进度可以选用下列方法：一是累计实际发生的合同成本占合同预计总成本的比例；二是已经完成的合同工作量占合同预计总工作量的比例；三是实际测定的完工进度。

企业会计准则规定，固定造价合同的结果能够可靠估计，是指同时满足下列条件：一是合同总收入能够可靠地计量；二是与合同相关的经济利益很可能流入企业；三是实际发生的合同成本能够清楚地区分和可靠地计量；四是合同完工进度和为完成合同尚需发生的成本能够可靠地确定。成本加成合同的结果能够可靠估计，是指同时满足下列条件：一是与合同相关的经济利益很可能流入企业；二是实际发生的合同成本能够清楚地区分和可靠地计量。

税法确认建造合同收入的原则与方法未作专门规定，基本上参照企业会计准则执行。综合考虑测量完工进度后按照完工百分比法划分各年度的合同收入与合同支出，合同收入参照合同约定预付款条件、工程完工情况、结算、发票开具等情况确定。

[例3-8] 向阳公司2008年承接北京至上海高速铁路电气化工程，根据合同约定，工期四年，合同标的额47000万元，预计总成本45000万元，截至2009年底完成合同完工进度的58%，2010年3月，对原合同进行修订，追加工程款2000万元，预计总成本提高到46500万元，2010年完成合同完工进度的73%，实际总成本22000万元。2010年向阳公司按完工百分比法确认收入。2010年的会计处理如下：

2010年应确认收入=（47000+2000）×73%-47000×58%=8510（万元）

2010年应确认费用=46500×73%-45000×58%=7845（万元）

2010年应确认毛利=8510-7845=665（万元）

借：工程施工——合同毛利　　6650000

　　主营业务成本　　78450000

　　贷：主营业务收入——京沪铁路施工收入　　85100000

本行填入8510万元。

《国家税务总局关于贯彻落实〈企业所得税法〉若干税收问题的通知》国税函［2010］

79号规定：如果交易合同或协议中规定租赁期限跨年度，且租金提前一次性支付的，根据《企业所得税法实施条例》第九条规定的收入与费用配比原则，出租人可对上述已确认的收入，在租赁期内，分期均匀计入相关年度收入。

此项规定与会计准则中经营租赁收取的租金收入按直线法在租赁期内均匀确认收入的方法基本一致，与《企业所得税法实施条例》对租金收入按交易合同或协议规定的承租人应付租金日期确认收入的要求存在时间差异。

［**例3－9**］ 某企业与承租人签订房屋租赁合同，2010年10月至2011年10月出租房屋1年，每个月租金1万元，承租人于2010年10月一次性支付租金12万元，假定出租房屋的主要成本是该房屋的折旧，每月1000元。

第一，企业的账务处理：

（1）2010年10月一次收到租金12万元

借：银行存款 120000

贷：预收账款 120000

（2）2010年10～12月每月确认收入1万元

借：预收账款 10000

贷：其他业务收入——租赁收入 10000

（3）2010年10～12月每月计提折旧

借：其他业务支出 1000

贷：累计折旧 1000

第二，纳税申报处理。依据国税函［2010］79号的规定，纳税申报时上述租金收入可以在租赁期内分期均匀计入相关年度的收入，与会计处理方式一致，不需要再做纳税调整。

（4）第8行至第12行：按照会计核算中“其他业务收入”的具体业务性质分别填报。

第9行“材料销售收入”：工业制造业、商业流通、工程施工等企业填报销售材料、下脚料、废料、废旧物资等收入。销售材料、下脚料、废料、废旧物资等不是公司主营业务，上述废品或下脚料是在产品生产和经营过程中的副产品。对于专业从事废旧物资回收的企业，应填入本附表第4行“销售货物”。

第10行“代购代销手续费收入”：填报从事代购代销、受托代销商品收取的手续费收入。

这里需要注意：一是采取买断方式代购代销商品的，作为商品销售收入处理，填入本附表第4行“销售货物”。二是对于专业从事代理业务的纳税人收取的手续费收入不在本行填列，而是作为主营业务收入填列到主营业务收入中，实际上，专业从事代理业务的纳税人收取的手续费收入属于本附表第5行“提供劳务”收入。

［**例3－10**］ 2010年，红星服装厂委托本市东方商厦销售西装10000件，协议价格1000元/件，成本价格580元/件，增值税率17%，红星服装厂按每件100元支付代销手续费。有关会计处理如下：

红星服装厂的会计分录如下：

将服装交付东方商厦时：

借：委托代销商品——西装 5800000

贷：库存商品——西装 5800000

企业收到代销清单时：

借：应收账款——东方商厦　11700000

　　贷：主营业务收入　10000000

　　　　应交税费——应交增值税（销项税额）　1700000

借：销售费用——代销手续费　1000000

　　贷：应收账款——东方商厦　1000000

收到东方商厦汇来货款净额时：

借：银行存款　10700000

　　贷：应收账款——东方商厦　10700000

东方商厦的会计处理：

收到西装时：

借：代理业务资产（或受托代销商品）　10000000

　　贷：代理业务负债　10000000

实际销售时：

借：银行存款　11700000

　　贷：应付账款——红星服装厂　10000000

　　　　应交税费——应交增值税（销项税额）　1700000

收到增值税发票时：

借：应交税金——应交增值税（销项税额）　1700000

　　贷：应付账款——红星服装厂　1700000

对冲代理业务负债与代理业务资产时：

借：代理业务负债　10000000

　　贷：代理业务资产　10000000

归还红星服装厂货款并结算代销手续费时：

借：应付账款——红星服装厂　11700000

　　贷：银行存款　10700000

　　　　其他业务收入——代销红星服装厂手续费收入　1000000

2010 年度，东方商厦申报手续费收入 100 万元。

第 11 行"包装物出租收入"：填报出租、出借包装物的租金和逾期未退包装物没收的押金。

需要注意的是，一是包装物出租收入不是主营业务收入，是特殊行业如啤酒、饮料、部分化工产品等生产企业，为节约资源，对包装物重复使用，为加强包装物周转而向用户收取一定的租金；二是对于逾期未退还的包装物押金，按照权责发生制原则和包装物租赁约定，逾期予以没收，属于企业因包装物出租带来的收益，视同租金处理，如果以后退还租金，相应冲抵当期收入。

第 12 行"其他"：填报在"其他业务收入"会计科目核算的、上述未列举的其他业务收入，不包括已在主营业务收入中反映的让渡资产使用权取得的收入。

需要说明的是，除专业租赁公司取得租金，科研单位从事研发取得特许权使用费外，一般企业的租金收入和特许权使用费收入不是主营业务收入。

（5）第 13 行至第 16 行：填报“视同销售的收入”。视同销售是指会计上不作为销售核算，而在税收上作为销售、确认收入计缴税金的视同销售货物、视同转让财产或视同提供劳务的行为。

需要说明的是：一是视同销售业务在会计上未作为销售处理，或者未列入当期利润，但属于所得税应税项目，需要在税收上作销售处理，确认税收利润；二是视同销售业务未列入主表第一部分“利润总额计算”中，而是作为纳税调整项目通过附表三归集，保证了主表利润总额会计口径的完整性；三是所有视同销售业务的主要特点是“资产所有权发生转移”，尤其是实施以法人税制为特点的《企业所得税法》，对于法人内部移送资产或改变资产用途，只要未超越法人企业的范围，包括总分机构之间、分支机构之间移送、转移资产，《企业所得税法》均不再作为视同销售处理，这样，“资产所有权是否发生转移”就成为判定视同销售行为的重要依据之一。第 13 行数据填列附表三第 2 行第 3 列。

第 14 行“非货币性交易视同销售收入”：执行企业会计准则、企业会计制度、小企业会计制度的纳税人，填报不具有商业实质或交换涉及资产的公允价值均不能可靠计量的非货币性资产交换，按照税收规定应视同销售确认收入的金额。企业会计准则下公允价值模式非货币资产交换，属于正常市场交易，不在此行反映。下面结合企业会计准则、企业会计制度的处理方法加以说明：

第一，非货币资产交换的判定。根据《企业会计准则第 7 号——非货币资产交换》规定，货币性资产是指企业持有的货币资金和将以固定或可确定的金额收取的资产，包括现金、银行存款、应收账款和应收票据以及准备持有至到期的债券投资等；非货币性资产，是指货币性资产以外的资产。

非货币性资产交换是指交易双方主要以存货、固定资产、无形资产和长期股权投资等非货币性资产进行的交换。该交换不涉及或只涉及少量的货币性资产（即补价）。根据企业会计准则应用指南，判断涉及补价交易是否属于非货币资产交换，通常以补价占整个资产交换金额的比例低于 25% 作为参考，支付货币性资产占换入资产公允价值（或占换出资产公允价值与支付的货币性资产之和）的比例，或者收到的货币性资产占换出资产公允价值（或占换入资产公允价值和收到的货币性资产之和）的比例低于 25% 的，为非货币性资产交换。

企业会计准则规定，非货币交易有两种会计核算方法：一是公允价值模式非货币交换；二是成本模式非货币交换。

第二，公允价值模式核算方法及其与税法差异。企业会计准则规定，只有同时满足：该项交换具有商业实质及换入资产或换出资产的公允价值能够可靠计量等两个条件的，按公允价值模式处理非货币资产交换，即以公允价值和应支付的相关税费作为换入资产的成本，公允价值与换出资产账面价值的差额计入当期会计损益。

涉及补价的情况。企业在按照公允价值和应支付的相关税费作为换入资产成本的情况下，发生补价的，应当分别下列情况处理：

①支付补价的，换入资产成本与换出资产账面价值加支付的补价、应支付的相关税费之和的差额，应当计入当期损益。

②收到补价的，换入资产成本加收到的补价之和与换出资产账面价值加应支付的相关税费之和的差额，应当计入当期损益。

在公允价值模式下，非货币资产交换的会计与税法差异较小，对计算应纳税所得额没有实质影响。对于换出资产公允价值与其账面价值的差额，分别不同情况处理：

①换出资产为存货的，应当作为销售处理，按照《企业会计准则第14号——收入》，以其公允价值确认收入，同时结转相应的成本；税法按相应方法处理。编者认为此种情形与正常销售没有实质区别，而且，在增值税方面也开具发票，应填入本附表第4行“销售货物”。《国家税务总局关于〈中华人民共和国企业所得税年度纳税申报表〉的补充通知》（国税函［2008］1081号）规定，此种情形以换出资产公允价值与账面价值的差额计入本表20行“非货币性资产交易收益”，为保证税收政策口径的一致性，编者建议按国税函［2008］1081号文件操作。但有一个前提条件，即会计上公允价值模式的非货币性交换的收入和成本，不应计入营业收入和营业支出，如果会计上已经计入，则第20行不重复反映（避免重复纳税）。

②换出资产为固定资产、无形资产的，企业会计准则规定，换出资产公允价值与其账面价值的差额，计入营业外收入或营业外支出。原《增值税暂行条例》对换出已使用过固定资产不征收增值税，主要原因是原来对固定资产购进环节进项税额未予抵扣，处置固定资产价格往往低于购置价格，所以，原来不征税并非优惠政策，只是销项税金与进项税金的一种对等处理；根据《财政部、国家税务总局关于全国实施增值税转型改革若干问题的通知》（财税［2008］170号）规定，实施增值税转型后，购置机器设备类固定资产进项税金予以抵扣，这些固定资产再出售时应确认销项税金征税。营业税政策对换出不动产征收营业税，应以收入全额扣除购置成本后的数额征税。会计上对处置固定资产、无形资产，以处置净额计入营业外收入或营业外支出。《企业所得税法》对于处置固定资产、无形资产的损益，无论以全额反映还是以净额反映，都不影响应纳税所得额。根据《企业所得税法实施条例》第十六条规定，转让财产收入应按收入全额反映，同时结转处置财产的成本，为减少会计与税法的纳税调整项目，本套申报表进行了灵活处理，在不影响应纳税所得额前提下，对处置固定资产、无形资产损益按净额反映；对于处置收益（营业外收入），《国家税务总局关于〈中华人民共和国企业所得税年度纳税申报表〉的补充通知》（国税函［2008］1081号）要求填写本附表第20行“非货币性资产交易收益”如为亏损以负数反映。编者认为，在非货币资产交易过程中换出资产实际上属于处置固定资产和转让无形资产的行为，填入本附表第19行“处置固定资产净收益”、第21行“出售无形资产收益”更为妥当，为便于纳税申报和保持税收政策的统一性，建议仍以文件为准。

③换出资产为长期股权投资的，企业会计准则规定，换出资产公允价值与其账面价值的差额，计入投资损益。长期股权投资会计核算较为复杂，会计上分别按成本法或权益法核算当期投资收益，其投资收益既包括持有收益，也包括处置投资收益，此处指处置投资收益，会计上对营业收入以外项目往往以净额反映盈亏。《企业所得税法》将转让长期股权投资行为视为“转让财产”，要求以收入全额反映，同时结转投资成本；由于会计上成本法与权益法核算复杂，投资会计成本与税法成本相差较大，企业需为此登记台账，并反映在附表十一《长期股权投资所得（损失）明细表》第12列“投资转让的会计成本”、第13列“投资转让的税收成本”中。会计上对投资转让收益以净额列报，附表十一《长期股权投资所得（损失）明细表》第14列“会计上确认的投资转让所得或损失”列示了此项内容。

［例3－11］ 甲企业2010年5月以钢材500吨，账面价值3000元/吨，公允价值4000元/吨，换取乙公司一台机械加工设备，原值300万元，已计提折旧40万元，公允价值220

万元，甲企业向乙公司支付补价 20 万元。假定甲企业钢材增值税税率为 17%，该项交易具有商业性质。

甲企业的会计处理如下：

20/220 = 0.091 < 0.25，属于非货币资产交易。

甲企业非货币资产交易收益 = 220 - （150 + 20 + 200 × 17%） = 16（万元）

换入资产的成本 = 200 + 20 + 34 = 254（万元）

借：固定资产——换入设备　　2540000

　贷：主营业务收入　　2000000

　　应交税费——应交增值税（销项税额）　　340000

　　银行存款　　200000

借：主营业务成本　　1500000

　贷：原材料——钢材　　1500000

乙企业的会计处理如下：

乙企业非货币资产交易收益 = 200 + 20 - 260 = -40（万元）

换入资产的成本 = 220 - 20 - 34 = 166（万元）

借：固定资产清理——设备　　2600000

　累计折旧　　400000

　贷：固定资产　　3000000

借：原材料——钢材　　1660000

　应交税费——应交增值税（进项税额）　　340000

　营业外支出——非货币交易损失　　400000

　银行存款　　200000

　贷：固定资产清理——设备　　2600000

本例中甲企业收入 200 万元填入本表的第 4 行、甲企业非货币交易收益 16 万元不在本行填写，填写到本表 20 行。

第三，成本模式核算方法及其与税法差异。

①企业会计准则规定，非货币性资产交换不具有商业实质，或者虽具有商业实质但换入资产的公允价值不能可靠计量的，应按照成本模式处理，即：以换出资产的账面价值为基础，并以此确认换入资产账面价值，由于这种交易不符合独立、公平的市场交易原则，不确认交易损益。关联方之间非货币资产交易可能不具备商业实质，一般按成本模式处理。在此模式下，企业在按照换出资产账面价值和应支付相关税费作为换入资产成本的情况下，发生补价的，分别下列情况处理：一是支付补价的，应当以换出资产的账面价值，加上支付的补价和应支付的相关税费，作为换入资产的成本，不确认损益；二是收到补价的，应当以换出资产的账面价值，减去收到的补价并加上应支付的相关税费，作为换入资产的成本，不确认损益。

②按照税法规定，对于不符合独立交易原则的非货币资产交换，应按公平交易原则调整，调整方法参照公允价值模式下有关会计处理即可，属于换出存货资产的，应按照《企业会计准则第 14 号——收入》确认收入并结转成本；属于换出固定资产、无形资产的，按转让财产处理。此处调整并非是调整企业账簿和会计分录，而是在申报表中完成。税法与会

计的不同之处在于非货币交易资产的定价是否符合公允价值或市场价格要求，这也是本附表第14行对非货币资产交易调整的关键，将税收价格填入本行，有关非货币交换税收成本，在附表二（1）《成本费用明细表》第13行“非货币性交易视同销售成本”。如果企业已按照税收标准对非货币交易资产进行调整并纳税申报后，也就是说此笔交易利润已缴纳所得税，编者建议企业将非货币交易资产由原账面价值调整为税收价值，并按照税收价值计提折旧、摊销或者结转存货成本，否则，将造成企业重复征税或者少缴税款。

［**例3－12**］　2010年3月，金龙润滑剂公司将25吨润滑剂与其子公司金英公司35吨涂料交换，润滑剂的实际成本为2万元/吨，公允价值3万元/吨，涂料的实际成本1.8万元/吨，公允价值2.6万元/吨，金龙公司向金英公司支付补价10万元，双方交换产品均不用于其生产经营，不具有商业实质。因此，不确认损益，分别以换出资产的账面价值作为确认换入资产账面价值的基础。

金龙润滑剂厂以换出资产的账面价值为确认换入资产账面价值的基础，其会计处理如下：

借：库存商品——涂料　　572800（500000＋127500＋100000－154700）
　　应交税费——应交增值税（进项税额）　　154700
　　贷：库存商品——润滑剂　　500000
　　　　应交税费——应交增值税（销项税额）　　127500　（25×30000×17%）
　　　　银行存款　　100000

金英涂料公司以换出资产的账面价值为确认换入资产账面价值的基础，其会计处理如下：

借：库存商品——润滑剂　557200　　（630000＋15470000－100000）
　　应交税费——应交增值税（进项税额）　　127500
　　银行存款　　100000
　　贷：库存商品——涂料　　630000
　　　　应交税费——应交增值税（销项税额）　　15470000（35×26000×17%）

实际申报时，金龙公司应按75万元（25×30000）填入本行，金英公司应按91万元（35×26000）填入本行。

第四，会计制度规定及其与税法差异。

企业会计制度规定：①对于不涉及补价的非货币资产交易，会计采取替代成本法，换入非货币资产入账价值以换出非货币资产账面价值为基础判定，不确认收益。②涉及补价的非货币资产交易，支付补价的一方与未发生补价的非货币资产交易的有关会计处理一致，只是以换出资产的账面价值替代换入资产的账面价值，不确认损益。由于其所换出非货币资产公允价值低于对方非货币资产的公允价值，按照市场公平交易原则，所支付补价（资金）等于双方非货币资产公允价值的差额，补价的主要作用在于完成非货币资产交易。对于收到补价的一方，其换出非货币资产为满足交换而进行估价过程中，其公允价值可能大于或小于换出资产原账面价值，即在非货币资产交易过程中可能发生资产增值或减值情形，会计制度要求确认所收到补价对应的增值或减值，并确认当期会计损益，分别计入“营业外收入”或“营业外支出”。计算公式：

应确认收益＝补价×（1－换出资产账面价值÷换出资产公允价值）

换出资产账面价值 < 换出资产公允价值，说明非货币资产交换发生增值，则有收益；换出资产账面价值 > 换出资产公允价值，说明非货币资产交换发生减值，则有损失。

税法规定，对于非货币资产交换，无论企业是执行企业会计准则还是会计制度，都应按照独立交易原则确认交易。独立交易原则的参考标准就是按公允价值完成交易，在税收上处理为转让资产（换出资产）和购买资产（换入资产）行为，在此过程中确认换出资产原账面价值与公允价值的差额，计入当期应纳税所得额。

由于应纳税所得额建立在对会计利润“纳税调整”基础上，按照会计规定，收到补价的一方在会计上已经确认了补价中蕴含的损益，已计入当期会计利润；同时该附表第14列“非货币性交易视同销售收入”已经对原未核算损益的非货币性交易进行了所得税处理；收取补价一方原已计入当期会计利润中补价所对应的损益应作为一项纳税调整内容从会计利润中调出，即：原增加当期利润的应纳税调减，原减少当期利润的应纳税调增。本附表第20行“非货币性资产交易收益”要求执行会计制度的纳税人填报补价对应的非货币资产交易损益，保证了主表第一部分“利润总额的计算”会计口径的完整；但是附表三《纳税调整项目明细表》未对这一部分进行相反方向的纳税调整，这样，对于有非货币资产交易收益的纳税人存在重复征税问题，对于非货币资产交易亏损的纳税人则减少了应纳税所得额。建议通过附表三《纳税调整项目明细表》第54行“其他”进行调整。

[**例3－13**] 2010年6月，金峰工具厂以其生产的起重工具一台换入三平精钢厂一项专利技术，起重工具的实际成本为50万元，市场价格70万元，专利技术的账面价值为80万元，评估价值为75万元，金峰工具厂向三平精钢厂支付补价5万元，双方均执行企业会计制度。

金峰工具厂的账务处理如下：

借：无形资产——专利技术　　669000

　贷：库存商品——起重工具　　500000

　　应交税金——应交增值税（销项税额）　　119000

　　银行存款　　50000

金峰工具厂应按70万元填写本行。

三平精钢厂的会计处理如下：

三平精钢厂收到补价，应确认补价对应的损益 = 补价 ×（1 − 换出资产账面价值 ÷ 换出资产公允价值）= 5 × [1 − (80 ÷ 75)] = −0.33（万元）。

借：库存商品——起重工具　　627700

　应交税金——应交增值税（进项税额）　　119000

　银行存款　　50000

　营业外支出——非货币交易损失　　3300

　贷：无形资产　　800000

三平精钢厂应按75万元填入本行。

第15行“货物、财产、劳务视同销售收入”：执行企业会计制度、小企业会计制度的纳税人，填报将货物、财产、劳务用于捐赠、偿债、赞助、集资、广告、样品、职工福利或者利润分配等用途的，按照税收规定应视同销售确认收入的金额。

企业将货物、财产、劳务用于捐赠、偿债、赞助、集资、广告、样品、职工福利或者利润分配，实际上“货物、财产、劳务”的所有权属已发生转移，从企业可控经济资源变化而言，只是引起“货物、财产、劳务”按成本价格计算总量的减少，而且没有相应经济对价的流入，会计上一般按成本价格处理。但从税法而言，将“货物、财产、劳务”用于捐赠、偿债、赞助、集资、广告、样品、职工福利或者利润分配等非销售用途，与其卖出“货物、财产、劳务”，再购置“货物、财产、劳务”的经济效果是相同的，只是改变货物、财产的权属方式，应承担相同税负，这既是公平税负的要求，也是反避税的要求。因此，《企业所得税法实施条例》第二十五条将这种情形作为视同销售货物、转让财产或者提供劳务处理。《企业所得税法》实行法人税制，取消了原法人企业内部机构之间移送资产或机构内部转移资产用途等按视同销售处理的规定，同时，将原来只对货物、资产视同销售的规定延伸到“货物、财产、劳务”领域。

［**例3－14**］ 某总支机构将价值100万元的货物移送其下属机构，其会计分录如下：

借：拨付所属资金——分支机构——A货物　　1170000

　　贷：库存商品——A货物　　1000000

　　　　应缴税费——应缴增值税（销项税额）　　170000

增值税有关法规将此种转移视同销售，而所得税有关法规将此种转移不视同销售。

《国家税务总局关于企业处置资产所得税处理问题的通知》（国税函［2008］828号）规定，下列情形的处置资产，除将资产转移至境外引起我国税收权益流失以外，由于资产所有权属在形式和实质上均不发生改变，属于内部处置资产，根据《企业所得税法实施条例》第二十五条规定，不作为视同销售确认收入，相关资产的计税基础也不允许调整，仍按原账面价值作为计税基础：

①将资产用于生产、制造、加工另一产品；

②改变资产形状、结构或性能；

③改变资产用途（如自建商品房转为自用或经营）；

④将资产在总机构及其分支机构之间转移；

⑤上述两种或两种以上情形的混合。

将资产移送他人的下列情形，因资产所有权属已经发生改变，根据《企业所得税法实施条例》第二十五条规定，已超越了内部处置资产的范畴，应按规定视同销售确定收入。

①用于市场推广或销售（资产所有权转移）；

②用于交际应酬（资产所有权转移）；

③用于职工奖励或福利（资产所有权转移）；

④用于股息分配（资产所有权转移）；

⑤用于对外捐赠（资产所有权转移）。

在视同销售条件下，属于企业自制的资产，应按企业同类资产同期对外销售价格确定销售收入；属于外购的资产，可按购入时的价格确定销售收入。实际上，《国家税务总局关于企业处置资产所得税处理问题的通知》（国税函［2008］828号）允许按购入价格确定销售收入的外购资产，有其特定含义，具有特定用途，不应泛指所有外购资产。如企业10年前购置房产或机器设备，经过10年折旧、摊销，其当前市场价格已远远脱离其购置价格和折余价值，而且这样规定很容易造成避税行为。

［**例3－15**］ 兴华粮油厂将自产兴华牌食用油发放给职工作为节日福利，本企业共有职

工 100 人，每人一桶油，每桶油的实际成本 40 元，市场售价 65 元/桶。企业执行企业会计制度，作会计处理如下：

借：应付福利费　　5105

　　贷：库存商品　　4000

　　　　应交税金——应交增值税（销项税额）　　1105

兴华粮油厂应将 6500 元（65×100）填入本行。如果企业已按市价做主营业务收入处理，实际上记入本附表第 4 行“销售货物”，不在此行填列。

第 16 行“其他视同销售收入”：填报税收规定的除上述“非货币性交易视同销售收入”、“货物、财产、劳务视同销售收入”之外的其他视同销售收入金额。本附表一方面列举了视同销售主要情形，另一方面在本行起补充填报作用。

（6）第 17～26 行“营业外收入”：填报在“营业外收入”会计科目核算的与企业生产经营无直接关系的各项收入。本行金额 = 第 18 行 + 第 19 行 + … + 第 25 行 + 第 26 行，据此填报主表第 11 行。

需要注意：一是营业执照不会列举企业营业外活动；二是营业外收入和投资收益都以净额反映；三是营业外收入与营业外支出不存在配比关系。

第 18 行“固定资产盘盈”：执行企业会计制度、小企业会计制度的纳税人，填报纳税人在资产清查中发生的固定资产盘盈数额。实际上，固定资产盘盈主要是因为管理中漏登漏记，其实际支出已计入有关资产成本，盘盈是管理中发现的“浮财”，应计入企业当期损益，相当于《企业所得税法实施条例》第二十二条规定“资产溢余收入”，不作纳税调减，此项政策有利于避免企业以盘亏、盘盈方式调节利润。

《企业会计准则第 4 号——固定资产》未设计“固定资产盘盈”概念，其中第十九条规定，企业至少应当于每年年度终了，对固定资产的使用寿命、预计净残值和折旧方法进行复核。使用寿命、预计净残值等均可根据情况进行会计估计变更，有关固定资产盘盈问题可以在第十九条框架下解决。

[例 3－16]　乙公司在财产清查过程中，发现一台未入账的设备，按同类或类似商品市场价格减去按该项资产的新旧程度估计的价值损耗后的余额为 3 万元，假定账面价值与其计税基础相同。且乙公司采用企业会计制度核算。

盘盈固定资产时会计分录如下：

批准前：

借：固定资产　　30000

　　贷：待处理财产损益——待处理固定资产损溢　　30000

批准后：

借：待处理财产损益——待处理固定资产损溢　　30000

　　贷：营业外收入　　30000

对于执行企业会计准则的单位，盘盈固定资产属于前期差错，计入以前年度损益调整，应缴企业所得税，建议通过附表三《纳税调整项目明细表》第 19 行“其他”，作纳税调增。

第 19 行“处置固定资产净收益”：填报纳税人因处置固定资产而取得的净收益。

需要注意：一是此行不包括纳税人在主营业务收入中核算的、正常销售固定资产类商品的情况，此类企业主要指机器设备生产企业，机器设备属于“存货”；二是执行会计准则并采取公允价值模式核算非货币资产交换的企业，换出固定资产的净收益，填写在本附表第20行“非货币性资产交易收益”。

第20行“非货币性资产交易收益”：填报以下两项内容：一是执行企业会计准则的纳税人，在采取公允价值模式的非货币性资产交易中，对于交易具有商业实质且换出资产为固定资产、无形资产的，其换出资产公允价值和换出资产账面价值的差额计入营业外收入；对于公允价值模式下换出资产为存货的，按《企业会计准则第14号——收入》确认销售收入，实际上应计入本附表第4行“销售货物”，《国家税务总局关于〈中华人民共和国企业所得税年度纳税申报表〉的补充通知》（国税函［2008］1081号）要求填入本行。编者建议会计处理中如已计入“销售货物”的，不再调整，未记入主营业务收入，在此行反映其收益。二是执行企业会计制度和小企业会计制度的纳税人，收到补价的一方在非货币资产交易中实现的与收到补价相对应的收益额；实际上，非货币资产交易双方根据税收要求，相当于按公允价值调整了非货币资产交易价格，已完成了非货币交易的所得税确认，收到补价的一方在会计上确认的补价所对应的收益额已经蕴含在调整后的非货币资产公允价格中。因此，在纳税调整中对会计上确认的这部分损益应做相反的税收处理。为避免重复征税或少缴税款，编者建议在附表三《纳税调整项目明细表》第54行“其他”中反映。

第21行“出售无形资产收益”：填报纳税人因处置无形资产（所有权）而取得的净收益。注意与本附表第4行“让渡资产使用权”中有关特许权使用费收入（转让使用权）的区分。

第22行“罚款收入”：填报纳税人在日常经营管理活动中取得的罚款收入。主要指有关人员违反企业规章制度的罚款，对于企业为有关部门代收需要转交有关部门的罚款，如果会计上作为代收代付款项处理，不属于企业收入，不在企业利润和应纳税所得额中反映。

第23行“债务重组收益”：执行《企业会计准则第12号——债务重组》的纳税人（债务人），填报确认的债务重组利得。

第一，债务重组有关概念。根据企业会计准则规定，债务重组是指在债务人发生财务困难（如资金周转困难、经营陷入困境或其他原因），导致其无法或者没有能力按原定条件偿还债务，债权人按照其与债务人达成的协议或者法院裁定作出让步的事项。债权人作出让步，即同意债务人现在或者将来以低于重组债务账面价值的金额或者价值偿还债务，如债权人减免债务人部分债务本金或者利息，降低债务人应付债务的利率等。

第二，债务重组方式及债权人的会计处理。实际上，债务重组是一种典型的非货币资产交换行为，按照公允价值模式下非货币资产交换有关规则进行损益处理。

以资产清偿债务主要包括以现金清偿债务、以非现金资产清偿债务。

以现金清偿债务：债务人应当将重组债务的账面价值与实际支付现金之间的差额，计入当期损益（营业外收入、重组收益）。

［**例3-17**］ 冠英公司欠冠杰公司货款200万元，2009年冠英公司发生财务困难，经与冠杰公司协商，双方同意债务重组，豁免冠英公司债务70万元，冠英公司2010年11月支付冠杰公司130万元，双方结清债务。冠英公司有关会计处理如下：

借：应付账款——冠杰公司 2000000

　　贷：银行存款 1300000

　　　　营业外收入——债务重组利得（冠杰公司） 700000

将营业外收入——债务重组利得70万元填入本行。

以非现金资产清偿债务：债务人应当将重组债务账面价值与转让的非现金资产公允价值之间的差额，计入当期损益（重组收益）。转让的非现金资产公允价值与其账面价值之间的差额，计入当期损益（资产处置收益，不属于重组收益）。

对于非现金资产为存货的，作为销售处理，按照《企业会计准则第14号——收入》规定，以其公允价值确认收入，同时结转相应的成本。

对于非现金资产为固定资产、无形资产的，其公允价值和账面价值差额，计入营业外收入或营业外支出。

［例3－18］ 金平公司欠金川公司钢材款300万元，2010年金平公司发生财务困难，短期难以支付上述款项。经协商，金平公司以其产品钢坯偿还债务，该部分钢坯实际成本180万元，市场价格220万元，双方均为增值税一般纳税人，适用税率17%。金平公司有关账务处理如下：

借：应付账款——金川公司	3000000	
贷：主营业务收入		2200000
应交税金——应交增值税（销项税额）		374000
营业外收入——债务重组利得		26000
——非货币交易利得		400000

将营业外收入——债务重组利得2.6万元填入本行。将营业外收入——非货币交易利得40万元填入本表第20行。

［例3－19］ 2008年A物业公司向B银行贷款100万元，年利率10%，期限两年。2010年该笔贷款到期，A公司财务困难，经协商以A公司一套房屋归还，该房屋原价100万元，折余价值88万元，评估价值105万元，不考虑相关税费。A物业公司账务处理如下：

借：固定资产清理	880000	
累计折旧	120000	
贷：固定资产——房屋		1000000
借：长期借款——B银行	1000000	
应付利息	200000	
贷：固定资产清理		880000
营业外收入——处置固定资产净收益		170000
营业外收入——债务重组利得（B银行）		150000

将营业外收入——债务重组利得15万元填写本行。将营业外收入——处置固定资产净收益17万元填入第19行。

非现金资产为长期股权投资的，其公允价值和账面价值的差额，计入投资损益。

将债务转为资本，债务人应当将债权人放弃债权而享有股份的面值总额确认为股本（或者实收资本），股份的公允价值总额与股本（或者实收资本）之间的差额确认为资本公积（在股权层次处理，未涉及企业损益）。重组债务的账面价值与股份的公允价值总额之间的差额，计入当期损益（重组损益）。

［例3－20］ 曙光房地产开发公司2006年欠实达水泥厂货款8000万元一直未还，曙光房地产公司资金周转困难，为保证继续使用实达水泥厂的建材产品，2010年曙光公司与实

达公司达成协议，以曙光公司股权3000万股，每股面值1元，抵偿债务，转让时3000万股的市价为7500万元。曙光公司有关账务处理如下：

借：应付账款——曙光公司　　80000000
　贷：实收资本　　30000000
　　资本公积　　45000000
　　营业外收入——债务重组利得（实达水泥）　　5000000

将营业外收入——债务重组利得500万元填写本行。

修改其他债务条件。如减少债务本金、减少债务利息等。

债务人应当将修改其他债务条件后债务的公允价值作为重组后债务的入账价值；重组债务的账面价值与重组后债务的入账价值之间的差额，计入当期损益（重组损益）。

第三，债务重组收益实际来源于债权人对债务人所作让步，在以非现金资产和股权换抵顶债务的重组过程中，债务人除取得债务重组收益外，还可能取得资产处置收益（或损失）。债务人在债务重组中获取的债权人的让步，作为债务重组收益计入会计利润，同时属于所得税应税收益，会计与所得税差异不大（见表3-4）。

第四，债务人应区分债务重组收益和资产处置收益（损失）。

债务人只有以非现金资产抵偿债务时才涉及对非现金资产的处置行为，才会出现非现金资产的处置损益。企业会计准则明确此处针对固定资产、无形资产、存货等非现金资产，不是非货币资产的概念。对于以股份抵偿债务（债转股）的，债务人将债权人放弃债权而享有股份的面值总额确认为股本（或实收资本），股份公允价值总额与股本（或者实收资本）之间的差额确认为资本公积，未涉及资产处置行为，当然也不存在资产处置收益。在会计核算和所得税申报时，要区分债务重组收益和资产处置收益。债务重组收益填入本附表23行"债务重组收益"；资产处置收益，根据本套申报表有关设计精神，应按非货币交易有关情况，可以填入本表第20行"非货币性资产交易收益"；资产处置损失填入附表二《成本费用明细表》有关行次。

表3-4　　债务重组收益情况表

<table>
<tr><th colspan="3">重组类型</th><th>债务重组收益</th><th>资产处置收益（损失）</th></tr>
<tr><td rowspan="4">资产清偿债务</td><td colspan="2">现金偿债</td><td>可能有</td><td>无</td></tr>
<tr><td rowspan="3">非现金资产偿债</td><td>以存货偿债</td><td>可能有</td><td>增值为收益，减值为损失</td></tr>
<tr><td>以固定、无形偿债</td><td>可能有</td><td>增值为收益，减值为损失</td></tr>
<tr><td>以投资资产偿债</td><td>可能有</td><td>增值为收益，减值为损失</td></tr>
<tr><td colspan="3">债转股</td><td>可能有</td><td>计入资本公积，未纳入损益</td></tr>
<tr><td colspan="3">修改其他债务条件</td><td>可能有</td><td>一般没有</td></tr>
</table>

《财政部、国家税务总局关于企业重组业务企业所得税处理若干问题的通知》（财税［2009］59号）规定：一是企业债务重组确认的应纳税所得额占该企业当年应纳税所得额50%以上，可以在5个纳税年度的期间内，均匀计入各年度的应纳税所得额；二是企业发生债权转股权业务，对债务清偿和股权投资两项业务暂不确认有关债务清偿所得或损失，股权投资的计税基础以原债权的计税基础确定。企业的其他相关所得税事项保持不变。

涉及上述两项债务重组业务，除债转股以外符合特殊重组，确认的应纳税所得额占该企业当年应纳税所得额 50% 以上条件的债务重组收益：一是将于债务重组业务发生年度在附表三《纳税调整项目明细表》第 8 行第 4 列“调减金额”中将已计入利润总额的营业外收入中债务重组利得及非货币交易利得的 4/5 做纳税调减处理；二是以后 4 个纳税年度在附表三《纳税调整项目明细表》第 8 行第 3 列“调增金额”中逐年调增 1/5。

对于企业发生债权转股权业务，于债务重组业务发生年度在附表三《纳税调整项目明细表》第 8 行第 4 列“调减金额”中将已计入利润总额的营业外收入中账面价值与股份的公允价值总额之间的差额做纳税调减处理。

特别需提醒的是《国家税务总局关于企业取得财产转让等所得企业所得税处理问题的公告》（国家税务总局公告 2010 年第 19 号）规定：企业取得财产（包括各类资产、股权、债权等）转让收入、债务重组收入、接受捐赠收入、无法偿付的应付款收入等，不论是以货币形式，还是非货币形式体现，除另有规定外，均应一次性计入确认收入的年度计算缴纳企业所得税。2008 年 1 月 1 日至 2010 年第 19 号公告施行前，各地就上述收入计算的所得，已分 5 年平均计入各年度应纳税所得额计算纳税的，在 2010 年第 19 号公告发布后，对尚未计算纳税的应纳税所得额，应一次性作为本年度应纳税所得额计算纳税。

因此，企业债务重组收入如果不符合财税［2009］59 号文件特殊重组的规定，按国家税务总局公告 2010 年第 19 号要求，应该一次性计入确认收入的年度，会计与税法没有差异。

第 24 行“政府补助收入”：填报纳税人从政府无偿取得的货币性资产或非货币性资产，包括实行会计制度下补贴收入核算的内容。

第一，政府补助收入概念。

根据《企业会计准则第 16 号——政府补助》规定，政府补助，是指企业从政府（包括各级政府及其所属机构，国际类似组织也在此范围内）无偿取得货币性资产或非货币性资产，不包括政府作为企业所有者投入的资本。政府补助是无偿的、有条件的，政府并不因此而享有企业的所有权，企业未来也不需要以提供服务、转让资产等方式偿还。政府补助通常附有一定的条件：一是政策条件。企业只有符合政府补助政策的规定，才有资格申请政府补助。符合政策规定不一定都能够取得政府补助；不符合政策规定、不具备申请政府补助资格的，不能取得政府补助。二是使用条件。企业已获批准取得政府补助的，应当按照政府规定的用途使用。

政府资本性投入不属于政府补助。政府以投资者身份向企业投入资本，享有企业相应的所有权，企业有义务向投资者分配利润，政府与企业之间是投资者与被投资者的关系。政府拨入投资补助等专项拨款中，作为“资本公积”处理的，属于资本性投入性质。政府的资本性投入无论采用何种形式，不属于政府补助。

第二，政府补助的分类。

政府补助分为与资产相关政府补助和与收益相关政府补助，前者指企业取得的、用于购建或以其他方式形成长期资产的政府补助；后者指除与资产相关政府补助之外的政府补助。

政府补助主要形式：①财政拨款。财政拨款是政府无偿拨付给企业的资金，通常在拨款时明确规定资金用途。如财政部门拨付给企业用于购建固定资产或进行技术改造的专项资金，鼓励企业安置职工就业而给予的奖励款项，拨付企业的粮食定额补贴，拨付企业开展研发活动的研发经费等。②财政贴息。财政贴息是政府为支持特定领域或区域发展，根据国家宏观经济形势和政策目标，对承贷企业的银行贷款利息给予的补贴。如财政将贴息资金直接拨付给受益企业；或者财政将贴息资金拨付给贷款银行，由贷款银行以政策性优惠利率向企业提供贷款，受益企业按照实际发生的利率计算和确认利息费用。③税收返还。税收返还是政府按照国家有关规定采取先征后返（退）、即征即退等办法向企业返还的税款，属于以税收优惠形式给予的一种政府补助。增值税出口退税不属于政府补助。除税收返还外，税收优惠还包括直接减征、免征、增加计税抵扣额、抵免部分税额等形式。这类税收优惠并未直接向企业无偿提供资产，不作为本准则规范的政府补助。④无偿划拨非货币性资产。比如，行政划拨土地使用权、天然起源的天然林等。

第三，政府补助会计处理及所得税政策。

会计上规定，与资产相关政府补助，应当确认为递延收益，自相关资产达到预定可使用状态时起，在相关资产使用寿命内平均分配，分次计入以后各期损益（营业外收入）。但是，按照名义金额计量的政府补助，直接计入当期损益。相关资产在使用寿命结束前被出售、转让、报废或发生毁损的，应将尚未分配的递延收益余额一次性转入资产处置当期的损益（营业外收入）。

与收益相关的政府补助，应当分别下列情况处理：①用于补偿企业以后期间的相关费用或损失的，确认为递延收益，并在确认相关费用的期间，计入当期损益（营业外收入）。②用于补偿企业已发生的相关费用或损失的，直接计入当期损益（营业外收入）。③已确认的政府补助需要返还的，存在相关递延收益的，冲减相关递延收益账面余额，超出部分计入当期损益；不存在相关递延收益的，直接计入当期损益。

[例3－21]　蓝天污水处理厂是A市市政管委的下属企业，考虑到该厂的社会效益和经营情况，用于弥补政策性亏损，A市财政局根据市长办公会精神，从2009年起，每年拨付财政资金300万元。蓝天公司会计处理如下：

借：银行存款　　3000000
　　贷：营业外收入　　3000000

[例3－22]　A市紫光纺织厂是市属国有重点企业，设备陈旧，市场竞争力差，A市政府决定协助紫光公司更换一套德国进口设备，设备总价值约4000万元，预计使用期限为10年，预计无残值。由市财政局按价款的30%给予财政补贴。有关会计处理如下：

借：银行存款　　12000000
　　贷：递延收益　　12000000

购置固定资产时：

借：固定资产　　40000000
　　贷：银行存款　　40000000

计提折旧时：

借：制造费用　　4000000
　　贷：累计折旧　　4000000

同时：

借：递延收益　　1200000
　　贷：营业外收入　　1200000

将营业外收入——政府补助账户的120万元填入本行。

会计与税法主要差异：一是税法对企业收到货币形式的政府补助，在收到政府补助的当期计入应纳税所得额，不在以后期间内递延确认，会计与税法存在时间性差异；二是《企业所得税法》对不征税收入购买的资产，在计算应纳税所得额时不得扣除相关的折旧、摊销费用，同时造成资产会计成本与计税成本的差异；三是根据《财政部、国家税务总局关于执行〈企业会计准则〉有关企业所得税政策问题的通知》（财税［2007］80号）规定，企业按照国务院财政、税务主管部门有关文件规定，实际收到具有专门用途的先征后返所得税税款，按照会计准则规定应计入取得当期的利润总额，暂不计入取得当期的应纳税所得额。凡财政部、国家税务总局未明确规定免税的财政返还、财政扶持资金、财政奖励资金，一律征收所得税。

需要说明的是，根据《国家税务总局关于〈中华人民共和国企业所得税年度纳税申报表〉的补充通知》（国税函［2008］1081号）规定，附表一（3）《事业单位、社会团体、民办非企业单位收入明细表》列示了事业单位、社会团体、民办非企业的不征税收入，附表三《纳税调整项目明细表》有关"不征税收入"纳税调整也只对应着事业单位、社会团体、民办非企业不征税收入的纳税调整。在现行财政体制下，部分地区财政部门以各种名目对一些企业给予财政补贴，根据《财政部、国家税务总局关于财政性资金、行政事业性收费、政府性基金有关企业所得税政策问题的通知》（财税［2008］151号）和《财政部、国家税务总局关于专项用途财政性资金有关企业所得税处理问题的通知》（财税［2009］87号）规定，一些企业也涉及不征税收入的纳税调整问题。编者建议，在国家税务总局对一般企业不征税收入的纳税调整方法重新明确之前，企业不征税收入在本行填列，同时通过附表三《纳税调整项目明细表》第19行"其他"纳税调整。

第25行"捐赠收入"：由执行会计准则的纳税人填报，执行会计制度的纳税人接受的捐赠未计入会计损益，不在此处反映。捐赠收入指纳税人接受来自其他企业、组织或者个人无偿给予的货币性资产、非货币性资产。对于企业接受货币性资产捐赠，直接计入当期收入征收所得税；对于企业接受非货币资产捐赠，应计入当期收益征税《国家税务总局关于企业取得财产转让等所得企业所得税处理问题的公告》（国家税务总局2010年第19号公告）规定：企业取得财产（包括各类资产、股权、债权等）转让收入、债务重组收入、接受捐赠收入、无法偿付的应付款收入等，不论是以货币形式、还是非货币形式体现，除另有规定外，均应一次性计入确认收入的年度计算缴纳企业所得税。

［例3-23］ S公司接受美国CM公司捐赠的一套旧设备，S公司用于日常经营，该套设备预计能够使用5年，捐赠设备清单中注明设备价值250万元。有关账务处理如下：

借：固定资产——CM捐赠　　2500000

　　贷：营业外收入——CM捐赠　　2500000

将营业外收入——CM捐赠250万元填入本行。

（7）第26行"其他"：填报纳税人在"营业外收入"会计科目核算的、上述未列举的其他营业外收入。

4. 表内、表间关系。

（1）表内关系：

①第1行=第2行+第13行。

②第 2 行 = 第 3 行 + 第 8 行。

③第 3 行 = 第 4 行 + 第 5 行 + 第 6 行 + 第 7 行。

④第 8 行 = 第 9 行 + 第 10 行 + 第 11 行 + 第 12 行。

⑤第 13 行 = 第 14 行 + 第 15 行 + 第 16 行。

⑥第 17 行 = 第 18 至第 26 行合计。

（2）表间关系。

①第 1 行 = 附表八第 4 行。

②第 2 行 = 主表第 1 行。

③第 13 行 = 附表三第 2 行第 3 列。

④第 17 行 = 主表第 11 行。

（二）《金融企业收入明细表》（附表一（2））表样（见表 3 - 5）及填报说明

表 3 - 5　　金融企业收入明细表

填报时间：　年　月　日　　　　金额单位：元（列至角分）

行　次	项　　目	金　额
1	一、营业收入（2 行 + 19 行 + 25 行 + 35 行）	
2	（一）银行业务收入（3 行 + 10 行 + 18 行）	
3	1. 银行业利息收入（4 行 + 5 行 + 6 行 + 7 行 + 8 行 + 9 行）	
4	（1）存放同业	
5	（2）存放中央银行	
6	（3）拆出资金	
7	（4）发放贷款及垫款	
8	（5）买入返售金融资产	
9	（6）其他	
10	2. 银行业手续费及佣金收入（11 行 + 12 行 + 13 行 + 14 行 + 15 行 + 16 行 + 17 行）	
11	（1）结算与清算手续费	
12	（2）代理业务手续费	
13	（3）信用承诺手续费及佣金	
14	（4）银行卡手续费	
15	（5）顾问和咨询费	
16	（6）托管及其他受托业务佣金	
17	（7）其他	
18	3. 其他业务收入	
19	（二）保险业务收入（20 行 + 24 行）	
20	1. 已赚保费（21 行 - 22 行 - 23 行）	
21	保费收入	
22	减：分出保费	
23	提取未到期责任准备金	
24	2. 其他业务收入	
25	（三）证券业务收入（26 行 + 33 行 + 34 行）	
26	1. 手续费及佣金收入（27 行 + 28 行 + 29 行 + 30 行 + 31 行 + 32 行）	

续表

行次	项目	金额
27	（1）证券承销业务收入	
28	（2）证券经纪业务收入	
29	（3）受托客户资产管理业务收入	
30	（4）代理兑付证券业务收入	
31	（5）代理保管证券业务收入	
32	（6）其他	
33	2. 利息净收入	
34	3. 其他业务收入	
35	（四）其他金融业务收入（36行+37行）	
36	1. 业务收入	
37	2. 其他业务收入	
38	二、视同销售收入（39行+40行+41行）	
39	1. 非货币性资产交换	
40	2. 货物、财产、劳务视同销售收入	
41	3. 其他视同销售收入	
42	三、营业外收入（43行+44行+45行+46行+47行+48行）	
43	1. 固定资产盘盈	
44	2. 处置固定资产净收益	
45	3. 非货币性资产交易收益	
46	4. 出售无形资产收益	
47	5. 罚款净收入	
48	6. 其他	

经办人（签章）： 法定代表人（签章）：

1. 附表一（2）的结构。

本表两个层次：第一层本表总体结构分为“营业收入”、“视同销售收入”与“营业外收入”三大部分；第二层其中“营业收入”又分为“银行业务收入”、“保险业务收入”、“证券业务收入”、“其他金融业务收入”四部分。

表内关系如图3－3所示。

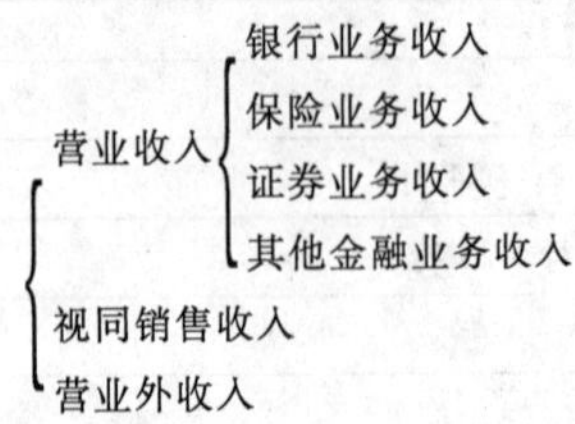

图3－3 《金融企业收入明细表》（附表一（2））表内关系图

2. 附表一（2）有关说明。

（1）本附表是结合金融行业收入特点专门设计的行业申报表，适用于执行金融企业会计制度、企业会计准则的商业银行、政策银行、保险公司、证券公司、信托投资公司、租赁公司、担保公司、财务公司、典当公司等查账征收的金融企业填报。

（2）本附表区分银行业务、保险业务、证券业务和其他金融服务业分别填列收入，突出了不同行业特点，本附表第1行对应主表第1行营业收入。

3. 具体行次的填报说明。

（1）第一部分：第1行至第37行“营业收入”的填报。

①第1行“营业收入”：填报纳税人提供金融商品服务所取得的各项收入。根据金融企业会计制度规定，金融企业提供金融商品服务所取得收入，主要包括利息收入、金融企业往来收入、手续费收入、贴现利息收入、保费收入、证券发行差价收入、证券自营差价收入、买入返售证券收入、汇兑收益和其他业务收入，但不包括为第三方或者客户代收款项，如企业代垫工本费、代邮电部门收取邮电费等。可见，“金融商品服务”范围很广，包括银行业贷款利息收入、保险业保费收入、证券行业经纪业务、自营业务等收入。

考虑到金融企业的特殊性，国家税务总局对金融企业贷款利息收入所得税在《国家税务总局关于金融企业贷款利息收入确认问题的公告》（国家税务总局公告2010年第23号）中作出了特别规定：一是金融企业按规定发放的贷款，属于未逾期贷款（含展期，下同），应根据先收利息后收本金的原则，按贷款合同确认的利率和结算利息的期限计算利息，并于债务人应付利息的日期确认收入的实现；属于逾期贷款，其逾期后发生的应收利息，应于实际收到的日期，或者虽未实际收到，但会计上确认为利息收入的日期，确认收入的实现。二是金融企业已确认为利息收入的应收利息，逾期90天仍未收回，且会计上已冲减了当期利息收入的，准予抵扣当期应纳税所得额。

三是金融企业已冲减了利息收入的应收未收利息，以后年度收回时，应计入当期应纳税所得额计算纳税。

本行金额=第2行+第19行+第25行+第35行。

②第2行“银行业务收入”：填报纳税人从事银行业取得的业务收入。传统银行业主要从事存贷款业务，并以存贷利差为主要利润来源。随着经济全球化和现代金融业发展，银行除从事存贷款业务外，不断介入金融咨询服务和金融经纪业务等中间业务，并且中间业务收入规模逐渐增大。本行=第3行+第10行+第18行。

③第3行“银行利息收入”：填报纳税人各类存贷款业务确认的利息收入，银行作为融通资金和经营资金的专业机构，其存贷款利息收入主要包括：存放同业、存放中央银行、发放贷款及垫款等利息收入。本行金额=第4行+第5行+…+第9行。

根据金融企业会计制度，利息收入按让渡资金使用权时间和利率计算确定。金融企业发放的贷款，应按期计提利息并确认收入。发放贷款到期（含展期，下同）90天后尚未收回的，其应计利息停止计入当期利息收入，纳入表外核算；已计提贷款应收利息，在贷款到期90天后仍未收回的，或在应收利息逾期90天后仍未收到的，冲减原已计入损益的利息收入，转作表外核算。

《国家税务总局关于金融企业贷款利息收入确认问题的公告》（国家税务总局2010年第23号公告）规定：一是金融企业按规定发放的贷款，属于未逾期贷款（含展期，下同），应根据先收利息后收本金的原则，按贷款合同确认的利率和结算利息的期限计算利息，并于债务人应付利息的日期确认收入的实现；属于逾期贷款，其逾期后发生的应收利息，应于实际收到的日期，或者虽未实际收到，但会计上确认为利息收入的日期，确认收入的实现。二是金融企业已确认为利息收入的应收利息，逾期90天仍未收回，且会计上已冲减了当期利息收入的，准予抵扣当期应纳税所得额。三是金融企业已冲减了利息收入的应收未收利息，以后年度收回时，应计入当期应纳税所得额计算纳税。

④第4行“存放同业”：填报纳税人存放于境内、境外银行和非银行金融机构款项的利息收入。银行作为经营资金的企业，充分利用资金时间价值，除将闲置资金存放同业取得利息外，在办理结算、托管、委托收付款、承兑等业务时将资金短期存放同业取得利息。

⑤第5行“存放中央银行”：填报纳税人存放于中国人民银行的各种款项利息收入。根据中国人民银行规定，商业银行应将吸收存款的一定比例（存款准备金率）存放央行，以此控制货币流通量，实现货币与交易所需资金的供求平衡。商业银行存放中央银行资金，包括准备金存款、存放中央银行的特种存款、存放中央银行财政性存款、购买央行金融票据等，是商业银行在央行的存款，央行需向商业银行支付利息。

⑥第6行“拆出资金”：填报纳税人拆借给境内、境外其他金融机构款项的利息收入。银行作为融通资金专业机构，自有资金经常不足以短期巨额支付，金融机构之间经常跨行拆借资金，拆入行需向拆出行按资金占用时间支付利息，此行填报拆出行取得的拆出资金的利息收入。

拆出资金包括同业拆出和金融性公司拆出两种，商业银行同业拆借对象限于国有商业银行、其他商业银行、政策性银行、外资金融机构、金融性公司、当地融资中心等。

⑦第7行“发放贷款及垫款”：填报银行发放贷款或在银行结算、对外贸易中短期信用垫款等按约定取得的利息收入。

[**例3-24**] 某银行2010年6月30日统计发现信用卡透支共30万元。按信用卡透支利率计算的利息为2349元。

登记信用卡透支额：

借：信用卡透支 300000

　贷：吸收存款 300000

收到透支金额及利息时：

借：吸收存款 302349

　贷：利息收入 2349

　　信用卡透支 300000

本行填入2349元。

⑧第8行“买入返售金融资产”：填报纳税人按照返售金融资产协议约定先买入再按固定价格返售的票据、证券、贷款等金融资产融出资金所取得的利息收入。按照金融企业会计制度规定，金融资产的买入协议价与卖出协议价之间的差额为其收入，买入返售金融资产实际上属于一种以“票据、证券、贷款”为抵押的贷款行为，买入价与卖出价差实际上是一种利息收入，应将买入与卖出价格的差额按照买入返售金融资产协议约定的时间换算为利息收入。

[**例3-25**] 某银行与A企业签订购入返售金融资产协议。银行于2010年3月1日按面值购入A企业债券1000万元，该债券为2010年1月1日发行的，期限为两年，票面利率4%，半年付息。2010年6月30日银行按面值售出该批债券。

账务处理如下：

购入时：借：买入返销金融资产　　1000
　　　　贷：存放中央银行款项　　1000
按实际利率法计提利息：
半年计息时：借：应收利息　　20
　　　　　　贷：投资收益　　20
收到利息时：借：存放中央银行款项　　20
　　　　　　贷：应收利息　　20
出售时：借：存放中央银行款项　　1000
　　　　贷：买入返销金融资产　　1000

本行填入20万元。

⑨第9行“其他”：填报纳税人除本附表第4行至第8行以外的其他利息收入。如债券投资利息、押汇利息收入、贴现利息收入、境外转贷款利息收入、外汇储备贷款利息收入、个人贷记卡透支利息收入、个人消费贷款利息收入等。

⑩第10行“银行业手续费及佣金收入”：填报纳税人在提供相关金融业务服务等中间业务时向客户收取的费用。具体包括汇款和结算手续费、银行卡手续费、代理手续费、顾问和咨询费、受托业务佣金、担保费、安排费等。根据《商业银行中间业务暂行规定》，中间业务是指不构成商业银行表内资产、表内负债，形成商业银行非利息收入的业务，中间业务有利于完善银行服务功能和提高银行盈利能力。目前，商业银行中间业务包括：一是需央行审批业务，包括票据承兑、开出信用证、担保类业务（备用信用证）、贷款承诺、金融衍生业务、各类投资基金托管、各类基金的注册登记、认购、申购和赎回业务、代理证券业务、代理保险业务等；二是各类汇兑业务、出口托收及进口代收、代理发行、承销、兑付债券、代收代付业务（代发工资、代理社保基金发放、代理各项公用事业收费）、委托贷款业务、代理政策性银行（外国政府、国际金融机构）贷款业务、代理资金结算、代理其他银行的银行卡业务、各类代理销售业务（代销旅行支票）、各类见证业务（存款证明）、信息咨询业务（资信调查、企业信用等级评估、资信评估业务、金融信息咨询）、企业个人财务顾问、企业投融资顾问业务（融资顾问、国际银团贷款业务）、保管箱业务。本行金额=第11行+第12行+…+第17行。

⑪第11行“结算与清算手续费”：填写银行办理各类资金结算，如委托收款、托收承付、异地收款、同城结算、委托贷款，以及各种交割清算业务所收取的手续费收入。

⑫第12行“代理业务手续费”：填写银行承办各种代理业务收取的手续费收入，如代收水电费、煤（燃）气费、电话费、采暖费、报刊费、有线电视收视费、网络通信费、交通罚款、代收保险金等收取的手续费收入。

⑬第13行“信用承诺手续费及佣金”：填写银行信用承诺（如对客户提供大额授信额度），对某些交易或客户提供贷款保证等收取的手续费或佣金。

⑭第14行“银行卡手续费”：填写银行办理银行卡的发行、挂失、结算等收取的手续费。

⑮第15行“顾问和咨询费”：填写银行提供各种资金融通、理财、投资评估等收取的顾问和咨询费收入。

⑯第16行“托管及其他受托业务佣金”：填写银行作为第三方履行托管职能收取的托

管或受托业务的佣金，如企业年金基金的托管、医疗保险基金的托管、部分投资基金、专项基金项目的托管等。

⑰第 17 行“其他”：填写银行除上述收入项目以外的其他主营业务收入。

⑱第 18 行“其他业务收入”：填写银行企业取得的除银行业务以外的其他业务收入，本行具有兜底作用，将难以归入上述项目的收入填入本行（下同），不包括视同销售业务收入、营业外收入。

⑲第 19 行“保险业务收入”：填报纳税人从事保险业务取得的收入。包括保费收入、分保费收入、追偿款收入等。

⑳第 20 行“已赚保费”：已赚保费是保险行业核算收入的重要指标。保险企业收取保费在前，向用户提供保险保障在后。保险企业在某一会计期间收取保费并不一定导致相同数额所有者权益的增加，具有预收款性质，趸交保费这一特点更为明显，所以，保费收入、分保费收入并不符合企业会计准则有关收入的定义，与其他企业收入不具有可比性。保费收入很容易给人以与其他企业收入相同的错觉，使人忽略保费收入的递延性质和其未来责任，不利于保险企业预警和控制风险。考虑到未到期责任准备金所对应的保费收入已通过准备金的方式从企业当期损益中扣除，因此，将保费收入剔除“分出保费”和“提取未到期责任准备金”后（即已赚保费）基本代表企业的经营收入。本行金额 = 第 21 行 - 第 22 行 - 第 23 行。

［**例 3 - 26**］ 某再保险公司 2010 年共收取保费 13000 万元，已负了保险责任的保费为 8000 万元，分出保费 3000 万元，提取的未到期责任准备金余额 1000 万元，上年度转回已赚保费 6000 万元。

本年已赚保费 = 13000 - 8000 - 3000 - 1000 + 6000 = 7000（万元）

本行填入 7000 万元。

㉑第 21 行“保费收入”：填报纳税人从事保险业务确认的原保险业务的保费收入和从事再保险业务、联合保险业务等取得的分保费收入。

保费收入指公司按规定向投保人收取的保险费及储金折算利息，其中，储金折算利息是指在会计期末，按本期储金平均余额和国家规定的适用利率计算的利息。

分保费收入指保险公司接受分入分保业务时，按分入分保合同条款规定向分出分保公司收取的保险费收入，分入分保业务按所享受的保费承担相应的保险责任。

关于保费收入确认时间：在保险业务合同签订后，按照约定时间开始承担保险责任时，按应计收入数额确认保费收入的实现；保险合同规定采取分期付款方式缴纳保费的，于合同约定收款日期分期确认保费收入；采取趸交保费的，于收到保费时确认保费收入；以储金利息作为保费收入的保险业务，应按储金面值和国家规定的同期利率计算出的当期利息收入按期确认保费收入；长期人身险业务在实际收到保费时确认保费收入；分保费收入按分保业务合同确认保费收入。

［**例 3 - 27**］ 某出租汽车公司 2010 年一次购买一年车辆强制险，约定一季度缴纳一次保费，该出租汽车公司全年一次缴清车辆强制险 36000 元。保险公司会计核算如下：

收到预收保费时：

借：银行存款　　36000

　　贷：预收保费——某出租汽车公司　　36000

2009 年每季度将预收保费转收入时：

借：预收保费——某出租汽车公司　　9000

　　贷：保费收入　　9000

本行填入 36000 元。

㉒第 22 行“分出保费”：填报纳税人（再保险分出人）向保险接受人分出的保费。根据企业会计准则和金融企业会计制度规定，再保险分出人应当在确认原保险合同保费收入的当期，按照相关再保险合同的约定，计算确定分出保费，即向分入分保公司支付的保费，按照收益与责任配比原则，由分入保险公司与原保险公司按比例共同承担保险责任。

㉓第 23 行“提取未到期责任准备金”：填报纳税人提取的非寿险原保险合同未到期责任准备金和再保险合同分保未到期责任准备金。人寿保险公司提取的寿险责任准备金不在此行填列，将其作为成本费用项目填入《金融企业成本费用明细表》（附表二（2））第 22 行“提取保险责任准备金”。

保险公司提取的各项准备金包括：未决赔款准备金、已发生未报告赔款准备金、未到期责任准备金、长期责任准备金、寿险责任准备金、长期健康险责任准备金。

提取未决赔款准备金，指公司对在保单有效期内发生的未决赔款所计提的赔款准备。

提取已发生未报告赔款准备金，指公司对已经发生保险事故但尚未提出的保险赔偿或者给付金额提取的赔款准备。

提取未到期责任准备金，指损益核算期在一年以内（含一年）的非寿险保单，为承担跨年度责任提取的赔款准备。

提取长期责任准备金，指损益核算期在一年以上（不含一年）的各类非人身险业务，在业务未到结算损益年度时，公司在年终按业务到期年份将历年累计的保费收入与赔款支出的差额提取的准备金。

提取寿险责任准备金和长期健康险责任准备金，指经营寿险业务和长期健康险业务的公司对保单生效后应承担的未到期责任，依据精算结果计算提取的准备金。

㉔第 24 行“其他业务收入”：填报保险企业除保险业务外的其他业务取得的收入。如追偿款收入、租赁收入、咨询收入、代查勘收入、手续费收入、理赔中收回固定资产变现收入、无形资产转让净收入及其他收入。其中，追偿款收入指公司对因第三者过错造成保险标的的损失，在赔偿被保险人后取得代位求偿权并向第三者索回赔偿所取得的收入。

㉕第 25 行“证券业务收入”：证券业务包括自营业务和经纪业务，自营证券业务主要赚取证券价差收入，证券经纪业务主要收取手续费、代理费、佣金等代理收入。此行填报纳税人从事证券营业收入、利息净收入和其他业务收入。本行金额 = 第 26 行 + 第 33 行 + 第 34 行。

㉖第 26 行“手续费及佣金收入”：填报证券公司承销、代理兑付、代理买卖金融产品等业务取得的手续费收入和各项手续费、佣金等，包括证券承销业务、证券经纪业务、客户资产管理业务、代理兑付证券、代理保管证券、证券委托管理资产等收取的手续费、佣金等收入。本行金额 = 第 27 行 + 第 28 行 + 第 29 行 + 第 30 行 + 第 31 行 + 第 32 行。

㉗第 27 行“证券承销业务收入”：填报证券企业承销股票、债券、基金等发行业务取得的价差收入和手续费收入等。

㉘第 28 行“证券经纪业务收入”：填报证券企业代理客户买卖证券、投资银行等业务

取得的经纪业务收入。

㉙第29行“受托客户资产管理业务收入”：填报证券企业受客户委托进行金融资产管理等取得的管理服务收入。

㉚第30行“代理兑付证券业务收入”：填报证券企业代理客户兑付国债、企业债券、股息、派发红股、配股、送股、申购股份等业务取得的收入。

㉛第31行“代理保管证券业务收入”：填写证券企业从事证券保管、托管等业务，如社保基金托管、对基金资产托管等取得的收入。

㉜第32行“其他”：填报证券公司取得其他手续费和佣金收入。

㉝第33行“利息净收入”：填报纳税人从事证券业务过程中由于资金融通、拆借等所取得的利息净收入。

㉞第34行“其他业务收入”：填报纳税人取得的投资收益、汇兑收益等。

㉟第35行“其他金融业务收入”：填报纳税人核算的除上述金融业务外取得的收入，如典当行业、担保行业、财务公司等取得的经营收入，包括业务收入和其他业务收入。本行金额=第36行+第37行。

㊱第36行“其他收入”：填写典当行业、担保行业、财务公司等取得的经营业务收入；保险经纪公司、证券经纪公司取得的经纪业务收入；金融企业买卖外汇、期货、其他金融产品等价差收入。

㊲第37行“其他业务收入”：填写金融企业其他业务收入，如金融企业处置抵押房地产的收入。

（2）报表第二部分：第38行至第41行“视同销售收入”的填报。

①第38行“视同销售收入”：填报金融保险企业发生非货币性资产交换，会计核算不作收入，按税收规定视同销售取得的收入。本行未计入主表“利润总额的计算”，在附表三《纳税调整明细表》中进行纳税调增。

［例3-28］ 某保险公司2010年外购帐篷等救灾物资100万元，捐赠玉树灾区，用于抗震救灾和灾后恢复重建，捐赠应视同销售，根据《财政部、海关总署、国家税务总局关于支持玉树地震灾后恢复重建有关税收政策问题的通知》（财税［2010］59号）规定，向玉树灾区捐赠，免征增值税、营业税和所得税。

账务处理如下：

购入时：

借：周转材料——救灾物资　　1000000

　　贷：存放中央银行款项　　1000000

捐赠时：

借：营业税支出——捐赠支出　　1000000

　　贷：周转材料——救灾物资　　1000000

本行填入100万元。注意实际捐赠时，企业可以开具普通发票，享受免征增值税政策；如开具增值税专用发票，则不能享受免征增值税政策。

②第39行“非货币性资产交换”：执行企业会计准则的纳税人填报不具有商业实质或交换涉及资产的公允价值均不能可靠计量的非货币性资产交换，按照税收规定应视同销售确认收入的金额。对于具有商业实质的非货币交换，填入本表第45行“非货币性资产交易收

益”。具体参照附表一（1）《收入明细表》第 14 行。

［例 3－29］ 某金融企业为适应扩展业务需要，将自有房产与某非金融企业土地使用权交换，金融企业换出房产价值 2000 万元，已提折旧 500 万元，公允价值 1800 万元，换入土地使用权原账面价值 1000 万元，公允价值 2000 万元，金融企业需支付 200 万元补价。具有商业性质（税费不考虑）。

金融企业账务处理如下：

200/1800 <25%，属于非货币资产交易。

借：固定资产清理　　15000000

　　累计折旧　　5000000

　　贷：固定资产　　20000000

借：无形资产——土地使用权　　20000000（18000000＋2000000）

　　贷：固定资产清理　　15000000

　　　　存放中央银行款项　　2000000

　　　　营业外收入——非货币交易净收益　　3000000

本行填入 300 万元。

③第 40 行“货物、财产、劳务视同销售收入”：金融企业很少发生此种业务情形，具体参照附表一（1）《收入明细表》第 15 行。

④第 41 行“其他视同销售收入”：填报税收规定的上述未列举的其他视同销售收入的金额。

（3）报表第三部分：第 42 行至第 48 行“营业外收入”的填报。

①第 42 行“营业外收入”：填报在“营业外收入”会计科目核算的与其营业活动无直接关系的各项收入。本行金额＝第 43 行＋第 44 行＋第 45 行＋第 46 行＋第 47 行＋第 48 行，并据此填报主表第 11 行。

②第 43 行“固定资产盘盈”：填报纳税人在资产清查中发生的、计入营业外收入中核算的固定资产盘盈数额。具体参考附表一（1）《收入明细表》第 18 行。

③第 44 行“处置固定资产净收益”：填报纳税人因处置固定资产而取得的净收益。具体参考附表一（1）《收入明细表》第 19 行。

④第 45 行“非货币性资产交易收益”：填报纳税人在非货币性资产交易行为中，执行《企业会计准则第 14 号——收入》具有商业实质且换出资产为固定资产、无形资产的，其换出资产公允价值和换出资产账面价值的差额计入营业外收入的。具体参考附表一（1）《收入明细表》第 20 行。

⑤第 46 行“出售无形资产收益”：填报纳税人因处置无形资产而取得的净收益。具体参考附表一（1）《收入明细表》第 21 行。

⑥第 47 行“罚款净收入”：填报纳税人在日常经营管理活动中取得的罚款收入。具体参考附表一（1）《收入明细表》第 22 行。

⑦第 48 行“其他”：填报纳税人在“营业外收入”会计科目核算的、上述未列举的营业外收入。

4. 表内、表间关系。

（1）表内关系。

①第1行＝第2行＋第19行＋第25行＋第35行。

②第2行＝第3行＋第10行＋第18行。

③第3行＝第4～9行合计。

④第10行＝第11～17行合计。

⑤第19行＝第20行＋第24行。

⑥第20行＝第21行－第22行－第23行。

⑦第25行＝第26行＋第33行＋第34行。

⑧第26行＝第27行＋第28行＋第29行＋第30行＋第31行＋第32行。

⑨第35行＝第36行＋第37行。

⑩第38行＝第39行＋第40行＋第41行。

⑪第42行＝第43～48行合计。

（2）表间关系。

①第1行＝主表第1行。

②第1行＋第38行＝附表八第4行。

③第38行＝附表三第2行第3列。

④第42行＝主表第11行。

（三）《事业单位、社会团体、民办非企业单位收入明细表》（附表一（3））表样（见表3－6）及填报说明

表3－6　　事业单位、社会团体、民办非企业单位收入明细表

填报时间：　　年　月　日　　　　金额单位：元（列至角分）

行　次	项　目	金　额
1	一、收入总额（2行＋3行＋…＋9行）	
2	财政补助收入	
3	上级补助收入	
4	拨入专款	
5	事业收入	
6	经营收入	
7	附属单位缴款	
8	投资收益	
9	其他收入	
10	二、不征税收入总额（11行＋12行＋13行＋14行）	
11	财政拨款	
12	行政事业性收费	
13	政府性基金	
14	其他	
15	三、应纳税收入总额（1行－10行）	
16	四、应纳税收入总额占全部收入总额比重（15行÷1行）	

经办人（签章）：　　　　法定代表人（签章）：

1. 附表一（3）有关说明。

（1）本附表适用于执行事业单位会计准则、民间非营利组织会计制度，并实行查账征收企业所得税的事业单位、社会团体、民办非企业单位填报。

（2）按照现行财政管理体制，事业单位、社会团体、民办非企业单位分为全额预算、差额预算、自收自支三种情形，其中自收自支单位填写附表一（1），不填写本附表；全额预算、差额预算单位填写本附表。

（3）事业单位、社会团体、民办非企业单位具有社会公益或半政府组织性质，既有非经营性收入如财政拨款，也有部分市场经营收入，按照公平税负和避免逃避税等原则，在征税时一视同仁，对其在税法中认定的不征税收入如财政拨款等不予征税，同时其对应的不征税项目成本费用也不予扣除。但事业支出与经营支出在实践中难以分清，目前税法没有明确的情况下，对划分不清的支出部分，新申报表沿用了原内资所得税中事业单位、社会团体、民办非企业单位的征税方式，继续采取“分摊比例法”确定计税成本。

（4）事业单位、社会团体、民办非企业单位主要涉及文化、卫生、体育、教育、科研、宗教等行业或领域，各行业具有不同特点，会计核算方法各异。例如，上述单位取得财政资金按收付实现制核算，而税法要求按权责发生制调整。上述单位经营性收支项目配比关系不明显，现行所得税政策对上述单位征税的规定比较原则，报表有关计算过程较为简单。本附表对“营业收入”进行了归集，附表二（3）计算出“允许扣除的支出总额”作为营业成本，既考虑事业单位、社会团体、民办非企业的收支特点，又方便主表的填报。鉴于事业单位、社会团体、民办非企业单位的会计核算与税法的差异较大，本附表需要分析填报。

（5）本附表分为四部分：“收入总额”、“不征税收入总额”、“应纳税收入总额”、“应纳税收入总额占全部收入总额的比重”。本附表对应主表第 1 行“营业收入”、第 9 行“投资收益”、第 16 行“不征税收入”，以及附表三《纳税调整项目明细表》第 13 行“不征税收入”。

2. 具体项目的填报说明。

（1）本附表第一部分：收入总额的填报。

①第 1 行“收入总额”：填报纳税人各种来源的收入总额，包括应税收入、不征税收入和免税收入。事业单位、社会团体、民办非企业单位收入渠道比较复杂，事业单位、社会团体、民办非企业单位的经营性收入按照权责发生制原则核算，与税法差异不太大；但非经营性收入项目往往按收付实现制原则进行会计核算，在税收征管中直接界定是否征税有一定操作难度。纳税人办理汇算清缴时，需要将各项收入按税收规定的权责发生制原则进行调整；另外，纳税申报表采取先归集全部收入，再减除不征税收入的方法，有利于税源管理。本行金额＝第 2 行至第 9 行的合计数。

第 2 行至第 7 行：累计金额填报主表第 1 行“营业收入”，以此作为计算业务招待费、广告费和业务宣传费支出扣除限额的计算基数。事业单位、社会团体、民办非企业单位的收入渠道复杂，个别事业项目与经营项目混在一起，本附表对计算业务招待费、广告费和业务宣传费支出扣除限额采取从宽政策，将一些非经营收入也作为了计算基数，如拨入专款、投资收益等。

②第 2 行“财政补助收入”：填报纳税人直接从财政部门取得的和通过主管部门从财政部门取得的各类事业经费，包括正常经费和专项资金（或经费）。“财政补助收入”与拨入

专款等的主要区别在于前者侧重经费性质，实际操作中，事业单位、社会团体、民办非企业单位根据财政部门拨款文件及有关手续区分“财政补助收入”、“事业收入”、“拨入专款”。事业单位、社会团体、民办非企业单位不执行企业会计准则，其取得的财政补助收入按收付实现制原则记入“财政补助收入”科目，填写本表时需将其按权责发生制原则调整。

③第3行“上级补助收入”：填报纳税人通过主管部门从财政部门取得的非财政补助收入（非经费）。来源于会计科目“上级补助收入”，填写本表时需将其按权责发生制原则调整。

④第4行“拨入专款”：填报纳税人从财政部门取得的和通过主管部门从财政部门取得的专项资金（非事业经费），主要是纳税人按照财政部门或国家有关部门要求，承担职责范围以外的某些事项并发生支出，由此从财政部门、主管部门取得的非经费性质的资金支持。

⑤第5行“事业收入”：填报纳税人开展专业业务活动及其辅助活动取得的收入。事业收入不同于规费收入，前者主要是开展职责范围内活动的收入，事业收入可用于本单位事业支出；规费收入主要指单位代收的行政性资金、政府性基金等，需上缴财政。本行数据来源于会计科目“事业收入”，填写本表时需将其按权责发生制原则调整。

⑥第6行“经营收入”：填报事业单位、社会团体、民办非企业单位开展除专业业务活动及其辅助活动以外取得的收入，是其参与市场经营活动所取得的收入，与其事业职责范围无直接关系。来源于会计科目“经营收入”，会计核算已采取权责发生制，不需调整。

⑦第7行“附属单位缴款”：填报纳税人附属独立核算单位按有关规定或约定上缴的收入，近似于承包经营收入或管理、合作性质的收入。包括附属事业单位上缴的收入和附属的企业上缴的利润等。来源于会计科目“附属单位缴款”。

⑧第8行“投资收益”：填报纳税人取得的债权性投资的利息收入、权益性投资的股息红利收入和投资转让净收入。

需要说明：一是事业单位、社会团体、民办非企业单位不执行企业会计准则，其对外股权投资不采用权益法核算，为简化计算，可按会计成本法或参照税收政策操作。二是本行包括投资转让净收入，对于股权投资，应填写附表十一《长期股权投资所得（损失）明细表》。《国家税务总局关于企业股权投资损失所得税处理问题的公告》（国家税务总局2010年第6号公告）规定：企业对外进行权益性（以下简称股权）投资所发生的损失，在经确认的损失发生年度，作为企业损失在计算企业应纳税所得额时一次性扣除。本规定发布以前，企业发生的尚未处理的股权投资损失，按照本规定，准予在2010年度一次性扣除。《国家税务总局关于做好2007年度企业所得税汇算清缴工作的补充通知》（国税函［2008］264号）规定，实施新法以前未弥补的股权投资损失连续向后结转5年仍不能从股权投资收益和股权投资转让所得中扣除的，准予在该股权投资转让年度后第6年一次性扣除的政策停止执行。三是对于符合免税条件的股息、红利收入应在附表十一《长期股权投资所得（损失）明细表》中反映，以便享受免税政策。

⑨第9行“其他收入”：第2行至第8行收入中有相当部分属于不征税收入或免税收入，分别列示可以与本附表“不征税收入”近似对应，以便纳税人享受税收优惠政策和税务机关实施税源监控。本行填报除第2行至第8行以外的其他收入项目，在该行填报的收入主要属于应税收入项目，如接受捐赠收入（原所得税政策规定，对事业单位、社会团体的捐赠收入免税，新税法规定统一征税），视同销售收入、视同提供劳务收入、视同转让财产收

入，固定资产出租、盘盈收入，处置固定资产净收益，无形资产转让收入，非货币性资产交易收益，罚款净收入，其他单位对本单位的补助以及其他零星杂项收入等。数据来源于会计科目“其他收入”。

（2）本附表第二部分：不征税收入总额的填报。

①第 10 行“不征税收入总额”：不征税收入是《企业所得税法》引入的一个新概念，主要包括财政拨款、依法收取并纳入财政管理的行政事业性收费、政府性基金。本行金额 = 本附表第 11 行 + 第 12 行 + 第 13 行 + 第 14 行，据以填报主表第 16 行“不征税收入”和附表三第 14 行第 4 列进行纳税调减。

②第 11 行“财政拨款”：填报各级人民政府对纳入预算管理的事业单位、社会团体等组织拨付的财政资金，但国务院和国务院财政、税务主管部门另有规定的除外。目前，可以作为不征税的财政拨款主要包括：

第一，根据《财政部、国家税务总局关于财政性资金、行政事业性收费、政府性基金有关企业所得税政策问题的通知》（财税［2008］151 号）规定，企业取得各类财政性资金，除属于国家投资和资金使用后要求归还本金的以外，均应计入当年收入总额。企业取得财政部、税务总局明确规定具有专门用途并经国务院批准的财政性资金，准予作为不征税收入，在收入总额中减除；纳入预算管理的事业单位、社会团体等组织按照核定的预算和经费报领关系收到的由财政部门或上级单位拨入的财政补助收入，准予作为不征税收入，在计算应纳税所得额时从收入总额中减除。

第二，根据《财政部、国家税务总局关于专项用途财政性资金有关企业所得税处理问题的通知》（财税［2009］87 号）规定，企业在 2008 年 1 月 1 日至 2010 年 12 月 31 日期间从县级以上各级人民政府财政部门及其他部门取得的应计入收入总额的财政性资金，凡同时符合以下条件的，可以作为不征税收入，在计算应纳税所得额时从收入总额中减除：（1）企业能够提供资金拨付文件，且文件中规定该资金的专项用途；（2）财政部门或其他拨付资金的政府部门对该资金有专门的资金管理办法或具体管理要求；（3）企业对该资金以及以该资金发生的支出单独进行核算。企业将符合条件的财政性资金作不征税收入处理后，在 5 年（60 个月）内未发生支出且未缴回财政或其他拨付资金的政府部门的部分，应重新计入取得该资金第 6 年的收入总额；重新计入收入总额的财政性资金发生的支出，允许在计算应纳税所得额时扣除。

需要注意：一是财政拨款仅限于与财政部门存在预算关系的单位，与财政不存在预算关系的单位取得的财政返还、财政扶持资金、财政奖励资金，不同时符合《财政部、国家税务总局关于专项用途财政性资金有关企业所得税处理问题的通知》（财税［2009］87 号）规定的三项条件，原则上属于应税收入；二是单位取得财政返还、财政扶持资金、财政奖励资金，凡财政部、国家税务总局未明确免税的一律征税。

③第 12 行“行政事业性收费”：填报依照法律行政法规等有关规定，按照国务院规定程序批准，在实施社会公共管理，以及在向公民、法人或者其他组织提供特定公共服务过程中，向特定对象收取并纳入财政管理的费用，如婚姻登记费、工商登记注册费、卫生防疫费等。

④第 13 行“政府性基金”：填报纳税人依照法律、行政法规等有关规定，代政府收取的具有专项用途的财政资金，如机场建设费、三峡建设基金、防洪基金等。

《财政部、国家税务总局关于财政性资金、行政事业性收费、政府性基金有关企业所得税政策问题的通知》（财税［2008］151 号）规定：企业按照规定缴纳的政府性资金和行政事业性收费，由国务院或财政部批准设立的政府性基金以及由国务院和省级政府及其财政、价格主管部门批准设立的行政性收费，准予从应纳税所得额中减除；企业缴纳的不符合上述审批管理权限的基金、收费，不得在应纳税所得额中扣除。企业收取的各种基金、收费，应计入企业当年收入总额，对企业依照法律、法规及国务院有关规定收取并上缴财政的政府性基金和行政事业性收费，准予作为不征税收入，于上缴财政当年从收入总额中减除，未上缴财政的部分，不得从收入总额中减除。

⑤第 14 行“其他”：填报纳税人取得的，由国务院财政、税务主管部门规定专项用途并经国务院批准的财政性资金。

《财政部、国家税务总局关于全国社会保障基金有关企业所得税问题的通知》（财税［2008］136 号）规定，对社保基金理事会、社保基金投资管理人管理的社保基金银行存款利息收入，社保基金从证券市场中取得的收入，包括买卖证券投资基金、股票、债券的差价收入，证券投资基金红利收入，股票的股息、红利收入，债券的利息收入及产业基金投资收益、信托投资收益等其他投资收入，作为企业所得税不征税收入。

（3）本附表第三部分：应纳税收入总额的填报。

①第 15 行“应纳税收入总额”：根据本附表有关行次计算填列，本行金额 = 第 1 行 - 第 10 行。

②第 16 行“应纳税收入总额占全部收入总额的比重”：本行金额 = 第 15 行 ÷ 第 1 行。“应纳税收入总额占全部收入总额的比重”适用范围：准予扣除的全部支出项目金额采用分摊比例法的单位，用第 16 行“应纳税收入总额占全部收入总额的比重”计算应纳税收入应分摊的成本、费用和损失金额。计算公式：

应纳税收入总额应分摊的成本、费用和损失金额 = 支出总额 × 第 16 行“应纳税收入总额占全部收入总额的比重”

不采取分摊比例法的单位，可以不填写此行。

［例 3 - 30］北京市化工研究院为差额预算单位，2009 年取得如下收入项目：市财政拨入经费 500 万元，上级主管部门拨入离退休人员经费 35 万元、研发补助经费 40 万元，区财政局拨入 521 研发项目专款 50 万元，承担政府部门课题费收入 80 万元，代收政府性基金收入 23 万元，承担企业研发项目收入 400 万元，为河南省国家税务局提供培训业务收入 90 万元，出售图书资料收入 50 万元，所属下级单位科技资料信息中心上缴管理费 48 万元，对中关村高新技术开发区某企业投资分回利润 200 万元，单位所属门面房出租收入 300 万元，餐饮中心上交承包费收入 60 万元。企业申报时按以下项目填写本表。

财政补助收入：市财政拨入 500 万元；

上级补助收入：离退休人员经费 35 万元、研发补助经费 40 万元，合计 75 万元；

拨入专款：521 研发项目专款 50 万元；

事业收入：政府部门课题费收入 80 万元，政府性基金 23 万元，合计 103 万元；

经营收入：企业研发项目 400 万元，为某省税务培训收入 90 万元，出售图书资料收入 50 万元，合计 540 万元；

附属单位缴款：科技资料信息中心上缴管理费 48 万元；

投资收益：高新区某企业投资分回利润200万元；

其他收入：门面房出租收入300万元，餐饮中心上缴承包费收入60万元，合计360万元。

以上收入总额为1876万元，填入该表第1行“收入总额”。

不征税收入总额=市财政拨入500万元+上级补助收入75万元+政府性基金收入23万元=598万元

股息200万元属于免税收入，在附表五《税收优惠明细表》填写。

应纳税收入总额=1876-598=1278（万元）

应纳税收入总额占全部收入总额比重=1278÷1876=68.12%

3. 表内、表间关系。

（1）表内关系。

①第1行=第2~9行合计

②第10行=第11~14行合计

③第15行=第1行-第10行

④第16行=第15行÷第1行

（2）表间关系。

①第2行+第3行+第4行+第5行+第6行+第7行=主表第1行

②第9行=主表第11行

③第10行=主表第16行=附表三第14行第4列

三、成本费用支出明细表

（一）《成本费用明细表》（附表二（1））表样（见表3-7）及填报说明

表3-7　　成本费用明细表

填报时间：　年　月　日　　金额单位：元（列至角分）

行　次	项　目	金　额
1	一、销售（营业）成本合计（2行+7行+12行）	
2	（一）主营业务成本（3行+4行+5行+6行）	
3	（1）销售货物成本	
4	（2）提供劳务成本	
5	（3）让渡资产使用权成本	
6	（4）建造合同成本	
7	（二）其他业务成本（8行+9行+10行+11行）	
8	（1）材料销售成本	
9	（2）代购代销费用	
10	（3）包装物出租成本	
11	（4）其他	
12	（三）视同销售成本（13行+14行+15行）	
13	（1）非货币性交易视同销售成本	

续表

行　次	项　　　　目	金　额
14	（2）货物、财产、劳务视同销售成本	
15	（3）其他视同销售成本	
16	二、营业外支出（17行+18行+…+24行）	
17	1. 固定资产盘亏	
18	2. 处置固定资产净损失	
19	3. 出售无形资产损失	
20	4. 债务重组损失	
21	5. 罚款支出	
22	6. 非常损失	
23	7. 捐赠支出	
24	8. 其他	
25	三、期间费用（26行+27行+28行）	
26	1. 销售（营业）费用	
27	2. 管理费用	
28	3. 财务费用	

经办人（签章）：　　　　　　　　　　　　　　　　　　法定代表人（签章）：

1. 附表二（1）的结构。

本表三个层次：第一层本表总体结构分为“销售（营业）成本”、“营业外支出”、“期间费用”三大部分；第二层其中“销售（营业）成本”又分为“营业成本”与“视同销售成本”两部分；第三层“营业成本”又分为“主营业务成本”和“其他业务成本”。表内关系如图3－4所示。

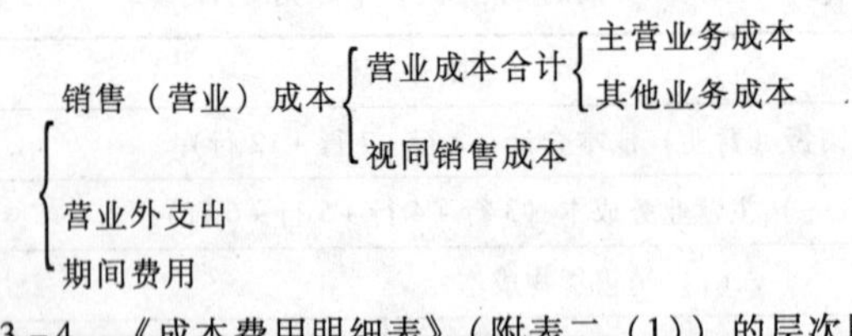

图3－4　《成本费用明细表》（附表二（1））的层次图

2.《成本费用明细表》有关说明。

（1）本附表适用于执行企业会计准则、企业会计制度、小企业会计制度，并实行查账征收企业所得税的居民企业填报。

（2）本附表填报按照会计口径核算的“主营业务成本”、“其他业务支出”、“营业外支出”、“期间费用”，以及根据税收规定应在当期确认收入所对应的“视同销售成本”。

（3）本附表与附表一（1）《收入明细表》在结构上相对应，其中，“主营业务成本”、“其他业务支出”与《收入明细表》中“主营业务收入”、“其他业务收入”存在配比关系。

3. 具体行次的填报说明。

（1）第1行“销售（营业）成本合计”：填报纳税人根据会计口径核算的“主营业务

成本”、“其他业务支出”，以及按税收口径填报的“视同销售成本”，第1行=第2行+第7行+第12行。

主表第一部分“利润总额的计算”采取会计口径，未包含“视同销售”内容，本附表第2行“主营业务成本”+第7行“其他业务支出”之和，据以填写主表第2行“营业成本”。

（2）第2行至第6行“主营业务成本”：纳税人根据不同行业的业务性质分别填写会计核算的主营业务成本。第2行=第3行+第4行+第5行+第6行。本表第3行至第6行的数据，分别与附表一（1）《收入明细表》的“主营业务收入”对应行次的数据存在配比关系。

一个纳税人内部可能包括从事工业制造业务、提供劳务等各项业务的非法人的分公司、营业部、车间等，必须将各项业务的销售（营业）成本分别准确申报。

第3行“销售货物成本”：填报从事工业制造、商品流通、采掘业、农业生产以及其他商品销售企业发生的主营业务成本。销售货物成本与销售货物收入存在严格的配比关系，企业应在确认销售收入的同时，结转销售成本。制造业企业结转“销售货物成本”流程比较复杂，按照受益对象归集成本费用，产品每一加工阶段的成本费用结转至下一加工环节，在不同加工环节分别有不同“成本费用”名称，如采购成本（材料采购、原材料）、生产成本（归集领用材料的成本、人工成本、外购半成品成本、各车间协作成本、外购或自制水电气成本，其中根据产品可销售程度，分别设定了半成品成本、产品完工成本等），只要产品未销售出去，一直作为库存产成品成本处理，直至产品完成销售环节脱离本企业，才同步结转产品销售成本。

制造业企业销售成本的简单流程，如图3－5所示。

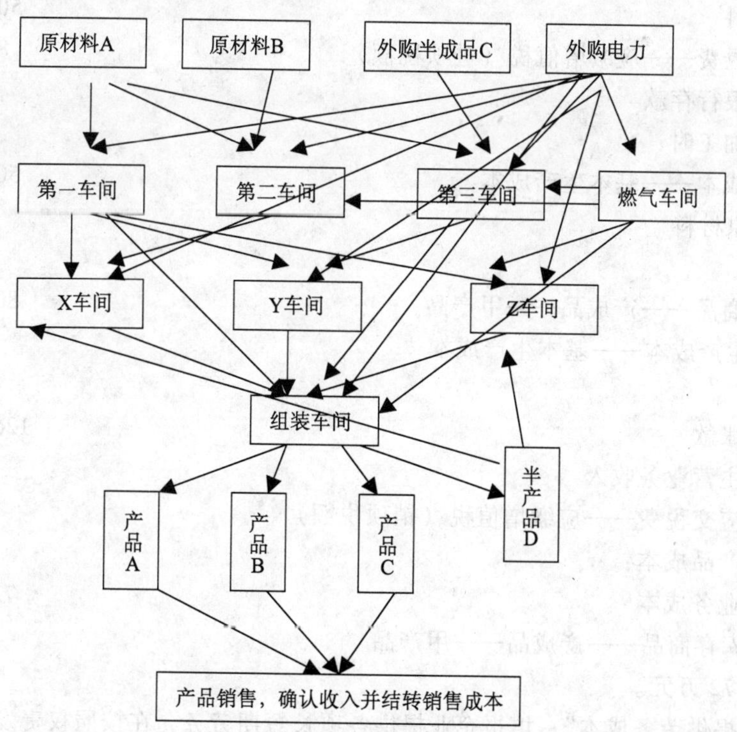

图3－5　制造业企业销售成本简单流程

说明：某企业生产 A、B、C、D 四种产品，其原材料为 A、B 以及外购半成品 C，同时外购电力作为动力、采暖和照明。该企业生产产品大致包括三道工序：第一道工序（第一、第二、第三车间和燃气车间）、第二道工序（X、Y、Z 车间）、第三道工序（组装车间）。

从图 3－5 看出，产品成本的结转流程是错综复杂的，既存在一项原料投入多个车间制造多种产品，也存在两个以上原料制造一件产品的情形，各个工序之间的划分也不是非常严格的，既考虑产品生产过程中的实际流程、产品成本受益原则，也有一定人为划分因素。从原材料到生产出产品，每一个环节的实物流程和会计核算流程都应同步处理，不论产品生产经过多少工序，制造业产品成本基本上严格按受益对象进行结转，这是成本会计的核心精髓。当产品完工后，要从“基本生产成本”科目转入“库存商品”科目，这标志着产品已完成生产过程，已进入库存待售状态，此时未进入会计损益核算。实际工作中，“入库”、“出库”只是会计上对一项产品加工流程中的统称，并非真的移送到仓库或从仓库中转出，如企业采购燃料用的煤炭，一直都在露天存放，但经过验收手续后，会计上会作一个“入库”手续，将一部分煤炭投入生产后，会计上会作一个“领用”或“出库”手续。当产品销售后，应同步由“产成品”、“库存商品”等科目结转到“主营业务成本”，此时已进入会计损益核算，填写在本行中。

［例 3－31］ 某制药厂 2010 年采购各种原材料共 1000 吨，平均单价每吨 500 元，为简化核算，按一种原材料计算，采取大批量生产模式生产甲药品，采用品种法成本核算。2010 年生产甲药品 2 万盒，每盒单位成本 40 元，售价每盒 60 元，2009 年出售 1.8 万盒。

简化会计处理如下：

采购时：

借：原材料　500000

　　应交税费——应缴增值税（进项税额）　85000

　　贷：银行存款　585000

生产领用加工时：

借：生产成本——基本生产成本　500000

　　贷：原材料　500000

完工时：

借：库存商品——产成品——甲产品　800000

　　贷：生产成本——基本生产成本　800000

销售时：

借：应收账款　1263600

　　贷：主营业务收入　1080000

　　　　应交税费——应缴增值税（销项税额）　183600

结转已销产品成本：

借：主营业务成本　720000

　　贷：库存商品——产成品——甲产品　720000

此行填写 72 万元。

第 4 行“提供劳务成本”：填报企业提供各项长短期劳务，在按照权责发生制原则和合同约定，以及完工百分比法划分当期完工进度，确认当期劳务收入的同时，相应结转提供劳务的成本。

举例：参考［例3－3］，按完工百分比法计算的420万元劳务填入此行。

第5行“让渡资产使用权成本”：主要填报两项内容，一是让渡无形资产使用权并收取特许权使用费的，以与无形资产使用权收入相配比的无形资产的摊销费用、无形资产维护费用、签订让渡特许权使用权协议的支出等，结转无形资产使用权的成本，注意与转让无形资产所有权的区别，转让无形资产所有权的成本结转损益后通过《收入明细表》（附表一(1)）第21行“出售无形资产收益”和本附表第19行“出售无形资产损失”反映。二是出租房屋、专用设备、工具等固定资产取得租金的，以所出租资产的折旧费用、专项维护费用等，根据与让渡资产使用权收入配比的原则，结转相应成本。

［例3－32］ 某公司2010年发生如下业务：

①转让A专利使用权，每年收到转让费30万元，该专利账面价值200万元，按10年摊销；

②出售B商标收到价款90万元，B商标原值140万元摊余价值90万元；

③同时出租与A专利相关专有设备，每年收取租金10万元，该设备原值60万元，按10年摊销，预计净残值0.3万元。

有关账务处理如下：

①收到租赁A专利款时：

借：银行存款	300000
贷：主营业务收入——A专利出租收入	300000

摊销费用时：

借：主营业务成本	200000
贷：累计摊销	200000

计算税金及附加时：

借：营业税金及附加	16500
贷：应交税费——应缴营业税	15000
——城建税	1050
——教育费附加	450

②出售B商标收入时：

借：银行存款	900000
累计摊销	500000
营业外支出	49500
贷：无形资产——B商标	1400000
应交税费——应缴营业税	45000
——城建税	3150
——教育费附加	1350

③收到租金时：

借：银行存款	100000
贷：主营业务收入——出租设备收入	100000

计提折旧时：

借：主营业务成本　　59700

　贷：累计摊销　　59700

计算税金分录略。

本行填入25.97万元（5.97+20），出售B商标的营业外支出4.95万元填入本表19行。

第6行“建造合同成本”：填报当期与确认建造合同收入相配比的建造合同的成本。

第一，企业会计准则有关建造合同成本的规定。

合同成本应当包括从合同签订开始至合同完成止所发生的、与执行合同有关的直接费用和间接费用。合同直接费用应当包括下列内容：①耗用的材料费用；②耗用的人工费用；③耗用的机械使用费；④其他直接费用，直接费用在发生时直接计入合同成本。合同的间接费用是企业下属的施工单位或生产单位为组织和管理施工生产活动所发生的费用；间接费用在资产负债表日按照系统、合理的方法分摊计入合同成本。合同完成后处置残余物资取得的收益等与合同有关的零星收益，应当冲减合同成本。

采用累计实际发生的合同成本占合同预计总成本的比例确定合同完工进度的，累计实际发生的合同成本不包括：①施工中尚未安装或使用的材料成本等与合同未来活动相关的合同成本；②在分包工程的工作量完成之前预付给分包单位的款项。

在资产负债表日，建造合同的结果能够可靠估计的，应当根据完工百分比法确认合同收入和合同费用。按照合同总收入乘以完工进度扣除以前会计期间累计已确认收入后的金额，确认为当期合同收入；同时，按照合同预计总成本乘以完工进度扣除以前会计期间累计已确认费用后的金额，确认为当期合同费用。当期完成的建造合同，按照实际合同总收入扣除以前会计期间累计已确认收入后的金额，确认为当期合同收入；同时，按照累计实际发生的合同成本扣除以前会计期间累计已确认费用后的金额，确认为当期合同费用。

第二，建造合同的税收成本。所得税对建造合同成本尚无明确规定，按照相关性、合理性原则，原则上凡与建造合同收入有关的成本费用，均可计入建造合同成本。建造合同工期较长，多数属于跨年度工程施工和生产大型机器设备，一般按项目签订一个订单，委托方（合同甲方）与承建方（合同乙方）往往按照合同约定付款时间、完工进度（完工百分比法）、合同变更等情况按期支付（预付）工程款，在税收上同时要求开具发票，并按“建筑业”征收3%的营业税。

总之，建造合同税收成本的核算原则与方法基本与会计一致，都遵循权责发生制和完工百分比法，只要工程施工项目和大型机器设备的建造标价经合同约定，甲方、乙方则在项目建造期间划分各年度的建造合同收入与建造合同成本。实际管理中注意两个问题：一是征纳双方可能对完工进度存在不同认识，并要求乙方按照完工进度缴纳营业税并开具发票，税务机关认定的完工进度也可以作为确定建造合同完工的税收成本，如果与企业会计核算、会计人员职业判断结果有出入的，会计核算可以不作改动，税收与会计的相应差异应登记台账，以便工程施工结束后，统一进行工程项目的会计结算和税收清算；二是会计核算可能存在对某些工程费用把关不严的问题，如一些与工程施工和建造合同无关的支出“挤入”合同成本，税收对上述与建造合同无关的费用不准作为合同成本在税前扣除，企业应自觉抵制与项目无关费用“挤入”建造合同成本的问题。

[例3-33]　达山企业为荷兰某石油公司承建海上采油专用设施。该设施总造价50000万元，设备安装费5000万元。2009年6月开工建设，从委托方取得预付建造费用10000万

元。2010 年 5 月从委托方取得预付建造费用 5000 万元。预计总成本 52000 万元（含安装费），合同进度按累计发生总成本占合同预计总成本的比例确定，2009 年完工百分比为 18%。达山企业建造合同完工情况如表 3－8 所示（不考虑税金）。

表 3－8　达山企业建造合同完工情况表　单位：万元

	2009 年	2010 年
累计实际成本	9360	22000
结算合同款	6000	16000
实际收到价款	10000	5000

2010 年账务处理如下：

①收到预付款时

借：银行存款　50000000

　贷：预付账款　50000000

②登记合同成本时：

借：工程施工——合同成本　126400000

　贷：原材料、应付职工薪酬、机械作业　126400000

③登记已结转合同价款时：

借：应收账款　100000000

　贷：工程结算　100000000

④登记收到合同价款时：

借：银行存款　50000000

　贷：应收账款　50000000

确认完工百分比：

至 2010 年，22000 ÷ 55000 = 40%

2010 年收入 = 55000 ×（40% － 18%）= 12100（万元）

2010 年成本费用 = 52000 × 22% = 11440（万元）

2010 年预计毛利 = 12100 － 11440 = 660（万元）

借：主营业务成本　114400000

　工程施工　6600000

　贷：主营业务收入　121000000

本行填入 12100 万元。

（3）第 7 行至第 11 行“其他业务支出”：按照会计核算中“其他业务支出”具体业务性质分别填报，严格按会计口径填报。第 7 行 = 第 8 行 + 第 9 行 + 第 10 行 + 第 11 行。本表第 8 行至第 11 行的数据，分别与附表一（1）《收入明细表》的“其他业务收入”对应行次的数据配比。

第 8 行“材料销售成本”：工业制造业、商业流通、工程施工等企业填报销售材料、下脚料、废料、废旧物资等成本。

需要说明：一是销售材料、下脚料、废料、废旧物资等不是公司主营业务，上述废品或下脚料是在产品生产和经营过程中的副产品；二是下脚料、废料、废旧物资等，实际支出可能已在正常产品销售成本结转中做了归集反映，注意不要重复扣除；三是专业从事废旧物资回收的企业，应填入本附表第 3 行“销售货物成本”。

第 9 行“代购代销费用”：填报企业将产品委托代购代销单位购买或销售商品所支付的手续费支出。

需要注意：一是对于受托单位采取买断方式代购代销商品的，企业按正常商品销售处理，在确认商品销售收入的同时，结转“销售货物成本”，并填入本附表第 3 行。二是双方采取收取手续费代购代销方式下，委托单位在发出商品时不结转商品销售成本，收到代销清单后结转商品销售成本，填入本附表第 3 行“销售货物成本”；同时，将受托方从结算款中扣除的手续费归集到“代购代销手续费”二级科目，填写本行。

例如，参考《收入明细表》第 10 行“代购代销手续费收入”的例子，红星服装厂应将支付的代购代销手续费 100 万元填入本行。

第 10 行“包装物出租成本”：填报企业出租、出借包装物的成本。

需要说明：一是周转使用的包装物，原则上视为低值易耗品（存货），会计上采取“一次摊销法”或“五五摊销法”；一般周转使用的包装物数额较小、数量较少的采取“一次摊销法”，数额较大、数量较多的采取“五五摊销法”。二是“包装物出租成本”主要填列用于出租的包装物的摊销成本，未用于出租的包装物的成本，不在此行填列；包装物出租成本如果已经摊销完毕，以后年度不得重复摊销。三是包装物出租过程中可能会发生一定费用，可以作为管理费用处理，但不能重复列支。

第 11 行“其他”：填报在“其他业务支出”会计科目核算，上述未列举的其他业务支出项目。

（4）第 12 行至第 15 行“视同销售确认的成本”：填报纳税人按税收规定计算的与视同销售收入相对应的成本，第 12 行 = 第 13 行 + 第 14 行 + 第 15 行。

视同销售业务会计核算上未作销售处理，其收入未计入当期会计损益，也未结转相应成本。根据税法有关视同销售规定，需确认视同销售收入，并按照配比原则同时结转视同销售成本，以达到对视同销售利润征税的效果。根据《企业所得税法实施条例》第二十五条规定精神，资产、财产类视同销售业务满足“资产所有权转移”的条件，凡是资产、财产的所有权由一个纳税主体转入另一纳税主体时，均应确认视同销售。每一笔被确认为视同销售的经济事项，在确认应税收入同时，均有与视同销售收入相配比的应税成本。附表一（1）《收入明细表》列举了视同销售业务收入的三种情形，并通过附表三《纳税调整项目明细表》第 2 行“视同销售收入”予以纳税调增。本附表第 13 至 15 行列举了“非货币性交易视同销售成本”、“货物、财产、劳务视同销售成本”、“其他视同销售成本”与视同销售业务收入对应的三种视同销售业务成本，分别与附表一（1）《收入明细表》“视同销售收入”相应行次的数据配比，本表第 12 行数据填入附表三《纳税调整项目明细表》第 21 行第 4 列予以纳税调减。通过附表三调增视同销售业务收入的同时调减视同销售业务成本方法，计算出视同销售的应纳税所得额。

第 13 行“非货币性交易视同销售成本”：与附表一（1）《收入明细表》第 14 行“非货币性交易视同销售收入”相对应，填报不具有商业实质或交换涉及资产公允价值不能可靠计量的非货币性资产交换的换出资产的账面价值。对于采取公允价值模式的非货币资产交换的视同销售成本，换出资产为存货的，计入本附表第 3 行“销售货物成本”，换出资产为固定资产、无形资产的，分别填写本附表第 18 行“处置固定资产净损失”或第 19 行“出售无形资产损失”。

非货币资产交换的会计与税法差异，参阅附表一（1）《收入明细表》第 14 行“非货币性交易视同销售收入”的填报说明。

第 14 行“货物、财产、劳务视同销售成本”：与附表一（1）《收入明细表》第 15 行“货物、财产、劳务视同销售收入”相对应。企业将货物、财产、劳务用于捐赠、偿债、赞助、集资、广告、样品、职工福利或者利润分配，“货物、财产、劳务”的所有权属已发生转移，会计上一般按成本价格处理。《企业所得税法实施条例》第二十五条将这种情形作为视同销售货物、转让财产或者提供劳务处理；《国家税务总局关于企业处置资产所得税处理问题的通知》（国税函［2008］828 号）进一步细化了视同销售的具体界定，在确认视同销售收入的同时，结转视同销售成本。

［例 3－34］ A 企业以自产产品成本 100 万元直接赞助某足球赛，市价 120 万元。

会计处理如下：

借：营业外支出　　1204000

贷：库存商品　　1000000

应交税费——应缴增值税（销项税额）　　204000（1200000 × 0.17）

此行填入 100 万元，在附表一（1）15 行填入 120 万元，同时在附表三第 2 行调增 120 万元，第 21 行填入 100 万元。

第 15 行“其他视同销售成本”：与附表一（1）《收入明细表》第 16 行“其他视同销售收入”相对应。填报除上述税收规定之外的其他视同销售成本。

（5）第 16 行至第 24 行“营业外支出”：填报纳税人按照企业会计准则和企业会计制度规定在“营业外支出”核算的有关项目。“营业外支出”是与企业主营业务无直接关系的支出，与附表一《收入明细表》中的“营业外收入”不是同一笔业务，不存在配比关系。第 16 行＝第 17 行＋第 18 行＋第 19 行＋第 20 行＋第 21 行＋第 22 行＋第 23 行＋第 24 行，并据以填入主表第 12 行“营业外支出”。

第 17 行“固定资产盘亏”：填报纳税人按照企业会计制度规定在“营业外支出”中核算的固定资产盘亏数额。企业会计准则未设计“固定资产盘亏”概念，将其作为资产减值准备处理。

固定资产盘亏与“盘盈”一样主要属于管理中记录不准确，以及人为原因造成小额可移动资产的减少。固定资产实际购置费用已计入资产成本，盘亏是在年末盘存资产时发现资产价值的减少，应计入企业当期损益。根据《财政部、国家税务总局关于企业资产损失税前扣除政策的通知》（财税［2009］57 号）规定，对企业盘亏的固定资产，以该固定资产的账面净值减除责任人赔偿后的余额，作为固定资产盘亏损失，经税务机关确认后在计算应纳税所得额时扣除。

第 18 行“处置固定资产净损失”：填报纳税人按照企业会计制度规定在“营业外支出”中核算的处置固定资产净损失数额。实际上也属于资产损失内容，原《财产损失税前扣除管理办法》（国家税务总局 13 号令，原适用于内资企业，已失效）和《国家税务总局关于取消及下放外商投资企业和外国企业以及外籍个人若干税务行政审批项目的后续管理问题的通知》（国税发［2004］80 号）规定不需审批。实施新《企业所得税法》后，根据《国家税务总局关于印发〈企业资产损失税前扣除管理办法〉的通知》（国税发［2009］88 号）第五条规定，企业在正常经营管理活动中因销售、转让、变卖固定资产的损失，以及企业固定资产达到或超过使用年限而正常报废清理的损失，属于由企业自行计算扣除的资产损失。

需要注意：一是此行不包括纳税人在主营业务收入中核算的、正常销售固定资产类商品的情况，此类企业主要指机器设备生产企业、房地产开发企业，机器设备、房地产开发产品属于“存货”；二是执行企业会计准则并采取公允价值模式核算非货币资产交换的企业，换出固定资产的净损失，可以填写在本行。

第 19 行“出售无形资产损失”：本行对应附表一《收入明细表》第 21 行“出售无形资产收益”，出售无形资产为盈余的，填入附表一《收入明细表》第 21 行，出售无形资产为损失的，填入本行。本行填报纳税人按照企业会计制度规定在“营业外支出”中核算的出售无形资产（所有权）损失的数额，实际上也属于资产损失内容。

《国家税务总局办公厅关于中国移动通信集团公司有关涉税诉求问题的函》（国税办函［2010］535 号）明确答复：《国家税务总局关于印发〈企业资产损失税前扣除管理办法〉的通知》（国税发［2009］88 号）采取列举形式，对企业货币资产、固定资产存货等非货币资产损失税前扣除的审批、认定等事项进行了明确，其中并没有规定无形资产损失税前不能扣除。

按此回函的精神，企业发生的无形资产损失，只要无形资产损失真实存在，损失金额可以准确计量，报经主管税务机关审批、认定后可以作为资产损失在企业所得税前扣除。

同时需要注意：附表一《收入明细表》第 4 行“让渡资产使用权”中有关特许权使用费收入不结转无形资产成本，不涉及“所有权”问题，不存在损失问题。

第 20 行“债务重组损失”：填报纳税人执行《企业会计准则第 12 号——债务重组》确认的债务重组损失。债务重组属于典型的非货币资产交换业务，债务重组一般是债权人对债务人作出让步，这种“让步”是债务人的债务重组收益，同时也是债权人的债务重组损失。有关债务重组简介参阅附表一《收入明细表》第 23 行“债务重组收益”填报说明。

根据企业会计准则规定，债权人应当将重组债权的账面余额与受让资产的公允价值、所转股份的公允价值、或者重组后债权的账面价值之间的差额，在满足《企业会计准则第 22 号——金融工具确认和计量》所规定的金融资产终止确认条件时，将其终止确认，计入营业外支出（债务重组损失）。重组债权已计提减值准备的，应当先将上述差额冲减已计提的减值准备，冲减后仍有损失的，计入营业外支出（债务重组损失）；冲减后减值准备仍有余额的，应予转回并抵减当期资产减值损失。

根据税法规定，债务重组中，债权人应当按照收到的债务清偿额低于债权计税基础的差额，确认债务重组损失，并允许在所得税前扣除。对于关联方之间发生的含有让步条款的债务重组，有合理的商业目的，并经法院裁定的，或全体债权人同意的协议以及符合国务院财政、税务主管部门规定的其他条件的可确认债务重组损益。

不符合上述条件的关联方之间发生含有让步条款的债务重组，债权人的让步损失，应当视为捐赠，不得在税前扣除，债务人应当确认捐赠收入；如果债务人是债权人的股东，债权人所做的让步应推定为对股东分配股息，债务人应确认股息收入。

［例 3－35］ 甲企业销售一批货物 A 给乙公司，价款 200 万元，增值税 34 万元，乙公司由于资金困难无法支付，经双方协商，同意乙公司以公允价值 180 万元的 B 货物抵偿欠

款。

甲公司会计处理如下：

收到抵账货物时：

借：库存商品——B 1800000

应交税费——应缴增值税（销项税额） 306000

营业外支出 234000

贷：应收账款 2340000

此行填入23.4万元。

第21行“罚款支出”：填报纳税人由于违反有关规定遭受的罚款支出，企业接受罚款情形较多，凡按法律、行政法规所受处罚的支出不准税前扣除，如行政罚款、罚金等；受经济法规、民事合同关系所支付的罚款允许扣除，如纳税人支付的违约金、银行罚息、诉讼费、赔偿金等。

[例3-36] A企业合同违约，法院判决赔偿对方100万元。

账务处理如下：

借：营业外支出 1000000

贷：银行存款 1000000

填入本行100万元，可以扣除。不需在《纳税调整项目明细表》中反映。

第22行“非常损失”：填报纳税人按照企业会计制度规定在“营业外支出”中核算的各项非正常资产（财产）损失（包括流动资产损失、坏账损失等）。此处“非常损失”限于非正常损失，由于其他正常损失或资产贬值已通过提取减值准备方式解决；非正常损失是由于管理原因或受突发事故造成的，会计上计入当期利润，按照《国家税务总局关于印发〈企业资产损失税前扣除管理办法〉的通知》（国税发［2009］88号）规定，资产（财产）的非常损失不属于自行计算扣除的情形，应报经税务机关核准后扣除，有关纳税调整在附表三《纳税调整项目明细表》第42行“财产损失”反映。

第23行“捐赠支出”：填报纳税人实际发生的捐赠支出数，企业发生的现金资产捐赠，以实际支出数计入“营业外支出——捐赠支出”科目；企业发生的非现金资产捐赠，由于非现金资产捐赠在流转税和所得税方面需做“视同销售业务”处理，非现金资产所蕴含的增值额已通过视同销售方式并入当期应纳税所得额，尽管会计上仍要求按成本价格计入“营业外支出”。编者建议，实际操作中以市场价格计入“营业外支出——捐赠支出”科目，填写附表三《纳税调整项目明细表》时，统一按年度会计利润12%的限额内进行纳税调整。主要理由：一是如果按成本价入账，在进行捐赠扣除时，因捐赠支出已作视同销售，相当于企业未足额扣除有关捐赠支出，企业的税收权益受到侵蚀；二是根据《财政部、国家税务总局、民政部关于公益性捐赠税前扣除有关问题的通知》（财税［2008］160号），公益性社会团体和县级以上人民政府及其组成部门和直属机构在接受捐赠时，接受捐赠的非货币性资产，应当以其公允价值计算，并出具公益性捐赠票据，这样，企业凭票据记载的价格入账符合历史成本原则。

2009年后，根据《财政部、国家税务总局、海关总署关于29届奥运会税收政策问题的通知》（财税［2003］10号）、《财政部、国家税务总局关于2010年上海世博会有关税收政策问题的通知》（财税［2005］180号）等规定，向第29届奥运会、上海世博会的捐赠，可以据实全额扣除，不需纳税调整。

［例3－37］ 华山水泥厂通过国家减灾委员会向某灾区捐赠自产水泥1000吨，该批水泥实际制造成本50万元，市场售价80万元，假定当期该厂会计利润总额为500万元。

借：营业外支出——捐赠支出 936000

贷：主营业务收入 800000

应交税费——应交增值税（销项税额） 136000

同时，借：主营业务成本 500000

贷：库存商品——水泥 500000

该企业申报所得税时，应按80万元确认视同销售收入，填入附表一，按50万元确认视同销售成本，填入附表二，同时填入附表三《纳税调整项目明细表》。根据《企业所得税法》规定，该企业当年允许税前扣除的捐赠支出限额为60万元（500×12%），实际捐赠支出63.6万元超出限额，应纳税调增3.6万元。

第24行“其他”：填报纳税人按照企业会计制度核算的在会计账务记录的其他“营业外支出”。

（6）第25行至第28行“期间费用”：填报纳税人按照企业会计制度核算的销售（营业）费用、管理费用和财务费用。期间费用不按具体成本对象归集费用（主要是与具体成本对象不存在对应关系），服务于纳税（会计）年度的生产经营活动，凡是本纳税（会计）期间发生的期间费用均计入当期利润，所得税纳税调整项目有很多属于“期间费用”。第25行＝第26行＋第27行＋第28行。

第26行“销售（营业）费用”：填报纳税人按照会计核算的销售（营业）费用，并据以填入主表第4行。

企业销售商品和材料、提供劳务以及市场推广过程中发生的各种费用，包括保险费、包装费、展览费和广告费、商品维修费、预计产品质量保证损失、运输费、装卸费等，以及为销售本企业商品而专设的销售机构（含销售网点、售后服务网点等）的职工薪酬、业务费、折旧费等经营费用。

第27行“管理费用”：填报纳税人按照会计核算的管理费用，管理费用在期间费用中相对灵活，凡难以归入销售费用、财务费用的费用支出，一般归集在管理费用中。包括企业在筹建期间内发生的开办费、董事会和行政管理部门在企业的经营管理中发生的或者应由企业统一负担的公司经费（包括行政管理部门职工工资及福利费、物料消耗、低值易耗品摊销、办公费和差旅费等）、工会经费、董事会费（包括董事会成员津贴、会议费和差旅费等）、聘请中介机构费、咨询费（含顾问费）、诉讼费、业务招待费、房产税、车船使用税、土地使用税、印花税、技术转让费、矿产资源补偿费、研究费用、排污费等。并据以填入主表第5行。

第28行“财务费用”：填报纳税人按照会计核算的财务费用，据以填入主表第6行。包括利息支出（减利息收入）、汇兑损益以及相关的手续费、企业发生的现金折扣或收到的现金折扣等。对于购建或生产满足资本化条件的资产发生的应予资本化的借款费用，在“在建工程”、“制造费用”等科目核算。

4. 表内、表间关系。

（1）表内关系：

第 1 行 = 第 2 行 + 第 7 行 + 第 12 行

第 7 行 = 第 8 行 ~ 11 行合计

第 12 行 = 第 13 行 + 第 14 行 + 第 15 行

第 16 行 = 第 17 ~ 24 行合计

第 25 行 = 第 26 行 + 第 27 行 + 第 28 行

（2）表间关系。

第 2 行 + 第 7 行 = 主表第 2 行

第 12 行 = 附表三第 21 行第 4 列

第 16 行 = 主表第 12 行

第 26 行 = 主表第 4 行

第 27 行 = 主表第 5 行

第 28 行 = 主表第 6 行

（二）《金融企业成本费用明细表》（附表二（2））表样（见表 3 - 9）及填报说明

表 3 - 9

金融企业成本费用明细表

填报时间： 年 月 日 金额单位：元（列至角分）

行 次	项 目	金 额
1	一、营业成本（2 行 + 17 行 + 31 行 + 38 行）	
2	（一）银行业务成本（3 行 + 11 行 + 15 行 + 16 行）	
3	1. 银行利息支出（4 行 + 5 行 + … + 10 行）	
4	（1）同业存放	
5	（2）向中央银行借款	
6	（3）拆入资金	
7	（4）吸收存款	
8	（5）卖出回购金融资产	
9	（6）发行债券	
10	（7）其他	
11	2. 银行手续费及佣金支出（12 行 + 13 行 + 14 行）	
12	（1）手续费支出	
13	（2）佣金支出	
14	（3）其他	
15	3. 业务及管理费	
16	4. 其他业务成本	
17	（二）保险业务支出（18 行 + 30 行）	
18	1. 业务支出（19 行 + 20 行 - 21 行 + 22 行 - 23 行 + 24 行 + 25 行 + 26 行 + 27 行 - 28 行 + 29 行）	
19	（1）退保金	
20	（2）赔付支出	
21	减：摊回赔付支出	

续表

行次	项目	金额
22	（3）提取保险责任准备金	
23	减：摊回保险责任准备金	
24	（4）保单红利支出	
25	（5）分保费用	
26	（6）手续费及佣金支出	
27	（7）业务及管理费	
28	减：摊回分保费用	
29	（8）其他	
30	2. 其他业务成本	
31	（三）证券业务支出（32行+36行+37行）	
32	1. 证券手续费支出（33行+34行+35行）	
33	（1）证券经纪业务支出	
34	（2）佣金	
35	（3）其他	
36	2. 业务及管理费	
37	3. 其他业务成本	
38	（四）其他金融业务支出（39行+40行）	
39	1. 业务支出	
40	2. 其他业务成本	
41	二、视同销售应确认成本（42行+43行+44行）	
42	1. 非货币性资产交换成本	
43	2. 货物、财产、劳务视同销售成本	
44	3. 其他视同销售成本	
45	三、营业外支出（46行+47行+48行+49行+50行）	
46	1. 固定资产盘亏	
47	2. 处置固定资产净损失	
48	3. 非货币性资产交易损失	
49	4. 出售无形资产损失	
50	5. 其他	

经办人（签章）：　　　　　　　　　　　　　　　　法定代表人（签章）：

1. 附表二（2）的结构。

本表两个层次：第一层本表总体结构分为“营业成本”、“视同销售应确认成本”与“营业外支出”三大部分；第二层其中“营业成本”又分为“银行业务成本”、“保险业务支出”、“证券业务支出”、“其他金融业务支出”四部分。

表内关系如图 3-6 所示。

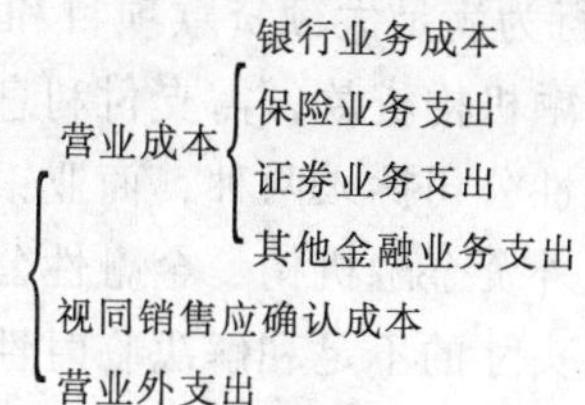

图 3-6 《金融企业成本费用明细表》附表二（2）的层次图

2. 附表二（2）有关说明。

（1）本表由执行金融企业会计制度或企业会计准则的商业银行、政策性银行、保险公司、证券公司、基金管理公司、信托投资公司、租赁公司、担保公司、财务公司、典当公司等金融企业，并实行查账征收企业所得税的金融企业填报。

（2）本表与《金融企业收入明细表》（附表一（2））在结构和项目上基本一致。分别归集银行业、保险业、证券业等成本费用。本附表第 1 行“营业成本”对应主表第 2 行“营业成本”。

（3）根据金融企业会计制度规定，金融企业在经营过程中所发生的其他各项费用，应当以实际发生数计入成本费用。凡应当由本期负担而尚未支出的费用，作为预提费用计入本期成本费用；凡已支出，应当由本期和以后各期负担的费用，应当作为待摊费用，分期摊入成本费用。

3. 具体行次填报说明。

（1）报表第一部分：第 1 行至第 40 行“营业成本”的填写。

①第 1 行“营业成本”：填报金融企业提供金融商品服务所发生的成本费用。包括银行业吸收存款、拆借资金等发生的利息支出，保险业发生的赔付支出，证券业发生的各项经营支出等。本行金额 = 第 2 行 + 第 17 行 + 第 31 行 + 第 38 行。

②第 2 行“银行业务成本”：本行金额 = 第 3 行 + 第 11 行 + 第 15 行 + 第 16 行，汇总反映银行企业的营业成本，包括利息支出、银行支付手续费和佣金支出、业务及管理费用等。

第 3 行“银行利息支出”：填报纳税人经营存贷款业务等发生的利息支出，是银行业主要的成本支出项目，包括同业存放、向中央银行借款、吸收存款、卖出回购金融资产、发行债券等支付的利息和其他业务利息支出。银行作为经营资金的专业企业，是典型的“负债经营”的信用企业，其主要利润来源是存贷款利差。银行自有资金只有股东投入和经营利润，在银行资金中占很小的比例，主要资金来源于民间存款和各种渠道的融资，所吸收资金具有资金成本，需要银行按期支付利息，以维持银行信用。本行金额 = 第 4 行 + 第 5 行 + … + 第 9 行 + 第 10 行。

第 4 行“同业存放”：填写其他金融机构存放在商业银行的资金等而由银行支付的利息。如信用社在农业银行的存款，其他金融机构暂存银行的资金，以及银行结算业务占压其他金融机构的资金，如委托收款、托收承付、同城结算、银行本票、银行汇票、商业汇票、信用证等业务中占用其他金融机构的资金。

第 5 行“向中央银行借款”：中国人民银行是“商业银行”的银行，除要求商业银行按国家规定比例存入“存款准备金”以外，当商业银行遇到支付困难、挤兑以及其他情形，商业银行可能从央行借入款项，从而向央行支付利息。

第 6 行“拆入资金”：填写银行为满足大额贷款项目和短期支付项目而从其他金融机构拆入的资金，相当于银行从其他金融机构贷款，需支付利息。

拆入资金包括同业拆入和金融性公司拆入两种，商业银行同业拆入对象限于国有商业银行、其他商业银行、政策性银行、外资金融机构、金融性公司、当地融资中心等。拆入资金只能用于弥补票据清算，联行汇差头寸的不足和解决临时性周转资金的需要，严禁用拆借资金发放固定资产贷款，严禁用拆借资金买卖股票①。

第 7 行“吸收存款”：存款业务是银行的负债主体，包括储蓄存款（活期储蓄存款、定期储蓄存款如大额定期存单等）和支票户存款。吸收存款是银行经营资金的主要来源，即银行吸收居民储蓄和转账支票的存款，相当于银行向居民和公众的借款，需支付利息。

第 8 行“卖出回购金融资产”：填写银行与其他金融机构（如商业银行、保险公司、证券公司等）签订协议，将银行票据、抵押贷款等卖出，约定一定期限后再按约定价格回购的行为，如转贴现、再贴现业务，这是典型的银行融资行为，其卖出价格 < 回购价格的差额，实际上是一种利息支出。

[例 3－38]　某商业银行由于资金周转困难，将银行票据及抵押贷款以 5000 万元价格卖给其他金融机构，约定 3 个月后以 5090 万元价格回购。账务处理如下：

卖出时：

借：存放中央银行款项　　50000000

　　贷：卖出回购金融资产款　　50000000

按月计提财务费用＝(5090－5000)÷3＝30（万元）

借：利息支出　　300000

　　贷：应付利息　　300000

后两个月的账务处理办法同上。

回购时：

借：卖出回购金融资产　　50000000

　　应付利息　　900000

　　贷：存放中央银行款项　　50900000

本行填入 90 万元。

第 9 行“发行债券”：填写银行为自身经营活动、企业并购项目、国家重大建设项目等筹集资金而发行企业债券，根据现行规定，银行发行债券的额度、期限、利率、用途等须经中国人民银行、国家发改委、中国证监会同意，银行需为此支付利息。

第 10 行“其他”：填写银行支付上述项目以外的利息支出。

第 11 行“银行手续费及佣金支出”：填报银行发生与其经营业务活动相关各项手续费、佣金等支出。本行金额＝第 12 行＋第 13 行＋第 14 行。

第 12 行“手续费支出”：填写银行开展金融业务活动向有关单位支付的手续费，如办理抵押不动产、委托法院执行裁定、查询有关资料、信息等手续费支出。

第 13 行“佣金支出”：填写银行在经营活动中向第三方支付的佣金，商业银行支付佣

---

① 蒋建华编著：《商业银行内部控制与稽核》，北京大学出版社 2002 年版。

金的情形较少，为避免商业银行间吸储恶性竞争，根据有关规定，商业银行为吸储向有关人员支付的佣金或回扣，认定为贿赂支出，属于违法行为。

第 14 行“其他”：填报除手续费、佣金外的其他支出。

第 15 行“业务及管理费”：金融企业会计制度未设计“管理费用、营业费用、财务费用”等，金融企业管理费用和其他期间费用支出，统一在“业务及管理费”科目归集。具体包括：电子设备运转费、安全防卫费、保险费、邮电费、劳动保护费、外事费、印刷费、公杂费、低值易耗品摊销、职工工资、差旅费、水电费、租赁费（不包括融资租赁费）、修理费、职工福利费、职工教育经费、工会经费、税金、会议费、诉讼费、公证费、席位费、咨询费、无形资产摊销（不包括自行开发的无形资产摊销）、递延资产摊销、其他资产摊销、社会统筹保险费、劳动保险费、取暖费、审计费、技术转让费、研究开发费、绿化费、董事会费、车船使用费（含燃料费）、住房公积金、上交管理费、银行结算费、同业公会会费、学会会费等。

第 16 行“其他业务成本”：填报银行企业发生的其他业务成本，如处置不良债权的成本、处置抵押资产的成本等。

③第 17 行“保险业务支出”：填报纳税人发生的赔付支出、提取保险责任准备金、手续费支出、分保费用、退保金、保户红利支出业务及管理费等支出总额，扣减摊回赔付支出、摊回保险责任准备金、摊回分保费用等项目后的支出总额。本行金额 = 第 18 行 + 第 30 行。

第 18 行“业务支出”：根据财政部会计司编写的《保险公司会计制度讲解》，保险业务成本是指保险公司在日常经营活动中发生的与保险业务有关的支出，是保险公司主营业务成本。

其中：财产保险业务成本包括赔款支出、手续费支出、未决赔款准备金提转差、未到期责任准备金提转差、长期责任准备金提转差以及营业税金及附加。人身保险业务成本包括死伤医疗给付、满期给付、年金给付、退保金、赔款支出、手续费支出、佣金支出、未决赔款准备金提转差、未到期责任准备金提转差、长期责任准备金提转差以及营业税金及附加；再保险业务的成本包括分保赔款支出、分出保费、分保费用支出、未决赔款准备金提转差、长期责任准备金提转差以及营业税金及附加。此外，保险业务成本还包括提取保险保障基金等。

本附表未区分人寿险、财产险、再保险、联合保险等不同特点，统一设计了申报表。本行反映保险公司经营保险业务发生的各项支出，本行金额 = 第 19 行 + 第 20 行 - 第 21 行 + 第 22 行 - 第 23 行 + 第 24 行 + 第 25 行 + 第 26 行 + 第 27 行 - 第 28 行 + 第 29 行。

第 19 行“退保金”：填报人寿保险公司的寿险原保险合同提前解除合同时按照约定应当退还投保人的保单现金价值。当寿险原保险合同未到约定缴纳保费期限，而由投保人中途违约终止原保险合同时，由保险公司对保单的现金价值估算并向投保人退还“退保金”。

第 20 行“赔付支出”：填报纳税人支付的原保险合同赔付款项和再保险合同赔付款项。包括赔款支出和各项给付支出。

赔款支出指财产保险公司因保险标的遭受损失，按保险合同规定支付给投保人、受益人的赔款，以及理赔勘查支出（聘请专业技术人员对承保的保险标的损失估损鉴定等支出）。

给付支出主要指人寿保险业务中的支付，包括死伤医疗给付、满期给付、年金给付等。

其一，死伤医疗给付：指人寿保险公司经营的人身险业务中，被保险人在保险期内发生保险责任范围内的死亡、伤残、医疗等事故时，按保险合同条款约定支付给被保险人或受益人的保险金。

其二，满期给付：指人寿保险公司经营的长期人身险业务中，被保险人生存至保险期满时，按保险合同条款约定向被保险人（受益人）支付的保险金。

其三，年金给付：指人寿保险公司经营长期人身险业务中，被保险人生存至保险条款规定的年限，按保险合同条款约定向被保险人（受益人）支付的保险金。

《国家税务总局关于保险公司再保险业务赔款支出税前扣除问题的通知》（国税函［2009］313 号）规定，从事再保险业务的保险公司（以下称再保险公司）发生的再保险业务赔款支出，按照权责发生制的原则，应在收到从事直保业务公司（以下称直保公司）再保险业务赔款账单时，作为企业当期成本费用扣除。为便于再保险公司再保险业务的核算，凡在次年企业所得税汇算清缴前，再保险公司收到直保公司再保险业务赔款账单中属于上年度的赔款，准予调整作为上年度的成本费用扣除，同时调整已计提的未决赔款准备金；次年汇算清缴后收到直保公司再保险业务赔款账单的，按该赔款账单上发生的赔款支出，在收单年度作为成本费用扣除。

第 21 行“摊回赔付支出”：填报纳税人向再保险接受人（分入保险公司）摊回的赔付成本。再保险或分保险业务属于按比例共同分享保费，共同承担保险责任的保险业务，原保险合同的保险人向投保人或受益人发生赔付支出后，应按再保险或分保合同约定比例，向再保险接受人摊回相应的赔付成本。

第 22 行“提取保险责任准备金”：本行填报纳税人本年度提取保险合同保险责任准备金的提转差，包括提取的未决赔款准备金、寿险责任准备金、长期健康险责任准备金等。未决赔款准备金、寿险责任准备金、长期健康险责任准备金的概念，请参阅附表一（2）《金融企业收入明细表》第 23 行“提取未到期责任准备金”有关说明。

保险业务保单销售与工商企业产品销售不同，工商企业产品销售后确认收入同时结转成本，标志着产品销售完成，表明工商企业取得相应收入和利润；而保险企业销售保单并收取保费时确认保费收入，只是一种保险责任的开始，意味着企业承担一笔未来赔付责任，保险企业应同时计提一笔负债（保险责任准备金），随着时间推移，从保险出险概率角度讲，赔付责任也逐渐降低。保险责任准备金不同于其他金融企业和工商企业的准备金，前者是一种保险未确定的赔付责任，是保险企业的一项成本费用，后者是一种呆账、坏账或资产减值准备，实践中切忌将两者混淆。

《财政部、国家税务总局关于保险公司准备金支出企业所得税税前扣除有关问题的通知》（财税［2009］48 号）规定，保险公司按规定，依据精算师或出具专项审计报告的中介机构确定的金额提取的未到期责任准备金、寿险责任准备金、长期健康险责任准备金准予在税前扣除。鉴于保险业承担的风险较大，会计上对保险责任准备金的计提存在二分之一法、二十四分之一法、三百六十五分之一法等多种方法，原税法对上述计提准备金方法与会计上有差异，汇算清缴时需对保险责任准备金进行纳税调整。《财政部、国家税务总局关于保险公司准备金支出企业所得税税前扣除有关问题的通知》（财税［2009］48 号）取消了会计与税法在这一问题上的差异，按照保险公司实际计提准备金情况予以扣除，起到了降低保险行业风险的作用。

《财政部、国家税务总局关于保险公司准备金支出企业所得税税前扣除有关问题的通知》（财税［2009］48号），未决赔款准备金，指保险人为非寿险保险事故已发生尚未结案的赔案提取的准备金。未决赔款准备金分已发生已报案未决赔款准备金、已发生未报案未决赔款准备金和理赔费用准备金。已发生已报案未决赔款准备金，指保险人为非寿险保险事故已经发生并已向保险人提出索赔、尚未结案的赔案提取的准备金；已发生未报案未决赔款准备金，是指保险人为非寿险保险事故已经发生、尚未向保险人提出索赔的赔案提取的准备金；理赔费用准备金，是指保险人为非寿险保险事故已发生尚未结案的赔案可能发生的律师费、诉讼费、损失检验费、相关理赔人员薪酬等费用提取的准备金。已发生已报案未决赔款准备金，按最高不超过当期已经提出的保险赔款或者给付金额的100%提取；已发生未报案未决赔款准备金按不超过当年实际赔款支出额的8%提取。

保险公司实际发生的各种保险赔款、给付，应首先冲抵按规定提取的准备金，不足冲抵部分，准予在当年税前扣除。

第23行“摊回保险责任准备金”：保险公司收取保费同时计提相应保险责任准备金，在分保险业务或再保险业务中，保险分入方按比例分享保费收入，同时按相应比例确认保险责任准备金，而保险分出方在分出保费的同时，按相应比例摊回部分保险责任准备金。本行填报纳税人（保险分出人）从事再保险业务向再保险接受人摊回的保险责任准备金，包括摊回的未决赔款准备金、寿险责任准备金、长期健康险责任准备金。

第24行“保单红利支出”：保险具有保障和投资双重职能，投保人购买投资分红型保险除取得一定保障外，同时获取保单红利。本行填报保险公司按原保险合同约定，对投资型或投资连结型保险的投保人支付保单红利支出，保单红利支出由保险公司根据“贷差、利差、死差”计算的假定收益，而向投保人进行的一种返还或分配。

第25行“分保费用”：指分入分保公司接受分入分保业务时，按约定比例向分出分保公司支付的应承担的各项支出，如营业费用、代理手续费和营业税金及附加等。本行填报纳税人（保险分入方）向再保险分出人支付的分保费用，与本表第28行“摊回分保费用”相对应。

第26行“手续费及佣金支出”：填报纳税人发生的与其经营活动相关的手续费、佣金支出。

手续费支出：指保险公司向受其委托，并在其授权范围内代为办理保险业务的保险代理人（专业代理人、兼业代理人、个人代理人）支付的代理手续费。保险公司可以根据实际业务经营情况确定某一险种、某一条款或不同形式代理人的代理手续费支付标准。根据《财政部、国家税务总局关于企业手续费及佣金支出税前扣除政策的通知》（财税［2009］29号）规定，财产保险企业按当年全部保费收入扣除退保金等后余额的15%（含本数，下同）计算限额，以内据实扣除。

佣金支出：指保险公司向专门推销寿险业务的个人代理人支付的佣金支出。《财政部、国家税务总局关于企业手续费及佣金支出税前扣除政策的通知》（财税［2009］29号）规定，人身保险企业按当年全部保费收入扣除退保金等后余额的10%计算限额。公司直销保险业务不得对外支付代理手续费或佣金。

保险企业应与具有合法经营资格中介服务企业或个人签订代办协议或合同，并按国家有关规定支付手续费及佣金；除委托个人代理外，企业以现金等非转账方式支付的手续费及佣金不得在税前扣除。保险企业支付的手续费及佣金不得直接冲减服务协议或合同金额，如实入账，并如实向主管税务机关提供当年手续费及佣金计算分配表和其他相关资料，依法取得合法真实凭证。

第27行“业务及管理费”：参照本附表第15行“业务及管理费”填写，注意职工工资、保险企业上缴的保险保障基金、提取的农业巨灾风险准备金等在本项中填列。

《财政部、国家税务总局关于保险公司准备金支出企业所得税税前扣除有关问题的通知》（财税［2009］48号）规定，保险保障基金，是指按照《中华人民共和国保险法》和《保险保障基金管理办法》（保监会、财政部、人民银行令2008年第2号）规定缴纳形成的，在规定情形下用于救助保单持有人、保单受让公司或者处置保险业风险的非政府性行业风险救助基金。保险公司按以下规定缴纳的保险保障基金，准予据实税前扣除：一是非投资型财产保险业务，不得超过保费收入的0.8%；二是投资型财产保险业务，有保证收益的，不得超过业务收入的0.08%，无保证收益的，不得超过业务收入的0.05%；有保证收益的人寿保险业务，不得超过业务收入的0.15%；无保证收益的人寿保险业务，不得超过业务收入的0.05%；三是短期健康保险业务，不得超过保费收入的0.8%；长期健康保险业务，不得超过保费收入的0.15%；四是非投资型意外伤害保险业务，不得超过保费收入的0.8%；投资型意外伤害保险业务，有保证收益的，不得超过业务收入的0.08%，无保证收益的，不得超过业务收入的0.05%。财产保险公司的保险保障基金余额达到公司总资产6%的，人身保险公司的保险保障基金余额达到公司总资产1%的，其缴纳的保险保障基金不得在税前扣除。

《财政部、国家税务总局关于保险公司提取农业巨灾风险准备金企业所得税税前扣除问题的通知》（财税［2009］110号）规定，保险公司经营中央财政和地方财政保费补贴的种植业险种（以下简称补贴险种）的，按不超过补贴险种当年保费收入25%的比例计提的巨灾风险准备金，准予在企业所得税前据实扣除，具体计算公式如下：

本年度扣除的巨灾风险准备金=本年度保费收入×25%－上年度已在税前扣除的巨灾风险准备金结存余额

按上述公式计算的数额如为负数，应调增当年应纳税所得额。

保险公司应当按专款专用原则建立健全巨灾风险准备金管理使用制度，在向主管税务机关报送企业所得税纳税申报表时，同时附送巨灾风险准备金提取、使用情况的说明和报表。

第28行“摊回分保费用”：保险分出人除将保费收入等与保险分入方共享外，同时由保险分入方承担相应比例的“分保费用”（本表第25行），对保险分出方而言，相当于一部分“分保费用”已转嫁给保险分入方承担，应相应冲减本身发生的分保费用。本行填报纳税人（保险分出人）向再保险接受人摊回的分保费用。

第29行“其他”：填报除上述项目外的保险业务成本。

第30行“其他业务成本”：填报保险企业发生的除保险业务以外的其他业务成本。

④第31行“证券业务支出”：填报证券公司核算的证券手续费支出和证券企业其他业务支出。本行金额=第32行+第36行+第37行。

第32行“证券手续费支出”：填报纳税人代理承销证券、代理兑付证券和代理买卖证券等业务中发生的各项手续费、风险结算金、承销业务直接相关的各项费用支出。

第33行“证券经纪业务支出”：填报证券企业从事证券经纪业务中发生的各项费用支

出。

第34行“佣金”：填报证券企业拓展市场过程中，为发展客户、稳定客户，根据客户证券交易数额提取，并向证券经纪人等支付的佣金支出。

第35行“其他”：填报证券公司发生的除上述项目外的其他证券业务支出。

第36行“业务及管理费”：参照本表第15行“业务及管理费”填写。

第37行“其他业务成本”：填报证券企业发生的除证券业务以外的其他业务成本。

第38行“其他金融业务支出”：填报纳税人核算的除上述金融业务外与其他金融业务收入对应的其他业务支出，包括业务支出和其他业务支出。本行金额=第39行+第40行。

第39行“其他支出”：填写纳税人从事银行、保险、证券业务以外的其他金融业务的成本或支出，如经营外汇、期货、期权、信托、金融工具、衍生工具、典当等发生的支出。

第40行“其他业务成本”：填写银行、保险、证券企业以外的金融单位发生的其他业务支出。

（2）报表第二部分：第41行至第44行“视同销售成本”的填写。

第41行“视同销售应确认成本”：填报纳税人发生的，与视同销售收入有关的成本费用。金融企业不同于商品生产、流通企业，发生视同销售业务的情形较少。视同销售业务在会计上未计入当期损益，未计入主表第一部分“利润总额的计算”之中，视同销售收入通过附表三《纳税调整项目明细表》第2行作纳税调增，视同销售成本通过附表三《纳税调整项目明细表》第21行作纳税调减。本行金额=第42行+第43行+第44行。例如捐赠实物的成本可在此行填列，根据《国家税务总局关于企业处置资产所得税处理问题的通知》（国税函［2008］828号）规定，外购资产的视同销售收入金额等于外购金额，这样对企业利润总额无实际影响。

第42行“非货币性资产交换成本”：参见《成本费用明细表》（附表二（1））第13行“非货币性交易视同销售成本”的填报说明。

第43行“货物、财产、劳务视同销售成本”：参见《成本费用明细表》（附表二（1））第14行“货物、财产、劳务视同销售成本”的填报说明。

第44行“其他视同销售成本”：参见《成本费用明细表》（附表二（1））第15行“其他视同销售成本”的填报说明。

（3）报表第三部分：第45行至第50行“营业外支出”的填写。

第45行“营业外支出”：填报纳税人发生的各项营业外支出，包括非流动资产处置损失、非货币性资产交换损失、债务重组损失、捐赠支出、非常损失、盘亏损失等。本行金额=第46行+第47行+第48行+第49行+第50行。

第46行“固定资产盘亏”：参见《成本费用明细表》（附表二（1））第17行“固定资产盘亏”的填报说明。

第47行“处置固定资产净损失”：参见《成本费用明细表》（附表二（1））第18行“处置固定资产净损失”的填报说明。

第48行“非货币性资产交易损失”：填写执行金融企业会计制度的企业在非货币资产交易中收到补价的一方确认损失。

第49行“出售无形资产损失”：参见《成本费用明细表》（附表二（1））第19行“出售无形资产损失”的填报说明。

第 50 行“其他”：填写除上述项目以外的营业外支出项目。

4. 表内、表间关系。

（1）表内关系。

①第 1 行 = 第 2 行 + 第 17 行 + 第 31 行 + 第 38 行。

②第 2 行 = 第 3 行 + 第 11 行 + 第 15 行 + 第 16 行。

③第 3 行 = 第 4 ~ 10 行合计。

④第 11 行 = 第 12 行 + 第 13 行 + 第 14 行。

⑤第 17 行 = 第 18 行 + 第 30 行。

⑥第 18 行 = 第 19 行 + 第 20 行 - 第 21 行 + 第 22 行 - 第 23 行 + 第 24 行 + 第 25 行 + 第 26 行 + 第 27 行 - 第 28 行 + 第 29 行。

⑦第 31 行 = 第 32 行 + 第 36 行 + 第 37 行。

⑧第 32 行 = 第 33 行 + 第 34 行 + 第 35 行。

⑨第 38 行 = 第 39 行 + 第 40 行。

⑩第 41 行 = 第 42 行 + 第 43 行 + 第 44 行。

⑪第 45 行 = 第 46 ~ 50 行合计。

（2）表间关系

①第 1 行 = 主表第 2 行；

②第 41 行 = 附表三第 21 行第 4 列；

③第 45 行 = 主表第 12 行。

（三）《事业单位、社会团体、民办非企业单位支出明细表》（附表二（3））表样（表 3 - 10）及填报说明

表 3 - 10　　事业单位、社会团体、民办非企业单位支出明细表

填报时间：　年　月　日　　　金额单位：元（列至角分）

行　次	项　　目	金　额
1	一、支出总额（2 行 +3 行 +……+10 行）	
2	拨出经费	
3	上缴上级支出	
4	拨出专款	
5	专款支出	
6	事业支出	
7	经营支出	
8	对附属单位补助	
9	结转自筹基建	
10	其他支出	
11	二、不准扣除的支出总额	
12	（1）税收规定不允许扣除的支出项目金额	
13	（2）按分摊比例计算的支出项目金额	
14	三、准予扣除的支出总额	

1.《事业单位、社会团体、民办非企业单位支出明细表》（附表二（3））有关说明。

（1）本附表适用于执行事业单位会计准则、民间非营利组织会计制度，并实行查账征收企业所得税的事业单位、社会团体、民办非企业单位填报。

（2）按照现行财政管理体制，事业单位、社会团体、民办非企业单位分为全额预算、差额预算、自收自支三种情形，自收自支单位填写附表二（1），不填写本附表；全额预算、差额预算单位填写本附表。

（3）事业单位、社会团体、民办非企业单位涉及文化、卫生、体育、教育、科研、宗教、设计、环境保护、社会公益事业等行业或者领域，各行业具有不同特点，会计核算方法各异。上述单位的事业性收支往往按收付实现制原则核算，而税法要求按权责发生制原则核算；经营性收支项目配比关系不明显，现行所得税政策对上述单位征税规定比较笼统。本附表计算“允许扣除的支出总额”视同为营业成本，只是一种近似的方法，考虑了事业单位、社会团体、民办非企业的收支特点，又便于主表填报。鉴于事业单位、社会团体、民办非企业单位的会计核算与税法的差异较大，本附表也需要分析填报。

（4）本附表分为三部分：“支出总额”、“不准扣除的支出总额”、“准予扣除的支出总额”。本附表第14行“准予扣除的支出总额”填入主表第2行“营业成本”。

2. 具体行次的填报说明。

（1）第1行“支出总额”：本行金额等于第2行至第10行合计。填报纳税人所有支出项目的总额，包括事业支出、经营性支出、对所属单位补助支出等，其中含不征税收入形成的支出。由于事业单位、社会团体、民办非企业单位的事业支出采取收付实现制原则核算，经营支出采取权责发生制原则核算，年度终了后不像企业一样核算当期利润，而是核算事业结余，表明履行事业职责的情况。根据《企业所得税法实施条例》第九条规定，企业所得税建立在权责发生制原则基础之上，为便于填报纳税申报表，要求第2行至第10行按税收规定的权责发生制原则调整后的金额填报。

第2行“拨出经费”：指事业单位、社会团体、民办非企业单位按核定预算拨付所属单位的预算资金，包括拨出专项经费和经常性经费。“拨出经费”科目借方余额反映拨出经费的累计数，年终借方余额转入“结余”科目，以此核算事业收支情况。

第3行“上缴上级支出”：填报实行收入上缴办法的事业单位、社会团体、民办非企业单位，按照文件或政策规定的项目、标准、定额或者比例上缴上级单位的支出。数据来源于会计科目“上缴上级支出”，以此核算事业收支情况。

第4行“拨出专款”：填报事业单位、社会团体、民办非企业单位按照规定或批准的项目，或者委托有关单位履行特定职责或执行特定工作，拨出具有专项用途的资金。来源于会计科目“拨出专款”。

第5行“专款支出”，填报国家财政、主管部门或上级单位拨入的指定项目或用途的专项资金，此项资金需要单独报账，本行填报此类资金的实际支出数。来源于会计科目“专款支出”。

第6行“事业支出”：填报纳税人开展本单位专业业务活动及其辅助活动的支出，包括事业编制人员工资、补助工资、职工福利费、社会保险费、助学金，公务费、业务费、设备购置费（注意扣除方式，提取修购基金）、修缮费和其他费用。来源于会计科目“事业支出”。实际工作中，事业支出与经营支出往往难以划分清晰，凡是能够划分清楚的，按受益原则予以归集，凡划分不清的，按分摊比例法进行划分。

第 7 行“经营支出”：填报纳税人在专业业务活动及其辅助活动之外开展非独立核算经营活动发生的支出，主要是为从市场上获取经营收入所发生的支出，如从事经营活动人员工资、福利费、社会保险、用于经营的设备购置费、维修费等。来源于会计科目“经营支出”。实际工作中，事业支出与经营支出往往难以划分清晰，凡是能够划分清楚的，按受益原则予以归集，凡划分不清的，按分摊比例法进行划分。

第 8 行“对附属单位补助”：填报纳税人用财政补助收入之外的收入对附属单位补助发生的支出。数据来源于会计科目“附属单位补助”。

第 9 行“结转自筹基建”：核算行政事业单位经批准用拨入经费拨款以外的资金安排基本建设的资金。本科目借方余额年终转入“结余”，反映自筹资金安排的基建支出。数据来源于会计科目“在建工程”。

第 10 行“其他支出”：填报上述第 2 行至第 9 行之外的支出，包括非常损失、捐赠支出、赔偿金、违约金、诉讼费等。

（2）第 11 行“不准扣除的支出总额”：填报税收规定不允许税前扣除的项目，包括：一是按照权责发生制原则不属于当期的支出；二是与应税收入无关的支出；三是不征税收入用于支出所形成的费用或者财产，不得扣除或者计算对应的折旧、摊销等。

需要说明：一是现行政策对事业单位、社会团体所得税前扣除项目的规定不够完善，这些单位既有事业收支，也有经营性收支，两者之间部分支出难以划分清楚，如以财政资金购置设备后用于经营活动，按税收原理就不该计提折旧，实际执行中很难划分清楚；二是如果经营性支出能够独立核算，其经营成本可以税前扣除，实际上总有一部分经营支出能够分清，对于其他不能划分清楚的，只能采取“分摊比例法”笼统计算，“分摊比例法”是一种次优选择方法，实际工作中切忌笼而统之地全部采取分摊比例法；三是对于不征税收入用于支出所形成费用或财产，不得扣除或者计算对应的折旧、摊销等问题，注意与《纳税调整项目明细表》（附表三）第 38 行“不征税收入用于支出所形成的费用”的衔接关系，凡在本表未限制扣除的，则不在《纳税调整项目明细表》（附表三）第 38 行重复填列，以免造成多纳税款；四是该附表采取从支出总额中减去不允许扣除的部分，余额为可以扣除部分，这种简化处理的方法不够准确。

实际操作中，能够确定不允许扣除的项目填入本附表第 12 行，除此之外不能分清是否不允许扣除的项目，按分摊比例法填入本附表第 13 行，对于全部不能确定是否允许扣除的项目，全额采取分摊比例法。具体分三种方式填报：

①税收规定不允许扣除的支出项目金额：采取据实核算支出项目的，根据实际发生额填报本附表第 12 行“税收规定不允许扣除的支出项目金额”和第 11 行“不准扣除的支出项目”。

②对于全部采取按分摊比例计算支出项目金额：填报金额 = 第 1 行 ×（1 - 应纳税收入总额占全部收入总额比例），填入本附表第 13 行“按分摊比例计算支出项目金额”和第 11 行“不准扣除的支出项目”。

③对于部分支出采取据实核算，部分支出按分摊比例计算支出项目金额的：据实计算的部分填入本附表第 12 行“税收规定不允许扣除的支出项目金额”；分摊比例计算的填报金额 =（第 1 行 - 第 12 行）×（1 - 应纳税收入总额占全部收入总额比例），填入本附表第 13 行“按分摊比例计算支出项目金额”；第 11 行 = 第 12 行 + 第 13 行。

（3）第 14 行“准予扣除的支出总额”：本行金额 = 第 1 行 - 第 11 行。据此填报主表第 2 行“营业成本”。

采用分摊比例法计算税前扣除项目的纳税人，在附表三相关行次中进行纳税调整项目计算扣除时，“调增金额”、“调减金额”须为按照分摊比例以后的金额填报。

[例 3-39]　某市人民公园是差额预算单位，2010 年发生下列支出：上缴主管部门公园管理处 70 万元，公园管理费用支出 150 万元（包括水电费 20 万元、业务招待费 20 万元），公园绿化支出 80 万元，保洁支出 50 万元，对附属单位展览中心补助 20 万元，购买经营用汽车一台支出 25 万元，结转自筹基建观景台 100 万元，两台绿化用机械报废损失 30 万元（已经税务机关确认）。

第 3 行上缴上级支出：上缴公园管理处 70 万元；

第 6 行事业支出：管理费用支出 150 万元；

第 7 行经营支出：绿化支出 80 万元，保洁支出 50 万元，合计 130 万元；

第 8 行对附属单位补助：补助展览中心 20 万元；

第 9 行结转自筹基建：观景台 100 万元；

第 10 行其他支出：固定资产损失 30 万元。

以上合计 500 万元，填入第 1 行“支出总额”。

上述项目中，上缴公园管理处 70 万元、补助展览中心 20 万元、观景台 100 万元不允许扣除，合计 190 万元，填入本表第 12 行“税收规定不允许扣除的支出项目金额”。对其余 310 万元按分摊比例法处理，假定该公园应税收入总额占全部收入总额的比例为 72%，则 310 万元按分摊比例法计算不允许扣除的金额为 86.8 万元（310 × 28%），不准扣除的支出总额为 276.8 万元（190 + 86.8）。

第 14 行准予扣除的支出总额 = 500 - 276.8 = 223.2（万元）

3. 表内、表间关系。

（1）表内关系。

①第 1 行 = 第 2 行 ~ 10 行合计。

②第 14 行 = 第 1 行 - 第 11 行。

（2）表间关系。

1. 第 2 ~ 9 行合计 = 主表第 2 行。

2. 第 10 行 = 主表第 12 行。

四、《纳税调整项目明细表》（附表三）表样（见表 3-11）及填报说明

（一）《纳税调整项目明细表》（附表三）有关说明

1. 新企业所得税年度申报表建立在企业会计核算基础上，对其与税收法律、法规、规章、规范性文件存在的差异通过附表三《纳税调整项目明细表》集中体现，并据以计算应纳税所得额。实践中应纳税所得额 = 利润总额 + 纳税调增 - 纳税调减，因此《纳税调整项目明细表》即是纳税人填报也是税务机关审核的重点。本附表在该套申报表体系中占有极其重要的地位，承担着应纳税所得额层次有关纳税调整项目的归集，实际上是一张纳税调整项目汇总表。

表 3-11 纳税调整项目明细表

填报时间： 年 月 日 金额单位：元（列至角分）

	行次	项 目	账载金额 1	税收金额 2	调增金额 3	调减金额 4
	1	一、收入类调整项目	*	*		
	2	1. 视同销售收入（填写附表一）	*	*		*
#	3	2. 接受捐赠收入	*			*
	4	3. 不符合税收规定的销售折扣和折让				*
*	5	4. 未按权责发生制原则确认的收入				
*	6	5. 按权益法核算长期股权投资对初始投资成本调整确认收益	*	*	*	
	7	6. 按权益法核算的长期股权投资持有期间的投资损益	*	*		
*	8	7. 特殊重组				
*	9	8. 一般重组				
*	10	9. 公允价值变动净收益（填写附表七）	*	*		
	11	10. 确认为递延收益的政府补助				
	12	11. 境外应税所得（填写附表六）	*	*		
	13	12. 不允许扣除的境外投资损失	*	*		*
	14	13. 不征税收入（填附表一［3］）	*	*	*	
	15	14. 免税收入（填附表五）	*	*	*	
	16	15. 减计收入（填附表五）	*	*	*	
	17	16. 减、免税项目所得（填附表五）	*	*	*	
	18	17. 抵扣应纳税所得额（填附表五）	*	*	*	
	19	18. 其他				
	20	二、扣除类调整项目	*	*		
	21	1. 视同销售成本（填写附表二）	*	*	*	
	22	2. 工资薪金支出				
	23	3. 职工福利费支出				
	24	4. 职工教育经费支出				
	25	5. 工会经费支出				
	26	6. 业务招待费支出				*
	27	7. 广告费和业务宣传费支出（填写附表八）	*	*		
	28	8. 捐赠支出				*
	29	9. 利息支出				
	30	10. 住房公积金				*
	31	11. 罚金、罚款和被没收财物的损失		*		*
	32	12. 税收滞纳金		*		*
	33	13. 赞助支出		*		*

续表

行次	项　　目	账载金额	税收金额	调增金额	调减金额
		1	2	3	4
34	14. 各类基本社会保障性缴款				
35	15. 补充养老保险、补充医疗保险				
36	16. 与未实现融资收益相关在当期确认的财务费用				
37	17. 与取得收入无关的支出		*		*
38	18. 不征税收入用于支出所形成的费用		*		*
39	19. 加计扣除（填写附表五）	*	*	*	
40	20. 其他				
41	三、资产类调整项目	*	*		
42	1. 财产损失				
43	2. 固定资产折旧（填写附表九）	*	*		
44	3. 生产性生物资产折旧（填写附表九）	*	*		
45	4. 长期待摊费用的摊销（填写附表九）	*	*		
46	5. 无形资产摊销（填写附表九）	*	*		
47	6. 投资转让、处置所得（填写附表十一）	*	*		
48	7. 油气勘探投资（填写附表九）	*	*		
49	8. 油气开发投资（填写附表九）	*	*		
50	9. 其他				
51	四、准备金调整项目（填写附表十）	*	*		
52	五、房地产企业预售收入计算的预计利润	*	*		
53	六、特别纳税调整应税所得	*	*		*
54	七、其他	*	*		
55	合 计	*	*		

注：1. 标有＊的行次，由执行企业会计准则的单位填报；标有#的行次，由适用企业会计制度的单位填报。

2. 没有标注的行次，无论执行何种会计核算办法，有差异就填报相应行次，填＊号不可填列。

3. 有二级附表的项目只填调增、调减金额，账载金额、税收金额不再填写。

经办人（签章）：　　　　法定代表人（签章）：

本附表由所有查账征收的居民纳税人，分类逐项反映纳税人会计核算与税法规定不一致并进行纳税调整的情况。并根据本表第55行相关项目分别填报主表第14行“纳税调整增加额”及第15行“纳税调整减少额”。

本附表很多列次数据来源于附表五、附表七、附表八、附表九、附表十、附表十一等，既保证了本附表“瘦身”，又通过其他附表采集有关数据，列示纳税人执行税收政策情况，满足税务机关税源管理和纳税评估所需资料、信息。主表与一级附表、二级附表之间的数据和行（列）次存在着相对严格的钩稽关系，逻辑严密、相互牵制、相互衔接、相互对应，从技术上保证申报质量。

2. 纳税调整的法律依据。《税收征管法》第二十条规定，纳税人、扣缴义务人的财务、会计制度或者财务、会计处理办法与国务院或者国务院财政、税务主管部门有关税收的规定抵触的，依照国务院或者国务院财政、税务主管部门有关税收的规定计算应纳税款代扣代缴和代收代缴税款。《企业所得税法》第二十一条规定："在计算应纳税所得额时，企业财务、会计处理办法与税收法律、行政法规的规定不一致的，应当依照税收法律、行政法规的规定计算。"

3.《纳税调整项目明细表》结构。

（1）行次：本表将纳税调整项目分为收入类、扣除类、资产类、准备金类、及特别纳税调整类、其他 7 大类。其中：

收入类调整项目	第 1 ~ 19 行
扣除类调整项目	第 20 ~ 40 行
资产类调整项目	第 41 ~ 50 行
准备金类调整项目	第 51 行
房地产预售核算调整	第 52 行
特别纳税调整	第 53 行
其他	第 54 行

（2）列次：每行设置"账载金额"、"税收金额"、"调增金额"、"调减金额"4 列金额栏。

①"账载金额"是指纳税人在计算主表"利润总额"时，按照会计核算计入利润总额的项目金额。是企业在会计上的实际发生数（或计提数）。

②"税收金额"是指纳税人在计算主表"应纳税所得额"时，按照税收规定计入应纳税所得额的项目金额。实际上是一个税法确认收入数额或允许扣除限额的口径。

除特殊行次的具体规定外，扣除类本列金额应按"账载金额"与"税收金额"孰低原则填报。一是税前扣除的真实发生原则；二是税收金额是一个限额，不是必须扣除到的金额。

③"调增金额"的一般原则。

"收入类调整项目"："税收金额"扣减"账载金额"后的余额为正，填报在"调增金额"（第 4 行"3. 不符合税收规定的销售折扣和折让"除外，按"扣除类调整项目"的规则处理）。

"扣除类调整项目"、"资产类调整项目"："账载金额"扣减"税收金额"后的余额为正，填报在"调增金额"。

"准备金类"等其他类直接填报"调增金额"。

④"调减金额"的一般原则。

"收入类调整项目"："税收金额"扣减"账载金额"后的余额为负数，其绝对值填报"调减金额"。

"扣除类调整项目"、"资产类调整项目"："账载金额"扣减"税收金额"后的余额为负数，其绝对值填报"调减金额"。

"准备金类"等其他类直接填报"调减金额"。

4. 企业会计准则与企业会计制度对于企业有关损益项目设计的会计科目、账务处理方法有较大差异，没有标注的行次所有企业都填列。除此之外，执行新会计准则的企业填列本表中标有＊的行次；不执行新会计准则的企业填列标有#的行次。本表数据栏中打＊号的栏次均不填报。

5. 本表反映，一是会计核算与税法规定的差异；二是未按税法规定处理的差异。

6. 采用按分摊比例计算支出项目方式的事业单位、社会团体、民办非企业单位，“调增金额”、“调减金额”须按分摊比例后的金额填报。

（二）具体行（列）次的填报说明

1. 报表第一部分：收入类调整项目。

“收入类调整项目”：主要归集与收入有关的纳税调整项目，原税法纳税调整项目主要集中在费用扣除等方面，新税法规定了一些收入层面的纳税调整；此外，对于企业会计准则、企业会计制度、《企业所得税法》之间在收入层面的差异也存在调整问题。

本附表“收入类调整项目”，“税收金额”扣减“账载金额”后的余额为正，填报在“调增金额”，余额如为负数，填报在“调减金额”。但第4行“3. 不符合税收规定的销售折扣和折让”除外，按“扣除类调整项目”规则处理。主要原因：销售折扣、折让是对收入的减除，有的已计入财务费用或销售费用，在性质上更接近扣除类项目。

（1）第1行“一、收入类调整项目”：填报收入类调整项目第2行至第19行“调增金额”列、“调减金额”列的合计数。本行第1列“账载金额”、第2列“税收金额”不填报。

（2）第2行“视同销售收入”：填报会计上不作为销售核算，而在税收上作为应税收入缴纳企业所得税的收入。由于视同销售业务利润未计入主表第一部分“利润总额”，本附表第一部分“收入类调整项目”列报“视同销售收入”，第二部分“扣除类调整项目”列报“视同销售成本”，从而挤出“视同销售业务利润”，兼顾“视同销售收入”与“视同销售成本”配比关系。鉴于《收入明细表》（附表一（1））、《金融企业收入明细表》（附表一（2））、《成本费用明细表》（附表二（1））、《金融企业成本费用明细表》（附表二（2））对视同销售业务已做过详细介绍，此处不再赘述。

本行主要调增“视同销售收入”，第1列“账载金额”、第2列“税收金额”和第4列“调减金额”不填写。

事业单位、社会团体、民办非企业单位分析填报第3列“调增金额”。附表一（3）《事业单位、社会团体、民办非企业单位收入明细表》是按照权责发生制原则对事业单位、社会团体、民办非企业单位的收付实现制项目调整后，按照会计口径填报的，视同销售业务并未在附表一（3）中反映，事业单位、社会团体、民办非企业单位需按照《企业所得税法实施条例》第二十五条规定，对视同销售业务进行归集，并将“视同销售收入”填入本行第3列。

金融企业第3列“调增金额”取自附表一（2）《金融企业收入明细表》第38行。

其他企业第3列“调增金额”取自附表一（1）《收入明细表》第13行。

视同销售的所得税政策：

①《企业所得税法实施条例》第二十五条规定：企业发生非货币性资产交换，以及将货物、财产、劳务用于捐赠、偿债、赞助、集资、广告、样品、职工福利或者利润分配等用

途的，均应当视同销售货物、转让财产或者提供劳务，但国务院财政、税务主管部门另有规定的除外。

②《国家税务总局关于企业处置资产所得税处理问题的通知》（国税函［2008］828号）规定：企业处置资产，除将资产转移至境外以外，由于资产所有权属在形式和实质上均不发生改变，可作为内部处置资产，不视同销售确认收入，相关资产的计税基础延续计算。

企业将资产移送他人的，因资产所有权属已发生改变而不属于内部处置资产，应按规定视同销售确定收入。

企业发生《国家税务总局关于企业处置资产所得税处理问题的通知》（国税函［2008］828 号）第二条规定情形时，属于企业自制的资产，应按企业同类资产同期对外销售价格确定销售收入；属于外购的资产，可按购入时的价格确定销售收入。

③买一赠一销售行为的税务处理。《国家税务总局关于确认企业所得税收入若干问题的通知》（国税函［2008］875 号）第三条规定：企业以买一赠一等方式组合销售本企业商品的，不属于捐赠，应将总的销售金额按各项商品的公允价值的比例来分摊确认各项的销售收入。

④企业处置资产确认问题。《国家税务总局关于做好2009 年度企业所得税汇算清缴工作的通知》（国税函［2010］148 号）第三条第八款规定：《国家税务总局关于企业处置资产所得税处理问题的通知》（国税函［2008］828 号）第三条规定，企业处置外购资产按购入时的价格确定销售收入，是指企业处置该项资产不是以销售为目的，而是具有替代职工福利等费用支出性质，且购买后一般在一个纳税年度内处置。

⑤房地产开发经营业务企业特殊事项的税务处理。《国家税务总局关于印发〈房地产开发经营业务企业所得税处理办法〉的通知》（国税发［2009］31 号）第七条规定：企业将开发产品用于捐赠、赞助、职工福利、奖励、对外投资、分配给股东或投资人、抵偿债务、换取其他企事业单位和个人的非货币性资产等行为，应视同销售，于开发产品所有权或使用权转移，或于实际取得利益权利时确认收入（或利润）的实现。确认收入（或利润）的方法和顺序为：

A. 按本企业近期或本年度最近月份同类开发产品市场销售价格确定；

B. 由主管税务机关参照当地同类开发产品市场公允价值确定；

C. 按开发产品的成本利润率确定。开发产品的成本利润率不得低于15%，具体比例由主管税务机关确定。

《国家税务总局关于印发〈房地产开发经营业务企业所得税处理办法〉的通知》（国税发［2009］31 号）第三十六条规定：企业以本企业为主体联合其他企业、单位、个人合作或合资开发房地产项目，且该项目未成立独立法人公司的，按下列规定进行处理：

凡开发合同或协议中约定向投资各方（即合作、合资方，下同）分配开发产品的，企业在首次分配开发产品时，如该项目已经结算计税成本，其应分配给投资方开发产品的计税成本与其投资额之间的差额计入当期应纳税所得额；如未结算计税成本，则将投资方的投资额视同销售收入进行相关的税务处理。

（3）第 3 行“接受捐赠收入”：本行由执行企业会计制度的纳税人填写，执行企业会计准则的纳税人接受捐赠收入在会计核算时已计入“营业外收入”（附表一（1）《收入明细表》第25行)，而执行企业会计制度的纳税人接受捐赠计入“资本公积”，未计入当期利润，需要纳税调增。第2列“税收金额”填报执行企业会计制度的纳税人接受捐赠纳入资本公积核算应进行纳税调整的收入；第3列“调增金额”等于第2列“税收金额”。第1列“账载金额”和第4列“调减金额”不填写。

接受捐赠收入涉及的会计规范：

执行企业会计制度、小企业会计制度的企业，接受捐赠计入“资本公积”科目，需要纳税调整；执行企业会计准则的企业，接受捐赠纳入计入“营业外收入”科目，不需要纳税调整。

接受捐赠收入涉及的企业所得税政策：

①《企业所得税法》第六条规定：企业以货币形式和非货币形式从各种来源取得的收入，为收入总额。包括接受捐赠收入。

②《企业所得税法实施条例》第六条规定：《企业所得税法》第三条所称所得，包括接受捐赠所得。

《企业所得税法实施条例》第二十一条规定：《企业所得税法》第六条第（八）项所称接受捐赠收入，是指企业接受的来自其他企业、组织或者个人无偿给予的货币性资产、非货币性资产。接受捐赠收入，按照实际收到捐赠资产的日期确认收入的实现。

[例3-40]　某企业执行企业会计制度，2009年接受现金捐赠收入10万元，接受A企业股票捐赠20万元，接受一台设备捐赠50万元，发生与捐赠有关的费用支出5000元。该企业当年生产经营实现会计利润45万元。有关会计处理如下：

借：银行存款	100000	
长期股权投资——A企业股票	200000	
固定资产——设备	500000	
贷：资本公积——接受非现金资产捐赠		700000
——接受现金资产捐赠		100000

企业接受捐赠的非货币性资产，须按接受捐赠时资产的入账价值确认捐赠收入，并入当期应纳税所得，依法计算缴纳企业所得税。企业取得的捐赠收入金额较大，并入一个纳税年度缴税确有困难的，经主管税务机关审核确认，可以在不超过5年的期间内均匀计入各年度的应纳税所得。

该企业非货币性捐赠收入（股票、设备）70万元÷（90+45）万元=51.85%，该企业可以申请按五年分摊非货币资产捐赠收入征税，每年分摊14万元。

2009年填报本表时，接受捐赠收入需填写24万元（10+14），以后四年内需纳税调增14万元，企业应为此登记台账。

（4）第4行“不符合税收规定的销售折扣和折让”：填报不符合税收规定的销售折扣和折让应进行纳税调整的金额。第1列“账载金额”填报纳税人按照国家统一会计制度规定，销售货物给购货方的销售折扣和折让金额。第2列“税收金额”填报按照税收规定可以税前扣除的销售折扣和折让。第1列“账载金额”扣减第2列“税收金额”后的余额，填报在第3列“调增金额”。第4列“调减金额”不填。

销售折扣和折让涉及的会计规范：

①《企业会计准则第14号——收入》第七条规定：商业折扣是指企业为促进商品销售

而在商品标价上给予的价格扣除。销售商品涉及商业折扣的，应当按照扣除商业折扣后的金额确定销售商品收入金额。

②《企业会计准则第 14 号——收入》第八条规定：销售折让是指企业因售出商品的质量不合格等原因而在售价上给予的减让。企业已经确认销售商品收入的售出商品发生销售折让的，应当在发生时冲减当期销售商品收入。

销售折扣和折让涉及的企业所得税政策：

《国家税务总局关于确认企业所得税收入若干问题的通知》（国税函［2008］875 号）第五条规定：企业为促进商品销售而在商品价格上给予的价格扣除属于商业折扣，商品销售涉及商业折扣的，应当按照扣除商业折扣后的金额确定销售商品收入金额。

债权人为鼓励债务人在规定的期限内付款而向债务人提供的债务扣除属于现金折扣，销售商品涉及现金折扣的，应当按扣除现金折扣前的金额确定销售商品收入金额，现金折扣在实际发生时作为财务费用扣除。

企业因售出商品的质量不合格等原因而在售价上给的减让属于销售折让；企业因售出商品质量、品种不符合要求等原因而发生的退货属于销售退回。企业已经确认销售收入的售出商品发生销售折让和销售退回，应当在发生当期冲减当期销售商品收入。

需要说明：一是目前企业的财务规定与企业所得税政策基本一致。实际工作中，销售折让与销售退回往往与商品销售不在同一个会计期间，直接冲减发生销售折让、销售退回当期的收入即可。二是企业所得税政策中债权人为鼓励债务人在规定的期限内付款而向债务人提供的债务扣除属于现金折扣，销售商品涉及现金折扣的，应当按扣除现金折扣前的金额确定销售商品收入金额，现金折扣在实际发生时作为财务费用扣除；可见，现金折扣实际上未作为销售收入的减项，既使现金折扣存在税法与会计差异，也不在此行填列。三是根据《国家税务总局关于纳税人折扣折让行为开具红字增值税专用发票问题的通知》（国税函［2006］1279 号）规定，纳税人销售货物并向购买方开具增值税专用发票后，由于购货方在一定时期内累计购买货物达到一定数量，或者由于市场价格下降等原因，销货方给予购货方相应的价格优惠或补偿等折扣、折让行为，销货方可按现行《增值税专用发票使用规定》的有关规定开具红字增值税专用发票。四是按照原税收政策规定，凡是折扣与商品销售价款在同一张发票上开具的，可以扣减销售收入，凡不在同一张发票上开具的，不得冲减销售收入；《营业税暂行条例实施细则》第十五条重申了这一思想，规定纳税人发生应税行为，如果将价款与折扣额在同一张发票上注明的，以折扣后的价款为营业额，如果将折扣额另开发票的，不论其财务上如何处理，均不得从营业额中扣除。

综上，为减少涉税风险，建议纳税人将折扣额与销售额（营业额）尽量在同一张发票上开具；对于销售折让、现金折扣由于存在时间差，无法与销售额（营业额）在同一张发票上列示。

（5）第 5 行“未按权责发生制原则确认的收入”：填报会计上按照权责发生制原则确认收入，计税时按照收付实现制等原则确认收入的纳税调整。

权责发生制原则是会计核算损益的一个根本原则，企业会计准则和企业会计制度都比较彻底地遵循权责发生制，如公允价值变动损益、资产减值损失、销售延期付款确定的递延收益、融资租赁中的未确认融资收益和未确认融资费用、借款费用按实际利率法的摊销、资产的折旧和摊销、所得税会计的处理等问题，保证了会计利润严格遵循权责发生制原则，但其中也掺杂了很多会计人员的职业判断。税法强调刚性，不允许掺杂会计人员的职业判断，同时呆板地遵循权责发生制原则也将带来很大工作量和技术操作困难，税收征纳之间可能产生很多无谓争议，将大大影响税收管理效率，所以，尽管《企业所得税法实施条例》第九条关于权责发生制原则的表述与会计上毫无二致，但《企业所得税法》对权责发生制原则实际上是有选择性地遵循。如房地产公司的预售房款收入，会计上确认为预收账款，税收规定按合同约定收款时间确认收入，造成两者在时间上不一致，同时税法对预售收入先预征税款；如流转税往往按开票时间确认收入，《增值税暂行条例》规定，销售货物或者应税劳务，为收讫销售款项或者取得索取销售款项凭据的当天；先开具发票的，为开具发票的当天，会计处理和所得税在实务处理中，可能更倾向于按流转税确认收入时间，这样跨期收入可能存在收入时间的差异，对于非跨期收入影响不大。

本行填报财务会计处理办法与税收规定不一致应进行纳税调整产生的时间性差异的项目数据。此处既然属于时间性差异，就存在一个在不同年度差异转回的问题，建议企业对两者不同的所得项目登记台账，以便纳税申报。

第 1 列“账载金额”填报会计上按权责发生制原则核算确认的收入；第 2 列“税收金额”填报按税收规定确认的应纳税收入；第 3 列“调增金额”填报按会计核算与税收规定确认的应纳税暂时性差异；第 4 列“调减金额”填报按会计核算与税收规定确认的可抵减暂时性差异。

未按权责发生制原则确认收入涉及的主要企业所得税政策：

①关于利息收入确认问题。《企业所得税法实施条例》第十八条规定：利息收入，应按照合同约定的债务人应付利息的日期确认收入的实现。

②关于租金收入确认问题。《企业所得税法实施条例》第十九条规定：租金收入，应按照合同约定的承租人应付租金的日期确认收入的实现。

《关于贯彻落实企业所得税法若干税收问题的通知》（国税函［2010］79 号）规定：根据《企业所得税法实施条例》第十九条的规定，企业提供固定资产、包装物或者其他有形资产的使用权取得的租金收入，应按交易合同或协议规定的承租人应付租金的日期确认收入的实现。其中，如果交易合同或协议中规定租赁期限跨年度，且租金提前一次性支付的，根据《企业所得税法实施条例》第九条规定的收入与费用配比原则，出租人可对上述已确认的收入，在租赁期内，分期均匀计入相关年度收入。这一规定与会计准则中经营租赁收取的租金收入按直线法在租赁期内均匀确认收入的方法基本一致。

需要注意的是，这里提的是“可”而不是“应”，对于企业取得一次性跨年度的租金收入，企业可以自行选择是按《企业所得税法实施条例》第十九条的规定预收时一次性确认收入，还是在租赁期内分期均匀计入相关年度收入。

［**例 3－41**］　某企业与承租人签订房屋租赁合同，租期是 2010 年 10 月到 2011 年 10 月，每个月租金 1 万元，承租人于 2010 年 10 月一次性支付租金 12 万元，且出租房屋成本主要是计提的折旧，每月 2000 元，企业按会计制度核算。

企业的账务处理如下：

A. 2010 年 10 月收到租金 12 万元：

借：银行存款	120000	
贷：预收账款		120000

B. 2010 年 10 ~ 12 月每月确认收入 1 万元：

借：预收账款　　10000

　　贷：其他业务收入　　10000

C. 2010 年 10 月至 2010 年 12 月每月计提折旧 2000 元

借：其他业务支出　　2000

　　贷：累计折旧　　2000

纳税申报处理。依据国税函［2010］79 号文件的规定，纳税申报时上述租金收入可以在租赁期内分期均匀计入相关年度的收入，与会计处理方式一致，不需要再做纳税调整。

如果企业在 2010 年 10 月收到 12 万元租金时，一次性计入 2010 年收入，也不违反税法的原则，不需要再做纳税调整。

出租方如为在我国境内设有机构场所、且采取据实申报缴纳企业所得的非居民企业，也按本条规定执行。

③关于特许权使用费收入确认问题。《企业所得税法实施条例》第二十条规定：特许权使用费收入，应按照合同约定的特许权使用人应付特许权使用费的日期确认收入的实现。

④关于接受捐赠收入确认问题。《企业所得税法实施条例》第二十一条规定：接受捐赠收入，应按照实际收到捐赠资产的日期确认收入的实现。

⑤关于采取产品分成方式收入确认问题。《企业所得税法实施条例》第二十四条规定：采取产品分成方式取得收入的，应按照企业分得产品的日期确认收入的实现，其收入额按照产品的公允价值确定。

⑥确认销售收入的条件和时间。《国家税务总局关于确认企业所得税收入若干问题的通知》（国税函［2008］875 号）第一条规定：除《企业所得税法》及实施条例另有规定外，企业销售收入的确认，必须遵循权责发生制原则和实质重于形式原则。

企业销售商品同时满足下列条件的，应确认收入的实现：

A. 商品销售合同已经签订，企业已将商品所有权相关的主要风险和报酬转移给购货方；

B. 企业对已售出的商品既没有保留通常与所有权相联系的继续管理权，也没有实施有效控制；

C. 收入的金额能够可靠地计量；

D. 已发生或将发生的销售方的成本能够可靠地核算。

符合上款收入确认条件，采取下列商品销售方式的，应按以下规定确认收入实现时间：

A. 销售商品采用托收承付方式的，在办妥托收手续时确认收入。

B. 销售商品采取预收款方式的，在发出商品时确认收入。

C. 销售商品需要安装和检验的，在购买方接受商品以及安装和检验完毕时确认收入。如果安装程序比较简单，可在发出商品时确认收入。

D. 销售商品采用支付手续费方式委托代销的，在收到代销清单时确认收入。

采用售后回购方式销售商品的，销售的商品按售价确认收入，回购的商品作为购进商品处理。有证据表明不符合销售收入确认条件的，如以销售商品方式进行融资，收到的款项应确认为负债，回购价格大于原售价的，差额应在回购期间确认为利息费用。

销售商品以旧换新的，销售商品应当按照销售商品收入确认条件确认收入，回收的商品作为购进商品处理。

⑦确认劳务收入的条件和时间。《国家税务总局关于确认企业所得税收入若干问题的通知》（国税函［2008］875 号）第二条规定：企业在各个纳税期末，提供劳务交易的结果能够可靠估计的，应采用完工进度（完工百分比）法确认提供劳务收入。

提供劳务交易的结果能够可靠估计，是指同时满足下列条件：

A. 收入的金额能够可靠地计量；

B. 交易的完工进度能够可靠地确定；

C. 交易中已发生和将发生的成本能够可靠地核算。

下列提供劳务满足收入确认条件的，应按规定确认收入：

A. 安装费。应根据安装完工进度确认收入。安装工作是商品销售附带条件的，安装费在确认商品销售实现时确认收入。

B. 宣传媒介的收费。应在相关的广告或商业行为出现于公众面前时确认收入。广告的制作费，应根据制作广告的完工进度确认收入。

C. 软件费。为特定客户开发软件的收费，应根据开发的完工进度确认收入。

D. 服务费。包含在商品售价内可区分的服务费，在提供服务的期间分期确认收入。

E. 艺术表演、招待宴会和其他特殊活动的收费。在相关活动发生时确认收入。收费涉及几项活动的，预收的款项应合理分配给每项活动，分别确认收入。

F. 会员费。申请入会或加入会员，只允许取得会籍，所有其他服务或商品都要另行收费的，在取得该会员费时确认收入。申请入会或加入会员后，会员在会员期内不再付费就可得到各种服务或商品，或者以低于非会员的价格销售商品或提供服务的，该会员费应在整个受益期内分期确认收入。

G. 特许权费。属于提供设备和其他有形资产的特许权费，在交付资产或转移资产所有权时确认收入；属于提供初始及后续服务的特许权费，在提供服务时确认收入。

H. 劳务费。长期为客户提供重复的劳务收取的劳务费，在相关劳务活动发生时确认收入。

⑧关于新旧税法衔接有关利息收入、租金收入和特许权使用费收入的确认。《国家税务总局关于企业所得税若干税务事项衔接问题的通知》（国税函［2009］98 号）第三条规定：新税法实施前已按其他方式计入当期收入的利息收入、租金收入、特许权使用费收入，在新税法实施后，凡与按合同约定支付时间确认的收入额发生变化的，应将该收入额减去以前年度已按照其他方式确认的收入额后的差额，确认为当期收入。

⑨关于债务重组收入确认问题。《关于贯彻落实〈企业所得税法〉若干税收问题的通知》（国税函［2010］79号）规定：企业发生债务重组，应在债务重组合同或协议生效时确认收入的实现。

⑩关于股权转让所得确认和计算问题。《关于贯彻落实〈企业所得税法〉若干税收问题的通知》（国税函［2010］79 号）规定：企业转让股权收入，应于转让协议生效、且完成股权变更手续时，确认收入的实现。

⑪关于股息、红利等权益性投资收益收入确认问题。《关于贯彻落实〈企业所得税法〉若干税收问题的通知》（国税函［2010］79 号）规定：企业权益性投资取得股息、红利等收入，应以被投资企业股东会或股东大会作出利润分配或转股决定的日期，确定收入的实现。

需要说明：一是本行只反映会计与税法核算原则不一致所导致的收入时间性差异，未包括公允价值变动损益（附表七）、资产减值等因素（附表十）所造成的差异；二是由于会计核算和所得税汇算清缴逐年连续进行，各年度之间对会计与税法核算原则不一致所导致收入的时间性差异有一个衔接问题，实践中不必过多担心应纳税暂时性差异和可抵减暂时性差异的转回处理问题，在各年度汇算清缴时，通过填写本行，这一问题将自动解决；三是本行与本附表第36行“与未实现融资收益相关在当期确认的财务费用”存在着部分对应关系；在分期收款、递延收款销售商品、融资租赁业务中，按照企业会计准则规定将确认部分未确认融资收益，并计入当期利润，本行做了纳税调减，这些未确认融资收益将按规定期限和实际利率法分期摊销，确认为财务费用，这样，尽管对最终损益不会产生实质影响，但在某一会计期间，会计上确认的未确认融资收益数额与当年度实际摊销计入财务费用的数额，可能会有细微差异；在本附表36行对于会计上（虚增）的未确认融资收益不断通过财务费用摊销（减少利润），税收上对此不予认可。

［例3-42］　2010年6月，D企业将一座办公楼出租给G公司，合同约定租期10年，年租金400万元，每年6月收取本年下半年和次年上半年房租，并开具发票。

会计账务处理如下：

借：银行存款　　4000000

　　贷：预收账款　　4000000

6～12月，累计将200万元结转当年度租金收入：

借：预收账款　　2000000

　　贷：其他业务收入　　2000000

根据《关于贯彻落实〈企业所得税法〉若干税收问题的通知》（国税函［2010］79号）规定，如果交易合同或协议中规定租赁期限跨年度，且租金提前一次性支付的，根据《企业所得税法实施条例》第九条规定的收入与费用配比原则，出租人可对上述已确认的收入，在租赁期内，分期均匀计入相关年度收入。会计与税法规定一致，2010年汇算清缴时，不需作纳税调整。

（6）第6行“按权益法核算长期股权投资对初始投资成本调整确认收益”：由执行企业会计准则的纳税人填报，执行企业会计制度的纳税人不填报本行。指长期股权投资时，由于实际初始投资成本小于被投资方可辨认净资产公允价值份额的差额，确认为当期会计收益的部分，而税法上未实际收到此项收益，不征收企业所得税，应作纳税调减，不存在调增的问题。

《企业会计准则第2号——长期股权投资》第九条规定：长期股权投资的初始投资成本小于投资时应享有被投资单位可辨认净资产公允价值份额的，其差额应当计入当期损益，同时调整长期股权投资的成本；被投资单位可辨认净资产公允价值，比照《企业会计准则第20号——企业合并》有关规定确定。对于长期股权投资的初始投资成本大于投资时应享有被投资单位可辨认净资产公允价值份额的，按实际发生的初始投资成本入账，为保证企业资产价值的真实性，允许按规定计提资产减值准备。

《企业所得税法实施条例》第五十六条规定：企业的各项资产，包括固定资产、生物资产、无形资产、长期待摊费用、投资资产、存货等，以历史成本为计税基础。历史成本是指企业取得该项资产时实际发生的支出。企业持有各项资产期间资产增值或者减值，除国务院财政、税务主管部门规定可以确认损益外，不得调整该资产的计税基础。

《企业所得税法实施条例》第七十一条规定：《企业所得税法》第十四条所称投资资产，是指企业对外进行权益性投资和债权性投资形成的资产。企业在转让或者处置投资资产时，投资资产的成本，准予扣除。投资资产按照以下方法确定成本：

①通过支付现金方式取得的投资资产，以购买价款为成本；

②通过支付现金以外的方式取得的投资资产，以该资产的公允价值和支付的相关税费为成本。

本行第1列“账载金额”、第2列“税收金额”和第3列“调增金额”不填写。第4列“调减金额”取自附表十一《股权投资所得（损失）明细表》第5列“权益法核算对初始投资成本调整产生的收益”的“合计”行的绝对值。

［例3-43］ 长虹公司出资1000万元购买东方公司20%股权，采取权益法核算此项长期股权投资，东方公司可辨认净资产公允价值6000万元。长虹公司进行如下会计处理：

长虹公司应享有被投资单位可辨认净资产公允价值份额为1200万元（6000×20%），比实际投资额1000万元多200万元。

投资行为发生时：

借：长期股权投资——东方公司	12000000
贷：银行存款	10000000
营业外收入	2000000

营业外收入200万元已计入当期会计损益，但不代表税法上的实际收益，当年汇算清缴时应作纳税调减200万元，此笔投资的会计成本为1200万元，计税成本为1000万元。

（7）第7行“按权益法核算的长期股权投资持有期间的投资损益”：填报对长期股权投资采取权益法核算时，按照会计规定确认的投资收益与税法上确认的股息性所得的差异调整。

企业会计准则和企业会计制度规定，在权益法下，投资企业取得长期股权投资后，应当按照应享有或应分担的被投资单位实现的净损益的份额，确认投资损益并调整长期股权投资的账面价值。投资企业按照被投资单位宣告分派的利润或现金股利计算应分得的部分，相应减少长期股权投资的账面价值。

投资收益涉及的企业所得税政策有：

①《企业所得税法实施条例》第十七条规定，股息、红利等权益性投资收益，除国务院财政、税务主管部门另有规定外，按照被投资方作出利润分配决定的日期确认收入的实现。

②《财政部、国家税务总局关于执行企业所得税优惠政策若干问题的通知》（财税［2009］69号）第四条规定：2008年1月1日以后，居民企业之间分配属于2007年度及以前年度的累积未分配利润而形成的股息、红利等权益性投资收益，均应按照《企业所得税法》第二十六条及《企业所得税法实施条例》第十七条、第八十三条的规定处理。

按权益法核算应分担被投资单位发生的净亏损确认投资损失时，应进行纳税调整增加处理；按权益法核算应分担被投资单位发生的净利润确认投资收益时，应进行纳税调整减少处理。

［例3-44］ A企业2009年元月向B公司投资1000万元，占B公司可辨认净资产公允

价值的40%，投资时，B公司可辨认净资产公允价值为2000万元，假定B公司2009年实现利润200万元，并于2010年6月宣布将其中的50万元进行利润分配。则A公司账务处理如下：

投资时：

借：长期股权投资——成本　　10000000

　贷：银行存款　　10000000

2009年B企业盈利时：

借：长期股权投资——损益调整　　800000（2000000×40%）

　贷：投资收益　　800000

2010年6月分配股利时：

借：应收股利　　200000（500000×40%）

　贷：长期股权投资——损益调整　　200000

假如B公司2010年亏损200万元，则A公司账务处理如下：

借：投资收益　　800000（2000000×40%）

　贷：长期股权投资——损益调整　　800000

《企业所得税法实施条例》第十七条规定，股息、红利等权益性投资收益，除国务院财政、税务主管部门另有规定外，按照被投资方作出利润分配决定的日期确认收入的实现。本例中在2010年6月被投资方作出分配股利决定时，投资方在会计上冲减投资成本，但在税法上2010年应确认20万元股息收入。

由此，本行第1列"账载金额"和第2列"税收金额"不填写。本行第3列"调增金额"、第4列"调减金额"根据附表十一《股权投资所得（损失）明细表》分析填列。本例中对于符合免税条件的股息收入20万元，同时填写《税收优惠明细表》第3行"符合条件的居民企业之间的股息、红利等权益性投资收益"。

（8）第8行"特殊重组"：填报纳税人按照税法规定进行免税重组，其财务会计处理与税收规定不一致应进行纳税调整的金额。由于企业所得税以整个企业为纳税人，只要一家企业的所属企业、控股企业或者本企业作为重组存续一方参与免税重组交易的，其会计上确认免税重组交易的资产作价和接收资产的作价与税法要求不一致的，本年度汇算清缴时，就应填写本行。

《企业所得税法实施条例》第七十五条规定：除国务院财政、税务主管部门另有规定外，企业在重组过程中，应当在交易发生时确认有关资产的转让所得或者损失，相关资产应当按照交易价格重新确定计税基础。

《财政部、国家税务总局关于企业重组业务企业所得税处理若干问题的通知》（财税［2009］59号）规定，企业重组是指企业在日常经营活动以外发生的法律结构或经济结构重大改变的交易，包括企业法律形式改变、债务重组、股权收购、资产收购、合并、分立等。企业重组范围比原税法规定宽泛，新规定将债务重组视为企业重组的一项内容。企业重组具有三个特点：一是重组交易不是企业正常经营业务，是在正常经营业务之外发生的股权或整体资产的交易；二是重组交易将导致企业资本的法律结构或经济结构发生较大改变；三是普通资产交易限于企业一部分资产或商品的转让、处置，不涉及股东层次的股权交易，而企业重组是针对股权交易或者由于整体资产、负债的交易，进而引起企业资本经济结构或法律形式的变更。

在企业重组中，所指资产的定义与《资产负债表》对资产的定义相近，可以包括企业所属分公司、车间、生产线、所控制公司的股权、无形资产、存货等，企业重组中存在整体作价交易或打包交易处理等情形。企业库存现金尽管列入资产负债表，但不作为交易对象参与重组交易。

《财政部、国家税务总局关于企业重组业务企业所得税处理若干问题的通知》（财税[2009] 59号）规定，企业重组的税务处理区分不同条件分别适用一般性税务处理规定和特殊性税务处理规定，即本表第9行“一般重组”和本行“特殊重组”。一般重组是指完全按市场规则进行定价交易的重组，与普通资产销售及相应成本结转近似，转让和购买的资产按公允价值定价；特殊重组是指重组交易对象为企业的整体（或主要）资产，交易对价主要采取股权支付方式，非股权支付额主要起到促使完成交易的补价作用，涉及现金资产少，参与特殊重组交易的各方通过特殊重组业务实现了资产的整合，但缺乏足够的现金资产缴税，为避免税收流失，双方暂不确认所交易资产的增值，仍以原账面价值为基础确认所取得重组资产的计税成本。在实际工作中，参与特殊重组的企业尤其是上市公司负有对外披露公司财务数据的义务，尽管采取特殊重组方式，但会计账簿仍以双方评估、商洽的价格确认所取得重组资产，这样，导致会计与税法对特殊重组计价的不一致，需要纳税调整；如果会计账簿完全按照特殊重组的定价要求入账，则不存在纳税调整问题。

判定一般重组与特殊重组，必须清晰界定“股权支付”与“非股权支付”两个概念。股权支付是指企业重组中购买、换取资产的一方支付的对价中，以本企业或其控股企业的股权、股份作为支付的形式；所称非股权支付，是指以本企业的现金、银行存款、应收款项、本企业或其控股企业股权和股份以外的有价证券、存货、固定资产、其他资产以及承担债务等作为支付的形式。

特殊重组主要目的是避免所得税对企业重组的负面影响，避免因征税导致企业无法整合资源，保证税收中立性。特殊重组之所以特殊，最为根本的就在于相关的重组在企业所得税处理方面可以享受一定的优惠。其实质为“延迟纳税”。财税[2009] 59号文件中所称“股权支付暂不确认有关资产的转让所得或损失”，就是说对企业兼并重组股权支付的收入不予确认，即免税。但严格说这种免税应该是延迟纳税，不是真正意义上的“免税”，因为所有交易资产的账面价值（计税成本）仍参照原账面价值确定，只是递延纳税义务，在资产的折旧、摊销以及最终处置时，特殊重组环节的“免税”将补征入库。

例如，如果重组原始价格为100元，公允价值1000元，按照一般性税务处理，两者差价900元是要确认缴税的；特殊性税务处理，则可在重组日免缴。但日后资产再处理，即以2000元转让时，则计税基础为原始价格100元计算，转让所得为1900元（2000－100）。

《财政部、国家税务总局关于企业重组业务企业所得税处理若干问题的通知》（财税[2009] 59号）规定，企业重组同时符合下列条件的，适用特殊性税务处理规定（即特殊重组）：一是具有合理的商业目的，且不以减少、免除或者推迟缴纳税款为主要目的；二是被收购、合并或分立部分的资产或股权比例符合规定的比例；三是企业重组后的连续12个月内不改变重组资产原来的实质性经营活动；四是重组交易对价中涉及股权支付金额符合规定比例；五是企业重组中取得股权支付的原主要股东，在重组后连续12个月内，不得转让所取得的股权（如果企业在重组发生前后连续12个月内分步对其资产、股权进行交易，应根据实质重于形式原则将上述交易作为一项企业重组交易进行处理）。

对于企业发生涉及中国境内与境外之间（包括港澳台地区）的股权和资产收购交易，除符合上述四个条件外，还应同时符合下述条件，方可认定为特殊重组：一是非居民企业向其 100% 直接控股的另一非居民企业转让其拥有的居民企业股权，没有因此造成以后该项股权转让所得预提税负担变化，且转让方非居民企业向主管税务机关书面承诺在 3 年（含 3 年）内不转让其拥有受让方非居民企业的股权；二是非居民企业向与其具有 100% 直接控股关系的居民企业转让其拥有的另一居民企业股权；三是居民企业以其拥有的资产或股权向其 100% 直接控股的非居民企业进行投资（其资产或股权转让收益如选择特殊性税务处理，可以在 10 个纳税年度内均匀计入各年度应纳税所得额）；四是财政部、国家税务总局核准的其他情形。编者认为，对于跨境股权重组的特殊处理，主要强调两点：一是境内外股权交易主要在跨国公司范围内进行，基本符合企业会计准则有关“同一控制下的内部交易”，对超越本集团企业以外的交易不允许免税重组；二是不影响中国税收权益，不因股权重组导致中国预提所得税流失。此外，上述第二、第三条件是并列关系，实践中难以同时符合要求，因此，不应要求同时符合本段四个条件。

《国家税务总局关于发布〈企业重组业务企业所得税管理办法〉的公告》（国家税务总局 2010 年第 4 号公告）分别规定了各类享受特殊性重组税务处理时企业提供的确认资料，其中证明具有合理的商业目的资料：一是重组活动的交易方式。即重组活动采取的具体形式、交易背景、交易时间、在交易前后的运作方式和有关的商业常规。二是该项交易的形式及实质。即形式上交易所产生的法律权利和责任，也是该项交易的法律后果。另外，交易实际上或商业上产生的最终结果。三是重组活动给交易各方税务状况带来的可能变化。四是重组各方从交易中获得的财务状况变化。五是重组活动是否给交易各方带来了在市场原则下不会产生的异常经济利益或潜在义务。六是非居民企业参与重组活动的情况。

鉴于各种重组方式和特点不同，《财政部、国家税务总局关于企业重组业务企业所得税处理若干问题的通知》（财税［2009］59 号）对各种特殊重组方式及其处理进行了详细规定：

①债务重组。企业债务重组确认的应纳税所得额占该企业当年应纳税所得额 50% 以上，可以在 5 个纳税年度的期间内，均匀计入各年度的应纳税所得额。企业发生债权转股权业务，对债务清偿和股权投资两项业务暂不确认有关债务清偿所得或损失，股权投资的计税基础以原债权的计税基础确定。企业其他相关所得税事项保持不变。

需要说明：《财政部、国家税务总局关于企业重组业务企业所得税处理若干问题的通知》（财税［2009］59 号）并未明确债务重组的特殊改组与普通改组的区别所在。

②股权收购。收购企业购买的股权不低于被收购企业全部股权的 75%，且收购企业在该股权收购发生时的股权支付金额不低于其交易支付总额的 85% 的，被收购企业的股东取得收购企业股权的计税基础，以被收购股权的原有计税基础确定；收购企业取得被收购企业股权的计税基础，以被收购股权的原有计税基础确定；收购企业、被收购企业的原有各项资产和负债的计税基础和其他相关所得税事项保持不变。

③资产收购。受让企业收购的资产不低于转让企业全部资产的 75%，且受让企业在该资产收购发生时的股权支付金额不低于其交易支付总额的 85%，转让企业取得受让企业股权的计税基础，以被转让资产的原有计税基础确定；受让企业取得转让企业资产的计税基

础，以被转让资产的原有计税基础确定。

④企业合并。企业股东在该企业合并发生时取得的股权支付金额不低于其交易支付总额的85%，以及同一控制下且不需要支付对价的企业合并，合并企业接受被合并企业资产和负债的计税基础，以被合并企业的原有计税基础确定；被合并企业合并前的相关所得税事项由合并企业承继。

$$\frac{\text{可由合并企业弥补的}}{\text{被合并企业亏损的限额}}=\frac{\text{被合并企业净}}{\text{资产公允价值}}\times\frac{\text{截至合并业务发生当年年末}}{\text{国家发行的最长期限的国债利率}}$$

此项规定主要限制企业借特殊重组名义“合并亏损”避税；被合并企业股东取得合并企业股权的计税基础，以其原持有的被合并企业股权的计税基础确定。

⑤企业分立。被分立企业所有股东按原持股比例取得分立企业的股权，分立企业和被分立企业均不改变原来的实质经营活动，且被分立企业股东在该企业分立发生时取得的股权支付金额不低于其交易支付总额的85%，按以下规则处理：一是分立企业接受被分立企业资产和负债的计税基础，以被分立企业的原有计税基础确定；二是被分立企业已分立出去资产相应的所得税事项由分立企业承继；三是被分立企业未超过法定弥补期限的亏损额可按分立资产占全部资产的比例进行分配，由分立企业继续弥补；四是被分立企业股东取得分立企业的股权（以下简称“新股”），如需部分或全部放弃原持有被分立企业的股权（以下简称“旧股”），“新股”的计税基础应以放弃“旧股”的计税基础确定；如果不需放弃“旧股”，则其取得“新股”计税基础可从以下两种方法中选择确定：直接将“新股”的计税基础确定为零；或者以被分立企业分立出去的净资产占被分立企业全部净资产的比例先调减原持有的“旧股”的计税基础，再将调减的计税基础平均分配到“新股”上。

实际上，特殊重组有关处理方法与企业会计制度有关非货币资产交换的处理方法基本一致。根据企业会计制度规定，在非货币资产交换中，收到补价的一方应确认补价中所蕴含的收益，实际上是补价所对应的非货币资产的增值部分。计算公式为：

应确认收益 = 补价 ×（1 – 换出资产账面价值/换出资产公允价值）

说明：当换出资产账面价值 < 换出资产公允价值，表明资产交换发生增值，则有非货币交易收益（限于补价中对应的收益）；当换出资产账面价值 > 换出资产公允价值，表明资产交换发生减值，则有非货币交易亏损（限于补价中对应的亏损）。

根据《财政部、国家税务总局关于企业重组业务企业所得税处理若干问题的通知》（财税［2009］59号）规定，符合上述条件的特殊重组，交易各方可暂不确认有关资产的转让所得或损失，其非股权支付仍应在交易当期确认相应的资产转让所得或损失，并调整相应资产的计税基础。计算公式为：

$$\frac{\text{非股权支付对应的}}{\text{资产转让所得或损失}}=\left(\frac{\text{被转让资产}}{\text{的公允价值}}-\frac{\text{被转让资产}}{\text{的计税基础}}\right)\times\left(\frac{\text{非股权}}{\text{支付金额}}\div\frac{\text{被转让资产}}{\text{的公允价值}}\right)$$

《国家税务总局关于发布〈企业重组业务企业所得税管理办法〉的公告》（国家税务总局2010年第4号公告）规定：一是符合特殊性重组条件并选择特殊性税务处理的，当事各方应在该重组业务完成当年企业所得税年度申报时，向主管税务机关提交书面备案资料。如果需要税务机关确认，可以选择由重组主导方向主管税务机关提出申请，层报省级税务机关确认。二是企业重组申请备案的主导方：债务重组为债务人；股权收购为股权转让方；资产收购为资产转让方；吸收合并为合并后拟存续的企业，新设合并为合并前资产较大的企业；

分立为被分立企业或存续企业。三是统一重组业务的当事人各方应采取一致税务处理原则，即统一按一般性或特殊性税务处理。

［**例3-45**］　以资产收购为例，A企业将全部资产转让给B公司，B公司向A企业支付B企业股权，以及非股权支付额，完成A企业整体资产转让且满足《财政部、国家税务总局关于企业重组业务企业所得税处理若干问题的通知》（财税［2009］59号）第五条对企业特殊重组的规定。

A企业全部资产的账面价值为8000万元，A企业全部资产的公允价值15000万元，B向A支付6250万股本企业股票（面值1元，账面价值6250万元，公允价值14000万元），另外支付非股权支付额1000万元（银行存款200万元，C公司股票400万元，公允价值800万元）。A企业将本企业全部资产转让给B企业。

本例中，A企业的全部资产发生转让，资产转让比例>75%；股权支付额14000÷交易支付总额15000=93.3%>85%；符合免税重组条件。

A企业转让整体资产所得 = 15000-8000=7000（万元）

由于双方属于免税重组，同时，A企业取得了非股权支付额，应按非股权支付额占改组交易额的比例，确认当期应纳税所得额。

A企业当期应纳税所得额=7000×(1000/15000)=466.67（万元）

A企业换出整体资产和负债后，取得B企业的股权和部分非股权支付额，由于A企业采取免税重组，需将所持有B企业股权及部分非股权支付额进行成本替换（剔除现金对价200万元）。

由于A企业应对466.67万元的重组收益征收所得税，A企业原账面价值应为8466.67万元（8000+466.67）。

A企业换出整体资产和负债后，取得B企业的股权和部分非股权支付额，由于A企业采取免税改组，需将所持有B企业股权及部分非股权支付额按公允价值计算（剔除现金200万元）。

A企业换入B企业的资产的账面价值为：8000+ 466.67=8466.67（万元）

换入B企业股权成本=8466.67×(14000/14800)=8009.01（万元）

换入B企业所持C股票成本=8466.67×(800/14800)=457.65（万元）

如果A企业完全按本案例计算的数据确认应税所得以及换入资产的账面价值，则会计与税法不存在差异。很多企业重组往往按评估价值入账，热衷于确认重组利润，做大资产总额，但不愿缴纳企业所得税。对此，则出现会计与税法差异，一方面对当期利润有影响，需要纳税调整；另一方面资产账面价值与计税成本发生差异，需要在资产存续期内逐年调整允许税前扣除的折旧、摊销额。

第1列"账载金额"填报会计核算的账面金额；第2列"税收金额"填报税收规定的收入金额；第3列"调增金额"填报按照税收规定应纳税调整增加的金额；第4列"调减金额"填报按照税收规定应纳税调整减少的金额。

(9) 第9行"一般重组"：填报非同一控制下的企业合并，以及应税改组产生的企业财务会计处理办法与税收规定不一致应进行纳税调整的数据。

《企业所得税法实施条例》第七十五条规定：除国务院财政、税务主管部门另有规定外，企业在重组过程中，应当在交易发生时确认有关资产的转让所得或者损失，相关资产应当按照交易价格重新确定计税基础。

《财政部、国家税务总局关于企业重组业务企业所得税处理若干问题的通知》（财税［2009］59号）规定，除符合特殊重组条件之外的企业重组均属于一般重组。在判定一般重组与特殊重组时，需注意“资产”、“股权支付额”、“非股权支付额”等概念，具体参见本表第8行“特殊重组”有关内容。一般重组交易实际上是按照公允价格确认资产、股权的交易价格和换入资产、股权的入账价格，其会计与税法差异不大。需要说明，免税重组并不是一项优惠政策，只是纳税义务的一种递延，究竟选择一般重组还是特殊重组，完全由重组双方根据自身实际决定，企业满足特殊重组条件的也可以选择一般重组。

根据《财政部、国家税务总局关于企业重组业务企业所得税处理若干问题的通知》（财税［2009］59号）规定，一般重组业务按以下规定处理：

一是企业法律形式变更。①企业由法人转变为个人独资企业、合伙企业等非法人组织，由于个人独资企业、合伙企业等非法人组织不缴纳企业所得税，将引起所得税纳税义务的终止；②将登记注册地转移至中华人民共和国境外（含港澳台地区），将引致中国税收权益永久性流失。上述两种情形应视同企业进行清算、分配，股东重新投资成立新企业。企业全部资产以及股东投资的计税基础均应以公允价值为基础确定。

企业发生其他法律形式简单改变的，可直接变更税务登记，除另有规定外，有关企业所得税纳税事项（包括亏损结转、税收优惠等权益和义务）由变更后企业承继，但因住所发生变化而不符合税收优惠条件的除外；实际工作中，企业异地迁移，原主管税务机关往往出于税源管理和地方财政利益考虑，要求企业进行清算。

二是债务重组。①以非货币资产清偿债务，应当分解为转让相关非货币性资产、按非货币性资产公允价值清偿债务两项业务，确认相关资产的所得或损失；②发生债权转股权的，应当分解为债务清偿和股权投资两项业务，确认有关债务清偿所得或损失；③债务人应当按照支付的债务清偿额低于债务计税基础的差额，确认债务重组所得；债权人应当按照收到的债务清偿额低于债权计税基础的差额，确认债务重组损失；④债务人的相关所得税纳税事项原则上保持不变。

三是股权收购、资产收购重组交易。①被收购方应确认股权、资产转让所得或损失；②收购方取得股权或资产的计税基础应以公允价值为基础确定；③被收购企业的相关所得税事项原则上保持不变。

四是企业合并。①合并企业应按公允价值确定接受被合并企业各项资产和负债的计税基础；②被合并企业及其股东都应按清算进行所得税处理；③被合并企业的亏损不得在合并企业结转弥补。

五是企业分立。①被分立企业对分立出去资产应按公允价值确认资产转让所得或损失；②分立企业应按公允价值确认接受资产的计税基础；③被分立企业继续存在时，其股东取得的对价应视同被分立企业分配进行处理；④被分立企业不再继续存在时，被分立企业及其股东都应按清算进行所得税处理；⑤企业分立相关企业的亏损不得相互结转弥补。

《国家税务总局关于发布〈企业重组业务企业所得税管理办法〉的公告》（国家税务总局2010年第4号公告）分别规定了各类重组业务一般性税务处理时企业提供的备案资料。

第1列“账载金额”填报会计核算的账面金额；第2列“税收金额”填报税收规定的收入金额；第3列“调增金额”填报按照税收规定应纳税调整增加的金额，数额等于“税收金额－账载金额”的正差；第 4 列“调减金额”填报按照税收规定应纳税调整减少的金额，数额等于“税收金额－账载金额”负差的绝对值。

［**例 3－46**］ 甲企业将所属软件分公司全部资产与负债整体转让给乙公司，软件公司的资产负债情况如表 3－12 所示。

表 3－12 **软件分公司资产负债表** 单位：万元

资产项目	金 额	负债项目	金 额
现金	500	应付账款	150
存货	1500	应交税款	100
固定资产	3000	银行借款	750
无形资产	1000	对甲公司负债	5000
合计	6000	合计	6000

经评估，存货评估价值为 1200 万元，固定资产评估价值为 5000 万元，无形资产评估价值为 1400 万元，评估后资产总额合计为 8100 万元。

甲乙双方约定，按照资产评估价值确认成交价格，由乙方承担应付账款和银行借款，应交税金由甲企业以软件分公司名义结清，软件公司的现金不参与交易。则乙方向甲方支付现金 6700 万元（8100－150－750－500）。

从资产总值变化角度计算：

甲企业应纳税所得额＝8100－6000＝2100（万元）

从甲公司收回软件公司债权角度计算：

甲企业应纳税所得额＝6700－（5000－500）－100＝2100（万元）

可见，企业应税改组，会计与税法处理一致。

（10）第 10 行“公允价值变动净收益”：填报反映执行新企业会计准则的纳税人以公允价值计量资产时，根据企业会计准则以及《企业所得税法》及其实施条例的要求，计算公允价值计量资产会计与税收的差异额。

公允价值变动净收益涉及的会计规范：

按照企业会计准则核算以公允价值计量且其变动计入当期损益的金融资产、金融负债、投资性房地产等。

公允价值变动净收益涉及的企业所得税政策：

《企业所得税法实施条例》第五十六条规定：企业的各项资产，包括固定资产、生物资产、无形资产、长期待摊费用、投资资产、存货等，以历史成本为计税基础。

前款所称历史成本，是指企业取得该项资产时实际发生的支出。

企业持有各项资产期间资产增值或者减值，除国务院财政、税务主管部门规定可以确认损益外，不得调整该资产的计税基础。

因此，在税收上规定其持有期间公允价值的变动不计入应纳税所得额，在实际处置或结算时，处置取得的价款扣除其历史成本后的差额应计入处置或结算期间的应纳税所得额。

由于申报表对“公允价值变动净损益”设计了附表，本附表第 1 列“账载金额”、第 2 列“税收金额”不填写。第 3 列“调增金额”或第 4 列“调减金额”的数据取自附表七《以公允价值计量资产纳税调整表》第 10 行“合计”第 5 列“纳税调整额（纳税调减以

"-"表示)"。当附表七第5列"纳税调整额"第10行"合计"数>0时，本附表第10行"公允价值变动净收益"第3列"调增金额"等于附表七第10行第5列；当附表七第5列"纳税调整额"第10行"合计"数<0时，本附表第10行第4列"调减金额"等于附表七第10行第5列的负数的绝对值。

(11) 第11行"确认为递延收益的政府补助"：填报纳税人收到应税的政府补助（不属于税收规定的不征税收入、免税收入）及其纳税调整。

政府补助涉及的会计规范：

根据《企业会计准则第16号——政府补助》规定，一是与资产相关的政府补助，应当确认为递延收益，并在相关资产使用寿命内平均分配，计入当期损益。二是与收益相关的政府补助，用于补偿企业以后期间的相关费用或损失的，确认为递延收益，并在确认相关费用的期间，计入当期损益；用于补偿企业已发生的相关费用或损失的，直接计入当期损益。

政府补助涉及的企业所得税政策：现行税法要求企业收到的政府补助（不征税收入、免税收入除外）除国务院及其财政、税务部门规定不征税的以外，原则上都要并入当期应纳税所得额征税。

①与资产相关的政府补助。《国家税务总局关于广西合山煤业有限责任公司取得补偿款有关所得税处理问题的批复》（国税函［2009］18号）规定：

根据《企业所得税法》及其实施条例规定的权责发生制原则，广西合山煤业有限责任公司取得的未来煤矿开采期间因增加排水或防止浸没支出等而获得的补偿款，应确认为递延收益，按直线法在取得补偿款当年及以后的10年内分期计入应纳税所得，如实际开采年限短于10年，应在最后一个开采年度将尚未计入应纳税所得的赔偿款全部计入应纳税所得。

②与收益相关的政府补助。

A.《财政部、国家税务总局关于财政性资金、行政事业性收费、政府性基金有关企业所得税政策问题的通知》（财税［2008］151号）规定：企业取得的各类财政性资金，除属于国家投资和资金使用后要求归还本金的以外，均应计入企业当年收入总额。

对企业取得的由国务院财政、税务主管部门规定专项用途并经国务院批准的财政性资金，准予作为不征税收入，在计算应纳税所得额时从收入总额中减除。

纳入预算管理的事业单位、社会团体等组织按照核定的预算和经费报领关系收到的由财政部门或上级单位拨入的财政补助收入，准予作为不征税收入，在计算应纳税所得额时从收入总额中减除，但国务院和国务院财政、税务主管部门另有规定的除外。

B.《财政部、国家税务总局关于专项用途财政性资金有关企业所得税处理问题的通知》（财税［2009］87号）规定：对企业在2008年1月1日至2010年12月31日期间从县级以上各级人民政府财政部门及其他部门取得的应计入收入总额的财政性资金，凡同时符合以下条件的，可以作为不征税收入，在计算应纳税所得额时从收入总额中减除：

企业能够提供资金拨付文件，且文件中规定该资金的专项用途；

财政部门或其他拨付资金的政府部门对该资金有专门的资金管理办法或具体管理要求；

企业对该资金以及以该资金发生的支出单独进行核算。

需要说明：本行与本附表第14行"不征税收入"具有某种衔接关系：一是《财政部、国家税务总局关于财政性资金、行政事业性收费、政府性基金有关企业所得税政策问题的通知》（财税［2008］151号）规定，企业依照法律、法规及国务院有关规定收取并上缴财政的政府性基金和行政事业性收费，作为不征税收入，于上缴财政当年从收入总额中减除，未上缴财政的部分，不得从收入总额中减除，应填写本行；二是《财政部、国家税务总局关于专项用途财政性资金有关企业所得税处理问题的通知》（财税［2009］87号）规定，纳税人从县级以上各级人民政府财政部门及其他部门取得的应计入收入总额的财政性资金，凡符合规定条件的作为不征税收入（参见本附表第14行“不征税收入”），企业将符合定条件的财政性资金作不征税收入处理后，在5年（60个月）内未发生支出且未缴回财政或其他拨付资金的政府部门的部分，应重新计入取得该资金第六年的收入总额，重新计入收入总额的财政性资金发生的支出，允许在计算应纳税所得额时扣除。

［例3-47］ 某企业一次性从市财政局取得5年的政府补助1000万元，会计上分摊五年递延确认收入（每年确认200万元）。第一年计入了会计利润200万元，按税法规定应对1000万元征税，当年纳税调增800万元；在此后第二年至第五年，会计确认政府补助的递延收入200万元，但税法上已于第一年全额征收过所得税，应每年纳税调减200万元。

第1列“账载金额”填报会计核算计入当年利润的账面金额；第2列“税收金额”填报税收规定应该征税的收入金额；第3列“调增金额”填报按照税收规定应纳税调整增加的金额，等于第2列减第1列之正差；第4列“调减金额”填报按照税收规定应纳税调整减少的金额，等于第2列减第1列之负差绝对值。

（12）第12行“境外应税所得”：填报纳税人利润总额中核算的境外应税所得。利润总额中的境外应税所得调减后，企业的应纳税所得则不包括境外所得部分。

《国家税务总局关于〈中华人民共和国企业所得税年度纳税申报表〉的补充通知》（国税函［2008］1081号）填表要求：纳税人在利润总额中核算的境外应税所得，在填报《中华人民共和国企业所得税年度纳税申报表》时，应将利润总额包含中的境外应税所得进行纳税调减后，使企业的应纳税所得额不包括境外所得部分，然后再通过计算“境外所得应纳税所得额”和“境外所得抵免所得税额”直接并入“实际应纳税所得额”。

由于境外所得的税收抵免是在“应纳税额”层次完成，主表第一部分“利润总额的计算”已包含境外所得（参见主表第9行“投资收益”），本行再将境外所得进行纳税调减后主表第25行“应纳税所得额”不再包含境外所得部分，有关境外税收抵免统一置于主表第31行、第32行。本行第1列“账载金额”、第2列“税收金额”不填写。第3列“调增金额”填报纳税人并入利润总额的成本费用或确认的境外投资损失（注意与本附表第13行“不允许扣除的境外投资损失”的区别），取自附表六《境外所得税抵扣计算明细表》第2列“境外所得”负数合计行。第4列“调减金额”填报纳税人并入利润总额的境外收入、投资收益等，取自附表六《境外所得税抵扣计算明细表》第2列“境外所得”正数合计行。

（13）第13行“不允许扣除的境外投资损失”：会计上在投资收益中核算的境外投资损失，其中境外投资合并、撤销、依法清算以外形成的损失如向境外投资组建子公司、分公司或办事机构，境外被投资单位可能因经营不善等原因亏损，从而形成境外投资损失，会计上冲减当期损益，但不属于境外投资的最终损失，根据《企业所得税法》有关精神不得税前扣除，需要进行纳税调增处理。只有境外被投资单位终止经营、依法清算、合并、撤销等才能导致境外投资最终损失，也就是说，对于会计上形成的非因终止经营、依法清算、合并、撤销等境外投资损失，应纳税调增；待以后年度实际清算、合并、撤销时，再作为股权投资损失进行纳税调减。

可以对比一下《财政部、国家税务总局关于企业资产损失税前扣除政策的通知》（财税［2009］57号）有关境内股权投资损失的认定标准。企业发生境内股权投资损失认定标准为：一是被投资方依法宣告破产、关闭、解散、被撤销，或者被依法注销、吊销营业执照；二是被投资方财务状况严重恶化，累计发生巨额亏损，已连续停止经营3年以上，且无重新恢复经营改组计划；三是对被投资方不具有控制权，投资期限届满或者投资期限已超过10年，且被投资单位因连续3年经营亏损导致资不抵债；四是被投资方财务状况严重恶化，累计发生巨额亏损，已完成清算或清算期超过3年以上；五是国务院财政、税务主管部门规定的其他条件。可以看出，境外发生的投资损失的认定标准更为严格，限于境外被投资单位终止经营、依法清算、合并、撤销等情形。

本行第1列“账载金额”、第2列“税收金额”和第4列“调减金额”不填写。第3列“调增金额”填报境外投资除合并、撤销、依法清算外形成的损失。

［例3－48］ 某外贸企业境外设立分公司，2009年该分公司境外经营亏损120万美元，折合人民币822万元，由于该项损失未作清算处理，按《企业所得税法》规定属于不允许扣除的境外投资损失。822万元填入本行调增金额。

（14）第14行“不征税收入”：填列《企业所得税法》第七条规定的不征税收入，如财政拨款、依法收取并纳入财政管理的行政事业性收费、政府性基金等。不征税收入是排除在征税范围之外的收入，所得税汇算清缴时，先计入收入总额，再通过本附表纳税调减。本附表第4列“调减金额”主要取自附表一（3）《事业单位、社会团体、民办非企业单位收入项目明细表》第12行“不征税收入总额”；对其他单位，由于附表一（1）《收入明细表》、附表一（2）《金融企业收入明细表》涉及的不征税收入较少，未单独反映，编者建议可分别填入附表一（1）《收入明细表》第26行“其他”、附表一（2）《金融企业收入明细表》第48行“其他”，同时应登记台账管理。第1列“账载金额”、第2列“税收金额”和第3列“调增金额”不填写。

不征税收入涉及的企业所得税政策：

①《企业所得税法》第七条规定：收入总额中的下列收入为不征税收入：财政拨款；依法收取并纳入财政管理的行政事业性收费、政府性基金；国务院规定的其他不征税收入。

②《企业所得税法实施条例》第二十六条规定：《企业所得税法》第七条第（一）项所称财政拨款，是指各级人民政府对纳入预算管理的事业单位、社会团体等组织拨付的财政资金，但国务院和国务院财政、税务主管部门另有规定的除外。

《企业所得税法》第七条第（二）项所称行政事业性收费，是指依照法律法规等有关规定，按照国务院规定程序批准，在实施社会公共管理，以及在向公民、法人或者其他组织提供特定公共服务过程中，向特定对象收取并纳入财政管理的费用。

《企业所得税法》第七条第（二）项所称政府性基金，是指企业依照法律、行政法规等有关规定，代政府收取的具有专项用途的财政资金。

《企业所得税法》第七条第（三）项所称国务院规定的其他不征税收入，是指企业取得的，由国务院财政、税务主管部门规定专项用途并经国务院批准的财政性资金。

③《财政部、国家税务总局关于企业所得税若干优惠政策的通知》（财税［2008］1号）第一条第一款规定：软件生产企业实行增值税即征即退政策所退还的税款，由企业用于研究开发软件产品和扩大再生产，不作为企业所得税应税收入，不予征收企业所得税。

④《财政部、国家税务总局关于财政性资金、行政事业性收费、政府性基金有关企业所得税政策问题的通知》（财税［2008］151号）规定：第一，企业取得各类财政性资金，除属于国家投资和资金使用后要求归还本金的以外，均应计入当年收入总额；对企业取得财政部、税务总局明确规定具有专门用途并经国务院批准的财政性资金，准予作为不征税收入，在收入总额中减除；纳入预算管理的事业单位、社会团体等组织按照核定的预算和经费报领关系收到的由财政部门或上级单位拨入的财政补助收入，准予作为不征税收入，在计算应纳税所得额时从收入总额中减除，但另有规定的除外。第二，政府性资金和行政事业性收费，企业按照规定缴纳，由国务院或财政部批准设立的政府性基金以及由国务院和省级政府及其财政、价格主管部门批准设立的行政性收费，准予作为不征税收入从应纳税所得额中减除；企业缴纳的不符合上述审批管理权限的基金、收费，不得在应纳税所得额中扣除。第三，企业收取的各种基金、收费，应计入企业当年收入总额，对企业依照法律、法规及国务院有关规定收取并上缴财政的政府性基金和行政事业性收费，准予作为不征税收入，于上缴财政当年从收入总额中减除，未上缴财政的部分，不得从收入总额中减除。第四，企业不征税收入用于支出所形成的费用，不得在计算应纳税所得额时扣除；企业的不征税收入用于支出所形成的资产，其计算的折旧、摊销不得扣除。

⑤《财政部、国家税务总局关于专项用途财政性资金有关企业所得税处理问题的通知》（财税［2009］87号）规定：一是对企业在2008年1月1日至2010年12月31日期间从县级以上各级人民政府财政部门及其他部门取得的应计入收入总额的财政性资金，同时符合以下条件的，可以作为不征税收入：能够提供资金拨付文件，且文件中规定该资金的专项用途；财政部门或其他拨付资金的政府部门对该资金有专门的资金管理办法或具体管理要求；企业对该资金以及以该资金发生的支出单独进行核算。二是企业将符合上述规定条件的财政性资金作不征税收入处理后，在5年（60个月）内未发生支出且未缴回财政或其他拨付资金的政府部门的部分，应重新计入取得该资金第六年的收入总额；重新计入收入总额的财政性资金发生的支出，允许在计算应纳税所得额时扣除。

⑥《财政部、国家税务总局关于全国社会保障基金有关企业所得税问题的通知》（财税［2008］136号）规定，对社保基金理事会、社保基金投资管理人管理的社保基金银行存款利息收入，社保基金从证券市场中取得的收入，包括买卖证券投资基金、股票、债券的差价收入，证券投资基金红利收入，股票的股息、红利收入，债券的利息收入及产业基金投资收益、信托投资收益等其他投资收入，作为企业所得税不征税收入。但是，对社保基金投资管理人、社保基金托管人从事社保基金管理活动取得的收入，依法征收企业所得税。

⑦《财政部、国家税务总局关于期货投资者保障基金有关税收问题的通知》（财税［2009］68号）规定，中国期货保证金监控中心有限责任公司根据《期货投资者保障基金管理暂行办法》（证监会令第38号）取得的下列收入，不计入其应征企业所得税收入：一是期货交易所按风险准备金账户总额的15%和交易手续费的3%上缴的期货保障基金收入；二是期货公司按代理交易额的千万分之五至十上缴的期货保障基金收入；三是依法向有关责任方追偿所得；四是期货公司破产清算所得；五是捐赠所得。

（15）第15行“免税收入”：填报《企业所得税法》第二十六条规定的免税收入，本行第4列“调减金额”取自附表五《税收优惠明细表》第1行“免税收入”金额栏数据。第1列“账载金额”、第2列“税收金额”和第3列“调增金额”不填写。

免税收入涉及的企业所得税政策：

①《企业所得税法》第二十六条规定：企业的下列收入为免税收入：国债利息收入；符合条件的居民企业之间的股息、红利等权益性投资收益；在中国境内设立机构、场所的非居民企业从居民企业取得与该机构、场所有实际联系的股息、红利等权益性投资收益；符合条件的非营利组织的收入。

②《企业所得税法实施条例》第八十二条规定：国债利息收入是指企业持有国务院财政部门发行的国债取得的利息收入。

③《企业所得税法实施条例》第八十三条规定：符合条件的居民企业之间的股息、红利等权益性投资收益，是指居民企业直接投资于其他居民企业取得的投资收益。《企业所得税法》第二十六条第（二）项和第（三）项所称股息、红利等权益性投资收益，不包括连续持有居民企业公开发行并上市流通的股票不足12个月取得的投资收益。

《国家税务总局关于贯彻落实〈企业所得税法〉若干税收问题的通知》（国税函［2010］79号）第四条规定：被投资企业将股权（票）溢价所形成的资本公积转为股本的，不作为投资方企业的股息、红利收入，投资方企业也不得增加该项长期投资的计税基础。

《财政部、国家税务总局关于执行企业所得税优惠政策若干问题的通知》（财税［2009］69号）第四条规定：2008年1月1日以后，居民企业之间分配属于2007年度及以前年度的累积未分配利润而形成的股息、红利等权益性投资收益，均应按照《企业所得税法》第二十六条及《企业所得税法实施条例》第十七条、第八十三条的规定处理。

④关于非营利组织收入。《企业所得税法实施条例》第八十五条规定：符合条件的非营利组织的收入，不包括非营利组织从事营利性活动取得的收入，但国务院财政、税务主管部门另有规定的除外。

《财政部、国家税务总局关于非营利组织企业所得税免税收入问题的通知》（财税［2009］122号）规定，非营利组织的下列收入为免税收入：

A. 接受其他单位或者个人捐赠的收入；

B. 除《企业所得税法》第七条规定的财政拨款以外的其他政府补助收入，但不包括因政府购买服务取得的收入；

C. 按照省级以上民政、财政部门规定收取的会费；

D. 不征税收入和免税收入孳生的银行存款利息收入；

E. 财政部、国家税务总局规定的其他收入。

非营利组织免税资格认定的政策依据：《财政部、国家税务总局关于非营利组织免税资格认定管理有关问题的通知》（财税［2009］123号）。

⑤关于鼓励证券投资基金发展的优惠政策。

《财政部、国家税务总局关于企业所得税若干优惠政策的通知》（财税［2008］1号）第二条规定：

A. 对证券投资基金从证券市场中取得的收入，包括买卖股票、债券的差价收入，股权的股息、红利收入，债券的利息收入及其他收入，暂不征收企业所得税。

B. 对投资者从证券投资基金分配中取得的收入，暂不征收企业所得税。

C. 对证券投资基金管理人运用基金买卖股票、债券的差价收入，暂不征收企业所得税。

⑥关于保险保障基金收入。《财政部、国家税务总局关于保险保障基金有关税收问题的

通知》（财税［2010］77号）第一条规定：对中国保险保障基金有限责任公司（以下简称保险保障基金公司）根据《保险保障基金管理办法》（以下简称《管理办法》）取得的下列收入，免征企业所得税：

A. 境内保险公司依法缴纳的保险保障基金；

B. 依法从撤销或破产保险公司清算财产中获得的受偿收入和向有关责任方追偿所得，以及依法从保险公司风险处置中获得的财产转让所得；

C. 捐赠所得；

D. 银行存款利息收入；

E. 购买政府债券、中央银行、中央企业和中央级金融机构发行债券的利息收入；

F. 国务院批准的其他资金运用取得的收入。

⑦关于清洁基金的企业所得税政策。《财政部、国家税务总局关于中国清洁发展机制基金及清洁发展机制项目实施企业有关企业所得税政策问题的通知》（财税［2009］30号）规定：对清洁基金取得的下列收入，免征企业所得税：

A. CDM项目温室气体减排量转让收入上缴国家的部分；

B. 国际金融组织赠款收入；

C. 基金资金的存款利息收入、购买国债的利息收入；

D. 国内外机构、组织和个人的捐赠收入。

（16）第16行“减计收入”：填报纳税人按规定比例享受减计应税收入的政策，目前主要限于资源综合利用减计收入。第4列“调减金额”取自附表五《税收优惠明细表》第6行“减计收入”金额栏数据。第1列“账载金额”、第2列“税收金额”和第3列“调增金额”不填。

减计收入涉及的企业所得税政策：

①《企业所得税法》第三十三条规定：企业综合利用资源，生产符合国家产业政策规定的产品所取得的收入，可以在计算应纳税所得额时减计收入。

②《企业所得税法实施条例》第九十九条规定：减计收入，是指企业以《资源综合利用企业所得税优惠目录》规定的资源作为主要原材料，生产国家非限制和禁止并符合国家和行业相关标准的产品取得的收入，减按90%计入收入总额。原材料占生产产品材料的比例不得低于《资源综合利用企业所得税优惠目录》规定的标准。

③《财政部、国家税务总局关于执行资源综合利用企业所得税优惠目录有关问题的通知》（财税［2008］47号）规定：根据《企业所得税法》和《企业所得税法实施条例》（国务院令第512号）有关规定，经国务院批准，财政部、税务总局、发展改革委公布了《资源综合利用企业所得税优惠目录》（以下简称《目录》）。企业自2008年1月1日起以《目录》中所列资源为主要原材料，生产《目录》内符合国家或行业相关标准的产品取得的收入，在计算应纳税所得额时，减按90%计入当年收入总额。享受上述税收优惠时，《目录》内所列资源占产品原料的比例应符合《目录》规定的技术标准。

目录参见《财政部、国家税务总局、国家发展改革委员会关于公布资源综合利用企业所得税优惠目录（2008年版）的通知》（财税［2008］117号）。

④《国家税务总局关于资源综合利用有关企业所得税优惠问题的批复》（国税函［2009］567号）规定：江西泰和玉华水泥有限公司旋窑余热利用电厂利用该公司旋窑水泥

生产过程中产生的余热发电，其生产活动虽符合《资源综合利用企业所得税优惠目录（2008年版）》的规定范围，但由于旋窑余热利用电厂属于江西泰和玉华水泥有限公司的内设非法人分支机构，不构成企业所得税纳税人，且其余热发电产品直接供给所属公司使用，不计入企业收入。因此，旋窑余热利用电厂利用该公司旋窑水泥生产过程中产生的余热发电业务不能享受资源综合利用减计收入的企业所得税优惠政策。

⑤《财政部、国家税务总局关于农村金融有关税收政策的通知》（财税［2010］4号）规定：自2009年1月1日至2013年12月31日，对金融机构农户小额贷款的利息收入在计算应纳税所得额时，按90%计入收入总额。自2009年1月1日至2013年12月31日，对保险公司为种植业、养殖业提供保险业务取得的保费收入，在计算应纳税所得额时，按90%比例减计收入。

（17）第17行"减、免税项目所得"：填报《企业所得税法》第二十七条规定的免税所得项目和减税所得项目，在此作纳税调减。第4列"调减金额"取自附表五《税收优惠明细表》第14行"减免所得额合计"金额栏数据。第1列"账载金额"、第2列"税收金额"和第3列"调增金额"不填写。

减、免税项目所得涉及的企业所得税政策：

①《企业所得税法》第二十七条规定：企业的下列所得，可以免征、减征企业所得税：

A. 从事农、林、牧、渔业项目的所得；

B. 从事国家重点扶持的公共基础设施项目投资经营的所得；

C. 从事符合条件的环境保护、节能节水项目的所得；

D. 符合条件的技术转让所得；

E. 本法第三条第三款规定的所得。

②《企业所得税法实施条例》第八十九条规定：依照本条例第八十七条和第八十八条规定享受减免税优惠的项目，在减免税期限内转让的，受让方自受让之日起，可以在剩余期限内享受规定的减免税优惠；减免税期限届满后转让的，受让方不得就该项目重复享受减免税优惠。

A. 从事农、林、牧、渔业项目所得。《企业所得税法实施条例》第八十六条规定：《企业所得税法》第二十七条第（一）项规定的企业从事农、林、牧、渔业项目的所得，可以免征、减征企业所得税，是指：

a. 企业从事下列项目的所得，免征企业所得税：

蔬菜、谷物、薯类、油料、豆类、棉花、麻类、糖料、水果、坚果的种植；

农作物新品种的选育；

中药材的种植；

林木的培育和种植；

牲畜、家禽的饲养；

林产品的采集；

灌溉、农产品初加工、兽医、农技推广、农机作业和维修等农、林、牧、渔服务业项目；

远洋捕捞。

b. 企业从事下列项目的所得，减半征收企业所得税：

花卉、茶以及其他饮料作物和香料作物的种植；

海水养殖、内陆养殖。

企业从事国家限制和禁止发展的项目，不得享受本条规定的企业所得税优惠。

政策依据：《国家税务总局关于贯彻落实从事农、林、牧、渔业项目企业所得税优惠政策有关事项的通知》（国税函［2008］850 号）、《财政部、国家税务总局关于发布享受企业所得税优惠政策的农产品初加工范围（试行）的通知》（财税［2008］149 号）。

B. 从事国家重点扶持的公共基础设施项目投资经营的所得。《企业所得税法实施条例》第八十七条规定：《企业所得税法》第二十七条第（二）项所称国家重点扶持的公共基础设施项目，是指《公共基础设施项目企业所得税优惠目录》规定的港口码头、机场、铁路、公路、城市公共交通、电力、水利等项目。

企业从事前款规定的国家重点扶持的公共基础设施项目的投资经营的所得，自项目取得第一笔生产经营收入所属纳税年度起，第一年至第三年免征企业所得税，第四年至第六年减半征收企业所得税。

企业承包经营、承包建设和内部自建自用本条规定的项目，不得享受本条规定的企业所得税优惠。

政策依据：《财政部、国家税务总局、国家发展改革关于公布公共基础设施项目企业所得税优惠目录（2008 年版）的通知》（财税［2008］116 号）、《财政部、国家税务总局关于执行公共基础设施项目企业所得税优惠目录有关问题的通知》（财税［2008］46 号）、《国家税务总局关于实施国家重点扶持的公共基础设施项目企业所得税优惠问题的通知》（国税发［2009］80 号）。

C. 从事符合条件的环境保护、节能节水项目的所得。《企业所得税法实施条例》第八十八条规定：《企业所得税法》第二十七条第（三）项所称符合条件的环境保护、节能节水项目，包括公共污水处理、公共垃圾处理、沼气综合开发利用、节能减排技术改造、海水淡化等。项目的具体条件和范围由国务院财政、税务主管部门商国务院有关部门制定，报国务院批准后公布施行。

企业从事前款规定的符合条件的环境保护、节能节水项目的所得，自项目取得第一笔生产经营收入所属纳税年度起，第一年至第三年免征企业所得税，第四年至第六年减半征收企业所得税。

政策依据：《财政部、国家税务总局、国家发展改革关于公布环境保护节能节水项目企业所得税优惠目录（试行）的通知》（财税［2009］166 号）。

D. 符合条件的技术转让所得。《企业所得税法实施条例》第九十条规定：《企业所得税法》第二十七条第（四）项所称符合条件的技术转让所得免征、减征企业所得税，是指一个纳税年度内，居民企业技术转让所得不超过 500 万元的部分，免征企业所得税；超过 500 万元的部分，减半征收企业所得税。

政策依据：《国家税务总局关于技术转让所得减免企业所得税有关问题的通知》（国税函［2009］212 号）。

E. 非居民企业在中国境内未设立机构、场所的，或者虽设立机构、场所但取得的所得与其所设机构、场所没有实际联系的，其来源于中国境内的所得。《企业所得税法实施条例》第九十一条规定：非居民企业在中国境内未设立机构、场所的，或者虽设立机构、场所所但取得的所得与其所设机构、场所没有实际联系的，应当就其来源于中国境内的所得，减按10%的税率征收企业所得税。下列所得可以免征企业所得税：

外国政府向中国政府提供贷款取得的利息所得；

国际金融组织向中国政府和居民企业提供优惠贷款取得的利息所得；

经国务院批准的其他所得。

F. 清洁发展机制项目所得。《财政部、国家税务总局关于中国清洁发展机制基金及清洁发展机制项目实施企业有关企业所得税政策问题的通知》（财税［2009］30号）规定：对企业实施的将温室气体减排量转让收入的65%上缴给国家的HFC和PFC类CDM项目，以及将温室气体减排量转让收入的30%上缴给国家的N2O类CDM项目，其实施该类CDM项目的所得，自项目取得第一笔减排量转让收入所属纳税年度起，第一年至第三年免征企业所得税，第四年至第六年减半征收企业所得税。

企业实施CDM项目的所得，是指企业实施CDM项目取得的温室气体减排量转让收入扣除上缴国家的部分，再扣除企业实施CDM项目发生的相关成本、费用后的净所得。

企业应单独核算其享受优惠的CDM项目的所得，并合理分摊有关期间费用，没有单独核算的，不得享受上述企业所得税优惠政策。

（18）第18行“抵扣应纳税所得额”：填报《企业所得税法》第三十一条规定的创业投资企业的创业投资额的70%抵扣的应纳税所得额，在此作纳税调减。

抵扣应纳税所得额涉及的企业所得税政策：

①《企业所得税法》第三十一条规定：创业投资企业从事国家需要重点扶持和鼓励的创业投资，可以按投资额的一定比例抵扣应纳税所得额。

②《企业所得税法实施条例》第九十七条规定：《企业所得税法》第三十一条所称抵扣应纳税所得额，是指创业投资企业采取股权投资方式投资于未上市的中小高新技术企业两年以上的，可以按照其投资额的70%在股权持有满两年的当年抵扣该创业投资企业的应纳税所得额；当年不足抵扣的，可以在以后纳税年度结转抵扣。

③《国家税务总局关于实施创业投资企业所得税优惠问题的通知》（国税发［2009］87号）规定：

A. 创业投资企业是指依照《创业投资企业管理暂行办法》（国家发展和改革委员会等10部委令2005年第39号，以下简称《暂行办法》）和《外商投资创业投资企业管理规定》（商务部等5部委令2003年第2号）在中华人民共和国境内设立的专门从事创业投资活动的企业或其他经济组织。

B. 创业投资企业采取股权投资方式投资于未上市的中小高新技术企业两年（24个月）以上，凡符合以下条件的，可以按照其对中小高新技术企业投资额的70%，在股权持有满两年的当年抵扣该创业投资企业的应纳税所得额；当年不足抵扣的，可以在以后纳税年度结转抵扣：

a. 经营范围符合《暂行办法》规定，且工商登记为“创业投资有限责任公司”、“创业投资股份有限公司”等专业性法人创业投资企业。

b. 按照《暂行办法》规定的条件和程序完成备案，经备案管理部门年度检查核实，投资运作符合《暂行办法》的有关规定。

c. 创业投资企业投资的中小高新技术企业，除应按照科技部、财政部、国家税务总局

《关于印发〈高新技术企业认定管理办法〉的通知》（国科发火［2008］172 号）和《关于印发〈高新技术企业认定管理工作指引〉的通知》（国科发火［2008］362 号）的规定，通过高新技术企业认定以外，还应符合职工人数不超过 500 人，年销售（营业）额不超过 2 亿元，资产总额不超过 2 亿元的条件。

2007 年底前按原有规定取得高新技术企业资格的中小高新技术企业，且在 2008 年继续符合新的高新技术企业标准的，向其投资满 24 个月的计算，可自创业投资企业实际向其投资的时间起计算。

d. 财政部、国家税务总局规定的其他条件。

C. 中小企业接受创业投资之后，经认定符合高新技术企业标准的，应自其被认定为高新技术企业的年度起，计算创业投资企业的投资期限。该期限内中小企业接受创业投资后，企业规模超过中小企业标准，但仍符合高新技术企业标准的，不影响创业投资企业享受有关税收优惠。

④《财政部、国家税务总局关于执行企业所得税优惠政策若干问题的通知》（财税［2009］69 号）第十一条规定：《企业所得税法实施条例》第九十七条所称投资于未上市的中小高新技术企业两年以上的，包括发生在 2008 年 1 月 1 日以前满两年的投资；所称中小高新技术企业是指按照《高新技术企业认定管理办法》（国科发火［2008］172 号）和《高新技术企业认定管理工作指引》（国科发火［2008］362 号）取得高新技术企业资格，且年销售额和资产总额均不超过 2 亿元、从业人数不超过 500 人的企业，其中 2007 年底前已取得高新技术企业资格的，在其规定有效期内不需重新认定。

本行第 1 列“账载金额”、第 2 列“税收金额”和第 3 列“调增金额”不填写；第 4 列“调减金额”取自附表五《税收优惠明细表》第 39 行“创业投资企业抵扣应纳税所得额”金额栏数据。填写本行数据时，需统筹考虑此项政策与弥补以前年度亏损的关系，需要根据主表第 13 行“利润总额”+第 14 行“纳税调整增加额”－第 15 行“纳税调整减少额”的计算结果分析填报：

一是如果主表第 13 行+第 14 行－第 15 行≥0 时，本行“调减金额”填报附表五《税收优惠明细表》第 39 行数。

二是如果主表第 13 行+第 14 行－第 15 行<0 时，本行数调整至第 13 行+第 14 行－第 15 行=0。

［例 3－49］ 企业利润总额 200 万元，纳税调整增加额 80 万元，纳税调整减少额 100 万元，其中企业按照政策规定应享受“创业投资企业抵扣应纳税所得额”为 30 万元。据此数据填写附表五第 39 行，同时填写主表。此时：200+80－100=180（万元），数据大于等于“0”，则主表第 21 行“抵扣应纳税所得额”不做调整。

［例 3－50］ 企业利润总额 70 万元，纳税调整增加额 20 万元，纳税调整减少额 100 万元，其中企业按照政策规定应享受“创业投资企业抵扣应纳税所得额”为 30 万元。首先进行判断 70+20－100<0，则对主表第 21 行“抵扣应纳税所得额”进行调整，调整至第 13 行+第 14 行－第 15 行=0，即主表第 21 行填写为 30－（100－70－20）=20（万元），同时据以调整附表三本行及附表五的对应数据。30 万元－20 万元=10 万元，即为可结转以后年度抵扣的数额。

［例 3－51］ 续上例，如果纳税调整减少额为 100 万元，其中企业按照政策规定应享受

“创业投资企业抵扣应纳税所得额”为 5 万元，首先进行判断 70 + 20 - 100 < 0，则对主表第 21 行“抵扣应纳税所得额”进行调整，因为 5 > 70 + 20 - 100，所以主表数据进行全部调整，即本表 21 行数据填“0”，同时调整附表三本行及附表五的对应数据。所调整的数额 5 万元，即为结转以后年度抵扣的数额。

（19）第 19 行“其他”填报会计与税收有差异需要纳税调整的其他收入类项目的金额。《企业所得税法实施条例》第二十二条规定：其他收入包括企业资产溢余收入、逾期未退包装物押金收入、确实无法偿付的应付款项、已作坏账损失处理后又收回的应收款项、债务重组收入、补贴收入、违约金收入、汇兑收益等。

2. 报表第二部分：扣除类调整项目。扣除类调整项目主要归集与扣除项目有关的纳税调整项目，集中反映了纳税人会计核算成本、费用、损失等扣除事项时，与税收法律、行政法规的规定不一致进行纳税调整的情况。

会计核算中，纳税人所有的支出项目都可以在一定的会计科目中进行处理，税收政策规定：纳税人税前扣除必须遵循合理性、合法性、真实发生等税前扣除原则，并且明确了向投资者支付的股息、红利等权益性投资收益款项、企业所得税税款、税收滞纳金等支出不得税前扣除。扣除类调整项目逐项反映税前扣除中会计与税收差异及调整额。扣除类项目主要是列入期间费用的支出项目，也有一部分属于成本类支出，如视同销售成本、工资薪金支出等。企业所得税扣除类项目具有涉及项目多、政策性强、标准不统一、管理难度大等特点。

（1）第 20 行“二、扣除类调整项目”：分别填报扣除类调整项目第 21 行至第 40 行的“纳税调增”、“纳税调减”的合计数。第 1 列“账载金额”、第 2 列“税收金额”不填报。“扣除类调整项目”的“账载金额”扣减“税收金额”后的余额如为正，填报在“调增金额”；余额如为负数，将其绝对值填报在“调减金额”。

（2）第 21 行“视同销售成本”：视同销售业务在会计上不作为销售核算，视同销售业务利润未计入主表第一部分“利润总额”，本附表“收入类调整项目”已列报“视同销售收入”，“扣除类调整项目”列报“视同销售成本”，挤出“视同销售业务利润”并调整为应纳税所得额，同时兼顾“视同销售收入”与“视同销售成本”的配比关系。本行第 1 列“账载金额”、第 2 列“税收金额”和第 3 列“调增金额”不填写；第 4 列“调减金额”填报本附表第 2 行“视同销售收入”相对应的“视同销售成本费用”。

一般企业第 4 列“调减金额”取自附表二（1）《成本费用明细表》第 12 行。

事业单位、社会团体、民办非企业单位的附表一（3）、附表二（3）均未反映视同销售业务，上述单位视同销售业务，需分析填报第 4 列“调减金额”。

金融企业第 4 列“调减金额”取自附表二（2）《金融企业成本费用明细表》第 41 行。

视同销售成本涉及的企业所得税政策：

①《企业所得税法实施条例》第二十五条规定：企业发生非货币性资产交换，以及将货物、财产、劳务用于捐赠、偿债、赞助、集资、广告、样品、职工福利或者利润分配等用途的，应当视同销售货物、转让财产或者提供劳务，但国务院财政、税务主管部门另有规定的除外。

②《国家税务总局关于企业处置资产所得税处理问题的通知》（国税函［2008］828 号）第一条规定：企业发生下列情形的处置资产，除将资产转移至境外以外，由于资产所有权属在形式和实质上均不发生改变，可作为内部处置资产，不视同销售确认收入，相关资

产的计税基础延续计算：

将资产用于生产、制造、加工另一产品；

改变资产形状、结构或性能；

改变资产用途（如，自建商品房转为自用或经营）；

将资产在总机构及其分支机构之间转移；

上述两种或两种以上情形的混合；

其他不改变资产所有权属的用途。

③《国家税务总局关于企业处置资产所得税处理问题的通知》（国税函［2008］828号）第二条规定：企业将资产移送他人的下列情形，因资产所有权属已发生改变而不属于内部处置资产，应按规定视同销售确定收入：

用于市场推广或销售；

用于交际应酬；

用于职工奖励或福利；

用于股息分配；

用于对外捐赠；

其他改变资产所有权属的用途。

④《国家税务总局关于企业处置资产所得税处理问题的通知》（国税函［2008］828号）第三条规定：企业发生本通知第二条规定情形时，属于企业自制的资产，应按企业同类资产同期对外销售价格确定销售收入；属于外购的资产，可按购入时的价格确定销售收入。

⑤上述规定自2008年1月1日起执行。对2008年1月1日以前发生的处置资产，2008年1月1日以后尚未进行税务处理的，按上述规定执行。

（3）第22行“工资薪金支出”：企业向职工支付的人力资源成本，属于企业损益内容。企业会计准则采用“职工薪酬”和“股份支付”概念，企业会计制度和税法仍沿用“工资薪金”概念。

第一，会计与税法有关工资、薪金口径比较。《企业会计准则第9号——职工薪酬》规定：职工薪酬指企业为获得职工提供的服务而给予各种形式的报酬以及其他相关支出。包括：①职工工资、奖金、津贴和补贴；②职工福利费；③医疗保险费、养老保险费、失业保险费、工伤保险费和生育保险费等社会保险费；④住房公积金；⑤工会经费和职工教育经费；⑥非货币性福利；⑦因解除与职工的劳动关系给予的补偿；⑧其他与获得职工提供的服务相关的支出。除上述情况外，以企业年金基金为职工缴存的补充养老保险，以股份为基础的薪酬如股票期权、股票增值权、限制性股票等均属职工薪酬的范畴。企业会计准则中职工薪酬范围较广，凡企业向职工各种形式支付均视为职工薪酬，这样有利于准确反映商品价格中真实的劳动力成本，改变世界上对我国以过低劳动力价格参与国际经济竞争的认识。

企业会计制度与《企业所得税法》对工资、薪金的口径基本一致。《企业所得税法》仍沿用传统“工资薪金”口径，《企业所得税法实施条例》第三十四条规定，工资薪金是指企业每一纳税年度支付给在本企业任职或者受雇的员工的所有现金形式或者非现金形式的劳动报酬，包括基本工资、奖金、津贴、补贴、年终加薪、加班工资，以及与员工任职或者受雇有关的其他支出；原则限于企业向职工支付并在“应付工资”科目核算工资费用。而企业会计准则“职工薪酬”口径除包括“应付工资”科目外，还包括职工福利费、工会经费、各类保险、住房公积金、辞退福利、股权激励等。《个人所得税法》“工资薪金所得项目”的口径较宽，基本上与会计准则口径一致，凡是与个人任职受雇有关的所得，如辞退福利、股票期权、个人从单位低价购房、个人从单位取得的各项福利等，在实践中按照“工资薪金所得项目”征收个人所得税。

2009年11月，《财政部关于企业加强职工福利费财务管理的通知》（财企［2009］242号）从所有者财务管理角度，规范了职工福利费管理，将部分原在职工福利费中列支的项目纳入工资总额核算。具体为：一是企业为职工提供的交通、住房、通讯待遇，已经实行货币化改革的，按月按标准发放或支付的住房补贴、交通补贴或者车改补贴、通讯补贴，应当纳入职工工资总额，不再纳入职工福利费管理；二是企业给职工发放的节日补助、未统一供餐而按月发放的午餐费补贴，纳入工资总额管理；三是对于实行年薪制等薪酬制度改革的企业负责人，企业应当将符合国家规定的各项福利性货币补贴纳入薪酬体系统筹管理，发放或支付的福利性货币补贴从其个人应发薪酬中列支。财务规定是会计和税法规定的先导，对于会计和税法核算具有借鉴意义。在核算企业所得税工资总额时，应参照《财政部关于企业加强职工福利费财务管理的通知》（财企［2009］242号）有关规定执行。

第二，工资薪金支出的会计核算。企业在职工为其提供服务的会计期间，将应付的职工薪酬或工资薪金支出确认为负债，即“应付职工薪酬”或“应付工资”，除因解除与职工的劳动关系给予的补偿外，应当根据职工提供服务的受益对象进行归集，没有直接受益对象的，计入期间费用。

①由生产产品、提供劳务服务负担的职工薪酬或工资薪金支出，计入产品成本或劳务服务成本。

②由在建工程、无形资产负担的职工薪酬或工资薪金支出，计入建造固定资产或无形资产的成本。

③除上述①和②之外的其他职工薪酬或工资薪金支出，计入当期损益。

根据企业会计准则应用指南，权益结算的股份支付和现金结算的股份支付，企业在授予日不进行会计处理。股份支付在授予后通常不立即行权，一般需要职工或其他方履行一定期限的服务或在企业达到一定业绩条件之后才可行权，这一期间称为“等待期”，即股票期权、股票增值权、限制性股票等股权激励个人所得税政策中的“规定月份数”。

等待期内企业应将取得的职工提供的服务计入成本费用，计入成本费用的金额按照权益工具（所授予股权）公允价值计量。对于权益结算涉及职工的股份支付，应当按照授予日权益工具的公允价值计入成本费用和资本公积（其他资本公积），但不确认其后续公允价值变动；对于现金结算的涉及职工的股份支付，应当按照每个资产负债表日权益工具的公允价值重新计量，确定成本费用和应付职工薪酬。

第三，工资、薪金支出有关所得税政策。《企业所得税法实施条例》第三十四条规定，企业发生的合理的工资薪金支出，准予全额扣除，不再执行计税工资和工效挂钩等办法。根据《国家税务总局关于企业工资薪金及职工福利费扣除问题的通知》（国税函［2009］3号）规定，“合理工资薪金”是指企业按照股东大会、董事会、薪酬委员会或相关管理机构制定的工资薪金制度规定实际发放给员工的工资薪金。税务机关在对工资薪金进行合理性确认时，可按以下原则掌握：一是企业制定了较为规范的员工工资薪金制度；二是企业所制定的工资薪金制度符合行业及地区水平；三是企业在一定时期所发放的工资薪金是相对固定的，工资薪金的调整是有序进行的；四是企业对实际发放的工资薪金，已依法履行了代扣代缴个人所得税义务；五是有关工资薪金的安排，不以减少或逃避税款为目的。六是对于国有性质企业，其工资薪金，不得超过政府有关部门给予的限定数额；超过部分，不得计入企业工资薪金总额，也不得在计算企业应纳税所得额时扣除。

对于以权益结算的涉及职工股份支付的工资薪金支出（股票期权、限制性股票），不符合《企业所得税法实施条例》第三十四条“支付”的精神，不允许在所得税前扣除；对于以现金结算的涉及职工的股份支付的工资薪金支出（股票增值权），允许在所得税前扣除。

《国家税务总局关于企业所得税若干税务事项衔接问题的通知》（国税函［2009］98号）明确了工效挂钩企业工资储备基金的处理问题：目前税法中税前扣除的工资薪金强调“实际发放”的概念。对于原执行工效挂钩办法的企业税前扣除实际动用的以前年度工资储备的情况国税发［2008］101号文件中明确了动用以前年度工资储备实际发放时，可以进行纳税调减。因此，国税函［2009］98号衔接文件规定了原执行工效挂钩办法的企业，在2008年1月1日以前已按规定提取，但因未实际发放而未在税前扣除的工资储备基金余额，2008年及以后年度实际发放时，可在实际发放年度企业所得税前据实扣除。

［例3－52］ 某执行工效挂钩的企业，国资委批准其2007年工效挂钩额度为100万元，2007年当年实际发放工资薪金70万元，其中30万元作为工资储备。2008年、2009年及2010年分别动用2007年度工资储备余额10万元。2010年实际发放当年工资60万元，其中10万元属于动用2007年度工资储备。

企业的账务处理：

2007年度，计提和发放工效挂钩工资的处理。

①提取时：借：管理费用　　1000000

　　　　　　贷：应付工资　　1000000

②发放时：借：应付工资　　700000

　　　　　　贷：银行存款　　700000

2010年度实际发放10万元工资储备余额的处理。

借：应付工资　　100000

　贷：银行存款　　100000

企业的纳税申报处理：

企业的账务处理中2010年度实际发放的10万元工资储备余额，在2007年度已经计入费用，由于没有实际发放，在2007年度已做纳税调增。2010年实际发放时不再计入费用，因此，该企业2010年度利润总额中不包括此项费用，应在附表三中做纳税调减。

附表三《纳税调整明细表》第22行“工资薪金支出”填报：第1列“账载金额”50万元、第2列“税收金额”60万元（50＋10）、第3列“调增金额”0、第4列“调减金额”10万元。

第四，本行有关列次的填报。第1列“账载金额”填报企业计入“应付职工薪酬”和直接计入成本费用的职工工资、奖金、津贴和补贴（按权责发生制核算数额）。第2列“税收金额”填报税收允许扣除的工资薪金数额。第2列“税收金额”作为计算职工福利费、职工教育经费、工会经费的基数。第3列“调增金额”、第4列“调减金额”需分析填列。

［**例 3－53**］　大兴制革厂共有员工 100 人，其中管理人员 15 人、销售人员 20 人，2010 年该厂建设一个车间，有 10 人抽调参与基建工作。2010 年共发生职工工资 500 万元，其中管理人员工资 100 万元，销售人员工资 125 万元，工程施工人员工资 60 万元，其余为一线工人工资。有关会计处理如下：

借：制造费用——工资　　2150000
　　管理费用——工资　　1000000
　　销售费用——工资　　1250000
　　在建工程——工资　　600000
　贷：应付职工薪酬——工资　　5000000

借：应付职工薪酬——工资　　5000000
　贷：银行存款　　5000000

假定该企业工资允许全额税前扣除，当期应扣除的工资、薪金总额为 440 万元（在建工程工资不计入当期损益，不扣除）。

（4）第 23 行“职工福利费支出”：第 1 列“账载金额”填报企业计入“应付职工薪酬”（会计准则）和直接计入成本费用（会计制度）的职工福利费（权责发生制数额）。第 2 列“税收金额”填报税收规定允许扣除的职工福利费限额，金额小于等于第 22 行“工资薪金支出”第 2 列“税收金额”×14%；如本行第 1 列≥第 2 列，第 1 列减去第 2 列的差额填入本行第 3 列“调增金额”，如本行第 1 列＜第 2 列，表明当年实际发生数小于税收限额，不作纳税调整，则第 3 列、第 4 列不填写。

2009 年 11 月，《财政部关于企业加强职工福利费财务管理的通知》（财企［2009］242 号）对职工福利费从财务角度做了规定，对于规范职工福利费的会计核算和税收政策具有一定的借鉴意义。职工福利费是指企业为职工提供的除职工工资、奖金、津贴、纳入工资总额管理的补贴、职工教育经费、社会保险费和补充养老保险费（年金）、补充医疗保险费及住房公积金以外的福利待遇支出，包括发放给职工或为职工支付的以下各项现金补贴和非货币性集体福利：一是为职工卫生保健、生活等发放或支付的各项现金补贴和非货币性福利，包括职工因公外地就医费用、暂未实行医疗统筹企业职工医疗费用、职工供养直系亲属医疗补贴、职工疗养费用、自办职工食堂经费补贴或未办职工食堂统一供应午餐支出、符合国家有关财务规定的供暖费补贴、防暑降温费等；二是企业尚未分离的内设集体福利部门所发生的设备、设施和人员费用，包括职工食堂、职工浴室、理发室、医务所、托儿所、疗养院、集体宿舍等集体福利部门设备、设施的折旧、维修保养费用以及集体福利部门工作人员的工资薪金、社会保险费、住房公积金、劳务费等人工费用；三是职工困难补助，或者企业统筹建立和管理的专门用于帮助、救济困难职工的基金支出；四是离退休人员统筹外费用，包括离休人员的医疗费及离退休人员其他统筹外费用；五是按规定发生的其他职工福利费，包括丧葬补助费、抚恤费、职工异地安家费、独生子女费、探亲假路费，以及符合企业职工福利费定义但没有包括在本通知各条款项目中的其他支出。

综上，职工福利费具有两个特点：一是职工福利是企业对职工劳动补偿的辅助形式，企业应参照历史一般水平合理控制职工福利费在职工总收入的比重；二是职工福利费主要用于集体需要和非人人有份的个性化福利。

鉴于《企业所得税法》已放开工资薪金支出的扣除限制，在《财政部关于企业加强职工福利费财务管理的通知》（财企［2009］242 号）下发之前，职工福利费的列支和管理不够严格，为避免企业将不符合工资薪金支出的项目随意计入职工福利费，《国家税务总局关于企业工资薪金及职工福利费扣除问题的通知》（国税函［2009］3 号）对职工福利费的开支范围做了规定：①未实行分离办社会职能的企业，其内设福利部门所发生的设备、设施和人员费用，包括职工食堂、职工浴室、理发室、医务所、托儿所、疗养院等集体福利部门的设备、设施及维修保养费用和福利部门工作人员的工资薪金、社会保险费、住房公积金、劳务费等；②为职工卫生保健、生活、住房、交通等所发放的各项补贴和非货币性福利，包括企业向职工发放的因公外地就医费用、未实行医疗统筹企业职工医疗费用、职工供养直系亲属医疗补贴、供暖费补贴、职工防暑降温费、职工困难补贴、救济费、职工食堂经费补贴、职工交通补贴等；③按照其他规定发生的其他职工福利费，包括丧葬补助费、抚恤费、安家费、探亲假路费等。职工福利费的核算要求：企业发生的职工福利费，应该单独设置账册，进行准确核算，没有单独设置账册准确核算的，税务机关应责令企业在规定的期限内改正。逾期仍未改正的，税务机关对企业发生的职工福利费合理核定。

企业进行汇算清缴时，应结合《财政部关于企业加强职工福利费财务管理的通知》（财企［2009］242 号）和《国家税务总局关于企业工资薪金及职工福利费扣除问题的通知》（国税函［2009］3 号）有关规定口径进行调整。

［例 3－54］ F 公司执行企业会计准则，2010 年发生如下职工福利支出：为职工发放防暑降温费 25 万元，其中生产工人 20 万元，企业管理人员 5 万元；拨付职工食堂餐饮补贴 75 万元，生产工人 65 万，管理人员 10 万元；补助困难职工 3 万元。当年允许税前扣除的工资总额 600 万元。

支付时：

借：应付福利费 1030000

　贷：银行存款 1030000

计入成本费用时：

借：管理费用——福利费 180000

　　生产成本——福利费 850000

　贷：应付福利费 1030000

当年职工福利费允许税前扣除 = 600 × 14% = 84（万元）

2009 年应纳税调增 19 万元（103 － 84）。

《国家税务总局关于企业所得税若干税务事项衔接问题的通知》（国税函［2009］98 号）进一步明确了以前年度职工福利费余额的纳税处理问题：新税法强调税前扣除的职工福利费是工资薪金 14% 额度内的实际发生额；改变了原税法中按工资薪金 14% 的计提额扣除的规定。因此，新旧政策衔接中要求：2008 年及以后年度发生的职工福利费，应首先冲减 2008 年以前按照规定计提但尚未使用的职工福利费余额，不足部分按新税法规定扣除；仍有余额的，继续留在以后年度使用。

（5）第 24 行“职工教育经费支出”：第 1 列“账载金额”填报企业计入“应付职工薪酬”和直接计入成本费用的职工教育经费（按权责发生制原则核算数额）；第 2 列“税收金额”填报税收规定允许扣除的职工教育经费，金额小于等于第 22 行“工资薪金支出”第 2 列“税收金额” ×2.5% 或 8%。根据《财政部、国家税务总局、商务部、科学技术部、国家发改委关于技术先进型服务企业有关税收政策问题的通知》（财税［2009］63号）规定，2009年1月1日起至2013年12月31日，北京、天津、上海、重庆、大连、深圳、广州、武汉、哈尔滨、成都、南京、西安、济南、杭州、合肥、南昌、长沙、大庆、苏州、无锡等20个中国服务外包示范城市，经认定的技术先进型服务企业，其发生的职工教育经费按不超过企业工资总额8%的比例据实在企业所得税税前扣除超过部分，准予在以后纳税年度结转扣除。另外，根据《国家税务总局关于企业所得税执行中若干税务处理问题的通知》（国税函［2009］202号），软件生产企业发生的职工教育经费中的职工培训费用，按照《财政部、国家税务总局关于企业所得税若干优惠政策的通知》（财税［2008］1号）可以全额在企业所得税前扣除，因此，软件生产企业应准确划分职工教育经费中的职工培训费支出，对于不能准确划分的，以及准确划分后职工教育经费中扣除职工培训费用的余额，一律按照允许税前扣除的工资薪金总额的2%扣除。

《国家税务总局关于企业所得税若干税务事项衔接问题的通知》（国税函［2009］98号）规定，对于在2008年以前已经计提但尚未使用的职工教育经费余额，2008年及以后新发生的职工教育经费应先从余额中冲减。仍有余额的，留在以后年度继续使用。

当本行第1列≥第2列，第1列减去第2列的差额填入本行第3列“调增金额”。当本行第1列<第2列，说明当年职工教育经费实际发生数小于税法允许扣除的限额，则第3列不填写，实际上第4列也不应填写。但是，根据《企业所得税法实施条例》第四十二条规定，职工教育经费当年实际发生数大于工资薪金总额2.5%（或8%）的部分，可以结转以后年度扣除。在以后年度结转扣除职工教育经费填写本附表时，由于本套申报表建立在对当期会计利润纳税调整基础上，而以前年度未扣除但应结转本年扣除的职工教育经费，并未计入当期利润，即这部分数额未包含在当年度本行第1列“账载金额”中，这样，税收数额将大于会计数额。《国家税务总局关于〈中华人民共和国企业所得税年度纳税申报表〉的补充通知》（国税函［2008］1081号）未考虑结转扣除以前年度职工教育经费的逻辑关系问题，为避免影响本表逻辑关系，也避免引致纳税评估疑点和税务稽查，建议在国家税务总局就这一问题进行明确前，暂将以前年度未扣除但应结转本年扣除的职工教育经费放在本表第40行“其他”中做纳税调减。

［例3-55］ Z公司注册地点在江苏省无锡市，2009年计入“应付职工薪酬”的职工教育经费支出为10万元，税法允许扣除的工资薪金总额为200万元。则本年职工教育经费扣除限额为5万元（200×2.5%），当年需纳税调增5万元。假定2010年Z企业被认定为技术服务型企业，税法允许扣除的工资薪金总额为300万元，当年职工教育经费支出为12万元，2010年职工教育经费扣除限额为24万元（300×8%），可以扣除当年12万元和2009年未扣除的职工教育经费5万元，需做纳税调减5万元。

（6）第25行“工会经费支出”：第1列“账载金额”填报企业计入“应付职工薪酬”和直接计入成本费用的工会经费（按权责发生制原则核算数额）；第2列“税收金额”填报税收规定允许扣除的工会经费，金额等于第22行“工资薪金支出”第2列“税收金额”×2%减去没有工会专用凭据列支的工会经费后的余额，如本行第1列≥第2列，第1列减去第2列的差额填入本行第3列“调增金额”，如本行第1列<第2列，则第3列不填。

工会经费支出涉及的税收规定：

①《企业所得税法实施条例》第四十一条规定：企业拨缴的工会经费，不超过工资薪

金总额 2% 的部分，准予扣除。

②按照《国家税务总局关于工会经费企业所得税税前扣除凭据问题的公告》（2010 年第 24 号）的规定，全国总工会决定从 2010 年 7 月 1 日起，启用财政部统一印制并套印财政部票据监制章的《工会经费收入专用收据》，同时废止《工会经费拨缴款专用收据》。因此，自 2010 年 7 月 1 日起，企业拨缴的职工工会经费，不超过工资薪金总额 2% 的部分，凭工会组织开具的《工会经费收入专用收据》在企业所得税税前扣除。《国家税务总局关于工会经费税前扣除问题的通知》（国税函［2000］678 号）同时废止。

[例 3-56]　R 公司 2010 年允许税前扣除工资薪金总额为 450 万元，当年分两次向工会部门拨缴工会经费 8 万元、2 万元，其中第二次缴拨工会经费未取得专用收据。有关会计处理如下：

计提时：

借：管理费用——工会经费　　80000

　　贷：应付职工薪酬——工会经费　　80000

拨缴时：

借：应付职工薪酬——工会经费　　80000

　　贷：银行存款　　80000

计提时：

借：管理费用——工会经费　　20000

　　贷：应付职工薪酬——工会经费　　20000

拨缴时：

借：应付职工薪酬——工会经费　　20000

　　贷：银行存款　　20000

当年工会经费扣除限额为 9 万元（450×2%），由于第二次缴拨工会经费未取得有效凭证，当年只允许扣除 8 万元，纳税调增 2 万元。

（7）第 26 行“业务招待费支出”：第 1 列“账载金额”填报企业实际发生并计入当期会计利润的业务招待费；第 2 列“税收金额”有两个判断标准，一是“本行第 1 列×60%”的数额；二是企业经营性收入×5‰的数额。

业务招待费支出涉及的企业所得税政策：

①《企业所得税法实施条例》第四十三条规定：企业发生的与生产经营活动有关的业务招待费支出，按照发生额的 60% 扣除，但最高不得超过当年销售（营业）收入的 5‰。

②关于销售（营业）收入基数的确定问题。《国家税务总局关于企业所得税执行中若干税务处理问题的通知》（国税函［2009］202 号）第一条规定：企业在计算业务招待费、广告费和业务宣传费等费用扣除限额时，其销售（营业）收入额应包括《企业所得税法实施条例》第二十五条规定的视同销售（营业）收入额。

③从事股权投资业务的企业业务招待费计算问题。《国家税务总局关于贯彻落实企业所得税法若干税收问题的通知》（国税函［2010］79 号）第八条规定：对从事股权投资业务的企业（包括集团公司总部、创业投资企业等），其从被投资企业所分配的股息、红利以及股权转让收入，可以按规定的比例计算业务招待费扣除限额。

目前，纳税申报表提取业务招待费的基数是主营业务收入、其他业务收入和税收规定的视同销售收入，不包括核算分配回股息、红利以及股权转让收入的投资收益项；同时主营业务收入、其他业务收入、视同销售收入之和也是提取广告费和业务宣传费的基数。因此，此项政策只能在申报表附表三中单独体现。

[例3-57] 某集团公司2010年取得生产经营收入1000万元，从下属子公司分回利润300万元。本年度发生业务招待费12万元、广告费和业务宣传费100万元。2010年度纳税申报时：

①计算业务招待费税前扣除限额：

(1000+300)×0.5%=6.5（万元）

12×60%=7.2（万元）

按孰低的原则，业务招待费税前扣除限额为6.5万元。

②计算广告费和业务宣传费税前扣除限额：

1000×15%=150（万元）

③纳税申报处理：

A. 业务招待费的调整。附表三《纳税调整明细表》第26行“业务招待费”填报：第1列“账载金额”12万元，第2列“税收金额”5万元（1000×0.5%），第3列“调增金额”7万元；同时第40行“其他”填报第4列“调减金额”1.5万元（300×0.5%）。

B. 广告费和业务宣传费填报附表八《广告费和业务宣传费跨年度纳税调整表》。

第1行“本年度广告费和业务宣传费支出”：100万元

第3行“本年度符合条件的广告费和业务宣传费支出”：100万元

第4行“本年计算广告费和业务宣传费扣除限额的销售（营业）收入”：1000万元

第5行“税法规定的扣除率”：15%

第6行“本年广告费和业务宣传费扣除限额”：150万元

具体填报时，“附表一（1）《收入明细表》第1行×5‰”，或“附表一（2）《金融企业收入明细表》第（1+38）行×5‰”，或“主表第1行×5‰”；上述两个标准经比较后，按两者孰小者填入本行第2列。事业单位、社会团体、民办非企业单位在确定据以计算业务招待费扣除额的收入基数时，应考虑视同销售业务收入。

如本行第1列≥第2列，本行第1列减去第2列的余额填入本行第3列“调增金额”；第4列“调减金额”不填写。

[例3-58] 大地公司2010年会计确认的营业收入为2000万元，发生非货币资产交易视同销售收入100万元，当年发生业务招待费20万元，其中16.5万元是招待公司客户发生的支出，3.5万元是与公司经营无关的招待支出。有关会计处理如下：

借：营业费用——业务招待费　　165000

　　营业外支出——业务招待费　　35000

　　贷：银行存款　　200000

业务招待费扣除限额：一是10.5万元（2100×5‰）；二是由于3.5万元的业务招待费与公司经营无关，不予考虑，扣除限额为16.5×60%=9.9万元。取两者较小者，当年允许扣除业务招待费9.9万元，需纳税调增10.1万元。

(8) 第27行“广告费与业务宣传费支出”：对应附表八《广告费和业务宣传费跨年度纳税调整表》，由于广告费与业务宣传费支出设计了附表，本行第1列“账载金额”和第2

列“税收金额”不填写。第 3 列“调增金额”取自附表八《广告费和业务宣传费跨年度纳税调整表》第 7 行“本年广告费和业务宣传费支出纳税调整额”，第 4 列“调减金额”取自附表八《广告费和业务宣传费跨年度纳税调整表》第 10 行“本年扣除的以前年度结转额”。

从税法原理来看，广告费支出属于同应税收入直接相关的支出，因此是可以扣除的。但是广告费同时是一种特殊性质的支出，其广告效应并不全部直接受益于当年，而是具有长期效应，因此在一定程度上具有资本性支出的性质。

符合条件的广告费和业务宣传费支出（《企业所得税法》将两者合并），除国务院财政、税务主管部门另有规定外，不超过当年销售（营业）收入 15% 的部分，准予扣除；超过部分，准予在以后纳税年度结转扣除。根据《财政部、国家税务总局关于部分行业广告费和业务宣传费税前扣除政策的通知》（财税［2009］72 号），对化妆品制造、医药制造和饮料制造（不含酒类）企业广告费和业务宣传费扣除比例提高到 30%；对采取特许经营模式的饮料制造企业及饮料品牌使用方广告费和业务宣传费扣除比例提高到 30%，并采取特殊管理方式；限制烟草企业广告费和业务宣传费支出扣除。具体政策详见附表八《广告费和业务宣传费跨年度纳税调整表》有关说明。

《国家税务总局关于企业所得税执行中若干税务处理问题的通知》（国税函［2009］202 号）规定，企业在计算广告费和业务宣传费扣除限额时，其销售（营业）收入额应包括《企业所得税法实施条例》第二十五条规定的视同销售（营业）收入额。

《国家税务总局关于企业所得税若干税务事项衔接问题的通知》（国税函［2009］98 号）规定，企业在 2008 年以前按照原政策规定已经发生但尚未扣除的广告费，2008 年实行新税法后，其尚未扣除的余额，加上当年度新发生的广告费和业务宣传费后，按照新税法规定比例计算扣除。

［例 3－59］ 2009 年某企业发生广告费 1000 万元，2009 年按税法扣除 300 万元，调增 700 万元，2010 年营业收入 4800 万元，视同销售收入 200 万元，2010 年只发生业务宣传费 102 万元。

2010 年可以扣除的广告费和业务宣传费支出限额 = 5000 × 15% = 750（万元）

2010 年业务宣传费可以补扣 2009 年未扣除的广告费 648 万元（750 − 102），在当年纳税调减，填入附表三《纳税调整项目明细表》第 27 行，结转以后年度扣除 52 万元（700 − 648）。

（9）第 28 行“捐赠支出”：填列企业发生的捐赠支出以及根据税法规定进行的纳税调整。第 1 列“账载金额”按会计口径填报企业实际发生并计入“营业外支出”的所有捐赠支出。第 2 列“税收金额”填报按税收规定可以税前扣除的捐赠限额。

《企业所得税法》第九条、《企业所得税法实施条例》第五十一条、第五十二条、第五十三条，《财政部、国家税务总局、民政部关于公益性捐赠税前扣除有关问题的通知》（财税［2008］160 号）、《民政部关于印发〈社会团体公益性捐赠税前扣除资格认定工作指引〉的通知》（民发［2009］100 号）、《财政部、国家税务总局关于通过公益性群众团体的公益性捐赠税前扣除有关问题的通知》（财税［2009］124 号）等规定，公益性捐赠，指企业通过公益性社会团体或者县级以上人民政府及其部门，用于《中华人民共和国公益事业捐赠法》规定的公益事业的捐赠，具体范围包括：一是救助灾害、救济贫困、扶助残疾人等困难的社会群体和个人的活动；二是教育、科学、文化、卫生、体育事业；三是环境保护、社会公共设施建设；四是促进社会发展和进步的其他社会公共和福利事业。

公益性社会团体是指同时符合下列条件的基金会、慈善组织等社会团体：①依法登记，具有法人资格；②以发展公益事业为宗旨，且不以营利为目的；③全部资产及其增值为该法人所有；④收益和营运结余主要用于符合该法人设立目的的事业；⑤终止后的剩余财产不归属任何个人或者营利组织；⑥不经营与其设立目的无关的业务；⑦有健全的财务会计制度；⑧捐赠者不以任何形式参与社会团体财产的分配；⑨申请前3年内未受到行政处罚；⑩基金会在民政部门依法登记3年以上（含3年）的，在申请前连续2年年度检查合格，或最近1年检查合格且社会组织评估等级在3A以上（含3A），登记3年以下1年以上（含1年）的，应当在申请前1年年度检查合格或社会组织评估等级在3A以上（含3A）；⑪公益性社会团体（不含基金会）在民政部门依法登记3年以上，净资产不低于登记的活动资金数额，申请前连续2年年度检查合格，或最近1年年度检查合格且社会组织评估等级在3A以上（含3A），申请前连续3年每年用于公益活动的支出不低于上年总收入的70%（含70%），同时需达到当年总支出的50%以上（含50%）。

《财政部、国家税务总局关于通过公益性群众团体的公益性捐赠税前扣除有关问题的通知》（财税［2009］124号）规定，公益性群众团体，应同时符合以下条件：一是符合《企业所得税法实施条例》第五十二条第（一）项至第（八）项规定的条件；二是县级以上各级机构编制部门直接管理其机构编制；三是对接受捐赠的收入以及用捐赠收入进行的支出单独进行核算，且申请前连续3年接受捐赠的总收入中用于公益事业的支出比例不低于70%。

公益性社会团体发生以下情形之一的，应取消公益性捐赠税前扣除资格：一是年度检查不合格或最近一次社会组织评估等级低于3A的，在1年内不得重新申请公益性捐赠税前扣除资格；二是在申请公益性捐赠税前扣除资格时有弄虚作假行为的；三是存在偷税行为或为他人偷税提供便利的；四是存在违反该组织章程的活动，或者接受的捐赠款项用于组织章程规定用途之外的支出；五是受到行政处罚的。存在上述二、三、四、五项情形的，3年内不得重新申请公益性捐赠税前扣除资格。存在上述三、四项情形的，对其接受捐赠收入和其他各项收入依法补征企业所得税。

公益性社会团体和县级以上人民政府及其组成部门和直属机构在接受捐赠时，应按照行政管理级次分别使用由财政部或省、自治区、直辖市财政部门印制的公益性捐赠票据，并加盖本单位的印章，对个人索取捐赠票据的，应予以开具。新设立的基金会在申请获得捐赠税前扣除资格后，原始基金的捐赠人可凭捐赠票据依法享受税前扣除。公益性群众团体在接受捐赠时，应按照行政管理级次分别使用由财政部或省、自治区、直辖市财政部门印制的公益性捐赠票据或者《非税收入一般缴款书》收据联，并加盖本单位的印章；对个人索取捐赠票据的，应予以开具。

公益性社会团体和县级以上人民政府及其组成部门和直属机构在接受捐赠时，捐赠资产的价值，按以下原则确认：一是接受捐赠的货币性资产，应当按照实际收到的金额计算；二是接受捐赠的非货币性资产，应当以其公允价值计算。捐赠方在向公益性社会团体和县级以上人民政府及其组成部门和直属机构捐赠时，应当提供注明捐赠非货币性资产公允价值的证明，如果不能提供上述证明，公益性社会团体和县级以上人民政府及其组成部门和直属机构不得向其开具公益性捐赠票据。对于通过公益性群众团体发生的公益性捐赠支出，主管税务机关应对照财政、税务部门联合发布的名单，接受捐赠的群众团体位于名单内，则企业或个人在名单所属年度发生的公益性捐赠支出可按规定进行税前扣除；接受捐赠的群众团体不在名单内，或虽在名单内但企业或个人发生的公益性捐赠支出不属于名单所属年度的，不得扣除。

纳税人发生的公益性捐赠支出，且不超过年度利润总额的12%的部分允许扣除，对于非公益性捐赠和超过规定比例的公益性捐赠，不允许在所得税前扣除。其中，年度利润总额，是指企业依照国家统一会计制度的规定计算的大于零的数额。

如果本行第1列≥第2列，说明会计发生数≥允许税前扣除的数额，则第1列减去第2列的差额填入本行第3列“调增金额”；如果本行第1列<第2列，说明会计发生数<允许税前扣除的数额，则不需纳税调整，第3列“调增金额”和第4列“调减金额”不填写。

《国家税务总局关于企业所得税执行中若干税务处理问题的通知》（国税函［2009］202号）规定，企业发生为汶川地震灾后重建、举办北京奥运会和上海世博会等特定事项的捐赠，按照《财政部、海关总署、国家税务总局关于支持汶川地震灾后恢复重建有关税收政策问题的通知》（财税［2008］104号）、《财政部、国家税务总局、海关总署关于29届奥运会税收政策问题的通知》（财税［2003］10号）、《财政部、国家税务总局关于2010年上海世博会有关税收政策问题的通知》（财税［2005］180号）等相关规定，可以据实全额扣除。2009年企业所得税汇算清缴时，对汶川地震灾后重建、举办北京奥运会的捐赠已基本结束，可能会有对上海世博会的公益性捐赠。

[例3-60] 中亚被服公司2010年会计利润为1000万元，2010年3月向中华慈善总会捐赠100万元；2010年6月向上海世博会捐赠自产棉被5000套，供上海世博会承建工人使用，每套实际成本80元，市场价格100元；2010年8月直接向受赠人残疾人张某捐赠5万元。有关会计处理和纳税调整如下：

借：营业外支出——向慈善总会捐赠	1000000	
贷：银行存款		1000000
借：营业外支出——向上海世博会捐赠	585000	
贷：主营业务收入		500000
应交税金——应交增值税（销项税额）		85000
借：主营业务成本	400000	
贷：库存商品——被服		400000
借：营业外支出——赞助残疾人张某	50000	
贷：银行存款		50000

企业捐赠支出扣除限额为120万元（1000×12%），企业向中华慈善总会捐赠100万元小于扣除限额，允许扣除；向上海世博会捐赠允许全额扣除，不受额度限制；向残疾人张某的捐赠不符合公益性捐赠条件，应纳税调增。因此，该企业2009年需纳税调增5万元。

（10）第29行“利息支出”：填报企业向非金融机构借款所发生的利息费用及其纳税调整。

一是《企业所得税法实施条例》第三十八条规定，非金融企业向金融企业借款的利息支出、金融企业的各项存款利息支出和同业拆借利息支出、企业经批准发行债券的利息支出，不做纳税调整，非金融企业向非金融企业借款的利息支出，不超过按照金融企业同期同类贷款利率计算的数额的部分，允许税前扣除，即只对企业向非金融机构借款利息支出进行纳税调整，因此，本附表未要求填报企业向金融机构借款利息调整情况。

第1列“账载金额”填报企业向非金融企业借款计入财务费用和有关资产成本的利息支出；

第2列“税收金额”：应同时符合两个标准：

①企业向非金融企业借款按照金融企业同期同类贷款利率计算的数额的部分。

②根据《财政部、国家税务总局关于企业关联方利息支出税前扣除标准有关税收政策问题的通知》（财税［2008］121号），纳税人从关联方取得借款，应符合税收规定债权性投资和权益性投资比例（注：金融企业债资比例的最高限额为5∶1，其他企业债资比例的最高限额为2∶1），关联方之间借款超出上述债资比例的借款利息支出，除符合财税［2008］121号文件第二条规定情况外（即证明超比例部分借款符合独立交易原则），原则上不允许税前扣除。对于关联方企业借款利息费用扣除问题，《国家税务总局关于印发〈特别纳税调整实施办法（试行）〉的通知》（国税发［2009］2号）做了进一步规定。利息支出包括直接或间接关联债权投资实际支付的利息、担保费、抵押费和其他具有利息性质的费用；《企业所得税法》第四十六条规定不得在计算应纳税所得额时扣除的利息支出，不得结转到以后纳税年度；应按照实际支付给各关联方利息占关联方利息总额的比例，在各关联方之间进行分配。其中，分配给实际税负高于企业的境内关联方的利息准予扣除；直接或间接实际支付给境外关联方的利息应视同分配的股息，按照股息和利息分别适用的所得税税率差补征企业所得税，如已扣缴的所得税税款多于按股息计算应征所得税税款，多出的部分不予退税。不得扣除利息支出按以下公式计算：

不得扣除利息支出＝年度实际支付的全部关联方利息×(1－标准比例/关联债资比例)

标准比例是指《财政部、国家税务总局关于企业关联方利息支出税前扣除标准有关税收政策问题的通知》（财税［2008］121号）规定的比例。

关联债资比例是指根据《企业所得税法》第四十六条及《企业所得税法实施条例》第一百一十九的规定，企业从其全部关联方接受的债权性投资（以下简称关联债权投资）占企业接受的权益性投资（以下简称权益投资）的比例，关联债权投资包括关联方以各种形式提供担保的债权性投资。

关联债资比例＝年度各月平均关联债权投资之和/年度各月平均权益投资之和

各月平均关联债权投资＝(关联债权投资月初账面余额＋月末账面余额)/2

各月平均权益投资＝(权益投资月初账面余额＋月末账面余额)/2

权益投资为企业资产负债表所列示的所有者权益金额。如果所有者权益小于实收资本（股本）与资本公积之和，则权益投资为实收资本（股本）与资本公积之和；如果实收资本（股本）与资本公积之和小于实收资本（股本）金额，则权益投资为实收资本（股本）金额。

［例3－61］ 甲、乙、丙是关联企业，2009年甲企业投资丙企业600万元，占丙企业100%股份，2010年4月10日，丙企业吸收乙企业为新股东，乙企业投入500万元，其中实收资本400万元，资本公积100万元。2010年1月1日，丙企业从甲企业借款2000万元，期限1年，年利率5%，2010年7月15日，丙企业从乙企业借款1000万元，期限半年，年利率4%。假定以上利息率均不高于同期银行贷款利率。甲企业2010年税负不高于丙企业，乙企业2010年税负高于丙企业。丙企业按税务机关要求准备、保存、并提供相关同期资料（说明：表3－13所列月平均数均为（期初账面余额＋期末账面余额）/2）。

表3-13　　2010年丙企业所有者权益构成及借款情况明细表　　单位：万元

	1~3月	4月	5~6月	7月	8~9月	10~12月	各月平均占用
权益投资合计①	600	850	1100	1100	1100	1200	979.17
所有者权益合计	570	810	1050	1090	1080	1200	975
实收资本月平均	600	800	1000	1000	1000	1000	900
资本公积月平均		50	100	100	100	100	75
未分配利润月平均	-30	-40	-50	-10	-20	100	0
债权投资月平均合计	2000	2000	2000	2500	3000	3000	2458.33
向甲公司借款月平均	2000	2000	2000	2000	2000	2000	2000
向乙公司借款月平均				500	1000	1000	458.33

① 各月平均权益投资 = $\sum$（权益投资月初账面余额 + 月末账面余额）/2 = 600 × 3 + 850 + 1100 × 2 + 1100 × 3 + 1200 × 3 = 11750（万元）

② 各月平均关联债权投资 =（关联债权投资月初账面余额 + 月末账面余额）/2 = 2000 × 3 + 2000 × 3 + 2500 + 3000 × 2 + 3000 × 3 = 29500（万元）

③ 计算关联债资比例 = 年度各月平均关联债权投资/年度各月平均权益投资 = 29500/11750 = 251%

④ 不得扣除利息支出 = 年度实际支付的全部关联方利息 ×（1 - 标准比例/关联债资比例）=（2000 ×5% +1000 ×4% ×5.5/12）×（1 - 2/2.51）= 118.33 × 0.2 = 23.67（万元）

⑤ 其中：

丙公司支付甲公司利息支出 = 2000 × 0.05 = 100（万元）

占关联方全部利息支出的84.51%［100/（100 + 18.33）］；

丙公司支付乙公司利息支出 1000 × 0.04 × 5.5/12 = 18.33（万元）

占关联方全部利息支出的15.49%。

⑥ 由于乙公司实际税负高于丙公司，故支付乙公司利息可以全部扣除；

⑦ 甲公司实际税负不高于丙公司，同时提供资料不能证明符合独立交易原则，则：

不得扣除利息支出应由甲公司负担的利息 = 23.67 × 84.51% = 20（万元）

该支出不可以扣除，也不可以转到下一年。因此，本行填入20万元。

二是《国家税务总局关于企业投资者投资未到位而发生的利息支出企业所得税前扣除问题的批复》（国税函［2009］312号）规定，凡企业投资者在规定期限内未缴足其应缴资本额的，该企业对外借款所发生的利息，相当于投资者实缴资本额与在规定期限内应缴资本额的差额应计付的利息，其不属于企业合理的支出，应由企业投资者负担，不得在计算企业应纳税所得额时扣除。具体计算不得扣除的利息，应以企业一个年度内每一账面实收资本与

① 注：按《特别纳税调整实施办法［试行］》（国税发［2009］2号）规定"权益投资为企业资产负债表所列示的所有者权益金额。如果所有者权益小于实收资本（股本）与资本公积之和，则权益投资为实收资本（股本）与资本公积之和；如果实收资本（股本）与资本公积之和小于实收资本（股本）金额，则权益投资为实收资本（股本）金额"计算。本表1~9月，所有者权益小于实收资本与资本公积之和，权益投资按实收资本与资本公积之和计算；10~12月，所有者权益大于实收资本与资本公积之和，权益投资按报表的所有者权益计算，因此，"各月平均占用"栏中权益投资额不等于所附项目行次之和。

借款余额保持不变的期间作为一个计算期，每一计算期内不得扣除的借款利息按该期间借款利息发生额乘以该期间企业未缴足的注册资本占借款总额的比例计算，计算公式为：

企业每一计算期不得扣除的借款利息 = 该期间借款利息额 × 该期间未缴足注册资本额 ÷ 该期间借款额

企业一个年度内不得扣除的借款利息总额为该年度内每一计算期不得扣除的借款利息额之和。

三是《国家税务总局关于印发〈房地产开发经营业务企业所得税处理办法〉的通知》（国税发［2009］31号）第二十一条规定：

①企业为建造开发产品借入资金而发生的符合税收规定的借款费用，可按《企业会计准则》的规定进行归集和分配，其中属于财务费用性质的借款费用，可直接在税前扣除。

②企业集团或其成员企业统一向金融机构借款分摊集团内部其他成员企业使用的，借入方凡能出具从金融机构取得借款的证明文件，可以在使用借款的企业间合理的分摊利息费用，使用借款的企业分摊的合理利息准予在税前扣除。

四是《国家税务总局关于企业向自然人借款的利息支出企业所得税税前扣除问题的通知》（国税函［2009］777号）规定：

①企业向股东或其他与企业有关联关系的自然人借款的利息支出，应根据《企业所得税法》第四十六条及《财政部、国家税务总局关于企业关联方利息支出税前扣除标准有关税收政策问题的通知》（财税［2008］121号）规定的条件，计算企业所得税扣除额。

②企业向除第一条规定以外的内部职工或其他人员借款的利息支出，其借款情况同时符合以下条件的，其利息支出在不超过按照金融企业同期同类贷款利率计算的数额的部分，根据《企业所得税法》第八条和《企业所得税法实施条例》第二十七条规定，准予扣除。

A. 企业与个人之间的借贷是真实、合法、有效的，并且不具有非法集资目的或其他违反法律、法规的行为；

B. 企业与个人之间签订了借款合同。

经过上述分析，确定第2列“税收数额”。如本行第1列≥第2列，第1列减去第2列的差额填入本行第3列“调增金额”。如本行第1列<第2列，第3列“调增金额”、第4列“调减金额”均不填。利息支出一般不存在纳税调减情况。

（11）第30行“住房公积金”：第1列“账载金额”填报本纳税年度企业实际为职工负担，并计入当期损益的住房公积金，不包括计入职工工资的部分；第2列“税收金额”填报按税收规定允许税前扣除的住房公积金，目前，税法暂执行国务院有关部门和省级政府规定的标准。《住房公积金管理条例》第十六条规定，职工住房公积金的月缴存额为职工本人上一年度月平均工资乘以职工住房公积金缴存比例，缴存比例均不得低于职工上一年度月平均工资的5%；有条件的城市，可以适当提高缴存比例。单位为职工缴存的住房公积金的月缴存额为职工本人上一年度月平均工资乘以单位住房公积金缴存比例。《建设部、财政部、中国人民银行关于住房公积金管理若干具体问题的指导意见》（建金管［2005］5号）规定，职工住房公积金的计算基数为职工上一年度月平均工资，如果职工工资较高，住房公积金的最高计算基数不得超过当地月社会平均工资的3倍，企业负担的缴存比例最高不超过12%，各省级政府可在上述标准范围内规定本辖区内住房公积金的缴存办法，企业缴存住房公积金的“税收金额”应按国家和省级政府的规定标准执行。

如本行第1列≥第2列，第1列减去第2列的差额填入本行第3列“调增金额”，如本行第1列<第2列，则第3列不填，第4列“调减金额”均不填写。

［例3-62］ 宏达纺织厂共有职工50人，其中管理人员3人，其生产人员工资≤当地社平工资的3倍，管理人员工资>当地社平工资的3倍。单位为47名一线员工按每人每年6000元缴存住房公积金计282000元，3名管理人员按每人每年20000元缴存住房公积金。按照当地社平工资3倍计算住房公积金最高扣除限额为每人每年9800元。有关会计处理如下：

借：管理费用——住房公积金	60000	
制造费用——住房公积金	282000	
贷：应付职工薪酬——住房公积金		342000
借：应付职工薪酬——住房公积金	342000	
贷：银行存款		342000

由于企业为3名管理人员缴存的住房公积金超标，应纳税调增3.06万元（6-0.98×3）。

（12）第31行“罚金、罚款和被没收财物的损失”：第1列“账载金额”填报本纳税年度实际发生的罚金、罚款和被罚没财物的损失。纳税人按照经济合同规定支付的违约金（包括银行罚息）、诉讼费，违约金等允许税前扣除，不在此填写；第3列“调增金额”=第1列“账载金额”；第2列“税收金额”和第4列“调减金额”不填写。

注意：应区分行政罚款、罚金和经济罚款的区别。行政罚款、罚金违反了国家相关法律，不允许在企业所得税前申报扣除；经济罚款并没有违反国家相关法律，只是不符合交易双方经济合同的约定，并且与生产经营相关，应允许企业申报扣除。

（13）第32行“税收滞纳金”：第1列“账载金额”填报本纳税年度实际向税务机关缴纳的税收滞纳金。《税收征管法》第三十二条规定：纳税人、扣缴义务人未按照规定的期限缴纳或解缴税款的，税务机关除责令限期缴纳外，从滞纳之日起，按日加收滞纳税款万分之五的滞纳金。第3列“调增金额”等于第1列；第2列“税收金额”和第4列“调减金额”不填写。

注意：此处只限于税收滞纳金，未包括企业由于其他原因支付的滞纳金。

（14）第33行“赞助支出”：第1列“账载金额”填报本纳税年度实际发生，且不符合税收规定的公益性捐赠范围的捐赠等企业发生的与生产经营活动无关的各种非广告性质支出。包括直接向受赠人的捐赠、各种赞助支出；填写本附表时按照“所有捐赠支出、赞助支出之和”减“公益性捐赠支出”的差额填列。第3列“调增金额”等于第1列；第2列“税收金额”和第4列“调减金额”不填写。

广告性的赞助支出按业务宣传费规定处理，在本附表第27行“广告费与业务宣传费支出”中填报。

（15）第34行“各类基本社会保障性缴款”：第1列“账载金额”填报本纳税年度实际发生的各类基本社会保障性缴款，包括基本医疗保险费、基本养老保险费、失业保险费、工伤保险费和生育保险费；第2列“税收金额”填报按税收规定允许扣除的金额，《企业所得税法实施条例》第三十五条规定，企业依照国务院有关主管部门或者省级人民政府规定的范围和标准为职工缴纳的基本养老保险费、基本医疗保险费、失业保险费、工伤保险费、生育保险费等基本社会保险费和住房公积金，准予扣除。目前，我国各类基本社会保障性缴款未做实个人账户，个人缴存额与其未来受益关系不直接挂钩，企业和个人都不存在超交各类基本社会保障缴款的利益动机，此处按照国家和所在省级政府规定标准填报即可。本行第1列≥第2列，第1列减去第2列的差额填入本行第3列“调增金额”，如本行第1列＜第2列，则第3列、第4列“调减金额”不填写。

（16）第35行“补充养老保险、补充医疗保险”：第1列“账载金额”填报本纳税年度实际发生的补充养老保险、补充医疗保险等补充性质的社会保障性缴款。企业年金是指企业及其职工在依法参加基本养老保险的基础上自愿建立的补充养老保险制度。2005年劳动和社会保障部印发《企业年金基金管理试行办法》，企业年金资金及其运营收益主要用于补充养老保险，企业年金的概念以及年金资金的运营和增值方式，实际上等同于补充养老保险。目前，补充养老保险（企业年金基金）、补充医疗保险均已做实个人账户，个人账户缴存数额与其未来受益直接相关，单位和个人存在超标准缴存补充养老保险、补充医疗保险的利益动机。据了解，实施《企业年金基金管理试行办法》以后，原劳动和社会保障部着手推行补充养老保险和补充医疗保险资金的市场化运作，通过招标审核等程序，在全国选定了66家商业银行、保险公司、基金管理公司等分别担任企业年金的管理人、托管人等角色，各省市社保资金管理中心不再承担补充性保险资金的缴存和运营职责。第2列“税收金额”填报按税收规定允许扣除的金额；国务院曾发文明确补充保险缴存基数不超过工资总额的4%，此后，各省级人民政府曾明确辖区内补充性保险的缴存基数和比例；2003年，《国家税务总局关于执行〈企业会计制度〉需要明确的有关所得税问题的通知》（国税发［2003］45号）曾明确企业按国家和省级政府规定标准缴存的补充养老保险、补充医疗保险允许全额扣除；《企业所得税法实施条例》第三十五条规定，企业为投资者或者职工支付的补充养老保险费、补充医疗保险费，在国务院财政、税务主管部门规定的范围和标准内，准予扣除。根据《财政部、国家税务总局关于补充养老保险费　补充医疗保险费有关企业所得税政策问题的通知》（财税［2009］27号）规定，自2008年1月1日起，企业根据国家有关政策规定，为在本企业任职或者受雇的全体员工支付的补充养老保险费、补充医疗保险费，分别在不超过职工工资总额5%标准内的部分，在计算应纳税所得额时准予扣除；超过的部分，不予扣除。

如本行第1列≥第2列，第1列减去第2列的差额填入本行第3列“调增金额”，如本行第1列＜第2列，说明补充养老保险、补充医疗保险的实际缴存数小于税收限额，不作纳税调整，则第3列、第4列“调减金额”不填写。

（17）第36行“与未实现融资收益相关在当期确认的财务费用”：第1列“账载金额”填报纳税人按照国家统一会计制度实际发生的、与未实现融资收益相关并在当期确认的财务费用的金额。主要指分期收款销售商品时，按《企业会计准则》规定应收的合同或协议价款与其公允价值之间的差额，分期摊销冲减财务费用的金额。对于融资租赁固定资产过程中确认的未实现融资收益已计入融资租赁资产的会计成本，蕴含在附表九《资产折旧摊销纳税调整明细表》融资租赁固定资产的会计与税法计价的差异中，其调整通过会计与税法的折旧差异反映，未计入财务费用，不在本行填报。

根据《企业会计准则第14号——收入》，企业应当按照从购货方已收或应收的合同或协议价款确定销售商品收入金额，合同或协议价款的收取采用递延方式，实质上具有融资性质的，应当按照应收的合同或协议价款的公允价值确定销售商品收入金额；应收的合同或协议价款与其公允价值之间的差额，应当在合同或协议期间内采用实际利率法进行摊销（即本行“与未实现融资收益相关在当期确认的财务费用”），计入当期损益。本行与本附表第 5 行“未按照权责发生制原则确认的收入”存在某种对应关系，第 5 行对会计上按权责发生制原则确认收入。

第 2 列“税收金额”填报纳税人按照税收规定允许税前扣除的相关金额，对于递延收款的销售方式下确认的未实现融资收益，计入了会计损益，但未计入税收应税收入，在发生此项收入的当期已经进行过纳税调整，在此后期间将未实现融资收益通过财务费用进行递延处理时，税法对这部分财务费用不予认可，应做纳税调增。

第 4 列“调减金额”和第 3 列“调增金额”需分析填列。

[例 3－63] 2008 年 1 月，A 公司以分期收款方式向 B 企业销售一套设备，合同约定销售价格为 1000 万元，分 5 次于每年 11 月等额收取。假定 A 公司设备成本为 720 万元，销售价格为 800 万元。

分期收款销售实际是一种信用销售，相当于购买方取得设备时向卖方融资，应承担未付款部分的利息。如图 3－7 所示，“0”点为 2008 年 1 月，A、B、C、D、E 点分别为 2008 年至 2012 年的 11 月（收款日），5 个收款日的 200 万元（1000 万元）按照 2008 年 1 月的资金价值的折现率进行折现之和即为 800 万元。

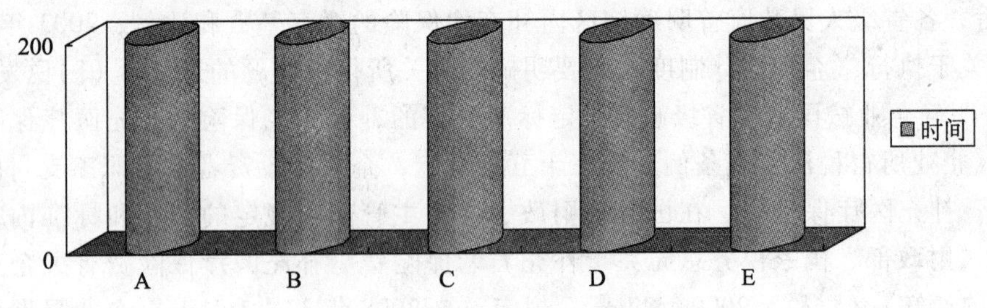

图 3－7　分期收款销售收款时点图

借：长期应收款　　10000000

　　贷：主营业务收入　　8000000

　　　　未实现融资收益　　2000000

借：主营业务成本　　7200000

　　贷：库存商品　　7200000

实际收款时：

借：银行存款　　2000000

　　贷：长期应收款　　2000000

借：未确认融资收益　　456000（根据实际利率法计算）

　　贷：财务费用　　456000

可见，卖方会计处理时，确认为销售收入 800 万元和未确认融资收益 200 万元，与税法 5 年内确认 1000 万元收入的数额一致。以后年度实际收款时，会计上将未确认融资收益 200 万元分摊到各年度（利息收入），会计上对此未确认收益而是采取冲减财务费用方法处理。

从税收角度看，由于每次收款时，卖方按200万元开具发票，税法操作中其确认为200万元销售收入更为直观，每年均按200万元确认应税收入。在申报纳税时，本例中2008年会计上确认销售收入800万元和冲减财务费用45.6万元，由于应纳税所得额是以会计利润为基础纳税调整，此项业务属于税法上不执行权责发生制的情形，在本附表第5行应纳税调减600万元，同时因会计冲减了财务费用，需在本行进行纳税调增。2009年申报所得税时，需调增200万元销售收入，同时调增会计上当年所冲减的财务费用。

（18）第37行“与取得收入无关的支出”：根据《企业所得税法》第八条规定，企业实际发生的与取得收入有关的、合理的支出，包括成本、费用、税金、损失和其他支出，准予在计算应纳税所得额时扣除。《企业所得税法实施条例》第二十七条规定，《企业所得税法》第八条所称有关的支出，是指与取得收入直接相关的支出，所称合理的支出，是指符合生产经营活动常规，应当计入当期损益或者有关资产成本的必要和正常的支出。因此，企业发生与取得收入无直接相关的支出不得在税前扣除，如《国家税务总局关于印发〈企业资产损失税前扣除管理办〉的通知》（国税发［2009］88号）第四十一条规定：企业为其他独立纳税人提供的与本企业应纳税收入无关的贷款担保等，因被担保方还不清贷款而由该担保人承担的本息等，不得申报扣除。近年来，税务机关在管理实践中推行纳税评估的工作方法，实际包括对纳税人各项支出的合理性进行审核。由此，凡是与取得收入无关的支出不应在所得税前扣除，这是《企业所得税法》的一条基本规则。

第1列“账载金额”填报本纳税年度实际发生与取得收入无关的支出，如替外单位和人员承担的成本费用、企业替境外非居民企业承担的税款、企业代职工承担的个人所得税、以企业资金为股东或无关人员支付的消费性支出、企业用于非法活动如贿赂支出等；第3列“调增金额”等于第1列；第2列“税收金额”和第4列“调减金额”不填写。

（19）第38行“不征税收入用于支出所形成的费用”：不征税收入大多属于财政拨款等非经营性收益，国家将其作为不征税收入排除在征税范围之外，如果允许其实际支出形成费用予以扣除，则相当于重复享受了税收优惠政策，包括软件、集成电路企业超税负返还的增值税所形成的费用。为此，《企业所得税法实施条例》第二十八条规定，企业的不征税收入用于支出所形成的费用或者财产，不得扣除或者计算对应的折旧、摊销扣除；《国家税务总局关于做好2009年度企业所得税汇算清缴工作的通知》国税函［2010］148号规定：企业的不征税收入，填报企业所得税年度纳税申报表附表三“纳税调整明细表”“一、收入类调整项目”第14行“13. 不征税收入”对应列次。上述不征税收入用于支出形成的费用和资产，不得税前扣除或折旧、摊销，作相应纳税调整。其中，用于支出形成的费用，填报该表第38行“不征税收入”用于所支出形成的费用；其用于支出形成的资产，填报该表第41行项目下对应行次。因此，有关不征税收入形成固定资产、无形资产的折旧、摊销费用的纳税调整，通过附表九《资产折旧摊销纳税调整明细表》填报。《国家税务总局关于贯彻落实企业所得税若干问题的通知》（国税函［2010］79号）规定：企业取得的各项免税收入所对应的各项成本费用，除另有规定者外，可以在计算企业应纳税所得额时扣除。因此，免税收入所形成资产折旧和有关费用支出准予在税前扣除。

第1列“账载金额”填报本年度实际发生的与不征税收入相关的费用支出，不含不征税收入形成固定资产、无形资产的折旧、摊销；第3列“调增金额”等于第1列；第2列“税收金额”和第4列“调减金额”不填写。

例如，某事业单位取得财政拨款50万元，企业将其用于购买原材料，该部分材料制造产品结转的产品销售成本，所生产产品在当年已全部出售，在申报纳税时应纳税调增50万元。

（20）第39行“加计扣除”：填报纳税研究开发新产品、新工艺、新技术的支出加计扣除50%的政策，以及企业雇用残疾职工加计扣除的工资费用支出，在此做“纳税调减”。本行第4列“调减金额”取自附表五《税收优惠明细表》第9行“加计扣除额合计”金额栏数据，具体税收政策参见附表五《税收优惠明细表》第9行“加计扣除额合计”有关说明。第1列“账载金额”、第2列“税收金额”和第3列“调增金额”不填写。

（21）第40行“其他”填报会计与税收有差异需要纳税调整的其他扣除类项目金额。

一是《国家税务总局关于企业所得税若干税务事项衔接问题的通知》（国税函［2009］98号）明确的开（筹）办费的纳税处理中涉及本行填报。原税法规定开（筹）办费在不短于5年内分期扣除，新税法中没有对开（筹）办费税前扣除的规定。因此，国税函［2009］98号衔接文件规定：企业可以在开始经营之日的当年一次性扣除，也可以按照新税法关于长期待摊费用不短于3年内分期扣除的规定处理，但一经选定，不得改变。企业在新税法实施以前年度的未摊销完的开办费，可以根据上述规定处理。

［例3-64］ 某企业筹备期发生开办费10万元，2006年1月正式经营，2006~2007年度每年分别在税前扣除2万元，2008年度纳税申报时企业可以从以下两种方式中选择，选择后不能改变：

第一种：一次性扣除6万元（10-2×2）。填报附表三《纳税调整项目明细表》第40行“其他”第4列“调减金额”6万元。

第二种：2008~2010年度分3年，每年扣除2万元。2008~2010年度每年纳税申报时填报附表三《纳税调整项目明细表》第40行“其他”第4列“调减金额”2万元。

［例3-65］ 某企业执行新准则，筹备期发生开办费10万元，2010年1月正式经营。

①企业的账务处理：

筹建期发生开办费时（归集后10万元）：

借：长期待摊费用——开办费　　100000

　　贷：银行存款（或现金）　　100000

2010年度摊销开办费时：

借：管理费用　　100000

　　贷：长期待摊费用——开办费　　100000

②2010年度纳税申报时企业可以从以下两种方式中选择，选择后不能改变：

第一种，一次性扣除10万元。由于企业2010年度已将开办费计入管理费用，因此附表二《成本费用明细表》第27行“管理费用”中包含此事项，不需要再做其他纳税处理。

第二种：2010~2012年度分3年，每年扣除3.33万元（10÷3年）。

2010年度纳税申报时，填报附表二《成本费用明细表》第27行“管理费用”中10万元，同时填报附表三《纳税调整项目明细表》第40行“其他”第3列“调增金额”6.67万元（10-3.33）。

二是《企业所得税法实施条例》第一百零二条规定：减免应纳税所得额的所得项目，应合理分摊企业的期间费用；《国家税务总局关于做好2009年度汇算清缴工作的通知》（国税函［2010］148号）规定：企业取得的免税收入、减计收入以及减征、免征所得额项目，不得弥补当期及以前年度应税项目亏损；当期形成亏损的减征、免征所得额项目，也不得用当期和以后纳税年度应税项目所得抵补。此项政策的处理原则是：企业取得的税收优惠项目应该单独核算，经营项目与优惠项目不能盈亏相抵。

企业核算利润总额时经营项目与优惠项目在会计科目上不做区分，目前的纳税申报表并不单独体现应税项目所得与优惠项目所得。因此，以利润总额为基础计算应纳税所得额时，上述政策的实际操作要求无论企业免税项目盈利还是亏损只有将免税项目全额调减，调整后应纳税所得额为真正的应税项目所得或亏损。

例如某企业2010年度核算应税项目及免税项目如表3－14所示。

表3－14　　某企业2010年度核算应税项目及免税项目表

应税项目	免税项目	利润总额	纳税调减	调整后所得
300	50	350	50	300
300	－50	250	－50	300
－300	50	－250	50	－300
－300	－50	－350	－50	－300

3. 报表第三部分：资产类调整项目的填报。

“资产类调整项目”是与固定资产、无形资产、生产性生物资产、油气资产等使用、折旧、摊销、报废所形成的税前扣除项目。“资产类调整项目”的“账载金额”扣减“税收金额”后的余额为正，填报在“调增金额”；余额如为负数，将其绝对值填报在“调减金额”。

（1）第41行“三、资产类调整项目”：填报资产类调整项目第42行至第50行的合计数。第1列“账载金额”、第2列“税收金额”不填报。

（2）第42行“财产损失”：财产与资产从法律角度存在一定区别：财产强调主体对财产的所有权，资产满足于拥有或控制即可；财产侧重于非经营性，未明确是否能带来预期经济利益，资产则用于企业经营活动，侧重经营性，而且能带来预期经济利益。但《企业所得税法》中，财产损失与资产损失的概念基本一致。

与原税法相比，《企业所得税法》对“财产（资产）损失”有关财产（资产）的概念外延做了扩大解释，《财政部、国家税务总局关于企业资产损失税前扣除政策的通知》（财税［2009］57号）、《国家税务总局关于印发〈企业资产损失税前扣除管理办法〉的通知》（国税发［2009］88号）规定，资产是指企业拥有或者控制的、用于经营管理活动且与取得应税收入有关的资产，包括现金、银行存款、应收及预付款项（包括应收票据）等货币资产，存货、固定资产、在建工程、生产性生物资产等非货币资产，以及债权性投资和股权（权益）性投资。这一概念的外延与企业会计准则、企业会计制度、企业财务制度等规定基本一致。

会计上认为，财产损失即企业用于经营的资产发生损毁、报废、盘亏以及实质性或永久性损害，企业财产损失应冲减当期利润。《企业所得税法实施条例》第三十二条规定，损失是指企业在生产经营中发生的固定资产和存货的盘亏、毁损、报废损失，转让财产损失，呆账损失，坏账损失，自然灾害等不可抗力因素造成的损失以及其他损失。企业发生的损失，减除责任人赔偿和保险赔款后的余额，依照国务院财政、税务主管部门的规定扣除。

企业发生资产损失，应在按税收规定实际确认或者实际发生的当年申报扣除，不得提前或延后扣除。因各类原因导致资产损失未能在发生当年准确计算并按期扣除的，经税务机关批准后，可追补确认在损失发生的年度税前扣除，并相应调整该资产损失发生年度的应纳所得税额。调整后计算的多缴税额，应按照有关规定予以退税，或者抵顶企业当期应纳税款。可见，会计与税法对财产损失的口径基本相同，其不同之处在于部分财产损失需履行税务审批手续方可税前扣除，以及税务机关对财产损失的认定数额可能与企业会计确认数额不一致。

根据《国家税务总局关于印发〈企业资产损失税前扣除管理办法〉的通知》（国税发［2009］88号）规定，下列资产损失，属于由企业自行计算扣除的资产损失：一是企业在正常经营管理活动中因销售、转让、变卖固定资产、生产性生物资产、存货发生的资产损失；二是企业各项存货发生的正常损耗；三是企业固定资产达到或超过使用年限而正常报废清理的损失；四是企业生产性生物资产达到或超过使用年限而正常死亡发生的资产损失；五是企业按照有关规定通过证券交易场所、银行间市场买卖债券、股票、基金以及金融衍生产品等发生的损失；六是其他经国家税务总局确认不需经税务机关审批的其他资产损失。上述以外的资产损失，属于需经税务机关审批后才能扣除的资产损失。需经税务机关审批的资产损失包括：现金、银行存款等货币资产损失；存货、固定资产、在建工程等非货币资产损失；债权性和股权性投资损失等。企业无法准确辨别是否属于自行计算扣除的资产损失，可向税务机关提出审批申请。企业发生属于由企业自行计算扣除的资产损失，应按照企业内部管理控制的要求，做好资产损失的确认工作，并保留好有关资产会计核算资料和原始凭证及内部审批证明等证据，以备税务机关日常检查。

企业按规定向税务机关报送资产损失税前扣除申请时，均应提供能够证明资产损失确属已实际发生的合法证据，包括：具有法律效力的外部证据和特定事项的企业内部证据。对于逾期三年以上的应收款项，企业有依法催收磋商记录，确认债务人已资不抵债、连续三年亏损或连续停止经营三年以上的，并能认定三年内没有任何业务往来，可以认定为损失。

税务机关对企业资产损失税前扣除的审批是对纳税人按规定提供的申报材料与法定条件进行符合性审查，企业资产损失税前扣除不实行层层审批，企业可直接向有权审批税务机关申请。审批权限按以下规定划分：一是企业因国务院决定事项所形成的资产损失，由国家税务总局规定资产损失的具体审批事项后，报省级税务机关负责审批；二是其他资产损失按属地审批的原则，由企业所在地管辖的省级税务机关根据损失金额大小、证据涉及地区等因素，适当划分审批权限；三是企业捆绑资产所发生的损失，由企业总机构所在地税务机关审批。

本行第1列“账载金额”填报本纳税年度实际发生的需报税务机关审批的财产损失金额，以及固定资产、无形资产转让（处置）损失和金融资产转让、处置损失金额；企业发生财产损失应在内部履行一定管理手续并在会计上进行处理。

第2列“税收金额”：填报税务机关审批的本纳税年度财产损失金额，以及根据税收规定不需报经税务机关审批的转让、销售、处置、变卖固定资产、无形资产的损失，以及金融资产转让、处置等损失金额。长期股权投资损失不在本附表填报，长期股权投资损失经认定后填入附表十一《长期股权投资所得（损失）明细表》。

如本行第1列≥第2列，说明“税收限额”小于会计上确认的财产损失数，应纳税调增，第1列减去第2列的差额填入本行第3列“调增金额”。根据《国家税务总局关于〈中华人民共和国企业所得税年度纳税申报表〉的补充通知》（国税函［2008］1081号）规定，如本行第1列<第2列，即会计上确认损失数额小于税法确认数额，第1列减去第2列的差额的绝对值填入第4列“调减金额”，这种可能性较小，主要是资产的税收价值大于会计账面价值（如会计对固定资产采取加速折旧，税法采取正常折旧，固定资产计税成本大于会计折余价值，此时发生资产损失），按税收账面价值报送税务机关审批确认财产损失，可能会出现纳税调减。

［例3-66］ 思达公司2010年一台进口专用设备因火灾烧毁，取得119火警出警证明，该设备账面原值300万元，已计提折旧费用70万元，经公司董事会批准，责令责任人王某赔偿损失3万元，2008年资产负债表日确认损失227万元。后经主管税务机关核实，该设备原购置款中有100万元为财政拨款，鉴于企业已进行折旧处理，为简化操作，税务机关意见将100万元财政拨款从企业报审批的财产损失数额中剔除，即审批财产损失127万元。

发生火灾后：

借：固定资产清理	2300000	
累计折旧	700000	
贷：固定资产		3000000

资产负债表日：

借：营业外支出	2270000	
其他应收款——王某	30000	
贷：固定资产清理		2300000

税务机关审批后，纳税调整时，企业应纳税调增100万元。

（3）第43行“固定资产折旧”：填报企业会计核算的固定资产折旧额与税法规定税前扣除折旧额产生差异的情况。本行数据来源于附表九《资产折旧、摊销纳税调整明细表》第1行“固定资产”的调整数，本行第1列“账载金额”、第2列“税收金额”不填写。第3列“调增金额”填报附表九《资产折旧、摊销纳税调整明细表》第1行“固定资产”第7列“纳税调整额”的正数；第4列“调减金额”填报附表九《资产折旧、摊销纳税调整明细表》第1行“固定资产”第7列“纳税调整额”负数的绝对值。

（4）第44行“生产性生物资产折旧”：填报企业会计核算的生产性生物资产折旧额与税法规定税前扣除折旧额产生差异的情况。本行数据来源于附表九《资产折旧、摊销纳税调整明细表》第7行“生产性生物资产”的调整数，本行第1列“账载金额”、第2列“税收金额”不填写。第3列“调增金额”填报附表九《资产折旧、摊销纳税调整明细表》第7行“生产性生物资产”第7列“纳税调整额”的正数；第4列“调减金额”填报附表九《资产折旧、摊销纳税调整明细表》第7行“生产性生物资产”第7列“纳税调整额”的负数的绝对值。

（5）第45行“长期待摊费用”：填报企业会计核算的长期待摊费用摊销额与税法规定税前扣除摊销额产生差异的情况。本行数据来源于附表九《资产折旧、摊销纳税调整明细表》第10行“长期待摊费用”的调整数，本行第1列“账载金额”、第2列“税收金额”

不填写。在执行税收政策时，注意固定资产改建支出与长期待摊费用的区别。第 3 列“调增金额”填报附表九《资产折旧、摊销纳税调整明细表》第 10 行“长期待摊费用”第 7 列“纳税调整额”的正数；第 4 列“调减金额”填报附表九《资产折旧、摊销纳税调整明细表》第 10 行“长期待摊费用”第 7 列“纳税调整额”的负数的绝对值。

（6）第 46 行“无形资产摊销”：填报企业会计核算的无形资产摊销额与税法规定税前扣除摊销额产生差异的情况。本行数据来源于附表九《资产折旧、摊销纳税调整明细表》第 15 行“无形资产”的调整数，本行第 1 列“账载金额”、第 2 列“税收金额”不填写。第 3 列“调增金额”填报附表九《资产折旧、摊销纳税调整明细表》第 15 行“无形资产”第 7 列“纳税调整额”的正数；第 4 列“调减金额”填报附表九《资产折旧、摊销纳税调整明细表》第 15 行“无形资产”第 7 列“纳税调整额”的负数的绝对值。

（7）第 47 行“投资转让、处置所得”：填报企业会计核算的投资转让、处置所得与税法规定产生差异的情况。本行数据来源于附表十一《股权投资所得（损失）明细表》，第 1 列“账载金额”、第 2 列“税收金额”不填写。第 3 列“调增金额”和第 4 列“调减金额”需分析附表十一《股权投资所得（损失）明细表》后填列，其中，附表十一《股权投资所得（损失）明细表》补充资料中“当年度结转金额”填入本行第 3 列。

（8）第 48 行“油气勘探投资”：填报企业会计核算的油气勘探投资折耗与税法规定税前扣除额产生差异的情况。本行数据来源于附表九《资产折旧、摊销纳税调整明细表》第 16 行“油气勘探投资”的调整数，本行第 1 列“账载金额”、第 2 列“税收金额”不填写。有关油气勘探投资资产的折耗问题的税收政策，参见附表九《资产折旧、摊销纳税调整明细表》第 16 行“油气勘探投资”有关说明。第 3 列填报附表九《资产折旧、摊销纳税调整明细表》第 16 行“油气勘探投资”第 7 列“纳税调整额”的正数；第 4 列“调减金额”填报附表九《资产折旧、摊销纳税调整明细表》第 16 行“油气勘探投资”第 7 列“纳税调整额”负数的绝对值。

（9）第 49 行“油气开发投资”：填报企业会计核算的油气开发投资折耗与税法规定税前扣除额产生差异的情况。本行数据来源于附表九《资产折旧、摊销纳税调整明细表》第 17 行“油气开发投资”的调整数，本行第 1 列“账载金额”、第 2 列“税收金额”不填写。由于对“油气开发投资”的折耗设计了《资产折旧、摊销纳税调整明细表》，本行第 1 列“账载金额”、第 2 列“税收金额”不填写，有关油气开发投资资产的折耗问题的税收政策，参见附表九《资产折旧、摊销纳税调整明细表》第 17 行“油气开发投资”有关说明。第 3 列填报附表九《资产折旧、摊销纳税调整明细表》第 17 行“油气开发投资”第 7 列“纳税调整额”的正数；第 4 列“调减金额”填报附表九《资产折旧、摊销纳税调整明细表》第 17 行“油气开发投资”第 7 列“纳税调整额”负数的绝对值。

（10）第 50 行“其他”填报会计与税收有差异需要纳税调整的其他资产类项目金额。

4. 报表第四部分：准备金调整项目的填报。

（1）第 51 行“四、准备金调整项目”：第 3 列“调增金额”填报附表十《资产减值准备项目调整明细表》第 16 行“合计”第 5 列“纳税调整额”的正数；第 4 列“调减金额”填报附表十《资产减值准备项目调整明细表》第 16 行“合计”第 5 列“纳税调整额”的负数的绝对值。第 1 列“账载金额”、第 2 列“税收金额”不填写。

《国家税务总局关于做好 2009 年度汇算清缴工作的通知》（国税函［2010］148 号）明

确的准备金税前扣除填报口径要求：根据《财政部、国家税务总局关于证券行业准备金支出企业所得税税前扣除有关问题的通知》（财税［2009］33 号）等文件的规定，允许在企业所得税税前扣除的各类准备金，填报在企业所得税年度纳税申报表附表三《纳税调整项目明细表》第 40 行“20. 其他”第 4 列“调减金额”。企业所得税年度纳税申报表附表十《资产减值准备项目调整明细表》填报口径不变。

附表十《资产减值准备项目调整明细表》反映了全额不得在税前扣除的准备金支出进行纳税调整的情况，并将纳税调整金额填报附表三第 51 行“准备金调整项目”。因此，国税函［2010］148 号文件进一步明确对于符合政策规定准予在税前扣除的准备金支出在附表三第 40 行“其他”项做纳税调减处理。

（2）金融、证券、期货等行业有关准备金税前扣除的主要政策。

①《财政部、国家税务总局关于金融企业贷款损失准备金企业所得税税前扣除有关问题的通知》（财税［2009］64 号）规定：

第一，准予提取贷款损失准备的贷款资产范围包括：一是贷款（含抵押、质押、担保等贷款）；二是银行卡透支、贴现、信用垫款（含银行承兑汇票垫款、信用证垫款、担保垫款等）、进出口押汇、同业拆出等各项具有贷款特征的风险资产；三是由金融企业转贷并承担对外还款责任的国外贷款，包括国际金融组织贷款、外国买方信贷、外国政府贷款、日本国际协力银行不附条件贷款和外国政府混合贷款等资产。

第二，金融企业的委托贷款、代理贷款、国债投资、应收股利、上交央行准备金，以及金融企业剥离的债权和股权、应收财政贴息、央行款项等不承担风险和损失的资产，不得提取贷款损失准备在税前扣除。

第三，金融企业准予当年税前扣除的贷款损失准备计算公式如下：

$$\begin{array}{c}\text{准予当年税前扣除}\\\text{的贷款损失准备}\end{array}=\begin{array}{c}\text{本年末准予提取贷款损失}\\\text{准备的贷款资产余额}\end{array}\times 1\%-\begin{array}{c}\text{截至上年末已在税前扣除}\\\text{的贷款损失准备余额}\end{array}$$

金融企业按上述公式计算的数额如为负数，应当相应调增当年应纳税所得额。

第四，金融企业发生的符合条件的贷款损失，按规定报经税务机关审批后，应先冲减已在税前扣除的贷款损失准备，不足冲减部分可据实在计算当年应纳税所得额时扣除。

②《财政部、国家税务总局关于证券行业准备金支出企业所得税税前扣除有关问题的通知》（财税［2009］33 号）规定，按以下规定计提的证券类、期货类准备金允许在税前扣除，上述准备金如发生清算、退还，应按规定补征企业所得税。证券类准备金包括：第一，证券交易所风险基金。上海、深圳证券交易所依据《证券交易所风险基金管理暂行办法》（证监发［2000］22 号）的有关规定，按证券交易所交易收取经手费的 20%、会员年费的 10% 提取的证券交易所风险基金，在各基金净资产不超过 10 亿元的额度内，准予在企业所得税税前扣除。第二，证券结算风险基金。一是中国证券登记结算公司所属上海分公司、深圳分公司依据《证券结算风险基金管理办法》（证监发［2006］65 号）规定，按证券登记结算公司业务收入的 20% 提取的证券结算风险基金，在各基金净资产不超过 30 亿元的额度内，准予在企业所得税税前扣除。二是证券公司依据《证券结算风险基金管埋办法》（证监发［2006］65 号）规定，作为结算会员按人民币普通股和基金成交金额的十万分之三、国债现货成交金额的十万分之一、1 天期国债回购成交额的千万分之五、2 天期国债回购成交额的千万分之十、3 天期国债回购成交额的千万分之十五、4 天期国债回购成交额的

千万分之二十、7 天期国债回购成交额的千万分之五十、14 天期国债回购成交额的十万分之一、28 天期国债回购成交额的十万分之二、91 天期国债回购成交额的十万分之六、182 天期国债回购成交额的十万分之十二逐日缴纳的证券结算风险基金，准予在企业所得税税前扣除。第三，证券投资者保护基金。一是上海、深圳证券交易所依据《证券投资者保护基金管理办法》（证监会令第 27 号）规定，在风险基金分别达到规定的上限后，按交易经手费的 20% 缴纳的证券投资者保护基金，准予在企业所得税税前扣除；二是证券公司依据《证券投资者保护基金管理办法》（证监会令第 27 号）的有关规定，按其营业收入 0.5% ~5% 缴纳的证券投资者保护基金，准予在企业所得税税前扣除。

期货类准备金包括：第一，期货交易所风险准备金。上海期货交易所、大连商品交易所、郑州商品交易所和中国金融期货交易所依据《期货交易管理条例》（国务院令第 489 号）、《期货交易所管理办法》（证监会令第 42 号）和《商品期货交易财务管理暂行规定》（财商字［1997］44 号）规定，分别按向会员收取手续费收入的 20% 计提的风险准备金，在风险准备金余额达到有关规定的额度内，准予在企业所得税税前扣除。第二，期货公司风险准备金。期货公司依据《期货公司管理办法》（证监会令第 43 号）和《商品期货交易财务管理暂行规定》（财商字［1997］44 号）的有关规定，从其收取的交易手续费收入减去应付期货交易所手续费后的净收入的 5% 提取的期货公司风险准备金，准予在企业所得税税前扣除。第三，期货投资者保障基金。一是上海期货交易所、大连商品交易所、郑州商品交易所和中国金融期货交易所依据《期货投资者保障基金管理暂行办法》（证监会令第 38 号）的有关规定，按其向期货公司会员收取的交易手续费的 3% 缴纳的期货投资者保障基金，在基金总额达到有关规定的额度内，准予在企业所得税税前扣除；二是期货公司依据《期货投资者保障基金管理暂行办法》（证监会令第 38 号）的有关规定，从其收取的交易手续费中按照代理交易额的千万分之五至千万分之十的比例缴纳的期货投资者保障基金，在基金总额达到有关规定的额度内，准予在企业所得税税前扣除。

③《财政部、国家税务总局关于金融企业涉农贷款和中小企业贷款损失准备金税前扣除政策的通知》（财税［2009］99 号）规定，金融企业根据《贷款风险分类指导原则》（银发［2001］416 号），对其涉农贷款和中小企业贷款进行风险分类后，按照以下比例计提的贷款损失专项准备金，准予在计算应纳税所得额时扣除：关注类贷款，计提比例为 2%；次级类贷款，计提比例为 25%；可疑类贷款，计提比例为 50%；损失类贷款，计提比例为 100%。金融企业发生的符合条件的涉农贷款和中小企业贷款损失，应先冲减已在税前扣除的贷款损失准备金，不足冲减部分可据实在计算应纳税所得额时扣除。

上述涉农贷款指《涉农贷款专项统计制度》（银发［2007］246 号）统计的农户贷款、农村企业及各类组织贷款；中小企业贷款是指金融企业对年销售额和资产总额均不超过 2 亿元的企业的贷款。

④《财政部、国家税务总局关于保险公司提取农业巨灾风险准备金企业所得税税前扣除问题的通知》（财税［2009］110 号）规定，保险公司经营中央财政和地方财政保费补贴的种植业险种的，按不超过补贴险种当年保费收入 25% 的比例计提的巨灾风险准备金，准予在企业所得税前据实扣除，具体计算公式如下：

$$\text{本年度扣除的巨灾风险准备金} = \text{本年度保费收入} \times 25\% - \text{上年度已在税前扣除的巨灾风险准备金结存余额}$$

按上述公式计算的数额如为负数，应调增当年应纳税所得额。

保险公司应当按专款专用原则建立健全巨灾风险准备金管理使用制度，在向主管税务机关报送企业所得税纳税申报表时，同时附送巨灾风险准备金提取、使用情况的说明和报表。

⑤《财政部、国家税务总局关于中小企业信用担保机构有关准备金税前扣除问题的通知》（财税［2009］62号）规定，一是中小企业信用担保机构可按照不超过当年年末担保责任余额1%的比例计提担保赔偿准备，允许在企业所得税税前扣除；二是中小企业信用担保机构可按照不超过当年担保费收入50%的比例计提未到期责任准备，允许在企业所得税税前扣除，同时将上年度计提的未到期责任准备余额转为当期收入；三是中小企业信用担保机构实际发生的代偿损失，应依次冲减已在税前扣除的担保赔偿准备和在税后利润中提取的一般风险准备，不足冲减部分据实在企业所得税税前扣除。

上述政策中准予扣除的准备金先在附表十《资产减值准备项目调整明细表》中做全额纳税调增后，再在本附表三第40行调减按税法规定限额准予税前扣除的准备金。

如，某中小企业信用担保机构2010年度提取担保赔偿准备金100万元，符合税法规定担保赔偿准备金准予在税前扣除金额80万元。不考虑其他因素的情况下2010年度纳税申报时，提取的担保赔偿准备金100万元在附表十《资产减值准备项目调整明细表》中做纳税调增，并填报附表三第51行“准备金调整项目”第3列“调增金额”100万元；同时填报附表三第40行“其他”项第4列“调减金额”80万元。

5. 报表第五部分：房地产企业预售收入计算的预计利润的填报。

第52行“五、房地产企业预售收入计算的预计利润”：填报房地产开发企业预售收入计算的预计利润按照税收规定进行纳税调整的情况。从事房地产开发业务的纳税人本期取得的预售收入，按照税收规定的预计利润率计算的预计利润作纳税调增处理；从事房地产开发业务的纳税人本期将预售收入转为销售收入，转回已按税收规定征税的预计利润的数额作纳税调减处理。房地产企业开发产品预售收入实际属于“预收账款”，未计入当期会计利润，鉴于房地产开发产品的预收款项长期不结转收入延迟纳税问题，《营业税暂行条例》和《国家税务总局关于房地产开发业务征收企业所得税问题的通知》（国税发［2006］31号）都明确规定对开发产品预售收入征收营业税和企业所得税。

实施《企业所得税法》后，《国家税务总局关于印发〈房地产开发经营业务企业所得税处理办法〉的通知》（国税发［2009］31号）延续了对房地产开发产品预售收入征收所得税的有效方法，企业销售未完工开发产品取得收入，应先按预计计税毛利率分季（或月）计算出预计毛利额，计入当期应纳税所得额。开发产品完工后，企业应及时结算其计税成本并计算此前销售收入的实际毛利额，同时将其实际毛利额与其对应的预计毛利额之间的差额，计入当年度企业本项目与其他项目合并计算的应纳税所得额。在年度纳税申报时，企业须出具对该项开发产品实际毛利额与预计毛利额之间差异调整情况的报告以及税务机关需要的其他相关资料。

《国家税务总局关于印发〈房地产开发经营业务企业所得税处理办法〉的通知》（国税发［2009］31号）规定，除土地开发之外，建造、销售住宅、商业用房以及其他建筑物、附着物、配套设施等开发产品符合以下条件之一的，应视为已经完工：一是开发产品竣工证明材料已报房地产管理部门备案；二是开发产品已开始投入使用；三是开发产品已取得了初始产权证明。《国家税务总局关于房地产企业开发产品完工标准税务确认条件的批复》（国税函［2009］342 号）规定，房地产开发企业建造、开发的开发产品无论工程质量是否通过验收合格，或是否办理完工（竣工）备案手续以及会计决算手续，当其开发产品开始投入使用时均应视为已经完工，开发产品开始投入使用是指房地产开发企业开始办理开发产品交付手续（包括入住手续）或已开始实际投入使用。

销售未完工开发产品的计税毛利率规定如下：①开发项目位于省、自治区、直辖市和计划单列市人民政府所在地城市城区和郊区的，不得低于 15%；②开发项目位于地及地级市城区及郊区的，不得低于 10%；③开发项目位于其他地区的，不得低于 5%；④属于经济适用房、限价房和危改房的，不得低于 3%。

企业取得预售收入时，房地产开发产品并未完工，有关销售成本未能全额结转，《国家税务总局关于印发〈房地产开发经营业务企业所得税处理办法〉的通知》（国税发［2009］31 号）规定只能按预售收入一定比例（3%、10%、15%）暂时确认预售利润，并入当期应纳税所得额，填写本表时需做"纳税调增"；待开发产品完工后，再将预收账款结转销售收入，同时结转开发产品的成本，将原已计算预售利润的部分转回，填写本表时做"纳税调减"。

因此，第 3 列"调增金额"填报从事房地产业务的纳税人本期取得的预售收入，按照税收规定的预计利润率计算的预计利润；第 4 列"调减金额"填报本期将预售收入转为销售收入，其结转的预售收入已按税收规定的预计利润率计算的预计利润转回数。第 1 列"账载金额"、第 2 列"税收金额"不填。

［例 3 - 67］ 大龙房地产开发公司 2010 年 5 月预售 A 幢楼房 10000 平方米，取得销售收入 8000 万元，当地房地产预售预计利润率为 20%；2010 年 8 月，B 幢楼房达到完工标准，B 幢楼房建设面积 12000 万平方米，可售面积 9000 平方米，在 2009 年预售 8000 平方米，取得预售收入 9000 万元，已在 2008 年预征税款，2010 年 9 月销售 1000 平方米，取得现售收入 1000 万元，全部售完，结转开发产品成本 4800 万元。

2010 年填报本表时，应纳税调增（A 幢楼）1600 万元；B 幢楼应确认利润 5200 万元（10000 - 4800），计入当期利润；同时，将 B 幢楼 2009 年已预征税款确认的预计利润 1800 万元（9000 ×20%）在本年度转回，作纳税调减。

6. 报表第六部分：特别纳税调整应税所得的填报。

第 53 行"六、特别纳税调整应税所得"：填报纳税人按照税收规定进行特别纳税调整的情况。特别纳税调整是《企业所得税法》创设的一个新概念。根据《企业所得税法》第四十一条规定，企业与其关联方之间的业务往来，不符合独立交易原则而减少企业或者其关联方应纳税收入或者所得额的，税务机关有权按照合理方法调整。关联方交易是跨国公司经营模式中采纳的主要交易方式，跨国公司在一个国家、地区抢占市场或进行产业布局时，较多地考虑上下游产品的协作生产和资源整合问题，主要商品和劳务交易、投资、重组等事项以及特许权使用、市场网络等都在跨国公司内部统筹考虑。跨国公司按照全球利润最大化角度出发，极有可能进行一系列交易和税收策划，降低跨国公司的集团整体税负。《企业所得税法》（包括其他税法）并非限制关联方交易，主要目的是将关联方交易限定在"独立交易原则"所能容忍的范围内，对于不符合独立交易原则的事项，进行调整。《国家税务总局关于印发〈特别纳税调整实施办法［试行］〉的通知》（国税发［2009］2号）文件规定：特别纳税调整实施办法适用于税务机关对企业的转让定价、预约定价安排、成本分摊协议、受控外国企业、资本弱化以及一般反避税等特别纳税调整事项的管理。纳税人应按照该文件的相关规定进行调增处理。

根据《企业所得税法》及其实施条例、《国家税务总局关于印发〈特别纳税调整实施办法（试行）〉的通知》（国税发［2009］2号）等规定，特别纳税调整体系主要包括：一是关联方交易的调整，具体包括转让定价管理、成本分摊协议、预约定价管理；二是受控外国企业管理，主要解决境外子公司不向境内分配利润避税的问题；三是资本弱化管理；四是一般反避税问题。

转让定价管理是指税务机关按照《企业所得税法》第六章和《税收征管法》第三十六条有关规定，对企业与其关联方之间的业务往来是否符合独立交易原则进行审核评估和调查调整等工作的总称。

预约定价安排管理是指税务机关按照《企业所得税法》第四十二条和《税收征管法实施细则》第五十三条等规定，对企业提出的未来年度关联交易的定价原则和计算方法进行审核评估，并与企业协商达成预约定价安排等工作的总称。

成本分摊协议管理是指税务机关按照《企业所得税法》第四十一条规定，对企业与其关联方签署的成本分摊协议是否符合独立交易原则进行审核评估和调查调整等工作的总称。

受控外国企业管理是指税务机关按照《企业所得税法》第四十五条规定，对受控外国企业不作利润分配或减少分配进行审核评估和调查，并对归属于中国居民企业所得进行调整等工作的总称。

资本弱化管理是指税务机关按照《企业所得税法》第四十六条规定，对企业接受关联方债权性投资与企业接受的权益性投资的比例是否符合规定比例或独立交易原则进行审核评估和调查调整等工作的总称。

一般反避税管理是指税务机关按照《企业所得税法》第四十七条规定，对企业实施其他不具有合理商业目的的安排而减少其应纳税收入或所得额进行审核评估和调查调整等工作的总称。

税务机关获取关联方交易信息主要来源于两个渠道：一是要求所有查账征税的企业，按照《国家税务总局关于印发〈中华人民共和国企业年度关联方业务往来报告表〉的通知》（国税发［2008］114号）规定，填报《企业年度关联方业务往来报告表》；二是符合一定条件的企业[①]，应按年度准备企业发生关联方交易的同期资料，同期资料实际上要求企业对本企业关联方交易的情况进行自我评估，证明本企业关联方交易符合独立交易原则的过程，如果企业在准备同期资料过程中，认为本企业的关联方交易不符合独立交易原则，应自行纳税调整。企业在准备同期资料过程中所作的关联方交易的调整，不填写本行，按调整项目的不同，填入有关报表的有关行次。由于特别纳税调整的主体是税务机关，只有税务机关责令

---

① 属于下列情形之一企业，可免于准备同期资料：（1）年度发生的关联购销金额（来料加工业务按年度进出口报关价格计算）在2亿元人民币以下且其他关联交易金额（关联融通资金按利息收付金额计算）在4000万元人民币以下，上述金额不包括企业在年度内执行成本分摊协议或预约定价安排所涉及的关联交易金额；（2）关联交易属于执行预约定价安排所涉及的范围；（3）外资股份低于50%且仅与境内关联方发生关联交易。

作出的关联方交易的纳税调整，才填写本行。

第3列“调增金额”填报纳税人按特别纳税调整规定，自行调增的当年应税所得。第1列“账载金额”、第2列“税收金额”、第4列“调减金额”不填写。

编者在此简要介绍一下转让定价的调整方法，其他有关特别纳税调整内容，请参阅《国家税务总局关于印发〈特别纳税调整实施办法（试行）〉的通知》（国税发［2009］2号）。转让定价方法。是对已经发生的不符合独立交易原则要求的关联方交易所进行纳税调整的方法。由于关联方交易涉及交易类型、对象比较复杂，其定价受诸多因素影响，而且独立交易原则所认可价格应该是一个合理价格区间。转让定价方法核心价值体系是相关独立企业交易价格的可比性，即剔除干扰因素后，比照没有关联关系的交易价格进行定价。转让定价调整方法包括：

可比非受控价格法。指按照没有关联关系的交易各方进行相同或者类似业务往来价格进行定价的方法。该方法着眼于调整关联方交易的收入，适用于所有关联方交易类型，该方法的调整原理最为简单、通俗，但技术上难以适用错综复杂的关联方交易。如图3－8所示，A、B、C互为关联方关系，A、B、C与D不存在关联方关系，假定A生产的某种产品同时销售给B、C、D，如果此项交易中销售给B、C的定价与销售给D的定价不同，就应按照A销售给D的定价标准来调整对B、C的定价。

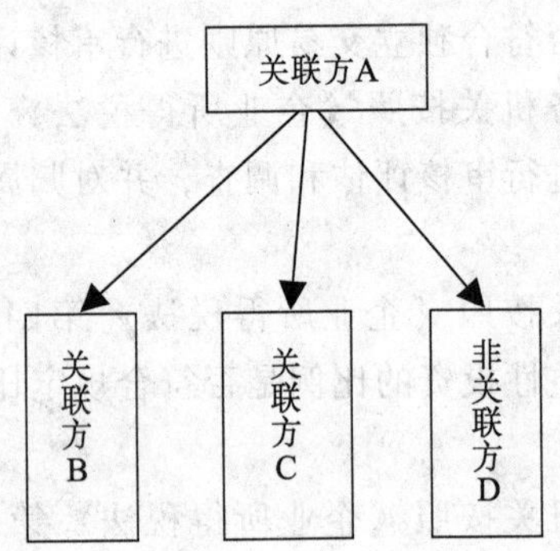

图3－8　可比非受控价格法示意图

再销售价格法。指按照从关联方购进商品再销售给没有关联关系的交易方的价格，减除相同或者类似业务的销售毛利进行定价的方法。该方法同样着眼于调整关联交易的收入定价，再销售价格法通常适用于再销售者未对商品进行改变外形、性能、结构或更换商标等实质性增值加工的简单加工或单纯购销业务。再销售价格法以关联方购进商品再销售给非关联方的价格减去可比非关联交易毛利后的金额作为关联方购进商品的公平成交价格。其计算公式如下：

公平成交价格＝再销售给非关联方的价格×（1－可比非关联交易毛利率）

可比非关联交易毛利率＝可比非关联交易毛利/可比非关联交易收入净额×100%

对于关联交易与非关联交易之间在以上方面存在重大差异的，应就该差异对毛利率的影响进行合理调整，无法合理调整的，应选择其他合理的转让定价方法。如图3－9所示，A、B、C、D互为关联方，E与A、B、C、D不存在关联方关系，假定A生产出商品后，B、C为中间批发环节（或进行简单组装），B将商品再销售给D，C将商品再销售给E。在调整B向D的售价时，以C向E的售价作为参考标准，但要剔除B、C之间销售加工等差异因素。

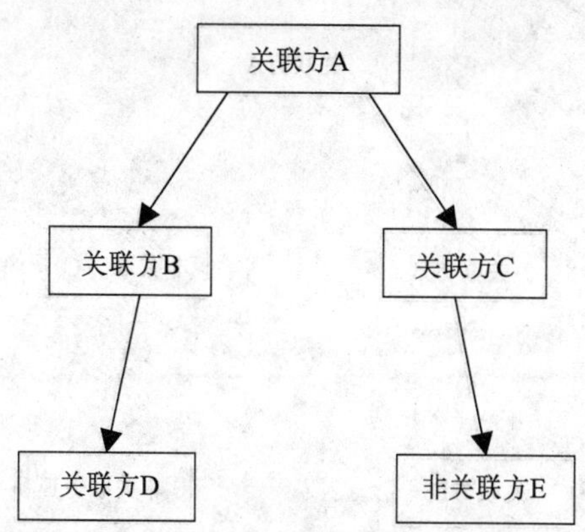

图 3－9　再销售价格法示意图

成本加成法。以关联交易发生的合理成本加上可比非关联交易毛利作为关联交易的公平成交价格。成本加成法通常适用于有形资产的购销、转让和使用，劳务提供或资金融通的关联交易。计算公式如下：

公平成交价格＝关联交易的合理成本×（1＋可比非关联交易成本加成率）

可比非关联交易成本加成率＝可比非关联交易毛利/可比非关联交易成本×100%

可比性分析应特别考察关联交易与非关联交易在功能风险及合同条款上的差异以及影响成本加成率的其他因素，具体包括制造、加工、安装及测试功能，市场及汇兑风险，机器、设备的价值及使用年限，无形资产的使用及价值，商业经验，会计处理及管理效率等。关联交易与非关联交易之间在以上方面存在重大差异的，应就该差异对成本加成率的影响进行合理调整，无法合理调整的，应选择其他合理的转让定价方法。

交易净利润法。按照没有关联关系交易各方进行相同或者类似业务往来取得的净利润水平确定利润的方法，在利润层面进行关联方交易的调整，以可比非关联交易的利润率指标确定关联交易的净利润。利润率指标包括资产收益率、销售利润率、完全成本加成率、贝里比率等。交易净利润法通常适用于有形资产的购销、转让和使用，无形资产的转让和使用以及劳务提供等关联交易。可比性分析应特别考察关联交易与非关联交易之间在功能风险及经济环境上的差异以及影响营业利润的其他因素，具体包括执行功能、承担风险和使用资产，行业和市场情况，经营规模，经济周期和产品生命周期，成本、费用、所得和资产在各交易间的分摊，会计处理及经营管理效率等。关联交易与非关联交易之间在以上方面存在重大差异的，应就该差异对营业利润的影响进行合理调整，无法合理调整的，应选择其他合理的转让定价方法。如图 3－10 所示，A、B、D 互为关联方关系，C、E 与 A 不存在关联方关系，A、B、D 组成一个产业链，A、C、E 组成一个产业链，假定 D、E 最终产品基本相同，如果 B、D 涉及境内外交易而且 B、D 的利润水平低于 C、E，则可以按照交易净利润法确定 B、D 的利润水平。

利润分割法。根据企业与其关联方对关联交易合并利润的贡献计算各自应该分配的利润额。利润分割法通常适用于关联交易高度整合，难以单独评估、分拆各方交易价格，在实际工作中，税务机关较多地采取利润分割法划分有关关联方企业的利润。包括一般利润分割法和剩余利润分割法。

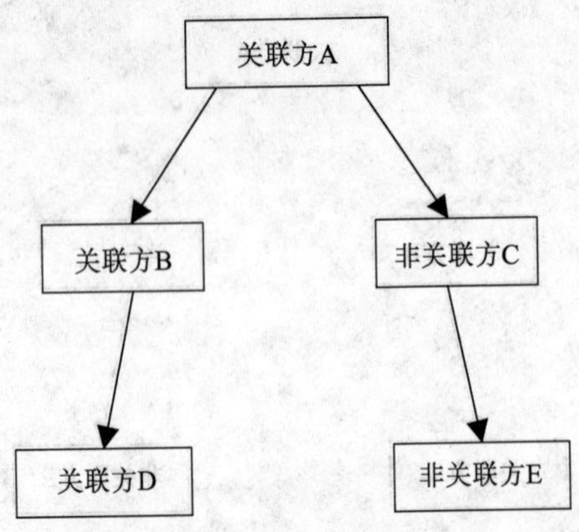

图 3-10　交易净利润法示意图

一般利润分割法根据关联交易各参与方所执行的功能、承担的风险以及使用的资产，确定各自应取得的利润。剩余利润分割法将关联交易各参与方的合并利润减去分配给各方的常规利润的余额作为剩余利润，再根据各方对剩余利润的贡献程度进行分配。可比性分析应特别考察交易各方执行的功能、承担的风险和使用的资产，成本、费用、所得和资产在各交易方之间的分摊，会计处理，确定交易各方对剩余利润贡献所使用信息和假设条件的可靠性等。如图 3-11 所示，A、B、C、D、E 互为关联方关系，其产品供销关系错综复杂，头绪较多，缺乏向非关联方进行交易的可比信息，只能按照利润分割法确认 A、B、C、D、E 的利润，并据以征税。

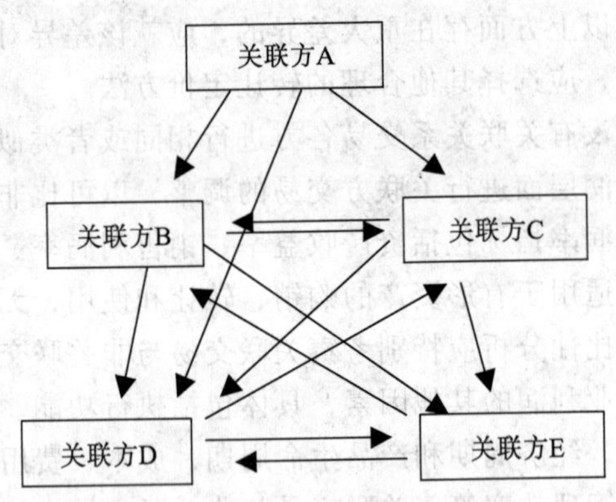

图 3-11　利润分割法示意图

7. 报表第七部分：其他纳税调整项目。

（1）第 54 行“六、其他”：填报其他会计与税收存在差异的项目所做的纳税调整，由于企业所得税纳税调整项目较多，为避免遗漏同时便于企业纳税申报，设计了本行。第 1 列“账载金额”、第 2 列“税收金额”不填报。

（2）第 55 行“合计”：“调增金额”等于本表第 1 行、第 20 行、第 41 行、第 51 行、第 52 行、第 53 行、第 54 行第 3 列的合计；“调减金额”等于本表第 1 行、第 20 行、第 41 行、第 51 行、第 52 行、第 53 行、第 54 行第 4 列合计。调增金额栏、调减金额栏的合计数大于等于 0。

（三）表内及表间关系

1. 表内关系。

（1）第 1 行 = 第 2 行 + 第 3 行 + … + 第 19 行。

（2）第 20 行 = 第 21 行 + 第 22 行 + … + 第 40 行。

（3）第 41 行 = 第 42 行 + 第 43 行 + … + 第 50 行。

2. 表间关系。

（1）一般企业：第 2 行第 3 列 = 附表一（1）第 13 行。

金融企业：第 2 行第 3 列 = 附表一（2）第 38 行。

（2）第 6 行第 4 列 = 附表十一第 5 列“合计”行的绝对值。

（3）附表七第 10 行第 5 列为正数时：

第 10 行第 3 列 = 附表七第 10 行第 5 列。

附表七第 10 行第 5 列为负数时：

第 10 行第 4 列 = 附表七第 10 行第 5 列负数的绝对值。

（4）第 14 行第 4 列 = 附表一（3）第 10 行。

（5）第 15 行第 4 列 = 附表五第 1 行。

（6）第 16 行第 4 列 = 附表五第 6 行。

（7）第 17 行第 4 列 = 附表五第 14 行。

（8）第 18 行第 4 列 = 附表五第 39 行。

当主表第 23 行为负数时：且第 23 行负数的绝对值大于附表三第 18 行第 4 列，则附表三第 18 行第 4 列 = 附表五第 39 行 = 0；当主表第 23 行为负数时：且第 23 行负数的绝对值小于附表三第 18 行第 4 列，则附表三第 18 行第 4 列 = 附表五第 39 行 = 主表第 23 行负数绝对值。

（9）一般企业：第 21 行第 4 列 = 附表二（1）第 12 行。

金融企业：第 21 行第 4 列 = 附表二（2）第 41 行。

（10）第 27 行第 3 列 = 附表八第 7 行。

27 行第 4 列 = 附表八第 10 行。

（11）第 39 行第 4 列 = 附表五第 9 行。

（12）附表九第 1 行第 7 列为正数时：

第 43 行第 3 列 = 附表九第 1 行第 7 列。

附表九第 1 行第 7 列为负数时：

第 43 行第 4 列 = 附表九第 1 行第 7 列负数的绝对值。

（13）附表九第 7 行第 7 列为正数时：

第 44 行第 3 列 = 附表九第 7 行第 7 列。

附表九第 7 行第 7 列为负数时：

第 44 行第 4 列 = 附表九第 7 行第 7 列负数的绝对值。

（14）附表九第 10 行第 7 列为正数时：

第 45 行第 3 列 = 附表九第 10 行第 7 列。

附表九第 10 行第 7 列为负数时：

第 45 行第 4 列 = 附表九第 10 行第 7 列负数的绝对值。

（15）附表九第 15 行第 7 列为正数时：

第 46 行第 3 列 = 附表九第 15 行第 7 列。

附表九第 15 行第 7 列为负数时：

第 46 行第 4 列 = 附表九第 15 行第 7 列负数的绝对值。

(16) 附表九第 16 行第 7 列为正数时：

第 48 行第 3 列 = 附表九第 16 行第 7 列。

附表九第 16 行第 7 列为负数时：

第 48 行第 4 列 = 附表九第 16 行第 7 列负数的绝对值。

(17) 附表九第 17 行第 7 列为正数时：

第 49 行第 3 列 = 附表九第 17 行第 7 列。

附表九第 17 行第 7 列为负数时：

第 49 行第 4 列 = 附表九第 17 行第 7 列负数的绝对值。

(18) 附表十第 17 行第 5 列合计数为正数时：

第 51 行第 3 列 = 附表十第 17 行第 5 列。

附表十第 17 行第 5 列合计数为负数时：

第 51 行第 4 列 = 附表十第 17 行第 5 列的绝对值。

(19) 第 55 行第 3 列 = 主表第 14 行

(20) 第 55 行第 4 列 = 主表第 15 行

五、《企业所得税弥补亏损明细表》(附表四) 表样 (表 3－15) 及填报说明

表 3－15　　企业所得税弥补亏损明细表

填报时间：　年　月　日　　金额单位：元（列至角分）

行次	项目	年度	盈利额或亏损额	合并分立企业转入可弥补亏损额	当年可弥补的所得额	以前年度亏损弥补额					本年度实际弥补的以前年度亏损额	可结转以后年度弥补的亏损额
						前四年度	前三年度	前二年度	前一年度	合计		
		1	2	3	4	5	6	7	8	9	10	11
1	第一年											*
2	第二年					*						
3	第三年					*	*					
4	第四年					*	*	*				
5	第五年					*	*	*	*			
6	本年					*	*	*	*	*		
7	可结转以后年度弥补的亏损额合计											

经办人（签章）：　　法定代表人（签章）：

（一）《企业所得税弥补亏损明细表》（附表四）说明

1. 本表适用于实行查账征收的企业所得税居民纳税人填报。填报本年及本年度以前 5 年内发生的尚未弥补的亏损额及其弥补情况。企业无论盈利或亏损，均需填报。

2. 本附表结构包括三部分：一是第 1 列至第 4 列，列示本年及 5 年内盈亏情况；二是第 5 列至第 9 列，列示以前四个年度亏损已经弥补的情况；三是第 10 列、第 11 列，反映本年弥补的亏损额以及结转以后年度弥补的亏损额。

3. 当年纳税调整后所得为正数，按规定可弥补以前年度结转的亏损额。本表第 6 行第 10 列 = 主表第 24 行“弥补以前年度亏损额”。

4. 第 2 列“盈利额或亏损额”，亏损额以负数表示、第 3 列“合并分立企业转入可弥补亏损额”，亏损额以负数表示。

5. 企业相关年度亏损和盈利额、已弥补的亏损额以及未弥补的亏损额发生变化的，应按税务机关调整确认后的实际数额填报。

（二）有关项目填报说明

1. 报表第一部分：本年及近五年盈亏情况的填报。

（1）第 1 列“年度”：填报公历年份。第 1 行至第 5 行依次从第 6 行往前推 5 年，第 6 行为本申报年度，第 5 行为本年度的前一年，依次类推，2009 年申报时按表 3－15 填写。

（2）第 2 列“盈利额或亏损额”：填报所在行次当年主表的第 23 行“纳税调整后所得”的数据（亏损额以“－”号表示）。

（3）第 3 列“合并分立企业转入可弥补亏损额”：填报按照税收规定企业合并、分立允许税前扣除的亏损额，以及按照《财政部、国家税务总局、中国人民银行关于印发〈跨省市总分机构企业所得税分配及预算管理暂行办法〉的通知》（财税［2008］10 号）、《国家税务总局关于印发〈跨地区经营汇总纳税企业所得税征收管理暂行办法〉的通知》（国税发［2008］10 号）等规定，企业所得税实行汇总纳税后，原分支机构在 2008 年以前按独立纳税人计算缴纳企业所得税尚未弥补完的亏损额，统一视为汇总纳税企业总机构发生并允许弥补的亏损（以“－”号表示）。《国家税务总局关于做好 2009 年度汇算清缴工作的通知》（国税函［2010］148 号）明确了弥补分支机构以前年度亏损的填报口径：根据国税发［2008］28 号文件规定，总机构弥补分支机构 2007 年及以前年度尚未弥补完的亏损时，填报企业所得税年度纳税申报表附表四“弥补亏损明细表”第三列“合并分立企业转入可弥补亏损额”对应行次。

［例 3－68］ A 企业为汇总纳税企业下设分支机构 A1。2007 年度 A 企业亏损 1000 万元，同时 A1 亏损 300 万元；A 企业 2008 年度亏损 500 万元、2009 年度亏损 800 万元；2010 年度 A 企业纳税调整后所得 3000 万元，计算 2010 年度应纳税所得税额时 A 企业附表四填报如表 3－16。

表 3－16 单位：万元

年度	盈利或亏损额	合并分立企业转入可弥补亏损额	当年可弥补的所得额	……	本年度实际弥补的以前年度亏损额	……
2007	－1000	－300	－1300		1300	
2008	－500		－500		500	
2009	－800		－800		800	
2010	3000		3000		2600	

A 企业 2010 年度应纳税所得额＝3000－2600＝400（万元）

需要说明：①被合并、分立企业以前年度未弥补的亏损，在合并、分立过程中并非全部带入合并、分立后的存续企业，为防止企业随意利用被合并方、被分立方的亏损，原《国家税务总局关于企业合并分立业务有关所得税问题的通知》（国税发［2000］119 号）对合并、分立企业亏损的弥补有所限制。实施《企业所得税法》后，《财政部、国家税务总局关于企业重组业务企业所得税处理若干问题的通知》（财税［2009］59 号）规定，一般重组业务的企业合并与分立中，不允许结转扣除被合并方、被分立方的亏损；在特殊重组的企业合并业务中，可由合并企业弥补的被合并企业亏损的限额 = 被合并企业净资产公允价值 × 截至合并业务发生当年年末国家发行的最长期限的国债利率；在特殊重组的企业分立中，被分立企业未超过法定弥补期限的亏损额可按分立资产占全部资产的比例进行分配，由分立企业继续弥补。另外，在特殊重组的合并与分立中，被合并方、被分立方的未弥补亏损允许弥补的年限不一致，需要按其可以结转弥补的实际归属年度填入本列第 1 ~ 5 行。

②《国家税务总局关于做好 2009 年度汇算清缴工作的通知》国税函［2010］148 号文件中明确了资产损失税前扣除的填报口径：根据《国家税务总局关于以前年度未扣除的资产损失企业所得税处理问题的通知》（国税函［2009］772 号）规定，企业资产损失发生年度扣除追补确认的损失后如出现亏损，应调整资产损失发生年度的亏损额，并填报企业所得税年度纳税申报表附表四《弥补亏损明细表》对应亏损年度的相应行次。

国税函［2009］772 号文件明确可以按原政策审批以前年度未扣除的资产损失，国税函［2010］148 号文件进一步明确对追补确认以前年度损失产生的亏损可以结转以后年度弥补并调整填报附表四《弥补亏损明细表》中的相关项。

例如，某企业 2010 年度依据国税函［2009］772 号文件向税务机关申请 2008 年度为扣除的资产损失 100 万元，税务机关审批确认后该企业 2008 年度纳税申报的亏损额由原来的 20 万元调整为审核确认后的 120 万元。2010 年度纳税申报时，附表四《弥补亏损明细表》中 2008 年度亏损额也调整为 120 万元。

（4）第 4 列“当年可弥补的所得额”：本列金额 = 第 2 列 + 第 3 列。

（5）需要提醒的是《国家税务总局关于查增应纳税所得额弥补以前年度亏损处理问题的公告》（国家税务总局公告 2010 年第 20 号）规定：一是根据《企业所得税法》第五条的规定，税务机关对企业以前年度纳税情况进行检查时调增的应纳税所得额，凡企业以前年度发生亏损、且该亏损属于《企业所得税法》规定允许弥补的，应允许调增的应纳税所得额弥补该亏损。弥补该亏损后仍有余额的，按照《企业所得税法》规定计算缴纳企业所得税。对检查调增的应纳税所得额应根据其情节，依照《税收征管法》有关规定进行处理或处罚。二是本规定自 2010 年 12 月 1 日开始执行。以前（含 2008 年度之前）没有处理的事项，按本规定执行。

该文件出台，根本否定了《国家税务总局关于企业所得税若干业务问题的通知》（国税发［1997］191 号）的规定：对纳税人查增的所得额，应先予以补缴税款，再按《税收征管法》的规定给予处罚。其查增的所得额部分不得用于弥补以前年度亏损。纳税人汇算清缴时要注意以上政策的变化。

2. 报表第二部分：以前四个纳税年度亏损弥补情况的填报。

第 5 列至第 9 列：填写本年以前的各年度的亏损额，已在本年度之前的年度内弥补的情况。其中，第 9 列为合计数，本列金额 = 第 5 列 + 第 6 列 + 第 7 列 + 第 8 列。凡是上述年度内盈利（第 4 列数值大于 0）的，则该行第 5 列至第 8 列不填写。

弥补亏损时，自第 1 个亏损年度算起，先亏先补，在 5 年内不论盈亏，都作为弥补亏损年限。

注意本部分“以前年度”与“项目”列中年度的对应关系。“前四年度”即为项目列

“第二年”，反映第一年的亏损在第二年弥补的情况；“前三年度”即为项目列“第三年”，反映第一年、第二年的亏损在该年度已弥补的情况；以后年度以此类推。

3. 报表第三部分：本年度弥补以前亏损和亏损额向以后年度结转情况的填报。

（1）第10列“本年度实际弥补的以前年度亏损额”：

①第1行至第5行：分析填报主表第24行数据，用于依次弥补前5年度的尚未弥补，在本年弥补的亏损额（详细情况）；第1行至第5行累计数不得大于主表第23行。第10列小于等于第4列负数的绝对值减第9列。

②第6行：本行金额等于第1行至第5行第10列的合计数（第6行第10列的合计数≤第6行第4列的合计数）。

（2）第11列“可结转以后年度弥补的亏损额”：

①第2行至第6行“可结转以后年度弥补的亏损额”：填报前5年度的亏损额被本年主表中第24行数据依次弥补后，各年度仍未弥补完的亏损额，以及本年度尚未弥补，要留待以后年度弥补的亏损额。第11列 = 第4列的绝对值 - 第9列 - 第10列（第4列大于零的年度相应行次不填报）。注意第11列第1行不填写。

②第7行：填报第2行至第6行第11列的合计数。在申报表中注明企业未弥补亏损情况，相当于企业台账，税务机关实行电子化管理后，这一情况可与税务局后台数据比对。

（三）表间关系

第6行第10列 = 主表第24行。

[例3-69]　假定AB公司2004年亏损1200万元，2005年亏损5000万元，2006年亏损2000万元，2007年盈利4000万元，2008年盈利2万元，2009年盈利1200万元，2010年盈利900万元。

说明：一是弥补亏损年度具有逐年递延的特点，如2004年亏损在2006年填表时，则2004年为项目列“第四年”，其亏损弥补情况对应以前年度亏损弥补额中“前一年度”。再如2004年亏损在2008年填表时，则2004年为项目列“第二年”，其亏损弥补情况对应以前年度亏损弥补额中“前一年度”、“前二年度”、“前三年度”。二是表样的填写是申报2010年所得税弥补亏损情况的填报，由于2004年亏损1200万元可用2007年盈利弥补，因此，表样中第1行第6列填报数据为弥补2004年亏损后弥补2005年亏损后的数额。三是2005年亏损5000万元在2009年前弥补了4002万元，2010年弥补900万元，最终仍有98万元超过弥补期限，不能再弥补。填表如表3-17。

表3-17　　AB公司2010年度企业所得税弥补亏损明细表

填报时间：　年　月　日　　　　金额单位：万元

行次	项目	年度	盈利额或亏损额	合并分立企业转入可弥补亏损额	当年可弥补的所得额	以前年度亏损弥补额					本年度实际弥补的以前年度亏损额	可结转以后年度弥补的亏损额
						前四年度	前三年度	前二年度	前一年度	合计		
		1	2	3	4	5	6	7	8	9	10	11
1	第一年	2005	-5000		-5000		2800	2	1200	4002	900	*
2	第二年	2006	-2000		-2000	*						2000
3	第三年	2007	4000		4000	*	*					

续表

行次	项目	年度	盈利额或亏损额	合并分立企业转入可弥补亏损额	当年可弥补的所得额	以前年度亏损弥补额					本年度实际弥补的以前年度亏损额	可结转以后年度弥补的亏损额
						前四年度	前三年度	前二年度	前一年度	合计		
		1	2	3	4	5	6	7	8	9	10	11
4	第四年	2008	2		2	*	*	*				
5	第五年	2009	1200		1200	*	*	*	*			
6	本年	2010	900		900	*	*	*	*	*	900	
7	可结转以后年度弥补的亏损额合计											2000

经办人（签章）： 法定代表人（签章）：

六、《税收优惠明细表》（附表五）表样（见表3－18）及填报说明

表3－18 税收优惠明细表

行次	项目	金额
1	一、免税收入（2行+3行+4行+5行）	
2	1．国债利息收入	
3	2．符合条件的居民企业之间的股息、红利等权益性投资收益	
4	3．符合条件的非营利组织的收入	
5	4．其他	
6	二、减计收入（7行+8行）	
7	1．企业综合利用资源，生产符合国家产业政策规定的产品所取得的收入	
8	2．其他	
9	三、加计扣除额合计（10行+11行+12行+13行）	
10	1．开发新技术、新产品、新工艺发生的研究开发费用	
11	2．安置残疾人员所支付的工资	
12	3．国家鼓励安置的其他就业人员支付的工资	
13	4．其他	
14	四、减免所得额合计（15行+25行+29行+30行+31行+32行）	
15	（一）免税所得（16行+17行+…+24行）	
16	1．蔬菜、谷物、薯类、油料、豆类、棉花、麻类、糖料、水果、坚果的种植	
17	2．农作物新品种的选育	
18	3．中药材的种植	
19	4．林木的培育和种植	
20	5．牲畜、家禽的饲养	
21	6．林产品的采集	
22	7．灌溉、农产品初加工、兽医、农技推广、农机作业和维修等农、林、牧、渔服务业项目	
23	8．远洋捕捞	
24	9．其他	

续表

行次	项　　　　　　目	金　额
25	（二）减税所得（26 行 +27 行 +28 行）	
26	1．花卉、茶以及其他饮料作物和香料作物的种植	
27	2．海水养殖、内陆养殖	
28	3．其他	
29	（三）从事国家重点扶持的公共基础设施项目投资经营的所得	
30	（四）从事符合条件的环境保护、节能节水项目的所得	
31	（五）符合条件的技术转让所得	
32	（六）其他	
33	五、减免税合计（34 行 +35 行 +36 行 +37 行 +38 行）	
34	（一）符合条件的小型微利企业	
35	（二）国家需要重点扶持的高新技术企业	
36	（三）民族自治地方的企业应缴纳的企业所得税中属于地方分享的部分	
37	（四）过渡期税收优惠	
38	（五）其他	
39	六、创业投资企业抵扣的应纳税所得额	
40	七、抵免所得税额合计（41 行 +42 行 +43 行 +44 行）	
41	（一）企业购置用于环境保护专用设备的投资额抵免的税额	
42	（二）企业购置用于节能节水专用设备的投资额抵免的税额	
43	（三）企业购置用于安全生产专用设备的投资额抵免的税额	
44	（四）其他	
45	企业从业人数（全年平均人数）	
46	资产总额（全年平均数行）	
47	所属行业（工业企业　其他企业）	

（一）《税收优惠明细表》（附表五）说明

1. 本附表归纳了《企业所得税法》各项税收优惠政策，适用于查账征收的企业所得税居民纳税人填报。

2. 企业所得税优惠政策包括：（1）税基式优惠，如免税收入、减计收入、加计扣除、减免应纳税所得额、抵扣应纳税所得额等，对应《纳税调整项目明细表》（附表三）；不征税收入不属于税收优惠政策，不在该附表中填列。（2）税额式优惠，如减免税额和抵免税额，直接填写主表第 28 行“减免所得税额”、第 29 行“抵免所得税额”。

3. 本附表分为八部分：一是免税收入；二是减计收入；三是加计扣除额合计；四是减免所得额合计；五是减免税合计；六是创业投资企业抵扣应纳税所得额；七是抵免所得税额合计；八是附列资料。

4. 随着国务院有关行政审批事项改革，在原企业所得税政策框架下，国家税务总局先后下发《国家税务总局关于做好已取消的企业所得税审批项目后续管理工作的通知》（国税发［2003］70 号）、《国家税务总局关于下放管理的固定资产加速折旧审批项目后续管理工作的通知》（国税发［2003］70号）、《国家税务总局关于做好已取消和下放管理的企业所得税审批项目后续管理工作的通知》（国税发［2004］82号）、《国家税务总局关于取消及下放外商投资企业和外国企业以及外籍个人若干税务行政审批项目的后续管理问题的通知》（国税发［2004］80号）等文件，取消或下放了一系列税务行政审批事项。实施《企业所得税法》后，《国家税务总局关于企业所得税减免税管理问题的通知》（国税发［2008］111号）、《国家税务总局关于企业所得税税收优惠管理问题的补充通知》（国税函［2009］255号）规定了企业所得税优惠政策管理问题：一是企业所得税各类减免税按照《国家税务总局关于印发〈税收减免管理办法（试行）〉的通知》（国税发［2005］129号）规定办理，国税发［2005］129号文件与《企业所得税法》及其实施条例规定不一致的，按《企业所得税法》及其实施条例执行。二是企业所得税减免税实行审批管理，必须是《企业所得税法》及其实施条例和国务院明确规定需要审批的项目，今后国家制定的各项税收优惠政策，凡未明确为审批事项的，均实行备案管理。三是除国务院明确企业所得税过渡类优惠政策、执行新税法后继续保留执行的原企业所得税优惠政策、《企业所得税法》第二十九条民族自治地方企业减免税优惠政策，以及国务院另行规定实行审批管理的企业所得税优惠政策以外，其他各类企业所得税优惠政策，均实行备案管理，有关减免税范围、方式和备案管理程序由各省、市国家税务局和地方税务局在协商一致的基础上确定。四是备案管理分为事先备案和事后报送相关资料两种：①事先备案项目，纳税人应向税务机关报送相关资料提请备案，经税务机关登记备案后执行，对于按规定应备案而未按规定备案的，不得享受税收优惠；经税务机关审核不符合税收优惠条件的，税务机关应书面通知纳税人不得享受税收优惠。②对于事后报送相关资料的税收优惠，在年度纳税申报时附报相关资料，主管税务机关审核后发现不符合税收优惠政策条件的，应取消税收优惠，并追缴税款。五是企业所得税减免税有资质认定要求的，纳税人须先取得有关资质认定。六是企业所得税减免税期限超过一个纳税年度的，主管税务机关可以进行一次性确认，但每年必须对相关减免税条件进行审核，对情况变化导致不符合减免税条件的，应停止享受减免税政策。

（二）具体行次填报说明

1. 报表第一部分：免税收入的填报。

（1）第1行“免税收入”：填写《企业所得税法》第二十六条规定的免税收入：①国债利息收入；②符合条件的居民企业之间的股息、红利等权益性投资收益；③符合条件的非营利组织的收入；④符合税法规定的其他免税收入。本行金额＝第2行＋第3行＋第4行＋第5行。

（2）第2行“国债利息收入”：填报纳税人持有国务院财政部门发行的国债取得的利息收入（《企业所得税法》第二十六条、《企业所得税法实施条例》第八十二条）。

需要注意：一是铁道部、国有商业银行发行的债券属于企业债券，不属于国债范畴；二是国债在银行间债券市场上已实现净价交易，对于从国债二级市场上购买国债，按照交割单上注明利息收入确认；三是国债转让的差价收入属于应税收入，应予征税；四是此项优惠政策属于事后备案管理事项。

（3）第3行“符合条件的居民企业之间的股息、红利等权益性投资收益”：填报居民企业直接投资于另一居民企业所取得的投资收益，不包括连续持有居民企业公开发行并上市流通的股票不足12个月取得的投资收益；居民企业通过证券市场购买流通股并持股12个月以上的股息属于免税收入（《企业所得税法》第二十六条、《企业所得税法实施条例》第八十三条）。

根据《财政部、国家税务总局关于执行企业所得税优惠政策若干问题的通知》（财税［2009］69号）规定，2008年1月1日以后，居民企业之间分配属于2007年度及以前年度的累积未分配利润而形成的股息、红利等权益性投资收益，按照《企业所得税法》第二十六条及《企业所得税法实施条例》第十七条、第八十三条的规定处理，免予征收企业所得税。根据《财政部、国家税务总局关于企业所得税若干优惠政策的通知》（财税［2008］1号）规定，2008年1月1日之前外商投资企业形成的累积未分配利润，在2008年以后分配给外国投资者的，免征企业所得税；2008年及以后年度外商投资企业新增利润分配给外国投资者的，依法缴纳企业所得税。

非居民企业从居民企业取得与该机构、场所有实际联系的股息、红利等权益性投资收益亦属于免税收入，本套申报表主要由居民企业填报，省略了这一情形。此项优惠政策属于事后备案管理事项。

（4）第4行“符合条件的非营利组织的收入”：填报符合条件的非营利组织取得非营利性收入，不包括非营利组织从事营利性活动所取得的收入（《企业所得税法》第二十六条、《企业所得税法实施条例》第八十四条）。

根据《财政部、国家税务总局关于非营利组织免税资格认定管理有关问题的通知》（财税［2009］123号）规定，符合条件的非营利组织，必须同时满足以下条件：一是依照国家有关法律法规设立或登记的事业单位、社会团体、基金会、民办非企业单位、宗教活动场所以及财政部、国家税务总局认定的其他组织；二是从事公益性或者非营利性活动，且活动范围主要在中国境内；三是取得的收入除用于与该组织有关的、合理的支出外，全部用于登记核定或者章程规定的公益性或者非营利性事业；四是财产及其孳息不用于分配，但不包括合理的工资薪金支出；五是按照登记核定或者章程规定，该组织注销后的剩余财产用于公益性或者非营利性目的，或者由登记管理机关转赠给予该组织性质、宗旨相同的组织，并向社会公告；六是投入人对投入该组织的财产不保留或者享有任何财产权利，本款所称投入人是指除各级人民政府及其部门外的法人、自然人和其他组织；七是工作人员工资福利开支控制在规定的比例内，不变相分配该组织的财产，其中，工作人员平均工资薪金水平不得超过上年度税务登记所在地人均工资水平的两倍，工作人员福利按照国家有关规定执行；八是除当年新设立或登记的事业单位、社会团体、基金会及民办非企业单位外，事业单位、社会团体、基金会及民办非企业单位申请前年度的检查结论为“合格”；九是对取得的应纳税收入及其有关的成本、费用、损失应与免税收入及其有关的成本、费用、损失分别核算。

根据《财政部、国家税务总局关于非营利组织企业所得税免税收入问题的通知》（财税［2009］122号）规定，非营利组织的下列收入为免税收入：一是接受其他单位或者个人捐赠的收入；二是除《企业所得税法》第七条规定的财政拨款以外的其他政府补助收入，但不包括因政府购买服务取得的收入；三是按照省级以上民政、财政部门规定收取的会费；四是不征税收入和免税收入孳生的银行存款利息收入；五是财政部、国家税务总局规定的其他收入。

根据《财政部、国家税务总局关于非营利组织免税资格认定管理有关问题的通知》（财税［2009］123号）规定，经省级（含省级）以上登记管理机关批准设立或登记的非营利组织，凡符合规定条件的，应向其所在地省级税务主管机关提出免税资格申请；经市（地）级或县级登记管理机关批准设立或登记的非营利组织，向其所在地市（地）级或县级税务主管机关提出免税资格申请，并提供相关材料。财政、税务部门按照上述管理权限，对非营利组织享受免税的资格联合进行审核确认，并定期予以公布。非营利组织免税优惠资格的有效期为5年。非营利组织应在期满前3个月内提出复审申请，不提出复审申请或复审不合格的，其享受免税优惠的资格到期自动失效；非营利组织免税资格复审，按照初次申请免税优惠资格的规定办理。

非营利组织必须按照规定办理税务登记，按期进行纳税申报。取得免税资格的非营利组织应按照规定向主管税务机关办理免税手续，免税条件发生变化的，应当自发生变化之日起15日内向主管税务机关报告；不再符合免税条件的，应当依法履行纳税义务；未依法纳税的，主管税务机关应当予以追缴。取得免税资格的非营利组织注销时，剩余财产处置不符合规定的，主管税务机关应追缴其应纳企业所得税款。

对于事业单位、社会团体、基金会及民办非企业单位逾期未参加年检或年度检查结论为“不合格”的，财政、税务部门在一年内不再受理该组织的认定申请。对于非营利组织有下述情形之一的，财政、税务部门在5年内不再受理该组织的认定申请：一是在申请认定过程中提供虚假信息；二是逃避缴纳税款或帮助他人逃避缴纳税款行为的；三是通过关联交易或非关联交易和服务活动，变相转移、隐匿、分配该组织财产的；四是因违反《税收征管法》及《税收征管法实施细则》而受到税务机关处罚的；五是受到登记管理机关处罚的。

（5）第5行“其他”：填报国务院根据税法授权制定的其他免税收入，以此作为上述免税收入项目的补充。本行包括软件生产企业、集成电路设计企业即征即退的增值税税款，证券投资基金等收入，经营有线电视网络的事业单位收视费收入和安装费收入，地方商品储备收入，对中国储备粮管理总公司及其直属粮库取得的财政补贴收入免征企业所得税、股权分置改革中免税收入，中国证券投资者保护基金有限责任公司取得的部分收入等。

2. 报表第二部分：减计收入的填报。

（1）第6行“减计收入”：本行金额 = 第7行 + 第8行。

（2）第7行“企业综合利用资源，生产符合国家产业政策规定的产品所取得的收入”：根据《企业所得税法》第三十三条、《企业所得税法实施条例》第九十九条规定，纳税人以《资源综合利用企业所得税优惠目录》内的资源作为主要原材料，生产非国家限定并符合国家和行业相关标准的产品所取得的收入，减按90%计入收入总额，本行填报政策规定减计10%收入的部分。其实际销售收入和成本仍按规定填报附表一《收入明细表》和附表二《成本费用明细表》，实际成本据实扣除。

《财政部、国家税务总局、国家发展改革委关于公布资源综合利用企业所得税优惠目录（2008年版）的通知》（财税［2008］117号）规定，资源综合利用是指对于共生、伴生矿产资源，废水（液）、废气、废渣，再生资源等16类“资源”的综合利用，生产符合该目录规定技术标准的产品。

根据《财政部、国家税务总局关于执行资源综合利用企业所得税优惠目录有关问题的通知》（财税［2008］47号）、《国家税务总局关于资源综合利用企业所得税优惠管理问题的通知》（国税函［2009］185号）规定：①2008年1月1日起，以《资源综合利用企业所得税优惠目录》所列资源为主要原料，生产国家非限制和非禁止并符合国家或行业标准的产品取得的收入，在计算应纳税所得额时，减按 90% 计入当年收入总额，同时要求《资源综合利用企业所得税优惠目录》所列资源占产品原料比例符合规定的技术标准。②经资源综合利用主管部门按《资源综合利用企业所得税优惠目录》规定认定的生产资源综合利用产品的企业，取得《资源综合利用认定证书》，可申请享受资源综合利用企业所得税优惠；但仅对资源综合利用工艺和技术认定的企业不享受此项优惠政策。③企业从事不符合《企业所得税法实施条例》和《资源综合利用企业所得税优惠目录》规定的范围、条件和技术标准的项目，不得享受资源综合利用企业所得税优惠政策。④企业同时从事其他项目而取得的非资源综合利用收入，应与资源综合利用收入分开核算，没有分开核算的，不享受优惠政策。⑤2008 年 1 月 1 日之前经资源综合利用主管部门认定取得《资源综合利用认定证书》的企业，应重新认定并取得《资源综合利用认定证书》，方可申请享受此项优惠政策。⑥税务机关对资源综合利用企业所得税优惠实行备案管理。⑦享受资源综合利用企业所得税优惠的企业因经营状况发生变化而不符合《资源综合利用企业所得税优惠目录》规定条件的，应自发生变化之日起 15 个工作日内向主管税务机关报告，并停止享受资源综合利用企业所得税优惠。⑧对于采用欺骗等手段获取企业所得税优惠，或因经营状况发生变化而不符合享受优惠条件，但未及时向主管税务机关报告的，按照税收征管法及其实施细则处理。⑨税务机关应对企业实际经营情况进行监督检查，发现资源综合利用主管部门认定有误的，应停止企业享受优惠政策，并与有关认定部门协调沟通，提请纠正，已经享受优惠税额应予追缴。

此项优惠政策属于事先备案管理事项。

（3）第 8 行“其他”：填报国务院根据税法授权制定的“其他减计收入”的税收优惠政策。

3. 报表第三部分：加计扣除的填报。

（1）第 9 行“加计扣除额合计”：填报开发新技术、新产品、新工艺发生的研究开发费用和安置残疾人员及其他人员就业，除允许扣除有关费用外，还允许按所发生费用的一定比例额外从应纳税所得额中扣减；由于有关费用已计入当期损益，此处只填写加计扣除的部分。本行金额 = 第 10 行 + 第 11 行 + 第 12 行 + 第 13 行。

（2）第 10 行“开发新技术、新产品、新工艺发生的研究开发费用”：填报纳税人为开发新技术、新产品、新工艺发生的研究开发费用，未形成无形资产计入当期损益的，在按规定实行 100% 扣除基础上，按研究开发费用的 50% 加计扣除的金额。

开发新技术、新产品、新工艺发生的研究开发费用涉及的会计规范：《企业会计准则第 6 号——无形资产》规定企业内部研究开发项目的支出应当区分研究阶段支出与开发阶段支出。企业内部研究开发项目研究阶段的支出，应当于发生时计入当期损益；企业内部研究开发项目开发阶段的支出，符合条件的应当确认为无形资产。企业对研究开发的支出应当单独核算。

开发新技术、新产品、新工艺发生的研究开发费用涉及的企业所得税政策：

①《企业所得税法》第三十条规定：开发新技术、新产品、新工艺发生的研究开发费用，可以在计算应纳税所得额时加计扣除。

②《企业所得税法实施条例》第九十五条规定：《企业所得税法》第三十条第（一）项所称研究开发费用的加计扣除，是指企业为开发新技术、新产品、新工艺发生的研究开发费用，未形成无形资产计入当期损益的，在按照规定据实扣除的基础上，按照研究开发费用

的 50% 加计扣除；形成无形资产的，按照无形资产成本的 150% 摊销。

③《财政部、海关总署、国家税务总局关于支持文化企业发展若干税收政策问题的通知》（财税［2009］31 号）第五条规定：文化企业开发新技术、新产品、新工艺发生的研究开发费用，允许按国家税法规定在计算应纳税所得额时加计扣除。文化产业支撑技术等领域的具体范围由科技部、财政部、国家税务总局和中宣部另行发文明确。

④关于研究开发费加计扣除的具体内容。

《国家税务总局关于印发〈企业研究开发费用税前扣除管理办法（试行）〉的通知》（国税发［2008］116 号）第七条规定：企业根据财务会计核算和研发项目的实际情况，对发生的研发费用进行收益化或资本化处理的，可按下述规定计算加计扣除：一是研发费用计入当期损益未形成无形资产的，允许再按其当年研发费用实际发生额的 50%，直接抵扣当年的应纳税所得额。二是研发费用形成无形资产的，按照该无形资产成本的 150% 在税前摊销。除法律另有规定外，摊销年限不得低于 10 年。

国税发［2008］116 号第四条规定：企业从事《国家重点支持的高新技术领域》和国家发展改革委员会等部门公布的《当前优先发展的高技术产业化重点领域指南（2007 年度）》规定项目的研究开发活动，其在一个纳税年度中实际发生的下列费用支出，允许在计算应纳税所得额时按照规定实行加计扣除：新产品设计费、新工艺规程制定费以及与研发活动直接相关的技术图书资料费、资料翻译费。从事研发活动直接消耗的材料、燃料和动力费用。在职直接从事研发活动人员的工资、薪金、奖金、津贴、补贴。专门用于研发活动的仪器、设备的折旧费或租赁费。专门用于研发活动的软件、专利权、非专利技术等无形资产的摊销费用。专门用于中间试验和产品试制的模具、工艺装备开发及制造费。勘探开发技术的现场试验费。研发成果的论证、评审、验收费用。

国税发［2008］116 号第五条规定：对企业共同合作开发的项目，凡符合上述条件的，由合作各方就自身承担的研发费用分别按照规定计算加计扣除。

国税发［2008］116 号第六条规定：对企业委托给外单位进行开发的研发费用，凡符合上述条件的，由委托方按照规定计算加计扣除，受托方不得再进行加计扣除。

对委托开发的项目，受托方应向委托方提供该研发项目的费用支出明细情况，否则，该委托开发项目的费用支出不得实行加计扣除。

⑤关于研究开发费加计扣除的管理。

国税发［2008］116 号第九条规定：企业未设立专门的研发机构或企业研发机构同时承担生产经营任务的，应对研发费用和生产经营费用分开进行核算，准确、合理的计算各项研究开发费用支出，对划分不清的，不得实行加计扣除。

国税发［2008］116 号第十条规定：企业必须对研究开发费用实行专账管理，同时必须按照本办法附表的规定项目，准确归集填写年度可加计扣除的各项研究开发费用实际发生金额。企业应于年度汇算清缴所得税申报时向主管税务机关报送本办法规定的相应资料。申报的研究开发费用不真实或者资料不齐全的，不得享受研究开发费用加计扣除，主管税务机关有权对企业申报的结果进行合理调整。

企业在一个纳税年度内进行多个研究开发活动的，应按照不同开发项目分别归集可加计扣除的研究开发费用额。

⑥关于技术开发费的加计扣除形成的亏损的处理。

《国家税务总局关于企业所得税若干税务事项衔接问题的通知》（国税函［2009］98号）第八条规定：企业技术开发费加计扣除部分已形成企业年度亏损，可以用以后年度所得弥补，但结转年限最长不得超过5年。

由于有关研究开发费用已计入当期损益，此行只填写加计扣除50%部分。对于开发新技术、新产品、新工艺发生的研究开发费用形成无形资产的，当年不在税前扣除，通过无形资产加计摊销扣除。《研发项目可加计扣除研究开发费用情况归集表》主要归集未形成无形资产的研发费用，因此，研发支出形成无形资产的加计摊销，不在本表反映，可以填报附表九《资产折旧、摊销纳税调整明细表》有关无形资产的加计摊销。

需要说明：一是企业共同合作开发的项目，由合作各方就自身承担的研发费用分别加计扣除。二是对企业委托给外单位开发的研发费用，由委托方计算加计扣除，受托方不再进行加计扣除，对委托开发项目，受托方应向委托方提供该研发项目费用支出明细情况，否则，该委托开发项目费用支出不得加计扣除。三是企业未设立专门研发机构或企业研发机构同时承担生产经营任务的，应对研发费用和生产经营费用分开核算，准确、合理计算各项研究开发费用支出，划分不清的，不得加计扣除。四是企业应对研究开发费用专账管理，同时必须按照表3－17《研发项目可加计扣除研究开发费用情况归集表》规定的项目，准确归集填写本年度可加计扣除的各项研究开发费用实际发生金额。五是对技术要求高、投资数额大，需要由集团公司进行集中开发的研究开发项目，其实际发生的研究开发费，可以按照合理的分摊方法在受益集团成员公司间进行分摊；企业集团应提供集中研究开发项目的协议或合同，该协议或合同应明确规定参与各方在该研究开发项目中的权利和义务、费用分摊方法等内容，按照权利和义务、费用支出和收益分享一致的原则，合理确定研究开发费用的分摊方法，如不提供协议或合同，研究开发费不得加计扣除。六是企业集团采取合理分摊研究开发费的，企业集团母公司负责编制集中研究开发项目的立项书、研究开发费用预算表、决算表和决算分摊表。七是企业研究开发费各项目的实际发生额归集不准确、汇总额计算不准确的，主管税务机关有权调整其税前扣除额或加计扣除额。八是此项优惠政策属于事先备案管理事项。

表3－19　　　　　　　　　　　　　＿＿＿＿＿＿研发项目

可加计扣除研究开发费用情况归集表

（已计入无形资产成本的费用除外）

纳税人名称（公章）：　　　　　　　　　　　　　　　　　　　　　纳税人识别号：

＿＿＿年度（　季度）　　　　　　　　　　　　　　　　　　　　　　　　金额单位：元

序号	费 用 项 目	发生额
1	一、研发活动直接消耗的材料、燃料和动力费用	
2	1．材料	
3	2．燃料	
4	3．动力费用	
5		
6	二、直接从事研发活动的本企业在职人员费用	
7	1．工资、薪金	
8	2．津贴、补贴	

续表

序号	费　用　项　目	发生额
9	3. 奖金	
10		
11		
12	三、专门用于研发活动的有关折旧费（按规定一次或分次摊入管理费的仪器和设备除外）	
13	1. 仪器	
14	2. 设备	
15		
16	四、专门用于研发活动的有关租赁费	
17	1. 仪器	
18	2. 设备	
19		
20	五、专门用于研发活动的有关无形资产摊销费	
21	1. 软件	
22	2. 专利权	
23	3. 非专利技术	
24		
25	六、专门用于中间试验和产品试制的模具、工艺装备开发及制造费	
26		
27	七、研发成果论证、鉴定、评审、验收费用	
28		
29	八、与研发活动直接相关的其他费用	
30	1. 新产品设计费	
31	2. 新工艺规程制定费	
32	3. 技术图书资料费	
33	4. 资料翻译费	
34		
35	合计数（1 行 +2 行 +3 行 + … +34 行）	
36	从有关部门和母公司取得的研究开发费专项拨款	
37	加计扣除额（35 行 -36 行）×50%	

（3）第 11 行“安置残疾人员所支付的工资”：填报纳税人安置残疾人员的，在支付给残疾职工工资 100% 据实扣除基础上，按照支付给残疾职工工资的 100% 加计扣除额。即每月发给残疾职工 1000 元，实际申报时可以扣除 2000 元，上述每月发放的残疾职工工资已计入当期损益，此处只填写“加计扣除”的 1000 元。

《企业所得税法》第三十条规定：安置残疾人员及国家鼓励安置的其他就业人员所支付的工资，可以在计算应纳税所得额时加计扣除。《企业所得税法实施条例》第九十六条规定：《企业所得税法》第三十条第（二）项所称企业安置残疾人员所支付的工资的加计扣除，是指企业安置残疾人员的，在按照支付给残疾职工工资据实扣除的基础上，按照支付给残疾职工工资的100%加计扣除。残疾人员的范围适用《中华人民共和国残疾人保障法》的有关规定。

《财政部、国家税务总局关于安置残疾人员就业有关企业所得税优惠政策问题的通知》（财税［2009］70号）规定，一是企业支付给残疾职工的工资，在进行所得税预缴申报时，据实计算扣除，年度终了进行企业所得税年度申报和汇算清缴时，再加计扣除。二是企业享受安置残疾职工工资100%加计扣除政策应同时具备以下条件：①依法与每位残疾人签订1年以上（含1年）劳动合同或服务协议，并且每位残疾人在企业实际上岗工作；②为每位残疾人职工按月足额缴纳基本养老保险、基本医疗保险、失业保险和工伤保险等社会保险；③定期通过银行等金融机构向残疾人职工实际支付不低于企业所在区县适用（经省级人民政府批准）的最低工资标准工资；④具备安置残疾人上岗工作基本设施。三是企业在年度终了进行所得税汇算清缴时，向主管税务机关报送已安置残疾职工名单、《中华人民共和国残疾人证》或《中华人民共和国残疾军人证（1至8级）》复印件和主管税务机关要求提供的其他资料，办理享受加计扣除优惠的备案手续。可见，此项优惠政策属于事后备案管理事项。

（4）第12行“国家鼓励安置的其他就业人员支付的工资”：填报国务院根据税法授权制定的其他就业人员支付工资予以加计扣除的优惠政策，目前国家尚未出台相应优惠政策。

现行政策对军转干部、随军家属、退役士兵、下岗再就业、企业改制主辅分离等鼓励就业政策，大多采取直接减免税方式，实践中存在很多管理问题。以后，为了鼓励上述人员就业政策，可能将逐渐采取按安置人员的情况给予加计扣除办法。

（5）第13行“其他”：填报国务院根据税法授权制定的其他加计扣除的税收优惠政策。

4. 报表第四部分：减免所得额的填报。

（1）第14行“减免所得额合计”：填报《企业所得税法》第二十七条、《企业所得税法实施条例》第八十六条、第八十七条、第八十八条、第八十九条、第九十条、第九十一条规定的免予征税和减半征税的项目所得。本行金额=第15行+第25行+第29行+第30行+第31行+第32行。

需要说明：一是《企业所得税法》税收优惠政策的一个突出特点是淡化对整个企业直接减免税额的方式，增强税收优惠政策的针对性和有效性，强化税收政策的产业化特征，作出对企业某些鼓励项目的所得予以免税或减半征税的规定；二是纳税人同时从事两个以上本附表第16行至第32行所列减免所得税项目的，应分别填报；三是根据《企业所得税法实施条例》第一百零二条规定，减免应纳税所得额的所得项目，应合理分摊企业的期间费用，也就是说，与减免税所得项目对应的期间费用不应在所得税前扣除，应做纳税调增，填入附表三《纳税调整项目明细表》第40行“其他”，但应登记好台账，以便向税务稽查人员说明情况；四是根据《国家税务总局关于贯彻落实从事农、林、牧、渔业项目企业所得税优惠政策有关事项的通知》（国税函［2008］850号）、《国家税务总局关于企业所得税减免税管理问题的通知》（国税发［2008］111号）、《国家税务总局关于企业所得税税收优惠管理问题的补充通知》（国税函［2009］255号）等规定，《企业所得税法实施条例》第八十六条规定的农、林、牧、渔业项目企业所得税优惠政策，属于备案管理事项，纳税人应认真了解所在省市国税局、地税局有关企业所得税减免税备案程序。

（2）第15行“（一）免税所得”：填报《企业所得税法》第二十七条、《企业所得税法实施条例》第八十六条（一）项规定的免予征税的项目所得，主要基础性的农、林、牧、渔业项目的所得。本行金额＝第16行＋第17行＋…＋第24行。

（3）第16行“蔬菜、谷物、薯类、油料、豆类、棉花、麻类、糖料、水果、坚果的种植”：填报纳税人种植蔬菜、谷物、薯类、油料、豆类、棉花、麻类、糖料、水果、坚果取得的免征企业所得税项目的所得额。

（4）第17行“农作物新品种的选育”：填报纳税人从事农作物新品种的选育，免征企业所得税项目的所得额。

（5）第18行“中药材的种植”：填报纳税人从事中药材的种植免征企业所得税项目的所得额。

（6）第19行“林木的培育和种植”：填报纳税人从事林木的培育和种植免征企业所得税项目的所得额。

（7）第20行“牲畜、家禽的饲养”：填报纳税人从事牲畜、家禽的饲养免征企业所得税项目的所得额。

（8）第21行“林产品的采集”：填报纳税人从事采集林产品免征企业所得税项目的所得额。

（9）第22行“灌溉、农产品初加工、兽医、农技推广、农机作业和维修等农、林、牧、渔服务业项目”：填报纳税人从事灌溉、农产品初加工、兽医、农技推广、农机作业和维修等农、林、牧、渔服务业免征企业所得税项目的所得额。

根据《财政部、国家税务总局关于发布〈享受企业所得税优惠政策的农产品初加工范围（试行）〉的通知》（财税［2008］149号）规定，农产品初加工的范围：一是种植业类。①粮食初加工；②林木产品初加工；③园艺植物初加工，不包括以蔬菜为原料制作的各类蔬菜罐头（以金属罐、玻璃瓶经排气密封的各种食品）及碾磨后的园艺植物（如胡椒粉、花椒粉）；④油料植物初加工，不包括精炼植物油；⑤糖料植物初加工；⑥茶叶初加工，不包括精制茶、边销茶、紧压茶和掺兑各种药物的茶及茶饮料；⑦药用植物初加工，不含加工的各类中成药；⑧纤维植物初加工；⑨热带、南亚热带作物初加工。二是畜牧业类。①畜禽类初加工，不含肉类罐头、肉类熟制品、蛋类罐头、各类酸奶、奶酪、奶油、王浆粉、各种蜂产品口服液、胶囊；②饲料类初加工；③牧草类初加工。三是渔业类。①水生动物初加工，不含熟制的水产品和各类水产品的罐头以及调味烤制的水产食品；②水生植物初加工，不含罐装（包括软罐）产品。

（10）第23行“远洋捕捞”：填报纳税人从事远洋渔业捕捞免征企业所得税的所得额。此项政策属于原有优惠政策的延续，《财政部、国家税务总局关于对内资渔业企业从事捕捞业务征收企业所得税问题的通知》（财税字［1997］114号）曾明确对远洋捕捞业务所得免征所得税。

（11）第24行“其他”：填报国务院根据税法授权制定的其他免税所得税收优惠政策。

（12）第25行“（二）减税所得”：填报《企业所得税法》第二十七条、《企业所得税法实施条例》第八十六条（二）项规定的减半征税的项目所得，主要经济性的农、林、牧、渔业项目的所得。本行金额＝第26行＋第27行＋第28行。

（13）第26行“花卉、茶以及其他饮料作物和香料作物的种植”：填报纳税人从事花卉、茶以及其他饮料作物和香料作物种植减半征收企业所得税项目的所得额。注意，以“花卉、茶以及其他饮料作物和香料作物的种植”所得×50%的乘积填写本行。

（14）第27行“海水养殖、内陆养殖”：填报纳税人从事海水养殖、内陆养殖减半征收企业所得税项目的所得额。注意，以“海水养殖、内陆养殖”所得×50%的乘积填写本行。

（15）第28行“其他”：填报国务院根据《企业所得税法》授权制定的其他减征所得税优惠政策。注意，以国务院规定的减税项目所得×减税比例。

（16）第29行“从事国家重点扶持的公共基础设施项目投资经营的所得”：《企业所得税法》第二十七条、《企业所得税法实施条例》第八十七条规定，纳税人从事《公共基础设施项目企业所得税优惠目录》规定的港口码头、机场、铁路、公路、城市公共交通、电力、水利等项目的投资经营的所得。自项目取得第一笔生产经营收入所属纳税年度起，第一年至第三年免征企业所得税，第四年至第六年减半征收企业所得税。上述优惠政策不包括企业承包经营、承包建设和内部自建自用该项目的所得。

《企业所得税法实施条例》第八十九条规定，享受减免税优惠的公共基础设施项目，在减免税期限内转让的，受让方自受让之日起，可以在剩余期限内享受规定的减免税优惠；减免税期限届满后转让的，受让方不得就该项目重复享受减免税优惠。

《财政部、国家税务总局、国家发展改革委关于公布公共基础设施项目企业所得税优惠目录（2008年版）的通知》（财税［2008］116号）公布了《公共基础设施所得税优惠目录》主要内容：包括港口码头、机场、铁路、公路、城市公共交通、电力、水利等项目的范围、条件及技术标准。

根据《财政部、国家税务总局关于执行公共基础设施项目企业所得税优惠目录有关问题的通知》（财税［2008］46号）、《国家税务总局关于实施国家重点扶持的公共基础设施项目企业所得税优惠问题的通知》（国税发［2009］80号）等规定：①2008年1月1日后，居民企业经有关部门批准，从事符合《公共基础设施项目企业所得税优惠目录》规定范围、条件和标准的公共基础设施项目的投资经营所得，自该项目取得第一笔生产经营收入所属纳税年度起，第一年至第三年免征企业所得税，第四年至第六年减半征收企业所得税。②第一笔生产经营收入，是指公共基础设施项目建成并投入运营（包括试运营）后所取得的第一笔主营业务收入。③企业同时从事不在《公共基础设施项目企业所得税优惠目录》范围内的项目取得的所得，应与享受优惠的公共基础设施项目分开核算，并合理分摊期间费用，没有分开核算的，不享受优惠政策。期间共同费用的合理分摊比例可以按照投资额、销售收入、资产额、人员工资等参数确定，上述比例一经确定，不得随意变更，凡特殊情况需要改变的，需报主管税务机关核准。④企业承包经营、承包建设和内部自建自用公共基础设施项目，不享受优惠政策，其中，承包经营，指与从事该项目经营的法人主体相独立的另一法人经营主体，通过承包该项目的经营管理而取得劳务性收益的经营活动；承包建设，指与从事该项目经营的法人主体相独立的另一法人经营主体，通过承包该项目工程建设而取得建筑劳务收益的经营活动；内部自建自用，指项目建设仅作为本企业主体经营业务的设施，满足本企业自身生产经营活动需要，而不属于向他人提供公共服务业务的公共基础设施建设项目。⑤从事《公共基础设施项目企业所得税优惠目录》范围项目投资的居民企业应于从该项目取得的第一笔生产经营收入后15日内向主管税务机关备案并报送如下材料后，方可享受有关企业所得税优惠：一是有关部门批准该项目文件复印件；二是该项目完工验收报告复印件；三是该项目投资额验资报告复印件；四是税务机关要求提供的其他资料。⑥企业因生产经营变化或因《公共基础设施项目企业所得税优惠目录》调整，不再符合减免税条件的，企业应自发生变化15日内向主管税务机关提交书面报告并停止享受优惠，依法缴纳企业所得税。⑦税务机关核查的主要内容：一是企业是否继续符合减免所得税的资格条件，所提供的有关情况证明材料是否真实；二是企业享受减免企业所得税条件发生变化时，是否及时将情况报送税务机关，并对适用优惠进行了调整。

纳税人同时从事两个以上公共基础设施项目，且分别处于征、减、免税期间的，本行金额=享受免税的项目所得+享受减半征税的项目所得×50%。

（17）第30行“从事符合条件的环境保护、节能节水项目的所得”：根据《企业所得税法》第二十七条、《企业所得税法实施条例》第八十八条规定，纳税人从事公共污水处理、公共垃圾处理、沼气综合开发利用、节能减排技术改造、海水淡化等，自项目取得第一笔生产经营收入所属纳税年度起，第一年至第三年免征企业所得税，第四年至第六年减半征收企业所得税。

《财政部、国家税务总局、国家发展改革委关于公布环境保护节能节水项目企业所得税优惠目录（试行）的通知》（财税［2009］166号）公布了《环境保护、节能节水项目企业所得税优惠目录（试行）》。其中：①公共污水处理包括城镇污水处理项目、工业废水处理项目；②公共垃圾处理包括生活垃圾处理项目、工业固体废物处理项目、危险废物处理项目；③危险废物处理主要指畜禽养殖场和养殖小区沼气工程项目；④节能减排技术改造包括既有高能耗建筑节能改造项目，既有建筑太阳能光热、光电建筑一体化技术或浅层地能热泵技术改造项目，既有居住建筑供热计量及节能改造项目，工业锅炉、工业窑炉节能技术改造项目，电机系统节能、能量系统优化技术改造项目，煤炭工业复合式干法选煤技术改造项目，钢铁行业干式除尘技术改造项目，有色金属行业干式除尘净化技术改造项目，燃煤电厂烟气脱硫技术改造项目；⑤海水淡化包括用作工业、生活用水的海水淡化项目，用作海岛军民饮用水的海水淡化项目。

根据《企业所得税法实施条例》第八十九条规定，享受减免税优惠的符合条件的环境保护、节能节水项目，在减免税期限内转让的，受让方自受让之日起，可以在剩余期限内享受规定的减免税优惠；减免税期限届满后转让的，受让方不得就该项目重复享受减免税优惠。

纳税人同时从事两个以上“符合条件的环境保护、节能节水”项目，且分别处于征、减、免税期间的，本行金额=享受免税的项目所得+享受减半征税的项目所得×50%。

（18）第31行“符合条件的技术转让所得”：根据《企业所得税法》第二十七条、《企业所得税法实施条例》第九十条规定，在一个纳税年度内，居民企业技术转让所得不超过500万元的部分，免征企业所得税；超过500万元的部分，减半征收企业所得税。

根据《国家税务总局关于技术转让所得减免企业所得税有关问题的通知》（国税函［2009］212号）规定，享受减免企业所得税优惠的技术转让应符合以下条件：一是享受优惠的技术转让主体应为《企业所得税法》规定的居民企业；二是技术转让属于财政部、国家税务总局规定的范围，目前对该范围尚未进行限定；三是境内技术转让经省级以上科技部门认定；四是向境外转让技术经省级以上商务部门认定；五是国务院税务主管部门规定的其他条件。技术转让所得的计算公式：

技术转让所得 = 技术转让收入 - 技术转让成本 - 相关税费

技术转让收入指当事人履行技术转让合同后获得的价款，不包括销售或转让设备、仪器、零部件、原材料等非技术性收入；不属于与技术转让项目密不可分的技术咨询、技术服务、技术培训等收入，不得计入技术转让收入。技术转让成本是指转让的无形资产的净值，即该无形资产的计税基础减除在资产使用期间按照规定计算的摊销扣除额后的余额。相关税费是指技术转让过程中实际发生的有关税费，包括除企业所得税和允许抵扣的增值税以外的各项税金及其附加、合同签订费用、律师费等相关费用及其他支出。

需要注意：一是技术转让所得是指转让技术或专利所有权，不是特许权使用费。二是享受技术转让所得减免企业所得税优惠的企业，应单独计算技术转让所得，并合理分摊期间费用；没有单独计算的，不得享受优惠政策。三是技术转让所得的减免税政策属于事后备案管理事项，纳税人应在纳税年度终了后至报送年度纳税申报表前，向主管税务机关办理减免税备案手续。①企业发生境内技术转让，向主管税务机关备案时应报送以下资料：技术转让合同（副本）、省级以上科技部门出具的技术合同登记证明、技术转让所得归集分摊计算的相关资料、实际缴纳相关税费的证明资料、主管税务机关要求的其他资料。②企业向境外转让技术，向主管税务机关备案时应报送以下资料：技术出口合同（副本）、省级以上商务部门出具的技术出口合同登记证书或技术出口许可证、技术出口合同数据表、技术转让所得归集分摊计算的相关资料、实际缴纳相关税费的证明资料、主管税务机关要求提供的其他资料。四是一个纳税年度内，企业技术转让所得低于500万元时，据实填入本行，企业技术转让所得超过500万元的，按500 +（实际转让所得 - 500）×50%填入本行。

《关于居民企业技术转让有关企业所得税政策问题的通知》（财税［2010］111号）对技术转让又作出进一步明确：

“一是技术转让的范围，包括居民企业转让专利技术、计算机软件著作权、集成电路布图设计权、植物新品种、生物医药新品种，以及财政部和国家税务总局确定的其他技术。其中，专利技术，是指法律授予独占权的发明、实用新型和非简单改变产品图案的外观设计。

二是本通知所称技术转让，是指居民企业转让其拥有符合本通知第一条规定技术的所有权或5年以上（含5年）全球独占许可使用权的行为。

三是技术转让应签订技术转让合同。其中，境内的技术转让须经省级以上（含省级）科技部门认定登记，跨境的技术转让须经省级以上（含省级）商务部门认定登记，涉及财政经费支持产生技术的转让，需省级以上（含省级）科技部门审批。

居民企业技术出口应由有关部门按照商务部、科技部发布的《中国禁止出口限制出口技术目录》（商务部、科技部令2008年第12号）进行审查。居民企业取得禁止出口和限制出口技术转让所得，不享受技术转让减免企业所得税优惠政策。”

四是居民企业从直接或间接持有股权之和达到100%的关联方取得的技术转让所得，不享受技术转让减免企业所得税优惠政策。”

（19）第32行“其他”：填报国务院根据税法授权制定的其他对项目所得减免税的优惠政策。

5. 报表第五部分：减免税额的填报。

（1）第33行“减免税合计”：填报企业享受减免税额的优惠。本行金额 = 第34行 + 第

35 行 + 第 36 行 + 第 37 行 + 第 38 行。

（2）第 34 行“符合规定条件的小型微利企业”：填报纳税人从事国家非限制和禁止行业并符合规定条件的小型微利企业享受优惠税率减征的企业所得税税额。企业填写主表的适用税率仍为 25%，其享受 5%（25% - 20%）的减免税额填入本行。

根据《国务院关于进一步促进中小企业发展的若干意见》（国发［2009］36 号）、《财政部、国家税务总局关于小型微利企业有关企业所得税政策的通知》（财税［2009］133 号）规定，自 2010 年 1 月 1 日至 2010 年 12 月 31 日，对年应纳税所得额低于 3 万元（含 3 万元）的小型微利企业，其所得减按 50% 计入应纳税所得额，按 20% 的税率缴纳企业所得税。在 2010 年度汇算清缴填报本附表时，年应纳税所得额低于 3 万元的小型微利企业的实际税负率为 10%，其减免税额为应纳税所得额 ×15% 之积。

需要注意：此项政策只适用于 2010 年度汇算清缴申报，并注意其与预缴申报的主要区别在于享受小小微政策的纳税人，季度预缴申报直接减免 15% 的所得税额；年度汇算清缴申报应先调减 50% 所得后再减免 5% 的所得税额。

［例 3 - 70］　某企业 2009 年度应纳税所得 2.8 万元；2010 年 3 季度利润总额 3.2 万元；2010 年度汇算清缴的应纳税所得额 3 万元。如果该企业同时符合小型微利企业的其他条件，进行 2010 年度汇算清缴的纳税申报时：一是先将小小微企业减计所得的 50% 部分填报本表减免所得的第 32 行“其他”，同时填报附表三第 17 行“减、免税项目所得”，并计入主表第 15 行“纳税调整减少额”；二是再将 5% 的减免税额填报本行“符合条件的小型微利企业”，并计入主表第 28 行“减免所得税额”。

如果该企业 2010 年度无其他事项，其主表申报如下：

第 13 行“利润总额”：3 万元

第 15 行“纳税调整减少额”：3 ×50% =1.5（万元）

第 25 行“应纳税所得额”：1.5 万元

第 26 行“税率”：25%

第 27 行“应纳所得税额”：0.375 万元

第 28 行“减免所得税额”：0.075 万元

第 30 行“应纳税额”：0.3 万元

第 33 行“实际应纳所得税额”：0.3 万元

第 40 行“本年应补（退）的所得税额”：0.3 万元

《企业所得税法实施条例》第九十二条规定了小型微利企业标准：除从事国家非限制和禁止行业外，对于工业企业，年度应纳税所得额不超过 30 万元，从业人数不超过 100 人，资产总额不超过 3000 万元；对于其他企业，年度应纳税所得额不超过 30 万元，从业人数不超过 80 人，资产总额不超过 1000 万元。本表第八部分减免税附列资料要求填报企业从业人数、资产总额、所属行业，主要判断企业是否符合小型微利企业标准。根据《财政部、国家税务总局关于执行企业所得税优惠政策若干问题的通知》（财税［2009］69 号）规定，此处从业人数为企业建立劳动关系的职工人数和企业接受的劳务派遣用工人数之和。从业人数和资产总额指标，按企业全年月平均值确定，具体计算公式：

月平均值 =（月初值 + 月末值）/2

全年月平均值 = 全年各月平均值之和/12

年度中间开业或者终止经营活动的，以其实际经营期作为一个纳税年度确定上述相关指标。

需要注意：一是《国家税务总局关于非居民企业不享受小型微利企业所得税优惠政策问题的通知》（国税函［2008］650号）规定，非居民企业不得认定为小型微利企业；二是小型微利企业待遇，适用于具备建账核算自身应纳税所得额条件的企业，对按照《企业所得税核定征收办法》（国税发［2008］30号）缴纳企业所得税的企业，在具备准确核算应纳税所得额条件前，暂不适用小型微利企业适用税率。

（3）第35行"国家需要重点扶持的高新技术企业"：填报纳税人从事国家需要重点扶持拥有核心自主知识产权等条件的高新技术企业享受减征企业所得税的税额；填写主表的适用税率仍为25%，其享受10%（25%～15%之差）的减免税额填入本行。

第一，高新技术企业认定标准。

《科技部、财政部、国家税务总局关于印发〈高新技术企业认定管理办法〉的通知》（国科发火［2008］172号，同时印发《国家重点支持的高新技术领域》）规定，高新技术企业指：①在《国家重点支持的高新技术领域》内——产业或行业领域要求；②持续进行研究开发与技术成果转化——突出高新技术企业以研发为中心的要求；③形成企业核心自主知识产权——高新企业的核心资质要求；④并以此为基础开展经营活动——科技产业化，高新企业的盈利机制；⑤在中国境内（不包括港、澳、台地区）注册一年以上的居民企业——法律主体要求。

《企业所得税法实施条例》第九十三条、《科技部、财政部、国家税务总局关于印发〈高新技术企业认定管理办法〉的通知》（国科发火［2008］172号）、《科学技术部、财政部、国家税务总局关于印发〈高新技术企业认定管理工作指引〉的通知》（国科发火［2008］362号）等规定，高新技术企业应同时满足以下条件：

①在中国境内（不含港、澳、台地区）注册的企业，近3年内通过自主研发、受让、受赠、并购等方式，或通过5年以上的独占许可方式，对其主要产品（服务）的核心技术拥有自主知识产权。

《科学技术部、财政部、国家税务总局关于认真做好2008年高新技术企业认定管理工作的通知》（国科发火［2008］705号）规定，在计算企业拥有的核心知识产权时，企业近3年内（至申报日前）获得的核心自主知识产权均视为有效。

②产品（服务）属于《国家重点支持的高新技术领域》规定的范围。《国家重点支持的高新技术领域》包括：电子信息技术、生物与新医药技术、航空航天技术、新材料技术、高技术服务业、新能源及节能技术、资源与环境技术、高新技术改造传统产业。

企业申请高新技术企业资格时，应查阅本企业产品和服务是否在《国家重点支持的高新技术领域》范围内。

③具有大学专科以上学历的科技人员占企业当年职工总数的30%以上，其中研发人员占企业当年职工总数的10%以上；科技人员包括：直接科技人员及科技辅助人员；研究开发人员包括研究人员、技术人员、辅助人员。进行研发人数统计时，主要统计全时工作人员，主要考查是否和员工签订劳动合同，兼职和临时聘请人员，全年必须在企业累计工作183天以上。

④企业为获得科学技术（不包括人文、社会科学）新知识，创造性运用科学技术新知识，或实质性改进技术、产品（服务）而持续进行了研究开发活动，且近三个会计年度的研究开发费用总额占销售收入总额的比例符合如下要求：一是最近一年销售收入小于5000万元的企业，比例不低于6%；二是最近一年销售收入在5000万元至20000万元的企业，比例不低于4%；三是最近一年销售收入在20000万元以上的企业，比例不低于3%。

研发费用是高新技术企业资格评审的一个重要指标，其费用归集范围：一是人员人工。从事研究开发活动人员（也称研发人员）全年工资薪金，包括基本工资、奖金、津贴、补贴、年终加薪、加班工资以及与其任职或者受雇有关的其他支出。二是直接投入。为实施研究开发项目而购买的原材料等相关支出，如水和燃料（包括煤气和电）使用费等；用于中间试验和产品试制达不到固定资产标准的模具、样品、样机及一般测试手段购置费、试制产品的检验费等；用于研究开发活动的仪器设备的简单维护费；以经营租赁方式租入的固定资产发生的租赁费等。三是折旧费用与长期待摊费用。包括为执行研究开发活动而购置的仪器和设备、研究开发项目在用建筑物的折旧费用，以及研发设施改建、改装、装修和修理过程中发生的长期待摊费用。四是设计费用。为新产品和新工艺的构思、开发和制造，进行工序、技术规范、操作特性方面的设计等发生的费用。五是装备调试费。包括工装准备过程中研究开发活动所发生的费用（如研制生产机器、模具和工具，改变生产和质量控制程序，或制定新方法及标准等），为大规模批量化和商业化生产所进行的常规性工装准备和工业工程发生的费用不能计入。六是无形资产摊销。因研究开发活动需要购入的专有技术（包括专利、非专利发明、许可证、专有技术、设计和计算方法等）所发生的费用摊销。七是委托外部研究开发费用。指企业委托境内其他企业、大学、研究机构、转制院所、技术专业服务机构和境外机构进行研究开发活动所发生的费用（项目成果为企业拥有，且与企业的主要经营业务紧密相关，委托外部研究开发费用应符合独立交易原则），其中，境内发生的研究开发费用，指企业内部研究开发活动实际支出的全部费用与委托境内的企业、大学、转制院所、研究机构、技术专业服务机构等进行的研究开发活动所支出的费用之和，不包括委托境外机构完成的研究开发活动所发生的费用。在认定过程中，按照委托外部研究开发费用发生额的80%计入研发费用总额。八是其他费用。为研究开发活动所发生的其他费用，如办公费、通讯费、专利申请维护费、高新科技研发保险费等，此项费用一般不得超过研究开发总费用的10%。

需要说明：一是企业在中国境内发生的研究开发费用总额占全部研究开发费用总额的比例不低于60%。企业注册成立时间不足3年的，按实际经营年限计算；二是对某项科研成果的直接应用活动，如采用新工艺、材料、装置、产品、服务或知识等不能算重大改进，不属于研发活动，类似费用不计入研发费用；三是为大规模批量化和商业化生产进行的常规性工装准备和工程作业发生的费用，不能计入研发费用；四是突出研发费用投入的可持续性，高新技术企业资格复审时，也重点关注研发费用投入情况；五是按照《企业研究开发费用结构归集》规定归集核算研发费用，如表3－20所示；六是企业取得高新技术企业资格后，在享受优惠政策期间，如某一年度研发费用支出不符合上述比例要求，本年度不能享受所得税优惠政策，但高新技术企业资格仍然有效。

表 3－20　　　　企业研究开发费用结构归集（样表）

科目 \ 累计发生额 \ 研发项目	A	B	C	D	E	F	G	…	n	各科目小计
研发投入额										
• 内部研究开发投入	A1	B1	C1	D1	E1	F1	G1	…	n1	A1 + … + n1
• 人员人工	A2	B2	C2	D2	E2	F2	G2	…	n2	A1 + … + n2
• 直接投入	A3	B3	C3	D3	E3	F3	G3	…	n3	A1 + … + n3
• 折旧费用与长期费用摊销	A4	B4	C4	D4	E4	F4	G4	…	n4	A1 + … + n4
• 设计费	A5	B5	C5	D5	E5	F5	G5	…	n5	A1 + … + n5
• 装备调试费	A6	B6	C6	D6	E6	F6	G6	…	n6	A1 + … + n6
• 无形资产摊销	A7	B7	C7	D7	E7	F7	G7	…	n7	A1 + … + n7
• 其他费用	A8	B8	C8	D8	E8	F8	G8	…	n8	A1 + … + n8
内部研究开发各项目费用小计：	ΣA	ΣB	ΣC	ΣD	ΣE	ΣF	ΣG	…	Σn	
内部研究开发费用总计	ΣA ＋ΣB ＋ΣC ＋ΣD ＋ ΣE＋ΣF＋ΣG＋…＋Σn									
委托外部研究开发项目	A	B	C	D	E	F	G	…	n	合计：A＋…＋n
• 委托外部研究开发投入额										
• 其中，境内的外部研发投入额										
研究开发投入额合计	＝内部研究开发费用总计＋委托外部研究开发费用									

注：A、B、C、D 等代表企业所申报的不同研究开发项目。

⑤高新技术产品（服务）收入占企业当年总收入的 60% 以上。

⑥企业研究开发组织管理水平、科技成果转化能力、自主知识产权数量、销售与总资产成长性等指标符合《高新技术企业认定管理工作指引》的要求。

第二，高新技术企业资格的认定管理。

《科学技术部、财政部、国家税务总局关于印发〈高新技术企业认定管理工作指引〉的通知》（国科发火［2008］362 号）规定，科技部、财政部、税务总局组成全国高新技术企业认定管理工作领导小组，领导小组下设办公室（科技部火炬高技术产业开发中心）负责日常工作，各省、自治区、直辖市、计划单列市科委（科技厅、科技局、科技办）同本级财政、国税、地税组成本地区高新技术企业认定管理机构。认定与享受高新技术企业优惠政策的有关程序如下：

①认定。具体步骤：一是企业对照《科技部、财政部、国家税务总局关于印发〈高新技术企业认定管理办法〉的通知》（国科发火［2008］172 号）第十条进行自我评价，认为符合有关条件的，在"高新技术企业认定管理工作网"（网址：www. innocom. gov. cn）注册登记。二是登录"高新技术企业认定管理工作网"填写《企业注册登记表》（如表 3－21 所示），并上传至所在省市认定管理机构，认定机构应及时完成企业身份确认并将用户名和密码告知企业。三是准备相关资料。根据获得的用户名和密码进入网上认定管理系统，将以下材料提交认定机构：《高新技术企业认定申请书》（如表 3－22 所示）；企业营业执照副本、税务登记证书（复印件）；具有资质并符合《高新技术企业认定管理工作指引》相关条件的

中介机构鉴证的企业近三个会计年度研究开发费用（实际年限不足三年的按实际经营年限）、近一个会计年度高新技术产品（服务）收入等专项审计报告；具有资质的中介机构鉴证的企业近三个会计年度的财务报表；技术创新活动证明材料，包括知识产权证书、独占许可协议、生产批文，新产品或新技术证明（查新）材料、产品质量检验报告，省级（含计划单列市）以上科技计划立项证明，以及其他相关证明材料。四是认定机构组织审查与认定。认定机构收到企业申请材料后，按技术领域从专家库中随机抽取不少于5名相关专家，并将电子材料通过网络工作系统分发给所选专家；认定机构收到专家的评价意见（即《高新技术企业认定专家评价表》如表3－23所示、《高新技术企业认定专家组综合评价表》如表3－24所示）和中介机构的专项审计报告后，对申请企业提出认定意见，并确定高新技术企业认定名单；上述工作在60个工作日内完成。五是公示及颁发证书。在“高新技术企业认定管理工作网”上公告认定结果，并由认定机构颁发“高新技术企业证书”（加盖科技、财政、税务部门公章）。六是高新技术企业资格自颁发证书之日起生效，有效期为3年。

②复审。一是高新技术企业资格期满前3个月内企业应提出复审申请，不提出复审申请或复审不合格的，其高新技术企业资格到期自动失效。二是高新技术企业复审须提交近三个会计年度开展研究开发等技术创新活动的报告，具有资质并符合《高新技术企业认定管理工作指引》相关条件的中介机构鉴证的企业近三个会计年度研究开发费用、近一个会计年度高新技术产品（服务）收入专项审计报告。三是复审时重点审核研发费用指标。四是对符合条件的企业，进行公示与备案，并由认定机构重新颁发“高新技术企业证书”（加盖科技、财政、税务部门公章）。五是通过复审的高新技术企业的“高新技术企业证书”之日起有效期为三年。有效期满后，企业再次提出认定申请的，按初次申请办理。

③申请享受税收政策。根据《科学技术部、财政部、国家税务总局关于印发〈高新技术企业认定管理工作指引〉的通知》（国科发火［2008］362号）、《国家税务总局关于实施高新技术企业所得税优惠有关问题的通知》（国税函［2009］203号），一是认定（复审）合格的高新技术企业，自认定（复审）当年起可申请享受税收优惠政策，企业持“高新技术企业证书”及其复印件和有关资料，向主管税务机关申请办理减免税手续，手续办理完毕后，高新技术企业可按15%的税率进行所得税预缴申报或享受过渡性税收优惠。二是未取得高新技术企业资格或不符合《企业所得税法》及其实施条例、《税收征管法》及其实施细则，以及《高新技术企业认定办法》等有关规定条件的企业，不得享受税收优惠，已享受优惠的，应追缴其已减免的企业所得税税款。三是当年可减按15%的税率征收企业所得税或按照《国务院关于经济特区和上海浦东新区新设立高新技术企业实行过渡性税收优惠的通知》（国发［2007］40号）享受过渡性税收优惠的高新技术企业，在实际实施有关税收优惠当年，减免税条件发生变化的，应当自发生变化之日起15日内向主管税务机关报告；不再符合减税、免税条件的，应依法履行纳税义务。四是原依法享受企业所得税定期减免税优惠尚未期满同时符合《高新技术企业认定管理办法》以及《科学技术部、财政部、国家税务总局关于印发〈高新技术企业认定管理工作指引〉的通知》（国科发火［2008］362号）规定条件的高新技术企业，按照新标准取得认定机构颁发的高新技术企业资格证书之后，可以在2008年1月1日后，享受对尚未到期的定期减免税优惠执行到期满的过渡政策。五是2006年1月1日至2007年3月16日期间成立，截止到2007年底仍未获利的高新技术

企业，根据《高新技术企业认定管理办法》以及《高新技术企业认定管理工作指引》的相关规定，按照新标准取得认定机构颁发的高新技术企业证书后，免税期限自 2008 年 1 月 1 日起计算。六是纳税年度终了后至报送年度纳税申报表以前，已办理减免税手续的企业应向主管税务机关备案以下资料：产品（服务）属于《国家重点支持的高新技术领域》规定的范围的说明；企业年度研究开发费用结构明细表；企业当年高新技术产品（服务）收入占企业总收入的比例说明；企业具有大学专科以上学历的科技人员占企业当年职工总数的比例说明、研发人员占企业当年职工总数的比例说明。

表 3-21　　企业注册登记表

<table>
<tr><td colspan="2">企业名称</td><td colspan="3"></td><td>注册时间</td><td></td></tr>
<tr><td colspan="2">主营产品（服务）所属技术领域</td><td colspan="3"></td><td>注册类型</td><td></td></tr>
<tr><td colspan="2">法人代码</td><td colspan="3"></td><td>税务登记号</td><td></td></tr>
<tr><td colspan="2">通信地址</td><td colspan="3"></td><td>邮政编码</td><td></td></tr>
<tr><td rowspan="2">企业法定代表人</td><td>姓　名</td><td></td><td>手机</td><td></td><td>身份证号</td><td></td></tr>
<tr><td>电　话</td><td></td><td>传真</td><td></td><td>E-mail</td><td></td></tr>
<tr><td rowspan="2">联系人</td><td>姓　名</td><td></td><td>手机</td><td colspan="3"></td></tr>
<tr><td>电　话</td><td></td><td>传真</td><td></td><td>E-mail</td><td></td></tr>
<tr><td colspan="2">企业是否上市</td><td>□是　□否</td><td colspan="3">企业上市代码</td><td></td></tr>
<tr><td rowspan="12">股权结构（本表可续加）</td><td rowspan="4">中国公民</td><td colspan="2">姓 名</td><td colspan="2">身份证（护照）号</td><td>投资额（万元）</td></tr>
<tr><td colspan="2"></td><td colspan="2"></td><td></td></tr>
<tr><td colspan="2"></td><td colspan="2"></td><td></td></tr>
<tr><td colspan="2"></td><td colspan="2"></td><td></td></tr>
<tr><td rowspan="3">外籍公民</td><td colspan="2"></td><td colspan="2"></td><td></td></tr>
<tr><td colspan="2"></td><td colspan="2"></td><td></td></tr>
<tr><td colspan="2"></td><td colspan="2"></td><td></td></tr>
<tr><td rowspan="3">中国企业法人</td><td colspan="2">名 称</td><td colspan="2">法人代码</td><td>投资额（万元）</td></tr>
<tr><td colspan="2"></td><td colspan="2"></td><td></td></tr>
<tr><td colspan="2"></td><td colspan="2"></td><td></td></tr>
<tr><td rowspan="2">外国企业法人</td><td colspan="2"></td><td colspan="2"></td><td></td></tr>
<tr><td colspan="2"></td><td colspan="2"></td><td></td></tr>
<tr><td colspan="2">是否引入风险投资</td><td colspan="2">□是　□否</td><td colspan="2">投资额（万元）</td><td></td></tr>
</table>

表 3－22　　　　　　**高新技术企业认定申请书**

企业名称（盖章）：________________

企业所在地区：________省________市（区）

认定机构办公室：________________

填报日期：________年______月______日

科技部、财政部、国家税务总局编制

二〇〇八年七月

填 报 说 明

企业应参照《高新技术企业认定管理办法》、《国家重点支持的高新技术领域》（国科发火［2008］172 号）和《高新技术企业认定管理工作指引》（国科发火［2008］362 号）的要求填报。

本表内的所有财务数据须出自具有资质的中介机构的专项审计报告。

1. 企业应如实填报所附各表。要求文字简洁，数据准确、翔实。

2. 表内栏目不得空缺，无内容时填写“0”；数据有小数时，按四舍五入取整数填写。

3. “研发项目”：详见《工作指引》四（一）1 中“研究开发活动定义”。

4. “技术领域”是指：《国家重点支持的高新技术领域》中规定的内容。

“其他领域”是指：《国家重点支持的高新技术领域》以外的内容。

5. “近 3 年”是指：申报当年以前的连续 3 年（不含申报当年）。

6. “企业近 1 年财务状况”是指：企业申报当年前 1 个财政年度的财务数据。

“销售收入”是指：产品收入和技术服务收入之和。

“总资产”是指：流动资金、长期投资、固定资产、无形资产、递延资产和其他资产等的总和，等于企业负债与所有者权益之和。

7. “技术来源”是指：企业自有技术、其他企业技术、中央属科研院所、地方属科研院所、大专院校、引进技术本企业消化创新、国外技术。

8. “知识产权类别”是指：已授权的专利（发明、实用新型、外观设计）、软件著作权、集成电路布图设计专有权、植物新品种。

9. “知识产权获得方式”是指：自主研发、受让、受赠、并购，或拥有 5 年以上的独占许可。

10. “高新技术产品（服务）收入”是指：企业符合《重点领域》要求的产品（服务）的销售收入与技术性收入的总和。

11. RD 代表研究开发项目编号；PS 代表高新技术产品（服务）编号。RD 和 PS 后取两位数（01.02.……）。

一、企业基本信息表

<table>
<tr><td>主营产品（服务）所属技术领域</td><td colspan="4">□电子信息技术　□生物与新医药技术　□航空航天技术
□新材料技术　□高技术服务业　□新能源及节能技术
□资源与环境技术　□高新技术改造传统产业　□其他领域</td></tr>
<tr><td rowspan="3">近3年内获得的自主知识产权数（件）</td><td>发明专利</td><td></td><td>实用新型</td><td></td></tr>
<tr><td>外观设计</td><td></td><td>软件著作权</td><td></td></tr>
<tr><td>集成电路布图设计专有权</td><td></td><td>植物新品种</td><td></td></tr>
<tr><td></td><td>其他</td><td colspan="3"></td></tr>
<tr><td rowspan="2">人力资源情况</td><td>职工总数（人）</td><td></td><td>大专以上学历科技人员数（人）</td><td></td></tr>
<tr><td>从事研究开发人员数（人）</td><td></td><td>留学归国人员数（人）</td><td></td></tr>
<tr><td rowspan="3">近3年每年销售收入（万元）</td><td>第1年</td><td></td><td rowspan="3">近3年每年总资产（万元）</td><td>第1年　</td></tr>
<tr><td>第2年</td><td></td><td>第2年　</td></tr>
<tr><td>第3年</td><td></td><td>第3年　</td></tr>
<tr><td colspan="2">近1年高新技术产品（服务）收入（万元）</td><td colspan="3"></td></tr>
<tr><td colspan="2">近3年研究开发费用总额（万元）</td><td></td><td>其中：在中国境内研发费用总额（万元）</td><td></td></tr>
<tr><td>管理与研究开发人员情况（限400字）</td><td colspan="4"></td></tr>
<tr><td>科技成果转化及研究开发管理情况（限400字）</td><td colspan="4"></td></tr>
</table>

二、企业研究开发项目情况表（近3年执行的项目，按单一项目填报）

项目编号：RD…

<table>
<tr><td>项目名称</td><td colspan="3"></td><td>起止时间</td><td colspan="2"></td></tr>
<tr><td>技术领域</td><td colspan="2"></td><td colspan="2">本项目
研发人员数</td><td colspan="2"></td></tr>
<tr><td>技术来源</td><td colspan="6"></td></tr>
<tr><td rowspan="3">研发经费
总预算
（万元）</td><td rowspan="3"></td><td rowspan="3">研发经费
近3年总支出
（万元）</td><td rowspan="3"></td><td rowspan="3">其中：</td><td>第1年</td><td></td></tr>
<tr><td>第2年</td><td></td></tr>
<tr><td>第3年</td><td></td></tr>
<tr><td>立项目的
及组织
实施方式
（限400字）</td><td colspan="6"></td></tr>
<tr><td>核心技术
及创新点
（限400字）</td><td colspan="6"></td></tr>
<tr><td>取得的阶
段性成果
（限400字）</td><td colspan="6"></td></tr>
</table>

三、上年度高新技术产品（服务）情况（按单一产品（服务）填报）

编号：PS…

产品（服务）名称					
技术领域		技术来源		上年度销售收入（万元）	
关键技术及主要技术指标（限400字）					
与同类产品（服务）的竞争优势（限400字）					
产品（服务）获得知识产权情况（限400字）					

四、近3年内获得的自主知识产权汇总表

序号	授权项目名称	类别	授权日期	授权号	获得方式	所属项目编号
						PS…（RD…）

五、企业年度研究开发费用结构明细表（按近3年每年分别填报）

＿＿年度　　　　　　　　　　　　　　　　　　　　　　　　　　　　　　单位：万元

科目 ＼ 累计发生额 ＼ 研发项目编号	RD01	RD02	RD03	…	RD…	合计
内部研究开发投入额						
其中：人员人工						
直接投入						
折旧费用与长期费用摊销						
设计费						
设备调试费						
无形资产摊销						
其他费用						
委托外部研究开发投入额						
其中：境内的外部研发投入额						
研究开发投入额（内、外部）小计						

企业填报人签字：　　　　　　　　　　　　中介机构签字（公章）：

日　期：　　　　　　　　　　　　　　　　日　期：

表3－23　　　　**高新技术企业认定专家评价表**

<table>
<tr><td colspan="2">申请企业受理号</td><td colspan="3"></td><td>主营业务所属技术领域</td><td></td></tr>
<tr><td>职工总数（人）</td><td></td><td colspan="2">大专以上学历科技人员数（人）</td><td></td><td>研发人员数（人）</td><td></td></tr>
<tr><td colspan="2">研发项目核定数</td><td></td><td colspan="3">研发项目经费核定总额（万元）</td><td></td></tr>
<tr><td colspan="2">在中国境内研发费用总额核定数（万元）</td><td colspan="5"></td></tr>
<tr><td colspan="2">高新技术产品（服务）核定数</td><td></td><td colspan="3">近一年高新技术产品（服务）销售收入核定额（万元）</td><td></td></tr>
<tr><td>对企业研究开发项目及高新技术产品（服务）的评价</td><td colspan="6">（依照《工作指引》的要求，简要进行综合评价）</td></tr>
</table>

续表

<table>
<tr><td colspan="3">1. 核心自主知识产权（30分）</td><td>得分：</td></tr>
<tr><td colspan="4">□A. 6项，或1发明专利 □B. 5项 □C. 4项
□D. 3项 □E. 1~2项 □F. 0项</td></tr>
<tr><td colspan="3">2. 科技成果转化能力（30分）</td><td>得分：</td></tr>
<tr><td colspan="4">□A. 4项以上 □B. 3~4项 □C. 2~3项
□D. 1~2项 □E. 1项 □F. 0项</td></tr>
<tr><td colspan="3">3. 研究开发组织管理水平（20分）</td><td>得分：</td></tr>
<tr><td colspan="4">□A. 5项均符合要求 □B. 4项符合要求 □C. 3项符合要求
□D. 2项符合要求 □E. 1项符合要求 □F. 均不符合要求</td></tr>
<tr><td colspan="3">4. 总资产和销售额成长性指标（20分）</td><td>得分：</td></tr>
<tr><td colspan="2">总资产增长率：</td><td colspan="2">销售增长率：</td></tr>
<tr><td>对企业整体情况的综合评价</td><td colspan="3">（依照《认定办法》规定的各项认定指标，简要进行综合评价）</td></tr>
<tr><td>合计得分</td><td></td><td colspan="2">专家签名： 年 月 日</td></tr>
</table>

表3－24　　高新技术企业认定专家组综合评价表

<table>
<tr><td>企业名称</td><td colspan="2"></td><td>主营产品（服务）所属技术领域</td><td colspan="2"></td></tr>
<tr><td>职工总数（人）</td><td></td><td>大专以上学历科技人员数（人）</td><td></td><td>研发人员数（人）</td><td></td></tr>
<tr><td colspan="2">研发项目核定数</td><td></td><td colspan="2">高新技术产品（服务）核定数</td><td></td></tr>
<tr><td colspan="2">研发项目经费核定总额（万元）</td><td></td><td colspan="2">近一年高新技术产品（服务）销售收入核定额（万元）</td><td></td></tr>
<tr><td colspan="2">在中国境内研发费用总额核定数（万元）</td><td colspan="4"></td></tr>
</table>

续表

大专以上学历科技人员占企业职工总数的比例（%）			
研发人员占企业职工总数的比例（%）			
近3年研究开发费用总额占总销售收入比例（%）			
近3年在中国境内研发费用总额占全部研发费用总额比例（%）			
近1年高新技术产品（服务）收入占当年总收入比例（%）			
综合得分		其中：	知识产权得分
			转化能力得分
			管理水平得分
			成长指标得分
对企业整体情况的综合评价（对照《认定办法》规定的各项认定指标，简要进行综合评价）：			
专家组长签字：		日期：	

（4）第36行“民族自治地方的企业应缴纳的企业所得税中属于地方分享的部分”：填报纳税人经民族自治地方所在省、自治区、直辖市人民政府批准，减征或者免征民族自治地方企业缴纳的企业所得税中属于地方分享的企业所得税税额。根据《企业所得税法》第二十九条、《国家税务总局关于企业所得税税收优惠管理问题的补充通知》（国税函［2009］255号），此项优惠政策属于审批事项。

《企业所得税法》第二十九条、《企业所得税法实施条例》第九十四条规定，实行民族区域自治的自治区、自治州、自治县报经省、自治区、直辖市人民政府批准，可以决定对本民族自治地方的企业应缴纳的企业所得税中属于地方分享的部分予以减征或者免征。但对民族自治地方内国家限制和禁止行业的企业，不得减征或者免征企业所得税。

（5）第37行“过渡期税收优惠”：填报纳税人符合国务院规定以及经国务院批准给予过渡期税收优惠政策，继续按原内、外资税法规定在规定期限内减免所得税额。

第一，过渡期税收优惠政策主要文件。

①《企业所得税法》第五十七条规定了享受过渡期税收优惠政策的原则；《企业所得税

法实施条例》第一百三十一条和《财政部、国家税务总局关于〈中华人民共和国企业所得税法〉公布后企业适用税收法律问题的通知》（财税［2007］115号）规定，《企业所得税法》公布（2007年3月16日）前已经完成登记注册的企业，依照当时的税收法律、行政法规规定，享受低税率优惠的，按照国务院规定，可以在本法施行后5年内，逐步过渡到本法规定的税率，该文件主要是针对原外商投资企业享受过渡政策。

②《国务院关于实施企业所得税过渡优惠政策的通知》（国发［2007］39号）规定，一是原《外商投资企业所得税法》、原内资《企业所得税暂行条例》、国务院行政法规、规范性文件规定的过渡政策（如表3－25所示）；二是根据国务院实施西部大开发有关文件精神，《财政部、国家税务总局、海关总署关于西部大开发税收优惠政策问题的通知》（财税［2001］202号）中规定的西部大开发企业所得税优惠政策继续执行。

表3－25　　实施企业所得税过渡优惠政策表

序号	文件名称	相关政策内容
1	《中华人民共和国外商投资企业和外国企业所得税法》第七条第一款	设在经济特区的外商投资企业、在经济特区设立机构、场所从事生产、经营的外国企业和设在经济技术开发区的生产性外商投资企业，减按15%的税率征收企业所得税
2	《中华人民共和国外商投资企业和外国企业所得税法》第七条第三款	设在沿海经济开放区和经济特区、经济技术开发区所在城市的老市区，或者设在国务院规定的其他地区的外商投资企业，属于能源、交通、港口、码头或者国家鼓励的其他项目的，可以减按15%的税率征收企业所得税
3	《中华人民共和国外商投资企业和外国企业所得税法实施细则》第七十三条第一款第一项	在沿海经济开放区和经济特区、经济技术开发区所在城市的老市区设立的从事下列项目的生产性外资企业，可以减按15%的税率征收企业所得税：技术密集、知识密集型的项目；外商投资在3000万美元以上，回收投资时间长的项目；能源、交通、港口建设的项目
4	《中华人民共和国外商投资企业和外国企业所得税法实施细则》第七十三条第一款第二项	从事港口、码头建设的中外合资经营企业，可以减按15%的税率征收企业所得税
5	《中华人民共和国外商投资企业和外国企业所得税法实施细则》第七十三条第一款第四项	在上海浦东新区设立的生产性外商投资企业，以及从事机场、港口、铁路、公路、电站等能源、交通建设项目的外商投资企业，可以减按15%的税率征收企业所得税
6	国务院关于上海外高桥、天津港、深圳福田、深圳沙头角、大连、广州、厦门象屿、张家港、海口、青岛、宁波、福州、汕头、珠海、深圳盐田保税区的批复（国函［1991］26号、国函［1991］32号、国函［1992］43号、国函［1992］44号、国函［1992］148号、国函［1992］150号、国函［1992］159号、国函［1992］179号、国函［1992］180号、国函［1992］181号、国函［1993］3号等）	生产性外商投资企业，减按15%的税率征收企业所得税

续表

序号	文 件 名 称	相关政策内容
7	《国务院关于在福建省沿海地区设立台商投资区的批复》（国函［1989］35号）	厦门台商投资区内设立的台商投资企业，减按15%税率征收企业所得税；福州台商投资区内设立的生产性台商投资企业，减按15%税率征收企业所得税，非生产性台资企业，减按24%税率征收企业所得税
8	国务院关于进一步对外开放南宁、重庆、黄石、长江三峡经济开放区、北京等城市的通知（国函［1992］62号、国函［1992］93号、国函［1993］19号、国函［1994］92号、国函［1995］16号）	省会（首府）城市及沿江开放城市从事下列项目的生产性外资企业，减按15%的税率征收企业所得税：技术密集、知识密集型的项目；外商投资在3000万美元以上，回收投资时间长的项目；能源、交通、港口建设的项目
9	《国务院关于开发建设苏州工业园区有关问题的批复》（国函［1994］9号）	在苏州工业园区设立的生产性外商投资企业，减按15%税率征收企业所得税
10	《国务院关于扩大外商投资企业从事能源交通基础设施项目税收优惠规定适用范围的通知》（国发［1999］13号）	自1999年1月1日起，将外资税法实施细则第七十三条第一款第（一）项第3目关于从事能源、交通基础设施建设的生产性外商投资企业，减按15%征收企业所得税的规定扩大到全国
11	《广东省经济特区条例》（1980年8月26日第五届全国人民代表大会常务委员会第十五次会议批准施行）	广东省深圳、珠海、汕头经济特区的企业所得税率为15%
12	《对福建省关于建设厦门经济特区的批复》（［80］国函字88号）	厦门经济特区所得税率按15%执行
13	《国务院关于鼓励投资开发海南岛的规定》（国发［1988］26号）	在海南岛举办的企业（国家银行和保险公司除外），从事生产、经营所得税和其他所得，均按15%的税率征收企业所得税
14	《中华人民共和国外商投资企业和外国企业所得税法》第七条第二款	设在沿海经济开放区和经济特区、经济技术开发区所在城市的老市区的生产性外商投资企业，减按24%的税率征收企业所得税
15	《国务院关于试办国家旅游度假区有关问题的通知》（国发［1992］46号）	国家旅游度假区内的外商投资企业，减按24%税率征收企业所得税
16	国务院关于进一步对外开放黑河、伊宁、凭祥、二连浩特市等边境城市的通知（国函［1992］21号、国函［1992］61号、国函［1992］62号、国函［1992］94号）	沿边开放城市的生产性外商投资企业，减按24%税率征收企业所得税
17	《国务院关于进一步对外开放南宁、昆明市及凭祥等五个边境城镇的通知（国函［1992］62号）	允许凭祥、东兴、畹町、瑞丽、河口五市（县、镇）在具备条件的市（县、镇）兴办边境经济合作区，对边境经济合作区内以出口为主的生产性内联企业，减按24%的税率征收

续表

序号	文件名称	相关政策内容
18	国务院关于进一步对外开放南宁、重庆、黄石、长江三峡经济开放区、北京等城市的通知（国函［1992］62号、国函［1992］93号、国函［1993］19号、国函［1994］92号、国函［1995］16号）	省会（首府）城市及沿江开放城市的生产性外商投资企业，减按24%税率征收企业所得税
19	《中华人民共和国外商投资企业和外国企业所得税法》第八条第一款	对生产性外商投资企业，经营期在十年以上的，从开始获利的年度起，第一年和第二年免征企业所得税，第三年至第五年减半征收企业所得税
20	《中华人民共和国外商投资企业和外国企业所得税法实施细则》第七十五条第一款第一项	从事港口码头建设的中外合资经营企业，经营期在15年以上的，经企业申请，所在地的省、自治区、直辖市税务机关批准，从开始获利的年度起，第一年至第五年免征企业所得税，第六年至第十年减半征收企业所得税
21	《中华人民共和国外商投资企业和外国企业所得税法实施细则》第七十五条第一款第二项	在海南经济特区设立的从事机场、港口、码头、铁路、公路、电站、煤矿、水利等基础设施项目的外商投资企业和从事农业开发经营的外商投资企业，经营期在15年以上的，经企业申请，海南省税务机关批准，从开始获利的年度起，第一年至第五年免征企业所得税，第六年至第十年减半征收企业所得税
22	《中华人民共和国外商投资企业和外国企业所得税法实施细则》第七十五条第一款第三项	在上海浦东新区设立的从事机场、港口、铁路、公路、电站等能源、交通建设项目的外商投资企业，经营期在15年以上的，经企业申请，上海市税务机关批准，从开始获利的年度起，第一年至第五年免征企业所得税，第六年至第十年减半征收企业所得税
23	《中华人民共和国外商投资企业和外国企业所得税法实施细则》第七十五条第一款第四项	在经济特区设立的从事服务性行业的外商投资企业，外商投资超过500万美元，经营期在十年以上的，经企业申请，经济特区税务机关批准，从开始获利的年度起，第一年免征企业所得税，第二年和第三年减半征收企业所得税
24	《中华人民共和国外商投资企业和外国企业所得税法实施细则》第七十五条第一款第六项	在国务院确定的国家高新技术产业开发区设立的被认定为高新技术企业的中外合资经营企业，经营期在十年以上的，经企业申请，当地税务机关批准，从开始获利的年度起，第一年和第二年免征企业所得税
25	《中华人民共和国外商投资企业和外国企业所得税法实施细则》第七十五条第一款第六项 《国务院关于〈北京市新技术产业开发试验区暂行条例〉的批复》（国函［1988］74号）	设在北京市新技术产业开发试验区的外商投资企业，依照北京市新技术产业开发试验区的税收优惠规定执行 对试验区的新技术企业自开办之日起，三年内免征所得税。经北京市人民政府指定的部门批准，第四至六年可按15%或10%的税率，减半征收所得税

续表

序号	文 件 名 称	相关政策内容
26	《中华人民共和国企业所得税暂行条例》第八条第一款	需要照顾和鼓励的民族自治地方的企业，经省级人民政府批准实行定期减税或免税的，过渡优惠执行期限不超过5年
27	《国务院关于鼓励投资开发海南岛的规定》（国发［1988］26号）	在海南岛举办的企业（国家银行和保险公司除外），从事港口、码头、机场、公路、铁路、电站、煤矿、水利等基础设施开发经营的企业和从事农业开发经营的企业，经营期限在十五年以上的，从开始获利的年度起，第一年至第五年免征所得税，第六年至第十年减半征收所得税
28		在海南岛举办的企业（国家银行和保险公司除外），从事工业、交通运输业等生产性行业的企业经营期限在十年以上的，从开始获利的年度起，第一年和第二年免征所得税，第三年至第五年减半征收所得税
29		在海南岛举办的企业（国家银行和保险公司除外），从事服务性行业的企业，投资总额超过500万美元或者2000万人民币，经营期限在十年以上的，从开始获利的年度起，第一年免征所得税，第二年和第三年减半征收所得税
30	《国务院关于实施〈国家中长期科学和技术发展规划纲要（2006～2020年）若干配套政策的通知〉》（国发［2006］6号）	国家高新技术产业开发区内新创办的高新技术企业经严格认定后，自获利年度起两年内免征所得税

③《国务院关于经济特区和上海浦东新区新设立高新技术企业实行过渡性税收优惠的通知》（国发［2007］40号）规定，在深圳、珠海、汕头、厦门、海南经济特区和上海浦东新区范围内，2008年1月1日（含）后完成登记注册的国家需要重点扶持的高新技术企业，在经济特区和上海浦东新区内取得的所得，自取得第一笔生产经营收入所属纳税年度起，第一年至第二年免征企业所得税，第三年至第五年按照25%的法定税率减半征收企业所得税；经济特区和上海浦东新区内新设高新技术企业同时在经济特区和上海浦东新区以外的地区从事生产经营的，应当单独计算其在经济特区和上海浦东新区内取得的所得，并合理分摊企业的期间费用，没有单独计算的，不得享受企业所得税优惠；经济特区和上海浦东新区内新设高新技术企业在享受过渡性税收优惠期间，由于复审或抽查不合格而不再具有高新技术企业资格的，从其不再具有高新技术企业资格年度起，停止享受过渡性税收优惠；以后再次被认定为高新技术企业的，不得继续享受或者重新享受过渡性税收优惠。

④《财政部、国家税务总局关于企业所得税若干优惠政策的通知》（财税［2008］1号），规定下列政策执行到期，具体如表3－26所示。

表 3－26　执行到期的企业所得税优惠政策表

<table>
<tr><th>类别</th><th>序号</th><th>文件名称</th><th>备注</th></tr>
<tr><td rowspan="2">一、就业再就业政策</td><td>1</td><td>财政部、国家税务总局关于下岗失业人员再就业有关税收政策问题的通知（财税［2002］208 号）</td><td>对 2005 年底之前核准享受再就业减免税政策的企业，在剩余期限内享受至期满</td></tr>
<tr><td>2</td><td>财政部、国家税务总局关于下岗失业人员再就业有关税收政策问题的通知（财税［2005］186 号）</td><td>政策审批时间截止到 2008 年底</td></tr>
<tr><td rowspan="4">二、奥运会和世博会政策</td><td rowspan="2">3</td><td>财政部、国家税务总局、海关总署关于第 29 届奥运会税收政策问题的通知（财税［2003］10 号）</td><td rowspan="2">奥运会结束并北京奥组委财务清算完结后停止执行</td></tr>
<tr><td>财政部、国家税务总局关于第 29 届奥运会补充税收政策的通知（财税［2006］128 号）</td></tr>
<tr><td rowspan="2">4</td><td>财政部、国家税务总局关于 2010 年上海世博会有关税收政策问题的通知（财税［2005］180 号）</td><td rowspan="2">世博会结束并上海世博局财务清算完结后停止执行</td></tr>
<tr><td>财政部、国家税务总局关于增补上海世博运营有限公司享受上海世博会有关税收优惠政策的批复（财税［2006］155 号）</td></tr>
<tr><td>三、社会公益政策</td><td>5</td><td>财政部、国家税务总局关于延长生产和装配伤残人员专门用品企业免征所得税执行期限的通知（财税［2006］148 号）</td><td></td></tr>
<tr><td rowspan="5">四、债转股、清产核资，重组、改制，转制等企业改革政策</td><td>6</td><td>财政部、国家税务总局关于债转股企业有关税收政策的通知（财税［2005］29 号）</td><td></td></tr>
<tr><td>7</td><td>财政部、国家税务总局关于中央企业清产核资有关税务处理问题的通知（财税［2006］18 号）</td><td></td></tr>
<tr><td>8</td><td>财政部、国家税务总局关于延长转制科研机构有关税收政策执行期限的通知（财税［2005］14 号）</td><td></td></tr>
<tr><td rowspan="2">9</td><td>财政部、海关总署、国家税务总局关于文化体制改革中经营性文化事业单位转制后企业的若干税收政策问题的通知（财税［2005］1 号）</td><td rowspan="2"></td></tr>
<tr><td>财政部、海关总署、国家税务总局关于文化体制改革试点中支持文化产业发展若干税收政策问题的通知（财税［2005］2 号）</td></tr>
<tr><td rowspan="3">五、涉农和国家储备政策</td><td>10</td><td>财政部、国家税务总局关于促进农产品连锁经营试点税收优惠政策的通知（财税［2007］10 号）</td><td></td></tr>
<tr><td>11</td><td>财政部、国家税务总局关于广播电视村村通税收政策的通知（财税［2007］17 号）</td><td></td></tr>
<tr><td>12</td><td>财政部、国家税务总局关于部分国家储备商品有关税收政策的通知（财税［2006］105 号）</td><td></td></tr>
</table>

续表

类别	序号	文件名称	备　注
六、单项优惠政策	13	财政部、国家税务总局关于股权分置试点改革有关税收政策问题的通知（财税［2005］103号）	执行到股权分置试点改革结束
	14	财政部、国家税务总局关于中国证券投资者保护基金有限责任公司有关税收问题的通知（财税［2006］169号）	
	15	财政部、国家税务总局关于延长试点地区农村信用社有关税收政策期限的通知（财税［2006］46号）	
		财政部、国家税务总局关于海南省改革试点的农村信用社税收政策的通知（财税［2007］18号）	
	16	财政部、国家税务总局关于继续执行监狱劳教企业有关税收政策的通知（财税［2006］123号）	

⑤《国家税务总局关于进一步明确企业所得税过渡期优惠政策执行口径问题的通知》国税函［2010］157号文件进一步明确：

一是企业选择适用税率及减半征税的界定问题。A. 企业被认定为高新技术企业，同时又处于“两免三减半”、“五免五减半”等定期减免税优惠过渡期的，该企业的所得税适用税率可以选择依照过渡期适用税率并适用减半征税至期满，或者选择适用高新技术企业的15%税率，但不能享受15%税率的减半征税。B. 企业被认定为高新技术企业，同时又符合软件生产企业和集成电路生产企业定期减半征收企业所得税优惠条件的，其所得税适用税率可以选择适用高新技术企业的15%税率，也可以选择依照25%的法定税率减半征税，但不能享受15%税率的减半征税。C. 企业取得税法规定可减半征收企业所得税的所得，是指企业应就该部分所得单独核算并依照25%的法定税率减半缴纳企业所得税。D. 高新技术企业减低税率优惠属于变更适用条件的延续政策而未列入过渡政策，因此，凡居民企业经税务机关核准2007年度及以前享受高新技术企业或新技术企业所得税优惠，2008年及以后年度未被认定为高新技术企业的，自2008年起不得适用高新技术企业的15%税率，也不适用《国务院实施企业所得税过渡优惠政策的通知》（国发［2007］39号）第一条第二款规定的过渡税率，而应自2008年度起适用25%的法定税率。

二是关于居民企业总分机构的过渡期税率执行问题：企业经税务机关核准2007年度以前依照《国家税务总局关于外商投资企业分支机构适用所得税税率问题的通知》（国税发［1997］49号）规定，其处于不同税率地区的分支机构可以单独享受所得税减低税率优惠的，仍可继续单独适用减低税率优惠过渡政策；优惠过渡期结束后，统一依照《国家税务总局关于印发〈跨地区经营汇总纳税企业所得税征收管理暂行办法〉的通知》（国税发［2008］28号）第十六条的规定执行。

第二，税收优惠政策过渡办法。

①优惠税率过渡办法：外商投资企业（生产性企业）优惠政策，经济特区（深圳、珠海、汕头、厦门、海南）和上海浦东新区内的所有企业（实际已扩大）优惠政策；西部大开发税收优惠政策。

原执行15%税率的外商投资企业和经济特区以及上海浦东新区内的企业，2008年按

18%征税，2009年按20%征税，2010年按22%征税，2011年按24%征税，2012年及以后年度按25%征税。原适用24%、33%的企业，2008年及以后按25%征税。

②减免税过渡办法：经营期在10年以上的生产性外商投资企业，“两免三减半”（限定区域）；经营期在15年以上的基础设施建设的外商投资企业（原有区域限制，1999年扩大到全国），“五免五减半”；经营期在10年以上，在经济特区举办的服务性行业的外商投资企业（海南省未限制内外资），“一免二减半”；在高新技术开发区内的高新技术企业（内外资相同），自获利年度起两年免税；在北京新技术产业开发试验区内的新技术企业，自开办之日3年免所得税，第四至第六年可按15%或10%的税率，减半征收所得税；西部大开发税收优惠政策；民族自治地方的内资企业，经省级政府批准，可定期减税或免税（原内资税法未限定年限）。

自2008年度起，原享受“两免三减半”（生产性外资企业）、“五免五减半”（外商投资基础设施项目）、“两免”（内外资高新技术企业）、“三免三减半”（北京试验区内高新技术企业）、“一免二减半”（服务型外资和海南服务企业）等定期减免税优惠企业，2008年后继续按原税法规定的优惠办法及年限享受至期满为止。

需要注意的是：一是计算减免税时，应纳税所得额按《企业所得税法》和实施条例中有关收入和扣除的规定计算，税率按过渡税率执行，减免税期限遵从原税法规定；二是因未获利而尚未享受优惠的原外商投资企业和软件、集成电路企业，优惠期限从2008年度起计算（含未开工企业，非高新技术企业）；三是《国务院关于实施企业所得税过渡优惠政策的通知》（国发［2007］39号）规定，各项过渡政策与新法规定的优惠政策存在交叉的，由企业选择，但不可重叠享受；《财政部、国家税务总局关于执行企业所得税优惠政策若干问题的通知》（财税［2009］69号）对“不得叠加享受，且一经选择，不得改变的税收优惠情形”做了解释：限于企业所得税过渡优惠政策与《企业所得税法》及其实施条例中规定的定期减免税和减低税率类的税收优惠。《企业所得税法》及其实施条例中规定的各项税收优惠，凡企业符合规定条件的，可以同时享受。

③同时享受优惠税率和减免税政策的过渡办法。

一是对按照《国务院关于实施企业所得税过渡优惠政策的通知》（国发［2007］39号）适用15%并享受定期减半优惠过渡的企业，统一按照以下规定税率计税并减半征税。即：2008年按18%减半征税；2009年按20%减半征税；2010年按22%减半征税；2011年按24%减半征税；2012年及以后年度按25%减半征税。二是原适用24%、33%的定期减半征税的企业，2008年及以后统一按25%减半征税。三是《财政部、国家税务总局关于执行企业所得税优惠政策若干问题的通知》（财税［2009］69号）规定，执行《国务院关于实施企业所得税过渡优惠政策的通知》（国发［2007］39号）规定的过渡优惠政策及西部大开发优惠政策的企业，在定期减免税的减半期内，可以按照企业适用税率计算的应纳税额减半征税，即：西部大开发仍执行15%税率，不参与税率过渡。四是其他各类情形的定期减免税，均应按照企业所得税25%的法定税率计算的应纳税额减半征税。五是《财政部、国家税务总局关于执行企业所得税优惠政策若干问题的通知》（财税［2009］69号）规定，2007年底前设立的软件生产企业和集成电路生产企业，经认定后可以按《财政部、国家税务总局关于企业所得税若干优惠政策的通知》（财税［2008］1号）的规定享受企业所得税定期减免税优惠政策，对于2007年度或以前年度已获利并开始享受定期减免税优惠政策的，可自2008年度起继续享受至期满为止。

④关于西部大开发企业所得税政策。一是继续执行15%税率，不进行税率过渡。二是优惠目录问题。《国家税务总局关于西部大开发企业所得税优惠政策适用目录问题的批复》（国税函［2009］399号）规定，享受西部大开发企业所得税优惠政策的国家鼓励类产业内资企业适用目录及衔接问题，继续按照《财政部、国家税务总局关于西部大开发税收优惠政策适用目录变更问题的通知》（财税［2006］165号）的规定执行；享受西部大开发企业所得税优惠政策的国家鼓励类产业外商投资企业适用目录及衔接问题，自2008年1月1日起，财税［2001］202号文件中《外商投资产业指导目录》按国家发展和改革委员会公布的《外商投资产业指导目录（2007年修订）》执行；自2009年1月1日起，财税［2001］202号文件中《中西部地区外商投资优势产业目录》（第18号令）按国家发展和改革委员会与商务部发布的《中西部地区优势产业目录（2008年修订）》执行；在相关目录变更前，已按财税［2001］202号文件规定的目录标准审核享受企业所得税优惠政策的外商投资企业，除属于《外商投资产业指导目录（2007年修订）》中限制外商投资产业目录、禁止外商投资产业目录外，可继续执行到期满为止；对属于《外商投资产业指导目录（2007年修订）》中限制外商投资产业目录、禁止外商投资产业目录的企业，应自执行新目录的年度起，停止执行西部大开发企业所得税优惠政策；对符合新目录鼓励类标准但不符合原目录标准的企业，应自执行新目录的年度起，就其按照西部大开发有关企业所得税优惠政策规定计算的税收优惠期的剩余优惠年限享受优惠。三是《国家税务总局关于执行西部大开发税收优惠政策有关问题的批复》（国税函［2009］411号）规定，"新办交通企业是指投资新办从事公路、铁路、航空、港口、码头运营和管道运输的企业"中的交通企业，是指投资于上述设施建设项目并运营该项目取得经营收入的企业。

（6）第38行"其他"：填报国务院根据税法授权制定的其他对企业减免税或执行低税率的优惠政策。主要包括以下内容：

①《财政部、国家税务总局、商务部、科学技术部、国家发改委关于技术先进型服务企业有关税收政策问题的通知》（财税［2009］63号）规定，自2009年1月1日起至2013年12月31日止，北京、天津、上海、重庆、大连、深圳、广州、武汉、哈尔滨、成都、南京、西安、济南、杭州、合肥、南昌、长沙、大庆、苏州、无锡等20个中国服务外包示范城市（以下简称服务外包示范城市），对经认定的技术先进型服务企业，减按15%的税率征收企业所得税。技术先进型服务业务范围包括：一是信息技术外包服务（ITO）：包括软件研发及外包、信息技术研发服务外包和信息系统运营维护外包等；二是技术性业务流程外包服务（BPO）：包括企业业务流程设计服务、企业内部管理服务、企业运营服务和企业供应链服务等；三是技术性知识流程外包服务（KPO）。

②《财政部、国家税务总局关于扶持动漫产业发展有关税收政策问题的通知》（财税［2009］65号）规定，经认定的动漫企业自主开发、生产动漫产品，可申请享受国家现行鼓励软件产业发展的所得税优惠政策。

③《财政部、国家税务总局关于打捞单位有关税收优惠政策的通知》（财税［2009］92号）规定，为支持我国救助打捞事业的发展，经国务院批准，对交通运输部烟台、上海、广州打捞局免征企业所得税，但免征的税款应转增国家资本金（或企业公积金），专项用于打捞装备的更新，不得用于利润分配或其他用途。

④《财政部、国家税务总局关于文化体制改革中经营性文化事业单位转制为企业的若干税收优惠政策的通知》（财税［2009］34号）规定，自2009年1月1日至2013年12月31日，经营性文化事业单位转制为企业，自转制注册之日起免征企业所得税。对经营性文化事业单位转制中资产评估增值涉及的企业所得税，以及资产划转或转让涉及的增值税、营业税、城建税等给予适当的优惠政策，具体优惠政策由财政部、国家税务总局根据转制方案确定。

上述经营性文化事业单位是指从事新闻出版、广播影视和文化艺术的事业单位；转制包括文化事业单位整体转为企业和文化事业单位中经营部分剥离转为企业。此项政策适用于文化体制改革地区的所有转制文化单位和不在文化体制改革地区的转制企业。

6. 报表第六部分：创业投资企业抵扣的应纳税所得额的填报。

第39行“创业投资企业抵扣的应纳税所得额”：根据《企业所得税法》第三十一条、《企业所得税法实施条例》第九十七条、《国家税务总局关于实施创业投资企业所得税优惠问题的通知》（国税发［2009］87号）等规定，创业投资企业是指依照《创业投资企业管理暂行办法》（国家发展和改革委员会等10部委令2005年第39号，以下简称《暂行办法》）和《外商投资创业投资企业管理规定》（商务部等5部委令2003年第2号）在中华人民共和国境内设立的专门从事创业投资活动的企业或其他经济组织。创业投资企业采取股权投资方式投资于未上市的中小高新技术企业2年（24个月）以上，凡符合规定条件①的，可以按照其对中小高新技术企业投资额的70%，在股权持有满2年的当年抵扣该创业投资企业的应纳税所得额；当年不足抵扣的，可以在以后纳税年度结转抵扣。本行数据填入附表三《纳税调整项目明细表》第18行“抵扣应纳税所得额”和主表21行“抵扣应纳税所得额”。

需要说明：（1）《国家税务总局关于实施创业投资企业所得税优惠问题的通知》（国税发［2009］87号）规定，中小高新技术企业，除了应按照科技部、财政部、国家税务总局《关于印发〈高新技术企业认定管理办法〉的通知》（国科发火［2008］172号）和《关于印发〈高新技术企业认定管理工作指引〉的通知》（国科发火［2008］362号）规定条件并通过高新技术企业认定以外，还应符合职工人数不超过500人，年销售（营业）额不超过2亿元，资产总额不超过2亿元的条件。（2）《财政部、国家税务总局关于执行企业所得税优惠政策若干问题的通知》（财税［2009］69号）规定，2007年底前已取得高新技术企业资格的，在其规定有效期内不需重新认定。（3）中小企业接受创业投资之后，经认定符合高新技术企业标准的，应自其被认定为高新技术企业年度起，计算创业投资企业的投资期限，该期限内中小企业接受创业投资后，企业规模超过中小企业标准，但仍符合高新技术企业标准的，不影响创业投资企业享受有关税收优惠。（4）2007年底前按原有规定取得高新技术企业资格的中小高新技术企业，且在2008年继续符合新的高新技术企业标准的，向其投资满24个月的计算，可自创业投资企业实际向其投资的时间起计算。（5）创业投资公司股权投资的计税成本仍按实际投入成本核算，其投资额的70%抵扣应纳税所得额后，不调整其

① 一是经营范围符合《创业投资企业管理暂行办法》或《外商投资创业投资企业管理规定》规定，且工商登记为“创业投资有限责任公司”、“创业投资股份有限公司”等专业性法人创业投资企业；二是按照《暂行办法》或《外商投资创业投资企业管理规定》规定的条件和程序完成备案，经备案管理部门年度检查核实，投资运作符合《暂行办法》的有关规定；三是符合中小高新技术企业标准，并取得资质认证；四是财政部、国家税务总局规定的其他条件。

股权投资的税收成本。(6) 投资额的70%当年不足抵扣的，可以在以后纳税年度结转抵扣，没有时间限制。(7)《国家税务总局关于实施创业投资企业所得税优惠问题的通知》(国税发［2009］87号) 规定，此项优惠政策属于备案管理事项，创业投资企业应在其报送申请投资抵扣应纳税所得额年度纳税申报表以前，向主管税务机关报送以下资料备案：一是经备案管理部门核实后出具的年检合格通知书（副本)；二是关于创业投资企业投资运作情况的说明；三是中小高新技术企业投资合同或章程的复印件、实际所投资金验资报告等相关材料；四是中小高新技术企业基本情况（包括企业职工人数、年销售（营业）额、资产总额等）说明；五是省、自治区、直辖市和计划单列市高新技术企业认定管理机构出具的中小高新技术企业有效的高新技术企业证书（复印件)。

7. 报表第七部分：抵免所得税额的填报。

(1) 第40行"抵免所得税额合计"：填报纳税人购置并实际使用有关优惠目录规定的环境保护、节能节水、安全生产等专用设备，投资额的10%从企业当年的应纳税额中抵免的企业所得税税额。本行金额=第41行+第42行+第43行+第44行。

(2) 第41行"企业购置用于环境保护专用设备的投资额抵免的税额"、第42行"企业购置用于节能节水专用设备的投资额抵免的税额"、第43行"企业购置用于安全生产专用设备的投资额抵免的税额"：

第一，有关政策规定。根据《企业所得税法实施条例》第一百条规定，企业购置并实际使用《环境保护专用设备企业所得税优惠目录》、《节能节水专用设备企业所得税优惠目录》和《安全生产专用设备企业所得税优惠目录》规定的环境保护、节能节水、安全生产等专用设备的，该专用设备的投资额的10%可以从企业当年的应纳税额中抵免；当年不足抵免的，可以在以后5个纳税年度结转抵免。

享受上述企业所得税优惠政策的企业，应当实际购置并自身实际投入使用环境保护、节能节水、安全生产等专用设备；企业购置上述专用设备在5年内转让、出租的，应当停止享受企业所得税优惠，并补缴已经抵免的企业所得税税款。

第二，三个目录文件的主要内容。

①《节能节水专用设备企业所得税优惠目录》[①]。一是节能设备：中小型三相电动机、空气调节设备、通风机、水泵、空气压缩机、变频器、配电变压器、高压电动机、节电器、交流接触器、用电过程优化控制器、工业锅炉、工业加热装置、节煤节油节气关键件；二是节水设备：洗衣机、换热器、冷却塔、灌溉机具。

②《环境保护专用设备企业所得税优惠目录》[②]。一是水污染治理设备：高负荷厌氧EGSB反应器、膜生物反应器、重金属离子去除器、紫外消毒灯、污泥浓缩脱水一体机、污泥干化机；二是大气污染防治设备：湿法脱硫专用喷嘴、湿法脱硫专用除雾器、袋式除尘器、型煤锅炉；三是固体废物处置设备：危险废弃物焚烧炉、医疗废物高温高压灭菌锅；四是环境监测仪器仪表：在线固定污染源排放烟气连续监测仪、化学需氧量水质在线自动监测

① 摘自《财政部、国家税务总局、国家发展改革委关于公布节能节水专用设备企业所得税优惠目录（2008年版）和环境保护专用设备企业所得税优惠目录（2008年版）的通知》(财税［2008］115号)。

② 摘自《财政部、国家税务总局、国家发展改革委关于公布节能节水专用设备企业所得税优惠目录（2008年版）和环境保护专用设备企业所得税优惠目录（2008年版）的通知》(财税［2008］115号)。

仪、五日生物需氧量水质自动分析仪；五是清洁生产设备：WSA 冷凝器（湿式催化转化冷凝器）、电热回转窑、少空气干燥器。

③《安全生产专用设备企业所得税优惠目录》①。一是煤矿安全设备：瓦斯含量压力测试设备、瓦斯突出预测预报设备、瓦斯抽放监测设备、煤矿井下瓦斯抽采用钻机、瓦斯抽放泵、瓦斯抽放封孔泵、矿井井下超前探测设备、矿井井下安全监测监控及人员定位监测设备、一氧化碳检测警报仪器、粉尘监测仪表及降尘设备、煤层火灾预测预报设备、采煤工作面矿压监测装备、矿井自动化排水监控设备、煤矿井下通讯设备、隔爆型低压检漏设备、隔爆型电气综合保护设备、隔爆型功率因数补偿设备、矿用隔爆移动变电站、矿井供电电容电流自动补偿设备；二是非煤矿山安全设备：无轨设备自动灭火系统、烟雾传感器、斜井提升用捞车器、70C 防火调节阀、井下低压不接地系统绝缘检漏装置、带张力自动平衡悬挂装置的多绳提升容器、带 BF 型钢丝绳罐道罐笼防坠器的罐笼、带木罐道罐笼防坠器的罐笼、带制动器的斜井人车；三是危险化学品安全设备：毒性气体检测报警报器、地下管道探测器、管道防腐检测仪、氧气检测报警器、便携式二氧化碳检测报警器、便携式可燃气体检测报警器、送风式长管呼吸器；四是烟花爆竹行业安全设备：静电火花感度仪；五是公路行业安全设备：路况快速检测系统（CICS）、红外线轴温探测智能跟踪设备（THDS）、货车运行故障动态检测成套设备（TFDS）；六是铁路行业安全设备：货车运行状态地面安全监测成套设备（TPDS）；七是民航行业安全设备：发动机火警探测器、防冰控制系统温度控制器、防冰控制系统温度控制面板、防冰面板、防冰活门、防冰控制系统结冰探测器、防冰控制系统窗温控制器；八是应急救援设备类：正压式空气呼吸器、隔绝式正压氧气呼吸器、全防型滤毒罐、消防报警机、核放射探测仪、可燃气体探测仪、压缩氧自救器、矿山救护指挥车。

第三，执行三个目录的有关问题。

《财政部、国家税务总局关于执行环境保护专用设备企业所得税优惠目录、节能节水专用设备企业所得税优惠目录和安全生产专用设备企业所得税优惠目录有关问题的通知》（财税［2008］48 号）规定：一是企业 2008 年 1 月 1 日后起购置并实际使用列入该目录范围内的环境保护、节能节水和安全生产专用设备，可以按专用设备投资额的 10% 抵免当年企业所得税应纳税额；企业当年应纳税额不足抵免的，可以向以后 5 个纳税年度内结转扣除。二是根据《财政部、国家税务总局关于执行企业所得税优惠政策若干问题的通知》（财税［2009］69 号），上述“购置并实际使用”包括承租方企业以融资租赁方式租入的、并在融资租赁合同中约定租赁期届满时租赁设备所有权转移给承租方企业，且符合规定条件的上述专用设备，凡融资租赁期届满后租赁设备所有权未转移至承租方企业的，承租方企业应停止享受抵免企业所得税优惠，并补缴已经抵免的企业所得税税款。三是专用设备投资额指购买专用设备发票价税合计价格，不包括退还或抵扣的增值税额以及安装、运输、调试等费用。2009 年 1 月 1 日起，实行新《增值税暂行条例》后，由于设备进项税金可以抵扣，对于计入“应交税金——应交增值税（进项税金）”科目的“进项税金”应从投资额中扣减。四是企业利用财政拨款购置专用设备的投资额，不得抵免企业所得税应纳税额。五是企业购置并实际投入使用、已开始享受税收优惠的专用设备，如从购置之日起 5 个纳税年度内转让、

① 摘自《财政部、国家税务总局、安全监管总局关于公布〈安全生产专用设备企业所得税优惠目录（2008 年版）〉的通知》（财税［2008］118 号）。

出租的，应在该专用设备停止使用当月停止享受企业所得税优惠，并补缴已经抵免的企业所得税税款。接受专用设备的受让方可以按照该专用设备投资额的10%抵免当年企业所得税应纳税额；当年应纳税额不足抵免的，可在以后5个纳税年度内结转抵免。

（3）第44行“其他”：填报国务院根据税法授权制定的其他抵免应纳税额的优惠政策。

8. 报表第八部分：减免税附列资料（用于判断小型微利企业）的填报。

（1）第45行“企业从业人数”：填报纳税人全年平均从业人员，用于判断是否符合税收规定的小型微利企业标准。根据《财政部、国家税务总局关于执行企业所得税优惠政策若干问题的通知》（财税［2009］69号）规定，从业人数为企业建立劳动关系的职工人数和企业接受的劳务派遣用工人数之和，计算公式：

月平均值 =（月初值 + 月末值）÷2

全年月平均值 = 全年各月平均值之和 ÷12

年度中间开业或者终止经营活动的，以其实际经营期作为一个纳税年度确定企业从业人数。

（2）第46行“资产总额”：填报纳税人全年资产总额平均数，按照纳税人年初和年末的资产总额平均计算，用于判断是否符合税收规定的小型微利企业标准。根据《财政部、国家税务总局关于执行企业所得税优惠政策若干问题的通知》（财税［2009］69号）规定，计算公式：

月平均值 =（月初值 + 月末值）÷2

全年月平均值 = 全年各月平均值之和 ÷12

年度中间开业或者终止经营活动的，以其实际经营期作为一个纳税年度确定“资产总额”。

（3）第47行“所属行业（工业企业其他企业）”：填报纳税人所属的行业，用于判断是否为税收规定的小型微利企业。

（三）表内及表间关系

1. 表内关系。

第1行 = 第2行 + 第3行 + 第4行 + 第5行。

第6行 = 第7行 + 第8行。

第9行 = 第10行 + 第11行 + 第12行 + 第13行。

第14行 = 第15行 + 第25行 + 第29行 + 第30行 + 第31行 + 第32行。

第15行 = 第16～24行合计。

第25行 = 第26行 + 第27行 + 第28行。

第33行 = 第34行 + 第35行 + 第36行 + 第37行 + 第38行。

第40行 = 第41行 + 第42行 + 第43行 + 第44行。

2. 表间关系。

第1行 = 附表三第15行第4列 = 主表第17行；

第6行 = 附表三第16行第4列 = 主表第18行；

第9行 = 附表三第39行第4列 = 主表第20行；

第14行 - 附表三第17行第4列 = 主表第19行；

第39行 = 附表三第18行第4列；

第33行 = 主表第28行；

第40行 = 主表第29行。

七、《境外所得税抵免计算明细表》（附表六）表样（见表 3－27）及填报说明

表 3－27　　境外所得税抵免计算明细表

填报时间：　年　月　日　　　　金额单位：元（列至角分）

抵免方式	国家或地区	境外所得	境外所得换算含税收入的所得	弥补以前年度亏损	免税所得	弥补亏损前境外应税所得额	可弥补境内亏损	境外应纳税所得额	税率	境外所得应纳税额	境外所得可抵免税额	境外所得税款抵免限额	本年可抵免的境外所得税款	未超过境外所得税款抵免限额的余额	本年可抵免以前年度所得税额	前五年境外所得已缴税款未抵免余额	定率抵免
	1	2	3	4	5	6 (3－4－5)	7	8 (6－7)	9	10 (8×9)	11	12	13	14 (12－13)	15	16	17
直接抵免	英国																
	美国																
	日本																
	印度																
间接抵免	日本			*	*									*	*	*	
	德国			*	*									*	*	*	
	英国			*	*									*	*	*	
	韩国			*	*									*	*	*	
	合计																

经办人（签章）：　　　　法定代表人（签章）：

（一）《境外所得税抵免计算明细表》（附表六）有关说明

1. 本附表由查账征收的企业所得税居民纳税人填报。填报一是居民企业来源于中国境外的应税所得；二是居民企业从其直接或者间接控制的外国企业分得的来源于中国境外的股息、红利等权益性投资收益，外国企业在境外实际缴纳的所得税税额中属于该项所得负担的部分。这两部分按照税收规定应缴纳税额，以及按税收抵免规定予以抵免和结转以后五个年度内抵免的所得税额。

虽然《财政部、国家税务总局关于企业境外所得税收抵免有关问题的通知》（财税［2009］125 号）及《国家税务总局关于发布〈企业境外所得税收抵免操作指南〉的公告》国家税务总局 2010 年第 1 号公告包括了非居民企业在本年度发生的来源于不同国家和地区的境外所得的内容，但是《企业所得税年度纳税申报表》（A 类）的适用范围是查账征收的居民企业，本表是《企业所得税年度纳税申报表》（A 类）的附表之一，因此不包括非居民企业在本年度发生的来源于不同国家和地区的境外所得。

2. 本附表分为三部分：一是第 1 列至第 10 列，反映境外所得按中国《企业所得税法》应承担的纳税义务；二是第 11 列至第 16 列，由适用“分国不分项”方法核算境外所得的纳税人填写，反映境外所得在境外已缴税款的税收抵免及结转以后年度抵免的情况；三是第 17 列，适用“定率抵扣法”的纳税人填写当年境外所得已缴税款在中国境内的定率抵免。同时企业按不同的抵免方式分别填报上述三部分内容。

《财政部、国家税务总局关于企业境外所得税收抵免有关问题的通知》（财税［2009］125号）及于2010年1月1日起施行的《国家税务总局关于发布〈企业境外所得税收抵免操作指南〉的公告》国家税务总局2010年第1号公告将境外税额抵免分为直接抵免和间接抵免两种方式。

直接抵免是指，企业直接作为纳税人就其境外所得在境外缴纳的所得税额在我国应纳税额中抵免。直接抵免主要适用于企业就来源于境外的营业利润所得在境外所缴纳的企业所得税，以及就来源于或发生于境外的股息、红利等权益性投资所得、利息、租金、特许权使用费、财产转让等所得在境外被源泉扣缴的预提所得税。

间接抵免是指，境外企业就分配股息前的利润缴纳的外国所得税额中由我国居民企业就该项分得的股息性质的所得间接负担的部分，在我国的应纳税额中抵免。例如我国居民企业（母公司）的境外子公司在所在国（地区）缴纳企业所得税后，将税后利润的一部分作为股息、红利分配给该母公司，子公司在境外就其应税所得实际缴纳的企业所得税税额中按母公司所得股息占全部税后利润之比的部分即属于该母公司间接负担的境外企业所得税额。间接抵免的适用范围为居民企业从其符合《通知》第五条、第六条规定的境外子公司取得的股息、红利等权益性投资收益所得。

3. 本附表与其他报表的逻辑关系。一是主表利润总额（如营业收入、投资收益）包含境外所得；二是主表计算应纳税所得额时，将本附表第2列“境外所得”通过《纳税调整项目明细表》（附表三）第12行进行纳税调减，并计入主表15行“纳税调整减少额”中；三是本附表第11列至第17列计算境外所得按中国《企业所得税法》应缴纳的税额，以及允许抵免的所得税额，并填入主表31行和32行。

4. 纳税人应采取“分国不分项”方法进行税收抵免，符合《财政部、国家税务总局关于企业境外所得税收抵免有关问题的通知》（财税［2009］125号）第十条规定条件的，可以直接采取“分国不分项”的简易抵免方法。简易抵免方法只是“分国不分项”的一种简易计算方式。

符合简易方式计算抵免的两种情况：

一是企业从境外取得营业利润所得以及符合境外税额间接抵免条件的股息所得，虽有所得来源国（地区）政府机关核发的具有纳税性质的凭证或证明，但因客观原因无法真实、准确地确认应当缴纳并已经实际缴纳的境外所得税税额的，除就该所得直接缴纳及间接负担的税额在所得来源国（地区）的实际有效税率低于我国企业所得税法第四条第一款规定税率50%以上的外，可按境外应纳税所得额的12.5%作为抵免限额，企业按该国（地区）税务机关或政府机关核发具有纳税性质凭证或证明的金额，其不超过抵免限额的部分，准予抵免；超过的部分不得抵免。

二是企业从境外取得营业利润所得以及符合境外税额间接抵免条件的股息所得，凡就该所得缴纳及间接负担的税额在所得来源国（地区）的法定税率且其实际有效税率明显高于我国的，可直接以按本通知规定计算的境外应纳税所得额和我国企业所得税法规定的税率计算的抵免限额作为可抵免的已在境外实际缴纳的企业所得税税额。财政部、国家税务总局可根据实际情况适时对名单进行调整。

目前的新政策已经取消了《财政部、国家税务总局关于〈境外所得计征所得税暂行办法〉（修订）的通知》（财税［1997］116号）文件中规定的按16.5%定率抵扣的方法，统一执行“分国不分项”的方法。

5. 企业应按照税法规定，准确计算以下当期与抵免境外所得税有关的项目后，确定当期实际可抵免分国（地区）别的境外所得税税额和抵免限额：

（1）境内所得的应纳税所得额（以下称境内应纳税所得额）和分国（地区）别的境外所得的应纳税所得额（以下称境外应纳税所得额）；

（2）分国（地区）别的可抵免境外所得税税额；

（3）分国（地区）别的境外所得税的抵免限额。

企业不能准确计算上述项目实际可抵免分国（地区）别的境外所得税税额的，在相应国家（地区）缴纳的税收均不得在该企业当期应纳税额中抵免，也不得结转以后年度抵免。

6. 根据《企业所得税法》及其实施条例、《财政部、国家税务总局关于企业境外所得税收抵免有关问题的通知》（财税［2009］125号）规定，请谨记以下境内外所得的盈亏弥补规则：

（1）来源于同一国家或地区的不同所得项目可以相互抵补，这是分国不分项原则的体现；

（2）来源于境外不同国家之间的盈亏不得相互抵补，这是分国不分项原则的精髓，由此决定了本附表不同行次之间是相互独立的，各行数据独立计算，可以相加，但不能正负相抵；

（3）企业境外盈利可用于弥补境内亏损（申报表主表第22行）；

（4）企业境内盈利不得用于弥补境外亏损（《企业所得税法》第十七条）；

（5）企业不能准确计算实际可抵免分国（地区）别的境外所得税税额的，在相应国家（地区）缴纳的税收均不得在该企业当期应纳税额中抵免，也不得结转以后年度抵免。

7. 境外所得税税额抵免的管理要求：

企业申报抵免境外所得税收（包括简易办法进行的抵免）时应向其主管税务机关提交如下书面资料：

（1）与境外所得相关的完税证明或纳税凭证（原件或复印件）。

（2）不同类型的境外所得申报税收抵免还需分别提供：

①取得境外分支机构的营业利润所得需提供境外分支机构会计报表；境外分支机构所得依照中国境内企业所得税法及实施条例的规定计算的应纳税额的计算过程及说明资料；具有资质的机构出具的有关分支机构审计报告等；

②取得境外股息、红利所得需提供集团组织架构图；被投资公司章程复印件；境外企业有权决定利润分配的机构作出的决定书等；

③取得境外利息、租金、特许权使用费、转让财产等所得需提供依照中国境内企业所得税法及实施条例规定计算的应纳税额的资料及计算过程；项目合同复印件等。

（3）申请享受税收饶让抵免的还需提供：

①本企业及其直接或间接控制的外国企业在境外所获免税及减税的依据及证明或有关审计报告披露该企业享受的优惠政策的复印件；

②企业在其直接或间接控制的外国企业的参股比例等情况的证明复印件；

③间接抵免税额或者饶让抵免税额的计算过程；

④由本企业直接或间接控制的外国企业的财务会计资料。

（4）采用简易办法计算抵免限额的还需提供：

①取得境外分支机构的营业利润所得需提供企业申请及有关情况说明；来源国（地区）政府机关核发的具有纳税性质的凭证和证明复印件；

②取得符合境外税额间接抵免条件的股息所得需提供企业申请及有关情况说明；符合企业所得税法第二十四条条件的有关股权证明的文件或凭证复印件。

（5）主管税务机关要求提供的其他资料。

以上提交备案资料使用非中文的，企业应同时提交中文译本复印件。

上述资料已向税务机关提供的，可不再提供；上述资料若有变更的，须重新提供；复印件须注明与原件一致，译本须注明与原本无异义，并加盖企业公章。

税务机关、企业在年度企业所得税汇算清缴时，应对结转以后年度抵免的境外所得税额分国别（地区）建立台账管理，准确填写逐年抵免情况。

台账表如表 3－28 所示。

表 3－28　　境外所得税额结转抵免管理台账

企业名称：

所得来源国别（地区）：　　　　金额单位：人民币（列至角分）

<table>
<tr><th rowspan="3">行次</th><th colspan="2">本年度未抵免税额</th><th colspan="10">五年期结转抵扣额及余额</th></tr>
<tr><th rowspan="2">税额所属年度</th><th rowspan="2">未抵免税额</th><th colspan="2">第一年</th><th colspan="2">第二年</th><th colspan="2">第三年</th><th colspan="2">第四年</th><th colspan="2">第五年</th></tr>
<tr><th>抵免额</th><th>余额</th><th>抵免额</th><th>余额</th><th>抵免额</th><th>余额</th><th>抵免额</th><th>余额</th><th>抵免额</th><th>不得再结转额</th></tr>
<tr><td>1</td><td></td><td></td><td></td><td></td><td></td><td></td><td></td><td></td><td></td><td></td><td></td><td></td></tr>
<tr><td>2</td><td></td><td></td><td></td><td></td><td></td><td></td><td></td><td></td><td></td><td></td><td></td><td></td></tr>
<tr><td>3</td><td></td><td></td><td></td><td></td><td></td><td></td><td></td><td></td><td></td><td></td><td></td><td></td></tr>
<tr><td>4</td><td></td><td></td><td></td><td></td><td></td><td></td><td></td><td></td><td></td><td></td><td></td><td></td></tr>
<tr><td>5</td><td></td><td></td><td></td><td></td><td></td><td></td><td></td><td></td><td></td><td></td><td></td><td></td></tr>
</table>

管理台账的编制说明：

填报以前年度境外所得已纳税额未抵免部分的结转、抵扣情况。

①按分国不分项填报结转抵扣额的境外所得税在各年的抵扣情况；

②本年度未抵免税额：填报税额所属年度未抵免结转以后年度抵扣的税额；

③五年结转抵扣额：填报按规定用本期税额扣除限额的余额抵扣以前年度结转的税额及抵扣后的余额。

（二）具体列次的填报说明

1. 本附表（表 3－27）第一部分：境外所得在境内的应纳税额的填报。

（1）第 1 列"国家或地区"：填报境外所得来源的国家或地区名称。来源于同一国家或地区的各项境外所得，不论是否由境外某国同一税务机关征收，也不论是否属生产经营所得或其他所得，亦不论是否属于境外同一企业集团产生的所得，只要来源于同一国家、地区，均合并到"一行内"填报。注意各行次之间的相互独立性，在"分国不分项"原则下，不同行次之间的数据只能相加，不能正负相抵。

本附表中，如果既有来源于某国（地区）的营业利润（直接抵免方式），又有来源于某国（地区）的股息性所得（间接抵免方式），由于填表时分别在两个行次中填列，需考虑两个行次之间的税收抵免问题，该两个行次之间可以有选择地相互加减运算。

（2）第2列“境外所得”：填报来自境外的税前所得。本附表第2列至第8列主要计算境外所得的应纳税所得额。本列“境外所得”为收入总额（包括营业利润即生产经营所得[①]和股息、利息、特许权使用费、财产转让所得等），扣除按税收规定允许扣除的境外发生的成本费用后的金额。此处“境外所得”为已缴境外所得税后的所得，主要包括：

①在境外投资兴办子公司、参股或控股企业，主要是股息、红利所得，股权转让收益等；

②购买境外政府债券、企业债券的利息收入，向境外贷款的利息收入，进出口业务中买方信贷或卖方信贷、进出口押汇等而从境外取得的利息收入；

③从境外取得特许权使用费收入、转让无形资产所有权的收入；

④境外有形资产的租赁收入，转让境外财产的收入；

⑤承包境外工程项目、参与境外大型基础设施建设、轮船维修、劳务输出、外贸代理服务等取得的劳务性收入；

⑥在境外设立分公司、生产基地、仓储中心、办事处、联络处、实验室等，从境外取得收入。

《财政部、国家税务总局关于企业境外所得税收抵免有关问题的通知》（财税［2009］125号）及《国家税务总局关于发布〈企业境外所得税收抵免操作指南〉的公告》（国家税务总局2010年第1号公告）规定，境外应纳税所得额包括可以直接税收抵免的营业利润和间接税收抵免的股息、利息、特许权使用费所得、财产转让所得等项目。营业利润和股息、利息、特许权使用费所得、财产转让所得项目等应纳税所得额的计算分别采用不同的方法。

①居民企业在境外投资设立不具有独立纳税地位的分支机构，其来源于境外的所得，以境外收入总额扣除与取得境外收入有关的各项合理支出后的余额为应纳税所得额。各项收入、支出按我国《企业所得税法》及实施条例的有关规定确定。居民企业在境外设立不具有独立纳税地位的分支机构取得的各项境外所得，无论是否汇回中国境内，均应计入该企业所属纳税年度的境外应纳税所得额。

②居民企业应就其来源于境外的股息、红利等权益性投资收益，以及利息、租金、特许权使用费、转让财产等收入，扣除按照《企业所得税法》及实施条例等规定计算的与取得该项收入有关的各项合理支出后的余额为应纳税所得额。来源于境外的股息、红利等权益性投资收益，应按被投资方作出利润分配决定的日期确认收入实现；来源于境外的利息、租金、特许权使用费、转让财产等收入，应按有关合同约定应付交易对价款的日期确认收入实现。

③在计算境外应纳税所得额时，企业为取得境内、外所得而在境内、境外发生的共同支出，与取得境外应税所得有关的、合理的部分，应在境内、境外［分国（地区）别，下同］应税所得之间，按照合理比例进行分摊后扣除。

④在汇总计算境外应纳税所得额时，企业在境外同一国家（地区）设立不具有独立纳税地位的分支机构，按照《企业所得税法》及实施条例的有关规定计算的亏损，不得抵减

① 主要是从分公司、办事处等境外非法人机构取得的所得。

其境内或他国（地区）的应纳税所得额，但可以用同一国家（地区）其他项目或以后年度的所得按规定弥补。

需要说明：

第一，对于境外股息性所得，不按权益法核算境外投资收益，应按税收规则进行确认，即境外子公司、孙公司实际作出利润分配决定时确认收入。指从境外分配给境内纳税人并应归属于境内纳税人的所得部分，不包括应归属于境内纳税人但尚未分配的所得，也不包括虽取自于境外但不归属于境内纳税人的所得。

第二，在境外投资兴办全资子公司，不按生产经营所得（营业利润）处理；在境外兴办的非法人营业机构，按生产经营所得（营业利润）处理。以境外收入总额，扣除境外实际发生的成本费用，以及应分摊总部管理费用后的余额，实际上基本相当于会计利润，不考虑会计与税法差异问题。

第三，来源于境外亏损，用“-”列示；由于“分国不分项”不允许不同国家或地区之间的盈亏互相抵补，因此，本列合计数只是正数之和，不得冲减负数。

第四，本列正数之和填入《纳税调整项目明细表》（附表三）第12行“境外应税所得”进行纳税调减。

（3）第3列“境外所得换算含税收入的所得”：填报第2列境外所得换算成包含已在境外缴纳企业所得税的所得额。

境外所得换算含税收入的所得 = 适用所在国家地区所得税税率的境外所得 ÷（1 - 适用所在国家地区所得税税率）+ 适用所在国家预提所得税率的境外所得 ÷（1 - 适用所在国家预提所得税率）

需要说明的是：一是该公式用于将境外税后所得还原为税前所得，可能有一些境外所得享受了境外减免税政策，需进行特殊处理，按实际享受的优惠政策进行还原；二是对于享受境外优惠政策的所得，应视中国与所得来源国的税收协定情况，如税收协定允许税收饶让，谨记将减免额视为已征税款填入本附表11列“境外所得可抵免税额”，以此享受税收饶让政策；三是对于所在国预提所得税率，要考虑中国与所得来源国税收协定约定的税率，注意中外签订的税收协定中，可能股息、特许权使用费、利息、财产转让等其他所得采用不同的预提所得税率。

（4）第4列“弥补以前年度亏损”：填报境外所得按税收规定弥补以前年度境外来源于该国家、地区的亏损额。

注意“分国不分项原则”基本要求，只能用该国本年度所得弥补来源于该国五年内未弥补的亏损。①只有以前年度存在来源于该国的亏损，且第3列 >0，才填写本列；②该列数据≤第3列该国“境外所得换算含税收入的所得”。在间接抵免方式下，从境外子公司分回的股息性所得，以境外被投资方作出利润分配的日期确认收入实现，不存在弥补以前年度亏损的问题。

（5）第5列“免税所得”：填报按照中国税收规定和中外税收协定予以免税的境外所得。

需要说明：第3列该国对应行次“境外所得换算含税收入的所得” - 第4列“弥补以前年度亏损”≤0的，该国对应行次本列填写0。根据《企业所得税法》规定，只有境内企业之间分派取得的股息属于免税收入，对于境内居民企业从境外子公司分回的股息性所得，不属于免税所得。

（6）第6列“弥补亏损前境外应税所得额”：填报境外所得弥补境内亏损前的应税所得额。第6列=第3列-第4列-第5列。

（7）第7列“可弥补境内亏损”：填报境外所得按税收规定弥补境内的亏损额。

需要注意：一是本列反映境外所得弥补当年境内亏损情况，本列合计数填报主表第22行“境外应税所得弥补境内亏损”；二是本附表第6列是弥补第7列亏损的最大可用值。因此，第7列各行金额≤同一行次的第6列。当某行第6列≤0时，即“无可用于弥补境内亏损的境外所得”，同一行次的第7列填写0。

（8）第8列“境外应纳税所得额”：等于第6列“弥补亏损前境外应纳税所得额”-第7列“可弥补境内亏损”后的金额。即境外所得处理完免税所得和弥补境外、境内亏损后，可用于计算境外所得应纳税额的税基。

（9）第9列“税率”：填报纳税人境内《企业所得税法》规定的统一税率25%。

（10）第10列“境外所得应纳税额”：填报境外应纳税所得额按照中国《企业所得税法》应承担的纳税义务，等于第8列“境外应纳税所得额”×第9列“税率”。

2. 本附表第二部分：分国不分项条件下的境外税收抵免的填报。

（1）第11列“境外所得可抵免税额”：实行分国不分项限额抵免的纳税人填报本附表第10列至第16列，本列数据实际上是境外所得按境外税法规定已在境外实际缴纳，并可用于核算税收抵免的所得税额。根据《财政部、国家税务总局关于企业境外所得税收抵免有关问题的通知》（财税［2009］125号）及《国家税务总局关于发布〈企业境外所得税收抵免操作指南〉的公告》（国家税务总局2010年第1号公告）规定，可抵免境外所得税税额，是指企业来源于中国境外的所得依照中国境外税收法律以及相关规定应当缴纳并已实际缴纳的企业所得税性质的税款（含预提所得税）。但不包括：一是按照境外所得税法律及相关规定属于错缴或错征的境外所得税税款；二是按照税收协定规定不应征收的境外所得税税款；三是因少缴或迟缴境外所得税而追加的利息、滞纳金或罚款；四是境外所得税纳税人或者其利害关系人从境外征税主体得到实际返还或补偿的境外所得税税款；五是按照我国企业所得税法及其实施条例规定，已经免征我国企业所得税的境外所得负担的境外所得税税款；六是按照国务院财政、税务主管部门有关规定已经从企业境外应纳税所得额中扣除的境外所得税税款。

考虑到税收饶让因素，根据《财政部、国家税务总局关于企业境外所得税收抵免有关问题的通知》（财税［2009］125号）及《国家税务总局关于发布〈企业境外所得税收抵免操作指南〉的公告》（国家税务总局2010年第1号公告）规定，居民企业从与我国政府订立税收协定（或安排）的国家（地区）取得的所得，按照该国（地区）税收法律享受了免税或减税待遇，且该免税或减税的数额按照税收协定规定应视同已缴税额在中国的应纳税额中抵免的，该免税或减税数额可作为企业实际缴纳的境外所得税额用于办理税收抵免。由此，凡按照中外税收协定约定，境外减免税额享受税收饶让的，应将境外实际减免的税额视同已缴税款在此列填写，以便进行税收抵免（税收饶让部分应出示境外有关减免税批文，其他已缴税额应出示完税凭证原件，实际征管中注意核查有关税收协定安排）。

按照企业与境外子公司、非法人营业机构的投资和管理关系，将境外所得在所在国家或地区实际缴纳企业所得税额的抵免方式，分为直接抵免和间接抵免。从境外不具有独立纳税地位的分支机构取得的所得在所在国家或地区缴纳的企业所得税额为直接抵免税额；子公司从境外取得的所得在所在国家或地区缴纳的企业所得税额为间接抵免税额。

《财政部、国家税务总局关于企业境外所得税收抵免有关问题的通知》（财税［2009］125号）及《国家税务总局关于发布〈企业境外所得税收抵免操作指南〉的公告》（国家税务总局2010年第1号公告）规定，居民企业用境外所得间接负担的税额进行税收抵免时，其取得的境外投资收益实际间接负担的税额，是指根据直接或者间接持股方式合计持股20%以上（含20%，下同）的规定层级的外国企业股份，由此应分得的股息、红利等权益性投资收益中，从最低一层外国企业起逐层计算的属于由上一层企业负担的税额，其计算公式如下：

本层企业所纳税额属于由一家上一层企业负担的税额 =（本层企业就利润和投资收益所实际缴纳的税额 + 符合规定的由本层企业间接负担的税额）× 本层企业向一家上一层企业分配的股息（红利）÷ 本层企业所得税后利润额

另外，《国家税务总局关于〈中华人民共和国企业所得税年度纳税申报表〉的补充通知》（国税函［2008］1081号）明确了二级子公司可抵免税额的计算公式如下，实际上，两者并不矛盾。

二级子公司可抵免税额 =（纳税人分得的所得 ÷ 同一纳税年度子公司税后应分配总额）×（子公司分得的所得 ÷ 同一纳税年度二级子公司税后应分配总额）× 二级子公司同一纳税年度已缴所得税

《财政部、国家税务总局关于企业境外所得税收抵免有关问题的通知》（财税［2009］125号）及《国家税务总局关于发布〈企业境外所得税收抵免操作指南〉的公告》（国家税务总局2010年第1号公告）规定，除国务院财政、税务主管部门另有规定外，上述由居民企业直接或者间接持有20%以上股份的外国企业，限于符合以下持股方式的三层外国企业：①单一居民企业直接持有20%以上股份的外国企业；②单一第一层外国企业直接持有20%以上股份，且由单一居民企业直接持有或通过一个或多个符合规定持股条件的外国企业间接持有总和达到20%以上股份的外国企业；③单一第二层外国企业直接持有20%以上股份，且由单一居民企业直接持有或通过一个或多个符合规定持股条件的外国企业间接持有总和达到20%以上股份的外国企业。对上述税收抵免的控股标准可作如下简化理解：一是境内企业对外国企业的累计持股比例大于20%，二是税收抵免的层级为四级，即境内企业和境外三个层次的企业；三是要求每一层级控股比例都必须同时达到20%。

需要注意，根据本附表设计格式，间接抵免方式下，来源于境外子公司所得（主要是股息）以被投资方作出利润分配决定的日期确认收入实现；从技术角度看，分配股息则确认境外所得，不分配股息也没有亏损问题，不存在弥补以前年度境外亏损，不考虑免税所得，未抵免完的所得税不得结转以后年度抵免等问题。

（2）第12列“境外所得税款抵免限额”：根据国际税收抵免惯例和《财政部、国家税务总局关于企业境外所得税收抵免有关问题的通知》（财税［2009］125号）及《国家税务总局关于发布〈企业境外所得税收抵免操作指南〉的公告》（国家税务总局2010年第1号公告），境外所得在境外实际缴纳的税款在中国申请抵免时，其最高抵免数额不得超过境外所得按照中国税法规定计算的应纳税额。抵免限额的计算公式：

某国（地区）所得税抵免限额 = 中国境内、境外所得依照企业所得税法及实施条例的

规定计算的应纳税总额×来源于某国（地区）的应纳税所得额÷中国境内、境外应纳税所得总额

上述公式中“中国境内、境外所得依照企业所得税法及实施条例的规定计算的应纳税总额”的税率，除国务院财政、税务主管部门另有规定外，应为企业所得税法第四条第一款规定的税率。

企业按照企业所得税法及其实施条例和本通知的有关规定计算的当期境内、境外应纳税所得总额小于零的，应以零计算当期境内、境外应纳税所得总额，其当期境外所得税的抵免限额也为零。

在计算“境外所得税扣除限额”时，一个国家一个国家地计算，各国之间不得相互混淆，并填写本附表相应行次。如单独将美国所得与境内所得合并后，按上述公式计算扣除限额后，再单独将加拿大所得与境内所得合并后，按上述公式计算扣除限额。以此类推。

根据《财政部、国家税务总局关于企业境外所得税收抵免有关问题的通知》（财税［2009］125号）及《国家税务总局关于发布〈企业境外所得税收抵免操作指南〉的公告》（国家税务总局2010年第1号公告）规定，汇总计算境外应纳税所得额时，企业在境外同一国家（地区）设立不具有独立纳税地位的分支机构，按照企业所得税法及实施条例的有关规定计算的亏损，不得抵减其境内或他国（地区）的应纳税所得额，但可以用同一国家（地区）其他项目或以后年度的所得按规定弥补。注意：来源于同一国家（地区）的所得，可能同时包括直接抵免所得项目和间接抵免所得项目，需统筹考虑抵免限额问题。

根据《财政部、国家税务总局关于企业境外所得税收抵免有关问题的通知》（财税［2009］125号）及《国家税务总局关于发布〈企业境外所得税收抵免操作指南〉的公告》（国家税务总局2010年第1号公告）规定采取简易办法计算抵免的企业，区别不同情况本列填报12.5%或25%。

（3）第13列“本年可抵免的境外所得税款”：填报本年来源于境外的所得已经缴纳所得税（与本附表第11列数据接近），在本年度允许抵免税额的情况。

需要注意：一是各行次之间独立计算；二是某一行次第12列（抵免限额）≤同一行次的第11列，说明境外已缴税额大于抵免限额，未抵免税额留待以后年度延续抵免，则第13列=第12列数据；当第12列某行≥同一行次的第11列，说明境外已缴税额小于抵免限额，境外已缴税额能够全额在本年度抵免，第13列=第11列。

（4）第14列“未超过境外所得税款抵免限额的余额”：填报本年度在抵免限额内抵免完所得税后，抵免限额大于当年实际抵免境外已缴税款的差额，这一差额可用于抵免以前年度结转的尚未抵免的所得税额。

第14列“未超过境外所得税款抵免限额的余额”各行=同一行的第12列-第13列，当计算出的数值≤0时，本列该行为0；当计算出的数值≥0时，本列该行第14列=第15列。

（5）第15列“本年可抵免以前年度所得税额”：填报本年可抵免以前年度未抵免完毕结转到本年度抵免的企业所得税。实际上是在第14列“未超过境外所得税款抵免限额的余额”限度内，抵免以前年度未抵免完毕的已缴所得税（上年度本附表16列某国家或地区的数额）。

根据《财政部、国家税务总局关于企业境外所得税收抵免有关问题的通知》（财税［2009］125号）及《国家税务总局关于发布〈企业境外所得税收抵免操作指南〉的公告》

（国家税务总局 2010 年第 1 号公告），在计算实际应抵免的境外已缴纳和间接负担的所得税税额时，企业在境外一国（地区）当年缴纳和间接负担的符合规定的所得税税额低于所计算的该国（地区）抵免限额的，应以该项税额作为境外所得税抵免额从企业应纳税总额中据实抵免；超过抵免限额的，当年应以抵免限额作为境外所得税抵免额进行抵免，超过抵免限额的余额允许从次年起在连续五个纳税年度内，用每年度抵免限额抵免当年应抵税额后的余额进行抵补。

需要说明的是：一是当以前五年内未抵免完毕的境外所得已缴税额的抵免余额（上年度本附表第 16 列某国数据）＜第 14 列“未超过境外所得税款抵免限额的余额”时，意味着以前未抵免完的境外已纳税额，均可在当年抵免，第 15 列填写上年度本附表第 16 列某国数据；二是当以前五年内未抵免完毕的境外所得已缴税额的抵免余额（上年度本附表第 16 列某国数据）＞第 14 列“未超过境外所得税款抵免限额的余额”时，意味着以前年度未抵免完的境外已纳税额，有一部分（相当于第 14 列数额）的部分可以抵免，超出部分结转至第 16 列“前五年境外所得已缴税款未抵免余额”；三是第 15 列“本年可抵免以前年度所得税额”各行＜同一行次的第 14 列；四是第 13 列合计行＋第 15 列合计行＝主表第 32 行。

（6）第 16 列“前五年境外所得已缴税款未抵免余额”：填报可结转以后年度抵免的境外所得未抵免余额，是指五年内来源于 A 国所得，在 A 国已缴税款超过我国税法规定的抵免限额，五年内累计未抵扣完毕，留待本年度及以后抵扣的余额，应剔除已超过 5 年抵免期不允许继续抵免的未抵扣余额。

3. 本附表第三部分：定率抵免条件下的境外税收抵免的填报。

第 17 列“定率抵免”。本列适用于实行定率抵免境外所得税款的纳税人，填报此列的纳税人不填报第 11 列至第 16 列。

《财政部、国家税务总局关于企业境外所得税收抵免有关问题的通知》（财税［2009］125 号）及《国家税务总局关于发布〈企业境外所得税收抵免操作指南〉的公告》（国家税务总局 2010 年第 1 号公告）已经取消了《财政部、国家税务总局关于〈境外所得计征所得税暂行办法〉（修订）的通知》（财税［1997］116 号）文件中规定的按 16.5% 定率抵扣的方法，因此目前本列不填数据。

（三）表内及表间关系

1. 表内关系。

第 6 列＝第 3 列－第 4 列－第 5 列。

第 8 列＝第 6 列－第 7 列。

第 10 列＝第 8 列×第 9 列。

第 14 列＝第 12 列－第 13 列。

第 7 列各行金额≤同一行次的第 6 列。当某行第 6 列≤0 时，同一行次的第 7 列为 0。

第 13 列“本年可抵免的境外所得税款”。第 12 列某行≤同一行次的第 11 列，第 13 列＝第 12 列；当第 12 列某行≥同一行次的第 11 列，第 13 列＝第 11 列。

第 14 列“超过境外所得税款抵免限额的余额”各行＝同一行的第 12 列－第 13 列，当计算出的值≤0 时，本列该行为 0；当计算出的值≥0 时，第 14 列＝第 15 列。

第 15 列“本年可抵免以前年度所得税额”各行＜同一行次的第 14 列；第 13 列合计行＋第 15 列合计行＝主表第 32 行。

2. 表间关系。

第2列合计行 = 附表三第12行第4列。

第7列合计行 = 主表第22行。

第10列合计数 = 主表第31行。

第13列合计行 + 第15列合计行 = 主表第32行。

第17列合计行 = 主表第32行。

以下示例中《通知》均为《财政部、国家税务总局关于企业境外所得税收抵免有关问题的通知》（财税［2009］125号）。

［例3-71］ 来源于境外利息收入的应纳税所得额的计算

中国A银行向甲国某企业贷出500万元，合同约定的利率为5%。2010年A银行收到甲国企业就应付利息25万元扣除已在甲国扣缴的预提所得税2.5万元（预提所得税税率为10%）后的22.5万元税后利息。A银行应纳税所得总额为1000万元，已在应纳税所得总额中扣除的该笔境外贷款的融资成本为本金的4%。分析并计算该银行应纳税所得总额中境外利息收入的应纳税所得额：

来源于境外利息收入的应纳税所得额，应为已缴纳境外预提所得税前的就合同约定的利息收入总额，再对应调整扣除相关筹资成本费用等。

境外利息收入总额 = 22.5 + 2.5 = 25（万元）

对应调整扣除相关成本费用后的应纳税所得额 = 25 - 500 × 4% = 5（万元）

该境外利息收入用于计算境外税额抵免限额的应纳税所得额为5万元，应纳税所得总额仍为1000万元不变。

［例3-72］ 境外分支机构亏损的弥补

中国居民A企业2010年度境内外净所得为160万元。其中，境内所得的应纳税所得额为300万元；设在甲国的分支机构当年度应纳税所得额为100万元；设在乙国的分支机构当年度应纳税所得额为-300万元；A企业当年度从乙国取得利息所得的应纳税所得额为60万元。调整计算该企业当年度境内、外所得的应纳税所得额如下：

（1）A企业当年度境内外净所得为160万元，但依据境外亏损不得在境内或他国盈利中抵减的规定，其发生在乙国分支机构的当年度亏损额300万元，仅可以用从该国取得的利息60万元弥补，未能弥补的非实际亏损额240万元，不得从当年度企业其他盈利中弥补。因此，相应调整后A企业当年境内、外应纳税所得额为：

境内应纳税所得额 = 300万元；

甲国应纳税所得额 = 100万元；

乙国应纳税所得额 = -240万元；

A企业当年度应纳税所得总额 = 400万元。

（2）A企业当年度境外乙国未弥补的非实际亏损共240万元，允许A企业以其来自乙国以后年度的所得无限期结转弥补。

［例3-73］ 间接抵免负担税额的计算

以［例3-75］中居民企业A集团公司组织架构（如图3-12）及其对符合间接抵免持股条件的判定结果为例，对A公司于2010年初申报的2009年度符合条件的各层公司生产经营及分配股息情况，计算A公司可进入抵免（参见［例3-75］分析）的间接负担的境外所得税额如下：

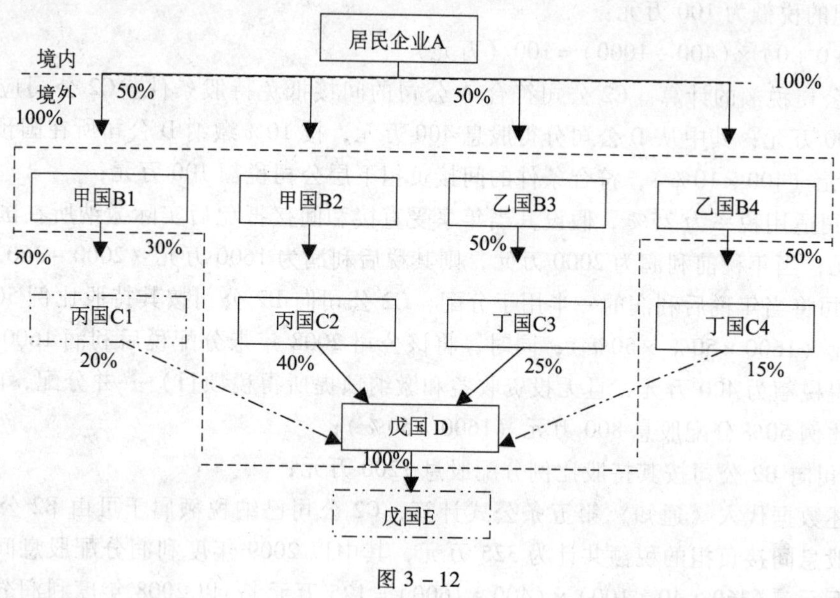

图 3 - 12

（1）计算甲国 B1 及其下层各企业已纳税额中属于 A 公司可予抵免的间接负担税额：

①C1 公司及其对 D 公司 20% 持股税额的计算。由于 C1 不符合 A 公司的间接抵免条件，因此，其就利润所纳税额及其按持有 D 公司 20% 股份而分得股息直接缴纳的预提所得税及该股息所包含的 D 公司税额，均不应计算为由 A 公司可予抵免的间接负担税额。

②B1 公司税额的计算。B1 公司符合 A 公司的间接抵免持股条件。B1 公司应纳税所得总额为 1000 万元（假设该“应纳税所得总额”中在 B1 公司所在国计算税额抵免时已包含投资收益还原计算的间接税额，下同），其中来自 C1 公司的投资收益为 300 万元，按 10% 缴纳 C1 公司所在国预提所得税额为 30 万元（300 × 10%），无符合抵免条件的间接税额；

B1 公司适用税率为 30%，其当年在所在国按该国境外税收抵免规定计算后实际缴纳所在国所得税额为 210 万元；B1 公司当年税前利润为 1000 万元，则其当年税后利润为 760 万元（税前利润 1000 - 实际缴纳所在国税额 210 - 缴纳预提税额 30），且全部分配；

B1 公司向 A 公司按其持股比例 50% 分配股息 380 万元；

将上述数据代入《通知》第五条公式（即本层企业所纳税额属于由一家上一层企业负担的税额 = 本层企业就利润和投资收益所实际缴纳的税额 + 符合本通知规定的由本层企业间接负担的税额）× 本层企业向一家上一层企业分配的股息（红利）÷ 本层企业所得税后利润额，下同）计算，A 公司就从 B1 公司分得股息间接负担的可在我国应纳税额中抵免的税额为 120 万元：

$(210 + 30 + 0) \times (380 \div 760) = 120$（万元）

（2）计算甲国 B2 及其下层各企业已纳税额中属于 A 公司可予抵免的间接负担税额：

①D 公司税额的计算。D 公司符合 A 公司的间接抵免持股条件。D 公司应纳税所得总额和税前会计利润均为 1250 万元，适用税率为 20%，无投资收益和缴纳预提所得税项目。当年 D 公司在所在国缴纳企业所得税为 250 万元；D 公司将当年税后利润 1000 万元全部分配；

D 公司向 C2 公司按其持股比例 40% 分配股息 400 万元；

将上述数据代入《通知》第五条公式计算，D公司已纳税额属于可由C2公司就分得股息间接负担的税额为100万元：

(250+0+0)×(400÷1000)=100（万元）

②C2公司税额的计算。C2公司符合A公司的间接抵免持股条件。C2公司应纳税所得总额为2000万元；其中从D公司分得股息400万元，按10%缴纳D公司所在国预提所得税额为40万元（400×10%），符合条件的间接负担下层公司税额100万元；

C2公司适用税率为25%，假设其当年享受直接和间接抵免后实际缴纳所在国所得税额为360万元；当年税前利润为2000万元，则其税后利润为1600万元（2000-360-40）；

C2公司将当年税后利润的一半用于分配，C2公司向B2公司按其持股比例50%分配股息400万元（1600×50%×50%）；同时，将该公司2008年未分配税后利润1600万元（实际缴纳所得税额为400万元，且无投资收益和缴纳预提所得税项目）一并分配，向B2公司按其持股比例50%分配股息800万元（1600×50%）；

C2公司向B2公司按其持股比例分配股息1200万元；

将上述数据代入《通知》第五条公式计算，C2公司已纳税额属于可由B2公司就2009年度分得股息间接负担的税额共计为325万元，其中以2009年度利润分配股息间接负担的税额125万元[(360+40+100)×(400÷1600)=125万元]；以2008年度利润分配股息间接负担的税额200万元[(400+0+0)×(800÷1600)=200万元]。

③B2公司税额的计算。B2公司符合A公司的间接抵免持股条件。B2公司应纳税所得总额为5000万元，其中来自C2公司的投资收益为1200万元，按10%缴纳C2公司所在国预提所得税额为120万元（1200×10%），符合条件的间接负担下层公司税额325万元；

B2公司适用税率为30%，假设其当年享受直接和间接抵免后实际缴纳所在国所得税额为1140万元；当年税前利润为5000万元，则其税后利润为3740万元（5000-1140-120），且全部分配；

B2公司向A公司按其持股比例50%分配股息1870万元；

将上述数据代入《通知》第五条公式计算，A公司就从B2公司分得股息间接负担的可在我国应纳税额中抵免的税额为792.5万元：

(1140+120+325)×(1870÷3740)=792.5（万元）

（3）计算乙国B3及其下层各企业已纳税额中属于A公司可予抵免的间接负担税额：

①D公司税额的计算。D公司符合A公司的间接抵免持股条件。D公司应纳税所得总额为1250万元，适用税率为20%，无投资收益和缴纳预提所得税项目。当年D公司在所在国缴纳企业所得税为250万元；D公司将当年税后利润1000万元全部分配；

D公司向C3公司按其持股比例25%分配股息250万元；

将上述数据代入《通知》第五条公式计算，D公司已纳税额属于可由C3公司就分得股息间接负担的税额为62.5万元：

(250+0+0)×(250÷1000)=62.5（万元）

②C3公司税额的计算。C3公司符合A公司的间接抵免持股条件。C3公司应纳税所得总额为1000万元；其中从D公司分得股息250万元，按10%缴纳D公司所在国预提所得税额为25万元（250×10%），符合条件的间接负担下层公司税额62.5万元；

C3公司适用税率为30%，假设其当年享受直接和间接抵免后实际缴纳所在国所得税额为 245 万元；当年税前利润为 1000 万元，则其税后利润为 730 万元（1000 - 245 - 25），且全部分配；

C3 公司向 B3 公司按其持股比例 50% 分配股息 365 万元；

将上述数据代入《通知》第五条公式计算，C3 公司已纳税额属于可由 B3 公司就分得股息间接负担的税额为 166.25 万元：

(245 + 25 + 62.5) × (365 ÷ 730) = 166.25（万元）

③B3 公司税额的计算。B3 公司符合 A 公司的间接抵免持股条件。B3 公司应纳税所得总额为 2000 万元，其中来自 C3 公司的投资收益为 365 万元，按 10% 缴纳 C3 公司所在国预提所得税额为 36.5 万元（365 × 10%），符合条件的间接负担下层公司税额 166.25 万元；

B3 公司适用税率为 30%，假设其当年享受直接和间接抵免后实际缴纳所在国所得税额为 463.5 万元；当年税前利润为 2000 万元，则其税后利润为 1500 万元（2000 - 463.5 - 36.5），且全部分配；

B3 公司向 A 公司按其持股比例 100% 分配股息 1500 万元。

将上述数据代入《通知》第五条公式计算，A 公司就从 B3 公司分得股息间接负担的可在我国应纳税额中抵免的税额为 666.25 万元：

(463.5 + 36.5 + 166.25) × (1500 ÷ 1500) = 666.25（万元）

（4）计算乙国 B4 及其下层各企业已纳税额中属于 A 公司可予抵免的间接负担税额：

①D 公司税额的计算。D 公司被 C4 公司持有的 15% 股份不符合 A 公司享受间接抵免的持股比例条件，因此，其所纳税额中属于该 15% 股息负担的部分不能通过 C4 等公司计入 A 公司可予抵免的间接负担税额。

②C4 公司税额的计算。C4 公司符合 A 公司的间接抵免持股条件。C4 公司应纳税所得总额为 1000 万元；其中从 D 公司分得股息 150 万元，其按 10% 直接缴纳 D 公司所在国的预提所得税额 15 万元（150 × 10%）属于可计算 A 公司间接抵免的税额，无符合条件的间接负担税额；

C4 公司适用税率为 25%，假设其当年享受直接和间接抵免后实际缴纳所在国所得税额为 235 万元；当年税前利润为 1000 万元，则其税后利润为 750 万元（1000 - 235 - 15），且全部分配；

C4 公司向 B4 公司按其持股比例 50% 分配股息 375 万元；

将上述数据代入《通知》第五条公式计算，C4 公司已纳税额属于可由 B4 公司就分得股息间接负担的税额为 125 万元：

(235 + 15 + 0) × (375 ÷ 750) = 125（万元）

③B4 公司税额的计算。B4 公司符合 A 公司的间接抵免持股条件。B4 公司应纳税所得总额为 2000 万元，其中来自 C4 公司的投资收益为 375 万元，按 10% 缴纳 C4 公司所在国预提所得税额为 37.5 万元（375 × 10%），符合条件的间接负担下层公司税额 125 万元；

B4 公司适用税率为 30%，假设其当年享受直接和间接抵免后实际缴纳所在国所得税额为 462.5 万元；当年税前利润为 2000 万元，则其税后利润为 1500 万元（2000 - 462.5 - 37.5），且全部分配；

B4 公司向 A 公司按其持股比例 100% 分配股息 1500 万元；

将上述数据代入《通知》第五条公式计算，A 公司就从 B4 公司分得股息间接负担的可在我国应纳税额中抵免的税额为 625 万元：

(462.5 + 37.5 + 125) × (1500 ÷ 1500) = 625（万元）

（5）上述计算后，A 公司可适用间接抵免的境外所得及间接负担的境外已纳税额分国为：

①可适用间接抵免的境外所得（含直接所缴预提所得税但未含间接负担的税额）为 5250 万元，其中：

来自甲国的境外所得为 2250 万元（B1 股息 380 + B2 股息 1870）；

来自乙国的境外所得为 3000 万元（B3 股息 1500 + B4 股息 1500）。

②可抵免的间接负担境外已纳税额为 2203.75 万元，其中：

来自甲国的可抵免间接负担境外已纳税额为 912.5 万元（间接负担 B1 税额 120 + 间接负担 B2 税额 792.5）；

来自乙国的可抵免间接负担境外已纳税额为 1291.25 万元（间接负担 B3 税额 666.25 + 间接负担 B4 税额 625）。

（6）计算 A 公司可适用抵免的全部境外所得税额为：

①假设上项境外所得在来源国均按 10% 税率直接缴纳境外预提所得税合计为 525 万元，其中：

缴纳甲国预提所得税为 225 万元（2250 × 10%）；

缴纳乙国预提所得税为 300 万元（3000 × 10%）；

②来自甲乙两国所得的全部可抵免税额分别为：

甲国：直接缴纳 225 万元 + 间接负担 912.5 万元 = 1137.5 万元

乙国：直接缴纳 300 万元 + 间接负担 1291.25 万元 = 1591.25 万元

[例 3 – 74]　二层持股条件的判定

中国居民 A 企业直接持有甲国 B 企业 20% 股份，直接持有乙国 C 企业 16% 股份，并且 B 企业直接持有 C 企业 20% 股份，如图 3 – 13 所示：

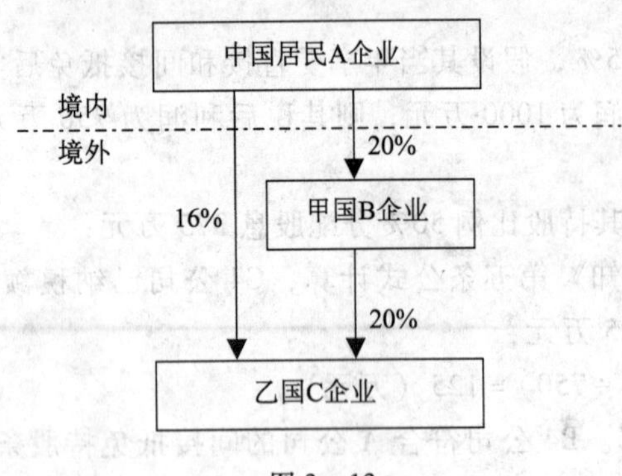

图 3 – 13

分析：

（1）中国居民 A 企业直接持有甲国 B 企业 20% 股份，满足直接持股 20%（含 20%）的条件。

（2）中国居民 A 企业直接持有乙国 C 企业 16% 股份，间接持有乙国 C 企业股份 = 20% × 20% = 4%，由于 A 企业直接持有 C 企业的股份不足 20%，故不能计入 A 企业对 C 企业直接持股或间接持股的总和比例之中。因此，C 企业未满足居民企业通过一个或多个符合规定持股条件的外国企业间接持有总和达到 20% 以上股份的外国企业的规定。

［例 3－75］　多层持股条件的综合判定

中国居民企业 A 分别控股了四家公司甲国 B1、甲国 B2、乙国 B3、乙国 B4，持股比例分别为 50%、50%、100%、100%；B1 持有丙国 C1 公司 30% 股份，B2 持有丙国 C2 公司 50% 股份，B3 持有丁国 C3 公司 50% 股份，B4 持有丁国 C4 公司 50% 股份；C1、C2、C3、C4 分别持有戊国 D 公司 20%、40%、25%、15% 股份；D 公司持有戊国 E 公司 100% 股份。如图 3－14 所示。

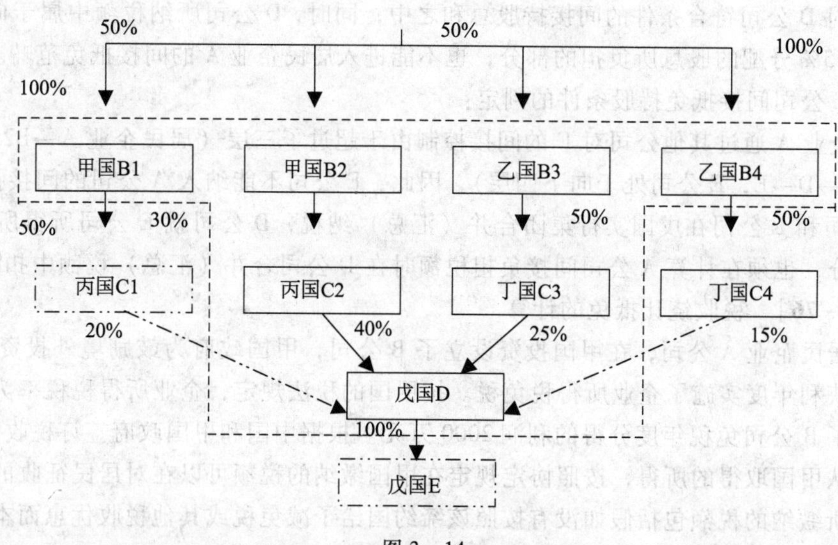

图 3－14

注：…虚线内为判定符合间接持股条件的公司及可就分配的股息计算间接抵免税额的所持股份。

（1）B 层各公司间接抵免持股条件的判定：

B1、B2、B3、B4 公司分别直接被 A 公司控股 50%、50%、100%、100%，均符合间接抵免第一层公司的持股条件。

（2）C 层各公司间接抵免持股条件的判定：

①C1 公司虽然被符合条件的上一层公司 B1 控股 30%，但仅受居民企业 A 间接控股 15%（50%×30%），因此，属于不符合间接抵免持股条件的公司（但如果协定的规定为 10%，则符合间接抵免条件）；

②C2 公司被符合条件的上一层公司 B2 控股 50%，且被居民企业 A 间接控股达到 25%（50%×50%），因此，属于符合间接抵免持股条件的公司；

③C3 公司被符合条件的上一层公司 B3 控股 50%，且被居民企业 A 间接控股达到 50%（100%×50%），因此，属于符合间接抵免持股条件的公司；

④C4 公司情形与 C3 公司相同，属于符合间接抵免持股条件的公司。

（3）D 公司间接抵免持股条件的判定：

①虽然 D 公司被 C1 控股达到了 20%，但由于 C1 属于不符合持股条件的公司，所以，C1 对 D 公司的 20% 持股也不得再计入 D 公司间接抵免持股条件的范围，来源于 D 公司 20% 部分的所得的已纳税额不能进入居民企业 A 的抵免范畴；

②D 公司被 C2 控股达到 40%，但被 A 通过符合条件的 B2、C2 间接持股仅 10%，未达

到 20%，因此，还不能由此判定 D 是否符合间接抵免条件；

③D 公司被 C3 控股达到 25%，且由 A 通过符合条件的 B3、C3 间接控股达 12.5%（100% ×50% ×25%），加上 A 通过 B2、C2 的间接控股 10%，间接控股总和达到 22.5%。因此，D 公司符合间接抵免条件，其所纳税额中属于向 C2 和 C3 公司分配的 65% 股息所负担的部分，可进入 A 公司的间接抵免范畴。

④D 公司被 C4 控股 15%，虽然 C4 自身为符合持股条件的公司，但其对 D 公司的持股不符合直接控股达 20% 的持股条件。因此，该 C4 公司对 D 公司 15% 的持股，不能计入居民企业 A 对 D 公司符合条件的间接持股总和之中；同时，D 公司所纳税额中属于向 C4 公司按其持股 15% 分配的股息所负担的部分，也不能进入居民企业 A 的间接抵免范畴。

（4）E 公司间接抵免持股条件的判定：

居民企业 A 通过其他公司对 E 的间接控制由于超过了三层（居民企业 A→B2（B3）→C2（C3）→D→E，E 公司处于向下四层），因此，E 公司不能纳入 A 公司的间接抵免范畴；即使 D 公司和 E 公司在戊国实行集团合并（汇总）纳税，D 公司就 E 公司所得所汇总缴纳的税额部分，也须在计算 A 公司间接负担税额时在 D 公司合并（汇总）税额中扣除。

［例 3－76］ 税收饶让抵免的计算

中国居民企业 A 公司，在甲国投资设立了 B 公司，甲国政府为鼓励境外投资，对 B 公司第一个获利年度实施了企业所得税免税。按甲国的税法规定，企业所得税税率为 20%。A 公司获得了 B 公司免税年度分得的利润 2000 万元。根据中国和甲国政府签订税收协定规定，中国居民从甲国取得的所得，按照协定规定在甲国缴纳的税额可以在对居民征收的中国税收中抵免。所缴纳的税额包括假如没有按照该缔约国给予减免税或其他税收优惠而本应缴纳的税额。所缴纳的甲国税收应包括相当于所放弃的甲国税收的数额。计算如下：

A 公司在计算缴纳企业所得税时，B 公司的免税额 = 2000 × 20% = 400（万元），应计算为由 A 公司抵免的间接负担的境外税额。

［例 3－77］ 抵免限额的计算

以［例 3－73］中对居民企业 A 公司已确定的可予计算间接抵免的境外所得及税额为例，假设 A 公司申报的境内外所得总额为 15796.25 万元，其中取得境外股息所得为 5250 万元（已还原向境外直接缴纳 10% 的预提所得税 525 万元，但未含应还原计算的境外间接负担的税额，见［例 3－73］），其中甲国 2250 万元，乙国 3000 万元；同时假设 A 公司用于管理四个 B 子公司的管理费合计为 433.75 万元，其中用于甲国 B1、B2 公司的管理费用为 184.5 万元，用于乙国 B3、B4 公司的管理费用为 249.25 万元。应在计算来自两个国家四个 B 子公司的股息应纳税所得时对应调整扣除。分析：

（1）境外股息所得应为境外股息净所得与境外直接缴纳税额和间接缴纳税额之和 7453.75 万元（5250 + 2203.75），其中：

来源于甲国股息所得 3162.5 万元（2250 + 912.5）；

来源于乙国股息所得 4291.25 万元（3000 + 1291.25）。

（2）境外股息所得对应调整扣除相关管理费后的应纳税所得额为 7020 万元（7453.75 － 433.75），其中：

来源于甲国股息所得对应调整后应纳税所得额为 2978 万元（3162.5 － 184.5）；

来源于乙国股息所得对应调整后应纳税所得额为 4042 万元（4291.25 － 249.25）。

（3）境外间接负担税额还原计算后境内、外应纳税所得总额为：

已还原直接税额的境内外所得总额+可予计算抵免的间接税额=15796.25+2203.75=18000（万元）；

（4）企业应纳税总额为：

应纳税所得总额×适用税率=18000×25%=4500（万元）；

（5）计算抵免限额为：

①来源于甲国所得的抵免限额为：

应纳税总额×甲国的应纳税所得额÷中国境内、境外应纳税所得总额=4500×2978÷18000=744.5（万元）

②来源于乙国所得的抵免限额为：

应纳税总额×乙国的应纳税所得额÷中国境内、境外应纳税所得总额=4500×4042÷18000=1010.5（万元）

［例3-78］　境外盈利弥补境内亏损时，境外已缴税额的处理

表3-29　金额单位：万元

项　目	境内企业	境外营业机构	境外已纳税额	抵免限额	结转以后年度抵免余额
税　率	25%	30%	—	—	—
第一年利润	-100	100	30	0	30
第二年利润	100	100	30	25	35

分析：

第一年：应纳税所得额=-100+100=0，抵免限额为0，境外已缴税额结转下一年度抵补余额为30万元。

第二年：应纳税所得额=100+100=200（万元）

当年境外所得税税额=30（万元）

抵免限额=200×25%×［100÷200］=25万元（<30万元）

实际抵免境外所得税额=25（万元）

留待以后结转抵免税额=30-25+30=35（万元）

［例3-79］　实际抵免境外税额的计算

以［例3-73］对A公司计算的可抵免境外负担税额及［例3-77］对其计算的境外所得应纳税总额和境外税额抵免限额为例，计算其当年度可实际抵免的境外税额。

（1）甲国：

可抵免境外税额=直接税额225+间接负担税额912.5=1137.5（万元）。

抵免限额=744.5万元（<1137.5万元）；

当年可实际抵免税额=744.5（万元）；

可结转的当年度未抵免税额=1137.5-744.5=393（万元）；

（2）乙国：

可抵免境外税额=300+1291.25=1591.25（万元）；

抵免限额=1010.5（万元）（<1591.25万元）；

当年可实际抵免税额=1010.5（万元）；

可结转的当年度末抵免税额 = 1591.25 - 1010.5 = 580.75（万元）。

（3）当年度可实际抵免税额合计 = 744.5 + 1010.5 = 1755（万元）。

再以此例按《通知》第十二条所列公式计算 A 公司 2010 年抵免境外所得税后应纳所得税额为（假设 A 公司没有适用税法规定的有关设备投资抵免税额等优惠）：

境内外应纳所得税总额 - 当年可实际抵免境外税额 = 18000 × 25% - 1755 = 2745（万元）

[例 3-80] 境外分支机构纳税年度的判定

某居民企业在 A 国的分公司，按 A 国法律规定，计算当期利润年度为每年 10 月 1 日至次年 9 月 30 日。

分析：

该分公司按 A 国规定计算 2009 年 10 月 1 日至次年 9 月 30 日期间（即 A 国 2009/2010 年度）的营业利润及其已纳税额，应在我国 2010 年度计算纳税及境外税额抵免。

[例 3-81] 境外股息所得在我国计算抵免的时间

某居民企业的境外子公司于 2010 年 5 月 1 日股东会决定，将分别属于 2007 年、2008 年的未分配利润共计 2000 万元分配。

分析：

该 2000 万元均属于该居民企业 2010 年取得的股息，就该股息被扣缴的预提所得税以及该股息间接负担的由境外子公司就其 2008 年、2009 年度利润缴纳的境外所得税，均应按规定的适用条件在该居民企业 2010 年应纳我国企业所得税中计算抵免（可参见 [例 3-73] 中“C2 公司税额的计算”）。

八、《以公允价值计量资产纳税调整表》（附表七）表样（见表 3-30）及填报说明

表 3-30 以公允价值计量资产纳税调整表

填报时间：　年　月　日　　　　金额单位：元（列至角分）

行次	资产种类	期初金额		期末金额		纳税调整额（纳税调减以“-”表示）
		账载金额（公允价值）	计税基础	账载金额（公允价值）	计税基础	
		1	2	3	4	5
1	一、公允价值计量且其变动计入当期损益的金融资产					
2	1. 交易性金融资产					
3	2. 衍生金融工具					
4	3. 其他以公允价值计量的金融资产					
5	二、公允价值计量且其变动计入当期损益的金融负债					
6	1. 交易性金融负债					
7	2. 衍生金融工具					
8	3. 其他以公允价值计量的金融负债					
9	三、投资性房地产					
10	合计					

（一）公允价值计量资产的主要政策规定

1. 公允价值计量资产的企业会计准则规定。《企业会计准则第22号——金融工具确认和计量》规定：以公允价值计量且其变动计入当期损益的金融资产，包括交易性金融资产和直接指定为以公允价值计量且其变动计入当期损益的金融资产。

（1）交易性金融资产

满足以下条件之一的金融资产，应当划分为交易性金融资产：

①取得该金融资产的目的，主要是为了近期内出售。

②属于进行集中管理的可辨认金融工具组合的一部分，且有客观证据表明企业近期采用短期获利方式对该组合进行管理。

③属于衍生工具。主要指期权和期货。但被指定为有效套期工具的衍生工具、属于财务担保合同的衍生工具、与在活跃市场中没有报价且其公允价值不能可靠计量的权益工具挂钩并须通过交付该权益工具结算的衍生工具除外。

上述三个条件表明，交易性金融资产具有以下三个特征：

①企业持有的目的是短期性的，即在初次确认时即确定其持有目的是为了短期获利。根据旧准则对长短期的划分，此处的短期也应该是不超过一年（包括一年）；

②该金融资产具有活跃的市场，其公允价值能够通过活跃市场获取；

根据这两个特征可以看出，旧准则中的短期投资如果仅仅是为了随时通过出售获利，则应当属于交易性金融资产。

（2）直接指定为以公允价值计量且其变动计入当期损益的金融资产

当金融资产满足以下条件之一时，应将其直接指定为以公允价值计量且其变动计入当期损益：

①该指定可以消除或明显减少由于该金融资产或金融负债的计量基础不同所导致的相关利得或损失在确认或计量方面不一致的情况。

②企业风险管理或投资策略的正式书面文件已载明，该金融资产组合、该金融负债组合或该金融资产和金融负债组合，以公允价值为基础进行管理、评价并向关键管理人员报告。

在活跃市场中没有报价、公允价值不能可靠计量的权益工具投资，不得指定为以公允价值计量且其变动计入当期损益的金融资产。

2. 公允价值计量资产的企业所得税规定

《中华人民共和国企业所得税法实施条例》第五十六条规定：企业的各项资产，包括固定资产、生物资产、无形资产、长期待摊费用、投资资产、存货等，以历史成本为计税基础。历史成本是指企业取得该项资产时实际发生的支出。企业持有各项资产期间资产增值或者减值，除国务院财政、税务主管部门规定可以确认损益外，不得调整该资产的计税基础。

（二）《以公允价值计量资产纳税调整表》（附表七）有关说明

1. 本附表由执行会计准则并实行查账征收的企业所得税居民纳税人填报，执行会计制度的纳税人不填报。

2. 本附表反映了以公允价值计量且其变动计入当期损益的金融资产、金融负债、投资性房地产公允价值和计税基础的变动情况，并以此进行会计与税法差异的纳税调整。本附表对应附表三《纳税调整项目明细表》第10行“公允价值变动净收益”。

3.《企业会计准则》规定：纳税人需要对具有交易性质的部分资产在期末计价时按公

允价值与期初资产比较，并将其差额计入损益，调整当年利润。本附表实质反映此种情况下会计处理与税收资产历史成本计价原则产生差异的计算过程及税收调整额。

本附表列示出需要调整的三类资产，即一是以公允价值计量且其变动计入当期损益的金融资产；二是以公允价值计量且其变动计入当期损益的金融负债；三是投资性房地产。同时根据各类列示资产的期初、期末会计与税收金额的对比，计算出本年度该事项的纳税调整额。

4. 本附表第 5～8 行各项金融负债的账载金额及计税基础填报负数。

如某纳税人有一项交易性金融负债，期初账面价值 100 万元，期末市价 120 万元。计税基础为取得时的成本价 100 万元。填报时：

第 1 行　期初金额——账载金额（公允价值）　－100 万元

第 2 行　期初金额——计税基础　－100 万元

第 3 行　期末金额——账载金额（公允价值）　－120 万元

第 4 行　期末金额——计税基础　－100 万元

（三）有关列次填报说明

1. 第 1 列、第 3 列“账载金额（公允价值）”：填报纳税人所有的按照公允价值计量且其变动进入当期损益的金融资产、金融负债以及投资性房地产，根据会计准则核算的期初和期末（公允价值）金额；将期初金额填入第 1 列，期末金额填入第 3 列。

“第 3 列－第 1 列”（金融负债为第 1 列－第 3 列）的差表示当年会计公允价值变动情况，计入当期会计利润，填写主表第 8 行“加：公允价值变动收益”。

2. 第 2 列、第 4 列“计税基础”：填报纳税人所有“以公允价值计量且其变动进入当期损益的”金融资产、金融负债以及投资性房地产，按照税收规定可以税前扣除的金额。即上述金融资产、金融负债以及投资性房地产的历史成本，等于其初始投资金额，剔除投资税收成本的调整因素后的数额；也即处置该金融资产、金融负债以及投资性房地产时允许在税前扣除的金额。

《企业所得税法》不认可公允价值变动对应纳税所得额的影响，年终汇算清缴时，应将当年计入利润总额的“公允价值变动收益”调整出来。《财政部、国家税务总局关于执行〈企业会计准则〉有关企业所得税政策问题的通知》（财税［2007］80 号）规定，企业以公允价值计量的金融资产、金融负债以及投资性房地产等，持有期间公允价值变动不计入应纳税所得额，在实际处置或结算时，处置取得的价款扣除其历史成本后的差额，应计入处置或结算期间的应纳税所得额。

3. 第 5 列“纳税调整额”：根据《国家税务总局关于〈中华人民共和国企业所得税年度纳税申报表〉的补充通知》（国税函［2008］1081 号）规定，第 6 行第 5 列交易性金融负债的“纳税调整额”＝(第 2 列－第 4 列)－(第 1 列－第 3 列)。其他行次第 5 列“纳税调整额”＝(第 4 列－第 2 列)－(第 3 列－第 1 列)。

当“纳税调整额”＞0，表示某项金融资产、金融负债在当年度纳税调增。“纳税调整额”＜0，表示某项金融资产、金融负债在当年度纳税调减。

本附表第 10 行“合计”第 5 列“纳税调整额”＞0，表明各项金融资产、金融负债、投资性房地产的公允价值变动情况在当年纳税调增，填入附表三《纳税调整项目明细表》第 10 行第 3 列；

本附表第10行“合计”第5列“纳税调整额”<0，表明各项金融资产、金融负债的公允价值变动情况在当年纳税调减，填入附表三《纳税调整项目明细表》第10行第4列。

由于公允价值模式计量的投资性房地产在税法上允许计提折旧，对计税基础有所影响，编者建议单独考虑。假定某投资性房地产期初和期末公允价值均为100万元，未发生变化，假定该房地产年折旧额为10万元，这样，该房地产期初计税基础为100万元，期末计税基础为90万元。按照上式计算：

当年纳税调整额=(90-100)-(100-100)=-10（万元）

当年需纳税调减10万元，而当年该投资性房地产的公允价值并未变动，已提折旧允许税前扣除，不应再纳税调减。因此，投资性房地产的纳税调整不能完全按照这一公式。

“纳税调整额”=(第3列-第1列)>0，需纳税调增；

“纳税调整额”=(第3列-第1列)<0，则需纳税调减。

为保持税收政策一致性，在国家税务总局对这一政策调整前，建议实践中仍按《国家税务总局关于〈中华人民共和国企业所得税年度纳税申报表〉的补充通知》（国税函[2008]1081号）操作。

（四）有关行次的填报说明

1. 第1行“一、公允价值计量且其变动计入当期损益的金融资产”：填报“以公允价值计量且其变动计入当期损益的金融资产”在当期的变动以及纳税调整情况，等于第2行“交易性金融资产”、第3行“衍生金融工具”、第4行“其他以公允价值计量的金融资产”的合计数，不包括可供出售的金融资产。

“账载金额（公允价值）”、“计税基础”、“纳税调整额”等按有关列次的填报说明填写。

第一，金融工具和衍生工具的概念与范围。《企业会计准则第22号——金融工具确认和计量》规定，金融工具，是指形成一个企业的金融资产，并形成其他单位的金融负债或权益工具的合同。可见，金融工具包括金融资产、金融负债、权益工具（持有其他企业股权）等。

衍生工具是金融工具或其他合同的变形，将金融工具或其他合同与特定价格（利率、汇率、特定商品价格）“挂钩”，作为一种期权在未来约定时间进行结算。衍生工具包括远期合同、期货合同、互换和期权，以及具有远期合同、期货合同、互换和期权中一种或一种以上特征的工具。《企业会计准则第22号——金融工具确认和计量》规定，衍生工具，是具有下列特征的金融工具或其他合同：

①其价值随特定利率、金融工具价格、商品价格、汇率、价格指数、费率指数、信用等级、信用指数或其他类似变量的变动而变动，变量为非金融变量的，该变量与合同的任一方不存在特定关系；

②不要求初始净投资，或与对市场情况变化有类似反应的其他类型合同相比，要求很少的初始净投资；

③在未来某一日期结算。

第二，金融资产的分类。金融资产指下列资产：一是现金；二是持有的其他单位的权益工具（如普通股）；三是从其他单位收取现金或其他金融资产的合同权利（如贷款、应收款项）；四是在潜在有利条件下，与其他单位交换金融资产或金融负债的合同权利；五是将来须用或可用企业自身权益工具进行结算的非衍生工具的合同权利，企业根据该合同将收到非固定数量的自身权益工具；六是将来须用或可用企业自身权益工具进行结算的衍生工具的合同权利，但企业以固定金额的现金或其他金融资产换取固定数量的自身权益工具的衍生工具合同权利除外。

金融资产应当在初始确认时划分为下列四类：一是以公允价值计量且其变动计入当期损益的金融资产，包括交易性金融资产和指定为以公允价值计量且其变动计入当期损益的金融资产；二是持有至到期投资；三是贷款和应收款项；四是可供出售金融资产。

2. 第 2 行“交易性金融资产”、第 3 行“衍生金融工具”、第 4 行“其他以公允价值计量的金融资产”：主要指以公允价值计量且其变动计入当期损益的金融资产。包括交易性金融资产、衍生金融工具、其他以公允价值计量的金融资产等。

交易性金融资产主要是指企业为近期内出售而持有的金融资产，如，企业以赚取差价为目的从二级市场购入的股票、债券、基金等。

衍生工具主要包括远期合同、期货合同、互换和期权，以及具有远期合同、期货合同、互换和期权中一种或一种以上特征的工具。对于未作为有效套期工具的衍生工具，应划分为交易性金融资产或金融负债。

其他以公允价值计量的金融资产，是指除交易性金融资产和衍生金融工具以外，由企业根据持有意图直接指定为以公允价值计量且其变动计入当期损益的其他金融资产。

对于公允价值计量且其变动计入当期损益的金融资产的股票、债券、基金，以及不作为有效套期工具的衍生工具，应按取得时公允价值作为初始确认金额；相关交易费用在发生时计入当期损益，不计入金融资产和衍生工具的成本，支付价款中包含已宣告但尚未发放现金股利或已到付息期但尚未领取的债券利息，应单独确认应收项目。

企业在持有以公允价值计量且其变动计入当期损益的金融资产期间取得的利息或现金股利，应当确认为投资收益；资产负债表日，企业应将以公允价值计量且其变动计入当期损益的金融资产公允价值变动计入当期损益。

处置该金融资产时，其公允价值与初始入账金额之间的差额应确认为投资收益，同时调整公允价值变动损益。

[**例 3 – 82**] 企业 2010 年 6 月末衍生金融工具——看跌期权公允价值 50000 元，成本价 20000 元，2010 年年末衍生金融工具——看跌期权公允价值 40000 元，成本价 20000 元。有关会计分录如下：

购入时：

借：衍生金融工具——看跌期权——成本　　20000

　　贷：银行存款　　20000

2010 年 6 月：

借：衍生金融工具——看跌期权——公允价值变动　　30000

　　贷：公允价值变动损益　　30000

2010 年 12 月末：

借：公允价值变动损益　　10000

　　贷：衍生金融工具——看跌期权——公允价值变动　　10000

第 3 行第 5 列填写“ –20000”。

需要说明的是：本附表第2行、第3行、第4行不包括可供出售金融资产。可供出售金融资产通常指企业没有划分为以公允价值计量且其变动计入当期损益的金融资产、持有至到期投资、贷款和应收款项的金融资产。如企业购入在活跃市场上有报价的股票、债券和基金等，没有划分为以公允价值计量且其变动计入当期损益的金融资产或持有至到期投资等金融资产的，也作为可供出售金融资产。

可供出售金融资产应当按取得该金融资产的公允价值和相关交易费用之和作为初始确认金额。支付的价款中包含的已到付息期但尚未领取的债券利息或已宣告但尚未发放的现金股利，应单独确认为应收项目。

可供出售金融资产持有期间取得的利息或现金股利，应当计入投资收益。资产负债表日，可供出售金融资产应当以公允价值计量，且公允价值变动计入资本公积（其他资本公积）。处置可供出售金融资产时，应将取得的价款与该金融资产账面价值之间的差额，计入投资损益；同时，将原直接计入所有者权益的公允价值变动累计额对应处置部分的金额转出，计入投资损益。

［**例3-83**］　红日股份有限公司2010年6月1日以每股20元价格（其中每股含已宣告未发放现金股利0.15元）通过上海证券交易所购买思明股份公司流通股20万股，支付交易相关税费15000元，经红日公司投资管理部决定，确认为交易性金融资产；6月8日取得股息3万元；6月30日，该股份价格下跌到每股15元；10月20日再次以每股17元的价格购入思明股份流通股6万股，支付相关税费9000元；11月25日，以每股23元的价格出售思明股份流通股10万股，支付相关税费8000元；12月31日，思明股份每股市场价格26元。相关账务处理如下：

①2010年6月1日购入股票：

借：交易性金融资产——成本　　3970000

　　应收股利　　30000

　　投资收益　　15000

　　贷：银行存款　　4015000

此项交易性金融资产的会计成本为397万元，交易费用1.5万元计入当期会计损益；按照对各类投资的税收处理原则，交易费用计入投资的税收成本，不得在当期扣除，交易费用1.5万元应纳税调增；投资的计税成本为398.5万元。

②2010年6月8日：

借：银行存款　　30000

　　贷：应收股利　　30000

③2010年6月30日，公允价值变动损益＝公允价值－账面价值＝15×20－397＝－97（万元）。

借：公允价值变动损益　　970000

　　贷：交易性金融资产——公允价值变动　　970000

公允价值变动损益（－97万元）不得在税前扣除。

④2010年10月20日：

借：交易性金融资产——成本　　1020000

　　投资收益　　9000

贷：银行存款 1029000

此项交易性金融资产的会计成本为102万元，交易费用0.9万元计入当期会计损益；按照税收规定，交易费用计入投资的税收成本，不得在当期扣除，交易费用0.9万元应纳税调增；投资计税成本为102.9万元。

⑤2010年11月25日

借：银行存款 2292000（23×100000－8000）

交易性金融资产——公允价值变动 373100（970000×10/26）

贷：交易性金融资产——成本 1919200（4990000×10/26）

投资收益 745900

同时，将所转让交易性金融资产所对应的公允价值变动损益转出，计入当期投资收益。

借：投资收益 373100

贷：公允价值变动损益 373100

会计上确认交易性金融资产的转让收益74.59万元，税收上确认的交易性金融资产转让收益＝23×10－（398.5＋102.9）×10/26－0.8＝230－501.4×10/26－0.8＝36.36（万元），两者差额38.23万元（74.59－36.36）应作纳税调减。剩余16万股的计税成本为308.55万元。

⑥2010年12月31日，公允价值变动损益＝公允价值－账面价值＝26×16－（397－97＋102＋37.31－191.92）＝416－247.39＝168.61（万元）

借：交易性金融资产——公允价值变动 1686100

贷：公允价值变动损益 1686100

税务处理：公允价值变动损益168.61万元不确认所得，税法不予认可，年终调减应纳税所得额168.61万元。由于交易费用已计入会计损益，税法计入投资成本，因此，应纳税调增3.2万元（1.5＋0.9＋0.8）。

2010年12月31日，公允价值为230万元，计税成本为308.55万元，两者差额于交易性金融资产处置环节纳税调整。

3. 第5行“二、公允价值计量且其变动计入当期损益的金融负债”：填报“以公允价值计量且其变动计入当期损益的金融负债”在当期变动以及纳税调整情况，金额＝第6行“交易性金融负债”＋第7行“衍生金融工具”＋第8行“其他以公允价值计量的金融负债”。

“账载金额（公允价值）”、“计税基础”、“纳税调整额”等按有关列次的填报说明填写。

根据《企业会计准则第22号——金融工具确认和计量》，金融负债是指下列负债：一是向其他单位交付现金或其他金融资产的合同义务；二是在潜在不利条件下，与其他单位交换金融资产或金融负债的合同义务；三是将来须用或可用企业自身权益工具进行结算的非衍生工具的合同义务，企业根据该合同将交付非固定数量的自身权益工具；四是将来须用或可用企业自身权益工具进行结算的衍生工具的合同义务，但企业以固定金额的现金或其他金融资产换取固定数量的自身权益工具的衍生工具合同义务除外。

金融负债在初始确认时可划分为两类：一是以公允价值计量且其变动计入当期损益的金融负债，包括交易性金融负债和指定为以公允价值计量且其变动计入当期损益的金融负债；

二是其他金融负债。

4. 第6行“交易性金融负债”、第7行“衍生金融工具”、第8行“其他以公允价值计量的金融负债”：主要指以公允价值计量且其变动计入当期损益的金融负债，包括交易性金融负债和直接指定为以公允价值计量且其变动计入当期损益的金融负债。不包括“其他金融负债”。

公允价值计量且其变动计入当期损益的金融负债与金融资产的会计核算基本一致。对于公允价值计量且其变动计入当期损益的金融负债，应按取得时公允价值作为初始确认金额；相关交易费用在发生时计入当期损益，不计入金融负债成本。资产负债表日，企业应将以公允价值计量且其变动计入当期损益的金融负债的公允价值变动计入当期损益。处置该金融负债时，其公允价值与初始入账金额之间的差额应确认为投资收益，同时调整公允价值变动损益。

根据《企业会计准则第22号——金融工具确认和计量》第八条规定，其他金融负债是指除以公允价值计量且其变动计入当期损益的金融负债以外的金融负债。企业发行的债券、因购买商品产生的应付账款、长期应付款等，属于其他金融负债。其他金融负债应当按其公允价值和相关交易费用之和作为初始确认金额。其他金融负债通常采用摊余成本进行后续计量。

5. 第9行“三、投资性房地产”：填报按公允价值模式计量的投资性房地产的公允价值变动对收益的影响以及纳税调整，按成本模式计量的投资性房地产不填写本附表。

根据《企业会计准则第3号——投资性房地产》规定，投资性房地产，是指为赚取租金或资本增值，或两者兼有而持有的房地产。投资性房地产能够单独计量和出售。

投资性房地产主要包括：（1）已出租的土地使用权；（2）持有并准备增值后转让的土地使用权；（3）已出租的建筑物。企业自用房地产和作为存货的房地产不属于投资性房地产。

对于投资性房地产公允价值能够持续可靠取得的（一是投资性房地产所在地有活跃房地产交易市场；二是能够从房地产交易市场上取得同类或类似房地产市场价格及其他相关信息，从而对投资性房地产公允价值合理估计），可对投资性房地产采用公允价值模式后续计量。采用公允价值模式计量的，不对投资性房地产计提折旧或进行摊销，应当以资产负债表日投资性房地产的公允价值为基础调整其账面价值，公允价值与原账面价值之间的差额计入当期损益。

由于公允价值模式的投资性房地产的公允价值变动已计入当期利润，年终申报时需将已计入利润的“公允价值变动收益”调整出来。其纳税调整额 = 第3列 - 第1列之差。

按照《企业所得税法》有关规定，按公允价值模式计量的投资性房地产仍计提折旧或摊销，并在税前扣除。目前，《企业会计准则第3号——投资性房地产》与税收政策规定差异较大。《企业所得税法》中没有专门规定投资性房地产的概念。从税法上区分，投资性房地产可以区分为房屋、建筑物和土地使用权。其中，房屋、建筑物归入固定资产，在计算应纳税所得额时按固定资产折旧扣除；土地使用权应归入无形资产，在计算应纳税所得额时按无形资产摊销费用并扣除。

目前投资性房地产会计与税收的差异具体体现在以下几个方面：

（1）投资性房地产确认和扣除的差异。

在会计处理上，投资性房地产同时满足下列条件的，才能予以确认：与该投资性房地产有关的经济利益很可能流入企业；该投资性房地产的成本能够可靠地计量。

在税务处理上，按会计准则确认的投资性房地产，区分房屋、建筑物和土地使用权分别处理：

一是经会计处理确认为投资性房地产的房屋、建筑物，按照《企业所得税法》第十一条规定，如已足额提取折旧仍继续使用的房屋、建筑物，不再确认为固定资产，不得计算折旧扣除。已出租的房屋、建筑物，即以经营租赁方式出租的房屋、建筑物，可以确认为固定资产并计算摊销费用扣除。

二是经会计处理确认为投资性房地产的土地使用权，按照《企业所得税法》第十二条规定，与经营活动无关的无形资产不得计算摊销费用扣除。已出租的土地使用权，即以经营租赁方式出租的土地使用权，可以确认为无形资产并计算摊销费用扣除。持有并准备增值后转让的土地使用权，即企业取得的、准备增值后转让的土地使用权，目前没有用于经营活动的，不能确认为无形资产，不得计算摊销费用扣除。该土地使用权在转让时，可按照《企业所得税法》第十六条规定，按其计税基础扣除。

（2）投资性房地产的初始计量与计税基础差异。

在会计处理上，投资性房地产应当按照成本进行初始计量。外购投资性房地产的成本，包括购买价款、相关税费和可直接归属于该资产的其他支出；自行建造投资性房地产的成本，由建造该项资产达到预定可使用状态前所发生的必要支出构成；以其他方式取得的投资性房地产的成本，按照相关会计准则的规定确定。与投资性房地产有关的后续支出，满足规定确认条件的，应当计入投资性房地产成本；不满足规定确认条件的，应当在发生时计入当期损益。

在税务处理上，投资性房地产以历史成本为计税基础。所谓历史成本，是指企业取得该项资产时实际发生的支出。企业持有投资性房地产期间产生资产增值或损失，除税收规定可以确认损益的外，不得调整有关资产的计税基础。企业区分房屋、建筑物和土地使用权按照下列原则确定投资性房地产的计税基础：

一是房屋、建筑物的计税基础。外购的房屋、建筑物，按购买价款和相关税费作为计税基础；自行建造的房屋、建筑物，按竣工结算前实际发生的支出作为计税基础；融资租入的房屋、建筑物，按租赁开始日租赁资产的公允价值与最低租赁付款额现值中孰低者，加上承租人在签订租赁合同过程中发生的相关费用，作为计税基础；通过捐赠、投资、非货币性资产交换、债务重组取得的房屋、建筑物，按该资产的公允价值和应支付的相关税费作为计税基础。

二是土地使用权的计税基础。外购的土地使用权，按购买价款、相关税费以及直接归属于该项资产的其他支出作为计税基础；通过捐赠、投资、非货币性资产交换、债务重组取得的土地使用权，按该土地使用权的公允价值和应支付的相关税费作为计税基础。

（3）投资性房地产的后续计量与纳税调整。

①成本模式在会计处理上，企业应当在资产负债表日采用成本模式对投资性房地产进行后续计量，但按准则规定采用公允价值模式的除外。采用成本模式计量的建筑物的后续计量，适用《企业会计准则第4号——固定资产》。采用成本模式计量的土地使用权的后续计量，适用《企业会计准则第6号——无形资产》。

在税务处理上，如果没有减值迹象，企业没有对投资性房地产计提减值准备，采用成本模式的企业不需要对后续计量进行纳税调整；如果有减值迹象，企业对投资性房地产计提了减值准备，则需要按照《企业所得税法》第八条、第十条规定，对后续计量进行纳税调整。

②公允价值模式在会计处理上，有确凿证据表明投资性房地产的公允价值能够持续可靠取得的，可以对投资性房地产采用公允价值模式进行后续计量。采用公允价值模式计量的，应当同时满足下列条件：投资性房地产所在地有活跃的房地产交易市场；企业能够从房地产交易市场上取得同类或类似房地产的市场价格及其他相关信息，从而对投资性房地产的公允价值作出合理的估计。采用公允价值模式计量的，不对投资性房地产计提折旧或进行摊销，应当以资产负债表日投资性房地产的公允价值为基础调整其账面价值，公允价值与原账面价值之间的差额计入当期损益。

在税务处理上，企业采用公允价值模式对投资性房地产进行后续计量的，公允价值变动损益在计算应纳税所得额不予确认，应进行纳税调整；投资性房地产可以计提折旧或进行摊销扣除。

（4）投资性房地产转换的差异。

在会计处理上，企业有确凿证据表明房地产用途发生改变，满足下列条件之一的，应当将投资性房地产转换为其他资产或者将其他资产转换为投资性房地产：投资性房地产开始自用；作为存货的房地产，改为出租；自用土地使用权停止自用，用于赚取租金或资本增值；自用建筑物停止自用，改为出租。在成本模式下，应当将房地产转换前的账面价值作为转换后的入账价值。采用公允价值模式计量的投资性房地产转换为自用房地产时，应当以其转换当日的公允价值作为自用房地产的账面价值，公允价值与原账面价值的差额计入当期损益。自用房地产或存货转换为采用公允价值模式计量的投资性房地产时，投资性房地产按照转换当日的公允价值计价，转换当日的公允价值小于原账面价值的，其差额计入当期损益；转换当日的公允价值大于原账面价值的，其差额计入所有者权益。

在税务处理上：一是企业将原采用成本计量模式计价的、没有计提减值准备的投资性房地产转换为一般性固定资产或无形资产时，持有并准备增值后转让的土地使用权改为自用的，土地使用权可以确认为无形资产，计算摊销费用扣除，其他方面基本一致。

二是企业将原采用成本计量模式计价的、已计提减值准备的投资性房地产转换为一般性固定资产或无形资产时，会计和企业所得税对资产的计价不一致，需要进行纳税调整。

三是企业将原采用公允价值模式计价的投资性房地产，转换为一般性固定资产或无形资产时，其计税基础维持不变，按会计处理的公允价值与原账面价值的差额计入当期损益的部分应进行纳税调整。

四是房地产开发企业将作为存货的房地产转换为投资性房地产时，无论采用成本计量模式还是采用公允价值计量模式，当期都要按视同销售确认收入，同时按开发产品的公允价值确认投资性房地产的计税基础。

（5）投资性房地产的处置。

在会计处理上，当投资性房地产被处置，或者永久退出使用且预计不能从其处置中取得经济利益时，应当终止确认该项投资性房地产。企业出售、转让、报废投资性房地产或者发生投资性房地产毁损，应当将处置收入扣除其账面价值和相关税费后的金额计入当期损益。

在税务处理上，企业处置投资性房地产时，按照《企业所得税法》第六条规定，应当将出售、转让收入并入转让财产收入；同时，按照《企业所得税法》第十六条的规定，该项资产的净值和转让费用，可以在计算应纳税所得额时扣除。投资性房地产的报废、毁损，按照固定资产、无形资产的相关规定处理。

［**例 3－84**］ 2008 年 2 月，G 公司将一座办公楼对外出租，租期 5 年，该办公楼账面原值 3200 万元，折余价值 3000 万元，剩余折旧期限 15 年，公允价值 3300 万元。

2008 年 12 月 31 日该办公楼公允价值为 3450 万元；2009 年 12 月 31 日该办公楼公允价值为 3400 万元；2010 年 4 月，经与租赁双方协商，承租方以 3450 万元将该办公楼购买。

2008 年 2 月：

借：投资性房地产（办公楼）——成本　　33000000
　　累计折旧　　2000000
　　贷：固定资产——办公楼　　32000000
　　　　公允价值变动损益　　3000000

2008 年 12 月 31 日：

借：投资性房地产（办公楼）——公允价值变动　　1500000
　　贷：公允价值变动损益　　1500000

2008 年申报纳税时，“公允价值变动损益”450 万元已计入当期会计损益，应纳税调减。同时，根据税法规定，该投资性房地产仍允许计提折旧 200 万元，纳税调减 200 万元，该办公楼税收折余价值为 2800 万元。

2009 年 12 月：

借：公允价值变动损益　　500000
　　贷：投资性房地产（办公楼）——公允价值变动　　500000

2009 年申报纳税时，“公允价值变动损益”50 万元已计入当期会计损益，应纳税调增。同时，根据《企业所得税法》规定，当年允许扣除折旧费用 200 万元，该办公楼税收折余价值为 2600 万元。

2010 年 4 月，出售该办公楼：

借：银行存款　　34500000
　　贷：其他业务收入　　34500000
借：其他业务成本　　34000000
　　贷：投资性房地产（办公楼）——成本　　33000000
　　　　　　　　　　　　　　　——公允价值变动　　1000000
借：公允价值变动损益　　1000000
　　贷：其他业务收入　　1000000

2010 年 1 月至 4 月，该办公楼税法上计提折旧 66.67（200 ÷ 3）万元，计税成本为 2533.33 万元。会计上确认转让收入为 50 万元，税收上应确认转让所得 916.67 万元，应纳税调增 866.67（916.67 − 50）万元。

［**例 3－85**］ 2010 年 5 月 30 日，大德公司将自用建筑物进行出租，出租当日，该建筑物账面原值为 400 万元，已计提折旧 150 万元，该建筑物的公允价值 225 万元，2010 年末该建筑物的公允价值上升到 255 万元。

会计处理：

2010 年 5 月 30 日：

借：投资性房地产 2250000

累计折旧 1500000

公允价值变动损益 250000

贷：固定资产 4000000

2010 年末：

借：投资性房地产——公允价值变动 300000

贷：公允价值变动损益 300000

在第 9 行第 5 列填入“50000”（300000 - 250000）。

（五）表间关系

第 10 行第 5 列为正数时：

第 10 行第 5 列 = 附表三第 10 行第 3 列

第 10 行第 5 列为负数时：

第 10 行第 5 列负数的绝对值 = 附表三第 10 行第 4 列

九、《广告费和业务宣传费跨年度纳税调整表》（附表八）表样（见表 3 - 31）及填报说明

表 3 - 31　　广告费和业务宣传费跨年度纳税调整表

填报时间　　年　月　日　　　　金额单位：元（列至角分）

行次	项　　目	金　额
1	本年度广告费和业务宣传费支出	
2	其中：不允许扣除的广告费和业务宣传费支出	
3	本年度符合条件的广告费和业务宣传费支出（1 行 - 2 行）	
4	本年计算广告费和业务宣传费扣除限额的销售（营业）收入	
5	税收规定的扣除率	
6	本年广告费和业务宣传费扣除限额（4 行 ×5 行）	
7	本年广告费和业务宣传费支出纳税调整额（3 行≤6 行，本行 = 2 行；3 行 >6 行，本行 = 1 行 - 6 行）	
8	本年结转以后年度扣除额（3 行 >6 行，本行 = 3 行 - 6 行；3 行≤6 行，本行 = 0）	
9	加：以前年度累计结转扣除额	
10	减：本年扣除的以前年度结转额	
11	累计结转以后年度扣除额（8 行 + 9 行 - 10 行）	

经办人（签章）：　　　　法定代表人（签章）：

（一）《广告费和业务宣传费跨年度纳税调整表》（附表八）有关说明

1. 本附表适用于查账征收企业所得税的居民纳税人。主要填报企业本年度全部广告费和业务宣传费支出额、税收规定的可扣除额、本年结转以后年度扣除额及以前年度累计结转在本年的扣除额。

2. 本附表从结构上分为三部分：（1）第 1 行至第 3 行归集会计核算口径实际发生的广告费和业务宣传费支出；（2）第 4 行至第 7 行反映广告费和业务宣传费的纳税调整情况；

（3）第 8 行至第 11 行反映本年度未扣除完毕继续结转以后年度扣除；以及以前年度未扣除完的广告费和业务宣传费支出，结转在本年扣除的数额。

（二）具体行次的填报说明

1. 报表第一部分：本年度广告费与业务宣传费的会计口径的填报。

（1）第 1 行“本年度广告费和业务宣传费支出”：填报纳税人本期实际发生的广告费和业务宣传费用支出，包括广告性赞助支出。广告费是企业为推销商品或劳务而进行宣传的费用，旨在营造消费者认知度和认同感，提高消费者对本企业产品的购买意向，会计上将其直接计入营业费用。广告费具有以下特点：一是经工商部门批准的专门机构制作；二是已实际支付费用，并已取得相应发票；三是通过一定媒体传播。业务宣传费支出则比较灵活，没有过多限制条件。目前税法将广告费和业务宣传费支出的扣除限额合二为一，实际执行中，企业核算广告费和业务宣传费时应做区分。

（2）第 2 行“不允许扣除的广告费和业务宣传费支出”：填报税收规定不允许扣除的广告费和业务宣传费支出。原《财政部、国家税务总局关于粮食类白酒广告宣传费不予在税前扣除问题的通知》（财税字［1998］45 号）禁止粮食类白酒广告费支出在所得税前扣除，实施《企业所得税法》后，对粮食类白酒广告费支出的扣除问题未进行限制。根据《财政部、国家税务总局关于部分行业广告费和业务宣传费税前扣除政策的通知》（财税［2009］72 号）规定，烟草企业的烟草广告费和业务宣传费支出，一律不得在计算应纳税所得额时扣除。

（3）第 3 行“本年度符合条件的广告费和业务宣传费支出”：根据本表第 1 行和第 2 行计算填报，第 3 行 = 第 1 行 - 第 2 行。

2. 报表第二部分：广告费和业务宣传费的纳税调整的填报。

（1）第 4 行“本年计算广告费和业务宣传费扣除限额的销售（营业）收入”：即广告费和业务宣传费扣除限额的计算基数，广告费和业务宣传费是企业为产品销售和业务活动推介必须发生的支出，按照受益因素（配比原则），其计算基数是应为企业销售营业收入。根据《国家税务总局关于企业所得税执行中若干税务处理问题的通知》（国税函［2009］202 号），企业在计算广告费和业务宣传费等费用扣除限额时，其销售（营业）收入额包括《企业所得税法实施条例》第二十五条规定的视同销售（营业）收入额。

一般企业：填报附表一（1）《收入明细表》第 1 行的“销售（营业）收入合计”数额；

金融企业：填报附表一（2）《金融企业收入明细表》第 1 行“营业收入” + 第 38 行“按税法规定视同销售的收入”；

事业单位、社会团体、民办非企业单位：填报主表第 1 行“营业收入”。

（2）第 5 行“税收规定的扣除率”：《企业所得税法》对广告费、业务宣传费扣除有所限制的原因：①企业广告宣传，不仅使当期受益，而且惠及以后若干会计期间，按照收入费用配比原则，广告费支出应在受益期内摊销；②有些企业在市场竞争中，急功近利，投入大量广告资金，不在提高产品质量方面下工夫，潜在竞争力不强，不利于企业长远发展；③对广告费和业务宣传费有所限制，既满足企业正常发展的宣传、广告需要，又引导企业将主要精力放在改进产品和服务质量，加强经营管理方面，增强企业核心竞争力；④个人所得税征管水平较低，许多名人通过广告获取巨额报酬，存在偷逃个人所得税现象，社会反响很大。

《企业所得税法实施条例》第四十四条规定，企业发生的符合条件的广告费和业务宣传费支出，除国务院财政、税务主管部门另有规定外，不超过当年销售（营业）收入15%的部分，准予扣除；超过部分，准予在以后纳税年度结转扣除；对于某些行业广告费和业务宣传费发生数额确实较大，需要调整扣除比例的，财政部、国家税务总局可以作出规定。根据《财政部、国家税务总局关于部分行业广告费和业务宣传费税前扣除政策的通知》（财税［2009］72号），自2008年1月1日至2010年12月31日，对化妆品制造、医药制造和饮料制造（不含酒类制造）企业发生的广告费和业务宣传费支出，不超过当年销售（营业）收入30%的部分，准予扣除；超过部分，准予在以后纳税年度结转扣除。

《财政部、国家税务总局关于部分行业广告费和业务宣传费税前扣除政策的通知》（财税［2009］72号）对饮料企业特许经营模式的广告费扣除问题作出规定。饮料企业特许经营模式指由饮料品牌持有方或管理方授权品牌使用方在指定地区生产及销售其产成品，并将可以由双方共同为该品牌产品承担的广告费及业务宣传费用统一归集至品牌持有方或管理方承担的营业模式。具体操作要求如下：一是对采取特许经营模式的饮料制造企业，饮料品牌使用方发生的不超过当年销售（营业）收入30%的广告费和业务宣传费支出可以在本企业扣除，也可以将其中的部分或全部归集至饮料品牌持有方或管理方，由饮料品牌持有方或管理方作为销售费用据实在企业所得税前扣除；二是饮料品牌持有方或管理方在计算本企业广告费和业务宣传费支出企业所得税税前扣除限额时，可将饮料品牌使用方归集至本企业的广告费和业务宣传费剔除；三是饮料品牌持有方或管理方应当将上述广告费和业务宣传费单独核算，并将品牌使用方当年销售（营业）收入数据资料以及广告费和业务宣传费支出的证明材料专案保存以备检查。

（3）第6行“本年广告费和业务宣传费扣除限额”：根据本表计算结果填报，第6行=第4行×第5行。

（4）第7行“本年广告费和业务宣传费支出纳税调整额”：根据本附表计算结果填报。当本年允许税前扣除的广告费和业务宣传费实际发生额小于或等于本年扣除限额，即本附表第3行≤第6行时，只需将不符合条件的广告费支出予以调整，即本行=第2行（纳税调整额）；当本年允许税前扣除的广告费和业务宣传费实际发生额大于本年扣除限额，即本附表第3行>第6行时，本行金额=第1行－第6行（纳税调整额），此时已将不符合条件的广告费支出一并调增。本行对应附表三《纳税调整项目明细表》第3列“纳税调增”。

3. 报表第三部分：广告费和业务宣传费跨年度结转扣除的填报。

（1）第8行“本年结转以后年度扣除额”：当本年允许税前扣除的广告费和业务宣传费实际发生额>本年扣除限额时，超过限额的广告费和业务宣传费当年不允许扣除，应结转以后年度扣除，直接将差额填入本行；当本年允许税前扣除的广告费和业务宣传费实际发生额≤本年扣除限额时，即本年实际发生数允许全额扣除，不存在结转以后年度扣除的问题，本行填写0。

（2）第9行“加：以前年度累计结转扣除额”：填报以前年度发生允许税前扣除，但以前年度扣除限额不足扣除，需要结转当年及以后年度扣除的广告费和业务宣传费。根据

《国家税务总局关于企业所得税若干税务事项衔接问题的通知》（国税函［2009］98 号）规定，企业在2008 年以前按照原政策规定已发生但尚未扣除的广告费，2008 年实行新税法后，其尚未扣除的余额，加上当年度新发生的广告费和业务宣传费后，按照新税法规定的比例计算扣除。

（3）第 10 行“减：本年扣除的以前年度结转额”：根据本附表计算结果填报。当本年允许税前扣除的广告费和业务宣传费实际发生额≥本年扣除限额时，本行 =0。当本年允许税前扣除的广告费和业务宣传费实际发生额 < 本年扣除限额时，即本年限额扣除当年实际发生额后仍有余额，可用于扣除以前年度结转未扣除的广告费和业务宣传费，如果其差额≤第 9 行“以前年度累计结转扣除额”，直接将差额填入本行；如果其差额 > 第 9 行“以前年度累计结转扣除额”，本行金额 = 第 9 行。

（4）第 11 行“累计结转以后年度扣除额”：根据本附表计算结果填报，在以后年度广告费和业务宣传费小于扣除限额时结转扣除。本行金额 = 第 8 行 + 第 9 行 - 第 10 行。

［**例 3-86**］ P 制药公司 2010 年药品销售收入 1400 万元，以前年度未扣除广告费支出 3 万元，发生以下广告业务：

1. 委托旭阳广告公司在本省电视台宣传本企业生产的药品，当年支付广告费 100 万元；

2. 本企业成立 20 周年活动期间，举办产品发展回顾会和展销活动，发生费用 140 万元；

3. 为减少现金支出，该企业与省某报社协议，由 P 公司给付报社 A 药品 1 万件，实际成本 46 万元，市价 58 万元，由报社以此捐赠给灾区，同时报社同意在本报对 P 公司药品进行广告宣传。

支付省电视台广告费时：

借：营业费用——广告费	1000000	
贷：银行存款		1000000

P 企业 20 周年纪念活动时：

借：营业费用——业务宣传费	1400000	
贷：银行存款		1400000

P 公司与报社的非货币交易：

借：营业费用——广告费	678600	
贷：主营业收入		580000
应交税金——应交增值税（销项税额）		98600

本企业当年广告费和业务宣传费扣除限额 =（1400 +58）×30% =437.4（万元）

本企业当年度广告费和业务宣传费支出 =100 +140 +67.86 =307.86（万元）

除将本企业当年广告费和业务宣传费 307.86 万元全额扣除外，还可以扣除以前年度结转的广告费 3 万元，当年需纳税调减 3 万元。

（三）表间关系

第 7 行 = 附表三第 27 行第 3 列。

第 10 行 = 附表三第 27 行第 4 列。

十、《资产折旧、摊销纳税调整明细表》（附表九）表样（见表3－32）及填报说明

表3－32 资产折旧、摊销纳税调整明细表

行次	资产类别	资产原值		折旧、摊销年限		本期折旧、摊销额		纳税调整额
		账载金额	计税基础	会计	税收	会计	税收	
		1	2	3	4	5	6	7
1	一、固定资产			*	*			
2	1. 房屋建筑物							
3	2. 飞机、火车、轮船、机器、机械和其他生产设备							
4	3. 与生产经营有关的器具工具家具							
5	4. 飞机、火车、轮船以外的运输工具							
6	5. 电子设备							
7	二、生产性生物资产			*	*			
8	1. 林木类							
9	2. 畜类							
10	三、长期待摊费用			*	*			
11	1. 已足额提取折旧的固定资产的改建支出							
12	2. 租入固定资产的改建支出							
13	3. 固定资产大修理支出							
14	4. 其他长期待摊费用							
15	四、无形资产							
16	五、油气勘探投资							
17	六、油气开发投资							
18	合计			*	*			

（一）《资产折旧、摊销纳税调整表》（附表九）有关说明

1. 本附表适用于实行查账征收的企业所得税居民纳税人填报。

2. 本附表对应附表三《纳税调整项目明细表》第43行至第46行和第48行、第49行，属于二级附表。根据企业会计准则、企业会计制度和《企业所得税法》规定，分别填报资产的会计与税法原值、会计与税法上的折旧或摊销期限，以及会计与税法上认可的折旧、摊销、折耗等数额，并反映与资产折旧、摊销、折耗等有关的纳税调整情况。

3. 影响资产折旧、摊销的会计与税法差异的两个因素：一是计提折旧、摊销的资产原值存在差异，二是折旧期限存在差异。资产折旧、摊销的会计与税法差异主要为时间性差异，随着时间推移，很多差异可以转回，如会计加速折旧，税法正常折旧、会计与税法对资产计价的差异等；但有部分差异如形成无形资产的研究开发费用可以加计摊销，则属于永久性差异。

（二）固定资产、生产性生物资产等各类资产的企业所得税政策

《企业所得税法实施条例》第五十六条规定：企业的各项资产，包括固定资产、生物资

产、无形资产、长期待摊费用、投资资产、存货等，以历史成本为计税基础。所称历史成本，是指企业取得该项资产时实际发生的支出。

企业持有各项资产期间资产增值或者减值，除国务院财政、税务主管部门规定可以确认损益外，不得调整该资产的计税基础。

1. 固定资产。

（1）固定资产的计税基础。

①《企业所得税法实施条例》第五十七条规定：企业所得税法第十一条所称固定资产，是指企业为生产产品、提供劳务、出租或者经营管理而持有的、使用时间超过12个月的非货币性资产，包括房屋、建筑物、机器、机械、运输工具以及其他与生产经营活动有关的设备、器具、工具等。

《企业所得税法实施条例》第五十八条规定：固定资产按照以下方法确定计税基础：

A. 外购的固定资产，以购买价款和支付的相关税费以及直接归属于使该资产达到预定用途发生的其他支出为计税基础；

B. 自行建造的固定资产，以竣工结算前发生的支出为计税基础；

C. 融资租入的固定资产，以租赁合同约定的付款总额和承租人在签订租赁合同过程中发生的相关费用为计税基础，租赁合同未约定付款总额的，以该资产的公允价值和承租人在签订租赁合同过程中发生的相关费用为计税基础；

D. 盘盈的固定资产，以同类固定资产的重置完全价值为计税基础；

E. 通过捐赠、投资、非货币性资产交换、债务重组等方式取得的固定资产，以该资产的公允价值和支付的相关税费为计税基础；

F. 改建的固定资产，除企业所得税法第十三条第（一）项和第（二）项规定的支出外，以改建过程中发生的改建支出增加计税基础。

②关于固定资产投入使用后计税基础确定问题。《国家税务总局关于贯彻落实企业所得税法若干税收问题的通知》（国税函［2010］79号）规定：企业固定资产投入使用后，由于工程款项尚未结清未取得全额发票的，可暂按合同规定的金额计入固定资产计税基础计提折旧，待发票取得后进行调整。但该项调整应在固定资产投入使用后12个月内进行。

（2）固定资产折旧扣除的范围。《企业所得税法》第十一条规定：下列固定资产不得计算折旧扣除：①房屋、建筑物以外未投入使用的固定资产；②以经营租赁方式租入的固定资产；③以融资租赁方式租出的固定资产；④已足额提取折旧仍继续使用的固定资产；⑤与经营活动无关的固定资产；⑥单独估价作为固定资产入账的土地；⑦其他不得计算折旧扣除的固定资产。

（3）固定资产的折旧方法。

①一般规定：《企业所得税法实施条例》第五十九条规定：固定资产按照直线法计算的折旧，准予扣除。

②加速折旧。《企业所得税法》第三十二条规定：企业的固定资产由于技术进步等原因，确需加速折旧的，可以缩短折旧年限或者采取加速折旧的方法。《企业所得税法实施条例》第九十八条规定：企业所得税法第三十二条所称可以采取缩短折旧年限或者采取加速折旧的方法的固定资产，包括：

A. 由于技术进步，产品更新换代较快的固定资产；

B. 常年处于强震动、高腐蚀状态的固定资产。

采取缩短折旧年限方法的，最低折旧年限不得低于本条例第六十条规定折旧年限的60%；采取加速折旧方法的，可以采取双倍余额递减法或者年数总和法。

《国家税务总局关于企业固定资产加速折旧所得税处理有关问题的通知》（国税发［2009］81号，以下简称国税发［2009］81号）第一条规定：企业拥有并用于生产经营的主要或关键的固定资产，由于以下原因确需加速折旧的，可以缩短折旧年限或者采取加速折旧的方法：

A. 由于技术进步，产品更新换代较快的；

B. 常年处于强震动、高腐蚀状态的。

国税发［2009］81号第三条规定：企业采取缩短折旧年限方法的，对其购置的新固定资产，最低折旧年限不得低于《企业所得税法实施条例》第六十条规定的折旧年限的60%；若为购置已使用过的固定资产，其最低折旧年限不得低于《企业所得税法实施条例》规定的最低折旧年限减去已使用年限后剩余年限的60%。最低折旧年限一经确定，一般不得变更。

国税发［2009］81号第四条规定：企业拥有并使用符合本通知第一条规定条件的固定资产采取加速折旧方法的，可以采用双倍余额递减法或者年数总和法。加速折旧方法一经确定，一般不得变更。

《财政部、国家税务总局关于企业所得税若干优惠政策的通知》（财税［2008］1号，以下简称财税［2008］1号）第五条规定：企事业单位购进软件，凡符合固定资产或无形资产确认条件的，可以按照固定资产或无形资产进行核算，经主管税务机关核准，其折旧或摊销年限可以适当缩短，最短可为2年。

财税［2008］1号第七条规定：集成电路生产企业的生产性设备，经主管税务机关核准，其折旧年限可以适当缩短，最短可为3年。

（4）计算和停止计算折旧的时间。根据《企业所得税法实施条例》第五十九条规定：企业应当自固定资产投入使用月份的次月起计算折旧；停止使用的固定资产，应当自停止使用月份的次月起停止计算折旧。

（5）固定资产预计净残值的确定。根据《企业所得税法实施条例》第五十九条规定："企业应当根据固定资产的性质和使用情况，合理确定固定资产的预计净残值。固定资产的预计净残值一经确定、不得变更。"

（6）固定资产的折旧年限。根据《企业所得税法实施条例》第六十条规定：除国务院财政、税务主管部门另有规定外，固定资产计算折旧的最低年限如下：①房屋、建筑物，为20年；②飞机、火车、轮船、机器、机械和其他生产设备，为10年；③与生产经营活动有关的器具、工具、家具等，为5年；④飞机、火车、轮船以外的运输工具，为4年；⑤电子设备，为3年。

（7）关于已购置固定资产预计净残值和折旧年限的处理问题。《国家税务总局关于企业所得税若干税务事项衔接问题的通知》（国税函［2009］98号）第 条规定：新税法实施前已投入使用的固定资产，企业已按原税法规定预计净残值并计提的折旧，不做调整。新税法实施后，对此类继续使用的固定资产，可以重新确定其残值，并就其尚未计提折旧的余额，按照新税法规定的折旧年限减去已经计提折旧的年限后的剩余年限，按照新税法规定的折旧方法计算折旧。新税法实施后，固定资产原确定的折旧年限不违背新税法规定原则的，也可以继续执行。

[例 3-87] 某企业 2007 年 12 月份购置了一辆 30 万元的汽车，采用直线法计提折旧。财务上确定 4% 的净残值、折旧年限 3 年；2008 年前税收规定的净残值为 5%，折旧年限 5 年；2008 年后税收允许重新确定净残值为 1%，折旧年限为 4 年。

①企业的账务处理：计算 2008 年 1 月至 2009 年 12 月每月计提的折旧额：

30 - 30 × 4% = 30 - 1.2 = 28.8（万元）

28.8 ÷ (12 × 3) = 0.8（万元）

借：管理费用　　8000

　贷：累计折旧　　8000

2007 ~ 2009 年每年计提折旧 0.8 × 12 = 9.6（万元）

②纳税申报处理。

A. 2007 年度税前扣除折旧额的纳税处理

计算税前扣除的折旧额：

30 - 30 × 5% = 30 - 1.5 = 28.5（万元）

28.5 ÷ (12 × 5) = 0.475（万元）

2007 年可在税前扣除的折旧额：0.475 × 12 = 5.7（万元）

2007 年度纳税调增：9.6 - 5.7 = 3.9（万元）

B. 2008 ~ 2011 年度税前扣除折旧额的纳税处理

第一种方式：可以继续沿用 2008 年以前的旧政策

2008 ~ 2009 年度每年纳税调增：9.6 - 5.7 = 3.9（万元）

2010 ~ 2011 年度每年直接纳税调减：5.7 万元

第二种方式：按照新税法重新计算折旧额

a. 重新计算年度折旧额

30 - 30 × 1% = 30 - 0.3 = 29.7（万元）

29.7 - 5.7 = 24（万元）

24 ÷ (4 年 - 1 年) = 8（万元）

重新计算后，该企业可以在 2008 ~ 2010 年剩余 3 年内税前扣除折旧 8 万元。

b. 2008 ~ 2010 年度税前扣除折旧额的纳税处理

2008 ~ 2009 年度每年纳税调增：9.6 - 8 = 1.6（万元）

2010 年度直接纳税调减：8 万元。

2. 生产性生物资产折旧。

(1) 生产性生物资产的计税基础。根据《企业所得税法实施条例》第六十二条规定：生产性生物资产按照以下方法确定计税基础：①外购的生产性生物资产，以购买价款和支付的相关税费为计税基础；②通过捐赠、投资、非货币性资产交换、债务重组等方式取得的生产性生物资产，以该资产的公允价值和支付的相关税费为计税基础。

生产性生物资产，是指企业为生产农产品、提供劳务或者出租等而持有的生物资产，包括经济林、薪炭林、产畜和役畜等。

(2) 生产性生物资产的折旧方法。根据《企业所得税法实施条例》第六十三条规定：

生产性生物资产按照直线法计算的折旧，准予扣除。

（3）生产性生物资产的折旧年限。根据《企业所得税法实施条例》第六十四条规定：生产性生物资产计算折旧的最低年限为林木类生产性生物资产，为10年；畜类生产性生物资产，为3年。

3. 长期待摊费用。企业按照国家统一会计制度确认长期待摊费用，长期待摊费用是指企业已经发生但应由本期和以后各期负担的分摊期限在1年以上的各项费用。

（1）长期待摊费用的范围。《企业所得税法》第十三条规定："在计算应纳税所得额时，企业发生的下列支出作为长期待摊费用，按照规定摊销的，准予扣除：①已足额提取折旧的固定资产的改建支出；②租入固定资产的改建支出；③固定资产的大修理支出；④其他应当作为长期待摊费用的支出。"

（2）固定资产的改建支出的摊销。《企业所得税法实施条例》第六十八条规定："企业所得税法第十三条第（一）项和第（二）项所称固定资产的改建支出，是指改变房屋或者建筑物结构、延长使用年限等发生的支出。

企业所得税法第十三条第（一）项规定的支出，按照固定资产预计尚可使用年限分期摊销；第（二）项规定的支出，按照合同约定的剩余租赁期限分期摊销。

改建的固定资产延长使用年限的，除企业所得税法第十三条第（一）项和第（二）项规定外，应当适当延长折旧年限。"

（3）固定资产的大修理支出的摊销。《企业所得税法实施条例》第六十九条规定："企业所得税法第十三条第（三）项所称固定资产的大修理支出，是指同时符合下列条件的支出：①修理支出达到取得固定资产时的计税基础50%以上；②修理后固定资产的使用年限延长2年以上。

企业所得税法第十三条第（三）项规定的支出，按照固定资产尚可使用年限分期摊销。"

（4）其他规定。《企业所得税法实施条例》第七十条规定："企业所得税法第十三条第（四）项所称其他应当作为长期待摊费用的支出，自支出发生月份的次月起，分期摊销，摊销年限不得低于3年。"

（5）关于开（筹）办费的处理。《国家税务总局关于企业所得税若干税务事项衔接问题的通知》（国税函［2009］98号）第九条规定：新税法中开（筹）办费未明确列作长期待摊费用，企业可以在开始经营之日的当年一次性扣除，也可以按照新税法有关长期待摊费用的处理规定处理，但一经选定，不得改变。企业在新税法实施以前年度的未摊销完的开办费，也可根据上述规定处理。

4. 无形资产摊销。

（1）无形资产摊销范围。《企业所得税法》第十二条规定："在计算应纳税所得额时，企业按照规定计算的无形资产摊销费用，准予扣除。

下列无形资产不得计算摊销费用扣除：①自行开发的支出已在计算应纳税所得额时扣除的无形资产；②自创商誉；③与经营活动无关的无形资产。"

（2）无形资产的计税基础。《企业所得税法实施条例》第六十六条规定：无形资产按照以下方法确定计税基础：①外购的无形资产，以购买价款和支付的相关税费以及直接归属于使该资产达到预定用途发生的其他支出为计税基础；②自行开发的无形资产，以开发过程中该资产符合资本化条件后至达到预定用途前发生的支出为计税基础；③通过捐赠、投资、非货币性资产交换、债务重组等方式取得的无形资产，以该资产的公允价值和支付的相关税费为计税基础。

（3）无形资产摊销年限。《企业所得税法实施条例》第六十七条规定：无形资产按照直线法计算的摊销费用，准予扣除。

无形资产的摊销年限不得低于10年。

作为投资或者受让的无形资产，有关法律规定或者合同约定了使用年限的，可以按照规定或者约定的使用年限分期摊销。

外购商誉的支出，在企业整体转让或者清算时，准予扣除。

5. 油气勘探投资、油气开发投资。

《企业会计准则》规定：钻井勘探支出在完井后，确定该井发现了探明经济可采储量的，应当将钻探该井的支出结转为井及相关设施成本。确定该井未发现探明经济可采储量的，应当将钻探该井的支出扣除净残值后计入当期损益，并可计提减值准备。

油气开发，是指为了取得探明矿区中的油气而建造或更新井及相关设施的活动。油气开发活动所发生的支出，应当根据其用途分别予以资本化，作为油气开发形成的井及相关设施的成本，并可计提弃置费用和减值准备。

《企业所得税法实施条例》第六十一条规定：从事开采石油、天然气等矿产资源的企业，在开始商业性生产前发生的费用和有关固定资产的折耗、折旧方法，由国务院财政、税务主管部门另行规定；随后的《财政部、国家税务总局关于开采油（气）资源企业费用和有关固定资产折耗、摊销、折旧税务处理问题的通知》（财税［2009］49 号）文件对企业油气勘探投资、油气开发投资的相关问题做了具体明确。

（三）具体列次的填报

1. 资产原值的填报。

（1）第 1 列“账载金额”：填报纳税人按照企业会计准则、企业会计制度应提取折旧、摊销的资产原值（或历史成本）。本附表定位比较单纯——计算当期折旧、摊销额及税法调整，未设计时间性差异的转回等资料。因此，本列只填写当期会计上允许折旧、摊销、折耗的资产原值，凡当期会计上不再计提折旧、摊销、折耗的资产，不在此填列。具体如下：一是以公允价值模式计量的投资性房地产，在会计上不计提折旧，此列不填写；二是会计上已经折旧完毕，仍在使用的资产，不需填列；三是房屋不论是否在用，只要会计上未折旧完毕，则需填列；四是停用的机器设备在会计上停止折旧，不需填列；五是按照《企业会计准则第 4 号——固定资产》规定，一些符合固定资产标准但实践中按存货管理的备品备件、修理用配件、周转用的包装物、低值易耗品等，如企业按固定资产核算的则在此填列，如作为存货核算的，不在此填列；六是对于企业通过债务重组、非货币交易、企业改组、投资等途径取得的资产，其会计账面价值可能与税法上公允价值有出入，此列按其会计上确认的账面价值计提折旧，此处列示其账面价值；七是会计上对非流动资产计提的减值准备，不再作为计提折旧的依据；八是根据企业会计准则应用指南，已达到预定可使用状态但尚未办理竣工决算的固定资产，应当按照估计价值确定其成本，并计提折旧；待办理竣工决算后，再按实际成本调整原来的暂估价值，但不需要调整原已计提的折旧额，竣工结算前只需按其暂估价值填列，税收也按同一数据填列，以此减少税法与会计差异。

（2）第2列“计税基础”，填报纳税人按照税收规定据以计算并税前扣除的折旧、摊销的资产价值。从税收角度填列资产折旧、摊销、折耗的计税基础（相当于会计资产原值），本列只填写当期所得税允许折旧、摊销、折耗的资产的计税基础，凡当期所得税不再计提折旧、摊销、折耗的资产，不在此填列。具体如下：一是投资性房地产在会计上不计提折旧，但税法允许折旧并扣除，需在此填列；二是会计上已折旧完毕，税法仍在继续折旧的资产，需在此填列；三是会计上未折旧完毕，但税法已折旧完毕的资产，不需在此填列；四是房屋不论是否在用，只要税法上未折旧完毕，需填列，已折旧完毕的不再填列；五是停用的机器设备在税法上停止折旧，不需填列；六是按照《企业会计准则第4号——固定资产》规定，一些符合固定资产标准但实践中按存货管理的备品备件、修理用配件、周转用的包装物、低值易耗品等，如企业在税法上按固定资产核算的则在此填列，如作为存货核算的，不在此填列；七是财政拨款等不征税收入形成的资产，不扣除其折旧、摊销费用，不需在此填列；八是会计上对非流动资产计提减值准备，税法不考虑减值准备的影响，仍按其实际计税成本填列；九是对于企业通过债务重组、非货币交易、企业改组、投资等途径取得的资产，其会计账面价值可能与税法上公允价值有出入，此列按其税法确认的公允价值计提折旧，此处列示其计税价值；十是对于接受捐赠资产，由于《企业所得税法》已确认收入征税，此处按其确认捐赠收入的数额填列；十一是对于新产品、新工艺、新技术研发费用形成无形资产的，其会计按实际发生数额入账，税法上按其实际发生数额的150%作为计税成本；十二是外购商誉支出在企业整体转让或清算时扣除，在日常经营过程中，此列不填写外购商誉的支出。

需要说明：一是根据《企业所得税法实施条例》第五十九条规定，企业应当根据固定资产的性质和使用情况，合理确定固定资产的预计净残值，固定资产的预计净残值一经确定，不得变更；实践中有些企业为了便于管理，将净残值确定为0，编者认为此种做法不可取，既使净残值定低一点，也不要定为0，这样容易使税务稽查人员认为企业核算不规范，随意性强；二是有些跨国公司统一制定全球所属企业固定资产的核算和净残值标准，编者建议会计上可以遵循跨国公司总部的要求，但税法上仍应按《企业所得税法》执行，进行纳税调整。

2. 折旧、摊销年限的填报。

（1）第3列“会计”：填报纳税人按照企业会计制度、企业会计准则提取折旧、进行摊销的年限。会计折旧、摊销年限，取决于资产实际可使用年限以及会计人员的职业判断。

由于本附表本列为多项资产会计折旧年限的合计，因此实际执行中本列可以不填报。

（2）第4列“税收”：填报纳税人按照税收规定提取折旧、进行摊销的年限。

需要说明：一是《企业所得税法实施条例》规定固定资产、无形资产、生产性生物资产的折旧、摊销年限为最低年限，企业在会计和税法上，有合理的测算依据，其折旧、摊销年限可以长于税法规定年限，但一旦确定后不得变更；二是企业不能选择部分同类资产采取较长期限，而另外部分同类资产采取较短期限的做法；三是在《企业所得税法》中，固定资产加速折旧和无形资产的加计摊销属于税收优惠政策内容，但附表五《税收优惠明细表》未设计固定资产加速折旧和无形资产加计摊销的行次，一并在本附表中反映。

由于本附表本列为多项资产税收折旧年限的合计，因此实际执行中本列可以不填报。

3. 本期会计、税法折旧、摊销额的填报说明。

（1）第5列“会计”：填报纳税人按照会计核算的资产账面价值、资产折旧、摊销年限以及资产折旧率、摊销率计算的资产折旧、摊销额。此列数据可采自固定资产、无形资产等账簿登记数据。

（2）第 6 列“税收”：填报纳税人按照税收规定的资产计税基础、资产折旧、摊销年限及资产折旧率、摊销率计算的资产折旧、摊销额；此列数额为按照税法规定从应纳税所得额中扣除的折旧、摊销额，不是扣除限额的概念。

4. 纳税调整情况的填报说明。

第 7 列 = 第 5 列 - 第 6 列，其差额为正数则纳税调增，分别填入附表三《纳税调整项目明细表》第 43 行至第 46 行和第 48 行、第 49 行的第 3 列；其差额为负数则纳税调减，分别填入附表三《纳税调整项目明细表》第 43 行至第 46 行和第 48 行、第 49 行的第 4 列。

（四）有关行次的填报说明

1. 第 1 行“固定资产”：会计与税法对固定资产的表述基本一致，实践中应尽量减少两者认定差异。

《企业会计准则第 4 号——固定资产》第三条规定，固定资产是指同时具有下列特征的有形资产：一是为生产商品、提供劳务、出租或经营管理而持有的，即持有固定资产的目的在于“可用”，这与持有存货目的“可售”不同；二是使用寿命超过一个会计年度。使用寿命，是指企业使用固定资产的预计期间，或者该固定资产所能生产产品或提供劳务的数量。

《国家税务总局关于企业固定资产加速折旧所得税处理有关问题的通知》（国税发［2009］81 号）对固定资产加速折旧具体操作问题作了详细规定：

（1）加速折旧期限。企业拥有并使用符合加速折旧条件的固定资产：①过去没有使用过与该项固定资产功能相同或类似的固定资产，但有充分证据表明该固定资产预计使用年限短于《企业所得税法实施条例》规定最低折旧年限，可对该固定资产采取缩短折旧年限或者加速折旧方法；②原有固定资产未达到《企业所得税法实施条例》规定最低折旧年限前，由功能相同或类似新固定资产替代的，可根据旧固定资产实际使用年限，对新替代固定资产采取缩短折旧年限或者加速折旧方法；③采取缩短折旧年限方法，新购置固定资产，最低折旧年限不得低于《企业所得税法实施条例》第六十条规定折旧年限的 60%；④若购置已使用过的固定资产，其最低折旧年限不得低于《企业所得税法实施条例》规定最低折旧年限减去已使用年限后剩余年限的 60%，最低折旧年限一经确定，一般不得变更。

（2）加速折旧方法。企业可采用双倍余额递减法或者年数总和法，加速折旧方法一经确定，一般不得变更。①双倍余额递减法，指在不考虑固定资产预计净残值情况下，根据每期期初固定资产原值减去累计折旧后的金额和双倍的直线法折旧率计算固定资产折旧的一种方法。应用这种方法计算折旧额时，由于每年年初固定资产净值没有减去预计净残值，所以在计算固定资产折旧额时，应在其折旧年限到期前的两年期间，将固定资产净值减去预计净残值后的余额平均摊销。计算公式如下：

年折旧率 = 2 ÷ 预计使用寿命（年）× 100%

月折旧率 = 年折旧率 ÷ 12

月折旧额 = 月初固定资产账面净值 × 月折旧率

②年数总和法，又称年限合计法，指将固定资产原值减去预计净残值后的余额，乘以一个以固定资产尚可使用寿命为分子、以预计使用寿命逐年数字之和为分母的逐年递减的分数计算每年的折旧额。计算公式如下：

年折旧率 = 尚可使用年限 ÷ 预计使用寿命的年数总和 × 100%

月折旧率 = 年折旧率 ÷ 12

月折旧额 =（固定资产原值 − 预计净残值）× 月折旧率

（3）加速折旧的管理。

①确需对固定资产缩短折旧年限或者采取加速折旧方法的，应在取得该固定资产后一个月内，向主管税务机关备案，并报送以下资料：一是固定资产功能、预计使用年限短于《企业所得税法实施条例》规定最低折旧年限的理由、证明资料及有关情况；二是被替代旧固定资产的功能、使用及处置等情况的说明；三是固定资产加速折旧拟采用方法和折旧额的说明；四是主管税务机关要求的其他资料；②总、分机构汇总纳税企业，所属分支机构固定资产采取缩短折旧年限或者采取加速折旧方法的，由总机构向其所在地主管税务机关备案，分支机构所在地主管税务机关应负责配合总机构所在地主管税务机关跟踪管理；③采取缩短折旧年限的固定资产，足额计提折旧后继续使用而未进行处置（包括报废等情形）超过12个月的，今后对其更新替代、改造改建后形成的功能相同或者类似固定资产，不得再采取缩短折旧年限的方法；④主管税务机关在企业所得税年度纳税评估时，对企业加速折旧固定资产的使用环境及状况进行实地核查，不符合加速折旧规定条件的，有权要求企业停止该项固定资产加速折旧。

2. 第7行“生产性生物资产”：会计与税法对生产性生物资产的表述基本一致，实践中应尽量减少两者认定差异。在会计和税法中，将生产性生物资产比照固定资产管理，将消耗性生物资产比照存货管理，存货与固定资产的根本区别在于前者具有可售性，即为出售而持有。

《企业会计准则第5号——生物资产》将生物资产分为消耗性生物资产、生产性生物资产和公益性生物资产。其中，消耗性生物资产相当于存货，指为出售而持有的、或在将来收获为农产品的生物资产，包括生长中的大田作物、蔬菜、用材林以及存栏待售的牲畜等。生产性生物资产，是指为产出农产品、提供劳务或出租等目的而持有的生物资产，包括经济林、薪炭林、产畜和役畜等；企业会计准则对生产性生物资产的表述，与《企业所得税法实施条例》第六十二条完全一致。

3. 第10行“长期待摊费用”：是指企业已经发生支出，但未形成资产，却又能给未来带来预期经济利益，需要按照受益原则在未来一定期限内摊销处理的待摊费用。《企业所得税法》第十三条规定了四类“长期待摊费用”：一是已足额提取折旧的固定资产的改建支出（主要指房屋、建筑物）；二是租入固定资产的改建支出（主要指房屋、建筑物），企业会计准则规定包括经营性租入固定资产的改良支出，实际上《企业所得税法》主要指经营性租入固定资产的改建支出，因为融资租入固定资产按自有固定资产处理，其所发生改建支出按《企业所得税法实施条例》第五十八条（六）规定增加固定资产计税基础，而经营租入固定资产不作为自有资产处理，不计提折旧，所发生改建支出只能采取待摊方式处理；三是固定资产的大修理支出（主要指机器设备）；四是其他应当作为长期待摊费用的支出。

需要注意：一是实际工作中注意区分固定资产改建支出与“长期待摊费用”的区别。对于尚未折旧完毕的固定资产发生的改建支出，增加固定资产原值，对于已经提足折旧仍在使用的固定资产（房屋、建筑物）的改建支出，由于已提足折旧，在会计上已不影响损益，所以作为长期待摊费用；二是对于租入固定资产改建支出，此处主要指经营租赁，由于企业不具有产权，也无法计提折旧，所以作为长期待摊费用；三是固定资产大修理支出并未改善固定资产的使用功能，对固定资产只具有维护作用，未带来额外的预期经济利益，因此，作为长期待摊费用。

4. 第 15 行“无形资产”：会计与税法在涵盖内容方面存在差异，但在具体摊销方式上基本一致。《企业会计准则第 6 号——无形资产》规定，无形资产指企业拥有或者控制的没有实物形态的可辨认非货币性资产。资产满足下列条件之一，符合无形资产定义中的可辨认性标准：一是能够从企业中分离或者划分出来，并能单独或者与相关合同、资产或负债一起，用于出售、转移、授予许可、租赁或者交换，二是源自合同性权利或其他法定权利，无论这些权利是否可以从企业或其他权利和义务中转移或者分离。会计上的无形资产不包括商誉，商誉单独作为一项资产，而且会计上对商誉不再计提折旧。

税法中对无形资产的定义、摊销范围、计税基础、摊销年限等都有非常详尽的规定，与会计差异不大。

5. 第 16 行“油气勘探投资”、第 17 行“油气开发投资”：原外商投资企业税法对海洋石油企业（后扩大到陆上开采石油企业）“油气勘探投资”、“油气开发投资”企业所得税的特殊处理政策。企业会计准则发布后，陆地开采石油天然气也执行《企业会计准则第 27 号——石油天然气开采》，由于“油气勘探投资”、“油气开发投资”投资及其投资回收具有特殊性，经营风险较大，会计上采取特殊配比方法。

从石油开采过程而言，油气勘探在油气开发之前，前者主要探明是否有可采储量，后者是在探明有可采储量基础上钻井，直到具备生产条件之前的工作，一旦产出油、气则进入油气的商业化生产阶段。

实际上，会计与税法对石油、天然气有关矿区权益、勘探、开发费用的归集和折耗、折旧、摊销处理的基本规则是一致的，所不同的是会计上折耗、折旧、摊销期限确定的依据主要资产实际使用期限、费用受益期限和会计人员的职业判断，而《财政部、国家税务总局关于开采油（气）资源企业费用和有关固定资产折耗、摊销、折旧税务处理问题的通知》（财税［2009］49 号）对折耗、折旧、摊销的最低期限等做了规定。比较如下：

（1）《企业会计准则第 27 号——石油天然气开采》及其应用指南规定：

①油气勘探，指为了识别勘探区域或探明油气储量而进行地质调查、地球物理勘探、钻探活动以及其他相关活动。油气勘探支出包括钻井勘探支出（主要包括钻探区域探井、勘探型详探井、评价井和资料井等活动）和非钻井勘探支出（主要包括进行地质调查、地球物理勘探等活动发生的支出）。钻井勘探支出在完井后，确定该井发现了探明经济可采储量的，应当将钻探该井的支出结转为井及相关设施成本；确定该井未发现探明经济可采储量的，应当将钻探该井的支出扣除净残值后计入当期损益；确定部分井段发现了探明经济可采储量的，应当将发现探明经济可采储量的有效井段的钻井勘探支出结转为井及相关设施成本，无效井段钻井勘探累计支出转入当期损益；未能确定该探井是否发现探明经济可采储量的，应当在完井后一年内将钻探该井的支出予以暂时资本化。

②油气开发，指为了取得探明矿区中的油气而建造或更新井及相关设施的活动。油气开发活动所发生的支出，应当根据其用途分别予以资本化，作为油气开发形成的井及相关设施的成本。油气开发形成的井及相关设施的成本主要包括：一是钻前准备支出，包括前期研究、工程地质调查、工程设计、确定井位、清理井场、修建道路等活动发生的支出；二是井

的设备购置和建造支出，井的设备包括套管、油管、抽油设备和井口装置等，井的建造包括钻井和完井；三是购建提高采收率系统发生的支出；四是购建矿区内集输设施、分离处理设施、计量设备、储存设施、各种海上平台、海底及陆上电缆等发生的支出。

（2）《财政部、国家税务总局关于开采油（气）资源企业费用和有关固定资产折耗、摊销、折旧税务处理问题的通知》（财税［2009］49号）规定：

①矿区权益支出的折耗。矿区权益支出，指油气企业为了取得在矿区内的探矿权、采矿权、土地或海域使用权等所发生的各项支出，包括有偿取得各类矿区权益的使用费、相关中介费或其他可直接归属于矿区权益的合理支出；油气企业商业性生产前发生的矿区权益支出，可在发生当期，从本企业其他油（气）田收入中扣除，或者自对应的油（气）田开始商业性生产月份次月起，分3年按直线法计提的折耗准予扣除；油气企业对其发生的矿区权益支出未选择在发生的当期扣除的，由于未发现商业性油（气）构造而终止作业，其尚未计提折耗的剩余部分，可在终止作业的当年作为损失扣除。

②勘探支出的摊销。勘探支出，指油气企业为了识别勘探区域或探明油气储量而进行的地质调查、地球物理勘探、钻井勘探活动以及其他相关活动所发生的各项支出；油气企业在商业性生产前发生的勘探支出（不包括预计可形成资产的钻井勘探支出），可在发生的当期，从本企业其他油（气）田收入中扣除，或者自对应的油（气）田开始商业性生产月份的次月起，分3年按直线法计提的摊销准予扣除；油气企业对其发生的勘探支出未选择在发生的当期扣除的，由于未发现商业性油（气）构造而终止作业，其尚未摊销的剩余部分，可在终止作业的当年作为损失扣除。油气企业的钻井勘探支出，凡确定该井可作商业性生产，且该钻井勘探支出形成的资产符合《企业所得税法实施条例》第五十七条规定条件的，应当将该钻井勘探支出结转为开发资产的成本，计提折旧。

③开发资产的折旧。开发支出，指油气企业为了取得已探明矿区中的油气而建造或更新井及相关设施活动所发生的各项支出；油气企业在开始商业性生产前发生的开发支出，可不分用途，全部累计作为开发资产的成本，自对应的油（气）田开始商业性生产月份的次月起，可不留残值，按直线法计提的折旧准予扣除，其最低折旧年限为8年；油气企业终止本油（气）田生产的，其开发资产尚未计提折旧的剩余部分可在该油（气）田终止生产的当年作为损失扣除。

④油气企业按《财政部、国家税务总局关于开采油（气）资源企业费用和有关固定资产折耗、摊销、折旧税务处理问题的通知》（财税［2009］49号）选择有关费用和资产的折耗、摊销、折旧方法和年限后，一经确定，不得变更；

⑤油气企业在本油（气）田进入商业性生产之后，对本油（气）田新发生的矿区权益、勘探支出、开发支出，仍按上述规定处理；

⑥ 2008年1月1日前，油气企业矿区权益、勘探、开发等费用和固定资产已发生且开始摊销或计提的折耗、折旧，不做调整；对于未摊销完的费用和继续使用的矿区权益和有关固定资产，可就其尚未摊销或计提折耗、折旧的余额，按上述规定执行。

（五）表间关系

1. 第1行第7列为正数时，第1行第7列 = 附表三第43行第3列；第1行第7列为负数时，第1行第7列负数的绝对值 = 附表三第43行第4列。

2. 第7行第7列为正数时，第7行第7列 = 附表三第44行第3列；第7行第7列为负数时，第7行第7列负数的绝对值=附表三第44行第4列。

3. 第10行第7列为正数时，第10行第7列=附表三第45行第3列；第10行第7列为负数时，第10行第7列负数的绝对值=附表三第45行第4列。

4. 第15行第7列为正数时，第15行第7列=附表三第46行第3列；第15行第7列为负数时，第15行第7列负数的绝对值=附表三第46行第4列。

5. 第16行第7列为正数时，第16行第7列=附表三第48行第3列；第16行第7列为负数时，第16行第7列负数的绝对值=附表三第48行第4列。

6. 第17行第7列为正数时，第17行第7列=附表三第49行第3列；第17行第7列为负数时，第17行第7列负数的绝对值=附表三第49行第4列。

[例3-88] 北京明天科技公司2010年有关资产及折旧情况如下：

（1）2006年，购入办公用X设备，账面原值100万元，净残值5万元，会计上按6年折旧，税法按5年折旧；

（2）2009年10月，利用财政拨款50万元和自有资金100万元，购买D生产设备，该设备购买价款150万元，另发生安装费用2万元，运费3万元，并于2009年12月1日投入使用，该设备使用期限为10年；

（3）2009年12月，与其关联公司明月公司发生一项不具备商业实质的非货币性交易，明天公司给予明月公司一批库存电脑，购入价500万元，该批电脑一直未用亦未销售，市场上同类型电脑售价为300万元，明月公司换取该设备后一直放在仓库中未用；明月公司交付明天公司一台设备，明天公司将该设备作为固定资产，该固定资产在明月公司的折余价值为400万元，公允价值为450万元，该设备剩余使用期限5年，2007年汇算清缴时，已对此项非货币交易按市场价格征税。

（4）2010年1月，明天公司一项研究成果取得专利技术认证，该技术自2008年5月转入研发阶段，至2009年9月共发生研发支出400万元，2009年9月后发生专利认证费5万元，律师费4万元，专利申请费3万元，专利备案费1万元；法律规定该专利的有效期为20年，据该企业聘请的专业机构评估，该专利的最佳生命期为15年。

（5）2010年10月，明天公司将原准备建办公楼的K地块的土地使用权转让。该地块于2009年6月通过市场拍卖取得，支付购买价款3000万元，另发生过户税费等120万元，该地块自取得后一直按10年摊销；此后，明天公司改变办公楼建设计划，将该地块出售给M公司，售价4200万元。

（6）2010年2月，明天公司经营租入某企业废弃厂房作为仓库，租赁期限为5年，明天公司对该仓库进行了简单装修清理，发生装修费用50万元。

有关处理如下①：

（1）会计上每年折旧额=(100-5)÷6=15.83（万元）

税法上每年折旧额=(100-5)÷5=19（万元）

借：管理费用　　　　158300

　　贷：累计折旧——X设备　　　　158300

2010年，税法折旧-会计折旧=19-15.83=3.17（万元）

---

① 本例仍按2008年企业所得税汇算清缴设计，请读者注意。

需做纳税调减。

（2）2009 年 10 月：

借：在建工程——价款 1500000

——运费、安装费 50000

贷：银行存款 1550000

借：固定资产 1550000

贷：在建工程 1550000

D 设备的会计原值为 155 万元，年会计折旧额 = 15.5 万元；计税原值 = 155 - 50 = 105 万元，年税法折旧额 = 10.5 万元。

2010 年计提折旧：

借：管理费用 155000

贷：累计折旧——X 设备 155000

D 设备每年税法折旧额为 10.5 万元，应纳税调增 5 万元。

（3）2009 年 12 月，非货币交易的处理：

借：固定资产——某设备 5510000

贷：库存商品——电脑 5000000

应交税费——应交增值税（销项税额） 510000

2009 年申报纳税时，当年视同销售利润 - 50 万元［300 - 500 +（450 - 300）］，当年作纳税调减。该设备的会计原值为 551 万元，税法成本为 501 万元（450 + 51）。

2010 年计提折旧，会计上年折旧额 = 110.2 万元，税法上年折旧额 = 100.2 万元。

借：管理费用 1102000

贷：累计折旧——X 设备 1102000

当年应纳税调增 10 万元（110.2 - 100.2）。

（4）2009 年 9 月，结转无形资产：

借：研发支出——某专利技术 4000000

贷：银行存款 4000000

借：无形资产 4000000

贷：研发支出——某专利技术 4000000

2009 年 12 月：

借：无形资产 130000

贷：银行存款 130000

该项无形资产的摊销年限为 15 年，会计摊销原值为 413 万元，每年摊销 27.53 万元；由于该项专利符合“新产品、新工艺、新技术”优惠政策，而且《国家税务总局关于印发〈企业研究开发费用税前扣除管理办法（试行）〉的通知》（国税发［2008］116 号）和《国家税务总局关于〈中华人民共和国企业所得税年度纳税申报表〉的补充通知》（国税函［2008］1081 号）未明确无形资产加计摊销的填报办法，附表五《税收优惠明细表》未设计无形资产加计摊销的行次。因此，建议企业在本附表中填报，这样，该项专利的计税成本 = 619.5 万元（413 × 150%），每年摊销 41.3 万元，2008 年需纳税调减 13.77 万元。

（5）2009 年 6 月取得土地使用权时：

借：无形资产——土地使用权　31200000

　贷：银行存款　31200000

2009年7—12月：

借：管理费用——土地使用权摊销　1560000

　贷：无形资产——土地使用权　1560000

2010年1—10月：

借：管理费用——土地使用权摊销　2600000

　贷：无形资产——土地使用权　2600000

2010年10月底：

该项无形资产的摊余成本为3120 - 156 - 260 = 2704（万元）

借：银行存款　42000000

　贷：其他业务收入　42000000

借：其他业务支出　27040000

　贷：无形资产——土地使用权　27040000

2010年确认无形资产转让净收益1496万元，填入附表一《收入明细表》第21行“出售无形资产收益”；当年无形资产摊销额260万元，不作纳税调整。

（6）2010年2月，装修仓库支出时：

借：长期待摊费用　500000

　贷：银行存款　500000

该笔长期待摊费用每年摊销10万元，2008年10个月共计摊销8.33万元。

借：管理费用　83300

　贷：长期待摊费用　83300

当年会计与税法确认的长期待摊费用的摊销额均为8.33万元，不作纳税调整。

十一、《资产减值准备项目调整明细表》（附表十）表样（见表3－33）及填报说明

表3－33　资产减值准备项目调整明细表

填报日期：　年　月　日　金额单位：元（列至角分）

行次	准备金类别	期初余额	本期转回额	本期计提额	期末余额	纳税调整额
		1	2	3	4	5
1	坏（呆）账准备					
2	存货跌价准备					
3	＊其中：消耗性生物资产减值准备					
4	＊持有至到期投资减值准备					
5	＊可供出售金融资产减值		—			
6	#短期投资跌价准备					
7	长期股权投资减值准备					
8	＊投资性房地产减值准备					
9	固定资产减值准备					

续表

行次	准备金类别	期初余额	本期转回额	本期计提额	期末余额	纳税调整额
		1	2	3	4	5
10	在建工程（工程物资）减值准备					
11	*生产性生物资产减值准备					
12	无形资产减值准备					
13	商誉减值准备					
14	贷款损失准备					
15	矿区权益减值					
16	其他					
17	合计					

注：表中*项目为执行新会计准则企业专用；表中加#项目为执行企业会计制度、小企业会计制度的企业专用。

经办人（签章）：　　　　　　　　　　　　　　法定代表人（签章）：

（一）资产准备金项目的主要政策规定

1. 资产准备金项目的会计准则规定。企业按照《企业会计准则第8号——资产减值》计提各项准备金。根据《企业会计准则第8号——资产减值》第二条规定："资产减值，是指资产的可收回金额低于其账面价值。"根据《企业会计准则第8号——资产减值》第十五条规定："可收回金额的计量结果表明，资产的可收回金额低于其账面价值的，应当将资产的账面价值减记至可收回金额，减记的金额确认为资产减值损失，计入当期损益，同时计提相应的资产减值准备。"

2. 资产准备金项目的企业所得税政策。

（1）《企业所得税法》第十条规定：未经核定的准备金支出，在计算应纳税所得额时不得扣除。

（2）《企业所得税法实施条例》第五十五条规定：未经核定的准备金支出，是指不符合国务院财政、税务主管部门规定的各项资产减值准备、风险准备等准备金支出。

（3）《国家税务总局关于企业所得税执行中若干税务处理问题的通知》（国税函［2009］202号）第二条规定：2008年1月1日前按照原企业所得税法规定计提的各类准备金，2008年1月1日以后，未经财政部和国家税务总局核准的，企业以后年度实际发生的相应损失，应先冲减各项准备金余额。

（4）企业所得税前准予扣除的各类准备金。

①证券行业准备金支出——《财政部、国家税务总局关于证券行业准备金支出企业所得税税前扣除有关问题的通知》（财税［2009］33号）。

②保险公司准备金支出——《财政部、国家税务总局关于保险公司准备金支出企业所得税税前扣除有关问题的通知》（财税［2009］48号）。

③中小企业信用担保机构准备金支出——《财政部、国家税务总局关于中小企业信用担保机构有关准备金税前扣除问题的通知》（财税［2009］62号）。

④金融企业贷款损失准备金支出——《财政部、国家税务总局关于金融企业贷款损失准备金企业所得税税前扣除有关问题的通知》（财税［2009］64号）。

⑤金融企业涉农和中小企业贷款损失准备金支出——《财政部、国家税务总局关于金融企业涉农和中小企业贷款损失准备金税前扣除政策的通知》（财税［2009］99 号）。

⑥保险公司提取农业巨灾风险准备金支出——《财政部、国家税务总局关于保险公司提取农业巨灾风险准备金企业所得税税前扣除问题的通知》（财税［2009］110 号）。

⑦中国银联股份有限公司提取特别风险准备金——《财政部、国家税务总局关于中国银联股份有限公司特别风险准备金公司准备金税前扣除问题的通知》（财税［2010］25 号）。

（二）《资产减值准备项目调整明细表》（附表十）有关说明

1. 本附表反映企业根据企业会计制度、《企业会计准则第 8 号——资产减值》规定计提的各项资产减值准备、风险准备等准备金支出的变化情况（增提和减提），构成会计利润的组成部分。

2. 上述资产减值准备主要结合“资产”定义计提的，企业会计准则规定，资产是指企业过去的交易或者事项形成的、由企业拥有或者控制的、预期会给企业带来经济利益的资源；如果资产价值降低，则其“预期会给企业带来经济利益”的能力降低，表现为资产估值低于市场价格，即发生了资产减值。

3. 从所得税角度而言，资产减值并未实现，所得税所认同的资产损失是以“资产所有权转移”为条件的，凡资产所有权未转移，其所估计的减值均不是最终结果，不允许在所得税前扣除。发生减值的资产销售、处置、清理等实际发生的损失，属于企业资产（财产）损失，按照《财政部、国家税务总局关于企业资产损失税前扣除政策的通知》（财税［2009］57 号）、《国家税务总局关于企业资产损失税前扣除管理办法》（国税发［2009］88 号）处理。

4. 保险企业计提的未到期责任准备金、寿险责任准备金、长期健康险责任准备金、未决赔款准备金等，是保险企业未确定的赔付责任，是保险企业的一项成本费用，不同于资产减值准备金和金融企业呆账准备金，不在本附表反映。

5. 本附表主要针对税法不允许扣除准备金的情况设计的，根据《国家税务总局关于〈中华人民共和国企业所得税年度纳税申报表〉的补充通知》（国税函［2008］1081 号），本附表第 1 列、第 2 列、第 3 列、第 4 列均按照会计核算口径填写。《财政部、国家税务总局关于金融企业贷款损失准备金企业所得税税前扣除有关问题的通知》（财税［2009］64 号）等文件规定准予税前扣除的各项准备金，依据《国家税务总局关于做好 2009 年度汇算清缴工作的通知》（国税函［2010］148 号）中明确的准备金税前扣除填报口径填报在企业所得税年度纳税申报表附表三“纳税调整项目明细表”第 40 行“20. 其他”第 4 列“调减金额”。本附表则反映全额不得在税前扣除的准备金支出进行纳税调整的情况。

（三）各行次的填报说明

本附表第 1 行至第 16 行列举了各类资产的减值准备情况。

1. 企业会计准则允许计提的减值准备包括：坏账准备、存货跌价准备、消耗性生物资产减值准备、持有至到期投资减值准备、可供出售金融资产减值、可供出售金融资产减值、长期股权投资减值准备、投资性房地产减值准备（成本模式核算）、固定资产减值准备、在建工程（工程物资）减值准备、生产性生物资产减值准备、无形资产减值准备、商誉减值准备、贷款损失准备、矿区权益减值等。

本附表填列的计提减值准备的资产主要是以成本模式核算的资产。以公允价值模式计量的资产，其公允价值的增减变化通过“公允价值变动收益”反映，填列附表七《以公允价值计量资产纳税调整表》。

2. 会计制度下不存在以公允价值计量资产的情形。同时企业会计制度允许计提的减值准备包括：坏账准备、存货跌价准备、短期投资跌价准备、固定资产减值准备、在建工程（工程物资）减值准备、无形资产减值准备等。

3. 会计上对于当年增提的资产减值准备，在会计上冲减了当期利润，申报纳税时需做纳税调增；会计上对于当年减提的资产减值准备，在会计上增加了当年利润，申报纳税时需做纳税调减。

需要说明：一是《企业所得税法》第十条第（七）项规定“未经核定的准备金支出”不得扣除；二是《企业所得税法》取消了原内外资企业税法下计提坏账准备在税前扣除的方法，实际发生坏账损失时按资产（财产）损失处理。

4. 除税法规定准予扣除的准备金以外，其他各类准备金不允许在税前扣除，需在本附表做纳税调整后，据以填报附表三《纳税调整明细表》第51行“准备金调整项目”。

在实际填报申报表时，注意本表对所列各项资产的减值（或跌价）准备的会计、税法处理规则及纳税调整基本上是一致的，即对于当期会计上增提的减值准备，说明会计上由于减值因素降低了当期利润，纳税调整时需做纳税调增；对于当期会计上减提的减值准备，说明会计上由于减值因素的转回而增加了当期利润，纳税调整时需做纳税调减。

此外，会计上对固定资产、无形资产等计提减值准备后，造成会计与税法对该项资产的折旧基础也不同，本表只是反映减值准备的增提、减提有关纳税调整，对于减值准备影响折旧额、摊销额的情况，在附表九《资产折旧摊销纳税调整明细表》中反映。

[例3-89] 企业2010年初应有账款坏账准备贷方余额20万元，本期转回10万元，2010年末计提30万元，企业执行企业会计制度，账务处理如下：

转回时：

借：坏账准备 100000

贷：管理费用——计提坏账 100000

计提时：

借：管理费用——计提坏账 300000

贷：坏账准备 300000

如果执行企业会计准则：

借：资产减值损失 300000

贷：坏账准备 300000

则第1行第1列填20万元；第2列10万元；第3列30万元；第4列40万元。

（四）各列次的填报说明

1. 第1列“期初余额”：填报纳税人按照企业会计制度、企业会计准则等规定核算的各项准备金的期初数额。在不同年度报表中，此列数据有利于对比跨年度准备金的计提、转回等信息。

2. 第4列“期末余额”：填报纳税人按照企业会计制度、企业会计准则等规定核算的各项准备金的期末数额。在不同年度报表中，此列数据有利于对比跨年度准备金的计提、转回等信息。

3. 第 2 列“本期转回额”：本列反映本期资产减值准备的转回（减提）数额。按照企业会计制度、企业会计准则等规定，纳税人已计提减值准备的资产因价值恢复应减提相应的减值准备金；资产转让、处置时应按转让资产的比例同步转回或转销的准备金数额。

注意：长期非流动资产的减值准备，一经计提，不得转回。

4. 第 3 列“本期计提额”：填报纳税人按照企业会计制度、企业会计准则等核算的因资产减值发生的准备金本期计提（增加）的数额。

需要注意“可供出售金融资产”减值问题，附表七《以公允价值计量资产纳税调整表》未列示“可供出售金融资产”的公允价值变动。主要原因：“可供出售金融资产”尽管以公允价值计量，但其公允价值变动情况不计入当期损益，而是计入“资本公积——其他资本公积”科目，未计入当期损益；处置可供出售金融资产时，应将取得的价款与该金融资产账面价值之间的差额，计入投资损益；同时，将原直接计入所有者权益的公允价值变动累计额对应处置部分的金额转出，计入投资损益。

根据企业会计准则应用指南，可供出售金融资产持有期间取得的利息或现金股利，应当计入投资收益。资产负债表日，可供出售金融资产应当以公允价值计量，且公允价值变动计入资本公积（其他资本公积）。

通常情况下，如果可供出售金融资产的公允价值发生较大幅度下降，或在综合考虑各种相关因素后，预期这种下降趋势属于非暂时性的，可以认定该可供出售金融资产已发生减值，应当确认减值损失。可供出售金融资产发生减值的，在确认减值损失时，应当将原直接计入所有者权益的公允价值下降形成的累计损失一并转出，计入减值损失。

因此，“可供出售金融资产减值”填报可供出售金融资产发生减值时，减值额扣除原直接计入所有者权益中的因公允价值上升的变动增值额后，计入当期损益的数额。

5. 第 5 列“纳税调整额”：金额等于第 3 列“本期计提额” - 第 2 列“本期转回额”。如为正数，则为纳税调增额，填入附表三第 51 行第 3 列；如为负数，则为纳税调减额，附表三第 51 行第 4 列。

（五）表间关系

第 17 行第 5 列如为正数：

第 17 行第 5 列 = 附表三第 51 行第 3 列；

第 17 行第 5 列如为负数：

第 17 行第 5 列 = 附表三第 51 行第 4 列。

[例 3 - 90] 2010 年 12 月 31 日 C 材料账面价 30 万元，市场价 20 万元，用 C 材料生产的 D 产品售价由 60 万元下降到 45 万元，D 产品成本仍是 50 万元，将 C 材料加工成 D 产品仍需投入 20 万元，估计 D 产品销售税金 0.6 万元，确定 C 材料 2009 年 12 月 31 日价值。

计算 D 产品可变现净值：

D 产品可变现净值 = 估计售价 - 估计销售费用 = 45 - 0.6 = 44.4（万元）；

将 D 产品可变现净值与其成本比较，D 产品可变现净值 44.4 万元低于成本 50 万元 5.6 万元，因此 C 材料应按可变现净值计算。

计算 C 材料可变现净值：

C 材料可变现净值 = D 产品售价 - 将 C 加工成 D 的费用 - 估计销售费用 = 45 - 20 - 0.6 = 24.4（万元）；

C 材料可变现净值 24.4 万元低于成本 30 万元，因此 C 材料的期末价值应为 24.4 万元。

会计处理：

借：资产减值损失 56000（300000 - 244000）

贷：原材料——C 56000

5.6 万元填入本附表第 2 行第 3 列。

［**例 3 - 91**］ 2007 年 6 月，A 公司购入一台产品净化设备，支付价款 500 万元，预计使用 10 年，预计净残值 20 万元。2008 年 12 月，由于 A 公司产品前景不好，市场上同类设备减值，经专业机构评估 A 公司设备现值为 260 万元，A 公司据此计提了减值准备。2009 年，A 公司经研发人员攻关，利用该设备生产出新产品 T，产品 T 的市场前景较好，2009 年 12 月，专业机构评估该设备市场价值为 340 万元；2010 年 2 月，A 公司将该设备出售给 W 公司，售价 300 万元。有关会计处理如下：

2007 年 6 月：

借：固定资产——产品净化设备 5000000

贷：银行存款 5000000

2007 年 6 月至 12 月，折旧额 =（500 - 20）÷10 ×7/12 = 28（万元）

借：制造费用 280000

贷：累计折旧 280000

2008 年，计提折旧 =（500 - 20）÷10 = 48（万元）

借：制造费用 480000

贷：累计折旧 480000

2008 年 12 月 31 日，该设备账面价值 = 500 - 28 - 48 = 424（万元）

该设备可变现净值为 260 万元。

当年应计提减值准备 =（424 - 260）= 164（万元）

借：资产减值损失 1640000

贷：固定资产减值准备 1640000

当年提取固定资产减值准备 164 万元，应作纳税调增。

2009 年计提折旧额 =（500 - 20 - 164）÷10 = 31.6（万元）

借：制造费用 316000

贷：累计折旧 316000

2009 年 12 月 31 日，该设备账面价值 = 260 - 31.6 = 228.4（万元）

现值 340 万元，价值回升 106 万元。根据企业会计准则规定，长期非流动性资产计提的减值准备不得转回，账面价值仍维持 228.4 万元，当年不做纳税调整。

2010 年 1 月至 2 月，计提折旧额 = 4.33（万元）

借：制造费用 43300

贷：累计折旧 43300

账面余值 - 228.4 - 4.33 - 224.07（万元）

出售该设备时：

借：固定资产清理 2240700

累计折旧 1119300

固定资产减值准备　　1640000
　　贷：固定资产　　5000000
借：银行存款　　3000000
　　贷：固定资产清理　　3000000
借：固定资产清理　　759300
　　贷：营业外收入　　759300

出售固定资产净收益 = 300 − 224.07 = 75.93（万元）

填入附表一《收入明细表》第19行“处置固定资产净收益”。

十二、《长期股权投资所得（损失）明细表》（附表十一）表样（见表3－34）及填报说明

表3－34　　长期股权投资所得（损失）明细表

填报时间：　　年　月　日　　金额单位：元（列至角分）

行次	被投资企业	期初投资额	本年度增（减）投资额	投资成本		股息红利					投资转让所得（损失）					
				初始投资成本	权益法核算对初始投资成本调整产生的收益	会计核算投资收益	会计投资损益	税收确认的股息红利		会计与税收的差异	投资转让净收入	投资转让的会计成本	投资转让的税收成本	会计上确认的转让所得或损失	按税收计算的投资转让所得或损失	会计与税收的差异
								免税收入	全额征税收入							
	1	2	3	4	5	6(7+14)	7	8	9	10(7−8−9)	11	12	13	14(11−12)	15(11−13)	16(14−15)
1	AS															
2	BK															
3	CM															
4	ER															
5	OP															
6	KI															
7	RT															
8	RE															
合计																

投资损失补充资料

行次	项目	年度	当年度结转金额	已弥补金额	本年度弥补金额	结转以后年度待弥补金额	备注：
1	第一年	2004					
2	第二年	2005					
3	第三年	2006					
4	第四年	2007					
5	第五年	2008					
以前年度结转在本年度税前扣除的股权投资转让损失					50		

经办人（签章）：　　法定代表人（签章）：

（一）股权投资主要概念和主要政策规定

1. 涉及投资的几个主要概念。

（1）投资。企业投资就是通过分配财富或谋求其他利益（主要是为取得股息、利息和资本利得），将资产让渡给其他单位所获得的另一项资产，包括股权投资和债权投资。

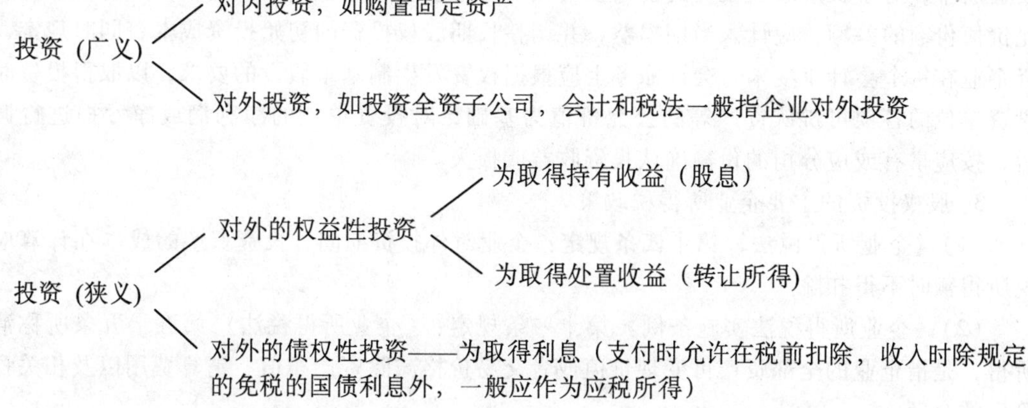

（2）股权投资。股权投资是指企业（或者个人）购买的其他企业的股票或以货币资金、无形资产和其他实物资产直接投资于其他单位。其最终目的是为了另一企业的权益或净资产，从而获得较大的经济利益，主要是利息和资本利得。

（3）长期股权投资和短期股权投资。股权投资按照可变现程度、持有时间有否超过一年，股权投资细分为短期投资和长期投资，本附表主要要求纳税人对长期股权投资的“股息红利”和“投资转让所得（损失）”按被投资项目分别填报，据以填报附表三和附表五的相关栏目。

2. 企业会计准则的基本规定：

《企业会计准则第2号——长期股权投资》规定，企业持有的长期股权投资，根据投资企业对被投资单位的影响程度及是否存在活跃的市场、公允价值能否可靠取得等进行划分，应当分别采用成本法及权益法进行核算。

（1）成本法核算的规定。企业持有的长期股权投资，在下列两种情况下应采用成本法进行核算：①投资企业能够对被投资单位实施控制的长期股权投资；②投资企业对被投资单位不具有共同控制或重大影响，且在活跃的市场中没有报价、公允价值不能可靠计量的长期股权投资。同时规定，投资企业确认长期股权投资的投资收益的时间，是在被投资单位第二年上半年董事会作出利润分配方案宣告分派现金股利时，按应享有的部分确认上年度的投资收益，但投资企业确认的投资收益仅限于所获得的被投资单位在接受投资后产生的累计净利润的份额，所获得的被投资方宣告分派的现金股利超过被投资单位在接受投资后产生的累积净利润的份额，则作为初始投资成本的收回。

对于长期股权投资的成本法核算中“长期股权投资”的账面金额的确定比较复杂，“应收股利”科目和“长期股权投资”科目发生额的计算公式如下：

“应收股利”科目发生额＝本期被投资单位宣告分派的现金股利×投资持股比例

“长期股权投资”科目发生额＝（投资后至本年末止被投资单位累积分派的利润或现金股利－投资后至上年末止被投资单位累计实现得净损益）×投资比例－投资单位已冲减的投

资成本。

（2）权益法核算的规定。企业对取得的长期股权投资，当投资企业对被投资单位具有共同控制或重大影响时，应采用权益法核算，并且规定对于长期股权投资的初始投资成本大于投资时应享有被投资单位可辨认净资产公允价值份额的差额，不调整长期股权投资的初始投资成本；对于长期股权投资的初始投资成本小于投资时应享有被投资单位可辨认净资产公允价值份额的差额，应计入当期损益，并调整长期股权投资的初始投资成本。同时规定，投资企业在每个会计年度末，会计账务上应根据权责发生制基本假设的要求，以取得投资时被投资单位的各项可辨认资产等的公允价值为基础，对投资单位的净利润或净亏损进行调整后，按应享有或应分担的份额确认投资收益或损失。

3. 股权投资的主要企业所得税政策。

（1）《企业所得税法》第十四条规定：企业对外投资期间，投资资产的成本在计算应纳税所得额时不得扣除。

（2）《企业所得税法实施条例》第十一条规定：《企业所得税法》第五十五条所称清算所得，是指企业的全部资产可变现价值或者交易价格减除资产净值、清算费用以及相关税费等后的余额。

投资方企业从被清算企业分得的剩余资产，其中相当于从被清算企业累计未分配利润和累计盈余公积中应当分得的部分，应当确认为股息所得；剩余资产减除上述股息所得后的余额，超过或者低于投资成本的部分，应当确认为投资资产转让所得或者损失。

（3）《企业所得税法实施条例》第十七条规定：《企业所得税法》第六条第（四）项所称股息、红利等权益性投资收益，是指企业因权益性投资从被投资方取得的收入。

（4）《企业所得税法实施条例》第七十一条规定：《企业所得税法》第十四条所称投资资产，是指企业对外进行权益性投资和债权性投资形成的资产。

企业在转让或者处置投资资产时，投资资产的成本，准予扣除。

投资资产按照以下方法确定成本：①通过支付现金方式取得的投资资产，以购买价款为成本；②通过支付现金以外的方式取得的投资资产，以该资产的公允价值和支付的相关税费为成本。

（5）《企业所得税法实施条例》第八十三条规定：《企业所得税法》第二十六条第（二）项所称符合条件的居民企业之间的股息、红利等权益性投资收益，是指居民企业直接投资于其他居民企业取得的投资收益。企业所得税法第二十六条第（二）项和第（三）项所称股息、红利等权益性投资收益，不包括连续持有居民企业公开发行并上市流通的股票不足12个月取得的投资收益。

（二）《长期股权投资所得（损失）明细表》（附表十一）有关说明

1. 根据企业会计准则规定，对长期股权投资专门制定了《企业会计准则第2号——长期股权投资》，对短期投资、债券、基金、金融工具、权益工具等投资行为，分别制定了《企业会计准则第22号——金融资产确认和计量》、《企业会计准则第23号——金融资产转移》、《企业会计准则第24号——套期工具》、《企业会计准则第37号——金融工具列报》等具体会计准则。由于长期股权投资是企业一项重要资产和利润来源，而且会计与税法差异较大，为此单独设计了本附表。

2. 本附表根据企业会计制度、企业会计准则和《企业所得税法》及《企业所得税法实施条例》等相关规定，分别填报会计口径与税法口径有关长期股权投资初始成本、持有收益、处置收益，以及上述业务会计核算与税收的差异调整情况。本附表是附表三《纳税调整项目明细表》的二级附表，对应附表三《纳税调整项目明细表》第6行“按权益法核算长期股权投资对初始投资成本调整确认损益”、第7行“按权益法核算的长期股权投资持有期间的投资收益”、第47行“投资转让处置所得”。另外，主表第9行“投资收益”包括本附表与长期股权投资收益有关内容，但不是完全的对应关系。

3. 本附表的主要结构。本附表整体分为两大部分：第一部分为主体表格，用于填报当期长期股权投资会计与税收的差异调整情况；第二部分为投资损失补充资料部分，用于填报投资收益弥补投资损失的情况。

(1) 主体表格大体又分为三部分：

①第1~5列，主要反映企业会计核算长期股权投资的“被投资企业”、“期初投资额”、“本年度增（减）投资额”、“投资成本”情况；

②第6~10列，第6列“会计核算投资收益”主要反映企业计上核算的投资收益，包括持有收益和投资转让所得两个部分；第7~10列主要反映企业长期股权投资的持有收益(即股息红利) 会计与税收的差异调整情况；

③第11~16列，主要反映企业长期股权投资的转让收益（即投资转让所得或损失）会计与税收的差异调整情况。

第5列“权益法核算对初始投资成本调整产生的收益”据以填报附表三第6行“按权益法核算长期股权投资对初始投资成本调整确认收益”；

第8列“税收确认的股息红利”项下“免税收入”据以填报附表五第3行“符合条件的居民企业之间的股息、红利等权益性投资收益”；

第10列“股息红利”项下“会计与税收的差异”和第16列“投资转让所得（损失）”项下“会计与税收的差异”，需按第8、第9列“税收确认的股息红利”与第15列“按税法计算的投资转让所得或损失”、“以前年度结转在本年度税前扣除的股权投资转让损失”的比较关系分析填报附表三第7行“按权益法核算的长期股权投资持有期间的投资损益”和第47行“投资转让、处置所得”。

(2) 投资损失补充资料部分又分为两部分：

①第1~5行，主要反映企业前五年的投资损失在往年及本年度的弥补情况；

②最后一行“以前年度结转在本年度税前扣除的股权投资转让损失”，主要反映“本年度弥补投资转让损失”金额合计数。据以分析填报附表三第47行“投资转让、处置所得”。

(三) 有关项目的填报说明

1. 报表第一部分：股息性所得（第1行至第8行和第1列至第10列）的填报。

(1) 第1列“被投资企业”：纳税人向每一家企业的投资视为一笔投资，包括在二级证券市场购买的拟持有12个月以上的流通股；本行按每一被投资方逐项填报，每一被投资方填写1行。

(2) 第2列“期初投资额”：填报年初每一笔长期股权投资实际发生的投资余额，本行既不按会计口径填列，也不按税法口径填列，按照企业实际发生的投资额填报。

(3) 第3列“本年度增（减）投资额”：填报本年度内每一笔长期股权投资额的增减变化，如追加投资、撤资、转让股权、清算等；本行发生清算、处置股权的，同一行次第11

列至第16列将有股权转让所得或损失。

（4）第4列“初始投资成本”：填报纳税人取得该长期股权投资时，实际支付的货币性资产、非货币性资产的公允价值及支付的相关税费，填列原始投资成本，以便了解有关投资信息。

根据企业会计准则规定，投资方取得长期股权投资方式较多，确定投资初始成本的核算比较复杂，此处介绍一下企业合并形成的长期股权投资的初始投资成本，包括同一控制下控股合并与非同一控制下控股合并初始投资成本的确定。

①同一控制下企业合并形成的长期股权投资。同一控制下的企业合并实际上是关联方交易，是关联方之间进行的“非货币资产交换”，不具有商业实质，合并方在合并过程中取得被合并方的控股权，合并方原则上按照占被合并方股权份额（相当于换入资产）来确认长期股权投资价值。因此，根据合并方以支付现金、转让非现金资产或承担债务方式作为合并对价的，应当在合并日按照取得被合并方所有者权益账面价值的份额作为长期股权投资的初始投资成本。长期股权投资的初始投资成本与支付的现金、转让的非现金资产及所承担债务账面价值之间的差额，应当调整资本公积（资本溢价或股本溢价）；资本公积（资本溢价或股本溢价）的余额不足冲减的，调整留存收益。合并方以发行权益性证券作为合并对价的，应按发行股份的面值总额作为股本，长期股权投资的初始投资成本与所发行股份面值总额之间的差额，应当调整资本公积（资本溢价或股本溢价）；资本公积（资本溢价或股本溢价）不足冲减的，调整留存收益。在同一控制下的企业合并中，一般采取定向增发方式，此种合并方式的操作成本较低，技术操作相对简单，相当于投资方以股权换资产的行为。如果不采取定向增发方式，投资方必须回购股票才能完成同一控制下的合并行为。

[例3-92] 2010年6月，根据同泰集团整合规划，拟由所属A公司合并所属R公司，R公司由一级控股公司变为三级控股子公司，经评估，R公司所有者权益净额5000万元，根据合并方案，由A公司定向增发100万股普通股，每股面值为1元，市价为20元，取得R公司40%的股权，并于当日起能够对R公司实施控制。假定A公司、R公司会计政策相同。

账务处理为：

借：长期股权投资　　20000000（50000000×40%）

　　贷：股本　　1000000

　　　　资本公积——股本溢价　　19000000

[例3-93] S公司以承担债务取得被合并方P企业控股权，假定P公司资产总额500万元，负债350万元，所有者权益150万元（股本100万元）。根据合并协议，S公司承担P公司350万元债务，合并完成后，P公司资产总额500万元，所有者权益500万元（股本100万元），S公司占60%股份。

S公司的财务处理：

借：长期股权投资——投资成本　　3000000（5000000×60%）

　　资本公积——股本溢价　　500000

　　贷：应付款项　　3500000

②非同一控制下企业合并形成的长期股权投资。非同一控制下控股合并更多地属于具有商业实质的非货币性资产交换，交易双方按市场规则作价，合并方在企业会计准则中被称为

"购买方"，注意这一点与同一控制下企业合并的不同。由于双方基本不具备关联关系，可能并不知悉被合并方详细的财务信息，按照历史成本原则确认长期股权投资的成本。企业会计准则规定，购买方应当按照确定的企业合并成本作为长期股权投资的初始投资成本。企业合并成本包括购买方付出的资产、发生或承担的负债、发行的权益性证券的公允价值以及为进行企业合并发生的各项直接相关费用之和。

［**例 3-94**］ A公司于2010年5月以一条生产线和一宗土地使用权取得B公司40%的股权。A公司委托深海会计师事务所对B公司资产负债情况进行了评估，支付评估费200万元；另发生咨询费、律师费等费用20万元。本例假定合并前A公司与B公司不存任何关联方关系。生产线和土地使用权的情况如表3-35。

表 3-35

单位：万元

资产项目	账面原额	折旧、摊销	公允价值
生产线	2000	500	1200
土地使用权	3000	600	3500
合 计	5000	1100	4700

A公司账务处理如下：

借：固定资产清理 15000000

　　累计折旧 5000000

　　贷：固定资产 20000000

借：长期股权投资——投资成本 49200000（47000000+2000000+200000）

　　累计摊销 6000000

　　贷：固定资产清理 15000000

　　　　无形资产——土地 30000000

　　　　银行存款 2200000

　　　　营业外收入 8000000

通过多次交换交易，分步取得股权最终形成企业合并的，企业合并成本为每一单项交换交易的成本之和。其中：达到企业合并前对持有的长期股权投资采用成本法核算的，长期股权投资在购买日的成本应为原账面余额加上购买日为取得进一步的股份新支付对价的公允价值之和；达到企业合并前对长期股权投资采用权益法等方法核算的，购买日应对权益法下长期股权投资的账面余额进行调整，将有关长期股权投资的账面余额调整至最初取得成本，在此基础上加上购买日新支付对价的公允价值作为购买日长期股权投资的成本。

（5）第5列"权益法核算对初始投资成本调整产生的收益"：本列限于采取权益法核算长期股权投资的纳税人填报。

企业会计制度规定，对子公司、联营企业、具有重大影响和共同控制关系的，采取权益法核算；企业会计准则规定，对具有重大影响和共同控制关系的，采取权益法核算，对子公司和不具有共同控制或重大影响，且在活跃市场中没有报价、公允价值不能可靠计量的长期股权投资采取成本法核算，但对外编制财务报表时，对子公司的股权投资应按权益法进行调整。

成本法与权益法的区分，在于两者会计核算的法理角度不同：成本法是站在投资方角度来核算此笔投资，其计价基础和后续核算也是按实际发生的投资支出以及投资方实际取得的投资收益来计量的；权益法站在被投资方角度核算此笔投资，其计价基础和后续核算是从被投资企业实际经营和盈利情况来计量的，从而导致两者对投资的计价标准和损益核算有较大出入。

企业会计准则规定，（1）长期股权投资初始投资成本大于投资时应享有被投资单位可辨认净资产公允价值份额的，不调整长期股权投资的初始投资成本，按照《企业会计准则第 8 号——资产减值》于年终进行测试，确实发生减值的确认资产减值损失；（2）长期股权投资的初始投资成本小于投资时应享有被投资单位可辨认净资产公允价值份额的，其差额应当计入当期损益，相当于企业以低价购买了投资资产，实际上是一种盈利，同时调整长期股权投资的成本。本行即填报权益法下纳税人初始投资成本小于取得投资时应享有被投资单位可辨认净资产公允价值份额的情形，纳税人在会计上已将两者之间的差额计入取得投资当期的“营业外收入”的金额，因此，需纳税调减，此列合计数填入附表三《纳税调整项目明细表》第 6 行第 4 列。

[**例 3－95**]　2010 年 2 月，松林公司支付 100 万元从二级证券市场上取得 A 公司 25% 股权，假定 A 公司可辨认净资产公允价值为 350 万元，松林公司对 A 公司能够实施重大影响，采取权益法核算。

松林公司取得投资时会计处理：

借：长期股权投资——投资成本　　1000000

　贷：银行存款　　1000000

松林公司享有被子投资单位可辨认净资产公允价值的份额 87.5 万元（350×25%），低于初始投资 12.5 万元，该差额不调整长期股权投资的账面价值，于资产负债表日按照《企业会计准则第 8 号——资产减值》确认资产减值准备；假定案例中 A 公司可辨认净资产公允价值为 450 万元，则松林公司取得投资时会计处理如下：

借：长期股权投资——投资成本　　1125000

　贷：银行存款　　1000000

　　　营业外收入　　125000

营业外收入 12.5 万元计入当期会计利润，填入本列，应通过附表三《纳税调整项目明细表》进行纳税调减。

（6）第 6 列“会计核算投资收益”：填报纳税人在持有长期股权投资期间，会计上核算的投资收益，包括会计上确认的股息收入和当年转让处置长期股权投资的会计利润（投资处置收益）。金额＝第 7 列＋第 14 列。

（7）第 7 列“会计投资损益”：填报纳税人按照企业会计准则和企业会计制度计算的长期股权投资的持有收益，不包括投资转让所得。

需要说明的是，一是成本法下长期股权投资的持有收益，会计与税法核算相差不大，一般在实际收到持有收益时确认，符合权责发生制原则；二是权益法下长期股权投资的持有收益，会计与税法相差较大，一般根据被投资方当年盈亏情况和企业持股比例确认，可能实际并未收到，属于“虚增”会计利润，《企业所得税法实施条例》第十七条规定，“股息、红利等权益性投资收益，……按照被投资方作出利润分配决定的日期确认收入的实现”，因此在附表三《纳税调整项目明细表》第 7 行作纳税调减。

［例3－96］　沿用例3－71资料，假定A公司2010年实现利润200万元，并将其中50万元进行分配。松林公司的会计处理如下：

借：长期股权投资——损益调整　500000

　　贷：投资收益　500000

借：应收股利　125000

　　贷：长期股权投资——损益调整　125000

此例中，会计确认投资收益50万元，税收不予确认，应纳税所得额调减50万元。税收应确认股息收入12.5万元，由于是居民企业往来，以上股息收入12.5万元为免税收入填入附表五第3行。

［例3－97］　假定A企业持有B企业30%的股份，当期B企业因持有的可供出售金融资产公允价值的变动计入资本公积的金额为1200万元，除该事项外，B企业当期实现的净损益为6400万元。

A企业在确认应享有被投资单位所有者权益的变动时：

借：长期股权投资——损益调整　19200000（64000000×30%）

　　　　　　　　——其他权益变动　3600000（12000000×30%）

　　贷：投资收益　19200000

　　　　资本公积——其他资本公积　3600000

本例中投资收益1920万元，税法不予确认，应纳税调减。

（8）第8列、第9列“税收确认的股息红利”，其中第8列为“免税收入”，第9列为“全额征税收入”：填报纳税人在本年度按照税法口径确认的股息红利所得，《企业所得税法》对长期股权投资的股息、红利的确认，遵循以下规则：

①股息性所得来源于被投资方累积盈余公积和未分配利润的分配，从该渠道以外的股息、红利分配实际上不属于股息，应作长期股权投资成本回收处理；

②只要是被投资方来源于①所述情形的分配，即确认股息，而不考虑供分配的“累积盈余公积和未分配利润”是否属于投资行为发生以后产生的。

③对于①所述来源于“累积盈余公积和未分配利润”之外的分配，作投资成本回收，投资成本冲减至0后，再发生的分配收入确认为股权投资转让所得，同时其计税基础为0。

④会计上对股票股利不作账务处理，不确认收益，属于稀释股份或股本分割，税法上一方面确认股息收入，同时调增长期股权投资的计税成本。

《企业所得税法》第二十六条、《企业所得税法实施条例》第八十三条规定，纳税人从居民企业取得的股息、红利等权益性投资收益属于免税收入，但不包括连续持有居民企业公开发行并上市流通的股票不足12个月取得的投资收益，对于非流通股的股息收入免税政策无持有时间的限制。根据《财政部、国家税务总局关于执行企业所得税优惠政策若干问题的通知》（财税［2009］69号）规定，2008年1月1日以后，居民企业之间分配属于2007年度及以前年度的累积未分配利润而形成的股息、红利等权益性投资收益，应按照《企业所得税法》第二十六条、《企业所得税法实施条例》第十七条、第八十三条规定，作免税收入处理。

对于符合免税条件的股息、红利收入填入第8列“免税收入”，对于持有时间不足12个月的公开发行并上市流通股的股息收入填入第9列“全额征收收入”。

（9）第 10 列“会计与税收的差异”：本行 = 第 7 列 - 第 8 列 - 第 9 列，填报会计与税法核算长期股权投资持有收益的差额，这一差额主要包括权益法与税法对股息性所得确认的差异，同时包括成本法与税法对股息的认定差异，两者差异同时体现在投资成本的调整方面。

2. 报表第二部分：投资转让所得或损失的填报。

（1）第 11 列“投资转让净收入”：填报纳税人收回、转让或清算、处置长期股权投资时，所收到的股权转让收入扣除相关交易税费后的金额（不扣除成本）。

（2）第 12 列“投资转让的会计成本”：填报纳税人收回、转让或清算、处置长期股权投资时，其会计核算的投资转让成本。长期股权投资的成本核算包括成本法和权益法。

需要注意：一是企业为长期股权投资的借款利息支出在投资存续期间应资本化为投资的会计成本；二是追加或减少投资同步调整投资成本；三是收到股息时确认投资收益，由于对股息产生的来源及股息产生时间不同，对股息的处理也不同，可能导致税法与会计规定不同；四是长期投资减值准备的处理与资产的有关处理一致，影响投资的会计成本。五是在权益法核算下，投资方以被投资方经营盈利或亏损情况调整投资的会计账面价值，同时调整投资收益；当被投资方分回股息时，按分回数额冲减投资收益；被投资方发生亏损时，会计作与上述相反的分录，但长期股权投资账面价值减记至 0 为限。根据《企业会计准则第 2 号——长期股权投资》，此时如果企业与被投资方存在其他长期债权投资，在长期股权投资的账面价值减记到 0 后，应冲减长期债权投资的账面价值。

编者建议：企业纳税申报与对外披露财务报告具有很大不同，在填写本附表时，仍坚持以长期股权投资账面价值减记至 0 为止，不再考虑长期债权投资的账面价值变动问题，长期债权投资的账面价值变动通过附表十《资产减值准备项目调整明细表》和资产（财产）损失处理。

[例 3-98]（成本法核算实例）假设甲企业 2009 年以 800 万元购入乙公司 3% 股份，乙公司未上市。有关被投资方利润及分配情况如表 3-36 所示。

表 3-36 乙企业利润及其分配情况表

年度	被投资单位利润	当年分配利润
2009	1000	900
2010	2000	1600

有关会计处理如下：

2009 年分配 2008 年利润时：

借：应收股利　　270000（9000000 × 3%）

　　贷：长期股权投资　　270000

2010 年分配 2009 年利润时：

冲投资成本 = (900 + 1600 - 1000) × 3% - 27 = 18（万元）

借：应收股利　　480000（16000000 × 3%）

　　贷：长期股权投资　　180000

　　　　投资收益　　300000

说明：2009 年甲企业从乙企业分配股息 27 万元，会计上冲减投资成本，未计入当期损益，税法上确认为免税的应纳税所得额，应在附表五《税收优惠明细表》和附表三《纳税调整项目明细表》作纳税调减，并在附表十一《长期股权投资所得（损失）明细表》第 8 列“免税收入”中列示。经过上述调整后，该笔投资的会计成本为 773 万元，计税成本仍为 800 万元。股息分配对投资成本的影响将在该项长期股权投资处置时体现。

2010 年，由于分配股利 48 万元中，30 万元已计入当期损益，只需将 18 万元调整减少长期股权投资的账面价值。

［**例 3 - 99**］（权益法核算实例）甲企业 2010 年持有乙企业 40% 股权，2010 年乙企业盈利 500 万元，2010 年 3 月分配 2009 年的股利 300 万元，2010 年亏损 200 万元。

2010 年乙企业盈利时：

借：长期股权投资——损益调整　　2000000

　贷：投资收益　　2000000

2010 年，投资收益 200 万元计入当期损益，但税法不计入收入。为此，应填入本表第 7 列“会计投资损益”，同时填入附表三《纳税调整项目明细》第 7 行“按权益法核算的长期股权投资持有期间的投资损益”，做纳税调减。

2010 年宣告股利时：

借：应收股利　　1200000（3000000 × 40%）

　贷：长期股权投资　　1200000

说明：2010 年收到 2009 年股利时，会计冲减长期股权投资成本，税法应计入当期损益。应做纳税调增。同时填入本表第 7 列、第 8 列。

2010 年亏损时：

借：投资收益　　800000

　贷：长期股权投资——损益调整　　800000

“- 800000”填入第 7 列，附表三第 7 行作纳税调增。

（3）第 13 列“投资转让的税收成本”：填报纳税人按税收规定计算的投资转让成本

需要说明的是：一是长期股权投资的税收成本严格遵循历史成本原则，追加或减少投资同步调整计税成本；二是企业收到股息一般不调整计税成本，直接作为股息收入处理，除非知悉被投资方所做利润分配来源于“累积盈余公积和未分配利润”以外的途径；三是税法不认可长期股权投资减值准备；四是企业取得股票股利，除确认股息收入（持有收益）外，同步调增长期股权投资的计税成本。

［**例 3 - 100**］ 2010 年 12 月，甲企业决定将持有的乙企业 40% 的股权 1/4 出售，出售时，甲企业账面上对乙企业长期投资的账面价值构成为：投资成本 1000 万元，损益调整 300 万元，其他损益变动 200 万元（以上均为借方余额）。长期投资减值准备 100 万元（贷方余额），出售时取得价款 410 万元。

甲企业账务处理：

借：银行存款　　4100000

　长期投资减值准备　　2500000（减值准备 1000000 × 25%）

　贷：长期股权投资——投资成本　　2500000

　　　　——损益调整　　750000

——其他权益变动 500000

投资收益 600000

长期股权投资的计税成本375万元（250+75+50）。

（4）第14列“会计上确认的转让所得或损失”：填报纳税人按会计核算口径确认的长期股权投资转让所得或损失，所得以正数反映，损失以负数反映。本列金额=第11列-第12列。

（5）第15列“按税法计算的投资转让所得或损失”：填报纳税人按税法口径核算的长期股权投资转让所得或损失，如为正数，为本期发生的股权投资转让所得；如为负数，为本期发生的股权投资转让损失。本列金额=第11列-第13列。

按照原《国家税务总局关于股权投资业务若干所得税问题的通知》（国税发［2000］118号）规定，纳税人因收回、转让或清算、处置股权投资发生的股权投资损失，可以在税前扣除，但在每一纳税年度扣除的股权投资损失，不得超过当年实现的股权投资收益和投资转让所得。实行《企业所得税法》后，取消了这一限制条件，2008年度以后发生的股权投资损失可直接计入当期应纳税所得额。根据《财政部、国家税务总局关于企业资产损失税前扣除政策的通知》（财税［2009］57号）规定，企业股权投资符合下列条件之一的，减除可收回金额后确认的无法收回的股权投资，可以作为股权投资损失在计算应纳税所得额时扣除：①被投资方依法宣告破产、关闭、解散、被撤销，或者被依法注销、吊销营业执照的；②被投资方财务状况严重恶化，累计发生巨额亏损，已连续停止经营3年以上，且无重新恢复经营改组计划的；③对被投资方不具有控制权，投资期限届满或者投资期限已超过10年，且被投资单位因连续3年经营亏损导致资不抵债的；④被投资方财务状况严重恶化，累计发生巨额亏损，已完成清算或清算期超过3年以上的；⑤国务院财政、税务主管部门规定的其他条件。《国家税务总局关于印发〈企业资产损失税前扣除管理办法〉的通知》（国税发［2009］88号）规定，企业的股权（权益）投资当有确凿证据表明已形成资产损失时，应扣除责任人和保险赔款、变价收入或可收回金额（可收回金额一律暂定为账面余额的5%）后，再确认发生的资产损失。

《国家税务总局关于印发〈企业资产损失税前扣除管理办法〉的通知》（国税发［2009］88号）对股权（权益）性投资损失认定进行了严格规定：①证据要求：应同时提交企业法定代表人、主要负责人和财务负责人签章证实有关投资损失的书面声明；有关被投资方破产公告、破产清偿文件；工商部门注销、吊销文件；政府有关部门的行政决定文件；终止经营、停止交易的法律或其他证明文件；有关资产的成本和价值回收情况说明；被投资方清算剩余资产分配情况的证明等证据资料。②企业按照有关规定通过证券交易场所、银行间市场买卖债券、股票、基金以及金融衍生产品等发生的损失可以自行计算扣除，除此之外的股权转让损失，应履行行政审批程序。这样，2008年实施《企业所得税法》后，企业符合上述条件的股权投资转让损失，不再受原只能用投资收益弥补投资损失的限制，可以直接计入当期应纳税所得额。

《国家税务总局关于企业股权投资损失所得税处理问题的公告》国家税务总局2010年第6号公告规定：一是企业对外进行权益性（以下简称股权）投资所发生的损失，在经确认的损失发生年度，作为企业损失在计算企业应纳税所得额时一次性扣除；二是本规定自2010年1月1日起执行。本规定发布以前，企业发生的尚未处理的股权投资损失，按照本规定，准予在2010年度一次性扣除。2010年度汇算清缴后企业发生的股权投资损失不再存在向以后纳税年度结转扣除的问题。

3. 报表第三部分：投资损失补充资料填报。《国家税务总局关于做好2009年度企业所得税汇算清缴工作的通知》（国税函［2010］148号）明确了投资损失扣除填报口径：根据《国家税务总局关于印发〈企业资产损失税前扣除管理办法〉的通知》（国税发［2009］88号）的规定，企业发生的投资（转让）损失应按实际确认或发生的当期扣除，填报企业所得税年度纳税申报表附表三“纳税调整明细表”相关行次，对于长期股权投资发生的损失，企业所得税年度纳税申报表附表十一“长期股权投资所得损失”“投资损失补充资料”的相关内容不再填报。

（四）表间关系

第5列“合计”行＝附表三第6行第4列。

第四章　居民企业清算所得税纳税申报表的填报

第一节　居民企业清算所得税及纳税申报

企业清算是指企业因特定原因终止生产经营活动后，为最终了结现存的财产和债权债务关系，依照法定程序对企业的财产和债权债务关系进行清理、处分和分配，从而消灭其法人资格的法律行为。企业清算结束后，方可申请注销公司登记，公告企业终止。企业作为从事生产经营活动的民事法律主体和经济主体，在社会主义市场经济条件下，不可避免地面临着建立、生存、发展、衰落、解散、清算、改组等过程。企业会计准则、企业会计制度等都是以企业持续经营为假设前提的，同样税法也主要以正常生产经营企业为纳税主体，一般而言，只有企业终止经营时才能准确核算其会计利润和应纳税所得额。为保证财政收入持续性和便于企业投资者对经营者的受托责任考核，人为地将企业经营业绩划分不同的时间段，正常经营企业的会计利润和应纳税所得额的核算是以划分会计年度和纳税年度（财政年度）为基础的。

一、企业的清算原因

企业清算的原因可以分为两大类：一是按《公司法》、《破产法》等规定需要清算的企业；二是企业重组政策中需要按清算处理的三种视同清算情形。

（一）按《公司法》、《破产法》等规定需要进行清算的企业

1. 企业解散：

（1）公司章程规定的营业期限届满或者公司章程规定的其他解散事由出现；

（2）股东会或者股东大会决议解散；

（3）因公司合并或者分立需要解散；

（4）依法被吊销营业执照、责令关闭或者被撤销；

（5）公司经营管理发生严重困难，继续存续会使股东利益受到重大损失，通过其他途径不能解决的，持有公司全部股东表决权10%以上的股东，可以请求人民法院解散公司。

2. 企业破产。企业不能清偿到期债务，或法人已解散但尚未清算或者未清算完毕，资产不足以清偿债务的，债权人或依法负有清算责任的人向人民法院申请破产清算。

3. 其他原因。

（1）企业因自然灾害、战争等不可抗力遭受损失，无法正常经营应当进行清算；

（2）企业因违法经营造成环境污染或者危害社会公共利益，被停产、撤销，应当进行清算。

（二）《关于企业重组业务企业所得税处理若干问题的通知》（财税［2009］59号）规定的企业重组中需要按清算程序处理的3种视同清算情形

1. 企业由法人转变为个人独资、合伙企业等非法人组织，或将登记注册地转移至境外（包括港澳台）应视同清算、分配，股东重新投资新企业。全部资产的计税基础应为公允价值。

2. 一般重组中被合并企业应视同清算进行所得税处理；合并企业按公允价值确认接受的被合并企业资产与负债的计税基础。

3. 一般重组中被分立企业不再存续时应视同清算进行所得税处理；分立企业按公允价值确认接受的被分立企业资产与负债的计税基础。

上述原因需要清算的都必须经过清算程序。同时企业因各种原因清算都必须结清其作为独立纳税人的所有税务事项。

二、企业所得税清算的主要政策规定

1. 《企业所得税法》第五十三条规定：企业应当在办理注销登记前，就其清算所得向税务机关申报并依法缴纳企业所得税。企业依法清算时，应当以清算期间作为一个纳税年度。

《企业所得税法》第五十五条规定：企业在年度中间终止经营活动的，应当自实际经营终止之日起60日内，向税务机关办理当期企业所得税汇算清缴；企业应当在办理注销登记前，就其清算所得向税务机关申报并依法缴纳企业所得税。

如：A公司从2009年10月15日进行清算，A企业实际上要进行两次纳税申报，一是计算2009年1月1日至10月15日的生产经营所得的应纳税额，即清算年度正常生产经营期间的年度汇算清缴申报；二是计算2009年10月16日至清算截止日A企业清算所得的应纳税额。

2. 《企业所得税法实施条例》第十一条规定：清算所得，是指企业的全部资产可变现价值或者交易价格减除资产净值、清算费用以及相关税费等后的余额。企业所得税清算时清算企业与投资企业需要分别进行纳税处理。清算企业应计算清算所得；投资方企业对取得的清算分配资产应同时确认股息所得及投资转让所得（或损失）。

3. 《财政部、国家税务总局关于企业清算业务企业所得税处理若干问题的通知》（财税［2009］60号）：分别就清算企业的清算所得计算、被清算企业的股东取得剩余资产后股息所得及投资转让所得（或损失）等内容进行了具体规定。

一是全部资产均应按可变现价值或交易价格，确认资产转让所得或损失；二是确认债权清理、债务清偿的所得或损失；三是改变持续经营核算原则，对预提或待摊性质的费用进行处理；四是依法弥补亏损，确定清算所得；五是计算并缴纳清算所得税；六是确定可向股东分配的剩余财产、应付股息等。企业的全部资产可变现价值或交易价格，减除资产的计税基础、清算费用、相关税费，加上债务清偿损益等后的余额，为清算所得。

4.《财政部、国家税务总局关于企业重组业务企业所得税处理若干问题的通知》（财税［2009］59 号）文件明确了 3 项视同清算的情形。

5.《国家税务总局关于印发〈中华人民共和国企业清算所得税申报表〉的通知》（国税函［2009］388 号）明确了清算企业的清算期纳税申报需要填报的清算申报表。

企业清算所得税申报表包括：《中华人民共和国企业清算所得税申报表》、《资产处置损益明细表》（附表一）、《负债清偿损益明细表》（附表二）、《剩余财产计算和分配明细表》（附表三）。企业在进行清算所得税申报时，先填写附表一、附表二，然后将相关数据填入《中华人民共和国企业清算所得税申报表》。

三、企业清算申报需要注意的几点问题

企业所得税清算只是企业办理注销税务登记的其中一个环节。税收征管实践中，受理注销税务登记前主管税务机关按征收管理以前要完成审核申请注销的资料是否齐全；查询注销企业以前年度纳税申报情况；结清欠缴税款、多退（免）税款、滞纳金、罚款；对已使用的发票做验旧，对未使用的空白发票做缴销；回收企业税务登记证件，对企业的全部证件进行缴销等工作后再受理企业的注销申请。企业办理所得税清算时需要注意：

1. 查账征收及核定征收的企业注销时都要进行清算申报，填报《中华人民共和国企业清算所得税申报表》；

2. 企业清算申报前必须完成清算年度经营期的汇算清缴申报；

3. 下设分支机构的企业，应注销分支机构后再注销总机构。2008 年 1 月 1 日后分支机构不再是企业所得税的纳税人，因此注销分支机构时可以按清算程序处理。

4. 目前税收政策明确了清算所得可以弥补以前年度亏损，但清算期间是否可以享受税收优惠、清算期间发生的资产损失是否按《国家税务总局关于印发〈企业资产损失税前扣除管理办法〉的通知》（国税发［2009］88 号）要求的程序办理等问题有待国家税务总局进一步明确。

第二节　居民企业清算所得税申报表及填报说明

一、《中华人民共和国企业清算所得税申报表》表样（见表 4－1）及填报说明

（一）《中华人民共和国企业清算所得税申报表》有关说明

1. 本表是企业清算所得税申报表体系的主表，体现了企业清算所得计算的全过程，在清算所得纳税申报表体系中处于核心位置。

2. 清算所得实际上是投资者处置企业资产或财产、清偿负债过程中所发生的损益。对于资产处置损益、负债清偿损益分别设计了附表一、附表二。

3. 本表与附表三设计角度不同，附表三《剩余财产计算和分配明细表》虽然也核算清算收益，但本表主要侧重计算纳税义务，附表三《剩余财产计算和分配明细表》则从财务会计、法律角度核算清算过程中的损益，并关注投资者所取得的清算收益和投资损失，本表

表 4－1　　　　中华人民共和国企业清算所得税申报表

清算期间：　　　年　月　日至　　年　月　日

纳税人名称：

纳税人识别号：□□□□□□□□□□□□□□□□□　　金额单位：　元（列至角分）

<table>
<tr><th>类　别</th><th>行次</th><th>项　目</th><th>金　额</th></tr>
<tr><td rowspan="11">应纳税所得额计算</td><td>1</td><td>资产处置损益（填附表一）</td><td></td></tr>
<tr><td>2</td><td>负债清偿损益（填附表二）</td><td></td></tr>
<tr><td>3</td><td>清算费用</td><td></td></tr>
<tr><td>4</td><td>清算税金及附加</td><td></td></tr>
<tr><td>5</td><td>其他所得或支出</td><td></td></tr>
<tr><td>6</td><td>清算所得（1 行 +2 行 −3 行 −4 行 +5 行）</td><td></td></tr>
<tr><td>7</td><td>免税收入</td><td></td></tr>
<tr><td>8</td><td>不征税收入</td><td></td></tr>
<tr><td>9</td><td>其他免税所得</td><td></td></tr>
<tr><td>10</td><td>弥补以前年度亏损</td><td></td></tr>
<tr><td>11</td><td>应纳税所得额（6 行 −7 行 −8 行 −9 行 −10 行）</td><td></td></tr>
<tr><td rowspan="2">应纳所得税额计算</td><td>12</td><td>税率（25%）</td><td></td></tr>
<tr><td>13</td><td>应纳所得税额（11 行 ×12 行）</td><td></td></tr>
<tr><td rowspan="5">应补（退）所得税额计算</td><td>14</td><td>减（免）企业所得税额</td><td></td></tr>
<tr><td>15</td><td>境外应补所得税额</td><td></td></tr>
<tr><td>16</td><td>境内外实际应纳所得税额（13 行 −14 行 +15 行）</td><td></td></tr>
<tr><td>17</td><td>以前纳税年度应补（退）所得税额</td><td></td></tr>
<tr><td>18</td><td>实际应补（退）所得税额（16 行 +17 行）</td><td></td></tr>
<tr><td colspan="2">纳税人盖章：</td><td>代理申报中介机构盖章：</td><td>主管税务机关
受理专用章：</td></tr>
<tr><td colspan="2">清算组盖章：</td><td>经办人签字及执业证件号码：</td><td>受理人签字：</td></tr>
<tr><td colspan="2">经办人签字：
申报日期：
年　月　日</td><td>代理申报日期：
年　月　日</td><td>受理日期：
年　月　日</td></tr>
</table>

数据与附表三《剩余财产计算和分配明细表》有关数据可以起到相互验证，增强比对，加强税源管理的作用。

4. 本表从结构上包括三部分：一是第 1 行至第 11 行，反映清算所得应纳税所得额的计算；二是第 12 行、第 13 行，反映应纳所得税额的计算过程；三是第 14 行至第 18 行，反映企业清算过程中应补退税额，由于企业清算是纳税义务在法律程序上的终结，应反映企业清算的最终纳税结果。

5. 有关表头项目的填写

（1）“清算期间”：填报纳税人实际生产经营终止之日至办理完毕清算事务之日止的期间；

（2）“纳税人名称”：填报税务机关统一核发的税务登记证所载纳税人的全称；

（3）“纳税人识别号”：填报税务机关统一核发的税务登记证号码。

（二）《中华人民共和国企业清算所得税申报表》具体行次的填报说明

1. 第 1 行“资产处置损益”：填报纳税人全部资产按可变现价值或交易价格扣除其计税基础后确认的资产处置所得或损失金额。本行通过附表一《资产处置损益明细表》计算填报，本行金额 = 附表一《资产处置损益明细表》第 32 行“资产处置损益（4）”列的总计数。

需要说明：一是企业清算过程中，能够出售的资产按交易价格确认收入，企业重组中的清算，由于重组交易各方已同意购买或合并被重组方的资产，按照评估价或协商价格进行交易，该价格即为市场交易价格；对于近期内难以出售的资产，按照可变现价值进行估算，后续变现或处置工作由股东负责；二是企业清算改变持续经营原则，对应收款项进行追收。

2. 第 2 行“负债清偿损益”：填报纳税人全部负债按计税基础减除其实际清偿金额后确认的负债清偿所得或损失金额。本行通过附表二《负债清偿损益明细表》计算填报，本行金额 = 附表二《负债清偿损益明细表》第 23 行“负债清偿损益（4）”列的总计数。

需要说明；一是负债相当于企业的“负资产”，是企业对外承担的现实义务，企业清算中，对即将发生的未来支付义务如未决诉讼、有关赔偿支付等要通过诉讼程序或经债权人、清算组同意，确认为现实义务；二是改变持续经营原则，对应付款项等进行清偿；三是企业清算中，其账面记载的负债账面数额为其应承担的最大义务，实际清算过程中往往按低于账面数额的金额清偿负债，实际上，企业在此过程中将发生一定损益。

3. 第 3 行“清算费用”：填报纳税人清算过程中发生的与清算业务有关的费用支出，包括清算组组成人员的报酬，清算财产的管理、变卖及分配所需的评估费、咨询费、审计费、委托拍卖费、中介费等费用，清算过程中支付的诉讼费用、仲裁费用及公告费用，以及为维护债权人和股东的合法权益支付的其他费用。

需要说明：一是企业清偿拖欠职工工资和基本社会保险费等，属于企业负债的内容，在本表第 2 行“负债清偿损益”填列；二是清算费用是企业完成清算所必须的费用，不按权责发生制原则，只要与清算业务有关，经清算组同意支付的，直接计入清算费用，不涉及纳税调整问题。

4. 第 4 行“清算税金及附加”：填报纳税人清算过程中发生的除企业所得税和允许抵扣的增值税以外的各项税金及其附加。

需要说明：一是清算税金及附加主要是企业在清算过程中发生的税金，如转让房屋、土地使用权、专利权等缴纳的营业税、城建税、教育费附加等；二是企业清算处置财产可能发生企业所得税，如处置财产并委托代开票纳税人代开运费发票，按规定被代扣的企业所得税，不允许在清算所得层次扣除，但允许作为已缴所得税处理，建议填入本表第 17 行“以前纳税年度应补（退）所得税额”；三是根据《财政部、国家税务总局关于增值税若干政策的通知》（财税［2005］165 号）规定，一般纳税人注销时，其存货不作进项税额转出处理，其留抵税额也不予以退税。企业清算处置货物（存货），所发生增值税销项税金可以抵扣留抵的进项税金，企业清算中一般不会发生大额增值税进项税金，但留抵税金未能抵扣完毕的，税务机关不予退税，在性质上近似于应收款项未收回，相当于对企业负债的负数的处理，可以填入本表第 2 行“负债清偿损益”；四是对于以前欠税，填入本表第 2 行“负债清偿损益”。

5. 第5行“其他所得或支出”：本行主要填报纳税人清算过程中取得的或发生的与清算业务关联度较小的其他所得或其他支出，如企业清算过程中，发生交通事故等支付的赔偿金等。其中，其他支出以“-”号（负数）填列。

6. 第6行“清算所得”：填报纳税人全部资产按可变现价值或交易价格减除其计税基础、清算费用、相关税费，加上债务清偿损益等后的余额。根据本表有关行次计算填报，本行金额=第1行+第2行-第3行-第4行+第5行。

7. 第7行“免税收入”：填报纳税人清算过程中取得的按税收规定免税收入。如企业清算时，处置对外股权投资时，从其他被清算企业取的股息性收入、在此期间兑付的国债利息收入等。

8. 第8行“不征税收入”：填报纳税人清算过程中取得的按税收规定不征税收入。如企业在清算时取得财政部门专项用于安置企业职工的资金。

9. 第9行“其他免税所得”：填报纳税人清算过程中取得的按税收规定免税的其他所得项目。企业清算环节免税所得项目较少，如企业在清算环节收回的股息收入。

10. 第10行“弥补以前年度亏损”：填报纳税人按税收规定可在税前弥补的以前纳税年度尚未弥补的亏损额。

11. 第11行“应纳税所得额”：根据本表有关行次计算得出，本行金额=第6行-第7行-第8行-第9行-第10行。本行按照上述顺序计算结果为负数，本行金额填零。

12. 第12行“税率”：填报《企业所得税法》规定的适用税率25%，目前，国家对于企业清算所得未明确税收优惠政策，既使享受减免税，本行仍填写25%，减免税政策通过本表第14行“减（免）企业所得税额”填报。

13. 第13行“应纳所得税额”：根据本表有关行次计算得出，本行金额=本表第11行×第12行。

14. 第14行“减（免）企业所得税额”：填报纳税人按税收规定准予减免的企业所得税额。

需要说明：《企业所得税法》规定的减免税政策主要针对正常经营企业或其生产经营所得项目，对于企业清算所得是否仍延续原优惠政策，现行税收政策暂无明确规定。

15. 第15行“境外应补所得税额”：填报纳税人按税收规定在清算期间发生的境外所得应在境内补缴的企业所得税额。企业进行清算期后，需对境外投资、境外资产进行处置，境外所得应并入清算所得征税。由于所得来源国对境外所得有优先征税权，应按中国与所得来源国税收协定以及中国税法规定，确定税收抵免数额，具体计算方法参考本书第三章居民企业所得税纳税申报表主表第31行、第32行以及附表六《境外所得税抵免计算明细表》有关内容。本行填写境外所得剔除税收饶让、税收抵免因素后，仍应补缴的所得税款。

需要说明：根据《企业所得税法》第十七条规定，境外营业机构的亏损不得抵减境内营业机构的盈利。

16. 第16行“境内外实际应纳所得税额”：根据本表有关行次计算填报，本行金额=第13行-第14行+第15行。

17. 第17行“以前纳税年度应补（退）所得税额”：填报纳税人因以前纳税年度损益调整、汇算清缴多缴、欠缴所得税等在清算期间应补（退）企业所得税额。其中，应退企业所得税额以“-”号（负数）填列。

18. 第18行“实际应补（退）所得税额”：本行金额=本表第16行+第17行。

（三）表内及表间关系

1. 第1行=附表一第32行“资产处置损益（4）”列的总计数。

2. 第2行=附表二第23行“负债清偿损益（4）”列的总计数。

3. 第6行=本表第1行+第2行-第3行-第4行+第5行。

4. 第11行=本表第6行-第7行-第8行-第9行-第10行。

5. 第13行=本表第11行×第12行。

6. 第16行=本表第13行-第14行+第15行。

7. 第18行=本表第16行+第17行。

二、《资产处置损益明细表》（附表一）表样（见表4-2）及填报说明

表4-2　资产处置损益明细表

填报时间：　　年　月　日　　　　　　　　　　　　金额单位：　　元（列至角分）

行次	项　目	账面价值1	计税基础2	可变现价值或交易价格3	资产处置损益4（4列=3列-2列）
1	货币资金				
2	短期投资*				
3	交易性金融资产#				
4	应收票据				
5	应收账款				
6	预付账款				
7	应收利息				
8	应收股利				
9	应收补贴款*				
10	其他应收款				
11	存货				
12	待摊费用*				
13	一年内到期的非流动资产				
14	其他流动资产				
15	可供出售金融资产#				
16	持有至到期投资#				
17	长期应收款#				
18	长期股权投资				
19	长期债权投资*				
20	投资性房地产#				
21	固定资产				
22	在建工程				
23	工程物资				

续表

行次	项　　目	账面价值1	计税基础2	可变现价值或交易价格3	资产处置损益4（4列=3列-2列）
24	固定资产清理				
25	生物资产#				
26	油气资产#				
27	无形资产				
28	开发支出#				
29	商誉#				
30	长期待摊费用				
31	其他非流动资产				
32	总计				

经办人签字：　　　　　　　　　　　　纳税人盖章：

（一）《资产处置损益明细表》有关说明

1. 本表是《中华人民共和国企业清算所得税申报表》的附表，主要反映企业清算环节资产（财产）的处置损益。本表第32行“资产处置损益（4）”合计数填入《中华人民共和国企业清算所得税申报表》第1行。

2. 本附表标有＊行次由执行企业会计制度的纳税人填报；标有#行次由执行企业会计准则的纳税人填报；其他行次执行企业会计制度和企业会计准则的纳税人均应填报。执行企业会计制度和企业会计准则以外的其他纳税人，按照本表的行次内容根据其资产情况分析填报。

（二）有关列次的填报说明

1. “账面价值（1）”列：企业进入清算期以后，应着手进行资产评估、审计，编制企业清算日的资产负债表、利润表等财务报表。本列填报纳税人按照国家统一会计制度规定确定的清算开始日的各项资产账面价值的金额，要求按照会计核算口径填写。对于存货类、投资类资产按其账面价值填报，固定资产、无形资产、长期待摊费用按照其折余价值、摊销余额填写，上述资产已经计提的资产减值准备，不做调整；对于以公允价值计量且其当期损益的投资性房地产、交易性金融资产，本列要求按清算日投资性房地产、交易性金融资产等账面价值填报。本列只起列示作用，不参与本附表“资产处置税收损益”的计算，便于企业和税务机关比对、分析企业资产的会计与税法计价差异情况。

2. “计税基础（2）”列：填报纳税人按照税收规定确定的清算开始日的各项资产计税基础的金额，即取得资产时确定的计税基础减除在清算开始日以前纳税年度内按照税收规定已在税前扣除折旧、摊销、准备金等的余额。存货类资产包括企业的原材料、在产品、产成品、库存商品等，按其实际计税基础填列，对于其中已经计提减值准备的，不得冲减存货类资产的计税基础；投资类资产不论会计上采取成本法还是权益法核算，以其实际投入成本或支付的对价为初始计税基础，考虑企业追加投资、减少投资、分回股票股息等情形，对于分回现金股息的不调整投资的计税基础，对于分回股票股息的，在确认股息收入的同时调增投资的计税基础，投资类资产的计税基础不考虑资产减值因素；固定资产、无形资产等以税法上的初始计税基础，需考虑折旧、摊销以及其他增减资产计税基础的因素，不考虑资产减值因素的影响，据此计算填报。日常工作中对资产会计计价与税法计价存在差异较多的，凡登记台账的，按台账所裁计税基础填报。

3. “可变现价值或交易价格（3）”列：填报纳税人清算过程中各项资产可变现价值或交易价格的金额。对于实际处置、销售的资产，填列其实际转让收入；对于通过企业重组有接受单位的，按照重组存续企业确定的交易价格填报；对于近期难以出售、不存在活跃交易市场的资产，为便于税收管理，按其可变现价值填报。本列第 32 行总计数据 = 附表三《剩余财产计算和分配明细表》第 1 行。

4. “资产处置损益（4）”列：填报纳税人各项资产可变现价值或交易价格减除其计税基础的余额。根据本表有关列次计算填报，本列金额 = 第 3 列 - 第 2 列。

（三）有关行次的填报说明

1. 第 1 行“货币资金”：本行由所有企业填报，账面价值与计税基础相同，原则上不会产生处置收益。

2. 第 2 行“短期投资”：本行由执行企业会计制度的纳税人填报，执行企业会计准则的纳税人不填写。指企业购入能够随时变现并且持有时间不准备超过一年（取决于企业主观意愿）的投资，包括各种债券、股票、基金等。

3. 第 3 行“交易性金融资产”：由执行企业会计准则的纳税人填写，执行企业会计制度的纳税人不填报。交易性金融资产主要核算企业为交易目的所持有的债券投资、股票投资、基金投资等交易性金融资产的公允价值，包括交易性金融资产和直接指定为以公允价值计量且其变动计入当期损益的金融资产。企业（金融）接受委托采用全额承购包销、余额承购包销方式承销的证券，应在收到证券时将其进行分类，划分为以公允价值计量且其变动计入当期损益的金融资产的，作为交易性金融资产，划分为可供出售金融资产的，填写第 15 行“可供出售金融资产”。

4. 第 4 行“应收票据”、第 5 行“应收账款”、第 6 行“预付账款”、第 7 行“应收利息”、第 8 行“应收股息”、第 10 行“其他应收款”：执行企业会计制度和企业会计准则的纳税人均需填报。实际工作中，应收票据、应收账款、预付账款、其他应收款的会计账面价值与计税基础差异不大，但应收利息、应收股息由于会计与税法计量原则有差异，可能会有细微差异。

5. 第 9 行“应收补贴款”：由执行企业会计制度的纳税人填报，指企业按国家规定定额财政补贴确认的应收补贴款，如按规定实行所得税先征后返、流转税先征后返，以及国家拨入具有专门用途的拨款和国家财政扶持的领域而给予的补贴。企业会计准则未设计“应收补贴款”科目，往往通过“递延收益”或“营业外收入”反映。

6. 第 11 行“存货”：执行企业会计制度和企业会计准则的纳税人均需填报。存货的品种、类别、项目、型号较多，企业清算时往往分别处理，在此行合并申报。

7. 第 12 行“待摊费用”：由执行企业会计制度的纳税人填报，执行企业会计准则的纳税人不填写。填报企业已经支出，但应由本期和以后各期分别负担的分摊期限在 1 年以内的各项费用，如低值易耗品摊销、预付保险费、固定资产修理费用，以及一次购买印花税票和一次交纳印花税数额较大需分摊的数额。清算日借方余额反映企业已支出但尚未摊销的费用。由于本附表第 30 行设计了“长期待摊费用”，此行填写除《企业所得税法》第十三条长期待摊费用以外的“待摊费用”。

8. 第 13 行“一年内到期的非流动资产”：填报企业持有的一年内即将到期的国债、企业债券、金融债券、长期对外借款等非流动资产，在会计上，对于一年内到期的非流动资产视同流动资产进行管理。

9. 第 14 行“其他流动资产”：填报除本附表第 1 行至第 13 行所列举流动资产项目以外的其他流动资产。

10. 第 15 行“可供出售金融资产”：由执行企业会计准则的纳税人填报。本行主要填报企业持有的可供出售金融资产的公允价值，包括划分为可供出售的股票投资、债券投资等金融资产。期末借方余额，反映企业可供出售金融资产的公允价值。

11. 第 16 行“持有至到期投资”：由执行企业会计准则的纳税人填报。本行主要填报企业持有至到期投资的摊余成本，包括分期付息、一次还本和持有至到期投资为一次还本付息的债券投资。按持有至到期投资的类别和品种，分别“成本”、“利息调整”、“应计利息”等进行明细核算。

12. 第 17 行“长期应收款”：由执行企业会计准则的纳税人填报。主要填报企业的长期应收款项，期末借方余额，反映企业尚未收回的长期应收款。包括融资租赁产生的应收款项、采用递延方式具有融资性质的销售商品和提供劳务等产生的应收款项等。

13. 第 18 行“长期股权投资”：执行企业会计准则和企业会计制度的纳税人均需填报。填报采用成本法和权益法核算的长期股权投资的账面价值和计税基础，期末借方余额，反映企业长期股权投资的价值。长期股权投资采用权益法核算的，还应当分别“成本”、“损益调整”、“其他权益变动”进行明细核算。

14. 第 19 行“长期债权投资”：由执行企业会计制度的纳税人填报，执行企业会计准则的纳税人不填写。填报企业购入的在一年内不能变现或不准备随时变现的债券和其他债权投资，清算日借方余额反映长期债权投资的本息和溢折价摊销。

15. 第 20 行“投资性房地产”：由执行企业会计准则的纳税人填报。包括采用成本模式计量和采用公允价值模式计量投资性房地产。清算日借方余额，反映企业采用成本模式计量的投资性房地产成本；采用公允价值模式计量的投资性房地产的清算日借方余额，反映投资性房地产的公允价值。

16. 第 21 行“固定资产”：执行企业会计准则和企业会计制度的纳税人均需填报，包括建造承包商的临时设施，企业购置计算机硬件所附带的、未单独计价的软件，融资租入的固定资产等。账面价值按折余价值填写，计税基础按固定资产的实际税收成本填写。

17. 第 22 行“在建工程”：执行企业会计准则和企业会计制度的纳税人均需填报。本行填报企业基建、更新改造等在建工程发生的支出，包括在建工程发生的管理费、征地费、可行性研究费、临时设施费、公证费、监理费及应负担的税费等，可按“建筑工程”、“安装工程”、“在安装设备”、“待摊支出”以及单项工程等进行明细核算，清算日借方余额，反映企业尚未达到预定可使用状态的在建工程的成本。

18. 第 23 行“工程物资”：执行企业会计准则和企业会计制度的纳税人均需填报。本行填报企业为在建工程准备的各种物资的成本，包括工程用材料、尚未安装的设备以及为生产准备的工器具等，清算日借方余额，反映企业为在建工程准备的各种物资的成本。可按“专用材料”、“专用设备”、“工器具”等进行明细核算。

19. 第 24 行“固定资产清理”：执行企业会计准则和企业会计制度的纳税人均需填报。填报企业因出售、报废、毁损、对外投资、非货币性资产交换、债务重组等原因转出的固定资产价值以及在清理过程中发生的费用等，“固定资产清理”是一个过渡性科目，固定资产清理完成后，属于生产经营期间正常处理损失，借记“营业外支出——处置非流动资产损失”，贷记“固定资产清理”；属于自然灾害等非正常原因的损失，借记“营业外支出——非常损失”科目，贷记“固定资产清理”。如为贷方余额，借记“固定资产清理”，贷记“营业外收入”，清算日借方余额，反映企业尚未清理完毕的固定资产清理净损失。

20. 第 25 行“生物资产”：由执行企业会计准则的纳税人填报。生物资产包括生产性生物资产、公益性生物资产、消耗性生物资产，其中，生产性生物资产在会计和税法核算中近似于固定资产，填报生产性生物资产的折余价值；消耗性生物资产近似于存货，填报消耗性生物资产的账面价值和计税成本；公益性生物资产由于取得成本较低，企业不能自由处置，会计和税法不进行折旧或摊销，清算日借方余额，反映企业公益性生物资产的原价，一旦对其处理，按近似于投资资产或存货资产的方法处理。

21. 第 26 行“油气资产”：由执行企业会计准则并从事石油、天然气资源勘探、开发和商业化生产的纳税人填报。油气资产是指企业（石油天然气开采）持有的矿区权益和油气井及相关设施的原价，对于企业（石油天然气开采）与油气开采活动相关的辅助设备及设施作为“固定资产”处理。本行按照清算日油气资产原值扣除累计折耗后的余额填报。

22. 第 27 行“无形资产”：执行企业会计准则和企业会计制度的纳税人均需填报，填报无形资产的摊余价值，包括专利权、非专利技术、商标权、著作权、土地使用权等。执行企业会计制度的纳税人的无形资产包括商誉，不再填写本附表第 29 行“商誉”。

23. 第 28 行“开发支出”：由执行企业会计准则的纳税人填报。根据《企业会计准则第 6 号——无形资产》规定，无形资产的形成划分为研究阶段和开发阶段，由于研究阶段基本属于探索性研究，不确定性较大，为降低研发风险，研究阶段的支出采取费用化处理，直接计入当期损益；开发阶段是指在进行商业性生产或使用前，将研究成果或其他知识应用于某项计划或设计，开发支出采取资本化处理方法。本行填报企业开发支出所归集的成本。

24. 第 29 行“商誉”：由执行企业会计准则的纳税人填报。企业会计制度和《企业所得税法》将商誉作为无形资产的一项内容，注意其区别。本行只填报企业合并中形成的外购商誉，对于自创商誉，会计与税法都不予以反映。

25. 第 30 行“长期待摊费用”：执行企业会计准则和企业会计制度的纳税人均需填报。根据《企业所得税法》第十三条规定，长期待摊费用包括：一是已足额提取折旧的固定资产的改建支出；二是租入固定资产的改建支出；三是固定资产的大修理支出；四是其他应当作为长期待摊费用的支出。会计与税法有关“长期待摊费用”的范围基本一致，清算日借方余额，反映企业尚未摊销完毕的长期待摊费用。

26. 第 31 行“其他非流动资产”：填报除本附表第 14 行至第 30 行以外的其他非流动资产的处置损益情况。

27. 第 32 行“总计”：根据本表有关行次计算得出，“账面价值（1）”列、“计税基础（2）”列、“可变现价值或交易价格（3）”列分别为相应列次的合计数；本行“资产处置损益（4）”列 = 本表“资产处置损益（4）”列第 1 行 +… + 第 31 行 = 本表第 32 行“可变现价值或交易价格（3）”列总计 - 第 32 行“计税基础（2）”列总计。

（四）表内及表间关系

1.“资产处置损益（4）”列＝本表“可变现价值或交易价格（3）”列－“计税基础（2）”列。

2. 第32行“账面价值（1）”列总计＝本表“账面价值（1）”列第1行＋…＋第31行总计。

3. 第32行“计税基础（2）”列总计＝本表“计税基础（2）”列第1行＋…＋第31行总计。

4. 第32行“可变现价值或交易价格（3）”列总计＝本表“可变现价值或交易价格（3）”列第1行＋…＋第31行总计。

5. 第32行“资产处置损益（4）”列总计＝本表第32行“可变现价值或交易价格（3）”列总计－本表第32行“计税基础（2）”列总计＝本表“资产处置损益（4）”列第1行＋…＋第31行总计。

6. 第32行“资产处置损益（4）”列总计＝主表第1行。

三、《负债清偿损益明细表》（附表二）表样（见表4－3）及填报说明

表4－3　　**负债清偿损益明细表**

填报时间：　　年　月　日　　　　金额单位：　　元（列至角分）

行次	项　目	账面价值1	计税基础2	清偿金额3	负债清偿损益4 （4列＝2列－3列）
1	短期借款				
2	交易性金融负债#				
3	应付票据				
4	应付账款				
5	预收账款				
6	应付职工薪酬#				
7	应付工资*				
8	应付福利费*				
9	应交税费				
10	应付利息				
11	应付股利				
12	其他应交款*				
13	其他应付款				
14	预提费用*				
15	一年内到期的非流动负债				
16	其他流动负债				
17	长期借款				
18	应付债券				
19	长期应付款				
20	专项应付款				
21	预计负债#				
22	其他非流动负债				
23	总计				

经办人签字：　　　　纳税人盖章：

（一）《负债清偿损益明细表》（附表二）有关说明

1. 本附表是《中华人民共和国企业清算所得税申报表》的附表，主要反映企业清算环节清偿负债所发生的损益。本附表第 23 行“负债清偿损益（4）”合计数填入《中华人民共和国企业清算所得税申报表》第 2 行。

2. 标有＊行次由执行企业会计制度的纳税人填报；标有#行次由执行企业会计准则的纳税人填报；其他行次执行企业会计制度和企业会计准则的纳税人均填报。执行企业会计制度和企业会计准则以外的纳税人，按照本表的行次内容根据其负债情况分析填报。

（二）有关列次的填报说明

1. “账面价值（1）”列：填报纳税人按照国家统一会计制度规定确定的清算开始日的各项负债账面价值的金额。本列不参与本表有关列次的计算，主要起到列示财务数据并与税收口径的数据进行比对的作用，有利于税务机关加强税源管理。

2. “计税基础（2）”列：填报纳税人按照税收规定确定的清算开始日的各项负债计税基础的金额，即负债的账面价值减去未来期间计算应纳税所得额时按照税收规定予以扣除金额的余额。负债的账面价值与计税基础出现差异的情况较少，其初始计量数据原则上相同，会计上完全按照权责发生制原则确认应付利息、未确认融资费用的摊销、发行债券溢折价摊销等，税法上按合同约定的付款日期等确认负债；此外，会计上确认预计负债，税法不予确认，但在企业清算环节，对部分预计负债（如未决诉讼）可能有选择地予以部分确认。

3. “清偿金额（3）”列：填报纳税人清算过程中各项负债的实际清偿的金额，实践中可能出现债务重组、企业重组、企业破产清算、债权人消失等事项导致实际清偿金额小于负债的账面价值或计税基础。

4. “负债清偿损益（4）”列：填报纳税人各项负债计税基础减除其清偿金额的余额，本列某行数据＝某行“清偿金额（3）”列－某行“计税基础（2）”列。

（三）有关行次的填报说明

1. 第 1 行“短期借款”：执行企业会计制度和企业会计准则的纳税人均需填报。指企业向银行或其他金融机构等借入的期限在 1 年以下（含 1 年）的各种借款，可按借款种类、贷款人和币种明细核算，资产负债表日，应按计算确定的短期借款利息费用，借记“财务费用”、“利息支出”等科目，贷记“银行存款”、“应付利息”等科目，可见利息确认未影响短期投资的账面价值和计税基础，清算日贷方余额，反映企业尚未偿还的短期借款，会计与税法不存在差异。

2. 第 2 行“交易性金融负债”：执行企业会计准则的纳税人填报。填报清算日企业承担的交易性金融负债的公允价值，包括企业持有的直接指定为以公允价值计量且其变动计入当期损益的金融负债。会计上按交易性金融负债类别，分别“本金”、“公允价值变动”等进行明细核算。资产负债表日，按交易性金融负债票面利率计算的利息，借记“投资收益”科目，贷记“应付利息”科目，资产负债表日，交易性金融负债的公允价值高于其账面余额的差额，借记“公允价值变动损益”科目，贷记“交易性金融负债（公允价值变动）”；公允价值低于其账面余额的差额，借记“交易性金融负债（公允价值变动）”，贷记“公允价值变动损益”。处置交易性金融负债，应按该金融负债的账面余额，借记“交易性金融负债”，按实际支付的金额，贷记“银行存款”、“存放中央银行款项”、“结算备付金”等科目，按其差额，贷记或借记“投资收益”科目；同时，按该金融负债的公允价值变动，借记或贷记“公允价值变动损益”科目，贷记或借记“投资收益”科目。由于税法不认可交易性金融负债按公允价值计量所确认的损益，仍按历史成本法核算交易性金融负债的计税基础，因此，其账面价值与计税基础存在较大差异。

3. 第3行“应付票据”、第4行“应付账款”、第5行“预收账款”、第13行“其他应付款”：执行企业会计制度和企业会计准则的纳税人均需填报。第3行“应付票据”填报企业购买材料、商品和接受劳务供应等开出、承兑的商业汇票，包括银行承兑汇票和商业承兑汇票，清算日贷方余额，反映企业尚未到期的商业汇票的票面金额；第4行“应付账款”填报企业因购买材料、商品和接受劳务等经营活动应支付的款项，清算日贷方余额，反映企业尚未支付的应付账款余额；第5行“预收账款”填报企业按照合同规定预收的款项，企业（保险）收到未满足保费收入确认条件的保险费，在“预收保费”科目核算，从事再保险分出业务预收的赔款，在“预收赔付款”科目核算，清算日贷方余额，反映企业预收的款项，清算日如为借方余额，反映企业尚未转销的款项，以负数反映。应付票据、应付账款、预收账款、其他应付款的会计与税法差异不大。

4. 第6行“应付职工薪酬”：执行企业会计准则的纳税人填报。《企业会计准则第9号——职工薪酬》规定，职工薪酬指企业根据有关规定应付给职工的各种薪酬，以及外商投资企业从净利润中提取的职工奖励及福利基金，清算日贷方余额反映企业应付未付的职工薪酬。包括“工资”、“职工福利”、“社会保险费”、“住房公积金”、“工会经费”、“职工教育经费”、“非货币性福利”、“辞退福利”、“股份支付”等项目。可见，企业会计准则“应付职工薪酬”范围非常宽泛，而《企业所得税法》仍按企业会计制度和原内、外资企业所得税法的划分方法，明确区分工资、职工福利费、职工教育经费、工会经费、辞退福利等内容，由此本行会计与税法的差异较大。

编者建议，鉴于本附表第1列不参与运算，本行第1列按企业会计准则的口径填写，第2列、第3列需将《企业所得税法》的应付工资、应付福利费等内容合并填写，职工薪酬其他内容原则上不存在清算日负债问题。

5. 第7行“应付工资”：由执行企业会计制度的纳税人填报。填报清算日企业应支付给职工的工资总额，包括在工资总额内的工资、奖金、津补贴等，不包括在工资总额内发给职工的医药费、福利补助、退休费等。

6. 第8行“应付福利费”：由执行企业会计制度的纳税人填报。应付福利费贷方余额反映企业计提福利费的结余。会计上对职工福利费采取计提方法，2008年以前，原企业所得税政策对福利费也采取计提方法，2008年实施《企业所得税法》后，在税收上取消了预提职工福利费的做法，发生的职工福利支出先冲减职工福利费贷方余额。本项目会计数据与税法数据可能不一致，不排除在企业清算时部分职工福利费未能兑现的情形，应确认负债清偿收益。

7. 第9行“应交税费”：执行企业会计制度和企业会计准则的纳税人均需填报。指企业按税法和有关规定计算应交纳的各种税费，包括增值税、消费税、营业税、所得税、资源税、土地增值税、城市维护建设税、房产税、土地使用税、车船使用税、教育费附加、矿产资源补偿费（执行企业会计制度的纳税人，不包括教育费附加、矿产资源补偿费）等。清算日贷方余额，反映企业尚未交纳的税费；清算日如为借方余额，反映企业多交或尚未抵扣的税费。

根据《财政部国家税务总局关于增值税若干政策的通知》（财税［2005］165号）规定，一般纳税人注销时，其存货不作进项税额转出处理，其留抵税额也不予以退税，是企业清偿应交税费的损失。

8. 第10行“应付利息”、第11行“应付股利”：执行企业会计制度和企业会计准则的纳税人均需填报。“应付利息”指企业按照合同约定应支付的利息，包括吸收存款、分期付息到期还本的长期借款、企业债券等应支付的利息，清算日贷方余额，反映企业应付未付的利息；应付利息在会计与税法上差异不大。“应付股利”指企业分配的现金股利或利润，清算日贷方余额，反映企业应付未付的现金股利或利润；企业分配股票股利不作账务处理。

9. 第12行“其他应交款”：由执行企业会计制度的纳税人填报。填报除应交税金、应付股利以外的各种其他应交款项，如应交教育费附加、矿产资源补偿费、住房公积金等。清算日贷方余额反映企业尚未交纳的其他应交款项，清算日如为借方余额反映企业多交的其他应交款项。

10. 第14行“预提费用”：由执行企业会计制度的纳税人填报。填报纳税人按会计规定从成本费用中预先提取但尚未支付的费用，如预提的租金、保险费、借款利息、固定资产修理费等。清算日贷方余额反映企业已经预提但尚未支付的费用，清算日借方余额反映企业实际支付的费用大于预提数的差额。可见，此处预提费用系指会计上计提数额与实际支付数额的差额。

11. 第15行“一年内到期的非流动负债”：填报企业发行距到期日时间短于一年的长期债券、长期借款等非流动负债，需在一年内还本付息，在会计上，对于一年内到期的非流动负债视同流动负债进行管理。

12. 第16行“其他流动负债”：填报除本附表第1行至第15行以外的其他流动负债。

13. 第17行“长期借款”：执行企业会计制度和企业会计准则的纳税人均需填报。填报企业向银行或其他金融机构借入的期限在1年以上（不含1年）的各项借款，企业按贷款单位和贷款种类，分别“本金”、“利息调整”等进行明细核算；清算日贷方余额，反映企业尚未偿还的长期借款，本项目会计与税法差异不大。

14. 第18行“应付债券”：执行企业会计制度和企业会计准则的纳税人均需填报。填报企业为筹集（长期）资金而发行债券的本金和利息，企业发行的可转换公司债券，应将负债和权益成分进行分拆，分拆后形成的负债成分在本项目反映。清算日贷方余额，反映企业尚未偿还的长期债券摊余成本。企业应当设置“企业债券备查簿”，登记企业债券票面金额、票面利率、还本付息期限与方式、发行总额、发行日期和编号、委托代售单位、转换股份等资料，企业债券到期兑付，在备查簿中应予注销。

资产负债表日，对于分期付息、一次还本的债券，应按摊余成本和实际利率计算确定的债券利息费用，借记“在建工程”、“制造费用”、“财务费用”、“研发支出”等科目，按票面利率计算确定的应付未付利息，贷记“应付利息”科目，按其差额，借记或贷记“应付债券”（利息调整）。对于一次还本付息的债券，应于资产负债表日按摊余成本和实际利率计算确定的债券利息费用，借记“在建工程”、“制造费用”、“财务费用”、“研发支出”等科目，按票面利率计算确定的应付未付利息，贷记“应付债券”（应计利息），按其差额，借记或贷记“应付债券”（利息调整），实际利率与票面利率差异较小的，也可以采用票面利率计算确定利息费用。

可转换公司债券持有人行使转换权利，将其持有的债券转换为股票，按可转换公司债券的余额，借记“应付债券”（可转换公司债券——面值、利息调整），按其权益成分的金额，借记“资本公积——其他资本公积”科目，按股票面值和转换的股数计算的股票面值总额，贷记“股本”科目，按其差额，贷记“资本公积——股本溢价”科目。如用现金支付不可转换股票的部分，还应贷记“银行存款”等科目。

15. 第19行“长期应付款”：执行企业会计制度和企业会计准则的纳税人均需填报。填报除长期借款和应付债券以外的其他各种长期应付款项，包括应付融资租入固定资产的租赁费、以分期付款方式购入固定资产等发生的应付款项等。清算日贷方余额，反映企业应付未付的长期应付款项。由于融资租入的固定资产和延期支付价款都具有融资性质，可能会确认“未确认融资费用”，而税法不认可未确认融资费用及其摊销，两者的账面价值与计税基础可能存在差异。

16. 第20行“专项应付款”：执行企业会计制度和企业会计准则的纳税人均需填报。填报企业取得政府作为企业所有者投入的具有专项或特定用途的款项，如专项用于技术改造、技术研究、环境治理等专项资金。清算日贷方余额，反映企业尚未转销的专项应付款。

17. 第21行“预计负债”：执行企业会计准则的纳税人填报。填报企业确认的对外提供担保、未决诉讼、产品质量保证、重组义务、亏损性合同等预计负债。企业由对外提供担保、未决诉讼、重组义务产生的预计负债，应按确定的金额，借记“营业外支出”等科目，贷记“预计负债”。由产品质量保证产生的预计负债，应按确定的金额，借记“销售费用”科目，贷记“预计负债”；由资产弃置义务产生的预计负债，应按确定的金额，借记“固定资产”或“油气资产”科目，贷记“预计负债”。在固定资产或油气资产的使用寿命内，按计算确定各期应负担的利息费用，借记“财务费用”科目，贷记“预计负债”；根据《企业所得税法实施条例》第四十五条规定，企业依照法律、行政法规有关规定提取的用于环境保护、生态恢复等方面的专项资金，准予扣除，上述专项资金提取后改变用途的，不得扣除。

18. 第22行“其他非流动负债”：填报除本附表第17行至第21行以外的非流动负债。

19. 第23行“总计”：根据本表有关行次、列次计算得出，“账面价值（1）”、“计税基础（2）”列、“清偿金额（3）分别填写相应列次的合计数。“负债清偿损益（4）”列 = 本表第23行“计税基础（2）”列总计 - 本表第23行“清偿金额（3）”列总计 = 本表“负债清偿损益（4）”列第1行 + … + 第22行总计。

（四）表内及表间关系

1. “负债清偿损益（4）”列 = 本表“计税基础（2）”列 - “清偿金额（3）”列。

2. 第23行“账面价值（1）”列总计 = 本表“账面价值（1）”列第1行 + … + 第22行总计。

3. 第23行“计税基础（2）”列总计 = 本表“计税基础（2）”列第1行 + … + 第22行总计。

4. 第23行“清偿金额（3）”列总计 = 本表“清偿金额（3）”列第1行 + … + 第22行总计。

5. 第23行“负债清偿损益（4）”列总计 = 本表第23行“计税基础（2）”列总计 - 本

表第 23 行“清偿金额（3）”列总计 = 本表“负债清偿损益（4）”列第 1 行 + … + 第 22 行总计。

6. 第 23 行“负债清偿损益”列总计 = 主表第 2 行。

四、《剩余财产计算和分配明细表》（附表三）表样（见表 4 -4）及填报说明

表 4 -4　　剩余财产计算和分配明细表

填报时间：　年　月　日　　　　金额单位：元（列至角分）

类别	行次	项目			金额	
剩余财产计算	1	资产可变现价值或交易价格				
	2	清算费用				
	3	职工工资				
	4	社会保险费用				
	5	法定补偿金				
	6	清算税金及附加				
	7	清算所得税额				
	8	以前年度欠税额				
	9	其他债务				
	10	剩余财产（1 行 -2 行 - … -9 行）				
	11	其中：累计盈余公积				
	12	累计未分配利润				
剩余财产分配		股东名称	持有清算企业权益性投资比例（%）	投资额	分配的财产金额	其中：确认为股息金额
	13	（1）				
	14	（2）				
	15	（3）				
	16	…				
	17	…				

经办人签字：　　　　纳税人盖章：

（一）《剩余财产计算明细表》（附表三）有关说明

1. 本附表是《中华人民共和国企业清算所得税申报表》的附表，但本附表不参与主表数据运算，亦不协助主表生成数据。

2. 本附表与主表对比说明如下：

（1）从功能定位分析，本附表与主表属于并列平行关系，主表侧重计算企业清算所得税问题，本附表则从股东角度，侧重计算企业清算财产的处置及剩余财产在股东之间的分配。

（2）从结构分析，本附表结合企业清算特点，突出了企业所拖欠职工工资、基本社会保险费等清偿问题；用浅显例子类比说明，主表在性质上近似于企业所得税纳税申报表，本附表则近似于利润表和利润分配表。

（3）从计算顺序、方法分析，本附表侧重于从资产负债表角度反映企业清算过程，主表则严格按照《企业所得税法实施条例》第十一条有关规定设计。

3. 本附表可以切分为两部分：一是第 1 行至第 12 行，反映剩余财产的计算过程；二是第 13 行至第 17 行，反映剩余财产在股东之间的分配。

（二）《剩余财产计算明细表》（附表三）具体行次填报说明

1. 第 1 行“资产可变现价值或交易价格”：填报纳税人全部资产的可变现价值或交易价格金额。本行金额 = 附表一《资产处置损益明细表》第 32 行第 3 列“资产可变现价值或交易价格”合计数。

2. 第 2 行“清算费用”：填报纳税人清算过程中发生的与清算业务有关的费用支出，包括清算组组成人员的报酬，清算财产的管理、变卖及分配所需的评估费、咨询费等费用，清算过程中支付的诉讼费用、仲裁费用及公告费用，以及为维护债权人和股东的合法权益支付的其他费用。本行金额 = 主表第 3 行“清算费用”。

3. 第 3 行“职工工资”：填报纳税人清算过程中偿还以前应付未付的职工工资。本行数据与附表二《负债清偿损益明细表》第 6 行“应付职工薪酬”、第 7 行“应付工资”、第 8 行“应付福利费”存在一定对应关系。

4. 第 4 行“社会保险费用”：填报纳税人清算过程中偿还欠缴的各种社会保险费用。

5. 第 5 行“法定补偿金”：填报纳税人清算过程中按照有关规定支付的法定补偿金，如对以前因公伤残职工给予的补偿。

6. 第 6 行“清算税金及附加”：填报纳税人清算过程中发生的除企业所得税和允许抵扣的增值税以外的各项税金及其附加。本行 = 主表第 4 行“清算税金及附加”。

7. 第 7 行“清算所得税额”：填报纳税人清算过程中应缴的清算企业所得税金额。本行 = 主表第 16 行“境内外实际应纳所得税额”。

8. 第 8 行“以前年度欠税额”：填报纳税人以前年度欠缴的各项税金及其附加，包括欠缴并在清算期间入库的增值税。

9. 第 9 行“其他债务”：填报纳税人清算过程中偿还的除上述以外的其他债务。纳税人填写本行时，要结合附表二《负债清偿损益明细表》有关内容填报。

10. 第 10 行“剩余财产”：填报纳税人全部资产按可变现价值或交易价格减除清算费用、职工工资、社会保险费用、法定补偿金、清算税费、清算所得税额、以前年度欠税和企业其他债务后的余额。

11. 第 11 行“其中：累计盈余公积”：填报纳税人截止开始分配剩余财产时累计从净利润提取的盈余公积金额。

12. 第 12 行“其中：累计未分配利润”：填报纳税人截止开始分配剩余财产时累计的未分配利润金额。

13. 第 13 行 – 第 17 行“股东名称”列：填报清算企业的各股东名称。

14. 第 13 行 – 第 17 行“持有清算企业权益性投资比例”列：填报清算企业的各股东持有清算企业的权益性投资比例。

15. 第 13 行 – 第 17 行“投资额”列：填报清算企业各股东向清算企业进行权益性投资总额。

16. 第 13 行 – 第 17 行“分配的财产金额”列：填报清算企业的各股东从清算企业剩余

财产中按照其持有的清算企业的权益性投资比例分得的财产金额。各位投资者实际分配的剩余财产 = 本附表第 10 行“剩余财产”× 该投资者持股比例（或分配比例）。

17. 第 13 行 – 第 17 行“其中确认为股息金额”列：填报清算企业的各股东从清算企业剩余财产分得财产中，相当于累计未分配利润和累计盈余公积按照其持有清算企业权益性投资比例计算确认的部分。根据《企业所得税法》第二十六条、《企业所得税法实施条例》第十一条规定，投资方企业从被清算企业分得的剩余资产，其中相当于从被清算企业累计未分配利润和累计盈余公积中应当分得的部分，应当确认为股息所得，属于免税收入；剩余资产减除上述股息所得后的余额，超过或者低于投资成本的部分，应当确认为投资资产转让所得或者损失。因此，清算企业的非企业所得税纳税人股东不填此列（单设此列主要在于加强免税的股息收入的管理）。

（三）表内及表间关系

1. 第 10 行 = 本表第 1 行 – 第 2 行 – … – 第 9 行。

2. 第 2 行 = 主表第 3 行。

3. 第 6 行 = 主表第 4 行。

4. 第 7 行 = 主表第 16 行。

第五章　非居民企业所得税年度纳税申报表填报

第一节　非居民企业年度纳税申报表体系简介

根据《国家税务总局关于印发〈中华人民共和国非居民企业所得税申报表〉等报表的通知》（国税函［2008］801号）、《国家税务总局国际税务司关于更新非居民企业所得税申报表样的函》（际便函［2008］184号）规定，非居民企业年度所得税申报表包括据实征收和核定征收方式两种报表，分别处理据实征税企业和核定征税企业的汇算清缴问题。其中，据实征税企业年度报表包括主表和《营业收入及成本费用明细表》（附表一）、《弥补亏损明细表》（附表二）。

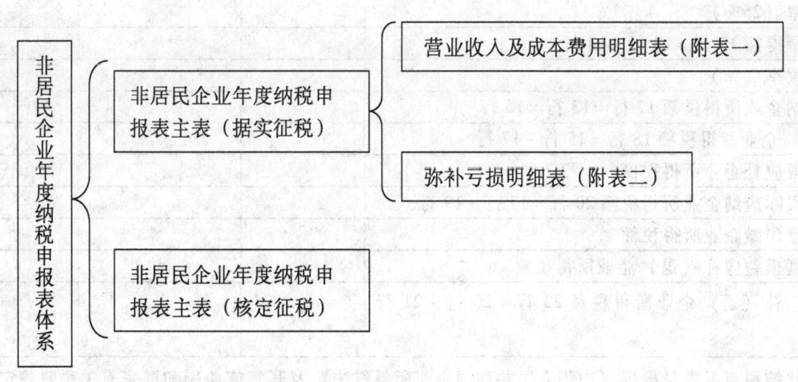

图5－1

第二节 据实征税的非居民企业年度纳税申报表

一、《非居民企业所得税年度纳税申报表（据实申报）》表样（见表5－1）及填报说明

表5－1 中华人民共和国非居民企业所得税年度纳税申报表

（适用于据实申报企业）

税款所属期间： 年 月 日至 年 月 日

纳税人识别号： 金额单元：人民币元（列至角分）

纳税人名称：		居民国（地区）名称及代码：		
行次	项目	账载金额	依法申报金额	备注
1	营业收入			
2	营业成本			
3	营业税金及附加			
4	营业费用			
5	管理费用			
6	财务费用			
7	营业利润7行=1行－2行－3行－4行－5行－6行			
8	营业外收入			
9	营业外支出			
10	利润（亏损）总额10行=7行+8行+9行			
11	其他应税项目调增（减）额			
12	按规定可弥补的以前年度亏损额			
13	应纳税所得额13行=10行+11行－12行①			
14	法定税率（25%）			
15	应纳税所得额15行=13行×14行			
16	实际征收率（%）			
17	实际应纳企业所得税额17行=13行×16行			
18	减（免）企业所得税额18行=15行－17行			
19	境外所得应补企业所得税额			
20	境内外实际应纳企业所得税额20行=17行+19行			
21	本年度已预缴企业所得税额			
22	以前年度损益应补（退）企业所得税额			
23	本年度应补（退）企业所得税额23行=20行－21行+22行			

谨声明：此纳税申报表是根据《中华人民共和国企业所得税法》及其实施条例和国家有关税收规定填报的，是真实的、可靠的、完整的。

声明人签字：

年 月 日

纳税人公章：	代理申报 中介机构公章：	主管税务机关：
经办人：	经办人及其执业证件号码：	受理人：
申报日期： 年 月 日	代理申报日期： 年 月 日	受理日期： 年 月 日

① 《国家税务总局国际税务司关于更新非居民企业所得税申报表样的函》（际便函［2008］184号）规定，此行为“应纳税所得额13=10+11+12”，属于笔误，编者在本表中作了修改。

（一）《非居民企业所得税年度纳税申报表（据实申报）》有关说明

1. 本表适用于能够提供完整、准确的收入、成本、费用凭证，如实计算应纳税所得额的非居民企业所得税纳税人。

2. 非居民企业正常经营的，自年度终了之日起5个月内向主管税务机关报送本表及有关附表；在年度中间终止经营活动的，应当自实际终止经营之日起60日内向主管税务机关报送本表及有关附表。非居民企业在纳税年度内无论盈利或者亏损，都必须按照企业所得税法的规定报送本表和相关资料。

3. 本表在企业账载会计利润总额核算的基础上，依法进行纳税调整相关项目后申报企业应纳税所得额，并依法计算年度应纳所得税。本表及附表与居民企业年度申报表不同之处在于，前者将会计数据、税收数据填写在同一报表中，未单独设计纳税调整表；后者设计专门的纳税调整表，归集反映所有调整项目。

本表及有关附表同时列示“账载金额”和“依法申报金额”，纳税调整直接在本表及有关附表中完成，未另行设计纳税调整表。其中，“账载金额”指企业根据现行国家统一会计制度规定，记载在相应报表、总账、明细账上的汇总或明细金额，该数据已计入会计当期损益；“依法申报金额”指企业按照现行税收法律、行政法规、规章和规范性文件规定，对账载金额进行调整后的申报金额。

（二）《非居民企业所得税年度纳税申报表（据实申报）》表头的填写

1. 税款所属期间：正常经营企业，填写公历年度，自公历1月1日起至12月31日止；企业年度中间开业的，应填报实际开始经营之日至同年12月31日；企业年度中间终止经营活动的，应填报公历1月1日至实际终止经营之日。

2. 纳税人识别号：填写税务登记证上注明的“纳税人识别号”或主管税务机关颁发的临时纳税人纳税识别号。

3. 金额单位：精确到小数点后两位，四舍五入。

4. 纳税人名称：填写企业税务登记证上的中文名称或临时税务登记的中文名称。

5. 居民国（地区）名称及代码：填写设立常驻代表机构的外国企业或来华承包工程、提供劳务等的外国企业的总机构的居民国（地区）的名称和代码。

（三）具体行次的填写

1. 第1行“营业收入”：根据附表一《营业收入及成本费用明细表》第1行“营业收入合计”的“账载金额”和“依法申报金额”填写。其中“账载金额”为企业实际发生，计入会计账册、凭证和当期会计利润的数额；“依法申报金额”是指依《企业所得税法》规定应确认征税或纳税调整的数额（下同）。

2. 第2行“营业成本”：根据附表一《营业收入及成本费用明细表》第9行“营业成本合计”的“账载金额”和“依法申报金额”填写。

3. 第3行“营业税金及附加”：填报非居民企业在“营业税金及附加”科目归集反映并列入当期损益的实际已缴纳或被扣缴的营业税、消费税、城市维护建设税、资源税、土地增值税和教育费附加等。

需要说明：一是企业实际发生已经计入期间费用的税金及附加不得重复填列；二是企业允许抵扣的增值税和向税务机关缴纳的增值税，未计入当期损益，也不在“营业税金及附加”科目核算，不允许在企业所得税前扣除；三是企业缴纳的房产税、车船使用税、土地增值税、土地使用税等在“管理费用”科目核算，不在此填列。

4. 第4行“营业费用”：根据附表一《营业收入及成本费用明细表》第14行“营业费用”的“账载金额”和“依法申报金额”填写。营业费用是非居民企业在产品销售和市场推广以及劳务服务营销过程中发生的有关费用，如广告费、业务宣传费、产品推介费、销售佣金支出、促销支出等。具体可参考《居民企业年度纳税申报表》第4行“销售费用”的内容。

5. 第5行“管理费用”：根据附表一《营业收入及成本费用明细表》第30行“管理费用”的“账载金额”和“依法申报金额”填写。具体可参考《居民企业年度纳税申报表》第5行“管理费用”的内容。

6. 第6行“财务费用”：根据附表一《营业收入及成本费用明细表》第46行“财务费用”的“账载金额”和“依法申报金额”填写。反映企业筹集资金发生的筹资费用和资金利息支出等未资本化的部分，资本化的利息支出已计入有关资产成本。具体可参考《居民企业年度纳税申报表》第6行“财务费用”的内容。

7. 第7行“营业利润”：填写企业主营业务和其他业务取得的经营利润，其“账载金额”和“依法申报金额”分别根据本表有关行次计算填写。本行“营业利润”=第1行“营业收入”-第2行“营业成本”-第3行“营业税金及附加”-第4行“营业费用”-第5行“管理费用”-第6行“财务费用”。

8. 第8行“营业外收入”：填写非居民企业发生的与其经营活动无直接关系的各项收入总额，营业外收入以净额反映，与营业外支出不存在配比关系；如固定资产盘盈、处置固定资产和无形资产的收益、非货币性资产交易收益、罚款收入、债务重组收益等。具体可参考《居民企业年度纳税申报表》第11行“营业外收入”的内容。

9. 第9行“营业外支出”：填写企业发生的与其经营活动无直接关系的各项支出总额，营业外支出以净额反映，与营业外收入不存在配比关系。如固定资产盘亏、处置固定资产和无形资产净损失、债务重组损失、非常损失、罚款支出、捐赠和赞助支出等。具体可参考《居民企业年度纳税申报表》第12行“营业外支出”的内容。

10. 第10行“利润（亏损）总额”：根据本表第7行、第8行、第9行计算填写，本行金额=第7行+第8行-第9行。亏损以负数表示。

11. 第11行“其他应税项目调增（减）额”：填写按照现行税收法律法规和税收政策规定，对于除上述项目以外，未计入当期会计损益但需要征税的收入或可抵减收入的项目，以及采取递延方式确认收入、支出等项目需调增或调减应纳税所得额的情形，直接调整本年度应纳税所得额和其他应税项目的数额。对于已通过相应收入、成本、费用、营业外收支及其他损益等项目下进行调整的，不在本栏反映。调增时，用正数表示，调减时，用负数表示。

12. 第12行“按规定可弥补的以前年度亏损额”：企业发生经营亏损，会计上年终结账时直接增加当年亏损，不存在跨年度结转弥补问题，也不需作账务处理；《企业所得税法》规定，企业亏损可在五年内弥补，即用当年经营所得弥补以前年度未弥补的亏损，从而减少当年应纳税所得额。本行根据附表二《弥补亏损明细表》第6行第8列“本年度可弥补的亏损额”填写。

13. 第13行“应纳税所得额”：根据本表第10行、第11行、第12行等计算填写。本

行金额 = 第 10 行“利润（亏损）总额” + 第 11 行“其他应税项目调增（减）额” − 第 12 行“按规定可弥补的以前年度亏损额”。

14. 第 14 行“法定税率（25%）”：填写《企业所得税法》规定的适用税率 25%，企业享受低税率或税收优惠政策的，本行仍填写 25%，有关减免税政策通过本表第 18 行“减（免）企业所得税额”反映。

15. 第 15 行“应纳企业所得税额”：填写非居民企业按 25% 税率计算应缴纳的所得税额。本行金额 = 第 13 行“应纳税所得额” × 第 14 行“法定税率”。

16. 第 16 行“实际征收率”：指在法定税率基础上，按税法规定享受企业所得税优惠企业，在税收优惠期内企业所得税的实际征收率。不享受所得税税收优惠的，填写“法定税率”。

17. 第 17 行“实际应纳企业所得税额”：反映企业实际应负担的企业所得税额。根据第 13 行、第 16 行计算填报，本行金额 = 第 13 行“应纳税所得额” × 第 16 行“实际征收率”。

18. 第 18 行“减（免）企业所得税额”：反映非居民企业实际享受的优惠政策。根据本表第 15 行、第 17 行计算填写，本行金额 = 第 15 行“应纳企业所得税额” − 第 17 行“实际应纳企业所得税额”。实际上，如果企业享受对部分所得项目和加计扣除等减免税政策，上述逻辑关系可能不准确。

19. 第 19 行“境外所得应补企业所得税额”：填写企业本年度来源于中国境外应纳税所得额（税后利润应还原计算为税前所得），按照“分国不分项”原则，分别计算来源于每一国家或地区的境外所得按我国企业所得税法及其实施条例规定的税率（25%）计算的应纳税额，减去当期准予抵免限额后应实际补缴所得税的合计数。

非居民企业所得税年度申报表未对境外所得及其抵免设计附表，境外所得较多的非居民企业，可以参照《居民企业所得税纳税申报表》之附表六《境外所得税抵免计算明细表》的格式设计台账，反映来源于每一国家（地区）所得税抵免情况，各国家（地区）间的盈亏不得相抵，各国家（地区）之间的抵免限额指标不得混用。本行是在考虑税收抵免的情况下，仅填写境外所得当年度实际应补缴的税额。

抵免限额指企业来源于中国境外所得，依照《企业所得税法》及《企业所得税法实施条例》规定计算的应纳税额。除国务院财政、税务主管部门另有规定外，该抵免限额应当分国（地区）不分项计算，计算公式如下：

抵免限额 = 中国境内、境外所得依照企业所得税法及其实施条例的规定计算的应纳税总额 × 来源于某国（地区）的应纳税所得额 ÷ 中国境内、境外应纳税所得总额

企业已在境外实际缴纳的所得税税额 ≤ 抵免限额的，企业已在境外缴纳税款准予全部抵免，境外已缴税款小于抵免限额的差额可用于抵免来源于该国家（地区）以前五年内未抵免的税收余额；企业已在境外实际缴纳的所得税税额 ≥ 抵免限额的，当期准予抵免限额为计算的抵免限额。企业在境外实际缴纳的所得税税额超过抵免限额的部分，可以在以后五个年度内，用每年度抵免限额抵免当年应抵税额后的余额进行抵补。

20. 第 20 行“境内外实际应纳企业所得税额”：填报企业本年度境内外所得实际应缴纳的企业所得税，根据本表第 17 行、第 19 行计算填写。本行金额 = 第 17 行“实际应纳企业所得税额” + 第 19 行“境外所得应补企业所得税额”。

21. 第 21 行“本年已预缴企业所得税额”：填写非居民企业按照税法规定已在本年各季

度累计实际预缴的所得税额。数额对应企业第四季度《非居民企业季度企业所得税纳税申报表》第13行“本年度已预缴企业所得税额”。

22. 第22行“以前年度损益应补（退）企业所得税额”：填写非居民企业因以前年度损益调整而导致的应补（退）所得税的数额，此项处理需经主管税务机关核准。应补税时，以正数表示；应退税时，以负数表示。

23. 第23行“本年度应补（退）企业所得税额”：反映企业本年度汇算清缴仍需补缴或退还的税款，根据本表第20行、第21行、第22行计算填列，本行=第20行“境内外实际应纳企业所得税额” -第21行“本年已预缴企业所得税额” +第22行“以前年度损益应补（退）企业所得税额”。

二、《营业收入及成本费用明细表》（附表一）表样（见表5-2）填报说明

表5-2　　**营业收入及成本费用明细表**　　金额单位：人民币元（列至角分）

行次	项　目	账载金额	依法申报金额
1	一、营业收入合计1行=2行+6行		
2	1. 主营业务收入2行=3行+4行+5行		
3	（1）销售货物收入		
4	（2）提供劳务收入		
5	（3）其他		
6	2. 其他业务收入		
7	（1）		
8	（2）		
9	二、营业成本合计9行=10行+11行+12行		
10	1. 销售货物成本		
11	2. 提供劳务成本		
12	3. 其他业务成本		
13	三、期间费用合计13行=14行+30行+46行		
14	1. 营业费用		
15	其中：工资薪金		
16	福利费		
17	住房公积金		
18	退休保险基金		
19	医疗保险基金		
20	折旧费		
21	保险费		
22	广告宣传费		
23	职工教育经费		
24	工会经费		

续表

行次	项　目	账载金额	依法申报金额
25	无形资产摊销		
26	业务招待费		
27	通讯费		
28	差旅费		
29	租赁费		
30	2. 管理费用		
31	其中：工资薪金		
32	福利费		
33	住房公积金		
34	退休保险基金		
35	医疗保险基金		
36	折旧费		
37	保险费		
38	广告宣传费		
39	职工教育经费		
40	工会经费		
41	无形资产摊销		
42	业务招待费		
43	通讯费		
44	差旅费		
45	租赁费		
46	3. 财务费用		
47	其中：利息		
48	汇兑损益		

（一）《营业收入及成本费用明细表》（附表一）有关说明

1. 本表是《非居民企业所得税年度纳税申报表（适用于据实申报企业）》相关栏目的明细补充，反映企业营业收入、成本和费用明细的情况。非居民企业在纳税年度内无论盈利或者亏损，都必须按照《企业所得税法》规定将本表与主表和相关资料一并报送主管税务机关。

2. 本表包括三部分：一是第 1 行至第 8 行“营业收入合计”；二是第 9 行至第 12 行“营业成本合计”；三是第 13 行至第 48 行“期间费用合计”。本表同时填列“账载金额”和“依法申报金额”，将两者差异直接通过申报表完成。

（二）《营业收入及成本费用明细表》（附表一）具体行次填报

1. 报表第一部分：第 1 行至第 8 行“营业收入合计”的填报

（1）第 1 行“营业收入合计”：填报非居民企业从事经营活动的收入，包括主营业务收入和其他业务收入，对于非居民企业视同销售业务，如换出资产为存货资产，由于会计上未按公允价值确认非货币资产交易，未计入当期损益，但税法上需纳税调增，填入本表第 5 行“其他”，本表营业收入与营业成本基本上具有配比关系。本行 = 第 2 行“主营业务收入”+第 6 行“其他业务收入”。

（2）第 2 行“主营业务收入”：填写非居民企业经常性的、主要业务所产生的收入。主营业务是企业主要经营业务，主营业务收入一般占企业收入的比重较大，对企业的经济效益产生较大的影响。对于企业同时经营多业的，区分销售货物收入和提供劳务收入分别填列，本行 = 第 3 行“销售货物收入”+第 4 行“提供劳务收入”+第 5 行“其他”。

（3）第 3 行“销售货物收入”：填报企业销售货物取得的收入，视同销售收入，尽管会计上可能并不计入当期损益，但需征收所得税，可在此行填写。具体参见《居民企业年度纳税申报表》之附表一《收入明细表》第 4 行“销售货物”有关填报说明。

（4）第 4 行“提供劳务收入”：填报企业提供劳务取得的收入，具体参见《居民企业年度纳税申报表》之附表一《收入明细表》第 5 行“提供劳务”有关填报说明。

（5）第 5 行“其他”：填报非居民企业除“销售货物收入”、“提供劳务收入”以外的其他主营业务收入，如以投资为主营业务的，可在此行填写。

（6）第 6 行“其他业务收入”：填写企业非经常性、兼营业务所产生的收入。本行 = 第 7 行 + 第 8 行，本表第 7 行、第 8 行未列具体收入项目，由企业根据其他具体业务收入项目填写；填写数额应同时在其他业务收入下面的空白处填写收入的相应明细项目。

2. 报表第二部分：第 9 行至第 12 行“营业成本合计”的填写

（1）第 9 行“营业成本合计”：填写非居民企业本年度实际发生的营业成本，与营业收入存在对应和配比关系，本行 = 第 10 行“销售货物成本”+第 11 行“提供劳务成本”+第12 行“其他业务成本”。

（2）第 10 行“销售货物成本”：填写非居民企业已销售货物的实际成本，销售货物收入与成本存在严格配比关系，应于确认销售货物收入的同时结转成本。具体参见《居民企业年度纳税申报表》之附表二《成本费用明细表》第 3 行“销售货物成本”的有关说明。

（3）第 11 行“提供劳务成本”：填写非居民企业提供劳务所发生的实际成本，对于跨期劳务应按“完工百分比法”划分为各年度收入和对应成本。具体参见《居民企业年度纳税申报表》之附表二《成本费用明细表》第 4 行“提供劳务成本”的有关说明。

（4）第 12 行“其他业务成本”：填写非居民企业其他业务的实际成本，与本表第 6 行、第 7 行、第 8 行“其他业务收入”存在对应关系。

3. 报表第三部分：第 13 行至第 48 行“期间费用合计”的填报

（1）第 13 行“期间费用合计”：填报企业计入当期会计损益和应纳税所得额的期间费用，期间费用不对应具体成本对象，与时间配比，即当期实际发生的营业费用、管理费用和财务费用。本行 = 第 14 行 + 第 30 行 + 第 46 行。

（2）第 14 行“营业费用”填写非居民企业在拓展货物销售和做好劳务服务营销过程中所发生的包装费、广告费等费用和为销售本企业货物而专设的销售机构的职工薪酬、业务费等经营费用。本表第 15 行至第 29 行列示了计入“营业费用”科目的具体支出项目，本行数据 = 第 15 行 + 第 16 行 + … + 第 28 行 + 第 29 行。本行至 29 行与“营业费用”有关项目的“账载金额”根据“营业费用”科目发生额分析填列，“依法申报金额”按允许在所得税前扣除标准填写，此处与居民企业《纳税调整项目明细表》（附表三）不同，此处依法申报金额是允许税前扣除的数额，不是扣除限额，如广告费和业务宣传费、职工教育经费存在跨年度结转扣除问题，当年发生广告费和业务宣传费、职工教育经费的数额较小，以前年度结转扣除的余额较大，会出现“账载金额”≤“依法申报金额”，按当年允许结转扣除的情况填写。

（3）第15行“工资薪金”：由单独设立专门销售机构的非居民企业填报，填写计入当期损益和应纳税所得额的专门销售机构员工的工资薪金支出。

（4）第16行“福利费”：由单独设立专门销售机构的非居民企业填报，填写计入当期损益和应纳税所得额的专门销售机构员工的职工福利费支出；本行“账载金额”填报用于销售机构员工的福利费实际支出额，“依法申报金额”按照本表第15行“工资薪金”的“依法申报金额”×14%，对于本行“账载金额”≤本表第15行“工资薪金”的“依法申报金额”×14%数额的，填写“账载金额”数据。

（5）第17行“住房公积金”：由单独设立专门销售机构的非居民企业填报，填写计入企业当期损益和应纳税所得额的专门销售机构员工的住房公积金支出，不包括员工承担的部分。本行“账载金额”填报单位为销售机构员工计提的住房公积金；根据《建设部、财政部、中国人民银行关于住房公积金管理若干具体问题的指导意见》（建金管［2005］5号）规定，“依法申报金额”掌握以下标准：一是实际缴存并由企业负担的住房公积金；二是企业负担的住房公积金的缴存基数为职工上年度月平均工资，对于工资收入较高的行业和职工，其缴存基数最高不超过当地（地级市）月份社会平均工资的3倍，超过部分不得缴存，亦不得在税前扣除；三是企业负担的住房公积金的缴存比例最高上限为12%。四是在财政部、国家税务总局出台住房公积金具体扣除标准前，可按所在省级政府规定标准在税前扣除。

（6）第18行“退休保险基金”、第19行“医疗保险基金”：这是原外商投资企业所得税政策和企业会计制度的规定，原《国家税务总局关于外商投资企业和外国企业为其雇员提存医疗保险等三项基金以外的职工集体福利类费用税务处理问题的通知》（国税函［1999］709号）规定原外商投资企业计提的退休保险基金和医疗保险基金可以在所得税前扣除。《企业所得税法》未对退休保险基金和医疗保险基金的扣除问题进行明确，编者建议，如果非居民企业仍执行上述规定，提取的“退休保险基金”、“医疗保险基金”填入上述两行，不执行上述规定的，不填写。

（7）第20行“折旧费”：由单独设立专门销售机构的非居民企业填报，填写计入企业当期损益和应纳税所得额的专门销售机构固定资产的折旧。本行“账载金额”填报销售机构使用的固定资产计提的折旧费用，在会计上不计提折旧的资产不在此填列；“依法申报金额”填报计入当期应纳税所得额的由销售机构使用的固定资产的折旧费用。

（8）第21行“保险费”：填报在“营业费用”中列支的各类保险费支出，包括专设销售机构人员的基本保险、补充保险、商业保险等支出，销售机构的车辆、财产保险等。“账载金额”填报计入当期会计利润的数额；“依法申报金额”填报按税法规定允许扣除的实际发生额，商业保险和境外保险不允许在所得税前扣除。

（9）第22行“广告宣传费”：填报在“营业费用”中列支的广告费和业务宣传费支出。本行“账载金额”填报计入当期会计损益的广告费和业务宣传费支出，包括广告性赞助支出。“依法申报金额”填报允许当期在应纳税所得额中的扣除的广告费和业务宣传费支出，根据《企业所得税法》规定，广告费、业务宣传费在销售营业收入 15% 以内的部分允许扣除，超过部分在以后年度结转扣除。《财政部、国家税务总局关于部分行业广告费和业务宣传费税前扣除政策的通知》（财税［2009］72 号）规定，自 2008 年 1 月 1 日至 2010 年 12 月 31 日，对化妆品制造、医药制造和饮料制造（不含酒类制造）企业发生的广告费和业务宣传费支出，不超过当年销售（营业）收入 30% 的部分，准予扣除，超过部分，准予在以后纳税年度结转扣除。本表“营业费用”和“管理费用”中都列示了“广告宣传费”，在计算纳税调整时，应将本行和本表第 38 行“广告宣传费”统一考虑，鉴于非居民纳税申报表未设计广告费用扣除和结转情况表，企业可参照居民企业年度申报表附表八《广告费和业务宣传费跨年度纳税调整表》作为台账进行登记。

（10）第 23 行“职工教育经费”：由单独设立专门销售机构并在“营业费用”科目中归集“职工教育经费”的非居民企业填报。本行“账载金额”填写“营业费用”中列支的职工教育经费；“依法申报金额”填报允许税前扣除的“职工教育经费”，根据《企业所得税法实施条例》规定，“职工教育经费”除规定扣除比例外，当年扣除不足的允许以后年度结转扣除，企业需为此登记台账，反映以前年度未扣而在当年扣除的数额，即“账载金额”≤“依法申报金额”。计算纳税调整时，应将本行与本表第 39 行“职工教育经费”统一考虑。

（11）第 24 行“工会经费”：由单独设立专门销售机构并在营业费用科目中归集“工会经费”的非居民企业填报。本行“账载金额”填写“营业费用”中列支的工会经费支出。“依法申报金额”注意以下口径：一是企业必须是向当地工会组织拨缴的工会经费，并取得财政部门监制的工会经费专用收据；二是实际拨缴数额不超过允许税前扣除的“工资薪金支出”的 2%；三是需将本行与本表第 40 行“工会经费”统一考虑。

（12）第 25 行“无形资产摊销”：由单独设立专门销售机构并在营业费用科目中归集“无形资产摊销”的非居民企业填报。无形资产摊销较多地在“管理费用”和成本项目列支，一些与开拓市场有关的无形资产如商标权摊销在“营业费用”中列支。本行“账载金额”填写“营业费用”中列支的无形资产摊销支出，如果会计与税法对无形资产的计价和摊销年限相同，则“依法申报金额”=“账载金额”。

（13）第 26 行“业务招待费”：填写企业计入“营业费用”的业务招待费支出，“账载金额”填报企业实际发生并通过“营业费用”科目计入当期损益的业务招待费。“依法申报金额”注意以下口径：一是需将本行与本表第 42 行“业务招待费”统一考虑，实践中企业往往将业务招待费列入“营业费用”科目，很少将其在“营业费用”与“管理费用”科目划分；二是业务招待费的扣除基数为税法口径的“营业收入”，其税法扣除额为“营业收入”×5‰与实际发生业务招待费支出×60% 两者较低者。

（14）第 27 行“通讯费”：填报非居民企业为销售商品和提供劳务所发生的通讯费支出，如企业营销人员的办公通讯费用，企业建设全国性销售信息系统、物流管理系统等，向通讯公司所交纳的通讯线路费用。“账载金额”反映在“营业费用”中列支的通讯费用支出。税法对通讯费支出未规定详细标准，“依法申报金额”要求所扣除的通讯费是真实发生的，而且用于企业经营活动。纳税调整时，本行与本表第 43 行“通讯费”应统一考虑。

（15）第 28 行“差旅费”：填报非居民企业为销售商品和提供劳务所发生的差旅费支出，如交通费、住宿费等，“账载金额”反映在“营业费用”中列支的差旅费用支出。“依法申报金额”的填写口径注意以下问题：一是本行与本表第 44 行“差旅费”在纳税调整时应统筹考虑；二是差旅费支出应真实发生，用于企业营销活动或管理业务支出，凡与企业经营无关的差旅费支出不应在税前扣除；三是纳税评估中，注重审核差旅费支出是否与实际经营活动有关，如出差地点与市场区域是否一致，出差人员是否属于企业营销人员，出差审批手续是否规范，差旅费报销流程是否完善等，如果企业出差费用数额不大，税务机关不会将其作为审核重点，如差旅费数额较大，税务机关可能会进行分析，了解出差的必要性，所处行业特点，以及抽查部分人员的差旅费报销情况。

（16）第29行“租赁费”：填报非居民企业在营业费用中列支的“租赁费”，主要包括两种情形：一是专设销售机构的单位发生的经营用房屋租赁支出；二是企业发生的仓库、包装物、交通车辆等未列入营业成本中的租赁费支出。纳税调整时，《企业所得税法》对租赁费未专门规定扣除标准，允许一次预付的租赁费支出按时间分摊扣除，实践中注意有关租赁业务的真实性，并取得有关正式票据才能税前扣除。

（17）第30行“管理费用”：填写企业为组织和管理生产经营活动发生的管理费用。本表第30行至第45行列示了计入“管理费用”科目的具体支出项目，本行数据＝第31行＋第32行＋…＋第44行＋第45行。本行至第45行与“管理费用”有关项目的“账载金额”根据“管理费用”科目发生额分析填列，“依法申报金额”先确定允许在所得税前扣除标准，对于“账载金额”≤允许在所得税前扣除标准的项目，“依法申报金额”＝“账载金额”，对于职工教育经费、广告宣传费，其“依法申报金额”，需考虑其结转扣除问题。

（18）第31行至第42行：所列管理费用有关明细项目与第16行至第29行有关营业费用的具体项目基本相同，很多填报口径亦基本近似，只是会计上归集有关成本费用的会计科目不同而已。因此，本表第31行“工资薪金”、第32行“福利费”、第33行“住房公积金”、第34行“退休保险基金”、第35行“医疗保险基金”、第36行“折旧费”、第37行“保险费”、第38行“广告宣传费”、第39行“职工教育经费”、第40行“工会经费”、第41行“无形资产摊销”、第42行“业务招待费”参照本表营业费用有关项目填写。

（19）第43行“通讯费”填报非居民企业为进行管理活动所发生的通讯费支出，如企业管理人员的手机费用，企业建立全国财务、人事管理信息系统，而向通讯公司支付的通讯线路费、上网费等，多数公司在建立信息系统时，往往覆盖营销和管理需要，只是设计不同模块而已，因此，通讯费没有在管理费用和营销费用中划分。“账载金额”反映在“管理费用”中列支的通讯费用支出。税法对通讯费支出未规定详细标准，“依法申报金额”要求所扣除的通讯费是真实发生的，而且用于企业经营管理活动。纳税调整时，本行与本表第27行“通讯费”应统一考虑。

（20）第44行“差旅费”：填报非居民企业为进行经营管理所发生的差旅费支出，如交通费、住宿费等，“账载金额”反映在“管理费用”中列支的差旅费用支出。“依法申报金额”的填写口径注意以下问题：一是本行与本表第28行“差旅费”在纳税调整时应统筹考虑；二是差旅费支出应真实发生，用于企业管理业务支出，凡与企业管理活动无关的差旅费支出不应在税前扣除；三是纳税评估中，注重审核差旅费支出是否与实际管理活动有关，如出差人员是否为本单位职工，出差审批手续和报销流程是否规范，是否有合理的出差理由等。

（21）第45行“租赁费”：填报非居民企业在管理费用中列支的“租赁费”。《企业所得税法》对租赁费未专门规定扣除标准，允许一次预付的租赁费支出按时间分摊扣除，实践中注意有关租赁业务的真实性，并取得有关正式票据才能税前扣除，对于大额租赁费支出应尽量通过银行结算付款，并保留租赁协议，以备税务机关稽查。

（22）第46行“财务费用”：填写企业筹集生产经营所需资金等而发生的筹资费用，企业为购建固定资产、无形资产等资本化的利息支出计入有关资产的历史成本中，不在“财务费用”科目反映。本项目应根据“财务费用”科目的发生额分析填列。

（23）第47行“利息”：填写利息支出扣除利息收入后的净额。“依法申报金额”中利息支出的数额，其中，企业向金融机构借款利息允许扣除，企业向非金融机构的借款利息支出，不超过同期同类银行贷款利息支出允许扣除，超出部分不得扣除。根据有关规定，非金融企业不得经营金融业务，为便于企业取得有关扣除凭据，建议关联方之间借款、企业向非金融机构的借款，以及企业向职工集资等，尽量通过金融机构办理委托贷款。

（24）第48行“汇兑损益”：汇兑损益填写汇兑净损失，是汇兑收益扣除汇兑损失后的数额，如为汇兑净收入以负数填列。

三、《弥补亏损明细表》表样（见表5-3）及填报说明

表5-3　　弥补亏损明细表　　金额单位：人民币元（列至角分）

行次	项目	年度	亏损或盈利金额	已弥补过的亏损额（各年的亏损额在以后年度的弥补情况）					本年度可弥补的亏损额	可结转下一年度未弥补完的亏损额
				第二年	第三年	第四年	第五年	合计		
		1	2	3	4	5	6	7	8	9
1	第一年	2003								*
2	第二年	2004		*						
3	第三年	2005		*	*					
4	第四年	2006		*	*	*				
5	第五年	2007		*	*	*	*			
6	本年	2008		本年度可弥补的以前年度亏损额						
可结转下一年度未弥补完的亏损额										

（一）《弥补亏损明细表》（附表二）有关说明

1. 本表是《非居民企业所得税年度纳税申报表（适用于据实征收企业）》相关栏目的明细补充，反映企业以前年度亏损在本年度弥补的情况。非居民企业（以下简称“企业”）在纳税年度内无论盈利或者亏损，都必须按照《企业所得税法》规定将本表与主表和相关资料一并报送主管税务机关。

2. 企业相关年度亏损和盈利额、已弥补亏损额以及未弥补亏损额由于以前年度损益调整、以前年度财产损失在以后年度审批确认调整、税务机关检查等因素发生变化的，应按调整后实际数额填报。

3. 本表与居民企业年度纳税申报表之附表四《弥补亏损明细表》的结构和填写要求基本一致，企业可以参考居民企业年度纳税申报表之附表四《弥补亏损明细表》的填写要求。本表结构包括三部分：一是第1列至第2列，列示本年及5年内盈亏情况；二是第3列至第7列，列示以前四个年度亏损已经弥补的情况；三是第8列、第9列，反映本年弥补的亏损

额以及结转以后年度弥补的亏损额。

4. 本表第 8 列"本年度可弥补的亏损额"：反映本年度弥补以前年度未弥补亏损额的情况，对应主表《非居民企业所得税年度纳税申报表》第 12 行"按规定可弥补的以前年度亏损额"。

（二）有关项目填报说明

1. 报表第一部分：本年及近五年盈亏情况

（1）第 1 列"年度"：填报公历年份，填写本纳税年度上溯前五年的年度，第 1 行至第 5 行依次从第 6 行往前推 5 年，第 6 行为本申报年度，第 5 行为本年度的前一年，依次类推，如本年度为 2009 年度，则第五年至第一年依次为 2008 年、2007 年、2006 年、2005 年和 2004 年。

（2）第 2 列"亏损或盈利金额"：填写依照税法规定调整后经主管税务机关确认的盈利或亏损金额；亏损额以负数表示。

居民企业年度申报表之附表四《弥补亏损明细表》设计专栏反映"合并分立企业转入可弥补亏损额"，本表未设计此项内容。如果企业存在经税务机关审核确认的其他被合并、分立企业的有效亏损额分配结转至（出）本企业的数额，在本栏合并填写，同时提供被合并、分立企业的亏损弥补表和税务机关审核确认的其他被合并、分立企业的有效亏损额分配结转表和相关说明资料。

《财政部、国家税务总局关于企业重组业务企业所得税处理若干问题的通知》（财税［2009］59 号）规定，一般重组业务的企业合并与分立中，不允许结转扣除被合并方、被分立方的亏损；在特殊重组的企业合并业务中，可由合并企业弥补的被合并企业亏损的限额 = 被合并企业净资产公允价值 × 截至合并业务发生当年年末国家发行的最长期限的国债利率；在特殊重组的企业分立中，被分立企业未超过法定弥补期限的亏损额可按分立资产占全部资产的比例进行分配，由分立企业继续弥补。另外，在特殊重组的合并与分立中，被合并方、被分立方的未弥补亏损允许弥补的年限不一致，需要按其可以结转弥补的实际归属年度调整填入本列第 1 行至第 5 行。

2. 报表第二部分：以前四个纳税年度亏损弥补情况

第 3 列至第 7 列"已弥补过的亏损额"：填写每一年度当期亏损额用其以后四个年度盈利额弥补过的金额。弥补亏损时，自第 1 个亏损年度算起，先亏先补，在 5 年内不论盈亏，都作为弥补亏损年限。

第 7 列为合计数，金额等于第 3 列 + 第 4 列 + 第 5 列 + 第 6 列。凡是上述年度内盈利的，则该行第 3 列至第 6 列不填写。

3. 报表第三部分：本年度弥补以前亏损和亏损额向以后年度结转情况

（1）第 8 列"本年度可弥补的亏损额"：填写以前年度发生的亏损尚未弥补或未弥补完的亏损额用本年度盈利额弥补的金额。该金额应小于或等于本年度实际盈利额。如本年度为亏损，则弥补额为零。

①第 1 行至第 5 行：依次分别填写弥补前 5 年度尚未弥补、在当年弥补的亏损额（详细情况）；1 - 5 行累计数不得大于《非居民企业年度纳税申报表》主表第 10 行"利润（亏损）总额" + 第 11 行"其他应税项目调增（减）额"的合计数。当年度盈利的，对应的有关列次不填写。

②第 6 行：金额等于第 1 至第 5 行第 8 列的合计数，为本年度实际弥补以前年度亏损的情况。

（2）第9列“可结转下一年度未弥补完的亏损额”：填写按税法规定可结转到下一年度可弥补的亏损额。

①第2行至第6行：填报前5年度的亏损额被本年盈利依次弥补后，各年度仍未弥补完的亏损额，以及本年度尚未弥补的亏损额（留待以后年度弥补）。第1行第9列表明第一年的亏损额已超过弥补期限，不允许再弥补，也不填写。

②第7行：填报第2行至第6行第9列的合计数。在申报表中注明企业未弥补亏损情况，相当于企业台账。

第三节　核定征税的非居民企业年度纳税申报表

一、《核定征税的非居民企业年度纳税申报表》表样（见表5－4）有关说明

表5－4　中华人民共和国非居民企业所得税年度纳税申报表

（适用于核定征收企业）

税款所属期间：　　年　　月　　日至　　年　　月　　日

纳税人识别号：□□□□□□□□□□□□□□□□□□□□　　金额单位：人民币元（列至角分）

<table>
<tr><td colspan="2">纳税人名称</td><td colspan="2"></td><td>居民国（地区）名称及代码</td><td></td></tr>
<tr><td colspan="3">申报项目</td><td>账载金额</td><td>依法申报金额</td><td>备　注</td></tr>
<tr><td rowspan="11">按收入总额核定应纳税所得额的计算</td><td rowspan="3">项目1名称</td><td>1. 收入额</td><td></td><td></td><td></td></tr>
<tr><td>2. 经税务机关核定的利润率（%）</td><td></td><td></td><td></td></tr>
<tr><td>3. 应纳税所得额3行＝1行×2行</td><td></td><td></td><td></td></tr>
<tr><td rowspan="3">项目2名称</td><td>4. 收入额</td><td></td><td></td><td></td></tr>
<tr><td>5. 经税务机关核定的利润率（%）</td><td></td><td></td><td></td></tr>
<tr><td>6. 应纳税所得额6行＝4行×5行</td><td></td><td></td><td></td></tr>
<tr><td rowspan="3">项目3名称</td><td>7. 收入额</td><td></td><td></td><td></td></tr>
<tr><td>8. 经税务机关核定的利润率（%）</td><td></td><td></td><td></td></tr>
<tr><td>9. 应纳税所得额9行＝7行×8行</td><td></td><td></td><td></td></tr>
<tr><td colspan="2">10. 收入总额10行＝1行＋4行＋7行</td><td></td><td></td><td></td></tr>
<tr><td colspan="2">11. 应纳税所得额合计11行＝3行＋6行＋9行</td><td></td><td></td><td></td></tr>
<tr><td rowspan="6">按经费支出换算应纳税所得额的计算</td><td colspan="2">12. 经费支出总额</td><td></td><td></td><td></td></tr>
<tr><td colspan="2">其中：工资薪金</td><td></td><td></td><td></td></tr>
<tr><td colspan="2">奖金</td><td></td><td></td><td></td></tr>
<tr><td colspan="2">津贴</td><td></td><td></td><td></td></tr>
<tr><td colspan="2">福利费</td><td></td><td></td><td></td></tr>
<tr><td colspan="2">物品采购费</td><td></td><td></td><td></td></tr>
</table>

续表

按经费支出换算应纳税所得额的计算	固定资产折旧			
	装修费			
	通讯费			
	差旅费			
	房租			
	设备租赁费			
	交通费			
	业务招待费			
	13. 换算的收入额			
	14. 经税务机关核定的利润率（%）			
	15. 应纳税所得额 15 行 = 13 行 × 14 行			
按成本费用核定应纳税所得额的计算	16. 成本费用总额			
	17. 换算的收入额			
	18. 经税务机关核定的利润率（%）			
	19. 应纳税所得额 19 行 = 17 行 × 18 行			
应纳企业所得税额的计算	20. 法定税率（25%）			
	21. 应纳企业所得税额 21 行 = 11 行 × 20 行或 15 行 × 20 行或 19 行 × 20 行			
	22. 实际征收率（%）			
	23. 实际应纳企业所得税额 23 行 = 11 行 × 22 行或 15 行 × 22 行或 19 行 × 22 行			
	24. 减（免）企业所得税额 24 行 = 21 行 − 23 行			
应补（退）所得税额的计算	25. 全年已预缴企业所得税额			
	26. 应补（退）企业所得税额 26 行 = 23 行 − 25 行			
	声明人签字：		年　月　日	

1. 本表适用于按核定利润率，以及按经费支出、成本费用换算收入等方式，核定应纳税所得额并以此确定应缴所得税的非居民企业。

2. 本表账载金额是指企业记载在相应报表、总账、明细账上的汇总或明细金额，即企业计入会计利润的数额；依法申报金额是指企业按照现行税收法律、行政法规、规章和规范性文件的规定，对账载金额进行调整后的申报金额。

3. 报表分为两部分：　是核定征税企业应纳税所得额的核算（第 1 行至第 19 行）；二是核定征税企业汇算清缴应纳税款的计算（第 20 行至第 26 行）。

注意：核定征税的非居民企业年度报表与季度报表的结构和格式基本相同，年度报表第 12 行列示了经费支出的具体项目，季度报表中经费支出以总额表示。

4. 表头有关项目的填写：

（1）税款所属期间：正常经营企业，填写公历年度，自公历 1 月 1 日起至 12 月 31 日止；企业年度中间开业，填报实际开始经营之日至同年 12 月 31 日；企业年度中间终止经营活动，填报公历 1 月 1 日至实际终止经营之日。

（2）纳税人识别号：填写税务登记证上所注明的“纳税人识别号”或主管税务机关颁发的临时纳税人纳税识别号。

（3）金额单位：精确到小数点后两位，四舍五入。

（4）纳税人名称：填写企业税务登记证上的中文名称或临时税务登记的中文名称。

（5）居民国（地区）名称及代码：填写设立常驻代表机构的外国企业或来华承包工程、提供劳务等的外国企业的总机构的居民国（地区）的名称和代码。

二、核定征税《非居民企业所得税年度纳税申报表》具体栏次填报说明

（一）报表第一部分：核定征税企业应纳税所得额（利润额）的核算及填报

（1）第 1 行至第 11 行“按收入总额核定应纳税所得额的计算”（方法一）：适用于在我国境内设立机构、场所并有来源于境内应税所得的非居民企业填报。该部分列示了三个经营项目，每个经营项目分别按相应利润率（相当于居民企业核定征收中的应税所得率）计算应纳税所得额。对于非居民企业采取相同核定利润率的经营项目，可以填写同一经营项目，对于非居民企业不同经营项目采取不同核定利润率的，分别填写相应经营项目。

企业在我国境内提供应税劳务时，凡同一项目项下，发生适用不同核定利润率情况的应税劳务的，均应按照不同核定利润率分别填报。在“应税项目名称”下填写具体项目名称、合同号。此处只填写项目 1 情形，项目 2、项目 3 参照项目 1 的填写说明。

①第 1 行“收入额”：填写非居民企业某经营项目取得的应税收入额。

②第 2 行“经税务机关核定的利润率（%）”：填写税务机关对非居民企业的某一经营项目或某项所得核定的利润率，以此计算应纳税所得额。

③第 3 行“应纳税所得额”：由本表第 1 行、第 2 行计算得出，等于第 1 行“收入额”×第 2 行“经税务机关核定的利润率（%）”。

④第 10 行“收入总额”：填报非居民企业三个经营项目合计的应税收入额，等于第 1 行、第 4 行、第 7 行“收入额”的合计数。

⑤第 11 行“应纳税所得额”：填报非居民企业三个经营项目合计的应纳税所得额，等于第 3 行、第 6 行、第 9 行“应纳税所得额”的合计数。

（2）第 12 行至第 15 行“按经费支出换算应纳税所得额的计算”（方法二）：适用于在我国境内设立机构、场所的非居民企业，但该机构、场所主要是费用中心、办事处等，不直接取得应税收入。

①第 12 行“经费支出总额”：填报非居民企业截至本季度末止实际发生的经费支出数额。具体包括：工资薪金、奖金、津贴、福利费、物品采购费、固定资产折旧、装修费、通讯费、差旅费、房租、设备租赁费、交通费、业务招待费等。

对于企业购置固定资产所发生的支出，在发生时一次性计入费用支出换算收入的，按“物品采购费”处理，计入当期费用；不是一次性计入费用支出换算收入的，按固定资产折旧额填写。

企业发生的装修费，采用一次性计入费用支出的，直接作为当年经费支出，采取 5 年摊

销的，按当年摊销的费用数额计算。

②第 13 行“换算的收入额”：根据经费支出数额换算应税收入数额，计算公式：

换算收入额 = 经费支出总额 ÷（1 - 经税务机关核定的利润率 - 营业税税率）

③第 14 行“经税务机关核定的利润率（%）”、第 15 行“应纳税所得额”，参照第 2 行、第 3 行的填报说明。

（3）第 16 行至第 19 行“按成本费用核定应纳税所得额的计算”：由在我国境内设立机构、场所的非居民企业填写，该机构、场所的收入额不能准确核定或因跨国公司经营策略，在财务核算中不体现过多收入，该机构、场所可能是中国境内的成本中心。

①第 16 行“成本费用总额”：填报在该非居民企业实际发生的经营成本和有关期间费用的合计数。

②第 17 行“换算的收入额”：根据成本费用总额换算应税收入。计算公式为：

换算的收入额 = 成本费用总额 ÷（1 - 经税务机关核定的利润率）

③第 18 行“经税务机关核定的利润率（%）”、第 19 行“应纳税所得额”，参照第 2 行、第 3 行的填报说明。

（二）报表第二部分：核定征税企业汇算清缴应纳税额计算

第 20 行至第 24 行“应纳企业所得税额的计算”：填报截至本季度末非居民企业应纳税额的计算过程。

①第 20 行“适用税率（25%）”：统一填写《企业所得税法》规定的基本税率 25%，享受减免税的企业亦填写 25%，企业享受的减免税通过本表第 24 行“减（免）企业所得税额”反映。

②第 21 行“应纳企业所得税额”：填报企业按《企业所得税法》规定不享受减免税政策时应纳税额，根据本表有关行次计算得出。数额 = 第 11 行“应纳税所得额” × 第 20 行“适用税率”，或第 15 行“应纳税所得额” × 第 20 行“适用税率”，或第 19 行“应纳税所得额” × 第 20 行“适用税率”。

③第 22 行“实际征收率（%）”：实际征收率是指在法定税率的基础上，按税法规定享受所得税税收优惠的企业，在税收优惠期内的企业所得税征收率。不享受所得税税收优惠的，填写本栏时，数据应与“法定税率”栏相同。

④第 23 行“实际应纳企业所得税额”：填报企业按《企业所得税法》规定享受减免税政策后的应纳税额，根据本表有关行次计算得出。数额 = 第 11 行“应纳税所得额” × 第 22 行“实际征收率”，或第 15 行“应纳税所得额” × 第 22 行“实际征收率”，或第 19 行“应纳税所得额” × 第 22 行“实际征收率”。

⑤第 24 行“减（免）企业所得税额”：由本表第 21 行、第 23 行计算得出，金额 = 第 21 行“应纳企业所得税额” - 第 23 行“实际应纳企业所得税额”，反映企业理论上应缴纳税额与享受优惠政策后实际应纳税额的差额。

⑥第 25 行“全年已预缴企业所得税额”：填写非居民企业在本年度季度预缴中已预缴的所得税额，数据 = 第四季度《非居民企业季度纳税申报表》（核定征税）第 26 行“本年度累计已预缴企业所得税额”。

⑦第 26 行“应补（退）所得税额”：填写企业汇算清缴扣除已预缴税额后仍应缴纳（或退还）的所得税额。本行 = 第 23 行“实际应纳企业所得税额” - 第 25 行“全年已预缴企业所得税额”。

第六章 企业年度关联业务往来报告表的填报

第一节 《企业年度关联方业务往来报告表》的有关说明

本报告表适用于实行查账征收的居民企业和在中国境内设立机构、场所并据实申报缴纳企业所得税的非居民企业填报。因此，不论居民企业还是非居民企业，只要是中国的正常纳税人，在中国境内办理税务登记的，在年终汇算清缴时都应同时附送《企业年度关联方业务往来报告表》。对于根据《企业所得税法》第三条规定，非居民企业在中国境内未设立机构、场所的，或者虽设立机构、场所但取得的所得与其所设机构、场所没有实际联系的，不属于中国境内的正常纳税人，一般不办理企业所得税汇算清缴，也不附送《企业年度关联方业务往来报告表》。

根据《国家税务总局关于印发〈中华人民共和国企业年度关联方业务往来报告表〉的通知》（国税发［2008］114 号）规定，《企业年度关联方业务往来报告表》包括："关联关系表（表一）"、"关联交易汇总表（表二）"、"购销表（表三）"、"劳务表（表四）"、"无形资产表（表五）"、"固定资产表（表六）"、"融通资金表（表七）"、"对外投资情况表（表八）"、"对外支付款项情况表（表九）" 共 9 张报告表。

第二节 《企业年度关联方业务往来报告表》表样及填报说明

《企业年度关联方业务往来报告表》封面如表 6－1 所示，所属年度填写企业所得税汇算清缴年度，"纳税人名称"：填报税务登记证所载纳税人的全称，并加盖企业公章。"纳税人识别号"：填报税务机关统一核发的税务登记证号码。

表 6－1

中华人民共和国

企业年度关联业务往来报告表

所属年度：______年

纳税人名称（公章）：____________

纳税人识别号：□□□□□□□□□□□□□□□□□□□□

法 定 代 表 人：____________

联 系 电 话：____________

申 报 日 期：____________

主管税务机关名称（受理专用章）：________

受理税务人员：____________

联 系 电 话：____________

受 理 日 期：____________

一、《关联关系表（表一）》表样（见表 6－2）及填报说明

表 6－2　**关联关系表（表一）**

关联方名称	纳税人识别号	国家（地区）	地　　址	法定代表人	关联关系类型

经办人（签章）：　　　　　　　　法定代表人（签章）：

（一）《关联关系表（表一）》填报说明

本表列示所有与报告企业存在关联关系的单位和个人，详细反映关联方企业和个人的详细信息，如关联方名称、所在国家、地址、纳税识别号、交易类型等。纳税人向税务机关报送关联方往来报告表属于备案性质管理事项，税务机关采集关联方交易信息，根据纳税人关联方交易的规模、比例、对利润和应纳税所得额的影响，判定纳税人关联方交易是否符合独立交易规则，以便加强转让定价、受控外国企业管理、资本弱化、一般反避税等调整工作。

（二）具体列次的填报说明

1. 第 1 列“关联方名称”：填写报告企业所有关联方企业或个人的详细名称，该名称应为关联方单位进行税务登记的全称，每一关联方填写一行。

2. 第 2 列“纳税人识别号”：填报关联方企业或个人所在国家或地区税务机关对纳税人

进行涉税信息登记的号码，该号码亦为纳税人办理纳税申报的号码。实践中，各国（地区）对所在国纳税人采用不同登记编码办法，此处按纳税人所在国家（地区）税务机关对纳税人赋予的实际号码填写。

3. 第 3 列“国家（地区）”：填报关联方企业或个人所在国家或地区的名称。

4. 第 4 列“地址”：填报关联方企业或个人注册地址和实际经营管理机构所在地的地址或关联方关系个人住所。

5. 第 5 列“法定代表人”：填报关联方企业或组织法人代表或负责人。

6. 第 6 列“关联关系类型”：本表根据关联方关系的不同情形设定了多种关联方交易类型，并分别以 A、B、C、D 等字母标识，根据关联方交易类型填写相应代码，关联方单位与报告企业存在多种关联交易类型的，应填报多个代码。关联方交易包括以下类型：

A. 一方直接或间接持有另一方的股份总和达到 25% 或以上；或者双方直接或间接同为第三方所持有股份达到 25% 或以上。若一方通过中间方对另一方间接持有股份，只要一方对中间方持股比例达到 25% 或以上，则一方对另一方的持股比例按照中间方对另一方的持股比例计算；

B. 一方与另一方（独立金融机构除外）之间借贷资金占一方实收资本 50% 或以上，或者一方借贷资金总额的 10% 或以上是由另一方（独立金融机构除外）担保；

C. 一方半数以上的高级管理人员（包括董事会成员和经理）或至少一名可以控制董事会的董事会高级成员是由另一方委派，或者双方半数以上的高级管理人员（包括董事会成员和经理）或至少一名可以控制董事会的董事会高级成员同为第三方委派；

D. 一方半数以上的高级管理人员（包括董事会成员和经理）同时担任另一方的高级管理人员（包括董事会成员和经理），或者一方至少一名可以控制董事会的董事会高级成员同时担任另一方的董事会高级成员；

E. 一方的生产经营活动必须由另一方提供工业产权、专有技术等特许权才能正常进行；

F. 一方的购买或销售活动主要由另一方控制；

G. 一方接受或提供劳务主要由另一方控制；

H. 一方对另一方的生产经营、交易具有实质控制，或者双方在利益上具有相关联的其他关系，包括虽未达到 A 项持股比例，但一方与另一方的主要持股方享受基本相同的经济利益，以及家族、亲属关系等。

二、《关联交易汇总表（表二）》表样（见表 6－3）及其填报说明

(一)《关联交易汇总表（表二）》填报

本表为表三至表七的汇总情况表，反映企业所有交易以及关联方交易的详细汇总情况，有利于税务机关加强对企业关联方交易信息的采集、比对、分析，有利于掌握关联方交易的结构、规模，有利于从总体上判断关联方交易的避税情况，其中境外关联方交易是避税反避税的工作重点。

除“其他”交易类型的交易金额外，所有交易类型的交易金额均为表三至表七各表的相应交易类型的交易金额汇总数。

（二）表头项目的填报说明

1. “是否按要求准备了同期资料：是□　否□”：税务机关在进行关联业务调查时，企

表 6-3 **关联交易汇总表（表二）**

1. 本年度是否按要求准备同期资料：是□ 否□；2. 本年度免除准备同期资料□；3. 本年度是否签订成本分摊协议：是□ 否□

金额单位：人民币元（列至角分）

交易类型	交易总金额	关联交易		境外关联交易			境内关联交易		
		金 额	比例（%）	金 额	比例（%）	比例（%）	金 额	比例（%）	比例（%）
	1	2 (4列+7列)	3 (2列/1列)	4	5 (4列/1列)	6 (4列/2列)	7	8 (7列/1列)	9 (7列/2列)
材料（商品）购入									
商品（材料）销售									
劳务收入									
劳务支出									
受让无形资产									
出让无形资产									
受让固定资产									
出让固定资产									
融资应计利息收入	—		—		—			—	
融资应计利息支出	—		—		—			—	
其他									
合 计			—		—			—	

经办人（签章）： 法定代表人（签章）：

业及其关联方，以及与关联业务调查有关的其他企业，应当按照规定提供相关资料（《企业所得税法》第四十三条）。同期资料是指与当期关联业务往来有关的价格、费用的制定标准、计算方法和说明等资料（《企业所得税法实施条例》第一百一十四条）。对于按有关规定准备同期资料的企业在“是□”方框内打√，否则在“否□”方框内打√。

2. “免除准备同期资料□”：《国家税务总局关于印发〈特别纳税调整实施办法（试行）〉的通知》（国税发［2009］2号）规定，属于下列情形之一的企业，可免于准备同期资料：一是年度发生的关联购销金额（来料加工业务按年度进出口报关价格计算）在2亿元人民币以下且其他关联交易金额（关联融通资金按利息收付金额计算）在4000万元人民币以下，上述金额不包括企业在年度内执行成本分摊协议或预约定价安排所涉及的关联交易金额；二是关联交易属于执行预约定价安排所涉及的范围；三是外资股份低于50%且仅与境内关联方发生关联交易。

如果企业符合上述免除准备同期资料的条件，在方框内打√。

3. “本年度是否签订成本分摊协议：是□ 否□”：企业与其关联方共同提供、接受劳务发生的成本，在计算应纳税所得额时应当按照独立交易原则进行分摊（《企业所得税法》第四十一条）。企业可以按照独立交易原则与其关联方分摊共同发生的成本，达成成本分摊协议。企业与其关联方分摊成本时，应当按照成本与预期收益相配比的原则进行分摊，并在税务机关规定的期限内，按照税务机关的要求报送有关资料。企业与其关联方分摊成本时违反上述规定的，其自行分摊的成本不得在计算应纳税所得额时扣除（《企业所得税法实施条例》第一百一十二条）。《国家税务总局关于印发〈特别纳税调整实施办法（试行）〉的通知》（国税发［2009］2号）规定，一是成本分摊协议的参与方对开发、受让的无形资产或参与的劳务活动享有受益权，并承担相应的活动成本。关联方承担的成本应与非关联方在可比条件下为获得上述受益权而支付的成本相一致；二是参与方使用成本分摊协议所开发或受让的无形资产不需另支付特许权使用费；三是企业对成本分摊协议所涉及无形资产或劳务的受益权应有合理的、可计量的预期收益，且以合理商业假设和营业常规为基础；四是涉及劳务的成本分摊协议一般适用于集团采购和集团营销策划。

本年度签订成本分摊协议的企业在“是□”方框内打√，否则在“否□”方框内打√。

（三）表间钩稽关系说明

本表作为汇总表，有关数据直接从表三、表四、表五、表六、表七等各表中生成。各表间钩稽关系如下：

1. “材料（商品）购入”等有关列次：对应表三《购销表》。

（1）材料（商品）购入第1列“交易总金额”：填报表三《购销表》“总购销”中的第1项“购入总额”；

（2）材料（商品）购入第4列“境外关联交易金额”：填报表三《购销表》“总购销”的“进口购入”中的第4项“关联进口”；

（3）材料（商品）购入第7列“境内关联交易金额”：填报表三《购销表》“总购销”的“国内购入”中的第7项“关联购入”；

根据以上数据计算：

材料（商品）购入第2列“关联交易金额”：等于本行第4列“境外关联交易金额”+第7列“境内关联交易金额”。

材料（商品）购入第3列“关联交易比例”：等于本行第2列“关联交易金额” ÷第1列“交易总金额”。

材料（商品）购入第5列“境外关联交易比例1”：反映境外关联交易金额占交易总金额的比例，等于本行第4列“境外关联交易金额” ÷第1列“交易总金额”。

材料（商品）购入第6列“境外关联交易比例2”：反映境外关联交易金额占关联交易金额的比例，等于本行第4列“境外关联交易金额” ÷第2列“关联交易金额”。

材料（商品）购入第8列“境内关联交易比例1”：反映境内关联交易金额占交易总金额的比例，等于本行第7列“境内关联交易金额” ÷第1列“交易总金额”。

材料（商品）购入第9列“境外关联交易比例2”：反映境内关联交易金额占关联交易金额的比例，等于本行第7列“境内关联交易金额” ÷第2列“关联交易金额”。

2. “商品（材料）销售”有关列次：对应表三《购销表》。

（1）商品（材料）销售第1列“交易总金额”：填报表三《购销表》“总购销”中的第8项“销售总额”。

（2）商品（材料）销售第4列“境外关联交易金额”：填报表三《购销表》“总购销”之“出口销售”中的第11项“关联出口”。

（3）商品（材料）销售第7列“境内关联交易金额”：填报表三《购销表》“总购销”之“国内销售”中的第14项“关联销售”。

商品（材料）销售第2列“关联交易金额”、第3列“关联交易比例”、第5列“境外关联交易比例1”、第6列“境外关联交易比例2”、第8列“境内关联交易比例1”、第9列“境内关联交易比例2”等参照“材料（商品）购入”相应列次的计算方法填写。

3. “劳务收入”有关列次：对应表四《劳务表》。

(1) 劳务收入第1列“交易总金额”：填报表四《劳务表》“总劳务交易”中的第1项“劳务收入”。

(2) 劳务收入第4列“境外关联交易金额”：填报《劳务表》“总劳务交易”之“境外劳务收入”中的第4项“关联劳务收入”。

(3) 劳务收入第7列“境内关联交易金额”：填报《劳务表》“总劳务交易”之“境内劳务收入”中的第7项“关联劳务收入”。

根据以上数据计算：

劳务收入第2列“关联交易金额”：等于本行第4列“境外关联交易金额”+第7列“境内关联交易金额”。

劳务收入第3列“关联交易比例”：等于本行第2列“关联交易金额”÷第1列“交易总金额”。

劳务收入第5列“境外关联交易比例1”：反映境外关联交易金额占交易总金额的比例，等于本行第4列“境外关联交易金额”÷第1列“交易总金额”。

劳务收入第6列“境外关联交易比例2”：反映境外关联交易金额占关联交易金额的比例，等于本行第4列“境外关联交易金额”÷第2列“关联交易金额”。

劳务收入第8列“境内关联交易比例1”：反映境内关联交易金额占交易总金额的比例，等于本行第7列“境内关联交易金额”÷第1列“交易总金额”。

劳务收入第9列“境外关联交易比例2”：反映境内关联交易金额占关联交易金额的比例，等于本行第7列“境内关联交易金额”÷第2列“关联交易金额”。

4. “劳务支出”有关列次：对应表四《劳务表》。

(1) 劳务支出第1列“交易总金额”：填报表四《劳务表》“总劳务交易”中的第8项“劳务支出”。

(2) 劳务支出第4列“境外关联交易金额”：填报《劳务表》“总劳务交易”之“境外劳务支出”中的第11项“关联劳务支出”。

(3) 劳务支出第7列“境内关联交易金额”：填报《劳务表》“总劳务交易”之“境内劳务支出”中的第7项“关联劳务支出”。

劳务支出第2列“关联交易金额”、第3列“关联交易比例”、第5列“境外关联交易比例1”、第6列“境外关联交易比例2”、第8列“境内关联交易比例1”、第9列“境内关联交易比例2”等参照“劳务收入”相应列次的计算方法填写。

5. “受让无形资产”有关列次：对应表五《无形资产表》。

(1) 受让无形资产第1列“交易总金额”：填报表五《无形资产表》“受让”第1列“总交易金额”。

(2) 受让无形资产第4列“境外关联交易金额”：填报《无形资产表》“从境外受让无形资产”第2列“关联交易金额”。

(3) 受让无形资产第7列“境内关联交易金额”：填报《无形资产表》“从境内受让无

形资产”第 4 列“关联交易金额”。

根据以上数据计算：

受让无形资产第 2 列“关联交易金额”：等于本行第 4 列“境外关联交易金额” + 第 7 列“境内关联交易金额”。

受让无形资产第 3 列“关联交易比例”：等于本行第 2 列“关联交易金额” ÷ 第 1 列“交易总金额”。

受让无形资产第 5 列“境外关联交易比例 1”：反映境外关联交易金额占交易总金额的比例，等于本行第 4 列“境外关联交易金额” ÷ 第 1 列“交易总金额”。

受让无形资产第 6 列“境外关联交易比例 2”：反映境外关联交易金额占关联交易金额的比例，等于本行第 4 列“境外关联交易金额” ÷ 第 2 列“关联交易金额”。

受让无形资产第 8 列“境内关联交易比例 1”：反映境内关联交易金额占交易总金额的比例，等于本行第 7 列“境内关联交易金额” ÷ 第 1 列“交易总金额”。

受让无形资产第 9 列“境外关联交易比例 2”：反映境内关联交易金额占关联交易金额的比例，等于本行第 7 列“境内关联交易金额” ÷ 第 2 列“关联交易金额”。

6.“出让无形资产”有关列次：对应表五《无形资产表》。

（1）出让无形资产第 1 列“交易总金额”：填报表五《无形资产表》“出让”第 6 列“总交易金额”。

（2）出让无形资产第 4 列“境外关联交易金额”：填报《无形资产表》“向境外出让无形资产”第 7 列“关联交易金额”。

（3）出让无形资产第 7 列“境内关联交易金额”：填报《无形资产表》“向境内出让无形资产”第 9 列“关联交易金额”。

出让无形资产第 2 列“关联交易金额”、第 3 列“关联交易比例”、第 5 列“境外关联交易比例 1”、第 6 列“境外关联交易比例 2”、第 8 列“境内关联交易比例 1”、第 9 列“境内关联交易比例 2”等参照“受让无形资产”相应列次的计算方法填写。

7.“受让固定资产”有关列次：对应表六《固定资产表》。

（1）受让固定资产第 1 列“交易总金额”：填报表六《固定资产表》“受让”第 1 列“总交易金额”。

（2）受让固定资产第 4 列“境外关联交易金额”：填报表六《固定资产表》“从境外受让固定资产”第 2 列“关联交易金额”。

（3）受让固定资产第 7 列“境内关联交易金额”：填报表六《固定资产表》“从境内受让固定资产”第 2 列“关联交易金额”。

根据以上数据计算：

受让固定资产第 2 列“关联交易金额”：等于本行第 4 列“境外关联交易金额” + 第 7 列“境内关联交易金额”。

受让固定资产第 3 列“关联交易比例”：等于本行第 2 列“关联交易金额” ÷ 第 1 列“交易总金额”。

受让固定资产第 5 列“境外关联交易比例 1”：反映境外关联交易金额占交易总金额的比例，等于本行第 4 列“境外关联交易金额” ÷ 第 1 列“交易总金额”。

受让固定资产第 6 列“境外关联交易比例 2”：反映境外关联交易金额占关联交易金额

的比例，等于本行第 4 列“境外关联交易金额” ÷第 2 列“关联交易金额”。

受让固定资产第 8 列“境内关联交易比例 1”：反映境内关联交易金额占交易总金额的比例，等于本行第 7 列“境内关联交易金额” ÷第 1 列“交易总金额”。

受让固定资产第 9 列“境外关联交易比例 2”：反映境内关联交易金额占关联交易金额的比例，等于本行第 7 列“境内关联交易金额” ÷第 2 列“关联交易金额”。

8. “出让固定资产”有关列次：对应表六《固定资产表》。

（1）出让固定资产第 1 列“交易总金额”：填报表六《固定资产表》“出让”第 6 列“总交易金额”。

（2）出让固定资产第 4 列“境外关联交易金额”：填报表六《固定资产表》“向境外出让固定资产”第 7 列“关联交易金额”。

（3）出让固定资产第 7 列“境内关联交易金额”：填报表六《固定资产表》“向境内出让固定资产”第 9 列“关联交易金额”。

出让固定资产第 2 列“关联交易金额”、第 3 列“关联交易比例”、第 5 列“境外关联交易比例 1”、第 6 列“境外关联交易比例 2”、第 8 列“境内关联交易比例 1”、第 9 列“境内关联交易比例 2”等参照“受让固定资产”相应列次的计算方法填写。

9. “融资应计利息收入”有关列次：对应表七《融通资金表》。

（1）融资应计利息收入第 4 列“境外关联交易金额”：填报表七《融通资金表》“境外关联方融资”合计 1“应计利息收入”。

（2）融资应计利息收入第 7 列“境内关联交易金额”：填报表七《融通资金表》“境内关联方融资”合计 2“应计利息收入”。

（3）融资应计利息收入第 2 列“关联交易金额”：等于本行第 4 列“境外关联交易金额” +第 7 列“境内关联交易金额”。

（4）融资应计利息收入第 6 列“境外关联交易比例 2”：等于本行第 4 列“境外关联交易金额” ÷第 2 列“关联交易金额”。

（5）融资应计利息收入第 9 列“境内关联交易比例 2”：等于本行第 7 列“境内关联交易金额” ÷第 2 列“关联交易金额”。

10. “融资应计利息支出”有关列次：对应表七《融通资金表》。

（1）融资应计利息支出第 4 列“境外关联交易金额”：填报表七《融通资金表》“境外关联方融资”合计 1“应计利息支出”。

（2）融资应计利息支出第 7 列“境内关联交易金额”：填报表七《融通资金表》“境内关联方融资”合计 2“应计利息支出”。

（3）融资应计利息支出第 2 列“关联交易金额”：等于本行第 4 列“境外关联交易金额” +第 7 列“境内关联交易金额”。

（4）融资应计利息支出第 6 列“境外关联交易比例 2”：等于本行第 4 列“境外关联交易金额” ÷第 2 列“关联交易金额”。

（5）融资应计利息支出第 9 列“境内关联交易比例 2”：等于本行第 7 列“境内关联交易金额” ÷第 2 列“关联交易金额”。

11. 其他是指除上述列举业务类型以外的业务发生的关联交易与非关联交易金额。

三、《购销表（表三）》表样（见表 6－4）及填报说明

表 6－4 **购销表（表三）** 金额单位：人民币元（列至角分）

一、总购销

材料（商品）购入			金额	商品（材料）销售			金额
购入总额 1 行＝2 行＋5 行				销售总额 8 行＝9 行＋12 行			
其中	进口购入 2 行＝3 行＋4 行			其中	出口销售 9 行＝10 行＋11 行		
	其中	非关联进口 3 行			其中	非关联出口 10 行	
		关联进口 4 行				关联出口 11 行	
	国内购入 5 行＝6 行＋7 行				国内销售 12 行＝13 行＋14 行		
	其中	非关联购入 6 行			其中	非关联销售 13 行	
		关联购入 7 行				关联销售 14 行	

二、按出口贸易方式分类的出口销售收入

来料加工	关联金额	非关联金额	其他贸易方式	关联金额	非关联金额

三、占出口销售总额 10% 以上的境外销售对象及其交易

境外关联方名称	国家（地区）	交易金额	定价方法	备注
境外非关联方名称	**国家（地区）**	**交易金额**	**定价方法**	**备注**
			—	
			—	
			—	

四、占进口采购总额 10% 以上的境外采购对象及其交易

境外关联方名称	国家（地区）	交易金额	定价方法	备注
境外非关联方名称	**国家（地区）**	**交易金额**	**定价方法**	**备注**
			—	
			—	
			—	

1. 本表是表二《关联交易汇总表》的附表，反映企业购入、销售存货资产的总额，涉及境内、境外关联方交易的数额。

2. 本表分为四部分：一是“总购销”，剖析企业总购销情况及关联方交易结构；二是分析有关出口贸易方式下的出口销售情况，以此了解企业向境外转移利润可能性；三是报告企业主要向境外销售的客户，并了解关联方销售与非关联方销售构成；四是报告企业主要从境外进口客户，并了解关联方进口与非关联方进口构成情况。

3. 具体项目的填报说明：

(1) 总购销情况。

①“材料（商品）购入”：反映企业当年材料商品购入的情况。

第1项“购入总额”：按实际发生数填报年度购入的原材料、半成品、材料（商品）等有形资产的金额，不包括购入固定资产、工程物资和低值易耗品的金额。该项数据=第2项“进口购入” +第5项“国内购入”。对应表二《关联方交易汇总表》材料（商品）购入第1列。

注意本行数据与企业增值税进项税金、海关进口等有关收入数的一致性。

第2项“进口购入”：包括关联方进口与非关联方进口。该项数据=第3项“非关联进口” +第4项“关联进口”。第3项“非关联进口”、第4项“关联进口”按实际发生数填报。

第5项“国内购入”：包括关联方购入与非关联方购入。该项数据=第6项“非关联购入” +第7项“关联购入”。第6项“非关联购入”、第7项“关联购入”按实际发生数填报。

②“商品（材料）销售”：反映当年企业销售存货资产的情况。

第8项“销售总额”：填报年度所有销售商品（材料）的金额，不包括销售固定资产、工程物资和低值易耗品的金额。该项数据=第9项“出口销售” +第12项“国内销售”。对应表二《关联方交易汇总表》材料（商品）购入第1列。

注意本行与居民企业纳税申报表附表一《收入明细表》、非居民企业纳税申报表有关数据的一致性。

第9项“出口销售”：包括非关联出口与关联出口。该项数据=第10项“非关联出口” +第11项“关联出口”。第10项“非关联出口”、第11项“关联出口”按实际发生数填报。

第12项“国内销售”：包括非关联销售与关联销售。该项数据=第13项“非关联销售” +第14项“关联销售”。第13项“非关联销售”、第14项“关联销售”按实际发生数填报。

(2)“按出口贸易方式分类的出口销售收入”：分为来料加工和其他贸易方式下的出口销售收入。

①“来料加工”：填报收取的加工费金额，包括“关联方来料加工收入”与“非关联方来料加工收入”；“关联方来料加工收入”与“非关联方来料加工收入”按照实际情况填写。

②“其他贸易方式”：包括“关联方金额”和“非关联方金额”，“关联方金额”和“非关联方金额”按照实际情况填写。

(3)“占出口销售总额10%以上的境外销售对象及其交易”：反映报告企业的出口销售的重要客户，以营业额占出口销售额10%作为判定标准，营业额占出口销售额<10%的不填写，只填写≥10%的出口销售客户及销售情况。包括境外关联方出口销售重点客户与境外非关联方销售重点客户的销售情况。

“国家（地区）”：填报境外关联方或非关联方所在国家或地区的名称。

“定价方法”：分为以下六种：①可比非受控价格法；②再销售价格法；③成本加成法；④交易净利润法；⑤利润分割法；⑥其他方法。本栏填报对应数字，如选择“6”，应在备注栏中说明所使用的具体方法。

(4)“占进口采购总额10%以上的境外采购对象及其交易”：反映报告企业进口采购的

重要客户，以营业额占进口采购额 10% 作为判定标准，营业额占进口采购额 <10% 的不填写，只填写≥10% 的进口采购客户及购入情况。包括境外关联方进口采购重点客户与境外非关联方采购重点客户的采购情况。

“国家（地区）”：填报境外关联方或非关联方所在国家或地区的名称。

“定价方法”：分为以下六种：①可比非受控价格法；②再销售价格法；③成本加成法；④交易净利润法；⑤利润分割法；⑥其他方法。本栏填报对应数字，如选择“6”，应在备注栏中说明所使用的具体方法。

四、《劳务表（表四）》表样（见表 6－5）及填报说明

表 6－5　　劳务表（表四）　　金额单位：人民币元（列至角分）

一、总劳务交易

<table>
<tr><td colspan="3">劳务收入</td><td>金　额</td><td colspan="3">劳务支出</td><td>金　额</td></tr>
<tr><td colspan="3">劳务收入 1 行 =2 行 +5 行</td><td></td><td colspan="3">劳务支出 8 行 =9 行 +12 行</td><td></td></tr>
<tr><td rowspan="6">其中</td><td colspan="2">境外劳务收入 2 行 =3 行 +4 行</td><td></td><td rowspan="6">其中</td><td colspan="2">境外劳务支出 9 行 =10 行 +11 行</td><td></td></tr>
<tr><td rowspan="2">其中</td><td>非关联劳务收入 3 行</td><td></td><td rowspan="2">其中</td><td>非关联劳务支出 10 行</td><td></td></tr>
<tr><td>关联劳务收入 4 行</td><td></td><td>关联劳务支出 11 行</td><td></td></tr>
<tr><td colspan="2">境内劳务收入 5 行 =6 行 +7 行</td><td></td><td colspan="2">境内劳务支出 12 行 =13 行 +14 行</td><td></td></tr>
<tr><td rowspan="2">其中</td><td>非关联劳务收入 6 行</td><td></td><td rowspan="2">其中</td><td>非关联劳务支出 13 行</td><td></td></tr>
<tr><td>关联劳务收入 7 行</td><td></td><td>关联劳务支出 14 行</td><td></td></tr>
</table>

二、境外劳务收入额占劳务收入总额 10% 以上的境外交易对象及其交易

境外关联方名称	国家（地区）	交易金额	定价方法	备注
境外非关联方名称	**国家（地区）**	**交易金额**	**定价方法**	**备注**
			—	
			—	

三、境外劳务支出额占劳务支出总额 10% 以上的境外交易对象及其交易

境外关联方名称	国家（地区）	交易金额	定价方法	备注
境外非关联方名称	**国家（地区）**	**交易金额**	**定价方法**	**备注**
			—	
			—	
			—	

1. 本表是表二《关联交易汇总表》的附表，反映企业提供劳务收入、接受劳务所发生支出的劳务交易总额，涉及境内、境外关联方交易的数额。

2. 本表分为三部分：一是“总劳务交易”，剖析企业总的劳务交易情况及关联方劳务交易结构；二是报告企业向境外提供劳务收入的主要客户，以及关联方劳务支出与非关联方劳务支出构成；三是报告企业接受境外劳务的主要劳务供应商，以及关联方劳务支出与非关联方劳务支出构成情况。

3. 具体项目的填报说明。

（1）“总劳务交易”：反映企业总的劳务交易情况

①“劳务收入”：反映企业取得的各项劳务收入数额。

第 1 项“劳务收入”：反映企业取得的各项劳务收入数额，包括境内劳务收入与境外劳务收入。本项“劳务收入” = 第 2 项“境外劳务收入” + 第 5 项“境内劳务收入”，对应表二《关联方交易汇总表》劳务收入第 1 列。

注意：“境外劳务收入”、“境内劳务收入”与应征营业税的收入存在对应关系，此项数据与居民企业所得税纳税申报表附表一《收入明细表》有关“提供劳务收入”的数额一致，与非居民企业纳税申报表有关“提供劳务”收入数据存在对应关系。

第 2 项“境外劳务收入”：填报企业提供劳务从境外取得的收入，该项数据 = 第 3 项“非关联劳务收入” + 第 4 项“关联劳务收入”。“非关联劳务收入”、“关联劳务收入”按实际发生数填报。

第 5 项“境内劳务收入”：填报企业提供劳务从境内取得的收入，该项数据 = 第 6 项“非关联劳务收入” + 第 7 项“关联劳务收入”。“非关联劳务收入”、“关联劳务收入”按实际发生数填报。

②“劳务支出”：填报企业接受劳务所发生的各项劳务支出。

第 8 项“劳务支出”：包括境外劳务支出与境内劳务支出，本项 = 第 9 项“境外劳务支出” + 第 12 项“境内劳务支出”。对应表二《关联方交易汇总表》劳务支出第 1 列。

注意：根据权责发生制和配比原则，企业年度劳务支出数额不一定全部进入当年损益，该行数据与居民企业年度纳税申报表附表二《成本费用明细表》“提供劳务成本”可能有所出入；与非居民企业年度纳税申报表提供劳务支出数额可能也存在偏差。

第 9 项“境外劳务支出”：填报企业接受劳务向境外支付的费用，本项 = 第 10 项境外“非关联劳务支出” + 第 11 项境外“关联劳务支出”。

第 12 项“境内劳务支出”：填报企业接受境内劳务支付的费用，本项 = 第 13 项境内“非关联劳务支出” + 第 14 项境内“关联劳务支出”。

（2）“境外劳务收入额占劳务收入总额 10% 以上的境外交易对象及其交易”：反映报告企业劳务收入的重要客户，以营业额占劳务收入总额 10% 作为判定标准，营业额占劳务收入总额 < 10% 的不填写，只填写 ≥ 10% 的境外劳务收入客户及经营情况。包括境外关联方劳务交易重点客户与境外非关联方劳务交易重要客户情况。

“国家（地区）”：填写境外关联方或非关联方所在国家或地区的名称。

“定价方法”：分为以下六种：①可比非受控价格法；②再销售价格法；③成本加成法；④交易净利润法；⑤利润分割法；⑥其他方法。本栏填报对应数字，如选择“6”，应在备注栏中说明所使用的具体方法。

(3)“境外劳务支出额占劳务支出总额 10% 以上的境外交易对象及其交易”：反映报告企业向境外发生劳务支出的重要客户，以营业额占劳务支出总额 10% 作为判定标准，营业额占劳务支出总额 <10% 的不填写，只填写 ≥10% 的境外劳务支出对象及经营情况。包括境外关联方劳务交易重点客户与境外非关联方劳务交易重要客户情况。

“国家（地区）”：填写境外关联方或非关联方所在国家或地区的名称。

“定价方法”：分为以下六种：①可比非受控价格法；②再销售价格法；③成本加成法；④交易净利润法；⑤利润分割法；⑥其他方法。本栏填报对应数字，如选择“6”，应在备注栏中说明所使用的具体方法。

五、《无形资产表（表五）》表样（见表 6－6）及填报说明

表 6－6　　**无形资产表（表五）**　　金额单位：人民币元（列至角分）

项目		受让					出让				
		总交易金额	从境外受让无形资产		从境内受让无形资产		总交易金额	向境外出让无形资产		向境内出让无形资产	
			关联交易金额	非关联交易金额	关联交易金额	非关联交易金额		关联交易金额	非关联交易金额	关联交易金额	非关联交易金额
		1（2列+3列+4列+5列）	2	3	4	5	6（7列+8列+9列+10列）	7	8	9	10
使用权	土地使用权										
	专利权										
	非专利技术										
	商标权										
	著作权										
	其他										
	合　计										
所有权	专利权										
	非专利技术										
	商标权										
	著作权										
	其他										
	合　计										
总　计											

（一）《无形资产表（表五）》填报

1. 本表是表二《关联交易汇总表》的附表，反映企业受让无形资产和出让无形资产交易总额，以及境内、境外关联方交易数额。

2. 本表分为两部分：一是报告企业受让无形资产，以及境内外关联方交易等情况；二是报告企业出让无形资产，以及境内外关联方交易等情况。

3. 由于无形资产交易不是企业经常性、主营业务，本表未要求反映无形资产重点项目的关联方交易。本表分别无形资产的使用权（特许权使用费，相当于租金）、无形资产所有权交易进行报告。

（二）具体项目的填报说明

1. 报表第一部分：无形资产受让情况的填写。

（1）第1列“无形资产受让交易总金额”：填报无形资产交易总金额，从受让项目分类，包括受让无形资产使用权、无形资产所有权两种情形；从交易对象来源分类，分为“从境外受让无形资产”和“从境内受让无形资产”两类，本列＝第2列＋第3列＋第4列＋第5列。对应表二《关联方交易汇总表》受让无形资产第1列。

（2）第2列、第3列“从境外受让无形资产”：填写企业从境外受让无形资产的交易金额，其中第2列为“从境外受让无形资产”中涉及关联方交易的金额，第3列为“从境外受让无形资产”中非关联方交易金额；包括特许权使用费支出和无形资产所有权交易金额。

（3）第3列、第4列“从境内受让无形资产”：填写企业从境内受让无形资产的交易金额，其中第2列为“从境内受让无形资产”中涉及关联方交易的金额，第3列为“从境内受让无形资产”中非关联方交易金额；包括特许权使用费支出和无形资产所有权交易金额。

2. 报表第二部分：无形资产出让情况的填写。

（1）第6列“无形资产出让交易总金额”：填报无形资产交易总金额，从受让项目分类，包括出让无形资产使用权、无形资产所有权两种情形；从交易对象来源分类，分为“向境外出让无形资产”和“向境内出让无形资产”两类，本列＝第7列＋第8列＋第9列＋第10列。对应表二《关联方交易汇总表》出让无形资产第1列。

（2）第7列、第8列“向境外出让无形资产”：填写企业向境外出让无形资产的交易金额，其中第7列为“向境外出让无形资产”中涉及关联方交易的金额，第8列为“向境外出让无形资产”中非关联方交易金额；包括特许权使用费支出和无形资产所有权交易金额。

（3）第9列、第10列“向境内出让无形资产”：填写企业向境内出让无形资产的交易金额，其中第9列为“向境内出让无形资产”中涉及关联方交易的金额，第10列为“向境内出让无形资产”中非关联方交易金额；包括特许权使用费支出和无形资产所有权交易金额。

六、《固定资产表（表六）》表样（见表6－7）及填报说明

（一）《固定资产表（表六）》表样及填报说明

本表是表二《关联交易汇总表》的附表，反映企业受让固定资产和出让固定资产交易总额，以及境内、境外关联方交易数额。

本表分为两部分：一是报告企业受让固定资产，以及境内外关联方交易等情况；二是报告企业出让固定资产，以及境内外关联方交易等情况。

由于受让、出让固定资产不是企业经常性、主营业务，本表未要求反映固定资产重点项目的关联方交易。本表分别固定资产使用权（租金）、固定资产所有权交易（固定资产处置、清理、转让）进行报告。

表6－7　　　　**固定资产表（表六）**　　　　金额单位：人民币元（列至角分）

<table>
<tr><td rowspan="3" colspan="2">项　目</td><td colspan="5">受　让</td><td colspan="5">出　让</td></tr>
<tr><td rowspan="2">总交易金额</td><td colspan="2">从境外受让固定资产</td><td colspan="2">从境内受让固定资产</td><td rowspan="2">总交易金额</td><td colspan="2">向境外出让固定资产</td><td colspan="2">向境内出让固定资产</td></tr>
<tr><td>关联交易金额</td><td>非关联交易金额</td><td>关联交易金额</td><td>非关联交易金额</td><td>关联交易金额</td><td>非关联交易金额</td><td>关联交易金额</td><td>非关联交易金额</td></tr>
<tr><td colspan="2"></td><td>1（2列+3列+4列+5列）</td><td>2</td><td>3</td><td>4</td><td>5</td><td>6（7列+8列+9列+10列）</td><td>7</td><td>8</td><td>9</td><td>10</td></tr>
<tr><td rowspan="7">使用权</td><td>房屋、建筑物</td><td></td><td></td><td></td><td></td><td></td><td></td><td></td><td></td><td></td><td></td></tr>
<tr><td>飞机、火车、轮船、机器、机械和其他生产设备</td><td></td><td></td><td></td><td></td><td></td><td></td><td></td><td></td><td></td><td></td></tr>
<tr><td>与生产经营活动有关的器具、工具、家具等</td><td></td><td></td><td></td><td></td><td></td><td></td><td></td><td></td><td></td><td></td></tr>
<tr><td>飞机、火车、轮船以外的运输工具</td><td></td><td></td><td></td><td></td><td></td><td></td><td></td><td></td><td></td><td></td></tr>
<tr><td>电子设备</td><td></td><td></td><td></td><td></td><td></td><td></td><td></td><td></td><td></td><td></td></tr>
<tr><td>其他</td><td></td><td></td><td></td><td></td><td></td><td></td><td></td><td></td><td></td><td></td></tr>
<tr><td>合　计</td><td></td><td></td><td></td><td></td><td></td><td></td><td></td><td></td><td></td><td></td></tr>
<tr><td rowspan="7">所有权</td><td>房屋、建筑物</td><td></td><td></td><td></td><td></td><td></td><td></td><td></td><td></td><td></td><td></td></tr>
<tr><td>飞机、火车、轮船、机器、机械和其他生产设备</td><td></td><td></td><td></td><td></td><td></td><td></td><td></td><td></td><td></td><td></td></tr>
<tr><td>与生产经营活动有关的器具、工具、家具等</td><td></td><td></td><td></td><td></td><td></td><td></td><td></td><td></td><td></td><td></td></tr>
<tr><td>飞机、火车、轮船以外的运输工具</td><td></td><td></td><td></td><td></td><td></td><td></td><td></td><td></td><td></td><td></td></tr>
<tr><td>电子设备</td><td></td><td></td><td></td><td></td><td></td><td></td><td></td><td></td><td></td><td></td></tr>
<tr><td>其他</td><td></td><td></td><td></td><td></td><td></td><td></td><td></td><td></td><td></td><td></td></tr>
<tr><td>合　计</td><td></td><td></td><td></td><td></td><td></td><td></td><td></td><td></td><td></td><td></td></tr>
<tr><td colspan="2">总　计</td><td></td><td></td><td></td><td></td><td></td><td></td><td></td><td></td><td></td><td></td></tr>
</table>

（二）具体项目的填写

1. 报表第一部分：固定资产受让情况的填写。

（1）第1列“固定资产受让交易总金额”：填报固定资产交易总金额，从受让项目分类，包括受让固定资产使用权、固定资产所有权两种情形；从交易对象来源分类，分为“从境外受让固定资产”和“从境内受让固定资产”两类，本列=第2列+第3列+第4列+第5列。对应表二《关联方交易汇总表》受让固定资产第1列。

（2）第2列、第3列“从境外受让固定资产”：填写企业从境外受让固定资产的交易金额，其中第2列为“从境外受让固定资产”中涉及关联方交易的金额，第3列为“从境外受让固定资产”中非关联方交易金额；包括受让固定资产使用权（租金）和固定资产所有权交易金额。

（3）第3列、第4列“从境内受让固定资产”：填写企业从境内受让固定资产的交易金额，其中第2列为“从境内受让固定资产”中涉及关联方交易的金额，第3列为“从境内受让固定资产”中非关联方交易金额；包括固定资产使用权交易（租金）和无形资产所有权交易金额。

2. 报表第二部分：固定资产出让情况。

（1）第6列“固定资产出让交易总金额”：填报固定资产交易总金额，从受让项目分类，包括出让固定资产使用权（租金）、固定资产所有权两种情形；从交易对象来源分类，分为“向境外出让固定资产”和“向境内出让固定资产”，本列=第7列+第8列+第9列+第10列。对应表二《关联方交易汇总表》出让固定资产第1列。

（2）第7列、第8列“向境外出让固定资产”：填写企业向境外出让固定资产的交易金额，其中第7列为“向境外出让固定资产”中涉及关联方交易的金额，第8列为“向境外出让固定资产”中非关联方交易金额；包括固定资产使用权交易（租金支出）和无形资产所有权交易金额。

（3）第9列、第10列“向境内出让固定资产”：填写企业向境内出让固定资产的交易金额，其中第9列为“向境内出让固定资产”中涉及关联方交易的金额，第10列为“向境内出让固定资产”中非关联方交易金额；包括固定资产使用权交易（租金支出）和固定资产所有权交易金额。

七、《融通资金表（表七）》表样（见表6-8）和填报说明

（一）《融通资金表（表七）》填报说明

本表是表二《关联交易汇总表》的附表，反映企业从境内、境外关联方融通资金以及有关利息收入、利息支出数额；本表对应表二《关联交易汇总表》“融资应计利息收入”、“融资应计利息支出”等内容。

本表分为两部分：一是报告企业从境外关联方融入资金、融出资金的数额，收付利息以及融资担保等信息；二是报告企业从境内关联方融入资金、融出资金的数额，收付利息以及融资担保等信息。

有的融资双方尽管不存在直接投资，只要一方借贷资金总额的10%或以上是由另一方（独立金融机构除外）担保，亦应认定为关联方关系。

表 6－8　　　　融通资金表（表七）

企业从其关联方接受的债权性投资与企业接受的权益性投资的比例：________

金额单位：人民币元（列至角分）

	境外关联方名称	国家（地区）	币种	融资金额		利率	融资起止时间	应计利息支出	应计利息收入	担保方名称	担保费	担保费率
				融入金额	融出金额							
定期融资												
其他合计	—	—	—		—	—	—		—	—		—
	—	—	—	—		—	—	—		—		—
合　计		—	—			—	—			—		—
定期融资	境内关联方名称	国家（地区）	币种	融资金额		利率	融资起止时间	应计利息支出	应计利息收入	担保方名称	担保费	担保费率
				融入金额	融出金额							
其他合计	—	—	—		—	—	—		—	—		—
	—	—	—	—		—	—	—		—		—
合　计		—	—			—	—			—		—
总　计		—	—			—	—			—		—

（二）具体项目的填报说明

1. 表头“企业从其关联方接受的债权性投资与企业接受的权益性投资的比例”：《企业所得税法》第四十六条规定，企业从其关联方接受的债权性投资与权益性投资的比例超过规定标准而发生的利息支出，不得在计算应纳税所得额时扣除。

《企业所得税法实施条例》第一百一十九条规定，债权性投资，指企业直接或者间接从关联方获得的，需要偿还本金和支付利息或者需要以其他具有支付利息性质的方式予以补偿的融资。间接债权性投资，包括：一是关联方通过无关联第三方提供的债权性投资；二是无关联第三方提供的、由关联方担保且负有连带责任的债权性投资；三是其他间接从关联方获得的具有负债实质的债权性投资。权益性投资，是指企业接受的不需要偿还本金和支付利息，投资人对企业净资产拥有所有权的投资。

《财政部、国家税务总局关于企业关联方利息支出税前扣除标准有关税收政策问题的通知》（财税［2008］121 号）规定，企业实际支付给关联方的利息支出，其接受关联方债权投资与其权益投资的比例为（金融企业 5∶1，其他企业 2∶1），超出上述比例的，不得税前扣除超过部分的利息支出，但是，对于符合独立交易原则，或者该企业的实际税负不高于境内关联方的，其实际支付给境内关联方的利息支出，可以在计算应纳税所得额时扣除。以上表明，关联方之间发生融资问题是跨国公司经营中难以避免的一项交易，税法不应禁止或限制关联方之间正常的资金往来，只要关联方之间融资利息符合独立交易原则，或者未发生避税情形，其属于企业经营成本一部分，应允许利息支出在所得税前扣除。由于本表只是资金融通交易的报告表，不承担纳税调整和税款计算职责，有关纳税调整参见居民企业纳税申报表的附表三《纳税调整项目明细表》第29行“利息支出”有关内容。

《国家税务总局关于印发〈特别纳税调整实施办法（试行）〉的通知》（国税发［2009］2号）规定，此处填写企业从其关联方接受的债权性投资与企业接受的权益性投资的比例，计算公式为：

$$\text{企业从其关联方接受的债权性投资与企业接受的权益性投资的比例}=\frac{\text{年度各月平均关联债权投资之和}}{\text{年度各月平均权益投资之和}}$$

其中：各月平均关联债权投资 =（关联债权投资月初账面余额 + 月末账面余额）/2

各月平均权益投资 =（权益投资月初账面余额 + 月末账面余额）/2

2. “境外关联方资金融通交易”：

（1）定期融资应按每笔融资分别填报，融入、融出不得填在同一行。

（2）“境外关联方名称”：填写境外与该企业进行资金融通的关联方企业的名称。

（3）“国家（地区）”：填报境外关联方所在国家或地区的名称。

（4）“币种”：分别填写该笔资金融通交易的币种，如美元、日元、欧元等。

（5）“融资金额”：分别填写该项下“融入资金”、“融出资金”的数额。如果金额单位为外币的，按照纳税年度最后一日的人民币汇率中间价折合人民币。

（6）“利率”：填报所融资金的年利率，对于采取其他利率的，换算为年利率填报。

（7）“应计利息支出”或“应计利息收入”：填报按权责发生制计算的应计利息支出或应计利息收入，应计利息支出包括资本化的应计利息支出。如果金额单位为外币的，按照纳税年度最后一日的人民币汇率中间价折合人民币。

（8）“担保方名称”：对于融入或融出资金存在担保的，该笔融资对应的该列填写担保机构的名称。

（9）“担保费”：填写担保机构对该笔融资担保所收取的担保费金额，如果金额单位为外币的，按照纳税年度最后一日的人民币汇率中间价折合人民币。

（10）“担保费率”：填写担保机构担保该笔融资计算担保费的“担保费率”，以此了解担保机构是否以此名目转移利润，判断“担保费率”是否符合独立交易原则。

3. “境内关联方资金融通交易”：

（1）定期融资应按每笔融资分别填报，融入、融出不得填在同一行。

（2）“境内关联方名称”：填写境内与该企业进行资金融通的关联方企业的名称。

（3）“国家（地区）”：填报中国。

（4）“币种”：分别填写该笔资金融通交易的币种，如美元、日元、欧元等。

（5）“融资金额”：分别填写该项下“融入资金”、“融出资金”的数额。如果金额单位为外币的，按照纳税年度最后一日的人民币汇率中间价折合人民币。

（6）“利率”：填报所融资金的年利率，对于采取其他利率的，换算为年利率填报。

（7）“应计利息支出”或“应计利息收入”：填报按权责发生制计算的应计利息支出或

应计利息收入，应计利息支出包括资本化的应计利息支出。如果金额单位为外币的，按照纳税年度最后一日的人民币汇率中间价折合人民币。

(8)“担保方名称”：对于融入或融出资金存在担保的，该笔融资对应的该列填写担保机构的名称。

(9)“担保费”：填写担保机构对该笔融资担保所收取的担保费金额，如果金额单位为外币的，按照纳税年度最后一日的人民币汇率中间价折合人民币。

(10)“担保费率”：填写担保机构担保该笔融资计算担保费的“担保费率”，以此了解担保机构是否以此名目转移利润，判断“担保费率”是否符合独立交易原则。

八、《对外投资情况表（表八）》表样（见表6-9）及填报说明

表6-9　　对外投资情况表（表八）　　金额单位：人民币元（列至角分）

一、企业基本信息

企业名称		纳税人识别号	
注册地址		法定代表人	

二、被投资外国企业基本信息

企业名称		纳税人识别号	
注册地址		法定代表人	
主要经营地址		成立时间	
法定代表人 居住地址		记账本位货币	
主营业务范围		对人民币汇率	
		纳税年度起止	

被投资外国企业总股份信息		企业持有被投资外国企业股份信息			
总股份量	起止时间	股份种类	起止时间	持股数量	持股比例%
1	2	3	4	5	6=5/1

三、被投资外国企业是否在国家税务总局指定的非低税率国家（地区）是□　否□

四、被投资外国企业年度利润是否不高于500万元人民币　是□　否□

五、被投资外国企业年度企业所得税税负信息

应纳税所得额	实际缴纳所得税	税后利润额	实际税负比率%	被投资企业法定所得税率
7	8	9（7列-8列）	10（8列/7列）	11

六、被投资外国企业全部股东信息

股东名称	国家（地区）	纳税人识别号	持股种类	起止时间	占全部股份比例%

续表

七、被投资外国企业年度损益表		八、被投资外国企业资产负债表	
项 目	金 额	项 目	金 额
收入总额		现金	
成本		应收账款	
毛利润		存货	
股息、红利收入		其他流动资产	
利息收入		向股东或其他关联方贷款	
租金、特许权使用费收入		对附属机构投资	
财产转让收益（损失）		其他投资	
其他收入		建筑物及其他可折旧财产	
扣减补偿支出		土地	
租金、特许权使用总支出		无形资产	
利息支出		其他财产	
折旧		总资产	
税金		应付账款	
其他扣除		其他流动负债	
年度利润总额		股东或其他关联方贷款	
		其他负债	
		股本	
		未分配利润	
		总负债	

九、企业从被投资外国企业分得的股息情况

本年度应分配股息额	本年度实际分配股息额	比例%
12	13	14（13列/12列）

经办人（签章）： 法定代表人（签章）：

(一)《对外投资情况表（表八）》表样及填报

根据《企业所得税法》第四十五条、《国家税务总局关于印发〈特别纳税调整实施办法（试行）〉的通知》（国税发［2009］2号）等规定，居民企业，或者由居民企业和中国居民控制的设立在实际税负（注意此处为实际税负，不是法定税负率）明显低于本法第四条第一款规定税率水平50%（即税率低于12.5%）的国家（地区）的企业，并非由于合理的经营需要而对利润不作分配或者减少分配的，上述利润中应归属于该居民企业的部分，应当计入该居民企业的当期收入。为避免境外投资于低税率地区企业故意不分配逃避纳税，加强对受控外国公司的税收管理，保护中国税收权益，设计了本表。

《国家税务总局关于印发〈特别纳税调整实施办法（试行）〉的通知》（国税发［2009］2号）、《国家税务总局关于简化判定中国居民股东控制外国企业所在国实际税负的通知》（国税函［2009］37号）规定，中国居民企业股东能够提供资料证明其控制的外国企业满足以下条件之一的，可免于将外国企业不作分配或减少分配的利润视同股息分配额，计入中国居民企业股东的当期所得：一是设立在国家税务总局指定的非低税率国家（地区），包括美国、英国、法国、德国、日本、意大利、加拿大、澳大利亚、印度、南非、新西兰、挪威；二是主要取得积极经营活动所得；三是年度利润总额低于500万元人民币。

本表由持有外国（地区）企业股份的中国居民企业填报，反映中国居民企业向境外投资情况。

对于企业同时向境外投资两个以上企业的，对每一境外被投资企业分别填写一份本表。

（二）具体填报说明

1. “企业基本信息”：填写报告企业的“纳税人名称”、“纳税识别号”、“注册地址”、“法定代表人”等信息。在香港特别行政区、澳门特别行政区和台湾地区成立的企业，参照适用本表所称的“外国企业”。

2. “被投资外国企业基本信息”：填报企业所投资的外国企业的基本信息，如企业投资多个外国企业的，应分别填报。

被投资外国企业的“企业名称”、“纳税人识别号”、“注册地址”、“法定代表人”、“主要经营地址”、“成立时间”、“法定代表人居住地址”、“记账本位货币”、“对人民币汇率”（填报年度12月31日记账本位货币对人民币汇率的中间价）、“主营业务范围”、“纳税年度起止”等信息，参照被投资企业的税务登记证、营业执照，或有关投资协议（注意核对信息变更情况）填写。

（1）“被投资外国企业总股份信息”：填报外国企业全部股份数量；“起止时间”按时间段填报被投资外国企业股份的种类，如优先股股数及起止时间、普通股股数及起止时间、潜在普通股、债转股等起止时间。

（2）“企业持有被投资外国企业股份信息”：填写企业持有外国企业的股份数量，按照有表决权的普通股、无表决权的普通股、优先股以及其他类似股份的权益性资本等分类，分时间段填报持股数量、持股比例等信息。

根据《国家税务总局关于印发〈特别纳税调整实施办法（试行）〉的通知》（国税发［2009］2号），股份控制是指由中国居民股东在纳税年度任何一天单层直接或多层间接单一持有外国企业10%以上有表决权股份，且共同持有该外国企业50%以上股份；中国居民股东多层间接持有股份按各层持股比例相乘计算，中间层持有股份超过50%的，按100%计算。

3. “被投资外国企业是否在国家税务总局指定的非低税率国家（地区）”：根据《国家税务总局关于简化判定中国居民股东控制外国企业所在国实际税负的通知》（国税函［2009］37号），如被投资外国企业在美国、英国、法国、德国、日本、意大利、加拿大、澳大利亚、印度、南非、新西兰、挪威，则表明所投资外国企业不在避税港国家、地区，则在“是□”中划“√”；如所投资外国企业不在上述名单内，则属于在避税港国家、地区投资，应在“否□”中划“√”。

4. “被投资外国企业年度利润是否不高于500万元人民币”：根据《国家税务总局关于印发〈特别纳税调整实施办法（试行）〉的通知》（国税发［2009］2号），对于受控外国公司年度利润超过500万元未进行税后利润分配的，属于具有《企业所得税法》第四十五条规定的利用避税港避税的嫌疑，税务机关将调查其税负是否低于中国大陆50%，是否有必要视同利润分配先行征税。因此，对于受控外国企业当年度利润不高于500万元的，在“是

□”中划“√”；对于受控外国企业当年度利润高于500万元的，在“否□”中划“√”。

5. “被投资外国企业年度企业所得税税负信息”：反映被投资外国企业当年度实际税负情况，包括以下指标：一是“应纳税所得额”，二是“实际缴纳所得税”，三是“税后利润额”，四是“实际税负比率%”，五是“被投资企业法定所得税率”。其中：

税后利润额 = 应纳税所得额 - 实际缴纳所得税

实际税负比率% = 实际缴纳所得税 ÷ 应纳税所得额

将受控外国公司“实际税负比率%”与“被投资企业法定所得税率”比较，进一步了解其税负较低的原因，判定受控外国公司享受境外税收优惠政策、税收策划等对其实际税负的影响是否合理。

6. “被投资外国企业全部股东信息”：填报被投资外国企业全部股东信息。根据《企业所得税法》第四十五条、《企业所得税法实施条例》第一百一十七条规定，境内居民企业，以及居民企业和个人对外国公司具有“控制”情形时，才可按照《企业所得税法》第四十五条规定，对于境外受控公司应分配未分配利润的，按视同利润分配先行征税，因此，应先判定受控外国公司是否属于《企业所得税法》第四十五条规定的“控制”情形，必须了解受控外国企业的全部股东信息。

《企业所得税法实施条例》第一百一十七条和《国家税务总局关于印发〈特别纳税调整实施办法（试行）〉的通知》（国税发［2009］2号）规定的控制是指在股份、资金、经营、购销等方面构成实质控制。其中，股份控制是指由中国居民股东在纳税年度任何一天单层直接或多层间接单一持有外国企业10%以上有表决权股份，且共同持有该外国企业50%以上股份。

中国居民股东多层间接持有股份按各层持股比例相乘计算，中间层持有股份超过50%的，按100%计算。

此处要求填报受控外国企业的全部股东的“股东名称”、“国家（地区）”、“纳税人识别号”、“持股种类”、“起止时间”、“占全部股份比例%”等信息。

7. “被投资外国企业年度损益表”：列示受控外国企业当年度会计损益的核算过程，以此掌握受控外国公司的实际可分配利润。该项数据可在不同年度间进行比对，从而加强反避税管理。包括受控外国公司的收入总额、成本、毛利润、股息红利收入、利息收入、租金、特许权使用费收入、财产转让收益（损失）、其他收入、扣减补偿支出、租金、特许权使用总支出、利息支出、折旧、税金、其他扣除等，从而核算出受控外国企业的年度利润总额。

8. “被投资外国企业资产负债表”：列示受控外国企业的资产负债表的基本数据，以此与其损益情况进行某种程度的比对、分析。总资产项目包括：现金、应收账款、存货、其他流动资产、向股东或其他关联方贷款、对附属机构投资、其他投资、建筑物及其他可折旧财产、土地、无形资产、其他财产等；总负债信息包括：应付账款、其他流动负债、股东或其他关联方贷款、其他负债等；所有者权益包括股本、未分配利润等。

需要说明：通过被投资外国企业年度损益表和资产负债表提供的信息，除了可以判定受控外国企业的年度利润、实际税负等情况外，还可以利用其财务、纳税信息与表九《对外支付款项情况表》的相关信息进行比对，可用于判定境内企业向境外的支付业务是否真实发生，同时判定境内、境外往来符合《国家税务总局关于母子公司间提供服务支付费用有关企业所得税处理问题的通知》（国税发［2008］86号）等有关规定。

9. “企业从被投资外国企业分得的股息情况”：根据上述信息，判断本年度应分配的股息额，与实际分配的股息额进行比对，计算实际分配股息占应分配股息的比例。以确定企业是否存在应分配未分配情况，其不分配是否存在合理理由。

根据《国家税务总局关于印发〈特别纳税调整实施办法（试行）〉的通知》（国税发［2009］2号），计入中国居民企业股东当期的视同受控外国企业股息分配的所得，应按以下公式计算：

$$\text{中国居民企业股东当期所得}=\text{视同股息分配额}\times\text{实际持股天数}\div\text{受控外国企业纳税年度天数}\times\text{股东持股比例}$$

中国居民股东多层间接持有股份的，股东持股比例按各层持股比例相乘计算。

需要说明：一是计入中国居民企业股东当期所得已在境外缴纳的企业所得税税款，可按照所得税法或税收协定的有关规定抵免；二是受控外国企业实际分配的利润已根据所得税法第四十五条规定征税的，不再计入中国居民企业股东的当期所得；三是受控外国企业与中国居民企业股东纳税年度存在差异的，应将视同股息分配所得计入受控外国企业纳税年度终止日所属的中国居民企业股东的纳税年度。

九、《对外支付款项情况表（表九）》表样（见表6－10）及填报说明

表6－10　对外支付款项情况表（表九）　金额单位：人民币元（列至角分）

项　目	本年度向境外支付款项金额	其中：向境外关联企业支付款项金额	已扣缴企业所得税金额	是否享受税收协定优惠
1. 股息、红利				
2. 利息				
3. 租金				
4. 特许权使用费				
其中：商标费				
技术使用费				
5. 财产转让支出				
6. 佣金				
7. 设计费				
8. 咨询费				
9. 培训费				
10. 管理服务费				
11. 承包工程款				
12. 建筑安装款				
13. 文体演出款				
14. 认证、检测费				
15. 市场拓展费				
16. 售后服务费				
17. 其他				
其中：________				
合　计				

（一）《对外支付款项情况表（表九）》填报说明

1. 本表反映企业年度内通过源泉扣缴方式扣缴企业所得税的汇总情况，与《国家税务总局关于印发〈中华人民共和国非居民企业所得税申报表〉等报表的通知》（国税函［2008］801号）印发的《扣缴企业所得税报告表》存在一定对应关系，《扣缴企业所得税报告表》按扣缴所得税的次数申报，本表则汇总纳税年度内所有对外支付的情形；但对被认定为常设机构的对外支付，按税收协定营业利润条款在境内征税，不属于《扣缴企业所得税报告表》填报内容。

2. 本表第6项“佣金”至第17项“其他”属于非居民企业在中国境内提供的工程作业和提供劳务服务，凡是构成境内常设机构的，应按营业利润原则征收企业所得税，未构成常设机构的，经非居民企业提出享受税收协定（安排）待遇申请的，可以享受税收协定待遇。有关税源管理、征收管理、跟踪管理、后续管理以及法律责任，按照《非居民承包工程作业和提供劳务税收管理暂行办法》（国家税务总局第19号令）、《国家税务总局关于印发〈非居民企业所得税源泉扣缴管理暂行办法〉的通知》（国税发［2009］3号）执行。

（二）具体列次的填报说明

1. 第1列“本年度向境外支付款项金额”：填报本年度向境外实际支付款项的金额，根据《企业所得税法实施条例》第一百零五条规定，对于到期应支付款项应源泉扣缴税款。到期应支付款项，指支付人按照权责发生制原则应当计入相关成本、费用的应付款项。此列包括未支付但已列入本年度成本费用的金额；另外，包括合同约定应支付未支付的款项。

2. 第2列“其中：向境外关联企业支付款项金额”：填写企业当年度向境外支付的款项中所包括向境外关联企业支付款项金额，主要用于审核关联方业务往来情况。

3. 第3列“已扣缴企业所得税金额”：填报该项支付金额所对应的非居民企业所得税扣缴金额，不属于非居民企业所得税扣缴范围的（如按税收协定营业利润条款在境内征税），填报“不适用”。

4. 第4列“是否享受税收协定优惠”：根据中国与有关国家签订的税收协定（安排），其中规定双边优惠政策的，并经申请人申请，税务机关同意纳税人享受协定有关待遇的，分别填报“是”或“否”。

根据《国家税务总局关于印发〈非居民享受税收协定待遇管理办法（试行）〉的通知》（国税发［2009］124号）规定，非居民需要享受税收协定待遇的，应按照办理审批或备案手续；凡未办理审批或备案手续的，不得享受有关税收协定待遇。其中，需要审批税收协定条款包括：一是税收协定股息条款；二是税收协定利息条款；三是税收协定特许权使用费条款；四是税收协定财产收益条款。需要备案的税收协定条款包括：一是税收协定常设机构以及营业利润条款；二是税收协定独立个人劳务条款；三是税收协定非独立个人劳务条款；四是除上述审批条款以外的其他条款。纳税人或者扣缴义务人已经享受或者执行了有关税收协定待遇的，应该取得并保管与非居民享受税收协定待遇有关的凭证、资料，保管期限不得短于10年。

（三）具体项目的填报说明

1. 第1项“股息、红利”：填报向权益性投资方支付的投资收益。《企业所得税法实施条例》第十七条规定，股息、红利等权益性投资收益，除国务院财政、税务主管部门另有规定外，按照被投资方作出利润分配决定的日期确认收入的实现，在对股息、红利源泉扣缴企业所得税时，应按上述规定时间进行扣缴税款。根据《财政部、国家税务总局关于企业所得税若干优惠政策的通知》（财税［2008］1号）规定，2008年1月1日前，外商投资企业形成的累积未分配利润，在2008年以后分配给外国投资者的，免征企业所得税；2008年及以后年度外商投资企业新增利润分配给外国投资者的，依法缴纳企业所得税。

根据《国家税务总局关于中国居民企业向境外H股非居民企业股东派发股息代扣代缴企业所得税有关问题的通知》（国税函［2008］897号）、《国家税务总局关于非居民企业取得B股等股票股息征收企业所得税问题的批复》（国税函［2009］394号）规定，中国居民企业向境外H股非居民企业股东派发2008年及以后年度股息，以及在中国境内外公开发行、上市股票（A股、B股和海外股）的中国居民企业，在向非居民企业股东派发2008年及以后年度股息时，统一按10%的税率代扣代缴企业所得税。非居民企业股东在获得股息之后，可以自行或通过委托代理人或代扣代缴义务人，向主管税务机关提出享受税收协定（安排）待遇的申请，提供证明自己为符合税收协定（安排）规定的实际受益所有人的资料。主管税务机关审核无误后，应就已征税款和根据税收协定（安排）规定税率计算的应纳税款的差额予以退税。

根据《国家税务总局关于执行税收协定股息条款有关问题的通知》（国税函［2009］81号）规定，中国居民公司向税收协定缔约对方税收居民支付股息，且该对方税收居民（或股息收取人）是该股息的受益所有人，则该对方税收居民取得的该项股息可享受税收协定待遇，即按税收协定规定的税率计算其在中国应缴纳的所得税。如果税收协定规定的税率高于中国国内税收法律规定的税率，则纳税人仍可按中国国内税收法律规定纳税。纳税人需要享受上款规定的税收协定待遇的，应同时符合以下条件：一是可享受税收协定待遇的纳税人应是税收协定缔约对方税收居民；二是可享受税收协定待遇的纳税人应是相关股息的受益所有人；三是可享受税收协定待遇的股息应是按照中国国内税收法律规定确定的股息、红利等权益性投资收益；四是国家税务总局规定的其他条件。

《国家税务总局关于执行税收协定股息条款有关问题的通知》（国税函［2009］81号）规定，凡税收协定缔约对方税收居民直接拥有支付股息的中国居民公司一定比例以上资本（一般为25%或10%）的，该对方税收居民取得的股息可按税收协定规定税率征税。该对方税收居民需要享受该税收协定待遇的，应同时符合以下条件：一是取得股息的该对方税收居民根据税收协定规定应限于公司；二是在该中国居民公司的全部所有者权益和有表决权股份中，该对方税收居民直接拥有的比例均符合规定比例；三是该对方税收居民直接拥有该中国居民公司的资本比例，在取得股息前连续12个月以内任何时候均符合税收协定规定的比例。

纳税人需要按照税收协定股息条款规定纳税的，相关纳税人或扣缴义务人应该取得并保有支持其执行税收协定股息条款规定的信息资料，并按有关规定及时根据税务机关的要求报告或提供。有关的信息资料包括：一是由协定缔约对方税务主管当局或其授权代表签发的税收居民身份证明以及支持该证明的税收协定缔约对方国内法律依据和相关事实证据；二是纳税人在税收协定缔约对方的纳税情况，特别是与取得由中国居民公司支付股息有关的纳税情况；三是纳税人是否构成任一第三方（国家或地区）税收居民；四是纳税人是否构成中国税收居民；五是纳税人据以取得中国居民公司所支付股息的相关投资（转让）合同、产权凭证、利润分配决议、支付凭证等权属证明；六是纳税人在中国居民公司的持股情况；七是其他与执行税收协定股息条款规定有关的信息资料。

2. 第2项“利息”：填报向债权性投资方支付的投资收益。根据《国家税务总局关于加强非居民企业来源于我国利息所得扣缴企业所得税工作的通知》（国税函［2008］955号），自2008年1月1日起，我国金融机构向境外外国银行支付贷款利息，我国境内外资金融机构向境外支付贷款利息，应按《企业所得税法》及实施条例规定代扣代缴企业所得税。我国境内机构通过我国银行对境外分行支付的贷款利息，亦应缴税。

3. 第3项“租金”：填报因取得固定资产等有形资产使用权而向出租方支付的费用。《企业所得税法实施条例》第七条规定，租金所得的征税地，按照负担、支付所得的企业或者机构、场所所在地确定，或者按照负担、支付所得的个人的住所地确定，居民企业支付租金应在中国境内按10%扣缴企业所得税。

4. 第4项“特许权使用费”：填报支付的专利权、非专利技术、商标权、著作权等的使用费。此项同时列示商标费和技术使用费的支付情况。《企业所得税法实施条例》第七条规定，特许权使用费所得的征税地，按照负担、支付所得的企业或者机构、场所所在地确定，或者按照负担、支付所得的个人的住所地确定，居民企业支付租金应在中国境内按10%扣缴企业所得税。我国与香港特别行政区有关特许权使用费的协定税率为7%。

实际工作中，特许权使用费的支付经常和设备采购、安装、技术设计劳务、技术咨询、技术培训等结合在一起，为便于准确适用税收协定有关特许权使用费条款，《国家税务总局关于执行税收协定特许权使用费条款有关问题的通知》（国税函［2009］507号）对特许权使用费与其他条款作了区分：一是凡税收协定特许权使用费定义中明确包括使用工业、商业、科学设备收取的款项（近似于我国税法有关租金所得），适用税收协定特许权使用费条款；二是上述规定不适用于使用不动产产生的所得，使用不动产产生的所得适用税收协定不动产条款；三是税收协定特许权使用费条款定义中所列举的有关工业、商业或科学经验的情报应理解为专有技术，一般是指进行某项产品的生产或工序复制所必需的、未曾公开的、具有专有技术性质的信息或资料；四是与专有技术有关的特许权使用费一般涉及技术许可方同意将其未公开技术许可给另一方，使另一方能自由使用，技术许可方通常不亲自参与技术受让方对被许可技术的具体实施，并且不保证实施的结果，被许可的技术通常已经存在，但也包括应技术受让方的需求而研发后许可使用并在合同中列有保密等使用限制的技术；五是在服务合同中，如果服务提供方提供服务过程中使用了某些专门知识和技术，但并不转让或许可这些技术，则此类服务不属于特许权使用费范围；在服务合同中，如果服务提供方提供服务形成成果属于税收协定特许权使用费定义范围，并且服务提供方仍保有该项成果的所有权，服务接受方对此成果仅有使用权，适用税收协定特许权使用费条款；六是在转让或许可专有技术使用权过程中如技术许可方派人员为该项技术的使用提供有关支持、指导等服务并收取服务费，无论是单独收取还是包括在技术价款中，均应视为特许权使用费，适用税收协定特许权使用费条款；如上述人员的服务已构成常设机构，则对服务部分的所得应适用税收协定营业利润条款的规定。

下列款项或报酬为劳务活动所得，不认定为特许权使用费：一是单纯货物贸易项下作为售后服务的报酬；二是产品保证期内卖方为买方提供服务所取得的报酬；三是专门从事工程、管理、咨询等专业服务的机构或个人提供的相关服务所取得的款项；四是国家税务总局规定的其他类似报酬。上述劳务所得通常适用税收协定营业利润条款的规定，但个别税收协定对此另有特殊规定的除外（如中英税收协定专门列有技术费条款）。

根据《国家税务总局关于执行税收协定特许权使用费条款有关问题的通知》（国税函[2009] 507 号），一是税收协定对此规定的税率低于税收法律规定税率的，应适用税收协定规定的税率；二是税收协定特许权使用费条款的规定应仅适用于缔约对方居民受益所有人，第三国设在缔约对方的常设机构从我国境内取得的特许权使用费应适用该第三国与我国的税收协定的规定；三是我国居民企业设在缔约对方的常设机构不属于对方居民，不应作为对方居民适用税收协定特许权使用费条款的规定；四是由位于我国境内的外国企业的机构、场所或常设机构负担并支付给与我国签有税收协定的缔约对方居民的特许权使用费，适用我国与该缔约国税收协定特许权使用费条款的规定。

5. 第 5 项“财产转让支出”：填报因取得各种财产所有权而支付的款项，征税时允许扣除财产原值。财产原值是指扣除折旧、摊销等费用后的折余价值；非居民企业在中国境内设立机构、场所的财产，其财产价值记载在境内机构、场所的账册上，税务机关可以据此征税；如果境内财产未在中国境内设置会计账册记录，有关财产原值和折旧情况在境外机构的会计账册中记录，应由境外提供相应资料，税务机关对境外提供财产的会计、税法资料有歧义的，可要求提供中介机构出具的鉴证报告。

6. 第 6 项“佣金”：填报向居间介绍货物购销成交的第三方支付的费用，包括佣金、手续费、回扣等。佣金实际上是一种跨境劳务，应就其与中国境内劳务有关的部分扣缴所得税。《财政部、国家税务总局关于企业手续费及佣金支出税前扣除政策的通知》（财税[2009] 29 号）规定，企业发生与生产经营有关的手续费及佣金支出（财产保险企业按当年全部保费收入扣除退保金等后余额的 15% 计算限额，人身保险企业按 10% 计算限额，其他企业按 5% 计算限额），在上述限额以内的佣金、手续费支出，准予扣除。企业应与具有合法经营资格中介服务企业或个人签订代办协议或合同，并按国家有关规定支付手续费及佣金。除委托个人代理外，企业以现金等非转账方式支付的手续费及佣金不得在税前扣除。企业支付的手续费及佣金不得直接冲减服务协议或合同金额，并如实入账。

7. 第 7 项“设计费”：填报委托受托方进行建筑、工程、系统、软件等项目设计而支付的费用。设计费的内容相对复杂，可能包括部分“特许权使用费”和跨境劳务，应就“特许权使用费”部分和其中与中国境内劳务有关的部分分别扣缴所得税。

8. 第 8 项“咨询费”：填报接受咨询服务而支付的费用。

9. 第 9 项“培训费”：填报接受业务技能、专业知识、系统操作、设备操作等培训而支付的费用。

10. 第 10 项“管理服务费”：填报接受各种管理服务而支付的费用。

11. 第 11 项“承包工程款”：填报接受承包装配、勘探等工程作业或有关工程项目劳务而支付的款项。

12. 第 12 项“建筑安装款”：填报接受建筑、安装等项目的劳务而支付的款项。

13. 第 13 项“文体演出款”：填报向境外演出团体或个人支付的境内文艺、体育等表演的款项。

14. 第 14 项“认证检测费”：填报接受有关资质、证书、产品检测等劳务而支付的费用。

15. 第15项“市场拓展费”：填报接受有关市场开发、拓展、渗透等劳务而支付的费用。

16. “售后服务费”：填报接受产品的检测、维修、保养等售后服务而支付的费用。

17. “其他”：填报不能归入上述分类的劳务费支出，对于主要的项目应在下面的栏目中列明具体名称。

附录：《企业所得税法》与《企业所得税法实施条例》对照表

中华人民共和国企业所得税法	中华人民共和国企业所得税法实施条例
第一章　总则	**第一章　总则**
	第一条　根据《中华人民共和国企业所得税法》（以下简称企业所得税法）的规定，制定本条例。
第一条　在中华人民共和国境内，企业和其他取得收入的组织（以下统称企业）为企业所得税的纳税人，依照本法的规定缴纳企业所得税。 个人独资企业、合伙企业不适用本法。	**第二条**　企业所得税法第一条第二款所称个人独资企业、合伙企业，是指依照中国法律、行政法规成立的个人独资企业、合伙企业。
第二条　企业分为居民企业和非居民企业。 本法所称居民企业，是指依法在中国境内成立，或者依照外国（地区）法律成立但实际管理机构在中国境内的企业。 本法所称非居民企业，是指依照外国（地区）法律成立且实际管理机构不在中国境内，但在中国境内设立机构、场所的，或者在中国境内未设立机构、场所，但有来源于中国境内所得的企业。	**第三条**　企业所得税法第二条所称依法在中国境内成立的企业，包括依照中国法律、行政法规在中国境内成立的企业、事业单位、社会团体以及其他取得收入的组织。 企业所得税法第二条所称依照外国（地区）法律成立的企业，包括依照外国（地区）法律成立的企业和其他取得收入的组织。 **第四条**　企业所得税法第二条所称实际管理机构，是指对企业的生产经营、人员、账务、财产等实施实质性全面管理和控制的机构。 **第五条**　企业所得税法第二条第三款所称机构、场所，是指在中国境内从事生产经营活动的机构、场所，包括： （一）管理机构、营业机构、办事机构； （二）工厂、农场、开采自然资源的场所； （三）提供劳务的场所； （四）从事建筑、安装、装配、修理、勘探等工程作业的场所； （五）其他从事生产经营活动的机构、场所。 非居民企业委托营业代理人在中国境内从事生产经营活动的，包括委托单位或者个人经常代其签订合同，或者储存、交付货物等，该营业代理人视为非居民企业在中国境内设立的机构、场所。 **第一百三十二条**　在香港特别行政区、澳门特别行政区和台湾地区成立的企业，参照适用企业所得税法第二条第二款、第三款的有关规定。

续表

中华人民共和国企业所得税法	中华人民共和国企业所得税法实施条例
第三条 居民企业应当就其来源于中国境内、境外的所得缴纳企业所得税。 非居民企业在中国境内设立机构、场所的，应当就其所设机构、场所取得的来源于中国境内的所得，以及发生在中国境外但与其所设机构、场所有实际联系的所得，缴纳企业所得税。 非居民企业在中国境内未设立机构、场所的，或者虽设立机构、场所但取得的所得与其所设机构、场所没有实际联系的，应当就其来源于中国境内的所得缴纳企业所得税。	**第六条** 企业所得税法第三条所称所得，包括销售货物所得、提供劳务所得、转让财产所得、股息红利等权益性投资所得、利息所得、租金所得、特许权使用费所得、接受捐赠所得和其他所得。 **第七条** 企业所得税法第三条所称来源于中国境内、境外的所得，按照以下原则确定： （一）销售货物所得，按照交易活动发生地确定； （二）提供劳务所得，按照劳务发生地确定； （三）转让财产所得，不动产转让所得按照不动产所在地确定，动产转让所得按照转让动产的企业或者机构、场所所在地确定，权益性投资资产转让所得按照被投资企业所在地确定； （四）股息、红利等权益性投资所得，按照分配所得的企业所在地确定； （五）利息所得、租金所得、特许权使用费所得，按照负担、支付所得的企业或者机构、场所所在地确定，或者按照负担、支付所得的个人的住所地确定； （六）其他所得，由国务院财政、税务主管部门确定。 **第八条** 企业所得税法第三条所称实际联系，是指非居民企业在中国境内设立的机构、场所拥有据以取得所得的股权、债权，以及拥有、管理、控制据以取得所得的财产等。
第四条 企业所得税的税率为25%。 非居民企业取得本法第三条第三款规定的所得，适用税率为20%。	
第二章 应纳税所得额	**第二章 应纳税所得额**
	第一节 一般规定
第五条 企业每一纳税年度的收入总额，减除不征税收入、免税收入、各项扣除以及允许弥补的以前年度亏损后的余额，为应纳税所得额。	**第九条** 企业应纳税所得额的计算，以权责发生制为原则，属于当期的收入和费用，不论款项是否收付，均作为当期的收入和费用；不属于当期的收入和费用，即使款项已经在当期收付，均不作为当期的收入和费用。本条例和国务院财政、税务主管部门另有规定的除外。 **第十条** 企业所得税法第五条所称亏损，是指企业依照企业所得税法和本条例的规定将每一纳税年度的收入总额减除不征税收入、免税收入和各项扣除后小于零的数额。
	第二节 收入
第六条 企业以货币形式和非货币形式从各种来源取得的收入，为收入总额。包括： （一）销售货物收入； （二）提供劳务收入； （三）转让财产收入； （四）股息、红利等权益性投资收益； （五）利息收入； （六）租金收入； （七）特许权使用费收入； （八）接受捐赠收入； （九）其他收入。	**第十二条** 企业所得税法第六条所称企业取得收入的货币形式，包括现金、存款、应收账款、应收票据、准备持有至到期的债券投资以及债务的豁免等。 企业所得税法第六条所称企业取得收入的非货币形式，包括固定资产、生物资产、无形资产、股权投资、存货、不准备持有至到期的债券投资、劳务以及有关权益等。 **第十三条** 企业所得税法第六条所称企业以非货币形式取得的收入，应当按照公允价值确定收入额。 前款所称公允价值，是指按照市场价格确定的价值。 **第十四条** 企业所得税法第六条第（一）项所称销售货物收入，是指企业销售商品、产品、原材料、包装物、

续表

中华人民共和国企业所得税法	中华人民共和国企业所得税法实施条例
	低值易耗品以及其他存货取得的收入。 **第十五条** 企业所得税法第六条第（二）项所称提供劳务收入，是指企业从事建筑安装、修理修配、交通运输、仓储租赁、金融保险、邮电通信、咨询经纪、文化体育、科学研究、技术服务、教育培训、餐饮住宿、中介代理、卫生保健、社区服务、旅游、娱乐、加工以及其他劳务服务活动取得的收入。 **第十六条** 企业所得税法第六条第（三）项所称转让财产收入，是指企业转让固定资产、生物资产、无形资产、股权、债权等财产取得的收入。 **第十七条** 企业所得税法第六条第（四）项所称股息、红利等权益性投资收益，是指企业因权益性投资从被投资方取得的收入。 股息、红利等权益性投资收益，除国务院财政、税务主管部门另有规定外，按照被投资方作出利润分配决定的日期确认收入的实现。 **第十八条** 企业所得税法第六条第（五）项所称利息收入，是指企业将资金提供他人使用但不构成权益性投资，或者因他人占用本企业资金取得的收入，包括存款利息、贷款利息、债券利息、欠款利息等收入。 利息收入，按照合同约定的债务人应付利息的日期确认收入的实现。 **第十九条** 企业所得税法第六条第（六）项所称租金收入，是指企业提供固定资产、包装物或者其他有形资产的使用权取得的收入。 租金收入，按照合同约定的承租人应付租金的日期确认收入的实现。 **第二十条** 企业所得税法第六条第（七）项所称特许权使用费收入，是指企业提供专利权、非专利技术、商标权、著作权以及其他特许权的使用权取得的收入。 特许权使用费收入，按照合同约定的特许权使用人应付特许权使用费的日期确认收入的实现。 **第二十一条** 企业所得税法第六条第（八）项所称接受捐赠收入，是指企业接受的来自其他企业、组织或者个人无偿给予的货币性资产、非货币性资产。 接受捐赠收入，按照实际收到捐赠资产的日期确认收入的实现。 **第二十二条** 企业所得税法第六条第（九）项所称其他收入，是指企业取得的除企业所得税法第六条第（一）项至第（八）项规定的收入外的其他收入，包括企业资产溢余收入、逾期未退包装物押金收入、确实无法偿付的应付款项、已作坏账损失处理后又收回的应收款项、债务重组收入、补贴收入、违约金收入、汇兑收益等。 **第二十三条** 企业的下列生产经营业务可以分期确认收入的实现： （一）以分期收款方式销售货物的，按照合同约定的收款日期确认收入的实现； （二）企业受托加工制造大型机械设备、船舶、飞机，

续表

中华人民共和国企业所得税法	中华人民共和国企业所得税法实施条例
	以及从事建筑、安装、装配工程业务或者提供其他劳务等，持续时间超过12个月的，按照纳税年度内完工进度或者完成的工作量确认收入的实现。 **第二十四条** 采取产品分成方式取得收入的，按照企业分得产品的日期确认收入的实现，其收入额按照产品的公允价值确定。 **第二十五条** 企业发生非货币性资产交换，以及将货物、财产、劳务用于捐赠、偿债、赞助、集资、广告、样品、职工福利或者利润分配等用途的，应当视同销售货物、转让财产或者提供劳务，但国务院财政、税务主管部门另有规定的除外。
第七条 收入总额中的下列收入为不征税收入： （一）财政拨款； （二）依法收取并纳入财政管理的行政事业性收费、政府性基金； （三）国务院规定的其他不征税收入。	**第二十六条** 企业所得税法第七条第（一）项所称财政拨款，是指各级人民政府对纳入预算管理的事业单位、社会团体等组织拨付的财政资金，但国务院和国务院财政、税务主管部门另有规定的除外。 企业所得税法第七条第（二）项所称行政事业性收费，是指依照法律法规等有关规定，按照国务院规定程序批准，在实施社会公共管理，以及在向公民、法人或者其他组织提供特定公共服务过程中，向特定对象收取并纳入财政管理的费用。 企业所得税法第七条第（二）项所称政府性基金，是指企业依照法律、行政法规等有关规定，代政府收取的具有专项用途的财政资金。 企业所得税法第七条第（三）项所称国务院规定的其他不征税收入，是指企业取得的，由国务院财政、税务主管部门规定专项用途并经国务院批准的财政性资金。
	第三节 扣除
第八条 企业实际发生的与取得收入有关的、合理的支出，包括成本、费用、税金、损失和其他支出，准予在计算应纳税所得额时扣除。	**第二十七条** 企业所得税法第八条所称有关的支出，是指与取得收入直接相关的支出。 企业所得税法第八条所称合理的支出，是指符合生产经营活动常规，应当计入当期损益或者有关资产成本的必要和正常的支出。 **第二十八条** 企业发生的支出应当区分收益性支出和资本性支出。收益性支出在发生当期直接扣除；资本性支出应当分期扣除或者计入有关资产成本，不得在发生当期直接扣除。 企业的不征税收入用于支出所形成的费用或者财产，不得扣除或者计算对应的折旧、摊销扣除。 除企业所得税法和本条例另有规定外，企业实际发生的成本、费用、税金、损失和其他支出，不得重复扣除。 **第二十九条** 企业所得税法第八条所称成本，是指企业在生产经营活动中发生的销售成本、销货成本、业务支出以及其他耗费。

续表

中华人民共和国企业所得税法	中华人民共和国企业所得税法实施条例
	第三十条 企业所得税法第八条所称费用，是指企业在生产经营活动中发生的销售费用、管理费用和财务费用，已经计入成本的有关费用除外。 **第三十一条** 企业所得税法第八条所称税金，是指企业发生的除企业所得税和允许抵扣的增值税以外的各项税金及其附加。 **第三十二条** 企业所得税法第八条所称损失，是指企业在生产经营活动中发生的固定资产和存货的盘亏、毁损、报废损失，转让财产损失，呆账损失，坏账损失，自然灾害等不可抗力因素造成的损失以及其他损失。 企业发生的损失，减除责任人赔偿和保险赔款后的余额，依照国务院财政、税务主管部门的规定扣除。 企业已经作为损失处理的资产，在以后纳税年度又全部收回或者部分收回时，应当计入当期收入。 **第三十三条** 企业所得税法第八条所称其他支出，是指除成本、费用、税金、损失外，企业在生产经营活动中发生的与生产经营活动有关的、合理的支出。 **第三十四条** 企业发生的合理的工资薪金支出，准予扣除。 前款所称工资薪金，是指企业每一纳税年度支付给在本企业任职或者受雇的员工的所有现金形式或者非现金形式的劳动报酬，包括基本工资、奖金、津贴、补贴、年终加薪、加班工资，以及与员工任职或者受雇有关的其他支出。 **第三十五条** 企业依照国务院有关主管部门或者省级人民政府规定的范围和标准为职工缴纳的基本养老保险费、基本医疗保险费、失业保险费、工伤保险费、生育保险费等基本社会保险费和住房公积金，准予扣除。 企业为投资者或者职工支付的补充养老保险费、补充医疗保险费，在国务院财政、税务主管部门规定的范围和标准内，准予扣除。 **第三十六条** 除企业依照国家有关规定为特殊工种职工支付的人身安全保险费和国务院财政、税务主管部门规定可以扣除的其他商业保险费外，企业为投资者或者职工支付的商业保险费，不得扣除。 **第三十七条** 企业在生产经营活动中发生的合理的不需要资本化的借款费用，准予扣除。 企业为购置、建造固定资产、无形资产和经过 12 个月以上的建造才能达到预定可销售状态的存货发生借款的，在有关资产购置、建造期间发生的合理的借款费用，应当作为资本性支出计入有关资产的成本，并依照本条例的规定扣除。 **第三十八条** 企业在生产经营活动中发生的下列利息

续表

中华人民共和国企业所得税法	中华人民共和国企业所得税法实施条例
	支出，准予扣除： （一）非金融企业向金融企业借款的利息支出、金融企业的各项存款利息支出和同业拆借利息支出、企业经批准发行债券的利息支出； （二）非金融企业向非金融企业借款的利息支出，不超过按照金融企业同期同类贷款利率计算的数额的部分。 **第三十九条** 企业在货币交易中，以及纳税年度终了时将人民币以外的货币性资产、负债按照期末即期人民币汇率中间价折算为人民币时产生的汇兑损失，除已经计入有关资产成本以及与向所有者进行利润分配相关的部分外，准予扣除。 **第四十条** 企业发生的职工福利费支出，不超过工资薪金总额14%的部分，准予扣除。 **第四十一条** 企业拨缴的工会经费，不超过工资薪金总额2%的部分，准予扣除。 **第四十二条** 除国务院财政、税务主管部门另有规定外，企业发生的职工教育经费支出，不超过工资薪金总额2.5%的部分，准予扣除；超过部分，准予在以后纳税年度结转扣除。 **第四十三条** 企业发生的与生产经营活动有关的业务招待费支出，按照发生额的60%扣除，但最高不得超过当年销售（营业）收入的5‰。 **第四十四条** 企业发生的符合条件的广告费和业务宣传费支出，除国务院财政、税务主管部门另有规定外，不超过当年销售（营业）收入15%的部分，准予扣除；超过部分，准予在以后纳税年度结转扣除。 **第四十五条** 企业依照法律、行政法规有关规定提取的用于环境保护、生态恢复等方面的专项资金，准予扣除。上述专项资金提取后改变用途的，不得扣除。 **第四十六条** 企业参加财产保险，按照规定缴纳的保险费，准予扣除。 **第四十七条** 企业根据生产经营活动的需要租入固定资产支付的租赁费，按照以下方法扣除： （一）以经营租赁方式租入固定资产发生的租赁费支出，按照租赁期限均匀扣除； （二）以融资租赁方式租入固定资产发生的租赁费支出，按照规定构成融资租入固定资产价值的部分应当提取折旧费用，分期扣除。 **第四十八条** 企业发生的合理的劳动保护支出，准予扣除。 **第四十九条** 企业之间支付的管理费、企业内营业机构之间支付的租金和特许权使用费，以及非银行企业内营业机构之间支付的利息，不得扣除。

续表

中华人民共和国企业所得税法	中华人民共和国企业所得税法实施条例
	第五十条 非居民企业在中国境内设立的机构、场所，就其中国境外总机构发生的与该机构、场所生产经营有关的费用，能够提供总机构出具的费用汇集范围、定额、分配依据和方法等证明文件，并合理分摊的，准予扣除。
第九条 企业发生的公益性捐赠支出，在年度利润总额 12% 以内的部分，准予在计算应纳税所得额时扣除。	**第五十一条** 企业所得税法第九条所称公益性捐赠，是指企业通过公益性社会团体或者县级以上人民政府及其部门，用于《中华人民共和国公益事业捐赠法》规定的公益事业的捐赠。 **第五十二条** 本条例第五十一条所称公益性社会团体，是指同时符合下列条件的基金会、慈善组织等社会团体： （一）依法登记，具有法人资格； （二）以发展公益事业为宗旨，且不以营利为目的； （三）全部资产及其增值为该法人所有； （四）收益和营运结余主要用于符合该法人设立目的的事业； （五）终止后的剩余财产不归属任何个人或者营利组织； （六）不经营与其设立目的无关的业务； （七）有健全的财务会计制度； （八）捐赠者不以任何形式参与社会团体财产的分配； （九）国务院财政、税务主管部门会同国务院民政部门等登记管理部门规定的其他条件。 **第五十三条** 企业发生的公益性捐赠支出，不超过年度利润总额 12% 的部分，准予扣除。 年度利润总额，是指企业依照国家统一会计制度的规定计算的年度会计利润。
第十条 在计算应纳税所得额时，下列支出不得扣除： （一）向投资者支付的股息、红利等权益性投资收益款项； （二）企业所得税税款； （三）税收滞纳金； （四）罚金、罚款和被没收财物的损失； （五）本法第九条规定以外的捐赠支出； （六）赞助支出； （七）未经核定的准备金支出； （八）与取得收入无关的其他支出。	**第五十四条** 企业所得税法第十条第（六）项所称赞助支出，是指企业发生的与生产经营活动无关的各种非广告性质支出。 **第五十五条** 企业所得税法第十条第（七）项所称未经核定的准备金支出，是指不符合国务院财政、税务主管部门规定的各项资产减值准备、风险准备等准备金支出。
	第四节 资产的税务处理
第十一条 在计算应纳税所得额时，企业按照规定计算的固定资产折旧，准予扣除。 下列固定资产不得计算折旧扣除：	**第五十六条** 企业的各项资产，包括固定资产、生物资产、无形资产、长期待摊费用、投资资产、存货等，以历史成本为计税基础。

续表

中华人民共和国企业所得税法	中华人民共和国企业所得税法实施条例
（一）房屋、建筑物以外未投入使用的固定资产； （二）以经营租赁方式租入的固定资产； （三）以融资租赁方式租出的固定资产； （四）已足额提取折旧仍继续使用的固定资产； （五）与经营活动无关的固定资产； （六）单独估价作为固定资产入账的土地； （七）其他不得计算折旧扣除的固定资产。	前款所称历史成本，是指企业取得该项资产时实际发生的支出。 企业持有各项资产期间资产增值或者减值，除国务院财政、税务主管部门规定可以确认损益外，不得调整该资产的计税基础。 **第五十七条** 企业所得税法第十一条所称固定资产，是指企业为生产产品、提供劳务、出租或者经营管理而持有的、使用时间超过12个月的非货币性资产，包括房屋、建筑物、机器、机械、运输工具以及其他与生产经营活动有关的设备、器具、工具等。 **第五十八条** 固定资产按照以下方法确定计税基础： （一）外购的固定资产，以购买价款和支付的相关税费以及直接归属于使该资产达到预定用途发生的其他支出为计税基础； （二）自行建造的固定资产，以竣工结算前发生的支出为计税基础； （三）融资租入的固定资产，以租赁合同约定的付款总额和承租人在签订租赁合同过程中发生的相关费用为计税基础，租赁合同未约定付款总额的，以该资产的公允价值和承租人在签订租赁合同过程中发生的相关费用为计税基础； （四）盘盈的固定资产，以同类固定资产的重置完全价值为计税基础； （五）通过捐赠、投资、非货币性资产交换、债务重组等方式取得的固定资产，以该资产的公允价值和支付的相关税费为计税基础； （六）改建的固定资产，除企业所得税法第十三条第（一）项和第（二）项规定的支出外，以改建过程中发生的改建支出增加计税基础。 **第五十九条** 固定资产按照直线法计算的折旧，准予扣除。 企业应当自固定资产投入使用月份的次月起计算折旧；停止使用的固定资产，应当自停止使用月份的次月起停止计算折旧。 企业应当根据固定资产的性质和使用情况，合理确定固定资产的预计净残值。固定资产的预计净残值一经确定，不得变更。 **第六十条** 除国务院财政、税务主管部门另有规定外，固定资产计算折旧的最低年限如下： （一）房屋、建筑物，为20年； （二）飞机、火车、轮船、机器、机械和其他生产设备，为10年； （三）与生产经营活动有关的器具、工具、家具等，为

续表

中华人民共和国企业所得税法	中华人民共和国企业所得税法实施条例
	5年； （四）飞机、火车、轮船以外的运输工具，为4年； （五）电子设备，为3年。 **第六十一条** 从事开采石油、天然气等矿产资源的企业，在开始商业性生产前发生的费用和有关固定资产的折耗、折旧方法，由国务院财政、税务主管部门另行规定。 **第六十二条** 生产性生物资产按照以下方法确定计税基础： （一）外购的生产性生物资产，以购买价款和支付的相关税费为计税基础； （二）通过捐赠、投资、非货币性资产交换、债务重组等方式取得的生产性生物资产，以该资产的公允价值和支付的相关税费为计税基础。 前款所称生产性生物资产，是指企业为生产农产品、提供劳务或者出租等而持有的生物资产，包括经济林、薪炭林、产畜和役畜等。 **第六十三条** 生产性生物资产按照直线法计算的折旧，准予扣除。 企业应当自生产性生物资产投入使用月份的次月起计算折旧；停止使用的生产性生物资产，应当自停止使用月份的次月起停止计算折旧。 企业应当根据生产性生物资产的性质和使用情况，合理确定生产性生物资产的预计净残值。生产性生物资产的预计净残值一经确定，不得变更。 **第六十四条** 生产性生物资产计算折旧的最低年限如下： （一）林木类生产性生物资产，为10年； （二）畜类生产性生物资产，为3年。
第十二条 在计算应纳税所得额时，企业按照规定计算的无形资产摊销费用，准予扣除。 下列无形资产不得计算摊销费用扣除： （一）自行开发的支出已在计算应纳税所得额时扣除的无形资产； （二）自创商誉； （三）与经营活动无关的无形资产； （四）其他不得计算摊销费用扣除的无形资产。	**第六十五条** 企业所得税法第十二条所称无形资产，是指企业为生产产品、提供劳务、出租或者经营管理而持有的、没有实物形态的非货币性长期资产，包括专利权、商标权、著作权、土地使用权、非专利技术、商誉等。 **第六十六条** 无形资产按照以下方法确定计税基础： （一）外购的无形资产，以购买价款和支付的相关税费以及直接归属于使该资产达到预定用途发生的其他支出为计税基础； （二）自行开发的无形资产，以开发过程中该资产符合资本化条件后至达到预定用途前发生的支出为计税基础； （三）通过捐赠、投资、非货币性资产交换、债务重组等方式取得的无形资产，以该资产的公允价值和支付的相关税费为计税基础。 **第六十七条** 无形资产按照直线法计算的摊销费用，准予扣除。

续表

中华人民共和国企业所得税法	中华人民共和国企业所得税法实施条例
	无形资产的摊销年限不得低于10年。 作为投资或者受让的无形资产，有关法律规定或者合同约定了使用年限的，可以按照规定或者约定的使用年限分期摊销。 外购商誉的支出，在企业整体转让或者清算时，准予扣除。
第十三条 在计算应纳税所得额时，企业发生的下列支出作为长期待摊费用，按照规定摊销的，准予扣除： （一）已足额提取折旧的固定资产的改建支出； （二）租入固定资产的改建支出； （三）固定资产的大修理支出； （四）其他应当作为长期待摊费用的支出。	**第六十八条** 企业所得税法第十三条第（一）项和第（二）项所称固定资产的改建支出，是指改变房屋或者建筑物结构、延长使用年限等发生的支出。 企业所得税法第十三条第（一）项规定的支出，按照固定资产预计尚可使用年限分期摊销；第（二）项规定的支出，按照合同约定的剩余租赁期限分期摊销。 改建的固定资产延长使用年限的，除企业所得税法第十三条第（一）项和第（二）项规定外，应当适当延长折旧年限。 **第六十九条** 企业所得税法第十三条第（三）项所称固定资产的大修理支出，是指同时符合下列条件的支出： （一）修理支出达到取得固定资产时的计税基础50%以上； （二）修理后固定资产的使用年限延长2年以上。 企业所得税法第十三条第（三）项规定的支出，按照固定资产尚可使用年限分期摊销。 **第七十条** 企业所得税法第十三条第（四）项所称其他应当作为长期待摊费用的支出，自支出发生月份的次月起，分期摊销，摊销年限不得低于3年。
第十四条 企业对外投资期间，投资资产的成本在计算应纳税所得额时不得扣除。	**第七十一条** 企业所得税法第十四条所称投资资产，是指企业对外进行权益性投资和债权性投资形成的资产。 企业在转让或者处置投资资产时，投资资产的成本，准予扣除。 投资资产按照以下方法确定成本： （一）通过支付现金方式取得的投资资产，以购买价款为成本； （二）通过支付现金以外的方式取得的投资资产，以该资产的公允价值和支付的相关税费为成本。
第十五条 企业使用或者销售存货，按照规定计算的存货成本，准予在计算应纳税所得额时扣除。	**第七十二条** 企业所得税法第十五条所称存货，是指企业持有以备出售的产品或者商品、处在生产过程中的在产品、在生产或者提供劳务过程中耗用的材料和物料等。 存货按照以下方法确定成本： （一）通过支付现金方式取得的存货，以购买价款和支付的相关税费为成本； （二）通过支付现金以外的方式取得的存货，以该存货

续表

中华人民共和国企业所得税法	中华人民共和国企业所得税法实施条例
	的公允价值和支付的相关税费为成本； （三）生产性生物资产收获的农产品，以产出或者采收过程中发生的材料费、人工费和分摊的间接费用等必要支出为成本。 **第七十三条**　企业使用或者销售的存货的成本计算方法，可以在先进先出法、加权平均法、个别计价法中选用一种。计价方法一经选用，不得随意变更。
第十六条　企业转让资产，该项资产的净值，准予在计算应纳税所得额时扣除。	**第七十四条**　企业所得税法第十六条所称资产的净值和第十九条所称财产净值，是指有关资产、财产的计税基础减除已经按照规定扣除的折旧、折耗、摊销、准备金等后的余额。 **第七十五条**　除国务院财政、税务主管部门另有规定外，企业在重组过程中，应当在交易发生时确认有关资产的转让所得或者损失，相关资产应当按照交易价格重新确定计税基础。
第十七条　企业在汇总计算缴纳企业所得税时，其境外营业机构的亏损不得抵减境内营业机构的盈利。	
第十八条　企业纳税年度发生的亏损，准予向以后年度结转，用以后年度的所得弥补，但结转年限最长不得超过五年。	
第十九条　非居民企业取得本法第三条第三款规定的所得，按照下列方法计算其应纳税所得额： （一）股息、红利等权益性投资收益和利息、租金、特许权使用费所得，以收入全额为应纳税所得额； （二）转让财产所得，以收入全额减除财产净值后的余额为应纳税所得额； （三）其他所得，参照前两项规定的方法计算应纳税所得额。	**第七十四条**　企业所得税法第十六条所称资产的净值和第十九条所称财产净值，是指有关资产、财产的计税基础减除已经按照规定扣除的折旧、折耗、摊销、准备金等后的余额。 **第一百零三条**　依照企业所得税法对非居民企业应当缴纳的企业所得税实行源泉扣缴的，应当依照企业所得税法第十九条的规定计算应纳税所得额。 企业所得税法第十九条所称收入全额，是指非居民企业向支付人收取的全部价款和价外费用。
第二十条　本章规定的收入、扣除的具体范围、标准和资产的税务处理的具体办法，由国务院财政、税务主管部门规定。	
第二十一条　在计算应纳税所得额时，企业财务、会计处理办法与税收法律、行政法规的规定不一致的，应当依照税收法律、行政法规的规定计算。	
第三章　应纳税额	**第三章　应纳税额**
第二十二条　企业的应纳税所得额乘以适用税率，减除依照本法关于税收优惠的规定减免和抵免的税额后的余额，为应纳税额。	**第七十六条**　企业所得税法第二十二条规定的应纳税额的计算公式为： 应纳税额＝应纳税所得额×适用税率－减免税额－抵免税额 公式中的减免税额和抵免税额，是指依照企业所得税

续表

中华人民共和国企业所得税法	中华人民共和国企业所得税法实施条例
	法和国务院的税收优惠规定减征、免征和抵免的应纳税额。
第二十三条 企业取得的下列所得已在境外缴纳的所得税税额，可以从其当期应纳税额中抵免，抵免限额为该项所得依照本法规定计算的应纳税额；超过抵免限额的部分，可以在以后五个年度内，用每年度抵免限额抵免当年应抵税额后的余额进行抵补： （一）居民企业来源于中国境外的应税所得； （二）非居民企业在中国境内设立机构、场所，取得发生在中国境外但与该机构、场所有实际联系的应税所得。	**第七十七条** 企业所得税法第二十三条所称已在境外缴纳的所得税税额，是指企业来源于中国境外的所得依照中国境外税收法律以及相关规定应当缴纳并已经实际缴纳的企业所得税性质的税款。 **第七十八条** 企业所得税法第二十三条所称抵免限额，是指企业来源于中国境外的所得，依照企业所得税法和本条例的规定计算的应纳税额。除国务院财政、税务主管部门另有规定外，该抵免限额应当分国（地区）不分项计算，计算公式如下： 抵免限额＝中国境内、境外所得依照企业所得税法和本条例的规定计算的应纳税总额×来源于某国（地区）的应纳税所得额÷中国境内、境外应纳税所得总额 **第七十九条** 企业所得税法第二十三条所称5个年度，是指从企业取得的来源于中国境外的所得，已经在中国境外缴纳的企业所得税性质的税额超过抵免限额的当年的次年起连续5个纳税年度。 **第八十一条** 企业依照企业所得税法第二十三条、第二十四条的规定抵免企业所得税税额时，应当提供中国境外税务机关出具的税款所属年度的有关纳税凭证。
第二十四条 居民企业从其直接或者间接控制的外国企业分得的来源于中国境外的股息、红利等权益性投资收益，外国企业在境外实际缴纳的所得税税额中属于该项所得负担的部分，可以作为该居民企业的可抵免境外所得税税额，在本法第二十三条规定的抵免限额内抵免。	**第八十条** 企业所得税法第二十四条所称直接控制，是指居民企业直接持有外国企业20%以上股份。 企业所得税法第二十四条所称间接控制，是指居民企业以间接持股方式持有外国企业20%以上股份，具体认定办法由国务院财政、税务主管部门另行制定。 **第八十一条** 企业依照企业所得税法第二十三条、第二十四条的规定抵免企业所得税税额时，应当提供中国境外税务机关出具的税款所属年度的有关纳税凭证。
第四章 税收优惠	**第四章 税收优惠**
第二十五条 国家对重点扶持和鼓励发展的产业和项目，给予企业所得税优惠。	
第二十六条 企业的下列收入为免税收入： （一）国债利息收入； （二）符合条件的居民企业之间的股息、红利等权益性投资收益； （三）在中国境内设立机构、场所的非居民企业从居民企业取得与该机构、场所有实际联系的股息、红利等权益性投资收益； （四）符合条件的非营利组织的收入。	**第八十二条** 企业所得税法第二十六条第（一）项所称国债利息收入，是指企业持有国务院财政部门发行的国债取得的利息收入。 **第八十三条** 企业所得税法第二十六条第（二）项所称符合条件的居民企业之间的股息、红利等权益性投资收益，是指居民企业直接投资于其他居民企业取得的投资收益。企业所得税法第二十六条第（二）项和第（三）项所称股息、红利等权益性投资收益，不包括连续持有居民企业公开发行并上市流通的股票不足12个月取得的投资收益。

续表

中华人民共和国企业所得税法	中华人民共和国企业所得税法实施条例
	第八十四条　企业所得税法第二十六条第（四）项所称符合条件的非营利组织，是指同时符合下列条件的组织： （一）依法履行非营利组织登记手续； （二）从事公益性或者非营利性活动； （三）取得的收入除用于与该组织有关的、合理的支出外，全部用于登记核定或者章程规定的公益性或者非营利性事业； （四）财产及其孳息不用于分配； （五）按照登记核定或者章程规定，该组织注销后的剩余财产用于公益性或者非营利性目的，或者由登记管理机关转赠给与该组织性质、宗旨相同的组织，并向社会公告； （六）投入人对投入该组织的财产不保留或者享有任何财产权利； （七）工作人员工资福利开支控制在规定的比例内，不变相分配该组织的财产。 前款规定的非营利组织的认定管理办法由国务院财政、税务主管部门会同国务院有关部门制定。 **第八十五条**　企业所得税法第二十六条第（四）项所称符合条件的非营利组织的收入，不包括非营利组织从事营利性活动取得的收入，但国务院财政、税务主管部门另有规定的除外。
第二十七条　企业的下列所得，可以免征、减征企业所得税： （一）从事农、林、牧、渔业项目的所得； （二）从事国家重点扶持的公共基础设施项目投资经营的所得； （三）从事符合条件的环境保护、节能节水项目的所得； （四）符合条件的技术转让所得； （五）本法第三条第三款规定的所得。	**第八十六条**　企业所得税法第二十七条第（一）项规定的企业从事农、林、牧、渔业项目的所得，可以免征、减征企业所得税，是指： （一）企业从事下列项目的所得，免征企业所得税： 1. 蔬菜、谷物、薯类、油料、豆类、棉花、麻类、糖料、水果、坚果的种植； 2. 农作物新品种的选育； 3. 中药材的种植； 4. 林木的培育和种植； 5. 牲畜、家禽的饲养； 6. 林产品的采集； 7. 灌溉、农产品初加工、兽医、农技推广、农机作业和维修等农、林、牧、渔服务业项目； 8. 远洋捕捞。 （二）企业从事下列项目的所得，减半征收企业所得税： 1. 花卉、茶以及其他饮料作物和香料作物的种植； 2. 海水养殖、内陆养殖。 企业从事国家限制和禁止发展的项目，不得享受本条规定的企业所得税优惠。 **第八十七条**　企业所得税法第二十七条第（二）项所称国家重点扶持的公共基础设施项目，是指《公共基础设

续表

中华人民共和国企业所得税法	中华人民共和国企业所得税法实施条例
	施项目企业所得税优惠目录》规定的港口码头、机场、铁路、公路、城市公共交通、电力、水利等项目。 企业从事前款规定的国家重点扶持的公共基础设施项目的投资经营的所得，自项目取得第一笔生产经营收入所属纳税年度起，第一年至第三年免征企业所得税，第四年至第六年减半征收企业所得税。 企业承包经营、承包建设和内部自建自用本条规定的项目，不得享受本条规定的企业所得税优惠。 **第八十八条** 企业所得税法第二十七条第（三）项所称符合条件的环境保护、节能节水项目，包括公共污水处理、公共垃圾处理、沼气综合开发利用、节能减排技术改造、海水淡化等。项目的具体条件和范围由国务院财政、税务主管部门商国务院有关部门制订，报国务院批准后公布施行。 企业从事前款规定的符合条件的环境保护、节能节水项目的所得，自项目取得第一笔生产经营收入所属纳税年度起，第一年至第三年免征企业所得税，第四年至第六年减半征收企业所得税。 **第八十九条** 依照本条例第八十七条和第八十八条规定享受减免税优惠的项目，在减免税期限内转让的，受让方自受让之日起，可以在剩余期限内享受规定的减免税优惠；减免税期限届满后转让的，受让方不得就该项目重复享受减免税优惠。 **第九十条** 企业所得税法第二十七条第（四）项所称符合条件的技术转让所得免征、减征企业所得税，是指一个纳税年度内，居民企业技术转让所得不超过500万元的部分，免征企业所得税；超过500万元的部分，减半征收企业所得税。 **第九十一条** 非居民企业取得企业所得税法第二十七条第（五）项规定的所得，减按10%的税率征收企业所得税。 下列所得可以免征企业所得税： （一）外国政府向中国政府提供贷款取得的利息所得； （二）国际金融组织向中国政府和居民企业提供优惠贷款取得的利息所得； （三）经国务院批准的其他所得。
第二十八条 符合条件的小型微利企业，减按20%的税率征收企业所得税。 国家需要重点扶持的高新技术企业，减按15%的税率征收企业所得税。	**第九十二条** 企业所得税法第二十八条第一款所称符合条件的小型微利企业，是指从事国家非限制和禁止行业，并符合下列条件的企业： （一）工业企业，年度应纳税所得额不超过30万元，从业人数不超过100人，资产总额不超过3000万元； （二）其他企业，年度应纳税所得额不超过30万元，从业人数不超过80人，资产总额不超过1000万元。

续表

中华人民共和国企业所得税法	中华人民共和国企业所得税法实施条例
	第九十三条 企业所得税法第二十八条第二款所称国家需要重点扶持的高新技术企业，是指拥有核心自主知识产权，并同时符合下列条件的企业： （一）产品（服务）属于《国家重点支持的高新技术领域》规定的范围； （二）研究开发费用占销售收入的比例不低于规定比例； （三）高新技术产品（服务）收入占企业总收入的比例不低于规定比例； （四）科技人员占企业职工总数的比例不低于规定比例； （五）高新技术企业认定管理办法规定的其他条件。 《国家重点支持的高新技术领域》和高新技术企业认定管理办法由国务院科技、财政、税务主管部门商国务院有关部门制订，报国务院批准后公布施行。
第二十九条 民族自治地方的自治机关对本民族自治地方的企业应缴纳的企业所得税中属于地方分享的部分，可以决定减征或者免征。自治州、自治县决定减征或者免征的，须报省、自治区、直辖市人民政府批准。	**第九十四条** 企业所得税法第二十九条所称民族自治地方，是指依照《中华人民共和国民族区域自治法》的规定，实行民族区域自治的自治区、自治州、自治县。 对民族自治地方内国家限制和禁止行业的企业，不得减征或者免征企业所得税。
第三十条 企业的下列支出，可以在计算应纳税所得额时加计扣除： （一）开发新技术、新产品、新工艺发生的研究开发费用； （二）安置残疾人员及国家鼓励安置的其他就业人员所支付的工资。	**第九十五条** 企业所得税法第三十条第（一）项所称研究开发费用的加计扣除，是指企业为开发新技术、新产品、新工艺发生的研究开发费用，未形成无形资产计入当期损益的，在按照规定据实扣除的基础上，按照研究开发费用的 50% 加计扣除；形成无形资产的，按照无形资产成本的 150% 摊销。 **第九十六条** 企业所得税法第三十条第（二）项所称企业安置残疾人员所支付的工资的加计扣除，是指企业安置残疾人员的，在按照支付给残疾职工工资据实扣除的基础上，按照支付给残疾职工工资的 100% 加计扣除。残疾人员的范围适用《中华人民共和国残疾人保障法》的有关规定。 企业所得税法第三十条第（二）项所称企业安置国家鼓励安置的其他就业人员所支付的工资的加计扣除办法，由国务院另行规定。
第三十一条 创业投资企业从事国家需要重点扶持和鼓励的创业投资，可以按投资额的一定比例抵扣应纳税所得额。	**第九十七条** 企业所得税法第三十一条所称抵扣应纳税所得额，是指创业投资企业采取股权投资方式投资于未上市的中小高新技术企业 2 年以上的，可以按照其投资额的 70% 在股权持有满 2 年的当年抵扣该创业投资企业的应纳税所得额；当年不足抵扣的，可以在以后纳税年度结转抵扣。

续表

中华人民共和国企业所得税法	中华人民共和国企业所得税法实施条例
第三十二条 企业的固定资产由于技术进步等原因，确需加速折旧的，可以缩短折旧年限或者采取加速折旧的方法。	**第九十八条** 企业所得税法第三十二条所称可以采取缩短折旧年限或者采取加速折旧的方法的固定资产，包括： （一）由于技术进步，产品更新换代较快的固定资产； （二）常年处于强震动、高腐蚀状态的固定资产。 采取缩短折旧年限方法的，最低折旧年限不得低于本条例第六十条规定折旧年限的60%；采取加速折旧方法的，可以采取双倍余额递减法或者年数总和法。
第三十三条 企业综合利用资源，生产符合国家产业政策规定的产品所取得的收入，可以在计算应纳税所得额时减计收入。	**第九十九条** 企业所得税法第三十三条所称减计收入，是指企业以《资源综合利用企业所得税优惠目录》规定的资源作为主要原材料，生产国家非限制和禁止并符合国家和行业相关标准的产品取得的收入，减按90%计入收入总额。 前款所称原材料占生产产品材料的比例不得低于《资源综合利用企业所得税优惠目录》规定的标准。
第三十四条 企业购置用于环境保护、节能节水、安全生产等专用设备的投资额，可以按一定比例实行税额抵免。	**第一百条** 企业所得税法第三十四条所称税额抵免，是指企业购置并实际使用《环境保护专用设备企业所得税优惠目录》、《节能节水专用设备企业所得税优惠目录》和《安全生产专用设备企业所得税优惠目录》规定的环境保护、节能节水、安全生产等专用设备的，该专用设备的投资额的10%可以从企业当年的应纳税额中抵免；当年不足抵免的，可以在以后5个纳税年度结转抵免。 享受前款规定的企业所得税优惠的企业，应当实际购置并自身实际投入使用前款规定的专用设备；企业购置上述专用设备在5年内转让、出租的，应当停止享受企业所得税优惠，并补缴已经抵免的企业所得税税款。
第三十五条 本法规定的税收优惠的具体办法，由国务院规定。 **第三十六条** 根据国民经济和社会发展的需要，或者由于突发事件等原因对企业经营活动产生重大影响的，国务院可以制定企业所得税专项优惠政策，报全国人民代表大会常务委员会备案。	**第一百零一条** 本章第八十七条、第九十九条、第一百条规定的企业所得税优惠目录，由国务院财政、税务主管部门商国务院有关部门制订，报国务院批准后公布施行。 **第一百零二条** 企业同时从事适用不同企业所得税待遇的项目的，其优惠项目应当单独计算所得，并合理分摊企业的期间费用；没有单独计算的，不得享受企业所得税优惠。
第五章 源泉扣缴	**第五章 源泉扣缴**
第三十七条 对非居民企业取得本法第三条第三款规定的所得应缴纳的所得税，实行源泉扣缴，以支付人为扣缴义务人。税款由扣缴义务人在每次支付或者到期应支付时，从支付或者到期应支付的款项中扣缴。	**第一百零三条** 依照企业所得税法对非居民企业应当缴纳的企业所得税实行源泉扣缴的，应当依照企业所得税法第十九条的规定计算应纳税所得额。 企业所得税法第十九条所称收入全额，是指非居民企业向支付人收取的全部价款和价外费用。 **第一百零四条** 企业所得税法第三十七条所称支付人，是指依照有关法律规定或者合同约定对非居民企业直接负有支付相关款项义务的单位或者个人。 **第一百零五条** 企业所得税法第三十七条所称支付，

续表

中华人民共和国企业所得税法	中华人民共和国企业所得税法实施条例
	包括现金支付、汇拨支付、转账支付和权益兑价支付等货币支付和非货币支付。 企业所得税法第三十七条所称到期应支付的款项，是指支付人按照权责发生制原则应当计入相关成本、费用的应付款项。
第三十八条 对非居民企业在中国境内取得工程作业和劳务所得应缴纳的所得税，税务机关可以指定工程价款或者劳务费的支付人为扣缴义务人。	**第一百零六条** 企业所得税法第三十八条规定的可以指定扣缴义务人的情形，包括： （一）预计工程作业或者提供劳务期限不足一个纳税年度，且有证据表明不履行纳税义务的； （二）没有办理税务登记或者临时税务登记，且未委托中国境内的代理人履行纳税义务的； （三）未按照规定期限办理企业所得税纳税申报或者预缴申报的。 前款规定的扣缴义务人，由县级以上税务机关指定，并同时告知扣缴义务人所扣税款的计算依据、计算方法、扣缴期限和扣缴方式。
第三十九条 依照本法第三十七条、第三十八条规定应当扣缴的所得税，扣缴义务人未依法扣缴或者无法履行扣缴义务的，由纳税人在所得发生地缴纳。纳税人未依法缴纳的，税务机关可以从该纳税人在中国境内其他收入项目的支付人应付的款项中，追缴该纳税人的应纳税款。	**第一百零七条** 企业所得税法第三十九条所称所得发生地，是指依照本条例第七条规定的原则确定的所得发生地。在中国境内存在多处所得发生地的，由纳税人选择其中之一申报缴纳企业所得税。 **第一百零八条** 企业所得税法第三十九条所称该纳税人在中国境内其他收入，是指该纳税人在中国境内取得的其他各种来源的收入。 税务机关在追缴该纳税人应纳税款时，应当将追缴理由、追缴数额、缴纳期限和缴纳方式等告知该纳税人。
第四十条 扣缴义务人每次代扣的税款，应当自代扣之日起七日内缴入国库，并向所在地的税务机关报送扣缴企业所得税报告表。	
第六章 特别纳税调整	**第六章 特别纳税调整**
第四十一条 企业与其关联方之间的业务往来，不符合独立交易原则而减少企业或者其关联方应纳税收入或者所得额的，税务机关有权按照合理方法调整。 企业与其关联方共同开发、受让无形资产，或者共同提供、接受劳务发生的成本，在计算应纳税所得额时应当按照独立交易原则进行分摊。	**第一百零九条** 企业所得税法第四十一条所称关联方，是指与企业有下列关联关系之一的企业、其他组织或者个人： （一）在资金、经营、购销等方面存在直接或者间接的控制关系； （二）直接或者间接地同为第三者控制； （三）在利益上具有相关联的其他关系。 **第一百一十条** 企业所得税法第四十一条所称独立交易原则，是指没有关联关系的交易各方，按照公平成交价格和营业常规进行业务往来遵循的原则。 **第一百一十一条** 企业所得税法第四十一条所称合理方法，包括： （一）可比非受控价格法，是指按照没有关联关系的交

续表

中华人民共和国企业所得税法	中华人民共和国企业所得税法实施条例
	易各方进行相同或者类似业务往来的价格进行定价的方法； （二）再销售价格法，是指按照从关联方购进商品再销售给没有关联关系的交易方的价格，减除相同或者类似业务的销售毛利进行定价的方法； （三）成本加成法，是指按照成本加合理的费用和利润进行定价的方法； （四）交易净利润法，是指按照没有关联关系的交易各方进行相同或者类似业务往来取得的净利润水平确定利润的方法； （五）利润分割法，是指将企业与其关联方的合并利润或者亏损在各方之间采用合理标准进行分配的方法； （六）其他符合独立交易原则的方法。 **第一百一十二条** 企业可以依照企业所得税法第四十一条第二款的规定，按照独立交易原则与其关联方分摊共同发生的成本，达成成本分摊协议。 企业与其关联方分摊成本时，应当按照成本与预期收益相配比的原则进行分摊，并在税务机关规定的期限内，按照税务机关的要求报送有关资料。 企业与其关联方分摊成本时违反本条第一款、第二款规定的，其自行分摊的成本不得在计算应纳税所得额时扣除。 **第一百二十三条** 企业与其关联方之间的业务往来，不符合独立交易原则，或者企业实施其他不具有合理商业目的的安排的，税务机关有权在该业务发生的纳税年度起10年内，进行纳税调整。
第四十二条 企业可以向税务机关提出与其关联方之间业务往来的定价原则和计算方法，税务机关与企业协商、确认后，达成预约定价安排。	**第一百一十三条** 企业所得税法第四十二条所称预约定价安排，是指企业就其未来年度关联交易的定价原则和计算方法，向税务机关提出申请，与税务机关按照独立交易原则协商、确认后达成的协议。
第四十三条 企业向税务机关报送年度企业所得税纳税申报表时，应当就其与关联方之间的业务往来，附送年度关联业务往来报告表。 税务机关在进行关联业务调查时，企业及其关联方，以及与关联业务调查有关的其他企业，应当按照规定提供相关资料。	**第一百一十四条** 企业所得税法第四十三条所称相关资料，包括： （一）与关联业务往来有关的价格、费用的制定标准、计算方法和说明等同期资料； （二）关联业务往来所涉及的财产、财产使用权、劳务等的再销售（转让）价格或者最终销售（转让）价格的相关资料； （三）与关联业务调查有关的其他企业应当提供的与被调查企业可比的产品价格、定价方式以及利润水平等资料； （四）其他与关联业务往来有关的资料。 企业所得税法第四十三条所称与关联业务调查有关的其他企业，是指与被调查企业在生产经营内容和方式上相类似的企业。

续表

中华人民共和国企业所得税法	中华人民共和国企业所得税法实施条例
	企业应当在税务机关规定的期限内提供与关联业务往来有关的价格、费用的制定标准、计算方法和说明等资料。关联方以及与关联业务调查有关的其他企业应当在税务机关与其约定的期限内提供相关资料。
第四十四条 企业不提供与其关联方之间业务往来资料，或者提供虚假、不完整资料，未能真实反映其关联业务往来情况的，税务机关有权依法核定其应纳税所得额。	**第一百一十五条** 税务机关依照企业所得税法第四十四条的规定核定企业的应纳税所得额时，可以采用下列方法： （一）参照同类或者类似企业的利润率水平核定； （二）按照企业成本加合理的费用和利润的方法核定； （三）按照关联企业集团整体利润的合理比例核定； （四）按照其他合理方法核定。 企业对税务机关按照前款规定的方法核定的应纳税所得额有异议的，应当提供相关证据，经税务机关认定后，调整核定的应纳税所得额。
第四十五条 由居民企业，或者由居民企业和中国居民控制的设立在实际税负明显低于本法第四条第一款规定税率水平的国家（地区）的企业，并非由于合理的经营需要而对利润不作分配或者减少分配的，上述利润中应归属于该居民企业的部分，应当计入该居民企业的当期收入。	**第一百一十六条** 企业所得税法第四十五条所称中国居民，是指根据《中华人民共和国个人所得税法》的规定，就其从中国境内、境外取得的所得在中国缴纳个人所得税的个人。 **第一百一十七条** 企业所得税法第四十五条所称控制，包括： （一）居民企业或者中国居民直接或者间接单一持有外国企业10%以上有表决权股份，且由其共同持有该外国企业50%以上股份； （二）居民企业，或者居民企业和中国居民持股比例没有达到第（一）项规定的标准，但在股份、资金、经营、购销等方面对该外国企业构成实质控制。 **第一百一十八条** 企业所得税法第四十五条所称实际税负明显低于企业所得税法第四条第一款规定税率水平，是指低于企业所得税法第四条第一款规定税率的50%。
第四十六条 企业从其关联方接受的债权性投资与权益性投资的比例超过规定标准而发生的利息支出，不得在计算应纳税所得额时扣除。	**第一百一十九条** 企业所得税法第四十六条所称债权性投资，是指企业直接或者间接从关联方获得的，需要偿还本金和支付利息或者需要以其他具有支付利息性质的方式予以补偿的融资。 企业间接从关联方获得的债权性投资，包括： （一）关联方通过无关联第三方提供的债权性投资； （二）无关联第三方提供的、由关联方担保且负有连带责任的债权性投资； （三）其他间接从关联方获得的具有负债实质的债权性投资。 企业所得税法第四十六条所称权益性投资，是指企业接受的不需要偿还本金和支付利息，投资人对企业净资产拥有所有权的投资。 企业所得税法第四十六条所称标准，由国务院财政、

续表

中华人民共和国企业所得税法	中华人民共和国企业所得税法实施条例
	税务主管部门另行规定。
第四十七条 企业实施其他不具有合理商业目的的安排而减少其应纳税收入或者所得额的，税务机关有权按照合理方法调整。	**第一百二十条** 企业所得税法第四十七条所称不具有合理商业目的，是指以减少、免除或者推迟缴纳税款为主要目的。 **第一百二十三条** 企业与其关联方之间的业务往来，不符合独立交易原则，或者企业实施其他不具有合理商业目的的安排的，税务机关有权在该业务发生的纳税年度起10年内，进行纳税调整。
第四十八条 税务机关依照本章规定作出纳税调整，需要补征税款的，应当补征税款，并按照国务院规定加收利息。	**第一百二十一条** 税务机关根据税收法律、行政法规的规定，对企业作出特别纳税调整的，应当对补征的税款，自税款所属纳税年度的次年6月1日起至补缴税款之日止的期间，按日加收利息。 前款规定加收的利息，不得在计算应纳税所得额时扣除。 **第一百二十二条** 企业所得税法第四十八条所称利息，应当按照税款所属纳税年度中国人民银行公布的与补税期间同期的人民币贷款基准利率加5个百分点计算。 企业依照企业所得税法第四十三条和本条例的规定提供有关资料的，可以只按前款规定的人民币贷款基准利率计算利息。
第七章 征收管理	**第七章 征收管理**
第四十九条 企业所得税的征收管理除本法规定外，依照《中华人民共和国税收征收管理法》的规定执行。	
第五十条 除税收法律、行政法规另有规定外，居民企业以企业登记注册地为纳税地点；但登记注册地在境外的，以实际管理机构所在地为纳税地点。 居民企业在中国境内设立不具有法人资格的营业机构的，应当汇总计算并缴纳企业所得税。	**第一百二十四条** 企业所得税法第五十条所称企业登记注册地，是指企业依照国家有关规定登记注册的住所地。 **第一百二十五条** 企业汇总计算并缴纳企业所得税时，应当统一核算应纳税所得额，具体办法由国务院财政、税务主管部门另行制定。
第五十一条 非居民企业取得本法第三条第二款规定的所得，以机构、场所所在地为纳税地点。非居民企业在中国境内设立两个或者两个以上机构、场所的，经税务机关审核批准，可以选择由其主要机构、场所汇总缴纳企业所得税。 非居民企业取得本法第三条第三款规定的所得，以扣缴义务人所在地为纳税地点。	**第一百二十六条** 企业所得税法第五十一条所称主要机构、场所，应当同时符合下列条件： （一）对其他各机构、场所的生产经营活动负有监督管理责任； （二）设有完整的账簿、凭证，能够准确反映各机构、场所的收入、成本、费用和盈亏情况。 **第一百二十七条** 企业所得税法第五十一条所称经税务机关审核批准，是指经各机构、场所所在地税务机关的共同上级税务机关审核批准。 非居民企业经批准汇总缴纳企业所得税后，需要增设、合并、迁移、关闭机构、场所或者停止机构、场所业务的，应当事先由负责汇总申报缴纳企业所得税的主要机构、场所向其所在地税务机关报告；需要变更汇总缴纳企业所得

续表

中华人民共和国企业所得税法	中华人民共和国企业所得税法实施条例
	税的主要机构、场所的，依照前款规定办理。
第五十二条 除国务院另有规定外，企业之间不得合并缴纳企业所得税。	
第五十三条 企业所得税按纳税年度计算。纳税年度自公历1月1日起至12月31日止。 企业在一个纳税年度中间开业，或者终止经营活动，使该纳税年度的实际经营期不足12个月的，应当以其实际经营期为一个纳税年度。 企业依法清算时，应当以清算期间作为一个纳税年度。	
第五十四条 企业所得税分月或者分季预缴。 企业应当自月份或者季度终了之日起15日内，向税务机关报送预缴企业所得税纳税申报表，预缴税款。 企业应当自年度终了之日起5个月内，向税务机关报送年度企业所得税纳税申报表，并汇算清缴，结清应缴应退税款。 企业在报送企业所得税纳税申报表时，应当按照规定附送财务会计报告和其他有关资料。	**第一百二十八条** 企业所得税分月或者分季预缴，由税务机关具体核定。 企业根据企业所得税法第五十四条规定分月或者分季预缴企业所得税时，应当按照月度或者季度的实际利润额预缴；按照月度或者季度的实际利润额预缴有困难的，可以按照上一纳税年度应纳税所得额的月度或者季度平均额预缴，或者按照经税务机关认可的其他方法预缴。预缴方法一经确定，该纳税年度内不得随意变更。 **第一百二十九条** 企业在纳税年度内无论盈利或者亏损，都应当依照企业所得税法第五十四条规定的期限，向税务机关报送预缴企业所得税纳税申报表、年度企业所得税纳税申报表、财务会计报告和税务机关规定应当报送的其他有关资料。
第五十五条 企业在年度中间终止经营活动的，应当自实际经营终止之日起60日内，向税务机关办理当期企业所得税汇算清缴。 企业应当在办理注销登记前，就其清算所得向税务机关申报并依法缴纳企业所得税。	**第十一条** 企业所得税法第五十五条所称清算所得，是指企业的全部资产可变现价值或者交易价格减除资产净值、清算费用以及相关税费等后的余额。 投资方企业从被清算企业分得的剩余资产，其中相当于从被清算企业累计未分配利润和累计盈余公积中应当分得的部分，应当确认为股息所得；剩余资产减除上述股息所得后的余额，超过或者低于投资成本的部分，应当确认为投资资产转让所得或者损失。
第五十六条 依照本法缴纳的企业所得税，以人民币计算。所得以人民币以外的货币计算的，应当折合成人民币计算并缴纳税款。	**第一百三十条** 企业所得以人民币以外的货币计算的，预缴企业所得税时，应当按照月度或者季度最后一日的人民币汇率中间价，折合成人民币计算应纳税所得额。年度终了汇算清缴时，对已经按照月度或者季度预缴税款的，不再重新折合计算，只就该纳税年度内未缴纳企业所得税的部分，按照纳税年度最后一日的人民币汇率中间价，折合成人民币计算应纳税所得额。 经税务机关检查确认，企业少计或者多计前款规定的所得的，应当按照检查确认补税或者退税时的上一个月最后一日的人民币汇率中间价，将少计或者多计的所得折合

续表

中华人民共和国企业所得税法	中华人民共和国企业所得税法实施条例
	成人民币计算应纳税所得额，再计算应补缴或者应退的税款。
第八章　附则	**第八章　附则**
第五十七条　本法公布前已经批准设立的企业，依照当时的税收法律、行政法规规定，享受低税率优惠的，按照国务院规定，可以在本法施行后五年内，逐步过渡到本法规定的税率；享受定期减免税优惠的，按照国务院规定，可以在本法施行后继续享受到期满为止，但因未获利而尚未享受优惠的，优惠期限从本法施行年度起计算。 法律设置的发展对外经济合作和技术交流的特定地区内，以及国务院已规定执行上述地区特殊政策的地区内新设立的国家需要重点扶持的高新技术企业，可以享受过渡性税收优惠，具体办法由国务院规定。 国家已确定的其他鼓励类企业，可以按照国务院规定享受减免税优惠。	**第一百三十一条**　企业所得税法第五十七条第一款所称本法公布前已经批准设立的企业，是指企业所得税法公布前已经完成登记注册的企业。
第五十八条　中华人民共和国政府同外国政府订立的有关税收的协定与本法有不同规定的，依照协定的规定办理。	
第五十九条　国务院根据本法制定实施条例。	
第六十条　本法自2008年1月1日起施行。1991年4月9日第七届全国人民代表大会第四次会议通过的《中华人民共和国外商投资企业和外国企业所得税法》和1993年12月13日国务院发布的《中华人民共和国企业所得税暂行条例》同时废止。	**第一百三十三条**　本条例自2008年1月1日起施行。1991年6月30日国务院发布的《中华人民共和国外商投资企业和外国企业所得税法实施细则》和1994年2月4日财政部发布的《中华人民共和国企业所得税暂行条例实施细则》同时废止。